Baedeker

Allianz Reiseführer

Baltikum

Estland • Lettland • Litauen
Königsberger Gebiet

www.baedeker.com

Verlag Karl Baedeker

TOP-REISEZIELE ★★

Drei großartige Hauptstädte, abwechslungsreiche Küstenlandschaften, einsame Nationalparks, Bischofsburgen aus dem Mittelalter oder Gutshäuser aus der Epoche der baltendeutschen Großgrundbesitzer: Hier haben wir Ihnen die schönsten und wichtigsten Ziele in Estland, Lettland und Litauen zusammengestellt, damit Sie kein Highlight verpassen.

Estland
Leuchtturm von Vilsandi

Lettland
Gehöft in Livland

Lettland
Luftgetrockneter Dörrfisch

← Estland
Fischerdorf an der Nordküste

Litauen
Kirche am Wegesrand

DIE BESTEN BAEDEKER TIPPS

Von allen Baedeker Tipps in diesem Buch haben wir hier die interessantesten für Sie zusammengestellt! Erleben und genießen Sie die die baltischen Staaten von ihrer schönsten Seite.

Litauen
Buchladen in der Universität von Vilnius

Estland
Mittelaltermarkt in Tallinn

! Juden in Rīga
Das Jüdische Museum arrangiert interessante Führungen durch das »Jüdische Rīga«. ► **Seite 308**

! Kanufahrers Paradies
Die Abava ist ein wunderbares Revier für Kanufahrer; zwei Adressen für organisierte Touren. ► **Seite 334**

! Kolonie der Störche
In der Umgebung von Valmiera liegt die die mit 40 Nestern größte Storchenkolonie des Baltikums. ► **Seite 336**

! Wohnen in der alten Mühle
Im litauischen Aukštatija-Nationalpark kann man sehr günstig einfache Sommerhäuser oder andere wildromantische Unterkünfte mieten. ► **Seite 350**

! Zum Teufel nochmal ...
Ein litauischer Maler frönte einer ganz besonderen Sammelleidenschaft: Er trug im Laufe seines Lebens eine große und skurrile Sammlung von rund 1000 Teufelsfiguren zusammen, die die Attraktion eines Museums in Kaunas bilden. ► **Seite 371**

! Essen an Bord
In Klaipėda hat der alte Dreimastsegler »Meridianas« festgemacht. Hier kann man seine Tour für ein schnelles Bier oder eine geruhsame Mahlzeit unterbrechen. ► **Seite 375**

! Delphinarium
Eine Attraktion in der Umgebung von Klaipėda ist das einzige Delphinarium des Baltikums mit drei Wasserbecken und 1000 Zuschauerplätzen. ► **Seite 381**

! Reiherberge
In Europas größter Reiherkolonie nisten 600 Graureiher und 1500 Kormorane. ► **Seite 389**

Estland
Turmuhr der Heiliggeistkirche in Tallinn

! Törn auf dem Kurenkahn
Originalgetreue Kopien der traditionellen Fischersegler laden in Nida zu Haffrundfahrten oder Törns ins Nemunasdelta ein. ► **Seite 391**

Fast ein Drittel aller Häuser in Rīga lassen Merkmale des Jugendstils erkennen
▸ **Seite 310**

HINTERGRUND

PRAKTISCHE INFORMATIONEN VON A bis Z

PREISKATEGORIEN

Hotels
Luxus: ab 120 €
Komfortabel: 50 – 120 €
Günstig: bis 50 €

Restaurants
Fein & Teuer ab 10 €
Erschwinglich: 5 – 10 €
Gut & Günstig: bis 5 €
für ein Hauptgericht

Auf dem Land bei Narva-Jõesuu
▶ **Seite 159**

TOUREN

Königsberger Museum der Weltmeere
▶ **Seite 458**

Idylle der hübschen Holzhäuser auf der Kurischen Nehrung
▸ **Seite 382**

REISEZIELE VON A bis Z

Kähne an der lettischen Küste
▸ **Seite 339**

Walderdbeeren am Straßenrand
▸ **Seite 14**

Hintergrund

WISSENSWERTES ÜBER DREI JUNGE AUFSTREBENDE NATIONEN, ÜBER LÄNDER UND LEUTE, IHRE WIRTSCHAFT UND POLITIK, ÜBER SICH ERNEUERNDE GESELLSCHAFTEN UND EIN ALLTAGSLEBEN IM SPAGAT ZWISCHEN TRADITION UND MODERNE.

PERLEN DER OSTSEE

Wo gibt es sowas? Drei winzige Länder auf engstem Raum, verbunden durch ein ähnliches Schicksal und doch so unterschiedlich in Sprache, Temperament und Kultur. Estland, Lettland und Litauen haben das Grau der Sowjetzeit durch die Farben des Neuanfangs ersetzt und gehen mit Siebenmeilenstiefeln ihren Weg, der zugleich die Traditionen ehrt und der Moderne huldigt.

Den Balten klingt das Leben. Und in ihrer ausgeprägten Liebe zur Musik liegt der Schlüssel zum zähen Überleben dreier Sprachen und Kulturen. In Zeiten fremder Herrschaft waren riesige Sängerfeste eine Art klingendes Geheimbündnis gegen die unerwünschten Machthaber. Harmlos-folkloristisch getarnt, bedeuteten einfache Volkslieder immer auch mächtige Demonstrationen nationaler Identität. Bunte Folklorefestivals und hochrangige Konzerte werden auch heute im Sommer allerorten veranstaltet. Doch unter vollkommen anderen Vorzeichen: Seit 1991 sind Estland, Lettland und Litauen unabhängige Republiken, die ihren Blick nach vorne und in die Welt richten. Und sich auf einen stetig wachsenden Zustrom an Gästen freuen.

So schmeckt der Sommer
Walderdbeeren, am Wegesrand feilgeboten

Drei Individuen

»Tere«, »sveiki« oder »labas« – so klingt ein einfaches »Hallo« in Estnisch, Lettisch und Litauisch. Und so verschieden wie die Sprachen sind auch die drei Länder, wenngleich sie – besonders in der Außenwahrnehmung – unter dem praktischen Sammelbegriff »Baltikum« ein gemeinsames Zuhause gefunden haben.

Als Reiseziel weitgehend »unverbraucht« lockt das Baltikum neben organisierten Gruppen, deren Mitglieder in den Anfangsjahren oft auf der Suche nach Spuren der alten Familienheimat waren, immer mehr Individualtouristen an. Denn hier kann man abseits der breitgetretenen Pfade des Massentourismus eine einzigartige Verbindung des Gestern mit dem Morgen erleben. In Estland beispielsweise hat jeder Bürger das gesetzlich verbriefte Recht auf einen Internetzugang, die Parkuhr und das Cola kann per SMS bezahlt werden. Gleichzeitig denkt sich niemand etwas dabei, uralt überlieferte Vorsichtsmaßnah-

Singende Revolution
Endlich frei von Moskau – für eine selbstbestimmte Zukunft der Baltenstaaten als »östlichste Nationen des Westens«

Idylle auf dem Land
Fern ab der Städte ist das Leben beschaulich – und auch ärmlich. In den wachsenden Tourismus setzt man große Hoffnungen.

Kurische Nehrung
Vor dem Zweiten Weltkrieg zog es viele Künstler und Schriftsteller ans Haff – man liebte die spektakuläre Natur und die hübschen Fischerdörfer.

Sommer
Der nordische Sommer ist kurz und unvergleichlich – das Licht intensiv, die Luft frisch und das Leben unbeschwert.

Geschichte in Stein gegossen
Mittelalterliche Stadtstrukturen – nirgends sind sie so vollständig erhalten wie in der estnischen Hauptstadt Tallinn

Wind des Aufbruchs
Nach rund tausend Jahren fremder Herrschaft haben die wiederhergestellten Staaten Visionen: von Selbstbestimmtheit, wirtschaftlichem Aufschwung und Anschluss an ein Europa, in dem sie sich geistig immer verwurzelt fühlten.

men zu beherzigen: So ist Pfeifen im Hausinnern verboten, denn der Volksglaube fürchtet, das Haus könne abbrennen. Zäune werden umständlich um riesige Eiszeitfindlinge herumgebaut, denn wer diese Spielbälle des Donnergottes entfernt, könnte seine Rache heraufbeschwören. Und reichen Sie bei der Begrüßung nie die Hand über die Türschwelle: das könnte Unglück bringen.

Drei Metropolen

Besonders große Anziehungskraft üben die Städte auf alle Besucher aus. Tallinn schmückt sich noch heute mit archaischen Bauwerken, die dort zur Zeit der Hanse entstanden, als die mächtige Stadt den Handel im Ostseeraum beherrschte. Eine fast vollständig erhalene mittelalterliche Stadtmauer mit Türmen und Zinnen gehört dazu. Rīga ist stolz auf seine herrlichen Jugendstilbauten, ganze Straßenzüge sind üppig verziert mit Girlanden, Blumenkränzen, Löwenköpfen und in Stein gehauenen Jungfrauen. Vilnius, einst das »litauische Jerusalem« genannt, war einmal das geistige und kulturelle Zentrum der Juden in Osteuropa. Heute ist es die Stadt der Flaneure und Kirchen, unzählige Türme recken sich gen Himmel und die verwinkelten Gassen und Innenhöfe der Altstadt bergen Cafés, Jazzkneipen, Ateliers und Boutiquen.

Originale
Vom Leben und vom Wetter gegerbt

Wer im Urlaub am liebsten wandert oder Sport treibt, findet in den baltischen Ländern viele Möglichkeiten für allerlei Outdoor-Aktivitäten. Zum Landschaftsbild gehören Hochebenen, Seen, Flüsse, Moore und weite Küstengebiete. Auf der Kurischen Nehrung lässt sich ein einmaliges Wechselspiel der Landschaft beobachten: Sand, Dünen, endlos erscheinende Strände, Buchten und helle Birkenwälder. Als Geheimtipp gelten die Nationalparks. Im estnischen Lahemaa-Nationalpark findet man wilde Hochmoore und prächtige Herrenhäuser, der Gauja-Nationalpark in Lettland ist ein Paradies für Kanufahrer und den Reiz des litauischen Aukštatija-Nationalparks machen stille Seen und verschwiegene Täler aus. Badeurlaubern sei die estnische »Sommerhauptstadt« Pärnu, die langen lettischen Strände oder der alte Bernsteinort Palanga an der litauischen Küste empfohlen. Und besonders nach stürmischen Tagen lohnt sich die Suche am Strand: verborgen in Meergrasbüscheln oder direkt vor den Füßen können Glückspilze sie entdecken, die Bernsteinstücke – das Gold des Baltikums.

Fakten

»Die Balten« gibt es nicht, aber es gibt 1,35 Mio. Esten, 2,33 Mio. Letten und 3,46 Mio. Litauer. Und ihre Länder, die von ferne betrachtet kaum mehr als Farbspritzer auf der Landkarte sind, gehen seit der jüngsten Unabhängigkeit von der Sowjetunion mit Meilenstiefeln in eine erfolgreiche und selbstbestimmte Zukunft. Man wird noch viel von ihnen hören ...

Naturraum

Von der Eiszeit geprägt

Landesnatur

Geologisch gesehen ist das Gebiet der Baltischen Staaten Teil der **Osteuropäischen Tiefebene**. Sie entstand während der Eiszeit im Pleistozän vor ca. 20 000 Jahren, als ganz Nordeuropa von Eis und Schnee bedeckt war. Unter den stellenweise bis zu 3000 m mächtigen Eismassen senkten sich weite Teile des Landes ab. Als Folge davon sind noch bis heute weite Teile des Skandinavischen und Baltischen Schildes Landhebungsgebiete, wo das Land aus dem Meer steigt.
Nach dem allmählichen Abzug des Eises entstand eine charakteristische **Moränenlandschaft** mit einem lockeren Mosaik von Wäldern, Wiesen und Mooren. Die in manchen Gegenden fast haushohen Findlinge sind nichts anderes als vom Eis geformter »Gletscherschutt«.

Ostsee

Im letzten Rückzugsstadium wurde das schon vor der letzten Eiszeit bestehende Becken der Ostsee freigegeben. Die durch die Eismassen unterbrochene Verbindung zur Nordsee ließ im Vorland des zurückweichenden Eisrandes zunächst den Baltischen Eisstausee entstehen, der die Schmelzwasser auffing und dadurch mit Süßwasser gefüllt war. Nach dem Abzug des Eises aus der Mittelschwedischen Senke fand der Baltische Eisstausee Anschluss an den Atlantik. In der Entstehungsgeschichte der Ostsee war der baltische Raum wiederholt von Meeren unterschiedlicher Beschaffenheit und Größe bedeckt. Die Ostsee in ihrer heutigen Form entstand erst vor ca. 6000 Jahren; aufgrund der kontinuierlichen Zufuhr von Flusswasser süßte sie zunehmend aus.

Küstenregion

◄ Haffküste

Im südwestlichen Teil des Baltikums ist die Küstenform bestimmt von der Ausgleichsküste der Ostsee. Der Nemunas (dt. Memel) als südliche Begrenzung Litauens mündet in das Kurische Haff, einen ehemaligen Meeresteil, der durch die **Kurische Nehrung** fast vollständig von der Ostsee abgetrennt ist. Nehrungen und Haffe sind Erscheinungen der für die südöstliche Ostsee typischen Ausgleichs- oder Haffküste, die sich bis zur Rīgaer Bucht erstreckt. Ausgleichsküsten entstehen in gezeitenarmen Meeren mit starkem Windaufkommen. Die dadurch hervorgerufenen Wellen transportieren kontinuierlich Sandpartikelchen in Windrichtung und lagern sie ab. Weicht die natürliche Küstenform von der

? WUSSTEN SIE SCHON ...?

- ... dass rund 80 % des weltweiten Bernsteinvorkommens im baltischen Raum liegen?

← *Nicht nur Folklore: Trachten waren und sind noch immer kleine Demonstrationen nationaler Eigenständigkeit.*

Baltikum Landschaften und Gewässer

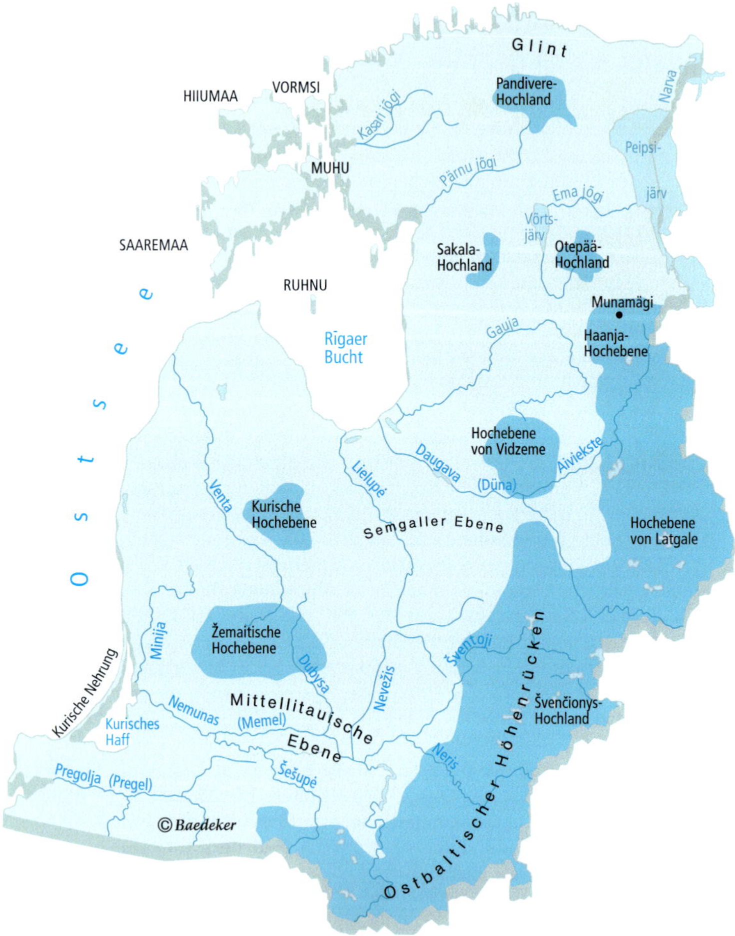

Ideallinie dieses Transportes ab, bilden sich Haken und Nehrungen, die Lagunen und Haffe in Form von Strandseen entstehen lassen. Die knapp 100 km lange Kurische Nehrung ist eine solche typische Formation, eine schmale Landzunge mit den höchsten Dünen Europas bei Nida, teilweise bewachsen mit Mischwäldern aus Birken und Fichten.

? WUSSTEN SIE SCHON ...?

- ... dass die lettische Küste im Grunde genommen ein einziger 494 km langer weißer Sandstrand ist?

Weite Auenlandschaften sind Heimat vieler seltener Tier- und Pflanzenarten.

◄ Übrige Küsten

Der gesamten Westküste sind mehrere Reihen von Sandbänken vorgelagert. Die Küste selbst ist wenig gegliedert und besitzt nur flache Buchten; der eigentliche Strand ist schmal mit einem sich anschließenden, zumeist 12 – 15 m hohen Dünengürtel. Ein viel besuchter Teil dieser Küstenform ist der 30 km lange Sandstrand von Jūrmala, der sich im Süden der Rīgaer Bucht erstreckt. Nördlich von Rīga schließt sich ein Küstensaum an, der über und über mit Findlingen aus der Vereisungszeit bedeckt ist, die die Gletscher vor sich hertransportierten und die nun wie verloren in der Landschaft liegen.
Die zu Estland gehörende Nordküste ist stark zerklüftet und weist steile Klippen von bis zu 56 m Höhe auf, die in den Finnischen Meerbusen abbrechen. Diese aus Grünschiefer aufgebauten Kliffe bilden eine als »Glint« bezeichnete Landschaft, wie sie sich z. B. im estnischen Nationalpark Lahemaa präsentiert.

Inseln

Vor der estnischen Westküste liegen die Inseln Saaremaa (Ösel), Hiiumaa (Dagö), Muhu (Moon) und Vormsi (Worms). Sie sind recht dünn besiedelt und haben daher ihren ursprünglichen Charakter weitgehend bewahrt. Die typische Vegetation auf Muhu besteht aus zahllosen Wacholderbäumen, während auf Hiiumaa Wälder vorherrschen. Das Landschaftsbild auf Saaremaa als der größten und am weitesten westlich liegenden Insel bestimmen Heideflächen, Kiefernwälder und hölzerne Windmühlen; ganz im Westen der Insel liegt das Vogelschutzgebiet Vilsandi.

Hochebenen im Osten Während der Westen des Baltikums – die Küstenregion – ausgesprochen flach ist, steigt das Land Richtung Osten an und weist hier markante Höhenunterschiede auf (► Karte S. 20). Die sich zurückziehenden Eiszeit-Gletscher mit ihrem sich ständig verlagernden Eisrand hinterließen eine malerische, hügelige Endmoränenlandschaft mit zahlreichen wunderschönen Seen, deren größte mit dem Peipus-See und dem Võrtsjärv in Estland liegen.

Pflanzen und Tiere

Vegetation Wälder ► Einst war das Gebiet des Baltikums fast vollständig von Wäldern bedeckt, heute ist nur noch ein gutes Drittel der Fläche bewaldet. Vorherrschend sind Fichten-, Kiefern- und Birkenforste; immer weiter nach Süden fortschreitend nimmt die Zahl von Misch- und Laubwäldern mit Koniferen – darunter auch Lärchen – sowie Eiche, Ahorn, Pappel, Esche, Birke, Espe und Linde zu. Besonders charakteristisch für Estland waren Laubwald-Haine aus Ulmen, Eichen und Linden mit Johannisbeeren- und Haselnussbewuchs, die unter dem Einfluss des Menschen jedoch fast verschwunden sind. Die Waldböden sind in Fichtenwäldern mit Moos, in Birkenwäldern mit Riedgräsern und in Kiefernwäldern mit Heidel- und Preiselbeeren sowie Heidekräutern bedeckt. Legendär ist der besondere Pilzreichtum der Wälder und die damit verbundene Leidenschaft der Balten für das Pilzesuchen. Angesichts der Blütenpracht der Bäume, Sträucher und Gräser haben Bienenzucht und Imkerei in allen Ländern des Baltikums eine lange Tradition.

Schnell wachsende Birkenwälder prägen weite Teile des Baltikums.

Über 20 % der Fläche Estlands und immerhin noch 10 % der Fläche Lettlands sind von **Mooren** mit solch typischen Pflanzen wie Moosbeeren und Sumpfheidelbeeren bedeckt; teilweise trifft man auch vermoorte Kiefernwälder an.

An den **Küsten** lassen sich die typischen Pflanzenfamilien der Marschen mit Salzgräsern – überwiegend in Estland – und der Sandstrände mit zurückversetztem

Kiefernbewuchs unterscheiden. Besonders eindrucksvoll ist die Landschaft der Kurischen Nehrung mit schönen Kiefernwäldern und den höchsten Wanderdünen Europas. In Flussnähe finden sich noch vereinzelt Auwiesen.

Säugetiere

Die dichten Wälder bieten Lebensraum für in Mitteleuropa heimische Tiere wie Rotwild, Rehe, Wildschweine, Füchse, Marder und Dachse, aber auch für in unseren Breiten nicht vorkommende, ausgestorbene oder bedrohte Arten. An erster Stelle sind hier die Elche zu nennen, u. a. auf der Kurischen Nehrung im sog. »Elchwald«. Wieder angesiedelt wurden Biber und Wisente. Auch Raubtiere wie Luchse, Wölfe und Bären (vor allem in Estland) sind im Baltikum beheimatet. An Fluss- und Seeufern leben Fischotter und Bisamratten. Arktische Schneehasen sind in den Kiefernwäldern des Nordens beobachtet worden.

Vögel

In die Hochmoore haben sich Vogelarten wie Goldregenpfeifer und Moorhuhn zurückgezogen, seltene Eulenarten leben in den Wäldern. Sehr verbreitet sind noch Weißstörche; hinzu kommen Kraniche und Reiher an Seen, Flüssen und in Sumpfgebieten; auch Schwarzstörche wurden gesichtet. Seevögel aller Art lassen sich in den Küstengebieten, bevorzugt auf den großen estnischen Inseln, an der Kurischen Nehrung und im Kurischen Haff nieder.

Fische

Über 30 Süßwasserfischarten tummeln sich in den Flüssen und Seen, darunter Brassen, Pricken, Barsche, Rotaugen, Karpfen und Forellen.

Umwelt und Naturschutz

Die Umweltsituation im Baltikum war noch zu Beginn der 1990er-Jahre sehr problematisch. Emissionen und ungeklärte Abwässer aus Industrie und Haushalt belasteten Luft und Wasser; der Einsatz von Düngemitteln hatte die Böden ausgelaugt und Schadstoffe in Ostsee und Binnengewässer ausgewaschen. Kontaminierungen des Grundwassers sind u. a. in Lettland festgestellt worden, die Rīgaer Bucht litt an starker Verschmutzung. Umwelttechnisch problematisch war und ist der Ölschieferabbau und dessen Verbrennung an der Nordostküste Estlands um Kohtla-Järve bis Narva. Hinzu kamen die zahllosen

! *Baedeker* TIPP

Vögel beobachten

Besonders viele in Westeuropa seltene oder gar fast ausgestorbene Vogelarten kann man im Baltikum noch antreffen. Es gibt eineVielzahl von Vogelbeobachtungsstationen und eine rege Internetpräsenz der »birdwatcher« (z. B. www.birdwatching.lt, www.putni.lv oder www.fatbirder.com).

Zahlen und Fakten Baltische Staaten

Lage
- Estland:
  57° – 59° nördliche Breite
  21° – 28° östliche Länge
  etwa auf dem Längengrad von Stockholm, 60 km südl. von Helsinki
- Lettland:
  56° – 58° nördliche Breite
  21° – 28° östliche Länge
- Litauen:
  53° – 56° nördliche Breite
  20° – 27° östliche Länge

Fläche
- Estland: 45 226 km²
- Lettland: 64 589 km²
- Litauen: 65 200 km²

Hauptstädte
- Estland: Tallinn
- Lettland: Rīga
- Litauen: Vilnius

Einwohnerzahl
- Estland: 1,35 Mio.
- Lettland: 2,33 Mio.
- Litauen: 3,46 Mio.

Bevölkerungsdichte
- Estland: 30,2 Personen / km²
- Lettland: 36,6 Personen / km²
- Litauen: 57,2 Personen / km²

Bevölkerungsanteile
- Estland: 65,2 % Esten, 28,1 % Russen, d. W. Ukrainer, Weißrussen, Finnen u. a.
- Lettland: 59 % Letten, 29 % Russen, d. W. Weißrussen, Ukrainer, Polen u. a.
- Litauen: 83,5 % Litauer, 6,3 % Russen 6,7 % Polen, u. a.

Religion
- Estland: vorwiegend protestantisch (Esten), russisch-orthodox (Russen)
- Lettland: protestantisch, katholisch, russisch-orthodox
- Litauen: überwiegend katholisch

Bruttoinlandsprodukt
- Estland: 7,4 Mrd. € (2003)
- Lettland: 8,86 Mrd. € (2003)
- Litauen: 16,14 Mrd. € (2003)

Im Vergleich:
Deutschland: 2 129,20 Mrd. €

Eesti Vabariik

Latvijas Republika

Lietuvos Respublika

von den sowjetischen Militärtruppen hinterlassenen Umweltschäden. Einiges hat sich in der Zwischenzeit zugunsten der Umwelt getan. Die landwirtschaftliche Produktion und damit der Düngemitteleinsatz gingen stark zurück und verbesserte Umweltschutzauflagen sorgen für reduzierte Industrieemissionen. Doch – auch im Hinblick auf den stetig wachsenden Tourismus – bleibt der Umweltschutz eine Herausforderung für die drei Staaten. Dennoch gibt es im Baltikum weite Flächen völlig unberührter Natur, auch außerhalb der Nationalparks, wie z. B. den Küstenabschnitt zwischen Roja und Kolka in Lettland. Jeder der drei Staaten hat seine Nationalparks: Lahemaa, Karula, Soomaa und Vilsandi in Estland, der Gauja-, der Kemeri- und der Slītere-Nationalpark in Lettland und Aukštaitija in Litauen. Hinzu kommt eine Vielzahl kleinerer Naturschutzgebiete und schutzwürdiger Zonen.

streng geschützten
◂ Nationalparks

Bevölkerung · Politik · Wirtschaft

Bevölkerung

Balten

Urspünglich nannten sich die im Mittelalter ins Land gekommenen Deutschen »Balten«. Die Wissenschaft versteht darunter die Baltisch sprechenden Völker, also die Letten, Litauer und die ausgestorbenen Pruzzen (Altpreußen), nicht jedoch die Esten. Heutzutage hat sich der Begriff »Balten« für die Bewohner der Länder Estland, Lettland und Litauen eingebürgert, entsprechend werden auch diese drei Staaten als »Baltikum« bezeichnet.

Estland

Die Bevölkerungszahlen Estlands sind in den vergangenen Jahren stetig zurückgegangen. 69 % der Landesbewohner leben in städtischen Zentren, unter denen die Hauptstadt Tallinn mit 399 850 Einwohnern das größte ist. Weitere große Städte sind Tartu (101 200), Narva (68 600), Kohtla-Järve (47 500) und Pärnu (45 000).

◂ Russische Minderheit

65,2 % der Einwohner Estlands sind Esten. Der hohe russische Bevölkerungsanteil (28,1 %) erklärt sich aus der Ansiedlungspolitik während der sowjetischen Zeit, als zur Zurückdrängung der Esten und deren Kultur gezielt russische Industriearbeiter mit ihren Familien ins Land gebracht wurden. Ein angemessener Umgang mit der – oft ungeliebten – russischen Minderheit ist immer noch eine Herausforderung für die junge Republik.

◂ Sprache

Alleinige Amtssprache Estlands ist Estnisch. Es gehört nicht zu den indoeuropäischen Sprachen, sondern zur baltisch-finnischen Untergruppe der finno-ugrischen Sprachfamilie und ist eng verwandt mit dem Finnischen. Zu seinen wichtigsten Merkmalen gehören sein Vokalreichtum sowie die Deklination und Konjugation durch Anhängen von Silben an den Wortstamm.

Ländliches Familienleben in Estland

Lettland Zwei Drittel aller lettischen Bürger leben in Städten. Größte Stadt ist mit 759 000 Einwohnern die Hauptstadt Rīga, gefolgt von Daugavpils (114 000), Liepāja (89 000), Jelgava (63 500), Jūrmala (56 000) und Ventspils (43 800).

Russische Minderheit ▶ Nur 58 % aller Landesbewohner sind Letten. Wie auch in Estland sind die Russen mit einem Anteil von durchschnittlich einem knappen Drittel (in Rīga stellen sie 44 % der Einwohnerschaft) die größte ethnische Minderheit. Seit 1998 kann jeder Einwohner Lettlands, also auch Angehörige der russischen Minderheit, die Staatsbürgerschaft erwerben, sofern er die Sprache beherrscht und über Verfassung und Geschichte Lettlands Bescheid weiß.

Sprache ▶ Lettisch gehört zur baltischen Gruppe der indoeuropäischen Sprachen. Die baltische Sprachgruppe umfasst neben dem Lettischen das Litauische, das inzwischen ausgestorbene Pruzzische sowie das nur in Rudimenten überlieferte Kurische und Selische und hat keine direkte Verwandtschaft zu slawischen Sprachen. Ein besonderes Charakteristikum des Lettischen ist das Endungs-s an männlichen Namen und Bezeichnungen, auch bei Lehnwörtern aus anderen Sprachen.

Litauen In Litauen leben 3,4 Mio. Menschen, 68 % von ihnen in Städten wie Vilnius mit 592 500 Einwohnern, Kaunas (430 000), Klaipėda (210 000), Šiauliai (150 000) oder Panevėžys (130 000).

Minderheiten ▶ In Litauen ist die Russifizierungspolitik weniger streng durchgeführt worden, so dass 83,5 % der Einwohner Litauer und nur 6,3 % Russen sind. Eine zweite starke Minderheit stellen die Polen (6,7 %). Aufgrund ihrer relativ geringen Zahl stellt sich in Litauen das Problem der russischen Minderheit nicht im selben Maß wie in den beiden anderen Republiken. Schwierigkeiten gibt es jedoch mit den Polen, von denen viele in Vilnius leben und z. B. im litauisch-weißrussischen Grenzgebiet bei Salčininkai 80 % der Bevölkerung stellen, wo sie sogar gegen die litauische Unabhängigkeit auftraten und sich lossagen wollten. Ein Regierungsabkommen zwischen Litauen und Polen versucht, diese Zwistigkeiten einzudämmen.

◄ Religion

Litauen ist aufgrund der langen Verbindung mit Polen überwiegend römisch-katholisch.

◄ Sprache

Das Litauische ist neben dem Lettischen die letzte noch lebende Sprache der baltischen Sprachgruppe. Es hat gegenüber dem Lettischen mehr ältere Formen in Lautung, Grammatik und Syntax erhalten, so dass es heute als die Sprache gilt, die einer indoeuropäischen Ursprache am nächsten kommt.

Staat und Gesellschaft

Junge Demokratien

Nach der wiedererlangten Unabhängigkeit haben sich die drei baltischen Staaten für die parlamentarische Demokratie nach westlichem Vorbild entschieden. Die alte Kommunistische Partei ist in allen drei Ländern verboten. Außenpolitisch arbeiten die baltischen Staaten im 1990 wieder ins Leben gerufenen Baltischen Rat zusammen. Alle drei Republiken sind Mitglied im Europarat und wurden 2004 in die EU aufgenommen.

Estland

◄ Staatsorgane

Estland ist eine parlamentarisch-demokratische Republik. Staatsoberhaupt ist der Präsident, seit 2001 Arnold Rüütel. Der ernennt den Ministerpräsidenten, der den Auftrag zur Regierungsbildung erhält.

◄ Parteien

Größere Parteien sind die Zentrumspartei (Eesti Keskerakond), die Reformpartei (Eesti Reformierakond), die Parteien Isamaaliit und Mõõdukat, die Volksunion Estlands (Eestimaa Rahvaliit), die Vereinigte Volkspartei Estlands (Eestimaa Ühendatud), die hauptsächlich aus Russen bestehende Rahvapartei und die erst 2001 gegründete Res Publica.

◄ Verwaltung

Estland gliedert sich in fünfzehn Bezirke (»maakond« ►Karte S. 140)

Lettland

◄ Staatsorgane

Gegenwärtig ist die Vorkriegsverfassung (»Satversme«) der Republik Lettland in Kraft. Staatsoberhaupt war 1993 – 1999 Guntis Ulmanis, der Großneffe des Vorkriegspräsidenten Kārlis Ulmanis (►Berühmte Persönlichkeiten); seit 1999 amtiert Vaira Vīķe-Freiberga als Staatspräsidentin. Das Parlament (»Saeima«) mit 100 Abgeordneten wurde im Juni 1993 zum ersten Mal gewählt.

◄ Parteien

Lettland verfügt über ein breites, schnellen Veränderungen unterworfenes Parteienspektrum mit enger Bindung an Wirtschaftsakteure. Aus der Saeima-Wahl 2002 ging eine Mitte-Rechts-Mehrheit hervor, die jedoch mit wechselnden Koalitionen und Ministerpräsidenten noch um Stabilität ringt.

Baltikum *Politische Gliederung*

A Hiiumaa
B Saaremaa
C Läänemaa
D Harjumaa
E Raplamaa
F Pärnumaa
G Viljandimaa
H Järvamaa
I Lääne-Virumaa
J Ida-Virumaa
K Jõgevamaa
L Tartumaa
M Valgamaa
N Põlvamaa
O Võrumaa

Lettland ist in 26 Landkreise (»Rayons«) und sieben kreisfreie Städte eingeteilt; traditionell ist das Land in die vier Provinzen Vidzeme, Kurzeme, Latgale und Zemgale gegliedert (►Karte S. 238). ◄ Verwaltung

Litauen

◄ Staatsorgane

Litauen ist seit 1991 Republik und hat seit 1992 eine neue Verfassung mit ausgeprägt präsidialen Elementen. Staatsoberhaupt ist der vom Volk alle fünf Jahre gewählte Staatspräsident, seit 1998 Valdas Adamkus. Dem Parlament (Seimas) gehören 141 Abgeordnete an, die im Abstand von vier Jahren neu gewählt werden. Seit 2001 ist der Sozialdemokrat Algirdas Brazauskas Ministerpräsident einer Mitte-Links-Regierung, seit 2004 steht er einer Koalition aus Sozialdemokraten, Neuer Union, Arbeiterpartei und Bauernpartei vor. ◄ Parteien

Litauen gliedert sich in zehn Bezirke mit jeweils einer Bezirksstadt als Zentrum. Die Landkreise (Rayons) blieben erhalten: Jeder Bezirk hat vier bis fünf Rayons (►Karte S. 346). ◄ Verwaltung

Wirtschaft

Aufstrebende Musterschüler

Die Volkswirtschaften der drei baltischen Staaten, die einst an der Spitze des Wirtschaftsaufkommens der Sowjetunion lagen, haben heute alle mit den gleichen Problemen zu kämpfen. Als Sowjetrepubliken waren sie in das Wirtschaftssystem der Union integriert, das als eng verflochtenes Netz von Produktionsschwerpunkten organisiert war. So versorgte beispielsweise Lettland fast die gesamte Sowjetunion mit Glühbirnen; Rohstoffe und Energie kamen jedoch aus anderen Sowjetrepubliken. Die Landwirtschaft der baltischen Länder ist immer noch vergleichsweise einseitig auf Fleisch- und Milchproduktion ausgerichtet. Für ihre Wirtschaft bedeutet dies heute, dass sie Produkte hervorbringt, für die im eigenen Land nur geringer Bedarf besteht, während die alten Abnehmermärkte – die jetzigen GUS-Staaten – nach und nach weggebrochen sind bzw. an Wirtschaftskraft verloren haben. Im Westen wiederum haben diese Produkte nur geringe Marktchancen. Hinzu kommt, dass die baltischen Staaten mit Ausnahme Estlands keine Rohstoffe besitzen und diese, wie auch Energie und Treibstoff, zu hohen Preisen importieren müssen. Zu diesen speziellen Schwierigkeiten gab es noch die »üblichen« Probleme, die allen Staaten des auseinandergebrochenen Ostblocks bei der Umstellung auf die Marktwirtschaft gemein sind: veraltete Technik, ungeklärte Eigentumsverhältnisse, hohe Preise und eine instabile Währung, die

Hoch motiviert sind die Jungunternehmer der aufstrebenden Staaten.

eine »zweite« Wirtschaft entstehen ließ, in der vorzugsweise der Dollar zählte. Dennoch gelang den drei Staaten eine beachtliche wirtschaftliche Konsolidierung, gipfelnd 2004 im **Eintritt in die EU**.

Umweltsituation Nach der Zeit als Sowjetrepubliken war die Umweltsituation teilweise katastrophal. Überdüngte und ausgelaugte Böden, durch Abwässer belastetes Meerwasser und mancherorts durch Emissionen von Kraftwerken beeinträchtigte Luftqualität – eine Hypothek, die sich nur langsam und unter großen Anstrengungen abbauen lässt.

Privatisierung In allen drei Republiken setzte man auf eine marktwirtschaftliche Orientierung, allerdings mit unterschiedlicher Akzentuierung. Mit an erster Stelle stand die Privatisierung der staatlichen Betriebe, besonders in der Landwirtschaft; selbst Schlüsselbetriebe wie die litauische Raffinerie »Mažeikiai« wurden zumindest teilprivatisiert. Während Estland diesen Weg konsequent verfolgt, hat sich dieser Prozess in Litauen wieder verlangsamt. Lettland hat von Anfang an auf eine behutsamere Umstrukturierung gesetzt; dort sind wichtige Großbetriebe wie das Elektrizitätswerk »Latvenergo« und die staatliche Reederei »Latvijas kugniecība« bisher nicht privatisiert worden.

Inflationsbekämpfung Um der Inflation Einhalt zu gebieten und über eine stabile Währung zu verfügen, führte **Estland** schon im Juni 1992 gegen den Rat der Weltbank die an die D-Mark gebundene »Kroon« ein. **Lettland** zog im März 1993 mit dem »Lat« nach, und schließlich wagte auch **Litauen** im Juni 1993 mit der Einführung des »Litas« den Schritt zur eigenen Währung. Mittlwerweile sind alle drei Währungen fest an den Euro gebunden. Die Lebenshaltungskosten sind in allen drei Staaten sehr hoch, wer über westliche Devisen verfügt, hat es deutlich leichter.

»Via Baltica« Die baltischen Länder sind seit jeher Durchgangsstationen auf dem Weg nach Skandinavien oder Russland. Mit der wiedergewonnenen Freiheit setzen die baltischen Staaten wieder große Hoffnung in die Neubelebung dieser Tradition. Ein ehrgeiziges Projekt ist der Ausbau einer von der polnisch-litauischen Grenze über Kaunas und Rīga nach Tallinn führenden Autobahn (E 67), der »Via Baltica«. Sie ist gedacht als Teilstück einer von Berlin nach Tallinn verlaufenden Strecke (ca. 1500 km), die eine Verbindung von Westeuropa zum Baltikum herstellt und von dort weiter nach Skandinavien führt. Um diesen Plan zu realisieren, soll in ca. 20 Jahren unter dem Finnischen Meerbusen ein 80 km langer Tunnel eröffnet werden, der Tallinn mit Helsinki verbindet.

Wirtschaft in Estland Die wirtschaftliche Zukunft Estlands könnte nach den Vorstellungen der Politik im IT-Bereich liegen; der Anteil des Dienstleistungssektors am BIP betrug 67 % im Jahr 2000 und die Akzeptanz und Nutzung der neuen Medien in der Bevölkerung sind sehr hoch.

◄ Industrie

Von der Industrieproduktion (27 % des BIP) entfällt ein gutes Drittel auf die Nahrungsmittelverarbeitung, daneben spielen die Branchen Elektrotechnik, Papierverarbeitung, Schiff- und Maschinenbau eine Rolle. Brennstoffe müssen zum überwiegenden Teil weiterhin aus Russland eingeführt werden, eigene Rohstoffe sind Phosphor und Ölschiefer.

◄ Landwirtschaft

Die Landwirtschaft mit noch einem Anteil von 6 % am BIP ist bisher überproportional auf die Viehzucht ausgerichtet. Die Wälder (40 % der Gesamtfläche des Landes) sollen stärker für die Holz- und Papierindustrie genutzt werden. Von der Fischerei in Ostsee und Nordatlantik wird nach einer Überholung der Fangflotte die Konkurrenzfähigkeit auf dem Weltmarkt erhofft. Wie in allen baltischen Staaten hat die Imkerei große Tradition.

◄ Außenhandel

Die wichtigsten Ausfuhrprodukte waren im Jahr 2000 Maschinen und Ausrüstungen sowie Holz und Holzprodukte, Textilien und Bekleidung. Eingeführt wurden hauptsächlich Gas, Öl und Treibstoffe, erst mit deutlichem Abstand folgten Verbrauchsgüter wie Haushaltsgeräte. Die Handelsbilanz ist noch negativ, konnte jedoch aufgrund des Energieexports verbessert werden. Wichtigste Exportpartner sind Finnland (23 %), Schweden (21 %) sowie Deutschland (9 %) und Lettland (7 %). Eine ähnliche Rangfolge ergibt sich beim Import, auch hier liegt Finnland mit einem Anteil von 27 % deutlich vor Schweden und Deutschland (je 10 %).

Wirtschaft in Lettland

Auch Lettland ist auf dem Weg in die moderne Dienstleistungsgesellschaft: 70 % des BIP werden in diesem Bereich erwirtschaftet. Rund 20 % der erwirtschafteten Güter kommen aus der Industrie. Die Produktion ist vor allem um Rīga konzentriert, kleinere Standorte sind Ventspils, Liepāja, Dagauvpils, Valmiera und Rēzekne. Hauptzweige sind heute die Holzverarbeitung, die Bekleidungsindustrie, die Nahrungsmittel- sowie die Elektroindustrie. Mit Rohstoffen ist Lettland nicht gesegnet: außer Kalkstein, Ton und Sand besitzt das Land keine Ressourcen.

◄ Landwirtschaft

Lettland galt als die Kornkammer des Baltikums, auch wenn gleichfalls ein Übergewicht bei der Fleisch- und Milchviehzucht besteht. Die Privatisierung der lettischen Landwirtschaft ist schon weit fortgeschritten, der Sektor stellt um die 5 % des BIP. Da 44 % des Landes von Wald bedeckt sind, spielt die Holzindustrie eine große Rolle. Hoffnung setzt man in die Fischerei, denn Lettland besitzt die größte Fangflotte der drei Republiken und viele Fisch verarbeitende Betriebe. Traditionell betrieben wird die Honiggewinnung.

◄ Energie

Lettland, das nur wenige Energieressourcen besitzt, produziert zwei Drittel des eigenen Elektrizitätsbedarfs in Wasserkraftwerken. Der Rest wird mit Importen aus Estland, Litauen und Russland gedeckt. Eines der dringendsten Vorhaben der lettischen Regierung ist daher die Modernisierung bestehender und der Bau neuer Kraftwerke.

◄ Außenhandel

Der Außenhandelsstrom hat sich deutlich weg von der ehemaligen Sowjetunion zu anderen Ländern hin verschoben; nach Russland

gingen 2001 nur noch 5,9 % der Exporte, und nur 9,2 % macht der Anteil russischer Waren am Import aus – dennoch ist Russland lettisches Importland Nr. 2. Den ersten Platz sowohl beim Export als auch beim Import nimmt Deutschland ein (16,7 % bzw. 17 %); weitere wichtige Exportländer sind Großbritannien (15,7 %), Schweden (9,6 %) und Litauen (8,1 %). An vierter Stelle bei den Importen steht Finnland (8 %).

Wirtschaft in Litauen

Die Wirtschaftsstruktur Litauens wandelt sich: Wie auch in Estland und Lettland nimmt mittlerweile der Dienstleistungssektor die Spitzenposition ein: Sein Anteil betrug zu Beginn des neuen Jahrtausends 60 % am Bruttoinlandsprodukt (BIP).

◄ Industrie

Die Industrie Litauens (27 % des BIP) wird von drei Branchen geprägt und konzentriert sich hauptsächlich auf Vilnius, Kaunas und die Hafenstadt Klaipėda. Der wichtigste Bereich ist die Mineralproduktion, die Bekleidungs- und Metall verarbeitende Industrie kommen an zweiter Stelle. Der dritte große Bereich ist die Nahrungsmittelindustrie, vor allem Milch- und Fleischprodukte werden, wie auch schon zu Sowjetzeiten, in großem Stil produziert. Mit lediglich Torf, Baustoffen und Bernstein ist Litauen arm an Rohstoffen und deshalb bei Energieträgern oder Metallprodukten von Russland abhängig.

◄ Landwirtschaft und Fischerei

Litauen ist seit jeher stärker als die beiden anderen Republiken agrarisch geprägt, und auch hier überwiegt die Viehzucht, wenn sie auch im Jahr 2000 gerade noch 5 % des BIP ausmachte. Auf Fleisch- und Milchproduktion wird weiterhin gesetzt. Auch Litauen will die Nutzung seiner Wälder intensivieren. Das Zentrum der Fischerei und der davon abhängigen Industrie ist Klaipėda. Die Bienenzucht spielt ebenfalls eine vergleichsweise große Rolle.

◄ Energie

Konventionelle Kraftwerke und vor allem die beiden Blöcke des Atomkraftwerks Ignalina produzieren viel mehr Strom als Litauen benötigt, über die Hälfte davon wird deshalb exportiert. Allerdings macht dieses Kraftwerk vom Tschernobyl-Typ des öfteren Schlagzeilen durch Störfälle. Auf Drängen der EU soll 2005 einer der Ignalinareaktoren abgeschaltet werden; im Gegenzug wurden Finanzhilfen versprochen. Benzin, Öl und Gas werden fast ausschließlich importiert. Den Bau einer Ölbohrinsel vor der Kurischen Nehrung haben Umweltschützer verhindert. Die Anstrengungen der Energiepolitik richten sich deshalb vor allem auf eine Minderung der Abhängigkeit von Russland.

◄ Außenhandel

Auch in Litauen hat sich die Rangfolge der Außenhandelspartner verändert. An erster Stelle der Importländer steht wieder verstärkt Russland mit 25 %, danach Deutschland mit 17 %. Es folgen Polen (5 %), Frankreich und Italien (je 4 %). Bei den Exporten führt Großbritannien (14 %) vor Lettland und Deutschland (je 13 %), Russland (11 %) sowie Polen (6 %).

← *Rīga als Kopf des »baltischen Tigers: Im Jahr 2004 erzielte Lettland die höchste Wirtschaftswachstumsrate Europas.*

Geschichte

Einst kamen die Kreuzritter aus Deutschland, um im zu Baltikum siedeln. Sie unterwarfen die »Heiden«, bauten Burgen und führten Kriege. Doch auch Russland warf ein Auge auf die Region – und hielt sie lange im eisernen Griff. Erst in allerjüngster Zeit gelang es den kleinen Baltenvölkern, ihre lange gehegte Vision selbstbestimmter Nationalstaaten zu verwirklichen.

Baltenstämme und Bernsteinhandel

ab 9000 v. Chr.	Besiedelung durch Angehörige der Kunda-Kultur
ab 2000 v. Chr.	Indogermanische Stämme aus dem Kulturkreis der Bandkeramiker stoßen zu den Ureinwohnern.
um 500 v. Chr.	Erster Bernsteinhandel mit dem Mittelmeerraum
1180 n. Chr.	Beginn der Missionierung Estlands und Lettlands

Kunda-Kultur

Das Abschmelzen der eiszeitlichen Gletscher, die das gesamte Baltikum bedeckten, ermöglicht erste menschliche Ansiedlungen. Jäger und Sammler der sog. Kunda-Kultur hinterlassen ab 9000 v. Chr. zwischen Finnischem Meerbusen und der Düna (Daugava) manches Zeugnis ihrer Existenz. In das Gebiet des heutigen Litauen wandern von Westen Angehörige der Magdalénien-Kultur und von Süden der Swidry-Kultur ein.

Narva- und Memelkultur

Die Kunda-Kultur teilt sich ab 4000 v. Chr. in die Stämme der Narva- (im Inland) und der Memelkultur (an der westlichen Ostseeküste und in deren Hinterland). Aus Asien wandern finno-ugrische Völker ein, die Vorfahren der Esten, die sich vor allem im heutigen Estland niederlassen. Ab ca. 2000 v. Chr. besiedeln indogermanische Stämme aus dem Kulturkreis der Bandkeramiker die Länder an der östlichen Ostsee und vermischen sich mit den Ureinwohnern.

Bernsteinhaldel

Von 500 v. Chr. an lässt sich der Bernsteinhandel nachweisen. Die Bernsteinroute beginnt an der preußischen Küste bei den ebenfalls baltischen Pruzzen, führt dann die Weichsel hinauf, durch die Mährische Pforte, über den Semmeringpass über die Alpen und schließlich nach Aquileia an der Adria, von wo die Ware nach Rom, Griechenland und sogar bis nach Ägypten gebracht wird. Herodot erwähnt 430 v. Chr. das Volk der »Neuroi«, das in Polen und der westlichen Ukraine vermutet wird.

Zeitenwende

Um die Zeitenwende besiedeln die baltischen Völker noch ein Gebiet, das weit ins heutige Russland und in die Ukraine reicht. Im Süden werden sie nach und nach von slawischen Völkern zurückgedrängt.

Endgültige Siedlungsgebiete

Zwischen 100 und 500 n. Chr. erlebt der Bernsteinhandel mit dem Mittelmeerraum seine Blüte. Gegen Ende dieser Periode haben sich

Die Ostkolonisation wurde von den Ordensrittern mit Nachdruck betrieben. Die offizielle Bezeichnung lautete: »Befreiung«.

die einzelnen baltischen Stämme in ihren Siedlungsgebieten weitgehend herauskristallisiert. Städte wie Tallinn und Tartu sind aus ersten hölzernen Dorfburgen entstanden. Bald berüchtigt sind die Seeräuber der estnischen Inseln. Die lettische Dialekte sprechenden Stämme sind die **Lettgaller** (östliches Lettland nördlich der Düna und im Westen bis zur Höhe von Valka), die **Semgaller** (südlich der Düna im Flussgebiet der Lielupe und bis zum heute litauischen Šiauliai) und die **Kuren** (westliches Lettland mit der Kurischen Nehrung), die ebenfalls der Seeräuberei nachgehen. Im Gegensatz zu den Esten und Litauern wohnen die Letten in Einzelgehöften. Die von Norden gekommenen finno-ugrischen **Liven** bewohnen den Küstenstreifen entlang der gesamten Rīgaer Bucht und bewahren zunächst ihre Sprache. Die Litauer teilen sich in die **Aukštaiten** (Hochlitauer) im Osten und die **Schemaiten** (Niederlitauer) im Westen. Ihre hervorragenden Reiter unternehmen ausgedehnte Raubzüge und perfektionieren damit das Kriegshandwerk, das sie später gegen die Ordensritter bestehen lässt.

Bedrohungen von außen

Um 600 beginnen die **Wikinger** ihre Raubzüge, angelockt durch die Kaufleute aus Mitteleuropa, die das Baltikum als Durchgangsland zu den Russen und Tataren benutzen. Münz- und Gewichtfunde belegen Handelsbeziehungen nach Skandinavien und in den Orient.
Nur 200 Jahre später versuchen Dänen und Schweden die Esten zu unterwerfen, auch, um die Seeräuberei einzudämmen.
Der Herrscher der Kiewer Rus, Fürst Jaroslaw, fällt 1030 in Estland ein, erobert die Burg Tartu und erbaut eine eigene Burg am Platz des heutigen Dombergs.
1106 schlagen die Semgaller die Russen, die daraufhin ihre Eroberungsgelüste nach Westen hin aufgeben.
Schließlich besegeln um 1180 deutsche **Hansekaufleute** die baltische Küste, wagen sich die Düna und die Narva hinauf und gründen eigene Handelsposten. In ihrem Gefolge erscheinen Priester. Mit ihnen beginnt die blutige Missionierung des heutigen Lettlands und Estlands, die – von den Kreuzrittern als »Befreiung« getarnt und mit den Kriegszielen in Palästina gleichgesetzt – zur Errichtung des Ordensstaates führt. Litauen kann widerstehen.

Die Herrschaft der Ritter: der Ordensstaat

1185	Erste Missionsstation in Livland
1202	Gründung des Ordensstaates Livland
1522	Die Reformation erreicht Livland.
1562	Auflösung des Deutschen Ordens

Baltikum *Osteuropa um 1450*

Die baltischen Heiden werden bekehrt

Der Mönch **Meinhard von Segeberg** (später von Üxküll) gründet 40 km dünaaufwärts in Livland die Missionsstation Üxküll und lässt eine steinerne Burg und eine Kirche errichten. Er wird 1188 zum Bischof von Livland ernannt und dem Erzbistum Bremen unterstellt. Meinhards Nachfolger **Berthold von Loccum** bringen die Liven entschiedenen Widerstand entgegen. Er lässt ein Pilgerheer ins Land kommen und fällt 1198 im Kampf mit den Liven. Die Geistlichen flüchten aus dem Land; die Liven wenden sich wieder vom Christentum ab. Der neue Bischof **Albert von Buxhoeveden** erwirkt eine päpstliche Bulle, die den Kampf gegen die heidnischen Balten dem Kreuzzug nach Jerusalem gleichsetzt. Auf seiner zweiten Reise nach Livland erscheint Albert mit 23 Schiffen voller gerüsteter und kampflustiger Kreuzfahrer an der Mündung der Düna. Er lässt die bestehende Kaufmannsniederlassung Rīga im Jahr 1201 befestigen und gilt deshalb als Gründer der Stadt.

Siegel Bischof Alberts

Unterwerfung durch die Ritterorden

Im Jahr darauf wird der **Schwertbrüderorden** gegründet. Die Ritter unter Theoderich von Treiden erobern für Bischof Albert bis 1206 das Gebiet der Liven und Lettgaller und schaffen damit den **geistlichen Staat Livland**.

Ein päpstlicher Schiedsspruch entscheidet 1210 den seit Jahren schwelenden Streit zwischen Bischof und Rittern um deren »Belohnung«, indem er dem Orden ein Drittel Livlands zugesteht. Die Rivalität zwischen diesen beiden Parteien bleibt jedoch bestehen.
Die Gottesritter drängen nun mit Macht weiter nach Estland. Ein deutsches Kreuzfahrerheer, unterstützt von Liven und Letten, schlägt die Esten und erobert 1217 die Burg Viljandi. Albert, seiner Position unsicher, ruft den Dänenkönig Waldemar II. gegen die Esten zu Hilfe. Ein Heer der Dänen landet an der Nordküste. Sie beginnen mit dem Bau der Festung Reval, dem heutigen Tallinn. Von der Insel Saaremaa aus beginnen die Esten 1222 einen schließlich erfolglosen Aufstand. Bis 1227 ist ganz Estland einschließlich der Inseln den Dänen, Bischof Albert und den Schwertbrüdern unterworfen. Im selben Jahr ziehen sich die Dänen wieder zurück.
Der **Deutsche Orden** beginnt um 1230 die Pruzzen zu unterwerfen, um auf ihrem Siedlungsgebiet einen Ordensstaat zu errichten. Dagegen besiegen Litauer und Semgaller 1236 bei Šiauliai die Schwertbrüder. Unter dem Eindruck dieser Niederlage unterwirft sich der Schwertbrüderorden dem direkt dem Papst verpflichteten Deutschen Orden und nennt sich Livländischer Orden. Die Macht der Bischöfe ist damit eingeschränkt. Der Orden muss auf päpstliches Geheiß Nordestland an Dänemark abtreten, dennoch festigt sich seine Herrschaft zusehends. An der Spitze des Staates Livland (der das gesamte Gebiet zwischen Litauen und dem dänischen Estland umfasst) steht der Ordensmeister.

Der Ordensstaat

Rīga wird 1253 Erzbistum und entwickelt sich zu einer bedeutenden Hansestadt. Reibereien mit dem Orden sind an der Tagesordnung. Die Esten unternehmen 1343 im Aufstand der sog. Georgennacht einen letzten, vergeblichen Versuch, die Fremdherrschaft abzuschütteln. Dänemark verkauft 1346 seine estnischen Besitzungen an den Orden, der den Höhepunkt seiner Macht erreicht hat. Reval wird wichtigster Handelsplatz in der östlichen Ostsee. Die Niederlage in der Schlacht von Tannenberg (1410) erschüttert die Machtposition des Ordens in Livland.
Im Lauf des 15. Jh.s entwickelt sich die **Leibeigenschaft** und ist zu Beginn des 16. Jh.s die gängige Herrschaftsform auf dem Land. Die Herren sind die Deutschen, die Knechte die Letten und Esten. Mit Leibeigenen wird auch gehandelt.
1502 fallen die Russen in Estland ein, werden aber vom Ordensheer unter Wolter von Plettenberg am Smolina-See geschlagen.

Niedergang der Ordensmacht

Die **Reformation** erreicht gegen 1522 Livland und hat großen Erfolg sowohl bei deutschen Bürgern und Kaufleuten als auch bei den einheimischen Bauern – ein deutliches Zeichen des Widerstandes gegen die Herrschaft von Orden und katholischer Kirche. Mit dem Einmarsch der Heere Iwans des Schrecklichen nach Livland beginnt 1558 der **Livländische Krieg**, in dessen Verlauf sich Estland Schwe-

den unterwirft, Livland sich an Polen anschließt und Dänemark die Insel Saaremaa erwirbt. Rīga erkennt nur den deutschen Kaiser als Herrn an.
Der letzte livländische Ordensmeister Gotthard von Kettler legt 1562 sein Amt nieder und löst den Orden auf. Er wird erster Herzog des neu gegründeten, Polen unterstellten **Herzogtums Kurland und Semgallen**.
Die Schweden stoppen 1580 die Russen, die bis auf Reval und Rīga ganz Estland und Livland erobert hatten. Im Frieden von Zapolje wird 1582 der Livländische Krieg beendet. Das nördliche Estland ist schwedisch, Livland polnisch und Kurland von Polen abhängig. Als erstes lettisches Buch erscheint 1585 ein katholischer Katechismus; zwei Jahre später folgt ein lutherischer Katechismus.

Das Herzogtum Kurland und die Schwedenzeit

um 1650	Kurland versucht sich als kleinste Kolonialmacht (Tobago, Gambia)
ab 1617	Schwedenherrschaft unter Gustav II. Adolf
1700	Der Nordische Krieg bringt das Ende der Schwedenherrschaft.

Kurland

Der einzige kurländische Herzog von gewisser Bedeutung ist der von 1640 bis 1682 regierende **Jakob Kettler**, der den Kleinstaat zu wirtschaftlicher Prosperität führen will. Er lässt Manufakturen einrichten, eine Handelsflotte bauen und erwirbt sogar zwei **Kolonien**: Tobago in der Karibik und eine weitere an der Küste Gambias. Der Ausbruch des Schwedisch-Polnisch-Russischen Krieges im Jahr 1655 wirft das Land jedoch wieder schmerzhaft zurück. Im Jahr 1710 heiratet die Nichte Peters des Großen, Anna Iwanowna, den damaligen Herzog von Kurland, der jedoch früh verstirbt. Ihr Kammerherr **Graf Ernst Johann Biron** wird daraufhin der eigentliche Herrscher Kurlands und, nach zeitweiliger Verbannung nach Sibirien, auch Herzog. Sein Sohn Peter ist der letzte Herzog von Kurland, das 1795 nach der dritten Polnischen Teilung an Russland fällt.

Schwedische Herrschaft

Die Schweden, die seit dem Frieden von Zapolje das nördliche Estland besitzen, versuchen ihre Herrschaft nach Süden auszudehnen, werden jedoch von den Litauern aufgehalten. Erst unter Gustav II. Adolf unternehmen sie neue Anstrengungen und gewinnen gegen Russland 1617 das vom Krieg verwüstete Estland zurück und zwischen 1621 und 1629 den größten Teil Livlands von Polen; nur Lettgallen bleibt polnisch und ist daher noch heute katholisch.

Die Esten und Letten sehen die Schweden nicht ungern, denn sie erhoffen sich von ihnen größere Freiheiten. Tatsächlich werden ihnen nun Schulbesuch und Studium erlaubt – 1632 gründet Gustav II. Adolf die **Universität von Tartu** (Dorpat) und lässt ausdrücklich die Einheimischen zum Studium zu. Doch die Befreiung von der Schollenpflichtigkeit verwirklichen die Schweden auch unter Gustavs Nachfolger Karl XI. nicht. Dieser finanziert allerdings die Übersetzung der Bibel ins Lettische durch Ernst Glück, die vollständig 1694 erscheint. Auch eine estnische Übersetzung wird von Schweden gefördert, erscheint jedoch erst 1739.
Der Ausbruch des **Nordischen Krieges** im Jahr 1700 läutet das Ende der Schwedenzeit im Baltikum ein: 1705 stehen die Russen in Livland und Estland, und mit der Niederlage in der Schlacht von Poltawa 1709 ist die Macht der Schweden gebrochen. 1710 huldigt die Bürgerschaft von Rīga dem russischen Zar Peter dem Großen. Im Frieden von Nystad, der 1721 den Nordischen Krieg offiziell beendet, tritt Schweden Estland und Livland an Russland ab. Die Deutschen in der Region erhalten vom Zaren wieder größere Rechte.

Großfürstentum Litauen

1236	Die Schwertbrüder unterwerfen sich dem Deutschen Orden.
1368	Polen-Litauen wird europäische Großmacht.
1772	Erste Polnische Teilung, Lettgallen fällt an Russland.
1795	Dritte Polnische Teilung, Auflösung des Polnisch-Litauischen Staates

Litauen widersteht der Ordensherrschaft

Die Litauer, erfahrene Reiter und Krieger, sind schon vor der Ankunft der Deutschen eine ernst zu nehmende Macht im Baltikum. **Fürst Mindaugas** gelingt es, die hochlitauischen Kleinfürstentümer zu einigen. Die schemaitischen Fürsten in Niederlitauen widersetzen sich jedoch. Nach der Eroberung Livlands und Estlands richten die Schwertbrüder nun ihr gesamtes Interesse auf Semgallen und Litauen, das sie vom Deutschordensland in Ostpreußen trennt. Aufgrund ihrer militärischen Erfahrung besiegen die Litauer zusammen mit den Semgallern 1236 bei Šiauliai ein Schwertbrüderheer. Als Folge dieser Niederlage ordnen sich die Schwertbrüder dem Deutschen Orden unter. 1251 lässt sich Mindaugas taufen, überlässt Schemaiten (das er gar nicht beherrscht) dem Orden und wird dafür 1253 zum König von Litauen gekrönt. Für die Kurie bedeutet ein christliches Litauen ein Bollwerk gegen die Tataren. Mindaugas legt bereits 1261 den christlichen Glauben wieder ab und versucht, sich mit den Schemaiten zu einigen. Seiner Taktiererei überdrüssig, ermorden ihn die litauischen Fürsten im Jahr 1263. Seine Nachfolger Vaišvilkas, Traidenis und Vytenis vergrößern und festigen das Fürstentum.

Aufstieg Litauens zur Großmacht

Unter **Großfürst Gediminas** (1316 – 1341) beginnt der Aufstieg Litauens zu einer europäischen Macht. Er dehnt sein Herrschaftsgebiet weit nach Weißrussland und in die Ukraine aus. Seine Tochter Anna verheiratet er mit dem Thronfolger des katholischen Polen. Nach Gediminas' Tod teilen sich dessen Söhne Algirdas und Kęstutis die Macht. Kęstutis vertreibt den Orden von litauischem Territorium, Algirdas dringt tief nach Russland vor und unterwirft riesige Gebiete. Im Unionsvertrag von Krewo besiegeln Litauen und Polen 1385 die Personalunion. Algirdas' Sohn Jogaila verspricht, den christlichen Glauben anzunehmen. Damit ist als letzter europäischer Staat auch Litauen christlich geworden. Jogaila wird 1386 in Krakau auf den Namen Wļadysļaw getauft. Er heiratet die polnische Königin Jadwiga und begründet damit das Geschlecht der **Jagiellonen**; es folgt die Krönung zum polnischen König. Jetzt ist Polen-Litauen eine europäische Großmacht. Wļadysļaw bleibt als König in Polen, während sein Vetter Vytautas litauischer Großfürst unter polnischer Oberhoheit wird. Dieser vergrößert Litauen nach Osten und Südosten.
Der letzte Versuch des Deutschen Ordens unter Ulrich von Jungingen, die Verbindung zwischen Livland und Ostpreußen herzustellen, endet am 14. Juli 1410 mit der vernichtenden Niederlage gegen Litauer und Polen in der **Schlacht bei Tannenberg**. Im Thorner Frieden verzichtet der Orden 1411 auf Schemaiten. Nach neuerlichen Kämpfen werden 1422 die endgültigen Grenzen zwischen Orden und Polen-Litauen festgelegt, die im Wesentlichen noch die heutigen Grenzen Ostpreußen / Litauen und Lettland / Litauen geblieben sind.

Jogaila (Wladyslaw)

Niedergang des Großreiches

Mit dem Tod von Vytautas bzw. Jogaila endet die große, eigenständige Zeit des litauischen Großfürstentums, das sich fortan mehr und mehr Polen unterzuordnen hatte. Im Unionsvertrag von Lublin vereinigen sich Polen und Litauen 1569 unter einem gemeinsamen König zu einem Staat, in dem Litauen jedoch seine Souveränität weitgehend aufgibt. Der litauische Adel polonisiert sich zusehends. In den folgenden 150 Jahren wird Litauen immer wieder von den Kriegen im Ostseeraum heimgesucht und verliert Teile seines Territoriums.
In der ersten Polnischen Teilung (1772) wird Lettgallen russisch. Die dritte Polnische Teilung (1795) bedeutet die Auflösung des polnischen Staates. Teile Westlitauens fallen an Preußen, die übrigen Landesteile kommen zum zaristischen Russland.

Unter den Zaren

1812	Die napoleonische Grande Armée durchzieht Litauen und Kurland.
1857	Erstausgabe des estnischen Nationalepos »Kalevipoeg«
ab 1881	Zar Alexander III. russifiziert das Baltikum.
1905	Russische Revolution

Die Frage nach der Nation erwacht

Obgleich die Russen den deutschen Adel wieder in seine alten Rechte einsetzen und sich damit dessen Loyalität sichern, gewinnt unter dem Einfluss der Aufklärung die Lage der Bauern an Aufmerksamkeit und damit die Frage nach der Nation. Dabei spielt auch die Literatur (Garlieb Merkel: »Die Letten« / 1796; J. H. Rosenplänters Zeitschrift für estnische Sprache / 1813 – 1832; Kristijonas Donelaitis: »Metai – Die Jahreszeiten« / 1778 bzw. 1818) eine wichtige Rolle. Die Universität von Tartu nimmt 1802 als deutschsprachige Hochschule den Lehrbetrieb wieder auf, verschließt sich aber nicht lettischen und estnischen Studenten und wird damit zu einem Zentrum des erwachenden Nationalgefühls.

Auf ihrem Zug nach und von Moskau durchquert 1812 die napoleonische Armee plündernd Litauen und Kurland. Auf dem Rückweg trennt sich Napoleon in Vilnius von der Grande Armée.

Im Jahr 1816 wird in Estland die Leibeigenschaft aufgehoben, 1817 in Kurland und 1819 in Livland.

Ein polnisches Revolutionsheer besetzt Litauen, der Aufstand hat jedoch, auch weil er die Interessen der Bauern nicht berücksichtigt, keinen Erfolg.

Kunst als Ausdruck des Nationalgefühls

Um die Mitte des 19. Jh. widmen sich Lettische Studenten und Literaten der Universität Tartu der Pflege von Nationalliteratur und -kultur, u. a. der Sammlung von Dainas. 1856 erscheint »Mājas viesis«, die erste rein lettische Zeitung, und wird zum Sprachrohr der »Jungletten«. Auch die Esten finden sich in Kulturzirkeln. Ein Fixdatum im erwachenden estnischen Nationalgefühl ist das Erscheinen des von Friedrich Reinhold Kreutzwald herausgegebenen estnischen Nationalepos »Kalevipoeg« im Jahr 1857. Wichtiges Organ ist die von Woldemar Jansen herausgegebene Zeitung »Pärno Postimees«.

Die soziale Frage

In Litauen und Latgale wird 1861 die Leibeigenschaft aufgehoben. Der zweite polnische Aufstand gegen die Russen (1863) trägt deutlich soziale Züge und findet Unterstützung bei den litauischen Bauern, scheitert jedoch ebenfalls. Die Russen verbieten danach den Gebrauch lateinischer Buchstaben, erlaubt ist nur noch die kyrillische Schrift. Litauische Bücher in lateinischer Schrift werden nun im preußischen Memelland gedruckt und nach Litauen geschmuggelt.

Die Sängerfeste waren immer Demonstrationen der nationalen Identität.

1869 wird das erste gesamtestnische **Sängerfest** in Tartu organisiert, vier Jahre später begeht man das erste gesamtlettische Sängerfest in Rīga.

Russifizierung des Baltikums

Alexander III. besteigt 1881 den Zarenthron und betreibt die Russifizierung des Baltikums: Die orthodoxe Kirche wird bevorzugt, Polizei und Prozessordnung werden nach russischem Vorbild organisiert, Russisch wird Gerichtssprache und 1887 schließlich einzige Unterrichtssprache. In Königsberg erscheint 1883 die von Jonas Basanavičius gegründete litauische Zeitschrift »Aušra – Die Morgenröte«, die die vergangene Größe der litauischen Geschichte und Kultur beschwört. Die Ostseeprovinzen, insbesondere Lettland und Estland, haben sich gegen Ende des 19. Jh.s zu bedeutenden Industriezentren im Zarenreich entwickelt. Ein unzufriedenes Proletariat fordert zunehmend seine Rechte, so 1899 bei einem Streik in Rīga, der zusammengeschossen wird.

Russische Revolution

Die russische Revolution von 1905 greift auch auf das Baltikum über. Im Januar gehen in Tallinn, Rīga, Tartu, Pärnu, Liepāja und Jelgava die Arbeiter auf die Straße, werden jedoch vom Militär brutal zurückgeschlagen. Auch die verarmte Landbevölkerung erhebt sich und greift die Gutshäuser an. Im Oktober wird in Tallinn und Rīga erneut gestreikt. Am 17. Oktober 1905 erlässt der Zar das sog. Oktobermanifest, in dem er bürgerliche Freiheiten, Wahlen und eine Amnestie verspricht. Die Nationalbewegungen nutzen das zeitweilige Machtvakuum und veranstalten Kongresse in Rīga bzw. in Tallinn.

Doch schon im Dezember beendet das Militär diese Aktivitäten. Das Jahr 1906 zeigt, was von den Versprechungen des Zaren zu halten war. Strafexpeditionen und Urteile von Feld- und Kriegsgerichten fordern 2500 Tote in Lettland und Estland. Über 4000 Menschen emigrieren.
In Litauen verläuft die Revolution weniger dramatisch, doch auch hier trifft sich im Dezember 1905 der »Große Litauische Landtag«.
Eine der Folgen der Revolution ist die zunehmende »Inselmentalität« der Deutschbalten. Bislang loyal zum Zaren stehend, zweifeln sie nun, da die Ordnungsmacht sie nicht vor Übergriffen schützen konnte. Die von Kaiser Wilhelm II. angestimmten Großmachttöne aus Deutschland finden auch bei ihnen Anklang.

Erster Weltkrieg und Kampf um die Unabhängigkeit

bis 1915	Die Deutschen besetzen Litauen und Kurland.
1918	Ausrufung der Republiken Estland, Lettland und Litauen
bis 1919	In allen drei Ländern: Kampf gegen die Sowjets

Die Deutschen besetzen Litauen und Kurland

Eine der ersten Maßnahmen der Russen zu Beginn des Ersten Weltkriegs ist das Verbot aller deutschsprachigen Zeitungen und des Gebrauchs der deutschen Sprache in der Öffentlichkeit. Die ersten großen Schlachten im August und September 1914 bei Tannenberg bzw. bei den Masurischen Seen enden mit einem Fiasko für die Zarenarmee. Die Deutschen besetzen bis zum September 1915 ganz Litauen und Kurland. Die Front verläuft bis zum Herbst 1917 südlich von Rīga entlang der Daugava und schwenkt bei Daugavpils nach Süden ab.

Estland

Estland bleibt bis 1918 unbesetzt. Nach der russischen Februarrevolution 1917 wird den Esten die Selbstverwaltung zugestanden. Im Juni 1917 wird ein Landesrat, der »Maapäev«, gewählt und mit der Aufstellung eigener Truppen begonnen. Doch nach der Oktoberrevolution herrscht auch in Estland die Sowjetmacht. Nach dem Abbruch der Friedensverhandlungen zwischen Deutschland und Sowjetrussland beginnt eine neue deutsche Offensive. Die Sowjets ziehen ab. Am 24. Februar 1918 wird im von ihnen geräumten und von den Deutschen noch nicht besetzten Tallinn die Republik Estland ausgerufen. Erster Ministerpräsident ist Konstantin Päts.
Bis zum 4. März 1918 ist die junge Republik jedoch noch vollständig von den Deutschen besetzt. Im Frieden von Brest-Litowsk vom 3. März tritt Deutschland Estland und Livland zwar wieder an die

Sowjets ab, bleibt aber als Ordnungsmacht im Land. Die Unabhängigkeitsbestrebungen der Esten werden verboten und Päts inhaftiert, doch nach der Novemberrevolution im deutschen Kaiserreich erkennt die deutsche Militärverwaltung seine Regierung an.
Am 22. November 1918 greift die Rote Armee an und besetzt den Ostteil Estlands, wo die estnische Sowjetrepublik ausgerufen wird. Die Regierung Päts reaktiviert fieberhaft estnische Regimenter und erhält Unterstützung durch finnische Soldaten, deutschbaltische Freiwillige, Angehörige der russischen »Weißen Armee« und durch einen britischen Flottenverband. Die Gegenoffensive unter dem Kommando des Obersten Johan Laidoner beginnt am 7. Januar 1919, im Februar ist Estland befreit. Der Frieden wird allerdings erst am 2. Februar 1920 in Tartu unterzeichnet.

Lettland

Im Sommer 1915 stellt die russische Armee lettische Schützenbataillone mit lettischen Offizieren auf. Sie bewähren sich in den Kämpfen entlang der quer durch das Land laufenden Front. Nach der Februarrevolution erhält der nicht besetzte Teil Lettlands Selbstverwaltung. Die lettischen Schützen bilden Soldatenräte, in denen bald auch Forderungen nach einer lettischen Autonomie formuliert werden. Zunehmend haben Bolschewiken das Sagen in den Räten. Eine deutsche Offensive im Sommer 1917 führt schließlich zum Fall Rīgas am 3. September und zum Zurückweichen der Russen.

Deutscher Posten 1915 in Lettland bei Dünaburg

Oktoberrevolution ►

In der Oktoberrevolution steht ein Teil der Schützen, sog. Lettische Rote Schützen, eindeutig auf Seiten Lenins. Sie verhindern den Transport regierungstreuer Truppen von Estland nach St. Petersburg. Eine ihrer Kompanien übernimmt den Schutz von Lenins Hauptquartier. Trotzki setzt sie im Russischen Bürgerkrieg als zuverlässige »Revolutionsfeuerwehr« ein und ihr Oberst Jukums Vācietis wird gar erster Oberkommandierender in der Geschichte der Roten Armee.

Intermezzo als unabhängige Republik ►

Ungeachtet dessen stehen weiter deutsche Truppen, von den Deutschbalten begrüßt, im geteilten Lettland. Im nicht besetzten Valka trifft sich am 30. November 1917 der »Provisorische Lettische Nationalrat«; im besetzten Rīga konstituiert sich der »Demokratische Block«. Die Novemberrevolution in Deutschland bietet auch den Letten die Chance zur Unabhängigkeit: Der inzwischen gebildete Volksrat ruft am 18. November 1918 im Rīgaer Nationaltheater die **Republik Lettland** aus. Erster Ministerpräsident ist **Kārlis Ulmanis**.

Im Dezember 1918 und Januar 1919 überschlagen sich die Ereignisse in Lettland. Sowjettruppen, allen voran die Lettischen Roten Schützen, beginnen mit der Besetzung. Die Regierung Ulmanis, ohne nennenswerte eigene Armee, schließt ein Abkommen mit Deutschland über die Aufstellung von Freiwilligenverbänden aus der regulären deutschen Armee zum Schutz gegen die Kommunisten. Den Deutschen wird darin die lettische Staatsbürgerschaft versprochen.

Die »Roten« übernehmen Rīga ►

Am 17. Dezember 1918 ruft Pēteris Stučka in Moskau die **lettische Sowjetrepublik** aus. Das deutsche Oberkommando gibt Rīga auf, die Regierung Ulmanis flieht nach Liepāja, wo auch der deutsche Regierungsbeauftragte und der deutschbaltische Nationalrat eintreffen. Am 3. Januar 1919 marschieren die Roten in Rīga ein und etablieren die Sowjetmacht. Revolutionstribunale verurteilen über 3600 Menschen zum Tod. Die antibolschewistische Gegenoffensive wird am 3. März 1919 durch lettische Verbände, die deutschbaltische Landwehr und die deutsche »Eiserne Division« unter General von der Goltz vorangetragen. Allerdings verfolgen sie unterschiedliche Ziele: Während die Letten ihre Republik erhalten wollen, ist das Ziel der deutschen Führung, die Vorherrschaft der Deutschen im Baltikum wiederherzustellen. Am 16. April 1919 wird dieser Gegensatz offensichtlich. Freikorpssoldaten besetzen in Liepāja mehrere Ministerien; die deutsche Führung unternimmt nichts dagegen, sie stellt sogar eine Gegenregierung unter **Andrievs Niedra** auf, die den deutschen Freiwilligen ein »Siedlungsversprechen« macht. Die Deutsche Landwehr erobert am 22. Mai 1919 Rīga zurück und beantwortet den bolschewikischen Terror mit Gräueltaten an echten und vermeintlichen Kommunisten. Die Roten Truppen, nunmehr auch von estnisch-lettischen Verbänden im Norden bei Cēsis angegriffen, werden allmählich aus Lettland herausgedrängt.

Marionettenregierung ►

Nun beginnt die erbitterte Auseinandersetzung zwischen den Deutschen und ihrer Marionettenregierung Niedra auf der einen Seite und den zu Ulmanis stehenden Letten und Esten auf der anderen.

Vom 19. bis 23. Juni 1919 toben die Kämpfe, wobei auch britische Kriegsschiffe gegen die Deutschen eingreifen, die schließlich auf das Gebiet südlich von Rīga zurückgedrängt werden. Niedra legt daraufhin sein »Amt« nieder, Ulmanis regiert wieder allein, bestellt aber zwei Deutschbalten zu Ministern. Am 11. August 1920 wird auch der Friedensvertrag mit Sowjetrussland unterzeichnet.

Litauen

Die deutsche Militärverwaltung toleriert litauische Nationalbestrebungen und die Wahl der **Taryba** (Litauischer Landesrat) im Spätsommer 1917, deren erster Vorsitzender Antanas Smetona wird. Reichskanzler Graf Hertling erklärt am 29. November 1917 Litauen für unabhängig, und die Taryba ruft am 11. Dezember den neuen Staat aus, der jedoch außenpolitisch und wirtschaftlich klar von Deutschland abhängig ist. Da Litauen in den Friedensverhandlungen von Brest-Litowsk nicht berücksichtigt wird, erneuert die Taryba die Unabhängigkeitserklärung am 16. Februar 1918, dieses Datum gilt als eigentliches Datum der Staatsgründung. Deutschland fordert daraufhin erneut seine Bedingungen ein und erhält diese auch zugestanden.

Am 9. April 1918 wählt die Taryba Wilhelm von Urach Graf von Württemberg als Mindaugas II. zum König von Litauen. Seine Herrschaft sollte jedoch nicht mehr als ein Intermezzo bleiben, denn nach der der Kapitulation am 11. November 1918 hat Deutschland keinen Einfluss mehr in Litauen, das sich am selben Tag zur Republik erklärt.

Auch gegen Litauen rücken im Januar 1919 sowjetische Truppen vor und rufen die Sowjetrepublik aus. Die Taryba flieht von Vilnius nach Kaunas, deutsche und polnische Verbände ziehen sich zurück. Erst als fast die Hälfte des Landes besetzt ist, halten Litauer, Polen und Deutsche den Vormarsch auf. Bis zum August 1919 gelingt es, die Sowjets wieder aus dem Land zu vertreiben. Am 12. Juli 1920 wird in Moskau der Friede geschlossen.

Zwischenkriegszeit: die unabhängigen Republiken

1920	Die Verfassung Estlands tritt in Kraft.
1922	Die Verfassung Lettlands tritt in Kraft.
1922	Die Verfassung Litauens tritt in Kraft
1926	Ende der Demokratie in Litauen
1934	Ende der Demokratie in Lettland
1935	Ende der Demokratie in Estland

Organisation der jungen Republiken

Die neuen Staaten werden am 22. September 1921 in den Völkerbund aufgenommen. Die Schaffung einer demokratischen Ordnung durch verfassunggebende Versammlungen zieht sich in allen drei Republiken mehrere Jahre dahin. Agrarreformen enteignen die Gutsbesitzer und übergeben das Land der Bevölkerung; Gesetze zum Schutz der Minderheiten werden erlassen. An den Schulen wird in der Landessprache unterrichtet. Den Versuchen, untereinander und mit den Nachbarn enger zu kooperieren, ist jedoch nur bescheidener Erfolg vergönnt. Unter den Deutschbalten findet das nationalsozialistische Deutschland zunehmend Anhänger.

Estland

Am 15. Dezember 1920 tritt die Verfassung des jungen Staates in Kraft, der auch einen kommunistischen Umsturzversuch im Dezember 1924 übersteht. Die Wirtschaft beginnt sich, vielfach mit deutscher Kapitalhilfe, zu entwickeln, u. a. beginnt man mit der Nutzung der Ölschiefervorkommen. Wichtigste Handelspartner werden Deutschland und Großbritannien.

Die Regierungen wechseln in rascher Folge, und wie im übrigen Europa finden sich auch in Estland antidemokratische Kräfte zusammen. Der »Verband der Freiheitskämpfer« (VABS) setzt in einem Referendum eine reine Präsidialverfassung durch und gewinnt zusehends an Boden. Der regierende Ministerpräsident Päts, unterstützt von General Laidoner, erklärt am 12. März 1934 den Ausnahmezustand und regiert per Dekret. Das Parlament löst sich im September selbst auf, die Parteien werden im März 1935 verboten und durch Päts' »Vaterländische Union« ersetzt. Er wird in einer Volksabstimmung als Präsident bestätigt. Eine neue Nationalversammlung ändert wieder die Verfassung, und ein neu gewähltes Parlament bestimmt 1938 Päts zum Staatspräsidenten.

Lettland

Am 7. November 1922 tritt die lettische Verfassung in Kraft. Die lettischen Industrieprodukte verkaufen sich vor allem nach Deutschland und Großbritannien.

Das Ende der Demokratie kommt am 15. Mai 1934, als Kārlis Ulmanis mit Hilfe des Militärs putscht. Parteien werden verboten, politische Gegner eingesperrt und die Zensur eingeführt. Bis zum Ende der unabhängigen lettischen Republik herrscht das autokratische Regime des »Vadonis« (= Führer) Ulmanis.

Litauen

Die litauische Verfassung tritt am 1. August 1922 in Kraft. Wie in Estland und Lettland sind Deutschland und Großbritannien die wichtigsten Handelspartner des agrarisch orientierten Litauen.

Zu den »gewöhnlichen« Problemen einer jeden jungen Demokratie kommt in Litauen der Streit um das Wilna- und das Memelgebiet hinzu. Polnische Verbände hatten im April 1919 Vilnius befreit, waren jedoch nicht wieder abgezogen. Eine alliierte Kommission zog eine Grenzlinie, die das Vilniusser Gebiet Litauen zusprach. Polen war inzwischen mit Sowjetrussland im Krieg und musste am 15. Juli

1920 Vilnius aufgeben. Die Sowjets wiederum wurden vor Warschau von den Polen geschlagen, doch übergaben sie Vilnius beim Rückzug an Litauen. Am 9. Oktober 1920 aber marschiert der polnische General Zeligowski wieder in die Stadt ein und ruft die Republik Mittellitauen aus. 1922 annektiert Polen das Wilna-Gebiet; die übrige Welt erkennt den Status quo an. Bis 1938 gibt es so gut wie keine Beziehungen zwischen Polen und Litauen. Erst 1938 werden diplomatische Beziehungen aufgenommen, ohne dass Vilnius an Litauen zurückgelangt.

Memel, das litauische Klaipėda, gehörte vor dem Ersten Weltkrieg zum Deutschen Reich. Die Siegermächte stellten es nach Kriegsende unter die Verwaltung Frankreichs, das den Status einer Freien Stadt anstrebte. Am 10. Januar 1923 besetzen jedoch die Litauer das Memelgebiet, die Franzosen ziehen ab. Am 25. August 1925 unterstellt eine internationale Kommission im sog. »Memelstatut« das Gebiet Litauen, verlangt aber eine gewisse Autonomie. Im März 1939 tritt Litauen das Memelgebiet gegen Einräumung eines Freihafens an Hitlerdeutschland ab.

Das Ende der litauischen Demokratie kommt schon im Dezember 1926, als Offiziere putschen. Neuer Ministerpräsident wird Augustinas Voldemaras, Staatspräsident wird Smetona, der 1929 Voldemaras verhaften lässt. 1934 versucht Voldemaras mit Hilfe seiner faschistischen Kampftruppe »Eiserne Wölfe« erneut an die Macht zu kommen, scheitert aber. Smetona herrscht allein als »Tauto vadas« (»Führer des Volkes«) weiter.

Zweiter Weltkrieg

1939	Die Deutsche Wehrmacht überfällt Polen.
1940	Einmarsch der Sowjets in die baltischen Staaten
1941	Deportation Zehntausender Esten, Letten und Litauer durch die Sowjets, deutsche Besetzung des Baltikums
1944	Sieg der Roten Armee über die deutsche Kurlandarmee

»Heimholung« der Deutschen

Am 23. August 1939 schließen Deutschland und die Sowjetunion einen Nichtangriffspakt, am 28. September einen Freundschafts- und Grenzvertrag. In zwei geheimen Zusatzprotokollen garantieren sich beide Seiten ihre gegenseitigen Interessen im Ostseeraum. Die baltischen Staaten werden der Sowjetunion überlassen, und man vereinbart die Umsiedlung der Deutschbalten.

Am 1. September 1939 überfällt die deutsche Wehrmacht Polen, am 17. September rückt die Rote Armee dort ein. Estland, Lettland und Litauen unterzeichnen nach entsprechend massivem Druck aus Mos-

Beim deutschen Überfall auf die Sowjetunion ist das Baltikum rasch erobert: Gedenkmuseum in Rīga

kau Ende September / Anfang Oktober »Beistandspakte«, in denen der Roten Armee Stützpunkte eingeräumt werden.
Am 6. Oktober 1939 erklärt Hitler vor dem Reichstag, dass – »um Konflikten vorzubeugen« – bestimmte deutsche Volksgruppen im Ausland umgesiedelt werden müssten. In der Woche darauf werden alle Deutschbalten Estlands und Lettlands aufgerufen, in Rīga und Tallinn ankernde Schiffe zu besteigen. Vom 18. Oktober bis zum 16. Dezember 1939 verlassen fast 12 000 Estland-Deutsche und über 52 000 Lettland-Deutsche ihre Heimat gen Deutschland; 1940/1941 werden noch einmal, diesmal auch aus Litauen, 65 000 Menschen umgesiedelt.

Einmarsch der Sowjets

Mitte Juni 1940 präsentiert die Sowjetunion den baltischen Republiken Ultimaten, in denen die Einsetzung von prosowjetischen Regierungen und die weitere Einräumung von Stützpunkten gefordert werden. Die selbstverständliche Ablehnung wird mit dem Einmarsch und der Einsetzung von willigen Regierungen beantwortet.
Im Juli werden in allen drei Ländern »Wahlen« abgehalten, bei denen es nur eine Liste zu wählen gibt. Die daraus entstandenen Parlamente erklären ihren Staat zur Sozialistischen Sowjetrepublik (SSR) und in der ersten Augustwoche den Beitritt zur Sowjetunion. Im Ausland etablieren sich Exilregierungen.

Deportationen

Noch heute unvergessen ist, was sich am 14. Juni 1941 in den drei Ländern ereignet hat. Die sowjetische Geheimpolizei verhaftet und verschleppt Oppositionelle, Beamte, Militärs samt ihren Familien –

sog. konterrevolutionäre und feindliche Elemente. Aus Estland werden über 10 000 Menschen in die innere Sowjetunion deportiert, 1000 verschwinden spurlos; aus Lettland sind es über 15 000 Deportierte und aus Litauen 12 600 Deportierte und 3600 Verhaftete.

Deutscher Einmarsch im Baltikum

Am 22. Juni 1941 beginnt der deutsche Überfall auf die Sowjetunion. Die Wehrmacht dringt rasch vor und wird nicht selten als Befreier begrüßt; am 21. Oktober ist das Baltikum besetzt. Den Soldaten folgen auf dem Fuß die Einsatzgruppen der SS, die unverzüglich die Ausrottung der Juden im nun sog. Reichskommissariat Ostland in Angriff nehmen. Ghettos und Konzentrationslager werden eingerichtet. Rīga mit dem KZ Salaspils wird auch für viele deutsche und westeuropäische Juden letzte Station vor der Erschießung in den Wäldern vor der Stadt. In Vilnius, dem »Jerusalem des Ostens«, vernichten die Nazis eine blühende jüdische Kultur. Auch Einheimische, so z. B. die lettischen »Donnerkreuzler«, beteiligen sich aktiv an den Morden. In Litauen verüben »Freischärler« unter den Augen der deutschen Besatzer Pogrome und Massenerschießungen, so im Juni 1941 in Kaunas und Telšiai, denen mehrere Tausend Menschen zum Opfer fallen. Schätzungsweise nur ein Fünftel der im Baltikum lebenden 250 000 Juden hat den Zweiten Weltkrieg überlebt.

Sieg der Roten Armee

Am 20. Januar 1944 besetzt die Rote Armee Narva, erreicht im Juli Vilnius, im September Tallinn und im Oktober Rīga. Die deutsche Kurlandarmee wird eingeschlossen und kapituliert am 8. Mai 1945. Bei ihrem Vormarsch hat die Rote Armee es auch mit estnischen Wehrmachtssoldaten und Angehörigen der estnischen bzw. lettischen Legion der Waffen-SS zu tun. Die Esten kämpfen bei Narva, die Letten u. a. in Kurland, weniger als überzeugte Nationalsozialisten denn aus Furcht vor erneuter Sowjetherrschaft. Nach der Kapitulation kämpfen viele als Partisanen weiter, viele fallen aber auch Liquidationen zum Opfer. Zehntausende fliehen.

Vom Stalinismus zur Perestroika

1953	Tod Stalins
1985	Machtantritt Michail Gorbatschows
1990	Neuerliche Unabhängigkeitserklärungen aller drei Baltenrepubliken

Baltische Sowjetrepubliken

Die ehemals unabhängigen baltischen Republiken sind nun wieder Sowjetrepubliken: Estnische SSR, Lettische SSR und Litauische SSR, in denen die von der KPdSU gesteuerte regionale Kommunistische Partei das Sagen hat.

1947/1949 beginnt die Kollektivierung der Landwirtschaft mit der Folge, dass bis 1953 die Produktivität fast um die Hälfte sinkt. Die industrielle Produktion wird auf die Bedürfnisse der gesamten Sowjetunion umgestellt, d. h. Schwerindustrie wird angesiedelt und einseitig ausgebaut. Konsequenzen sind u. a. eine zunehmende Verstädterung und die massenhafte Zuwanderung russischer Arbeiter und ihrer Familien. Wiederum finden Deportationen statt, vor allem 1949, von denen in Estland ungefähr 50 000, in Lettland 43 000 und in Litauen etwa 80 000 Menschen betroffen sind. Die Russifizierung und die Unterdrückung der einheimischen Kultur verlaufen parallel.
Doch nicht alle Balten nehmen die Sowjetisierung klaglos hin. Bis 1956 hat die Sowjetmacht mit Partisanen zu kämpfen, gegen die sie z. B. in Litauen zeitweise 100 000 Mann einsetzen muss.

Liberalisierung nach Stalins Tod

Nach dem Tod Stalins ist in der ganzen Sowjetunion eine Liberalisierung zu spüren, die auch den Balten zugute kommt. Sie gewinnen größeren Einfluss in der jeweiligen KP – die Zahl der nichtrussischen Parteimitglieder steigt – und können sich kulturell verstärkt äußern. Die Wirtschaft ist nicht mehr völlig unter russischer Kontrolle.
In Lettland jedoch geht der Moskauer Zentrale die Eigenständigkeit zu weit. 1959 wird die Partei von »national-bourgeoisen Elementen« gesäubert. Auch in den beiden anderen Republiken wird die Schraube erneut empfindlich angezogen. Die Wirtschaft ist wieder weitgehend zentral kontrolliert, dennoch stehen die baltischen Republiken an der Spitze der Produktivität aller Sowjetrepubliken. Ab Anfang / Mitte der sechziger Jahre nimmt die kulturelle und politische Unterdrückung wieder zu, die Russifizierung wird verstärkt – so sind zu Beginn der achtziger Jahre in Estland nur noch 60 % der Einwohner Esten.

Perestroika

Der Helsinki-Prozess, vor allem aber das Ende der Gerontokratie an der Spitze der KPdSU mit dem Machtantritt Michail Gorbatschows 1985, machen den Balten Mut, ihre Unzufriedenheit zu äußern, Reformen zu fordern und sich auch öffentlich ihrer nationalen Identität zu besinnen. Massendemonstrationen finden statt. Die sich abzeichnende ökonomische Krise der Sowjetunion tut ein übriges, den Unmut zu steigern.
In allen drei Ländern konstituieren sich 1988 Volksfronten, in denen auch Kommunisten mitarbeiten. Sie fordern zunächst nur die Unabhängigkeit, jedoch nicht die Loslösung von der Sowjetunion. Allmählich gewinnen doch die Befürworter einer völligen Unabhängigkeit die Oberhand. Wahlen finden statt, bei denen die die Volksfronten gewinnen.

23. August 1989

Am 23. August 1989, zum fünfzigsten Jahrestag des Hitler-Stalin-Paktes, erinnert eine von Vilnius über Rīga nach Tallinn reichende, 600 km lange Menschenkette an das erlittene Unrecht und demonstriert für Unabhängigkeit.

Neue Unabhängigkeit

Die Souveränitätserklärungen der Republiken werden von Moskau kategorisch für ungültig erklärt, was jedoch im Baltikum ignoriert wird. Schritt für Schritt werden die Souveränitätsrechte zurückgewonnen. Die internationale Anerkennung bleibt zunächst aus, doch konsultieren sich die neuen Staaten untereinander.
Eine entscheidende Wende im Verhältnis zur Sowjetunion bzw. zu Russland bringt 1990 die Wahl Boris Jelzins zum neuen Präsidenten des Volkskongresses der Russischen Föderation und sein baldiger Austritt aus der KP. Russland schließt jetzt sogar Handelsverträge mit den Baltenstaaten ab.

Estland

Ein wichtiger Schritt auf dem Weg zur nationalen Selbstfindung der Esten ist der öffentliche Protest Mitte der achtziger Jahre gegen den geplanten Ausbau von Phosphorminen in Nordestland, der katastrophale ökologische Folgen gehabt hätte. Die Volksfront »Rahvarinne« wird am 13. April 1988 gegründet.
Am 16. November erklärt der Oberste Sowjet der Estnischen SSR die Unabhängigkeit Estlands. Das neu formierte Parlament mit seinem Präsidenten Arnold Rüütel erklärt am 30. März 1990 den Fortbestand der 1918 gegründeten Estnischen Republik und wählt am 3. April Edgar Savisaar zum Ministerpräsidenten. Am 8. Mai 1990 wird offiziell die Republik Estland ausgerufen. In einem Referendum am 3. März sprechen sich 77,8 % der Teilnehmenden für die Unabhängigkeit aus.

Lettland

In Lettland findet sich die Volksfront »Tautas Fronte« am 8./9. Oktober 1988 zusammen. Am 27./28. Juli 1989 deklariert der Oberste Sowjet der Lettischen SSR Lettland für souverän. Am 4. Mai 1990 erklärt der neu gewählte Oberste Rat die Erneuerung der alten Republik Lettland. Anatolijs Gorbunovs wird als Parlamentspräsident gleichzeitig Staatsoberhaupt, Ivars Godmanis Ministerpräsident. Im Januar 1991 schlägt die Sowjetmacht zurück: Einheiten des sowjetischen Innenministeriums stürmen das lettische Innenminsterium in Rīga und töten fünf Menschen. Das Referendum vom 3. März bringt 73,6 % für die Unabhängigkeit.

Litauen

Die litauische Volksfront »Sąjūdis« gründet sich im Oktober 1988. Sie unterstützt Algirdas Brazauskas, den neuen Ersten Sekretär der litauischen KP. Er spaltet im Dezember 1989 seine Partei von der Moskauer Zentrale ab. Bei Parlamentswahlen Anfang 1990 erhält Sąjūdis die absolute Mehrheit.
Der neue Oberste Rat mit seinem Vorsitzenden Vytautas Landsbergis erklärt am 11. März 1990 die Unabhängigkeit Litauens. Kazimiera Prunskienė wird Ministerpräsidentin. Moskau antwortet mit einer Wirtschaftsblockade. Sowjetische Fallschirmjäger besetzen am 13. Januar 1991 das Fernsehzentrum von Vilnius und töten vierzehn Menschen. Im Referendum vom 9. Februar 1991 stimmen 90,5 % für die Unabhängigkeit.

Wiedererlangte Unabhängigkeit

1991	Internationale Anerkennung der Baltenrepubliken
1993	Aufnahme Estlands und Litauens in den Europarat
1994	Untergang der »Estonia«
1995	Aufnahme Lettlands in den Europarat
2004	EU- und NATO-Beitritt Estlands, Lettlands und Litauens

Internationale Anerkennung

Ohne den Zerfall der Sowjetunion ist die Unabhängigkeit der baltischen Republiken nicht denkbar. Die sowjetische Führung unter Gorbatschow versucht in den Jahren des Unabhängigkeitskampfes, die nun mit einiger Souveränität ausgestatteten Balten im alten Staatsgefüge zu halten. Erst das Scheitern des Moskauer Putsches vom August 1991, der das Aus für die KP in der Sowjetunion und im Baltikum bedeutet, macht die Republiken tatsächlich unabhängig. Nach und nach werden Estland, Lettland und Litauen als Staaten anerkannt. Deutschland nimmt am 27. August diplomatische Beziehungen zu den baltischen Republiken auf. Am 6. September erkennt auch der sowjetische Unionsrat die völlige Souveränität an. Am

Vom Sockel in die Gosse: Die alten Helden werden gestürzt.

18. September werden die drei Länder in die UNO aufgenommen; 1993 werden Estland und Litauen Mitglied des Europarats, 1995 auch Lettland. Die Probleme der jungen Staaten sind immens. Die am Boden liegende Wirtschaft soll in einer Radikalkur marktwirtschaftlich umstrukturiert werden, was viele Menschen in die Armut treibt. Die organisierte Kriminalität entwickelt sich zu einem großen Problem. Die ökologische Situation ist katastrophal. Vor allem in Estland und Lettland, wo die Russen einen großen Teil der Bevölkerung stellen, ist die Staatsbürgerschaftsfrage ein großes Problem. In Litauen werden im von Polen bewohnten Landesteil Rufe nach einem Anschluss an Polen laut.

Die jungen Staaten organisieren sich

Eines der großen politischen und sozialen Probleme der drei jungen Staaten ist der Umgang mit der Minderheitenfrage, denn zu ihren Bürgern gehörten nun auch die zur Sowjetzeit hier angesiedelten ungeliebten Russen. In Estland wird die »Kroon« als Währung eingeführt. Das Land erhält eine Verfassung. Die Wahlen im September gewinnt die rechtskonservative »Isamaa«. Ministerpräsident einer Koalitionsregierung wird Mart Laar. Lennart Meri bekleidet das Amt des Staatspräsidenten. Nach der Verabschiedung des Staatsbürgergesetzes (1993) kommt es zu Protesten der russischsprachigen Bevölkerung.
1993 wird in Lettland der »Lat« als eigene Währung eingeführt. Bei den Parlamentswahlen im Juni 1993 siegen die Parteien der rechten Mitte und bilden eine Minderheitsregierung unter Ministerpräsident Valdis Birkavs. Staatspräsident wird Guntis Ulmanis.
Im Oktober unterzeichnet Staatspräsident Landsbergis die neue Verfassung. Die Parlamentswahlen bringen den Sieg der ehemaligen Kommunisten, jetzt Demokratische Arbeiterpartei (LDAP) unter Algirdas Brazauskas. Diese geht eine Koalition mit gemäßigt nationalen Kräften ein. 1993 wird Brazauskas auch Staatspräsident. Im gleichen Jahr führt auch Litauen mit dem »Litas« eine eigene Währung ein. Zwischen Estland, Lettland und Litauen tritt 1994 ein Freihandelsabkommen in Kraft. Die drei Staaten beschließen in Tallinn die Bildung eines »Baltischen Ministerrats«.

Untergang der »Estonia«

In einem schweren Sturm kentert das Passagierschiff »Estonia« auf dem Weg von Tallinn nach Stockholm (28. 9. 1994). 852 Menschen kommen ums Leben.

Staatsoberhäupter

Im Jahre 2001 wird Arnold Rüütel neuer estnischer Staatspräsident.
1999 wird Vaira Vīķe-Freiberga Staatspräsidentin von Lettland.
Im Februar 1998 tritt der parteilose Valdas Adamkus sein Amt als litauischer Staatspräsident an.

EU-Beitritt

Am 1. Mai 2004 feiern Estland, Lettland und Litauen ihren Beitritt zur Europäischen Union. Im selben Jahr werden sie Mitglieder der NATO.

Kunst und Kultur

Warum gibt es so viele Burgen im Baltikum? Wie fand die norddeutsche Backsteingotik ihren Weg nach Norden? Welche der baltischen Metropolen ist ein Mekka des Jugendstils und warum sind die Menschen »dort oben« so gesangsbegeistert?

Kunstgeschichte

Estland

Frühgeschichte

Die ältesten Siedlungsspuren in Estland datieren aus dem Mesolithikum und Neolithikum (8. Jt. bzw. 3./2. Jt. v. Chr.). In der Bronzezeit (2./1. Jt. v. Chr.) lebten die Menschen dort in zeltartigen Behausungen aus gebogenen Holzstangen mit einer zentralen Feuerstelle in der Mitte (Funde am Tamula-See und bei Narva). Ab der späten Bronzezeit bestatteten sie ihre Toten in Steinkistengräbern, so benannt, da die Grabstätten mit Bruchsteinmauern umgeben und das Innere mit Steinen aufgefüllt wurde. Aus dem 2. und 1. Jahrtausend stammen auch die durch Gräben, Erdwälle und Mauerwerke befestigten Siedlungen, die sich bald zu Warenumschlagsplätzen und Handwerkszentren entwickelten.

Mittelalter

Den größten Anteil an der mittelalterlichen Kunst Estlands hat die Architektur, die durch das Auftreten der Ritterorden und die Christianisierung der Bevölkerung im 13. Jh. einen enormen Aufschwung nahm. Die Verwendung von Kalkmörtel ermöglichte die Errichtung monumentaler Bauwerke aus Stein und die Konstruktion von Gewölben und Bögen. Beim Wehrbau bildeten sich verschiedene Typen von Burgen heraus. Besonders häufig anzutreffen sind Befestigungsanlagen, bei denen eine natürliche Anhöhe mit einem unregelmäßigen, dem Gelände angepassten Mauerring umgeben wurde. Neben den Turmburgen, die aus einem Bergfried mit oder ohne zusätzlichem Mauerschutz bestanden, waren auch kastellartige Anlagen über quadratischem Grundriss weit verbreitet. Als eine Mischung aus Klosterarchitektur und Kastell entstand die charakteristische Form der Ordensburgen: Um einen geschlossenen, quadratischen Innenhof wurden Konventshaus mit Kapitelsaal, Kapelle, Speise- und Schlafsaal angelegt. Ein eindrucksvolles Zeugnis dieser Ordensarchitektur ist die Bischofsburg in Kuressaare (Mitte 14. Jh.; ►Abb. S. 58).

◄ Wehrarchitektur

Kirchen

Die sakrale Baukunst entwickelte sich ab dem 13. Jh. unter dem Einfluss mittel- und nordeuropäischer Bauhütten (insbesondere böhmischer und westfälischer) sowie der Zisterzienser, die in Estland einige Klöster gründeten. Romanische Bauwerke finden sich in Estland nur vereinzelt; die meisten Kirchen wurden im gotischen Stil errichtet, wobei sich in den verschiedenen Regionen des Landes lokale Bauschulen herausbildeten. Ende des 13., Anfang des 14. Jh.s entstand im Westen Estlands eine Reihe von Kirchen mit auffällig qualitätsvoller Bauornamentik im früh- bzw. hochgotischen Stil (Petrikirche in Kaarma, Katharinenkirche in Karja, Magdalenenkirche in Ridala

← Rīga kultiviert stolz seinen Ruf als »Nordische Metropole des Jugendstils«.

Halb Kloster, halb Festung: Die Bischofsburg von Kuressaare ist ein berühmtes Beispiel für die wehrhafte Bauweise der Ritterorden.

u. a.); in einigen Kirchen sind auch Reste gotischer Wandmalereien erhalten. Typisch für die Sakralarchitektur Mittelestlands sind **dreischiffige Hallenkirchen** mit Westturm (Martinskirche in Türi, Marienkirche in Ambla u. a.). In Südestland, wo es kein geeignetes natürliches Baumaterial gab, baute man Backsteinkirchen, die allerdings größtenteils zerstört wurden. In Tartu waren um 1400 drei bedeutende Kirchen (Marienkirche, nicht erhalten; Dom St. Peter und Paul sowie die Johanneskirche) entstanden, unter denen die Letztgenannte wegen ihres einzigartigen Figurenschmucks (ursprünglich mehr als 1000 Terrakottaskulpturen) eine besondere Stellung einnimmt.

Tallinn Überaus reich an mittelalterlichen Baudenkmälern war und ist die Hauptstadt Tallinn, wo sich vor allem im 15. Jh. eine rege Bautätigkeit entfaltete: Die bereits um 1300 begonnene Stadtbefestigung wurde fortgeführt, die hochmittelalterlichen Hallenkirchen (Olai- und Nikolaikirche sowie der Mariendom) wurden zu Basiliken umgebaut und zahlreiche profane Gebäude (Rathaus, 1402 – 1404; Haus der Großen Gilde, 1407 – 1410; Kaufmannshäuser) errichtet.

Die spätmittelalterlichen Altäre in den Kirchen waren Auftragswerke auswärtiger Künstler (Altar in der Heiliggeistkirche von **Bernt Notke** aus Lübeck, 1483; »Totentanz« von Bernt Notke in der Nikolaikirche; Altar in der Nikolaikirche von Hermen Rode aus Lübeck, 1479/1481 u. a.), wogegen sich die Tallinner Meister auf steinerne Grabplatten spezialisierten, die sie auch in Nachbarländer exportierten.

16. Jahrhundert

Politische Unruhen und die Einführung der Reformation bestimmten das 16. und beginnende 17. Jh. in Estland. Die Bautätigkeit kam fast völlig zum Erliegen, da die Kirche als Auftraggeber entfiel und die Städte mit dem Bau von Verteidigungsanlagen beschäftigt waren. In Tallinn wurde das Gebäude der Schwarzhäupter-Bruderschaft von dem Bildhauer Arent Passer umgebaut (1597/1600) und das Waagehaus errichtet (1555; nicht erhalten). Die **Stein- und Holzbildhauerei** hat einige schöne Werke hervorgebracht, so das von Arent Passer ausgeführte, prachtvolle Grabmal des schwedischen Feldherrn Pontus de la Gardie und seiner Gemahlin im Dom von Tallinn sowie die Holzkanzel der Martinskirche in Rannu. In Tallinn wirkten außer Passer die Bildhauer Berent Geistmann und Ludert Heistmann.

17. und 18. Jh.

Neben Tallinn und Tartu gewann im 17. Jh. die Stadt Narva wirtschaftlich an Bedeutung. Zahlreiche Gebäude im niederländisch-schwedischen Barockstil mit reichem plastischem Fassadenschmuck prägten das Stadtbild von Narva (im Zweiten Weltkrieg zerstört; Rathaus von 1668 – 1671 ist wiederaufgebaut). Viele Städte gingen im 17. Jh. daran, zeitgemäße Befestigungsanlagen nach den Plänen schwedischer Festungsbaumeister zu errichten und gleichzeitig systematisch das Stadtgebiet zu erweitern.
Die bereits im 16. Jh. florierende **Holzschnitzerei** erlebte eine Blütezeit (**Christian Ackermann, Elert Thiele**).
Durch die Verwüstungen des Nordischen Krieges (Zerstörung Tartus 1708) und die Angliederung an das Russische Reich wurde Estland in seiner Entwicklung zurückgeworfen. Die Bautätigkeit beschränkte sich auf notwendige Wiederaufbaumaßnahmen, die meisten Gebäude wurden mit Holz errichtet. Eine Sonderstellung nimmt das 1718 – 1725 für Peter den Großen errichtete **Barockschloss Kadriorg** in Tallinn ein, das der italienische Architekt Niccolo Michetti entworfen hatte.
Erst in den letzten Dezennien des Jahrhunderts kam wieder etwas Bewegung in das Baugeschehen. Nach einer Übergangsphase, bei der barocke und frühklassizistische Formen nebeneinander auftraten (Rathaus in Tartu, 1782 – 1789; herrschaftliche Landhäuser), setzte sich um 1800 der Klassizismus durch.

19. Jahrhundert

◄ Architektur

Die bedeutendsten Beispiele für den Klassizismus in Estland finden sich in Tallinn und in Tartu, wo 1802 die Universität neu gegründet wurde. Deren von Baumeister Johann Wilhelm Krause entworfene Gebäude sind in eine großzügige Parkanlage integriert, die einen deutlichen Akzent im Stadtbild von Tartu setzte. Im Norden Estlands ließen sich viele Deutschbalten auf ihren Landgütern stattliche **Herrenhäuser** mit klassizistischen Säulenportiken an den Eingangsseiten erbauen. In den 1930er-Jahren wurde der Klassizismus durch den Historismus abgelöst, der die europäischen Baustile von der Gotik bis zum Barock wiederaufleben ließ. Besonders verbreitet war in Estland die Rezeption der norddeutschen Backsteingotik. Der russische, vornehmlich in St. Petersburg tätige Architekt Otto Pius Hippius gilt als einer der wichtigsten Vertreter der historistischen Architektur in Estland (Karlskirche in Tallinn, 1870).

Malerei ▶ Malerei und grafische Künste wurden in Estland bis zur Mitte des 19. Jh.s ausschließlich in der gehobenen deutschbaltischen Gesellschaftsschicht gepflegt. Nach dem Studium an einer ausländischen Akademie kehrten viele Künstler nicht mehr oder nur noch zu sporadischen Besuchen in ihre Heimat zurück. Besonders eng war der Kontakt zur Kunstakademie in Düsseldorf, wo die Deutschbalten **Eugen Dücker**, **Eduard von Gebhardt** und **Gregor von Bochmann** lehrten, und zur Akademie in St. Petersburg. Als einer der ersten estnischen Künstler, die um die Jahrhundertmitte die Kunstszene betraten, gilt der Maler **Johan Köler** (1826 – 1899), der es als Porträtist an der St. Petersburger Akademie zu Ansehen brachte. Sein Bildhauerkollege **August Weizenberg** (1837 – 1921) beschäftigte sich in seinen Skulpturen, die stilistisch dem romantischen Klassizismus der ersten Jahrhunderthälfte verpflichtet blieben, vor allem mit nationalen Themen. Dass sich in Estland am Ausgang des 19. Jh.s unter dem Eindruck der nationalen Emanzipation ein eigenständiges Kunstleben etablierte (Gründung eines Kunstvereins und einer Kunstschule, Ausstellungen usw.), war vor allem das Verdienst der drei jungen Künstler **Ants Laikmaa** (1866 – 1942) sowie **Paul** (1865 – 1930) und **Kristjan** (1865 – 1943) **Raud**. Die erste Gesamtschau zeitgenössischer estnischer Kunst wurde 1906 in Tartu veranstaltet.

20. Jahrhundert

Architektur ▶ Zu Beginn des 20. Jh.s orientierte sich die estnische Baukunst sowohl an den Vorbildern des europäischen **Jugendstils** als auch am **national-romantischen Stil** der zeitgenössischen finnischen Architektur (Dramatisches Theater in Tallinn, 1910 erbaut von Alexej Bubyr und Nikolai Wassilijew). Der späte Jugendstil, der vor allem in den bürgerlichen Villen zur Anwendung kam, wurde in den 1930er-Jahren vom funktionalistischen Ansatz abgelöst. Eugen Habermann und Herbert Johanson sowie Anton Soans (Haus der Künste Tallinn; zus. mit Kuusik, 1934), **Olev Siinmaa** und **Edgar Johann Kuusik** gehören zu den interessantesten Architekten dieser Zeit. Im Zweiten Weltkrieg wurden die meisten größeren Städte Estlands schwer beschädigt, die Stadt Narva vollständig dem Erdboden gleichgemacht. Die durch Kriegs- und Nachkriegszeit unterbrochene estnische Bautradition wurde erst in den 1960er-Jahren wiederbelebt; internationales Aufsehen erregte vor allem die 1960 von einem Team um den Architekten **Alar Kotli** realisierte Sängertribüne in Tallinn, die von einem stützenlosen, an einem halbkreisförmigen Metallbogen aufgehängten Membrandach überspannt wird. Aus der Zusammenarbeit von jungen Architekten, Landschaftsgestaltern und Künstlern erwuchs die sog. **»Schule von Tallinn«**, die in den vergangenen drei Jahrzehnten einflussreiche Architekten hervorbrachte.

Malerei ▶ Nach einer Phase der nationalen Ausrichtung der estnischen Kunst um die Jahrhundertwende spiegelten sich in den 1920er- und 1930er-Jahren Expressionismus, Kubismus, Konstruktivismus und Futurismus in den Werken junger estnischer Künstler wider. Parallel zur Orientierung an der internationalen Avantgarde gingen die Bestrebungen auch dahin, im Land selbst die Bedingungen für das Kunstschaffen zu verbessern; ein erster Schritt in diese Richtung war die Einrichtung einer Hochschule für Bildende Kunst (»Pallas«) in Tallinn im Jahre 1919. Der Austausch mit den westeuropäischen Kunstzentren war seit der sowjetischen Besetzung fast vollständig abgebrochen; der künstlerische Pluralismus wurde unter der stalinistischen Diktatur dem Einheitsstil des sozialistischen Realismus geopfert. Estland verlor dadurch für beinahe 20 Jahre den Anschluss an die internationale Entwicklung. Erst in den 1960er-Jahren setzte eine zunehmende Liberalisierung ein, durch die sich allmählich wieder ein freies Kunstleben etablieren konnte.

Lettland

Frühgeschichte

Lettland war wie Estland seit der Mittleren Steinzeit besiedelt. Die Menschen fertigten kleine Tierfiguren aus Horn oder Bernstein, die sie zur rituellen Bannung der Jagdbeute benutzten. Während der Bronze- und Eisenzeit lebte die Bevölkerung in befestigten, zumeist auf Hügeln gelegenen Siedlungen; Keramik, Webarbeiten und Holzschnitzkunst erreichte während der Eisenzeit eine erste Blüte.

Mittelalter

◂ Profane Architektur

Im frühen Mittelalter wurden stadtartige Handels- und Handwerkszentren errichtet. Charakteristisch für ihre Artefakte war die Beschränkung auf stilisierte Tiermotive und geometrische Ornamente, wogegen Menschendarstellungen weitgehend fehlten.

Durch die Ritterorden, aber auch durch Zisterzienser und Dominikaner kam Lettland mit den westeuropäischen Bau- und Kunsttraditionen in Berührung. In der profanen Architektur spielte der Burgenbau eine herausragende Rolle. In einer ersten Phase der Landeseroberung und -befestigung entstanden im 13. Jh. viele Festungen, u. a. auch die Burg des Erzbischofs in Turaida (1214; wird restauriert) oder die Ordensburg in Sigulda (1207; Ruine). Als Bischofssitz und Residenz des Ordensmeisters wurde ab 1201 von deutschen Baumeistern die Stadt Rīga gegründet. In den Städten, die durch den Beitritt zur Hanse wohlhabend und politisch bedeutend geworden waren, begann

Bischofsburg von Turaida

man im 14. und 15. Jh. damit, Holz- bzw. Fachwerkhäuser durch Gebäude aus Stein zu ersetzen. In Rīga haben einige mittelalterliche Profanbauten die Zeiten überdauert, so das um 1500 erbaute Versammlungshaus der Großen Gilde und drei Wohnhäuser, die so genannten »Drei Brüder« (16. – 17. Jh.), die den für Hansestädte charakteristischen Typus des **Kaufmannshauses** mit hoher Giebelfassade repräsentieren.

Kirchen ► Wegweisend für den mittelalterlichen Sakralbau in Lettland wurde der 1211 im Übergangsstil von der Romanik zur Gotik begonnene **Mariendom in Rīga**. Der Bau besitzt entgegen der Tradition gotischer Kirchen keine Querschiffe und keine Strebepfeiler. Im 14. und 15. Jh. wurden zahlreiche als Hallenkirchen errichtete Gotteshäuser zu Basiliken umgebaut und ihre Fassaden im Stil der norddeutschen Backsteingotik erneuert.

16. bis 18. Jh. Im 16. Jh. stieg Jelgava, Sitz des Herzogs von Kurland, neben Rīga zu einem weiteren kulturellen und künstlerischen Zentrum Lettlands auf. Die Burgen verloren nach dem politischen Umbruch um die Mitte des 16. Jh.s ihre strategische Bedeutung und wurden zu repräsentativen Adelssitzen im Stil von Renaissance und Manierismus ausgebaut. Die politische Zerrissenheit des Landes im 17. Jh. spiegelte sich auch in den Künsten wider; der um die Jahrhundertmitte einsetzende Barockstil weist starke regionale Unterschiede auf. Unter schwedischem Einfluss stand die Baukunst in Rīga, wo im Zentrum der Stadt zahlreiche neue Wohnhäuser mit reich geschmückten Fassaden entstanden (Dannenstern-Haus, um 1696). In der sakralen Baukunst bildet die um 1690 umgestaltete **Westfassade der Rīgaer Petrikirche** den Höhepunkt des Frühbarock in Lettland.

Auf dem Lande entwickelte sich im Verlauf des 18. Jh.s ein eigener Typus des nordischen herrschaftlichen Gutshauses. Bedeutende Schlossbauten des späten Barock waren die herzoglichen Residenzen in Jelgava und Rundāle, die der in St. Petersburg beschäftigte Architekt **Bartolomeo Francesco Rastrelli** entworfen hatte. Auch beim Bau der zahlreichen katholischen Kirchen wirkten italienische Künstler mit.

19. Jahrhundert Eine neue Epoche der Baugeschichte begann mit dem völligen Anschluss an das russische Reich im Jahr 1795. Sowohl für öffentliche Gebäude als auch für den gehobenen Wohnungsbau wurde der Klassizismus russischer Prägung verwendet, bis er um die Jahrhundertmitte vom Historismus abgelöst wurde. In den 50er- und 60er-Jahren des 19. Jh.s wurde Rīga, dem Vorbild anderer europäischer Großstädte folgend, zu einer modernen Großstadt ausgebaut: Auf den niedergelegten alten Befestigungsanlagen entstand das neue großzügige Zentrum mit breiten

? WUSSTEN SIE SCHON ...?

- ... dass auch heute noch rund ein Drittel der Gebäude in der Innenstadt von Rīga Züge des Jugendstils trägt?

Blick in das Treppenhaus der Alberta iela 12 in Rīga

vielspurigen Ringstraßen, weitläufigen Grünanlagen sowie modernen mehrstöckigen Wohn- und Mietsgebäuden und frei stehenden Verwaltungsbauten.

20. Jahrhundert

Zu Beginn des 20. Jh.s entwickelte sich Rīga zu einem Zentrum der **Jugendstilarchitektur** (► Baedeker Special S. 308). Die Spannweite reicht von einem sehr exotisch anmutenden, in üppigem Fassadendekor schwelgenden Jugendstil über Gebäude in der Tradition der national-romantischen Bewegung bis hin zu einem beinahe sachlichen Jugendstil, der die Verschmelzung von Funktion und Form zum Ziel hatte. Eine besondere Rolle in der Jugendstilarchitektur Rīgas spielten die Mietshäuser, die im Übergangsbereich von der Altstadt zu den Villenvorstädten in großer Zahl errichtet wurden. Viele von diesen mehrstöckigen Gebäuden waren nicht nur an der Fassade modern, sondern verfügten auch über solch komfortable Neuerungen wie Zentralheizung und elektrische Beleuchtung.
Während des Zweiten Weltkrieges und insbesondere nach der Etablierung der sowjetischen Herrschaft verließen viele lettische Architekten ihre Heimat. In der Nachkriegszeit knüpfte die Architektur zunächst an die neoklassizistische Tradition der dreißiger Jahre an, während die dringend benötigten Wohnbauten an den Peripherien der Städte in der standardisierten Plattenbauweise hochgezogen wurden. Projekte wie die Konzerthalle in Dzintari oder das Krankenhaus »Gaiļezers« in Rīga belegen, dass die lettischen Architekten seit den 1960er-Jahren den Anschluss an den Internationalen Stil gefunden hatten.

Malerei Bereits im 19. Jh. studierten lettische Künstler an ausländischen Akademien und beteiligten sich in ihrer Wahlheimat am Kunstleben. An der Wende zum 20. Jh. entdeckten sie im Zuge der nationalen Bewegung in der Volkskunst die Wurzeln ihres Schaffens; Landschafts- und Genremalerei, Schilderungen des ländlichen, bäuerlichen Lebens nahmen demzufolge einen breiten Raum ein.

Drei Namen prägen diese Epoche: Jānis Rozentāls (1866 – 1916), vor allem als Porträtist arbeitend, sowie die Landschaftsmaler Jānis Valters (1869 – 1932) und Vilhelms Purvītis (1872 – 1945). Verschiedene Richtungen des Realismus, aber auch die europäische Avantgardekunst fanden in das Kunstschaffen Lettlands der 1920er- und 1930er-Jahre Eingang. Die stilistische Pluralität hatte mit dem Beginn der stalinistischen Ära, die den künstlerischen Ausdruck auf die akademische Richtung des Realismus beschränkte und viele Künstler ins Exil trieb, ein Ende.

Litauen

Frühgeschichte Die Besiedlungsgeschichte Litauens beginnt bereits im Paläolithikum (ca. 9000 v. Chr.); die ältesten Artefakte, geschnitzte Figuren aus Holz und Bernstein, stammen aus neolithischer Zeit. Während der Bronze- und Eisenzeit errichteten die Menschen befestigte Siedlungsplätze, die später zu Festungen mit Holzzäunen, Erdwällen und Gräben ausgebaut wurden.

Mittelalter Seit dem 13. Jh. wurden neben Holz auch Ziegel und Natursteine als Baumaterial für Burgen und Befestigungsanlagen verwendet. Verhältnismäßig spät, erst am Ausgang des 14. Jh.s, kamen bei den Burgen und Wehranlagen die technischen und ästhetischen Neuerungen der Gotik, so z. B. die Wölbetechnik, zur Anwendung. Der Kirchenbau setzte erst nach der Christianisierung im ausgehenden 14. bzw. beginnenden 15. Jh. ein; zumeist handelte es sich um multifunktionale, saalartige Räume. Ein Hauptwerk der gotischen Skulptur ist die sog. Madonna von Veliuona; das prächtigste gotische Kirchenbauwerk ist mit der Annenkirche Teil des »Gotischen Ensembles« in ► Vilnius zu finden.

16. Jahrhundert Das 16. Jh. war in Litauen eine Epoche des wirtschaftlichen und kulturellen Aufschwungs (Reformation, Gründung der Universität Vilnius). Neue Städte wurden nach einem regelmäßigen, schachbrettartigen Raster mit einem Marktplatz im Zentrum angelegt. Das Rathaus wurde meist von einem Uhrturm überragt; an den Fassadengestaltungen der Wohnhäuser vermischten sich Gotik und Renaissance. Der Großfürst und die adeligen Grundbesitzer ließen sich prächtige Renaissanceschlösser und Landsitze erbauen, so entstand u. a. das Schloss in Raudonė (Ende 16. Jh.). Der Dominanz des Porträts in der Malerei entsprach die herausragende Stellung des Figurengrabmals in der Skulptur.

In der Kirche St. Peter und Paul in Vilnius

Durch die Baulust von Klerus und Adel konnte sich im 17. Jh. der Barock durchsetzen; der Kirchenbau erhielt durch die Gegenreformation und das Wirken des Jesuitenordens neuen Auftrieb und orientierte sich vor allem an italienischen, insbesondere römischen Vorbildern. An drei barocken Kirchen in Vilnius (**Kasimirkirche**, 1604 – 1618; **Theresienkirche**, 1633 – 1650; **St. Peter und Paul**, 1668 – 1685; hier vor allem die Ausstattung) lässt sich die Entwicklung der sakralen Barockarchitektur in Litauen exemplarisch nachvollziehen. Als in den letzten Jahrzehnten des 18. Jh.s wie in anderen europäischen Ländern die Rolle der Kirche und die Macht des Adels zu schwinden begannen, traten die bürgerlichen und öffentlichen Bauaufgaben wieder mehr in den Vordergrund.

19. Jahrhundert

Der Barock wurde in den letzten Jahrzehnten des 18. Jh.s abgelöst vom **Klassizismus**, der die klare Tektonik der antiken Formen und die Harmonie ihres Zusammenwirkens gegen die barocke Illusionskunst setzte. Als Hauptwerke des litauischen Klassizismus gelten das **Rathaus** (1788 – 1799) und die **Kathedrale** (1786 – 1801) in Vilnius; charakteristische Beispiele für die Stadtplanung dieser Epoche sind die nach einem strengen Rechteckraster angelegten Städte **Rietavas** und **Rokiškis**. Auf die Stilphase der Romantik, bei der die klassizistischen Formen sich mit nationalen Bautraditionen mischten, folgte in der zweiten Jahrhunderthälfte der Historismus. Insbesondere in den größeren Städten entstanden Banken, Geschäfts- und Mietshäuser, Brücken, Bahnhöfe und andere »moderne« Funktionsbauten in der »Verkleidung« historischer Stilformen.

20. Jahrhundert

◄ Architektur

Ähnlich wie in Estland und Lettland gab es auch in Litauen an der Wende zum 20. Jh. starke nationalistische Strömungen, die die Wiederbelebung eigener Traditionen und die Förderung einheimischer Künstler zur Folge hatte; 1907 schlossen sich litauische Künstler erstmals zu einer Ausstellungsgemeinschaft zusammen.
Der Jugendstil brachte in Litauen keine herausragenden Baudenkmäler hervor; in den 1920er-Jahren wurde er durch den Neoklassizismus verdrängt, der vor allem durch die Staatsbank in Kaunas vertreten ist. Daneben bestimmten auch funktionalistische Tendenzen einerseits und eine romantische Rückbesinnung auf die Volksbaukunst andererseits die Architektur Litauens in der Zwischenkriegszeit.

Der Malerkomponist Čiurlionis suchte nach der Synthese von Musik und Malerei.

Nach dem Zweiten Weltkrieg entstanden nach sowjetischem Muster zahlreiche Industriebauten, Wohn- und Schlafstädte sowie neue Stadtzentren mit großzügigen Plätzen und öffentlichen Gebäuden. Die jüngere Entwicklung der litauischen Baukunst zeigen der Ausstellungspalast und das Ökonomische Institut für Landwirtschaft in Vilnius. Internationale Beachtung fand auch die zu Beginn der 1970er-Jahre realisierte Wohnsiedlung Lazdynai, die vom wohl bekannten Schema der sozialistischen Trabantenstädte abweicht.

Bis zur Wende vom 19. zum 20. Jh. brachte die Malerei in Litauen kaum Nennenswertes hervor. Doch dann trat mit Mikalojus K. Čiurlionis (► Berühmte Persönlichkeiten) die überragende Gestalt der litauischen Kunst in Erscheinung, die auch in Westeuropa vor allem durch seine synästhetischen Versuche Beachtung fand.

Literatur

Kurze Blüte

Die Nationalliteraturen aller drei baltischen Länder sind unmittelbare Produkte der Mitte des 19. Jh.s einsetzenden nationalen Selbstfindungsbewegung. Die hoffnungsvolle Entwicklung bricht mit dem Ende der Republiken und dem Beginn der Sowjetherrschaft ab, die den Schriftstellern nur die Wahl zwischen Exil oder Bekenntnis zum Sozialismus ließ. Erst mit dem Tod Stalins und dem etwas liberaleren Klima der Ära Chruschtschow können sich die Autoren ein wenig vom sozialistischen Realismus lösen, doch bleibt ihre Arbeit, wollen sie veröffentlicht werden, immer eine Gratwanderung zwischen Zensur und Selbstbehauptung. Untergrundliteratur und eingeschmuggelte Werke westlicher Autoren sind begehrter Lesestoff und schaffen Kontakt mit der Welt außerhalb des Sowjetreichs.

Estland

Erste Zeugnisse

Die estnische Literatur fußt auf einem reichhaltigen Schatz mündlich überlieferter Mythen und Sagen. Bis zum 16. Jh. gibt es keinerlei Aufzeichnungen in estnischer Sprache. 1525 erschien als erstes Buch die Übersetzung des lutherischen Katechismus, dem weitere, ausschließlich religiöse Texte folgen. Erst unter den Schweden, die die Bildung der estnischen Landbevölkerung fördern, entstehen auch weltliche Dichtungen. Das 18. Jh. ist geprägt vom Nordischen Krieg, der in Volksdichtungen verarbeitet wird, und von aufklärerischen Schriften, die jedoch fast ausschließlich aus deutschbaltischen Kreisen stammen.

Entwicklung der Nationalliteratur

Erst im 19. Jh. setzt die Entwicklung einer nationalen estnischen Literatur ein. Zunächst zu nennen sind die vielfach patriotischen Verse von Kristjan **Jaak Peterson** (1801 – 1822) und die Übersetzungen antiker und nordischer Sagen durch **Friedrich Robert Faehlmann** (1798 – 1850). Die bedeutendste Leistung vollbringt jedoch **Friedrich Reinhold Kreutzwald** (► Berühmte Persönlichkeiten) mit der Niederschrift des Nationalepos »**Kalevipoeg**« in 19 000 runischen Versen in den Jahren 1857 bis 1861.

Die zweite Hälfte des 19. Jh.s ist die Zeit des nationalen Erwachens, die in der Literatur die Liebe zur Heimat und – so weit unter der russischen Zensur möglich – die Unterdrückung der Esten zum Thema hat. **Lydia Koidula** (► Berühmte Persönlichkeiten) ist mit ihren patriotischen Versen und romantischen Naturgedichten die wichtigste Schriftstellerin dieser Periode. Ein gewichtiger Beitrag zur estnischen Selbstfindung ist die Veröffentlichung eines estnisch-deutschen Wörterbuches und einer estnischen Grammatik 1869 bzw. 1875 durch **Ferdinand Johann Wiedemann**. Während der russischen Revolution von 1905 findet sich die Bewegung »**Noor Eesti**« (»Junges Estland«) zusammen, die symbolistische und expressionistische Elemente in die Literatur bringt. Auch **Anton Hansen Tammsaare**, der bedeutendste estnische Prosaschriftsteller, ist bei den Jung-Esten zu finden. Die 1917 gegründete Gruppe »Siuru« (»Wundervogel«) empört die Zeitgenossen durch ihre freizügige Haltung zu Sexualität und Erotik. Ihre bekanntesten Mitglieder sind die Lyrikerin **Marie Under** und **Friedebert Tuglas**.

Während der ersten estnischen Republik findet die Literatur des Landes endgültig Anschluss an Europa. Die Anthologie »Arbujad« (1938) versammelt die Besten. Der erfolgreichste Theaterschreiber ist **Hugo Raudsepp** (1883 – 1952).

Sowjetzeit und Unabhängigkeit

Viele Schriftsteller fliehen bei der zweiten sowjetischen Besetzung 1944 ins Ausland. Estnische Literatur ist in den ersten fünfzehn Jahren der Sowjetherrschaft vor allem Exilliteratur, und Schweden ist ihr Zentrum. **Karl Ristikivi** (1912 – 1977), Verfasser des Romans »Hingede öö« (»Nacht der Seelen«) ist einer ihrer prominentesten Vertreter. In Estland gebliebene Autoren werden entweder verfolgt oder schreiben stalinistische Jubelgedichte. Erst von 1960 an war endlich eine leichte Liberalisierung zu verspüren. **Betti Alver** oder Deborah Vaarandi (geb. 1916) beginnen wieder zu schreiben, neue Gesichter wie der Satiriker **Uno Laht** (geb. 1924), der Novellist **Juhan Smuul** (1921 – 1971), die Lyriker **Paul-Erik Rummo** (geb.

Nachbau des legendären »Schrank der Dainas« im Barons-Museum in Rīga

DAINAS

Daina bedeutet schlicht: Lied. Doch Lieder sind für die Letten nicht nur folkloristische Tradition, ihr Liedschatz ist Teil ihrer nationalen Identität, ein Spiegel der Seele des Landes. Auch Litauen und Estland pflegen verwandte Volksliedtraditionen, doch am tiefsten ausgeprägt und verwurzelt ist die Liebe zum Lied in Lettland.

Dainas sind in ihrer Mehrzahl zweifüßig-trochäische, seltener vierfüßig-daktylische Vierzeiler, die epigrammartig das Leben des Volkes mit Hochzeit, Liebe und Tod, mit Jahresfesten, Natur oder Arbeit besingen. Vermutlich sind die ersten Dainas schon vor dem 11. Jh. entstanden. Der mehrheitlich von Frauen gedichtete Liedschatz wuchs und wurde bis ins 19. Jh. stets mündlich überliefert.

Eine Maus. fährt ins Haus
Eine Fuhre Schlaf:
Fahre, Maus, in mein Haus,
Viele Kinder brauchen Dich.

Bereits Johann Gottfried Herder, der von 1764 bis 1769 in Rīga lebte, sammelte einige der Lieder, um sie 1807 in seiner Volksliedsammlung zu veröffentlichen. Jahrzehnte später, in der Zeit des nationalen Erwachens, besann sich die Bewegung der »Jungletten« auf das große kulturelle Erbe ihres Volkes. Jānis Cimze (1814 – 1881) begann als erster Lette mit dem Sammeln von Liedern, doch ruhmreich als »Vater der Dai-

»Dainas«-Ausgabe im Barons-Museum in Rīga.

nas« wurde Krisjānis Barons (1835 – 1923). Er reiste weit durch das Land und befragte die Bauern; in Zeitungsanzeigen rief er die Menschen auf, ihm Dainas zu schicken. Um die 35 789 Lieder mit etwa 182 000 Varianten zu archivieren, ließ er sich eigens einen speziell entworfenen Schrank mit unzähligen Schubfächern anfertigen. Das Möbel sollte über die Jahre eine Art nationales Heiligtum werden, Schrein des kulturellen Selbstbewusstseins eines lange unterdrückten Volkes.

Ach wie schön ist doch das Leben
Hier am Rand des großen Waldes.
Mit fünf Hirschen
kann ich pflügen
Mit sechs Rehen kann ich eggen.

Die **Sängerfeste** sind die beste Gelegenheit, um die tiefe Beziehung der Letten zu ihren Liedern zu begreifen. Das erste fand 1873 als Manifest des nationalen Erwachens statt, und auch das Fest von 1988 stand ganz im Zeichen des politischen Wandels. Kamen im Jahr 1873 noch etwa 1000 Sänger zusammen, so sind es in jüngster Zeit mehr als zehntausend, die sich im Meža-Park von Rīga treffen. Beim nächsten Fest im Jahr 2008 wird es nicht anders sein.

1942) und Viivi Luik (geb. 1946) tauchen auf und behaupten bis heute ihren festen Platz in der estnischen Literatur. Lennart Meri (geb. 1929) schreibt historische Romane und Reisebeschreibungen, bevor er in die Politik wechselt – er war 1992 – 2001 Estlands Staatspräsident. Den höchsten Bekanntheitsgrad, auch im Ausland, hat sich jedoch Jaan Kross (geb. 1920) erworben, dessen historische, teilweise biografisch eingefärbte Romane auch in Deutschland viele begeisterte Leser gefunden haben.

Lettland

Erste Zeugnisse

Auch in Lettland sind die ersten literarischen Erzeugnisse religiösen Charakters. Das älteste erhalten gebliebene Zeugnis der lettischen Sprache ist ein katholischer Katechismus, der 1585 im litauischen Vilnius gedruckt wird. Das 17. Jh. bringt neben geistlichen Liedern vor allem die Bibelübersetzung durch Ernst Glück, die das Lettische bis heute entscheidend geprägt hat. Die Lage der leibeigenen Landbevölkerung thematisieren, von der Aufklärung beeinflusst, Gotthard Friedrich Stender (1714 – 1796) sowie Garlieb Merkel (1769 – 1850). Jener schreibt zwar in deutscher Sprache, wird aber durchaus zur lettischen Literatur gerechnet.

Entstehung der Nationalliteratur

Der erste lettische Autor, der eine größere Verbreitung erreicht, ist Neredzīgais Indriķis, dessen Gedichtsammlung 1806 erscheint. Der entscheidende Impuls für die Entwicklung der lettischen Nationalliteratur wird eine Sammlung von Liedern (»Dziesmiņas«), die Juris Alunāns (1832 – 1864) herausgibt und damit endgültig die Tauglichkeit des Lettischen als Literatursprache unter Beweis stellt. Damit ist der Weg für Schriftsteller bereitet, die die lettische Kultur ans Tageslicht holen. Zu ihnen zählt vor allem Andrejs Pumpurs (1841 – 1902), der mit seinem sechsteiligen Epos »Lāčplēsis« (»Bärentöter«) auch den Letten ein Nationalepos gibt. In dieser Tradition steht auch Krišjānis Barons (► Berühmte Persönlichkeiten), der lettische Volkslieder, die Dainas, sammelt und herausgibt. In der Zeit bis zur Ausrufung der ersten Republik bringt die lettische Literatur in allen Gattungen Beachtliches hervor. Die alles überragende Figur jener Jahre ist Jānis Rainis (► Berühmte Persönlichkeiten), dem für die lettische Literatur eine ähnliche Stellung wie Goethe für die deutsche zugeschrieben wird. Rainis, in ständigem Austausch mit seiner Frau Aspazija (Elza Rozenberga, 1865 – 1943), ist die literarische Seele des lettischen Unabhängigkeitsstrebens.

Sowjetzeit und Unabhängigkeit

Die Etablierung der Sowjetherrschaft treibt viele Schriftsteller ins Ausland. Führend in der lettischen Exilliteratur werden die Lyrikerinnen Veronika Strēlerte (1912 – 1995), der Erzähler Anšlavs Eglītis (1906 – 1993) und der Dramatiker Mārtiņš Zīverts (1903 – 1990), aus der etwas jüngeren Generation u. a. Linards Tauns (1922 – 1963) und Gunars Saliņš (geb. 1924). Die im Land verbliebenen Autoren können erst in der Ära Chruschtschow wieder freier arbeiten. Wichtige Namen sind der Lyriker **Ojārs Vācietis** (1933 – 1983), die auch ins Deutsche übersetzten Romanciers Imants Ziedonis (geb. 1933), **Alberts Bels** (geb. 1938; »Deckname Karlson«) und **Regīna Ezera** (geb. 1930). In den achtziger Jahren findet u. a. der Lyriker **Uldis Bērziņš** (geb. 1944) Beachtung.

Litauen

Erste Zeugnisse

Obgleich Litauen im Gegensatz zu den anderen beiden baltischen Ländern seit dem Mittelalter ein eigenes Staatsgebilde formt, erscheint auch hier das erste Buch in Landessprache nicht vor dem 16. Jahrhundert. Es ist der ins Litauische übertragenen Katechismus von Martin Luther. Literarische Zeugnisse aus der Zeit davor – Chroniken, Kurzepik und Flugblattliteratur – sind in Latein und Polnisch abgefasst. Ende des 16. Jh.s wird die Bibel übersetzt.

Entwicklung der Nationalliteratur in Litauen

Am Beginn der litauischen Nationalliteratur steht das umfangreiche Hexameterepos **»Metai«** (»Die Jahreszeiten«), das **Kristijonas Donelaitis** (► Berühmte Persönlichkeiten) in den Jahren 1760 bis 1770 niederschreibt. Sein Thema warsind n die Natur und das Leben der Landbevölkerung Niederlitauens unter der zunehmenden Einwanderung von Siedlern aus Preußen. Das Versepos wird jedoch erst 1818 und zwar zunächst auf Deutsch veröffentlicht, erst im Jahr 1940 erscheint eine werkgetreue litauische Fassung. Am Vorabend nationalen Erwachens steht das dichterische Werk des späteren Weihbischofs **Antanas Baranauskas**. Schriftstellerischer Wortführer der Bewegung wird **Maironis** (► Berühmte Persönlichkeiten). Er ist die alles überragende Gestalt in einer Zeit, in der der Druck litauischer Werke in lateinischen Buchstaben verboten ist und deshalb im preußischen Tilsit erfolgt, von wo Bücher und Zeitschriften nach Litauen geschmuggelt werden. Um die Jahrhundertwende treten die Realisten auf, u. a. **Žemaitė** (Julija Beniuševičiūtė-Žimantienė, 1845 – 1921) mit kurzen Erzählungen und **Antanas Vienuolis** (eigentlich Žukauskas, 1882 – 1957), der von 1905 bis 1918 in den Kaukasus verbannt wird und dort reichlich Stoff für seine Romane findet. Die Richtung des Symbolismus schlägt in den Jahren der litauischen Republik der Maironis-Freund **Vincas Putinas-Mykolaitis** (1893 – 1967) ein.

Originalausgabe der Metai

Sowjetzeit und Unabhängigkeit

Die ins Exil getriebenen litauischen Schriftsteller wie **Brazdžionis** oder **Jonas Aistis** (1904 – 1973) versuchen mit ihrer Arbeit, die Verbindung zu ihrer verlorenen Heimat wachzuhalten. Dort lockert sich der Druck – wie im ganzen Sowjetreich – erst nach dem Tod Stalins. Bekannte Namen dieser Zeit sind u. a. der Erzähler **Jonas Avyzius** (geb. 1922), **Justinas Marčinkevicius** (geb. 1930), der sich in allen drei Gattungen betätigt, oder der Lyriker **Eduardas Mieželaitis** (geb. 1919).

Deutschbaltische Literatur

Der erste Deutsche, der sich »literarisch« über und im Baltikum äußerte, ist **Heinrich von Lettland** (1187/1188 – 1260); seine Livländische Chronik verfasst er jedoch der Zeit entsprechend in lateinischer Sprache. Erst 400 Jahre später schafft **Georg Mancelius** (1593 – 1654) zwar kein literarisches Werk, doch mit dem »Lettisch Vademecum« (1631) ein erstes Zeugnis in deutscher Sprache über das Baltikum. Wiederum mehr als hundert Jahre später tauchen zwei auch für die deutsche Literaturgeschichte wichtige Namen auf: **Jakob Michael Reinhold Lenz** (► Berühmte Persönlichkeiten) und der in Frankfurt am Main geborene **Friedrich Maximilian Klinger** (1752 – 1832), der die letzten dreißig Jahre seines Lebens in Tartu (Dorpat) zubringt und mit seinem Drama »Der Wirrwarr«, später »Sturm und Drang« (1776), einer ganzen Literaturepoche ihren Namen verleiht. Beide entfalten jedoch ihre literarische Wirksamkeit in Deutschland. **Johann Gottfried Herder** (1744 – 1803) verbringt die Jahre 1764 bis 1769 an der Domschule von Rīga. Er macht mit seiner eigenen kleinen Sammlung erstmals in Westeuropa auf den reichen Schatz der lettischen Dainas aufmerksam. Aus dem Lande selbst ist aus dieser Zeit **Karl Ludwig Grave** (1784 – 1840) zu nennen. Auch **August von Kotzebue** (1761 – 1819), in Weimar geboren, Gutsbesitzer in Estland, Theaterdirektor in St. Petersburg und russischer Staatsrat, feiert die Erfolge seiner populären Theaterstücke in Deutschland, wird wegen seiner reaktionären Agitation jedoch von dem Studenten Karl Ludwig Sand in Mannheim ermordet.

In den letzten Jahrzehnten des 19. und den ersten des 20. Jh.s beginnt eine ganze Generation von in Estland oder Lettland geborenen Schriftstellern zu schreiben, die man als die eigentlichen Vertreter der deutschbaltischen Literatur bezeichnen kann. Allerdings verlassen die meisten von ihnen schon während des Ersten Weltkrieges das Baltikum und gehen nach Deutschland. Ihre Werke beschäftigen sich mit der verlorenen Heimat, oft genug jedoch mit verklärtem Blick auf die alten Verhältnisse und ohne tieferes Verständnis für das Unabhängigkeitsstreben der Balten, weshalb manche von ihnen in den baltischen Republiken zumindest recht zwiespältig rezipiert werden. **Monika Hunnius** (1858 – 1934), die im Lande geblieben ist, **Zenta Maurina** (► Berühmte Persönlichkeiten) und **Gertrud von der Brincken** (1892 – 1982) gelten als die wichtigsten deutschbaltischen Autorinnen; männliche Kollegen sind der um die Jahrhundertwende als Dramatiker erfolgreiche **Hermann Sudermann** (1857 – 1928) sowie **Sigismund von Radecki** (1891 – 1970) und der Erzähler und Lyriker **Otto von Taube** (1879 – 1973). **Siegfried von Vegesack** (1888 – 1974) findet eines seiner Hauptthemen im Niedergang des deutschbaltischen Adels; herausragend ist jedoch der in Rīga geborene **Werner Bergengruen** (1892 – 1964), der diesen Rang nicht nur durch die Fülle seiner Werke, sondern vor allem durch die Beherrschung der literarischen Techniken verdient.

Musik

Volkslieder und Chorgesang sind tief in den Völkern des Baltikums verwurzelt und waren ein wichtiges Mittel zur Bewahrung der nationalen Identität unter der Fremdherrschaft. Die Sängerfeste, vor allem in Estland und Lettland nationale Ereignisse, die jeweils Zehntausende von aktiven Teilnehmern anziehen, sind der sichtbare Beleg für die enge und heute noch so lebendige Verbundenheit der Balten mit diesem Teil der Volkskultur. Die »professionelle« Musik tritt demgegenüber eher in den Schatten, denn sie war bis zum 19. Jh. – wiederum in Estland und Lettland – die Musik der deutschen oder russischen Herrenhäuser und Fürstensitze.

Estland

Volksmusik und Chorgesang

Die Wurzeln der estnischen Volksmusik sind in den Runengesängen aus dem ersten vorchristlichen Jahrtausend zu finden. Mit der Ankunft der deutschen Kreuzritter im 13. Jh. verdrängten christliche Kirchenlieder die archaischen heidnischen Gesänge, doch sie lebten im Verborgenen weiter, und aus ihnen entwickelte sich das estnische Volksliedgut. Das nationale Erwachen im 19. Jh. ließ die Musik nicht unberührt: Die bislang nur mündlich überlieferten Weisen wurden gesammelt und aufgeschrieben. 1823 wurde der erste Chor gegründet und 1869 wird in Tartu das erste landesweite Sängerfest organisiert, das mit 12 000 Besuchern enormen Zulauf fand und unversehens auch zur politischen Manifestation geriet. Das Fest wurde zur Tradition und zum Spiegel der jeweiligen politischen Verhältnisse. Die Sowjets versuchten, die Feste in den Dienst des Sozialismus zu stellen, doch erreichten sie nie die völlige Unterdrückung der landeseigenen Volksmusikkultur. Das letzte Sängerfest vor der erneuten Unabhängigkeit im Jahr 1990 in Tallinn verzeichnete einen historischen Höhepunkt: Es zählte um die 300 000 Zuhörer, und das erste Mal seit dem Zweiten Weltkrieg konnte die Nationalhymne wieder gesungen werden. 1994 war die Teilnehmerzahl bereits rückläufig, und 1999 zeigte es sich, dass das Interesse der mittlerweile am internationalen Musikgeschmack orientierten Jugend deutlich nachlässt.
Von den professionellen Chören sind auch international bekannt geworden: der Estnische Philharmonische Kammerchor, der Tallinner Knabenchor und der Nationale Männerchor Estlands.

Professionelle Musik

Die ersten professionellen Musiker und Komponisten traten in der zweiten Hälfte des 19. Jh.s in Erscheinung. Sie mussten ihre Ausbildung außerhalb des Landes absolvieren – vor allem in St. Petersburg wie der Pianist Theodor Lemba, in Dresden wie Aleksander Läte oder in Leipzig wie Rudolf Tobias. Läte gründete 1900 in Tartu das erste estnische Symphonieorchester, Theodor Lemba schrieb 1908 die erste Symphonie und die erste Oper (»Lembitu tütar« = Lembitus

Musik ist Volkssport und Lebenselixier der Balten.

Tochter), während Rudolf Tobias 1909 mit seinem Oratorium »Des Jona Sendung« einen Klassiker der estnischen Musik schuf. Der heute bekannteste estnische Komonist ist Arvo Pärt (geb. 1935, seit 1980 in Berlin). Unter den Jüngeren hat sich Erkki-Sven Tüür (geb. 1959), der Klassik und Rockmusik verbindet, einen Namen gemacht. Als Jazz-Gitarrist sehr geschätzt wird Tiit Paulus. Einen guten Ruf auf internationalen Bühnen genießt das Hortus-Musicus-Ensemble.

Die musikalische Protestbewegung der westlichen Länder in den 1960er-Jahren fand in Estland große Resonanz. Platten der Idole gelangten auf geheimen Wegen ins Land und waren Vorbild für örtliche Gruppen und Bands. Die Ideale der Hippie-Ära fanden auch bei der estnischen Jugend Anklang und gaben Anlass für Repressionen und Auftrittsverbote seitens der staatlichen Behörden.
Heute gibt es eine lebendige **Jazz- und Rockszene** mit einigen hochkarätigen Festivals. International sehr beachtet wurde der Erfolg Estlands beim **Grand Prix d'Eurovision 2001**. Der Sieg mit dem Titel »Everybody» machte in der Folge Tallinn 2002 zum Austragungsort des bekanntesten europäischen Wettbewerbs.

Lettland

Volksmusik und Chorgesang

Lange vor dem Eintreffen der Kreuzritter hatten die Letten ihre eigenen Lieder – archaische, rituelle Stücke, begleitet auf der zitherähnlichen »kokle«. Im 17. und 18. Jh. machten sich auch in der Volksmusik Einflüsse aus Westeuropa bemerkbar. Mitte des 19. Jh.s begannen **Jānis Cimze** (1814 – 1881) und vor allem **Krišjanis Barons** (► Berühmte Persönlichkeiten) mit der systematischen Erfassung der Liedtexte. Diese Tätigkeit brachte das erste lettische Sängerfest auf den Weg, das 1873 abgehalten wurde und seitdem regelmäßig stattfindet. Emilis Melngailis (1874 – 1954), selbst Komponist vieler Volkslieder, forschte auf dem Land nach den Melodien und zeichnete sie auf.

Professionelle Musik

Der erste bedeutende und gleichzeitig einer der größten und verehrtesten lettischen Komponisten war Jāzeps Vītols (1863 – 1948), der sich vor allem auf dem Gebiet der Chor- und Kammermusik hervortat. Von Kārlis Baumanis (1835 – 1905) stammt die lettische Nationalhymne. Alfrēds Kalniņš (1879 – 1951) schrieb 1919 die erste letti-

sche Oper »Baņuta«. In der ersten Republik hatten die Gebrüder Jānis (1890–1966), Jāzeps (1877–1947) und Jēkabs Mediņš (1885–1971) ihre größten Erfolge als Komponisten und Dirigenten. Jānis verschrieb sich der Oper, Jāzeps verfasste Klavierstücke, während Jēkabs u. a. die Oper »Feuer und Nacht« nach Rainis' Libretto schrieb.
In Rīga gab es schon seit 1772 das **Deutsche Theater**, an dem auch Opern und Ballette zur Aufführung kamen. Von 1837 bis 1839 hieß dessen Kapellmeister **Richard Wagner**. 1893 wurde die erste Oper in lettischer Übersetzung gegeben, 1913 gründete sich die lettische Operngesellschaft in Rīga, und 1919 schließlich rief Pāvuls Jurjāns die lettische Nationaloper ins Leben. Heute genießen u. a. die Rīgaer Balletttruppe und das Nationale Symphonieorchester auch im Ausland einen guten Ruf.

Auch in Lettland gibt es eine junge Generation, die international orientierte Pop- und Rockmusik produziert. Ein vorläufiger Höhepunkt war der Sieg Lettlands beim **Grand Prix d'Eurovision 2002** in Tallinn, als die Sängerin Marija N mit dem Titel »I Wanna« die Trophäe und damit auch den Wettbewerb 2003 nach Rīga holte.

Litauen

Volksmusik und Chorgesang

Litauen besitzt in seinen »**Dainos**« einen ähnlich reichen Volksliedschatz wie Lettland, allerdings hat dessen Sammlung eine weniger bedeutende Rolle bei der nationalen Selbstfindung gespielt. Das erste litauische Sängerfest fand denn auch erst 1924 in Kaunas statt.

Professionelle Musik

Durch die Union mit Polen war Litauen auch musikalisch enger mit Westeuropa verknüpft als Lettland oder Estland, so dass höfische Musik durch italienische, französische, polnische oder deutsche Musiker ins Land kam. In der zweiten Hälfte des 19. Jh.s bildete sich, u. a. durch die Adaption von Volksliedern, eine eigenständige Musik heraus. Die erste litauische Oper, »Birutė« von Mikas Petrauskas (1873–1937), erlebte 1906 ihre Uraufführung. Česlovas Sasnauskas (1867–1916) war ein Vertreter der klassisch-romantischen Richtung, während der bedeutendste litauische Komponist, **Mikalojus Konstantinas Čiurlionis** (►Berühmte Persönlichkeiten) der Spätromantik zuzurechnen ist. Das musikalische Zentrum der ersten litauischen Republik war Kaunas, wo 1920 das Operntheater gegründet wurde.
Die klassische Musik des Landes pflegen heute u. a. das Staatliche Symphonieorchester, das Kammerorchester »Ave Musica«, das Čiurlionis-Streichquartett und das Vilnius-Streichquartett. Die Staatsoper hat ihren Sitz in Vilnius.

Berühmte Persönlichkeiten

Welches Schicksal ereilte Litauens bekannteste Flieger? Wer entfachte – unerwidert – die Liebe Jakob Michael Lenz'? Komponierte der Litauer Čiurlionis farbige Klänge oder malte er klingende Farben? Wer war eigentlich Jānis Rainis und wofür kämpfte Konstantin Päts? Kleine Denkmäler für Menschen, die eng mit den baltischen Staaten verbunden sind.

Karl Ernst von Baer (1792 – 1876)

Deutsch-baltischer Naturforscher

Karl Ernst von Baer, in Estland geboren, wirkte als Professor für Anatomie und Zoologie in Königsberg. Als Naturphilosoph ein Gegner Darwins, war er der Begründer der vergleichenden Entwicklungsgeschichte, entdeckte das menschliche Ei, die Chorda dorsalis als Vorstufe in der Wirbeltierentwicklung und das sog. Baersche Gesetz, das in der Geografie die Tal-Asymmetrie erklärt.

Krišjānis Barons (1835 – 1923)

Lettischer Folklorist

Der in Strutele geborene Krišjānis Barons gilt als der »Vater der Dainas«. Er begann Mitte des 19. Jh.s, die vierzeiligen lettischen Volkslieder systematisch zu sammeln, indem er auf Reisen durch das Land die Bevölkerung befragte und weitere Texte per Zeitungsanzeige suchte. Das Ergebnis seiner mühevollen Arbeit veröffentlichte er zwischen 1894 und 1915 in sechs Bänden, in denen fast 36 000 Dainas und 182 000 Varianten abgedruckt sind. Damit hatte Barons einen grundlegenden Beitrag zum lettischen Selbstverständnis geleistet, der ihm einen unstreitigen Ehrenplatz im Bewusstsein der Bevölkerung verschaffte. Seine Zählung der Dainas ist bis heute noch gültig. Krišjānis Barons starb in Rīga.

Mikalojus K. Čiurlionis (1875 –1911)

Litauischer Komponist und Maler

Mikalojus Konstantinas Čiurlionis hat sowohl die Musik als auch die Malerei Litauens entscheidend geprägt. Er wurde im südlitauischen Varėna geboren, wuchs aber im Kurort Druskininkai auf.

Mikalojus besuchte eine Musikschule in Plungė und setzte seine Studien von 1893 bis 1899 in Warschau fort. Nach einem Studienaufenthalt in Leipzig kehrte er 1902 nach Warschau zurück. Er verdiente sich seinen spärlichen Lebensunterhalt als Privatlehrer, um mehr Zeit für seine Kunst zu haben. In Warschau entdeckte er sein Talent für die Malerei und besuchte von 1904 bis 1906 die dortige Kunstakademie. Er siedelte nach Vilnius über, hatte dort jedoch mit seinem keiner Richtung zuzuordnenden Malstil wenig Erfolg. 1908 ging er nach St. Petersburg. Sein rastloser Arbeitseifer und sein schlechter Allgemeinzustand ließen ihn dort aber bald in geistige Verwirrung fallen. In einem Warschauer Sanatorium starb er an einer schweren Erkältung. Sein Grab befindet sich in Vilnius.
Dem Musiker und Komponist Čiurlionis wurde mehr Erfolg zuteil als dem Maler. Er schuf die ersten Symphonien und kammermusikalischen Werke der litauischen Musik. Die größte und heraus-

← *Entdecker der Eizelle von Tier und Mensch: der in Estland geborene Biologe Karl Ernst von Baer*

ragendste seiner insgesamt über 250 Kompositionen ist die symphonische Dichtung »Das Meer« (1907). Die Verbundenheit mit seiner Heimat zeigt sich in den Adaptionen litauischer Volkslieder für Chor und Klavier. Seine ca. 300 Gemälde, überwiegend Aquarelle, verstehen sich als gemalte Musik. Er legte sie bewusst als musikalische Sätze an und komponierte Bilderzyklen wie das Triptychon »Frühling« (1907), die »Sonnensonate« (1907) oder die »Pyramidensonate« (1908). Die Thematik seiner Bilder entsprang seiner Phantasie als Mischung aus Mystik und Symbolen, stark beeinflusst von Natur und Kultur seiner Heimat.

Steponas Darius (1896 – 1933) und Stasys Girėnas (1893 – 1933)

Litauische Flieger

Der Flieger Steponas Darius wurde unter dem Namen Darašius in Rubiškė in Westlitauen geboren. Er siedelte in die USA über, wo er seinen Namen änderte, in die Armee eintrat und als amerikanischer Soldat am Ersten Weltkrieg in Frankreich teilnahm. Nach dem Krieg kehrte er nach Litauen zurück und ging dort ebenfalls in die Armee, wo er das Fliegen erlernte. Doch 1927 zog es ihn in die USA zurück, und er vervollkommnete dort seine fliegerischen Fähigkeiten. Zusammen mit seinem aus Vytogala stammenden Landsmann Stasys Girėnas, der ebenfalls in der US-Armee gedient und als Postflieger gearbeitet hatte, kaufte er sich 1932 die einmotorige »Lituanica«, mit dem beide von New York zu der damaligen litauischen Hauptstadt Kaunas fliegen wollten. Obwohl technisch unzureichend ausgerüstet und ohne behördliche Erlaubnis, starteten sie am Morgen des 15. Juli 1933 von New York aus zu ihrem Flug über den Atlantik. 35 Stunden und 6441 km nach dem Abflug stürzte ihre Maschine kurz vor der litauischen Grenze über dem damals westpreußischen Soldin (heute poln. Myslibórz) ab. Ihre Leichen wurden nach Kaunas überführt, wo 60 000 Menschen an ihrem Begräbnis teilnahmen. Die Popularität der beiden Flieger ist ungebrochen; ihre sterblichen Überreste ruhen heute auf dem Kaunasser Soldatenfriedhof von Aukštiai šančiai.

Kristijonas Donelaitis (1714 – 1780)

Litauischer Schriftsteller

Kristijonas Donelaitis gilt als der Klassiker der litauischen Literatur und war der erste litauische Dichter, dessen Werk – allerdings erst lange nach seinem Tod – auch im übrigen Europa Achtung errang. Er wurde im damals ostpreußischen Lasdinehlen (lit. Lazdynėliai) im Kreis Gumbinnen geboren. Diese Gegend war im 16. Jh. zu Preußen gekommen und zu Lebzeiten Donelaitis' schon überwiegend deutsch besiedelt. Der im Elternhaus von einem überaus asketischen Pietismus geprägte Donelaitis studierte in Königsberg protestantische Theologie und erhielt eine Pfarre in Tollmingkehmen (lit. Tolminkiemis), 15 km südwestlich der heutigen litauischen Staatsgrenze. Dort predigte er morgens auf Deutsch und nachmittags auf Litauisch. In seiner Freizeit verfasste er Gedichte und Fabeln. Sein bekanntestes Werk, das Epos »Metai« (»Die Jahreszeiten«), ist zu einem Fundament der litauischen Nationalliteratur geworden. Es wurde erst 1818 in Königsberg, und zwar auf Deutsch, veröffentlicht. Erst 1940 wurde in Vilnius die werkgetreue, nach dem Originalmanuskript edierte litauische Fassung aufgelegt.

Sergej Eisenstein (1898 – 1948)

Sowjetischer Regisseur

Sergej Eisenstein gilt noch heute als einer der bedeutendsten Regisseure und Theoretiker des Films. Er kam in Rīga als Sohn des erfolgreichen und unvergessenen Jugendstil-Architekten Michail Eisenstein zur Welt und studierte in St. Petersburg Ingenieurwissenschaften. Nachdem er freiwillig zur Roten Armee gegangen war, arbeitete er in Moskau als Kostümbildner für das Proletkult-Theater und wandte sich schließlich dem Film zu. Filmgeschichte schrieb Eisenstein mit dem berühmten Revolutionsstreifen »Panzerkreuzer Potemkin« (1925). Unvollendet blieb der während einer Amerikareise begonnene Film »Que viva Mexico!« (1930/1932) ebenso wie sein letztes Werk, der letzte Teil der Trilogie »Iwan der Schreckliche« (1946/1947), für das er vom ZK der KPdSU öffentlich gerügt wurde. Sergej Eisenstein starb in Moskau.

Lydia Koidula (1843 – 1886)

Estnische Schriftstellerin

Lydia Koidula, ihr eigentlicher Name war Lydia Emilia Florentine Jannsen, wuchs als die Tochter des estnischen Journalisten und Volksschriftstellers Johann Voldemar Jannsen (1819 – 1900), der das erste estnische Sängerfest von 1869 organisiert hatte, in die junge estnische Nationalbewegung hinein. Die in Vändra geborene Schriftstellerin gilt als eine der Hauptgestalten der Dichtung des nationalen Erwachens, die mit ihrer pathetisch-romantischen Lyrik die estnische Kultur besingt. Darüber hinaus schrieb sie einige Erzählungen und initiierte das estnische Theater. Lydia Koidula starb im russischen Kronstadt.

Otto von Kotzebue (1787 – 1846)

Russisch-deutscher Forschungsreisender

Der in Tallinn geborene russische Marineoffizier und Forschungsreisende Otto von Kotzebue – ein Sohn des von dem deutschen Burschenschaftler Karl Ludwig Sand ermordeten reaktionären Schriftstellers August von Kotzebue (1761 – 1819) – wurde 1815 mit der Führung des russischen Seglers »Rurik« betraut, um die Möglichkeit einer Durchfahrt vom Pazifischen Ozean in den Atlantik zu untersuchen. Die Expedition erforschte einige Inselgruppen in der Südsee, fuhr dann nordwärts zur Beringstraße, wo der nach seinem Entdecker benannte »Kotzebue-Sund« aufgespürt wurde. Im Jahr 1829 zog sich Otto von Kotzebue aus dem Marinedienst zurück und schrieb wissenschaftliche Werke über seine Reisen und Entdeckungen. Er starb in seiner Heimatstadt Tallinn.

Friedrich Reinhold Kreutzwald (1803 – 1882)

Estnischer Schriftsteller

Friedrich Reinhold Kreutzwald aus Jõepere ließ sich nach seinem Medizinstudium an den Universitäten von St. Petersburg und Tartu in Võru als Stadtarzt nieder. Doch nicht als Mediziner, sondern als Verfasser des estnischen Nationalepos »Kalevipoeg« wurde er berühmt. Für die Esten ist er eine der zentralen Figuren des nationalen Erwachens. Schon als Kind hatte er, wie viele Kinder im Land, Volksliedern und Geschichten gelauscht, deren Held der Sohn des Kalev war. Später sammelte er bei Reisen übers Land eine Vielzahl von Sagen, Liedern und Episoden. Aus diesem Stoff schuf er seinem Volk das große Nationalepos »Kalevipoeg«, an dem er von 1857 bis 1861 arbeitete. Daneben schrieb Kreutzwald Märchen, Dramen und Lyrik, auch medizinische Schriften sowie Aufsätze über die estnische Sprache sind überliefert. Er starb in Tartu, wohin er 1877 wieder gegangen war.

Atis Kronvalds (1837 – 1875)

Lettischer Pädagoge und Publizist

Als Verfasser der 1872 erschienenen Broschüre »Nationale Bestrebungen« gilt der Lehrer Atis Kronvalds heute als der eigentliche Vordenker des lettischen nationalen Erwachens; viele sehen ihn gar am Beginn der Nationalbewegung. Kronvalds sah, im Gegensatz zu manchen seiner Zeitgenossen die Zukunft Lettlands in der Anbindung an Westeuropa. Er veranstaltete die erste gesamtlettische Lehrerkonferenz und verfasste die ersten Lehrbücher auf Lettisch. In der Volksbildung und der Schaffung eines lettischen Schulwesens bis hin zur Gründung einer Universität sah er den Hebel zur Erlangung der Eigenständigkeit aller Balten. Die soziale Frage war indes kein Thema für ihn.

Jakob Michael Reinhold Lenz (1751 – 1792)

Deutscher Schriftsteller

Jakob Michael Reinhold Lenz gilt als einer der bedeutendsten Dramatiker der Sturm-und-Drang-Ära. Lenz wurde im livländischen Seßwegen als Sohn eines Predigers geboren. 1759 siedelte die Familie nach Dorpat (Tartu) über. Mit einem Armenstipendium der Stadt ausgerüstet, ging Lenz zusammen mit seinem Bruder 1768 zum Studium der Theologie nach Königsberg, wo er maßgeblich von Kant beeinflusst wurde. 1771 brach er das Studium ab und reiste im Dienste der Brüder Kleist nach Straßburg, wo er mit Herder und Goethe zusammentraf. Zu Friederike Brion, Goethes »Friederike von Sesenheim«, entbrannte er in großer, jedoch unerfüllter Liebe. In die Straßburger Zeit fallen zwei seiner wichtigsten Werke: das Drama

Jakob Michael Reinhold Lenz

»Der Hofmeister« und die theoretische Schrift »Anmerkungen übers Theater«. 1776 folgte er Goethe – uneingeladen – nach Weimar, wo er jedoch mit seinem aufbrausenden, kritischen Wesen auf Ablehnung stieß. Während der anschließenden Wanderjahre machten sich schon die Anzeichen einer Geisteskrankheit bemerkbar. Er fand Aufnahme bei dem elsässischen Pfarrer Oberlin, wo sich sein Zustand besserte. Sein Vater, inzwischen Generalsuperintendent von Livland, holte ihn 1779 nach Rīga, wo Lenz als Hofmeister arbeitete. Doch 1781 reiste er weiter nach Moskau zu dem Historiker Gerhard Friedrich Müller. Noch zehn Jahre hatte er zu leben, in denen ihn die Krankheit wieder erfasste, bis er in großem Elend starb.
Lenz ist, vor allem in seinen Werken »Hofmeister« und »Die Soldaten« (1776), ein typischer, radikaler Vertreter des vom Geniekult geprägten Sturm und Drang, der gegen die bestehende Ordnung rebelliert. Georg Büchner hat in seiner wunderbaren Erzählung »Lenz« den Aufenthalt Lenzens bei Oberlin in eine eindringliche literarische Form gebracht.

Maironis (1862 – 1932)

Litauischer Schriftsteller

Neben Kristijonas Donelaitis gilt Maironis (eigentlich Jonas Mačiulis) als der Nationalpoet Litauens. Er wurde in Pasandvarys (Südwestlitauen) geboren, besuchte das russische Gymnasium in Kaunas und studierte in Kiew Literatur sowie anschließend in St. Petersburg Theologie. 1909 wurde er zum Rektor des Theologischen Seminars in Kaunas ernannt, was er auch nach der Gründung der Universität Kaunas im Jahr 1922 blieb. Außer Moraltheologie lehrte er noch Literatur.
Maironis bekannte sich in seinen Gedichten zur litauischen Nation, als dies unter der Zarenherrschaft als subversiv galt und daher sehr gefährlich war. Seine ersten Werke, in der Zeitschrift Aušra veröffentlicht, wurden im damals preußischen Tilsit gedruckt und nach Litauen geschmuggelt, da die russischen Behörden die lateinische Schrift für das Litauische verboten hatten. Maironis fand begeisterte Aufnahme und hat so auf seinem Gebiet Bedeutendes für die litauische Unabhängigkeit geleistet. Sein Grab befindet sich in der Außenmauer der Kathedrale von Kaunas.

Zenta Maurina (1897 – 1978)

Lettische Schriftstellerin

Die in Lejasciems geborene, dreisprachig aufgewachsene Tochter eines lettischen Kreisarztes und einer deutschstämmigen Pianistin erkrankte im Alter von fünf Jahren an Kinderlähmung und war seitdem an den Rollstuhl gefesselt. Gegen den Willen der Eltern erzwang Zenta Maurina die Aufnahme ins Gymnasium, studierte in Rīga baltische Philologie und promovierte. Anfang 1935 begegnete sie dem lettischen Romancier und Kulturkritiker Konstantīns Raudive, der bis zu seinem Tode 1974 ihr Lebensgefährte blieb. 1944 emigrierte die Schriftstellerin nach Deutschland, zwei Jahre später zog sie nach Uppsala, wo sie die schwedische Staatsbürgerschaft annahm. Ab 1966 lebte Zenta Maurina in Bad Krozingen.
Ihre anfangs in lettischer, später auch in deutscher Sprache geschriebenen Werke befassen sich mit literarischen und philosophischen Themen und bewegen sich in der geistigen Landschaft und Kulturgeschichte ihrer Heimat und Europas.

Adam Mickiewicz (1798 – 1855)

Polnischer Nationaldichter

Der polnische Nationaldichter und Patriot Adam Mickiewicz wurde im damals litauischen, heute zu Weißrussland gehörenden Zaosie geboren. Der als Hauptvertreter der Romantik in Polen geltende Mickiewicz studierte in Vilnius, war ab 1819 in Kaunas als Lehrer tätig und schrieb dort 1820 seine »Ode an die Jugend«. 1823 wurde er von den russischen Behörden verbannt; er hielt sich in St. Petersburg, Odessa, auf der Krim sowie in Moskau auf und lernte u. a. Puschkin kennen. In Russland entstand 1828 sein historisches Epos »Konrad Wallenrod«, das den Kampf der Litauer gegen den Deutschen Orden schildert. Nach Aufhebung der Verbannung emigrierte Adam Mickiewicz nach Westeuropa; 1832 ließ er sich in Paris nieder, dem Zentrum der polnischen Emigration. 1834 erschien »Pan Tadeusz« (dt. »Herr Thaddäus oder Der letzte Einfall in Litauen«), ein meisterhaftes und humoristisches Genrebild des polnischen Kleinadels aus der Zeit vor den Napoleonischen Kriegen mit stark patriotischen Zügen und großartigen Naturschilderungen. 1840 wurde er Professor für slawische Literatur am Collège de France in Paris. Er starb während des Krimkriegs in Konstantinopel, wo er eine polnische Legion zum Kampf gegen Russland aufstellen wollte.

Meister poetischer Genrebilder

Wilhelm Ostwald (1853 – 1932)

Deutschbaltischer Chemiker und Philosoph

Der in Rīga geborene Wilhelm Ostwald entwickelte die Lehre vom energetischen Monismus, die alles Sein und Wirken in der Natur auf »Energien« zurückführt. Ostwald, der auch in Tartu studiert hatte, lehrte ab 1881 in Rīga und von 1887 bis 1906 in Leipzig. Dort entdeckte er 1888 das nach ihm benannte Verdünnungsgesetz. Er war Mitbegründer und Herausgeber naturwissenschaftlicher und naturphilosophischer Zeitschriften und der Schriftenreihe »Klassiker der exakten Naturwissenschaften«. 1909 erhielt er den Nobelpreis für Chemie. Wilhelm Ostwald starb im sächsischen Großbothen und ist in Leipzig beigesetzt.

Konstantin Päts (1874 – 1956)

Estnischer Politiker

Als einer der führenden Köpfe der estnischen Unabhängigkeitsbewegung wurde Konstantin Päts, der aus Tahkuranna im Kreis Pärnu stammte, schon zur Zarenzeit verfolgt. Päts hatte sich zunächst in Tallinn als Rechtsanwalt niedergelassen und wurde später Redakteur der Zeitung »Teataja«. Nach der Niederschlagung der russischen Revolution von 1905/1906 musste er in die Schweiz fliehen und wurde in Abwesenheit zum Tode verurteilt. Mit der Gründung der Republik Estland im Jahr 1918 übernahm Päts als Führer der Bauernpartei die provisorische Regierung. Von 1923 bis 1924, 1931 bis 1932 und wieder von 1933 an war er Ministerpräsident und als Staatsältester gleichzeitig Staatsoberhaupt der Republik. Im März 1934 inszenierte er mit Hilfe des Oberkommandierenden der Streitkräfte Laidoner einen Staatsstreich, um einem Rechtsputsch zuvorzukommen. Doch errichtete er selbst ein autoritäres System, in dem Parlament und Parteien ausgeschaltet waren. 1938 wurde er von einem unter kaum demokratischen Umständen neu gewählten Parlament zum Staatspräsidenten bestimmt. Nach der Annektion Estlands zwangen die Sowjets Päts zum Rücktritt und deportierten ihn in das Gebiet von Ufa im Ural, wo er starb. Während seiner Verbannung ist es ihm dreimal gelungen, durch schriftliche Botschaften – u. a. an den Generalsekretär der Vereinten Nationen – auf seine Situation aufmerksam zu machen und gegen die Besetzung seines Landes zu protestieren. Der Leichnam von Konstantin Päts ist im Oktober 1990 in seine Heimat überführt worden.

Janis Rainis (1865 – 1929)

Lettischer Schriftsteller

Jānis Rainis ist für die Letten mehr als ein Schriftsteller. Ebenso sehr wie sein literarisches Schaffen hat ihn sein politisches Engagement zu einer bis heute noch immer hochverehrten Integrationsfigur des lettischen Volkes gemacht. Sein eigentlicher Name war Jānis Pliekšāns. Er wurde als Sohn eines Gutshofpächters in Tadenava in der Nähe von Daugavpils geboren. Nach dem Jurastudium in St. Pe-

tersburg ließ er sich zunächst als Rechtsanwalt nieder, betätigte sich aber bald politisch und gab in Rīga die sozialdemokratisch orientierte Zeitung »Dienas Lapa« heraus, was ihm 1897 fünf Jahre Verbannung einbrachte. Ungebrochen nahm er aktiv an der Revolution von 1905 teil, musste nach deren Scheitern aber in die Schweiz fliehen, von wo er erst nach fünfzehn Jahren wieder zurückkehrte. Die andere große Leidenschaft Rainis' war die Literatur. Mit fünfzehn Jahren begann er Puschkin ins Lettische zu übersetzen; seine bekanntesten Werke entstanden dann allerdings im schweizerischen Exil: die Dramen »Feuer und Nacht« (1907), »Dünawind« (1914) und »Joseph und seine Brüder« (1919), deren Protagonisten als Symbole für das lettische Freiheitsstreben stehen. Daneben schrieb er zahlreiche Gedichte. 1920 kehrte er nach Lettland zurück und wirkte als sozialdemokratischer Abgeordneter, wurde erster Direktor des Nationaltheaters und 1927 sogar Bildungsminister. Später zog er sich, verbittert über den Kurs von Kārlis Ulmanis, aus der Politik nach Majori / Jūrmala zurück, wo er starb.
Kraft und Unterstützung erhielt Jānis Rainis von seiner Frau **Elza Rozenberga** (1865 – 1943), die er 1897 geheiratet hatte. Unter dem Pseudonym **Azpazija** wirkte sie selbst literarisch als Verfasserin romantisch-patriotischer Gedichte und Dramen.

Antanas Smetona (1874 – 1944)

Litauischer Politiker

Antanas Smetona, in Užulėnis im Rayon Ukmergė geboren, war die herausragende Figur der ersten litauischen Republik. Der Sohn einer Bauernfamilie studierte in St. Petersburg Jura und fand eine Anstellung bei einer Bank in Vilnius. Seine Arbeit ließ ihm genügend Zeit für politische und journalistische Tätigkeit. Er wurde Mitherausgeber der nationalliberalen Zeitung »Vilniaus Žinios«. 1907 gründete er zusammen mit Juozas Tumas die Zeitung »Viltis« (Hoffnung), das Sprachrohr der Nationalisten, und wurde zu einem der führenden Köpfe der litauischen Nationalbewegung, die nach Ausbruch des Ersten Weltkriegs und dem Rückzug der Russen Hoffnung schöpfte. Der mit Billigung der deutschen Besatzungsmacht 1917 zusammengetretene Litauische Landesrat wählte Smetona zu seinem Präsidenten. Nach der litauischen Unabhängigkeitserklärung am 16. Februar 1918 konnte seine Partei des Nationalen Fortschritts vier Ministerämter besetzen. Er selbst wurde 1919 zum ersten Präsidenten der Republik gewählt, doch trat er das Amt im Juni 1920 an den Präsidenten der Verfassunggebenden Versammlung ab. Seine Partei schaffte nicht den Sprung in die ersten beiden litauischen Parlamente, da sie gegen eine Landreform war. Als 1926 Ministerpräsident Voldemaras, gestützt auf einige Militärs und seine faschistische Organisation »Eiserne Wölfe«, putschte, wurde Smetona wieder in das Präsidentenamt berufen. Da ihm Voldemaras zu radikal wurde, ließ er ihn 1929 absetzen und verhaften. Er regierte seitdem als diktatorischer »Führer des Volkes« die litauische Republik, die er 1940 nach dem Einmarsch sowjetischer Truppen verlassen musste. Er floh in die USA, wo er in Cleveland / Ohio im Haus seines Sohnes bei einem Brand ums Leben kam.

Kārlis Ulmanis (1877 – 1942)

Lettischer Politiker

Auch Kārlis Ulmanis wandte sich – als führender Politiker der ersten lettischen Republik – wie sein Kollege Konstantin Päts in Estland vom demokratischen Kurs ab. Ulmanis, im semgallischen Bērze geboren, studierte in Deutschland Agrarwissenschaften. Als Teilnehmer der Revolution von 1905 war er gezwungen, das Land zu verlassen. Er floh in die USA, wo er an der Universität von Nebraska Agrarwissenschaft unterrichtete, doch kehrte er 1913 begnadigt nach Lettland zurück. Dort setzte sich Ulmanis verstärkt für die lettische Unabhängigkeit ein und stützte sich dabei auf den von ihm mitformierten Bauernbund. 1918 schließlich stand er an der Spitze der ersten provisorischen Regierung, und nachdem Lettland seine Unabhängigkeit endgültig erstritten hatte, blieb er bis 1921 Ministerpräsident. In den Jahren 1925/1926, 1931/1932 und von 1934 an bekleidete er diesen Posten erneut. Um der rechtsfaschistischen Gefahr Herr zu werden, schaltete er, unterstützt von General Balodis, am 15. Mai 1934 Parlament und Parteien aus, errichtete selbst eine autoritäre Herrschaft und wurde 1936 Staatspräsident. Als 1940 die Sowjets die Macht übernahmen, wurde Kārlis Ulmanis zum Rücktritt gezwungen und deportiert. Er ist im Gefängnis von Krasnowodsk (Turkmenistan) gestorben. Man weiß nicht, wo sich seine Grabstätte befindet.

Marie Under (1883 – 1980)

Estnische Schriftstellerin

Die Tallinner Lehrertochter Marie Under schloss sich 1917 der Dichtergruppe »Siuru« an, die durch ihr freimütiges Auftreten manchen Zeitgenossen schockierte. Under schrieb eine von ihrer individuellen Erfahrung geformte Liebes- und Naturlyrik – darunter auch die ins Deutsche übersetzte »Stimme aus dem Schatten« – und Balladen. In ihren späteren Werken wandte sie sich, nachdem sie 1944 nach Stockholm geflohen war, den Problemen ihrer Zeit zu. Marie Under machte sich auch als Übersetzerin einen Namen.

PILSTOMAS AL
Coca-Cola
Coca-Cola

Praktische Informationen

WIE KOMMT MAN HIN? WIE REIST MAN WEITER? WO KANN MAN SCHLAFEN, ESSEN, SCHLEMMEN? WO GIBT ES DIE SCHÖNSTEN SOUVENIRS UND IN WELCHER WÄHRUNG SIND SIE ZU BEZAHLEN? LESEN SIE ES NACH – AM BESTEN SCHON VOR DER REISE!

Anreise · Reiseplanung

Mit dem Auto Von den meisten Orten Deutschlands bietet sich eine Anreise über Warschau an; hier geht es weiter auf der Fernstraße 8 / E 67 (Via Baltica) über Białystok nach Augustów und weiter nach Suwałki. Nach Szypliszki kommt die litauische Grenze. Die Via Baltica heißt jetzt A 5 und führt über Marijampolė nach Kaunas oder Vilnius.

Für die Anreise mit dem Auto und eine Weiterreise ins Baltikum ist eine Erweiterung des Versicherungsschutzes und der Abschluss einer Kurzkaskoversicherung dringend empfohlen.

> ! *Baedeker* TIPP
>
> **Teurer Transit**
>
> Bei der Einreise ins Baltikum sollte man eine Route wählen, die direkt von Polen nach Litauen führt. Die Fahrt durch Weißrussland oder durch das zu Russland gehörende Kaliningrader Gebiet ist nur mit einem kostenpflichtigen Transit-Visum der Russischen Föderation möglich.

Mit dem Bus Von vielen deutschen Städten bestehen mehrmals wöchentlich Busverbindungen in die Baltischen Staaten. Eine Liste der Anbieter hat die Baltische Zentrale für Fremdenverkehr (►Auskunft).

Mit der Bahn Es gibt mehrmals täglich Verbindungen von Berlin über Warschau nach Vilnius. Die schnellste Verbindung dauert 15,5 Stunden. Informationen über die Deutsche Bahn AG (www.bahn.de). Bis 2007 ist eine durchgehende Zugverbindung Berlin – Kaliningrad – Litauen – Lettland – Estland – St. Petersburg geplant.

Anreise nach Kaliningrad • Königsberg **Flugverbindungen**: Charterflüge nach Kaliningrad sind erhältlich u. a. von Stuttgart, München, Düsseldorf, Berlin und Hamburg. **Bahnverbindung**: täglich ab Berlin, Reisezeit ca. 15 Std. **Fährverbindungen**: mit der Reederei Trans Russia Express von Kiel (ca. 30 Std.). Die **Anfahrt mit dem Pkw** erfolgt durch Polen zum Grenzübergang Bagrationow (Preussisch Eylau); von Litauen aus zu den Übergängen Sowjetsk (Tilsit) oder Kybartai / Nesterow (Ebenrode).

MIT DEM FLUGZEUG INS BALTIKUM

FLUGLINIEN

▶ **Airbaltic**
www.airbaltic.com

▶ **Estonian Air,**
www.estonian-air.ee

▶ **Lithuanian Airlines**
www.lal.lt

▶ **Air Lithuania**
www.al.lt

▶ **Easyjet**
fliegt von Berlin nach Rīga und Tallinn

▶ **Ryanair**
fliegt von Frankfurt / Hahn nach Rīga

FÄHRVERKEHR BALTIKUM

ESTLAND

► **Rostock – Tallinn**
Silja-Line, Finnjet
Tel. 04 51 / 5 89 92 22
Fax 5 89 92 43
www.siljaline.de

LETTLAND

► **Rostock – Liepaja**
Scandlines Deutschland GmbH
Tel. 03 81 / 6 73 12 17
Fax 6 73 12 13
www.scandlines.de

► **Lübeck – Rīga und Lübeck – Ventspils**
LISCO Baltic Service GmbH
Tel. 04 31 / 20 97 64 20
Fax 20 97 65 55
www.lisco-baltic-service.de

LITAUEN

► **Kiel – Klaipėda**
LISCO Baltic Service GmbH, s. o. und
Scandlines Deutschland GmbH, s. o.

► **Mukran / Sassnitz – Klaipėda**
LISCO Baltic Service GmbH, s. o.

KALININGRAD • KÖNIGSBERG

► **Trans Russia Express**
über: Finnlines Deutschland
Tel. 04 51 / 1 50 70
Fax 1 50 71 39
www.tre.de

Ein- und Ausreisebestimmungen

Reisedokumente

Zur Einreise in die baltischen Staaten benötigen Reisende aus der EU und der Schweiz einen gültigen Personalausweis bzw. Reisepass. Minderjährige müssen ein eigenes Reisedokument (Kinderausweis, ab dem 7. Jahr mit Lichtbild) vorlegen oder im Pass der Eltern eingetragen sein.

Fahrzeugpapiere

Nationaler Führerschein und Kraftfahrzeugschein müssen mitgeführt werden, ebenso die Grüne Versicherungskarte, die manchmal schon bei der Einreise in Polen kontrolliert wird. Es empfiehlt sich weiterhin, bei seiner Versicherung eine Erweiterung des Versicherungsschutzes vornehmen zu lassen und eine Kurzzeitkaskoversicherung abzuschließen. In allen drei Ländern ist der Abschluss einer Haftpflichtversicherung vorgeschrieben.

Zur Einreise mit **Haustieren** in die baltischen Staaten ist EU-weit ein veterinäramtlicher **Heimtierausweis** erforderlich.

i Visum für Kaliningrad

- Für die Einreise nach Kaliningrad / Königsberg wird ein Visum benötigt. Achtung: Wer einen Ausflug nach Litauen unternehmen will, braucht für die Rückkehr ein zweites russisches Visum! Visa müssen vor der Einreise erteilt sein, man erhält sie in der Konsularabteilung der Botschaft der Russischen Föderation (►Auskunft.)

Reiseversicherungen

Auslandskrankenversicherung Der EU-Auslandskrankenschein (bis 2006 abgelöst von der Europäischen Krankenversicherungskarte) ist in Estland, Lettland und Litauen gültig. Der Abschluss einer Auslandskrankenversicherung wird bei allen Auslandsreisen zusätzlich empfohlen.

Zollbestimmungen

Estland Zollfrei einführen darf man Waren zum persönlichen Gebrauch, die einen Wert von 5000 EEK nicht überschreiten, ferner 200 Zigaretten oder 50 Zigarren oder 250 g Tabak. Personen über 18 Jahren können 1 l Spirituosen über 21% und 10 l Bier oder 2 l Spirituosen bis 21% und 10 l Bier abgabenfrei ein- und ausführen; ferner Kaffee und Tee bis zu 3 kg. Waren im Wert von über 5000 EEK müssen bei der Ausfuhr deklariert werden. Darüber hinaus besteht die Vorschrift, über 50 Jahre alte Kunstgegenstände bei der Ausreise zu verzollen.

Lettland Geschenke, die im Land verbleiben, dürften 150 Ls nicht überschreiten. Für Tabakwaren und Alkohol gelten für Personen ab 18 Jahre folgende Obergrenzen: 200 Zigaretten oder 200 g Tabak oder 20 Zigarren, ferner 1 l Spirituosen, 2 l Wein und 5 l Bier. Für die Ausfuhr von Antiquitäten und antiquarischen Büchern, die vor 1945 erschienen sind, ist eine Genehmigung erforderlich (Staatliche Inspektion des Kulturdenkmals, Pils 22, LV-1050 Rīga, Tel. 7 21 41 00). Auskunft über Zollbestimmungen erhält man unter Tel. 7 32 39 93.

Litauen Reisende, die Litauen für eine Dauer von weniger als drei Tagen besuchen, müssen einen Betrag von 300 Lt (ca. 90 €) oder die entsprechende Summe ausländischer Währung in bar bei sich führen. Für einen längeren Aufenthalt muss man 100 Lt / Tag nachweisen. Nach Litauen dürfen Gegenstände für den persönlichen Bedarf zollfrei eingeführt werden, ferner 200 Zigaretten oder 250 g andere Tabakwaren, 2 l Wein, 0,5 l Spirituosen und Bier sowie zwei Packungen Parfum- und Kosmetikerzeugnisse. Die Ausfuhr von Kunstgegenständen bedarf einer Genehmigung.

Kaliningrad • Königsberg Zollfrei dürfen persönliche Gebrauchsgegenstände eingeführt werden (z. B. Fotoapparat, Videogerät und Fernsehgerät). Es empfiehlt sich, alle wertvollen Gegenstände in die Zollerklärung eintragen zu lassen, um eine reibungslose Wiederausfuhr sicherzustellen. Zollfrei einführen darf man 250 Zigaretten oder 250 g Tabak, ferner 1 l Spirituosen und 2 l Wein.

Rückreise Bei der Wiedereinreise aus den baltischen Ländern nach Deutschland und Österreich sowie in die Schweiz gelten folgende Freimengen: Für Personen über 17 Jahren: 200 Zigaretten oder 100 Zigarillos oder 50 Zigarren oder 250 g Tabak; 1 l Spirituosen mit mehr als 22%

Alkoholgehalt oder 2 l Spirituosen mit weniger als 22% oder 2 l Schaumwein und 2 l Wein. Für Personen über 15 Jahren: 500 g Kaffee oder 200 g löslicher Kaffee. Zollfrei sind ferner 50 g Parfum und 0,25 l Eau de Cologne.

Auskunft

WICHTIGE ADRESSEN

AUSKUNFT ZUHAUSE

▶ **Baltikum Tourismus Zentrale**
Katharinenstr. 19
10711 Berlin
www.baltikuminfo.de

▶ **Russian National Tourism Office**
Dudenstraße 78
10965 Berlin
Tel. 01 90 / 76 16 55 (€ 1,24 / min.)
www.russlandinfo.de
Die Büros sind auch für Österreich und die Schweiz zuständig.

AUSKUNFT IN ESTLAND

▶ **Estn. Fremdenverkehrsamt**
Roosikrantsi 11
EE - Tallinn 10119
Tel. 6 27 97 70
Fax 6 27 97 77
www.visitestonia.com

AUSKUNFT IN LETTLAND

▶ **Lett. Fremdenverkehrsamt**
Pils laukums 4
LV - 1050 Rīga
Tel. 7 22 99 45, Fax 7 08 53 93
www.latviatourism.lv

AUSKUNFT IN LITAUEN

▶ **Fremdenverkehrsamt Litauen**
c/o The Ministry of Economy
A. Juozapaviciaus g. 13
LT - 2005 Vilnius
Tel. 8 - 5 / 2 10 86 38
Fax 2 10 87 53
www.tourism.lt

AUSKUNFT IN KALININGRAD

Für Königsberg und das Königsberger Gebiet gibt es bislang noch keine offizielle Touristeninformation.

BOTSCHAFTEN IN ESTLAND

▶ **Botschaft der Bundesrepublik Deutschland**
Toom-Kuninga 11
EE - 15048 Tallinn
Tel. 6 27 53 00, Fax 6 27 53 04

▶ **Botschaft der Republik Österreich**
Vambola 6, EE - 10114 Tallinn
Tel. 6 27 87 40

▶ **Botschaft der Schweiz in Finnland u. Estland**
Uudenmaankatu 16A
FIN - 0120 Helsinki
Tel. 0 10 46 / 9 / 64 94 22

BOTSCHAFTEN IN LETTLAND

▶ **Botschaft der Bundesrepublik Deutschland**
Raiņ bulv. 13
LV - 1050 Rīga
Tel. 7 22 90 96, Fax 7 82 02 23

- **Botschaft der Republik Österreich**
  Basteja bulv. 14, LV - 1050 Rīga
  Tel. 7 21 61 25, Fax 7 21 44 01

- **Botschaft der Schweizerischen Eidgenossenschaft in Lettland und Litauen**
  Elizabetes 2, LV - 1340 Rīga
  Tel. 7 33 83 51, Fax 7 33 83 54

BOTSCHAFTEN IN LITAUEN

- **Botschaft der Bundesrepublik Deutschland**
  Sierakausko 24/8,
  LT - 2600 Vilnius
  Tel. 8 - 5 / 2 65 02 72, Fax 2 13 18 12

- **Botschaft der Republik Österreich**
  Didžioji 8, LT - 2001 Vilnius
  Tel. 8 - 5 / 2 79 13 47

BOTSCHAFTEN IN DEUTSCHLAND

- **Botschaft der Republik Estland**
  Hildebrandstr. 5
  D - 10785 Berlin
  Tel. 0 30 / 25 46 06 00
  Fax 25 46 06 01, www.estemb.de

- **Botschaft der Republik Lettland**
  Reinerzstr. 40/41, D - 14193 Berlin
  Tel. 0 30 / 82 60 02 22
  Fax 82 60 02 33
  www.botschaft-lettland.de

- **Botschaft der Republik Litauen**
  Charitéstr. 9, D - 10117 Berlin
  Tel. 0 30 / 8 90 68 10
  Fax 89 06 81 15
  www.amb.urm.lt

- **Botschaft der Russischen Föderation**
  Unter den Linden 63 – 65
  10117 Berlin
  Tel. 030 / 22 65 11 84
  www.russische-botschaft.de

VERTRETUNGEN IN ÖSTERREICH

- **Botschaft der Republik Estland**
  Wohllebengasse 9/13
  A - 1040 Wien
  Tel. 01 / 5 03 77 61

- **Botschaft der Republik Lettland**
  Stefan Esders Platz 4
  A - 1090 Wien
  Tel. 01 / 4 03 31 12
  Fax 4 03 31 27

- **Diplomatische Vertretung der Republik Litauen**
  Löwengasse 47, A - 1030 Wien
  Tel. 01 / 7 18 54 67

VERTRETUNGEN IN DER SCHWEIZ

- **Honorarkonsulat der Republik Estland**
  8, Chemin des Aulx
  CH - 1228 Plan-les-Ouates
  Genève, Tel. 0 22 / 7 06 11 11

- **Honorarkonsulat der Republik Lettland**
  Gessnerallee 36
  CH - 8001 Zürich
  Tel. 01 / 2 12 86 16, Fax 2 21 09 29

- **Litauen ...**
  ... unterhält in der Schweiz keine diplomatische Vertretung. Man wende sich an die Botschaft in Deutschland.

INTERNETADRESSEN

- **www.baltikuminfo.de**
  Die baltische Tourismus-Zentrale informiert stets aktuell und umfassend über alle touristisch relevanten Stichworte.

- **www.inyourpocket.com**
  Nützliche Landes- und Städteinfos zu jedem der drei baltischen Länder mit aktuellen Veranstaltungsinfos und guten Hotel- und Restaurantbeschreibungen. Auf Englisch!
- **www.visitbaltics.org**
  Alles über das Kulturerbe der baltischen Länder (englisch)
- **www.visitestonia.com**
  Praktische Reiseinfos der estnischen Tourismusbehörde
- **www.ratgeber-estland.de**
  Linkliste zu allen erdenklichen Stichworten in Estland
- **tourism.tallinn.ee**
  Umfangreiche Tallinn-Seiten.
- **www.latviatourism.lv**
  Alles, was Touristen in Lettland interessiert
- **www.inspirationriga.com**
  Alles für den Rīga-Touristen
- **www.li.lv**
  Hintergrundinfos des Lettischen Instituts auf Englisch
- **www.ratgeber-lettland.de**
  Linkliste zu allen erdenklichen Stichworten in Lettland
- **www.travel.lt**
  Nützliches für Reisende, auf Englisch
- **www.litauen-info.de**
  Super-Seiten – kaum ein Stichwort fehlt
- **www.ratgeber-litauen.de**
  Linkliste zu allen erdenklichen Stichworten bezüglich Litauen.
- **www.russlandinfo.de**
  Touristische Informationen zu Kaliningrad

Elektrizität

Stromspannung

Das Stromnetz im gesamten Baltikum wird mit einer Spannung von 220 Volt Wechselstrom betrieben. Euronorm-Stecker sind verwendbar; für Schuko-Stecker ist manchmal ein Adapter notwendig.

Erleben · Urlaub aktiv

Kanu, Kajak, Rudern

An vielen Seen im Baltikum gibt es günstig Tret- und Ruderboote zu mieten. In Litauen bieten sich die Seen im Aukštaitija-Nationalpark für Kanuwanderungen an, in Lettland u. a. die Gauja und die Amata (dort nur im Frühling) im Gauja-Nationalpark sowie die Abava in Kurzeme. In Estland sind Kanuwanderungen auf den Flüssen Ahja, Võhandu und Piusa interessant. Mehrere Veranstalter vor Ort bieten

Ideal für Radfahrer: die ruhigen Straßen im Baltikum

organisierte Bootstouren an oder verleihen die Ausrüstung. Eine aktuelle Übersicht findet sich auf der Internetseite der Baltikum Tourismus-Zentrale (►Praktische Informationen, Auskunft).

Rad fahren Die Topografie im Baltikum ist für Radfahrer wie geschaffen; allerdings mangelt es noch an Radwanderkarten, und Radwege gibt es kaum, dafür herrscht, besonders auf den Nebenstraßen, oft nur wenig Autoverkehr. Über die Baltische Tourismus-Zentrale (► Auskunft) kann man für jedes der drei baltischen Länder einen Nationalen Radwegplan (1 : 650 000) erhalten. Etliche deutsche Veranstalter bieten organisierte Touren an.

Reiten Das Baltikum entwickelt sich zu einem Dorado für Pferdefreunde: Viele Bauernhöfe bieten Reiterferien an; Ausritte am Meer auf der Kurischen Nehrung sind ein besonderes Erlebnis.

! *Baedeker* TIPP

Sauna

Zwar kein Sport, doch schweißtreibend allemal: Die Sauna ist seit jeher fester Bestandteil der estnischen Kultur und im Grunde in allen baltischen Ländern verbreitet. Am schönsten ist es in holzbeheizten Landsaunen mit Abkühlung im daneben liegenden See. Doch auch die zumeist elektrische Hotelsauna verspricht Genuss und Entspannung.

Die sog. Livländische Schweiz zwischen Cēsis und Sigulda ist ein Zentrum für **Wintersport**. Bei genügend Schnee werden Loipen gespurt, sogar Abfahrten gibt es. Auf der Bobbahn kann man Fahrten mit einem Rollerbob (im Sommer) oder einem speziellen »Touristenbob« machen. In Estland ist die hügelige Landschaft um Otepää und Haanjamaa zum Ski laufen besonders geeignet. Dort werden Ski-Marathons veranstaltet.

Essen und Trinken

Ländlich geprägte Küche

Sie mögen es gerne deftig? Dann werden Sie in allen Ländern des Baltikums auf ihre Kosten kommen, denn die baltische Küche ist nahrhaft und ländlich geprägt, auf den Tisch kommt, was Ställe, Gärten, aber auch Wälder und Seen hergeben. Schweinefleisch steht ganz oben in der Gunst der Nordländer, und als Beilage gibt es fast immer Kartoffeln, allerdings statt mit Petersilie mit frischem Dill verfeinert. Gemüse erscheint vorrangig in Suppen und Rohkostsalaten oder aber wartet milchsauer eingelegt in der Speisekammer auf seinen Auftritt im Winter. Selbst gemachte Marmeladen und Kompotte sind der Stolz jeder Hausfrau, solcherlei im Laden zu kaufen ist immer noch weithin unüblich.

In allen drei Ländern isst man gerne sättigende Milch-, Brot- und Mehlsuppen sowie Pilz- und Beerengerichte. Auf der Speisekarte stehen ferner marinierter oder geräucherter Fisch, Pfannkuchen mit saurer Sahne (»blinys«), Erbsen mit Speck sowie panierte Schnitzel.

Schon beim Frühstück geht es herzhaft zu: Fisch, Würstchen, Käse, Rührei, Gurkensalat und Graubrot sind angesagt; Brötchen und Marmelade gibt es nur in westlich orientierten Hotels. Hauptmahlzeit ist immer das warme Mittagessen, doch auch abends bleibt die Küche selten kalt, es gibt Würstchen, Aufläufe oder mit »Smetana« (Sauerrahm) servierte halbmondförmige »Pelmeni«, die russische Variante der Maultaschen. Sollte es doch einmal Brot geben, dann in Form einer fertig gerichteten Platte abwechslungsreich belegter Brote. Nicht nur der berühmte Borschtsch, sondern auch andere russische Gerichte wie Schaschlik, Blinys und Piroggen haben ihren festen Platz in der Gastronomie. Doch wenn sie es sich leisten können, gehen die Einheimischen gerne »exotisch« aus: in die neuen italienischen Restaurants, zum Chinesen, Araber oder Mexikaner.

Bier, Kaffee, Tee und Säfte sind die beliebtesten **Getränke**. Das lokale Bier der baltischen Staaten, beispielsweise das estnische Saaremaa õlu und Saku oder die lettischen Biere aus Rīga (verschiedene Sorten von Aldaris oder Kimmel), Cēsis, Jaunpiebalga und Tērvete, konnten sich in jüngster Zeit ihren Marktanteil von der mit Macht eindringenden Konkurrenz aus dem Westen zurückerobern.

Säfte werden aus verschiedenen Beeren und Früchten gemacht; Moosbeeren- und Granatapfelsaft, sogar Birkensaft mit Zitronenaroma und auch Beerenweine und -liköre sind zu haben.

? WUSSTEN SIE SCHON ...?

- Bier ist Partygetränk Nummer eins. Im Sommer werden regelmäßig Bierfeste gefeiert, da fließt dann die lokale Gerstensaftspezialität in Strömen. Zur Gastfreundlichkeit der Balten gehört es übrigens, dem Gast ständig neu aufzutun und insbesondere dafür zu sorgen, dass sein Glas nie leer wird. Wer also erst einmal genug hat, kann dies höflich signalisieren, indem er etwas im Glas lässt.

Litauische Spezialität: Rote-Bete-Suppe

Weine kommen zumeist aus Westeuropa, aber auch aus Georgien und Moldawien. An Spirituosen gibt es in Estland den Wodka **Viru valge**, in Lettland den Kräuterschnaps **Schwarzer Balsam** sowie den Kümmellikör **Allau kimelis**, in Litauen **Kristalin**- und **Kvietin-Wodka** und einen Honiglikör.

Spezialitäten aus Estland

Eine estnische Spezialität ist Kilu, der gewürzte kleine Strömling. Das Gericht **Tallinna kilu** wird nach einem Spezialrezept aus dem 19. Jh. zubereitet. In Südestland kann man **Mulgi puder pekikastmega** essen, Kartoffelbrei mit Schinkensud. Ein Erbe der deutschen Besiedelung ist **Mulgi kapsad**, Schweinefleisch mit Sauerkraut und Kartoffeln; auch **Sült** (Sülze) und **Blutwurst** werden gerne gegessen. **Kringel** gibt es in Estland und Lettland: Es handelt sich um ein süßes Mandelgebäck in Brezelform.

Spezialitäten aus Lettland

Lettische Spezialitäten sind **Graue Erbsen mit Speck** sowie **Graupensuppe mit Pilzen**. **Skabu Kapostu Zupa** ist eine Sauerkrautsuppe mit Zwiebeln, Möhren, Tomaten und Schinken, verfeinert mit dem obligatorischen Sauerrahm, und wer **Rasols** bestellt, bekommt einen mit Rote Bete und Apfel verfeinerten Kartoffelsalat mit Mayonnaisedressing. **Buberts**, ein cremiger, kalt servierter Weizenpudding ist auch als »lettisches Manna« bekannt. Beliebt sind Quarkspeisen und süße Brotsuppe aus Roggenbrot mit Kümmel; dieses ist auch Grundlage für süßen Brotauflauf.

Spezialitäten aus Litauen

Eine der bekanntesten litauischen Spezialitäten wurde ausgerechnet nach einem Luftschiff benannt: **Cepeliniai** heißen die länglichen Kartoffelklöße mit Speckfüllung und Specksoße. **Balandliai** sind Krautrouladen mit Hackfleisch- oder Reisfüllung, und mit Kartoffeln oder Graupen gefüllte Würste nennt man **Vdarai**. Kartoffelpuffer heißen **Kugelis** und Fleischrouladen mit Ei-, Zwiebel- und Speckfüllung **Suktiniai**. Kalt oder warm isst man die Sauerampfersuppe **Rukštinies**. Zum Dessert schließlich liebt man **Zagareliai**, das sind – bisweilen mit einem Schuss Rum verfeinerte – Pasteten.

Feiertage · Feste · Events

Mittsommer

In allen baltischen Ländern wird die **Johannisnacht** mit Sonnwendfeuern gefeiert, am schönsten begeht man dieses Fest jedoch in Lettland.

Baltisches Folklorefestival

Das internationale Folklorefestival »Baltica« wird im Juli wechselweise in Lettland, Estland und Litauen abgehalten.

Kunst Triennalen

Die Kunst-Triennalen und -Quadriennalen wechseln zwischen den Hauptstädten, wobei Tallinn für Grafik, Rīga für Bildhauerei und Vilnius für Malerei zuständig ist.

WAS · WANN · WO?

FEIERTAGE

► in Estland

1. Januar: Neujahr
24. Februar: Nationalfeiertag
1. Mai: Tag der Arbeit
23. Juni: Siegestag (Schlacht von Võnnu 1919)
24. Juni: Johannistag (Jaanipäev)
20. August: Tag der wiedergewonnenen Selbstständigkeit
16. November: Tag der nationalen Wiedergeburt (erneute Unabhängigkeit 1988)
25./26. Dezember: Weihnachten
Weißer Sonntag, Karfreitag, Ostersonntag und Muttertag sind bewegliche Feiertage. Ostermontag ist normaler Arbeitstag.

► in Lettland

1. Januar: Neujahr
1. Mai: Tag der Arbeit – Tag der Konstituierung des Lettischen Parlaments
11. Mai: Muttertag
23. Juni: Līgo-Fest (Entzünden der Sonnwendfeuer am Vorabend des Johannistages)
24. Juni: Johannistag
18. November: Nationalfeiertag
25./26. Dezember: Weihnachten
31. Dezember: Silvester
Karfreitag, Ostersonntag, Ostermontag, Muttertag und Christi Himmelfahrt sind bewegliche Feiertage.

► in Litauen

1. Januar: Neujahr
16. Februar: Nationalfeiertag
11. März: Tag der wiedererlangten Unabhängigkeit
24. Juni: Johannistag (kein gesetzlicher Feiertag)

Stadtfeste locken im Sommer Jung und Alt auf die Straße.

6. Juli: Tag der »Krönung Mindaugas«
15. August: Mariä Himmelfahrt
1. November: Allerheiligen
25./26. Dezember: Weihnachten
Karfreitag, Ostersonntag und Muttertag sind bewegliche Feiertage. Ostermontag ist normaler Arbeitstag.

▶ **in Königsberg • Kaliningrad**

1. Januar: Neujahr
7. Januar: Russisch-orthodoxes Weihnachtsfest
13. Januar: Silvester nach altrussischem Kalender
30. April: Russisch-orthodoxes Osterfest
1. Mai: Tag der Arbeit
6. Juni: Unabhängigkeitstag
7. November: Tag der Oktoberrevolution

VERANSTALTUNGEN IN ESTLAND

▶ **April**

Internationales Jazzfest JAZZKAAR in Tallinn. Zwei Wochen mit internationalem und heimischem Jazz vom Feinsten.

▶ **Juni**

In den Gassen von Tallinn wird in der ersten Juniwoche das traditionelle mittelalterliche Stadtfest gefeiert.
In allen Teilen des Landes ist Mittsommer (21. 6.) ein großes Fest mit großen Sonnwendfeuern, Tanz und Musik. Besonders bunt geht es im Tallinner Freilichtmuseum Rocca al Mare zu.

▶ **Juli**

Beim alljährlichen großen Mittelaltermarkt ist der Tallinner Rathausplatz malerische Kulisse für Händler, Gaukler und Vaganten.
Das Festival der klassischen Musik in Viljandi ist Treffpunkt internationaler Musiker mit einem internationalen Publikum.
Pärnu swingt beim jährlichen Jazzfestival und in Haapsalu kann man großes internationales Theater erleben.

August
Besonders in Haapsalu ist viel geboten: Auf das Tschaikowski-Musikfestival folgt das Fest der »Weißen Dame«.

Dezember
Weihnachtsfest in der Tallinner Altstadt

VERANSTALTUNGEN IN LETTLAND

Juni
Rīga ist Schauplatz des großen Opernfestivals.
In Cēsis zieht das Baltische Mittelalterliche Festival Letten und Touristen in seinen Bann.
Auch in Lettland wird an Johanni überall gefeiert. Näheres erfährt man bei den Touristen-Informationen.

Juli
Liepaja feiert zu Anfang des Monats sein Stadtfest.
In Rīga versammeln sich Tanz- und Gesangsgruppen aus allen Teilen des Landes zum Internationalen Folklore-Festival.
Im Schloss Rundāle kann man das Festival für Alte Musik genießen, und Sigulda ist Schauplatz eines Internationalen Opernfestivals.

September
Rīga veranstaltet nacheinander das Internationale Theater-Festival »Homo Novus« und das Internationale Filmfestival »Arsenals«.

VERANSTALTUNGEN IN LITAUEN

Mai
Folklorefest in Vilnius unter dem Motto »Skamba skamba kankliai ...« (»Es klingen, es klingen die Zithern ...«)

Juni
Über Juni und Juli erstreckt sich in Trakai das Theater- und Opernfest.

Juli
Rund eine Woche dauert das alljährliche Thomas-Mann-Festival mit einer ausgesuchten Reihe von Lesungen, Vorträgen und Konzerten in Nida auf der Kurischen Nehrung.

August
Zu Anfang des Monats freut sich Klaipėda auf sein alljährliches Meeresfest.

September
In Vilnius trifft man sich jeden Herbst beim internationalen Feuer-Skulpturen-Festival »Gediminas Fest«.

Dezember
Weihnachtsmärkte in Tallin, Rīga, Vilnius und in vielen kleineren Orten des Baltikums.

i Sängerfeste

- Zentrale Ereignisse im kulturellen Leben Estlands und Lettlands und auch Litauens sind die Sängerfeste. Unter dem Deckmäntelchen harmloser Volksmusikveranstaltung waren sie immer, ganz besonders in den totalitären Sowjetzeiten, eine brisante politische Demonstration des kulturellen Überlebenswillens der unterdrückten Nationen. Mit Volksliedern schmetterten Hunderttausende gegen die politische Unterdrückung an und erreichten damit etwas, das später als »die singende Revolution« in die Geschichtsbücher einging. Die Feste finden in einem Vier- bzw. Fünfjahresrhythmus statt, die nächsten werden sein: Litauen 2007, Lettland 2008 und Estland 2009.

Geld

Geldwechsel

Geld kann man bei Banken (Öffnungszeiten 9.00 – 16.00 Uhr), in Wechselstuben, an Flughäfen und in größeren Hotels umtauschen.

Geldautomaten

In allen größeren und auch kleinen Städten gibt es Geldautomaten. Hier kann man mit Bankkarte (Maestro) problemlos überall Bargeld abheben, vielerorts ist dies auch mit der Kreditkarte möglich. Kreditkarten (Visa, Eurocard, Mastercard u. a.) und Reiseschecks (American Express) werden in den meisten Banken und in den Hotels (vorzugsweise in den Großstädten) akzeptiert.

WECHSELKURSE

▸ **Estland**

1 EEK = 0,06 Euro
1 Euro = 25,64 EEK
1 estnische Krone (EEK) entspricht 100 Sents

▸ **Lettland**

1 LVL = 1,44 Euro
1 Euro = 0,70 LVL
1 lettischer Lat (LVL) entspricht 100 Santīms

▸ **Litauen**

1 LTL = 0,29 Euro
1 Euro = 3,45 LTL
1 litauischer Litas (LTL) entspricht 100 Centai

▸ **Kaliningrad**

1 Euro = 36,56 RUB
10 RUB = 0,27 Euro
1 russischer Rubel (RUB) entspricht 100 Kopejken

! *Baedeker* TIPP

Karte verloren? Tel. 116 116

Unter der neu eingerichteten zentralen **Sperr-Notrufnummer** (aus dem Ausland mit Vorwahl 0049!) kann man Bank- und Kreditkarten sowie Handys sperren lassen. Der **Bankkarten-Notfallservice** unter Tel. 0049 / 1805 / 021 021 oder 00 49 / 69 / 74 09 87 ist weiterhin erreichbar.

Kaliningrad • Königsberg

Im zur Russischen Föderation gehörenden Kaliningrad / Königsberg ist Geldwechsel nur in Banken möglich, wobei der Umtausch in die Zollerklärung eingetragen wird. Die Ein- und Ausfuhr russischer Banknoten oder Münzen ist verboten. Devisen dagegen können uneingeschränkt eingeführt werden, müssen jedoch deklariert sein.

Gesundheit

Ärztliche Hilfe

Hinweise zu medizinischen Einrichtungen in den größeren Städten, die für Touristen empfehlenswert sind, bieten die hinteren Seiten der preiswerten und nützlichen Heftchen »Info in your pocket« oder »Tallinn / Rīga this week«.

Apotheken

In den Apotheken sind Arzneimittel aus Westeuropa erhältlich. Wer auf bestimmte Medikamente angewiesen ist, sollte jedoch einen Vorrat von zu Hause mitbringen.

Knigge

»Die Balten« gibt es nicht!

»Das Baltikum« ist eine rein geografische Bezeichnung und die Bewohner der landläufig so bezeichneten Länder legen großen Wert auf ihre nationale und kuturelle Eigenständigkeit. Mit ihren »baltischen« Nachbarstaaten liegen sie stets in einer Art »freundlichen« Wettbewerbs, denn ohne Frage: Die jeweils beiden anderen schneiden bei einem direkten Vergleich natürlich immer ein ganz kleines Quäntchen schlechter ab als die Nation des Befragten.

Kontaktaufname

Besucher, die im jeweiligen Land zumindest einen Gruß und ein »Prost!« in der – jeweils richtigen – Landessprache über die Lippen bringen, erwärmen die Herzen der Gastgeber und werden die sprachlichen Hürden der Kontaktaufnahme locker meistern. Denn hierfür ist ein wenig Feingefühl gefragt: Englisch, die politisch »neutralste« Fremdsprache, wird vor allem von der älteren Generation oft nicht verstanden. Deutsch kann, muss aber nicht weiterhelfen. Russisch – für den, der's kann – wäre ein gemeinsamer Nenner, der jedoch auch auf empfindlichste Ablehnung stoßen kann.

Einladung

»Man muss ein Pfund Salz zusammen essen, bis man einander kennt«. Dies Sprichwort kursiert in Abwandlungen in Estland, Lettland und Litauen. Freundschaften schließt man im Norden nicht schnell, aber einmal besiegelte Freundschaften halten über Jahre und Jahrzehnte. Deshalb werden neue Bekannte auch nicht gleich nach Hause eingeladen, eher in ein Restaurant. Wer zu einer privaten Einladung mit leeren Händen kommt, gilt als unhöflich. Also nichts wie hin auf den nächsten Markt, dort gibt es fast immer Blumen zu kaufen, auch ein Strauß liebevoll gepflückter Feldblumen erfüllt seinen Zweck. Oder man besorgt eine kleine Aufmerksamkeit wie Pralinen oder eine »gute« Flasche für den Gastgeber. Übrigens: bei Privatbesuchen ist das Schuheausziehen üblich!

Begrüßung

Direkte körperliche Kontakte, z. B. Küsse, werden vermieden, umarmt werden nur gute Freunde, die man lange nicht gesehen hat. In der Regel reicht man sich die Hand.

Achtung Fettnäpfchen ...

Geschichte ist ein interessantes – und überaus sensibles Thema und deshalb kaum geeignet für Aufwärmübungen im Small-Talk-Sektor! Auch der Themenkomplex »Russen« und »Russland« ist von Fallstricken übersät und dient sicherlich kaum der Entspannung.

Tipps für den Umgang mit Esten

Die Esten gelten als verschlossen und wortkarg – besonders die Landbevölkerung und Inselbewohner. Aber auch beredtes Schweigen ist für den Esten eine Art von Kommunikation. Missverstehen Sie das nicht, lassen auch Sie sich Zeit! Die Esten geraten selten gleich in Begeisterung – die Geschichte hat sie Vorsicht gelehrt und auch der Volksmund rät: »Du sollst neunmal messen, bevor du schneidest«. Doch wurde dann – nach langem Überlegen – eine Entscheidung getroffen, dann wird die Sache auch angepackt. Auch mit Versprechungen ist man sparsam, das Worthalten wird dann aber in hohen Ehren gehalten. Und das höchste Lob aus dem Munde eines Esten lautet: »Das ist normal« oder »gar nicht schlecht«. Davon könnten selbst die Schwaben noch lernen ... Der estnische Humor ist in mancher Hinsicht britischer als der der Briten – überwiegend trocken und ironisch. Zumeist machen sich die Esten über sich selbst lustig, dann aber auch über ihre Nachbarn und die Politiker.

...oder mit Letten

Auch die Letten geben sich zunächst eher zurückhaltend. Hilfsbereitschaft und große Gastfreundschaft überstrahlen jedoch bald diesen ersten Eindruck. Besonders auf dem Land ist man auf gegenseitige Hilfe angewiesen und wird auch keinen Fremden ohne Rat und Hilfe stehen lassen. Begrüßt man sich in Lettland, ist der Handschlag nur bei erstmaligen Treffen oder nach längerer Abwesenheit üblich, aber nicht im täglichen Umgang. Bietet man Letten bei Tisch etwas an, bekommt man oft ein »Danke«. Hier heißt es zu klären: »Danke – ja? oder danke – nein?« Mitunter wird behauptet, die melancholischen Letten hätten ein Problem mit dem Humor. Dies mag für flaches Comedy-Gelächter zutreffen, der Humor der für ihre besonders guten politischen Witze bekannten Letten ist jedoch eher versteckt und oft erst im zweiten Anlauf zu verstehen. Aber in einem Punkt versteht man tatsächlich keinen Spaß: Es ist tabu, den Präsidenten zu verulken!

Fauxpas in Litauen

In Litauen ist es verboten, auf der Straße oder in Parks Alkohol zu trinken. Wer sich erwischen lässt, muss mit einer Verwarnung oder einem Bußgeld rechnen.

Herrlich sind die weiten und vielerorts nahezu menschenleeren Strände der Ostsee. Da wird es auch niemanden stören, wenn man diskret auf Badekleidung verzichtet. Doch zumindest um Palanga und die Badeorte an der Kurischen Nehrung gelten strenge Regeln für Nacktbader: Die Strände sind in vier Zonen aufgeteilt, der »vyrų plažias« ist für die Herren der Schöpfung reserviert, wogegen am »moterų plažias« nur Frauen erwünscht sind. Dazwischen liegt der »bendras plažias«, hier können sich Angehörige beiderlei Geschlechts ganz offiziell hüllenlos vergnügen.

Die zumeist katholischen Litauer sind ein sehr religiöses Volk. So nimmt es nicht Wunder, dass man die Gefühle der Gläubigen verletzt, wenn man Kirchen in zu legerer Freizeitkleidung betritt. Faustregel: zumindest Beine und Schultern sollten bedeckt sein.

Literatur & Film

Belletristik

Werner Bergengruen: Der Tod von Reval, Arche Verlag (2003). Kuriose Geschichten des berühmten deutsch-baltischen Erzählers aus einer Zeit, als Tallinn noch Reval hieß.

Jaan Kross: Die Frauen von Wesenberg, Hanser (1997). Wohl der schönste historische Roman des estnischen Altmeisters.

Pärtel Ekman: Tallinner Trio, Röll-Verlag. Krimi im modernen Tallinn nach der Unabhängigkeit.

Henning Mankell: Die Hunde von Rīga, Zsolnay (2000). Spannung pur mit einem Showdown in den Straßen von Rīga.

Biografien

Vytautas Landsbergis: Jahre der Entscheidung, Edition Tertium (1997). Die Memoiren des litauischen Staatsmannes Vytautas Landsbergis.

Sachbücher

Klemens Ludwig: Estland, Verlag C.H. Beck (1999). Eine sehr informative umfassende Darstellung der Geschichte, Kultur, Politik und Wirtschaft des Landes.

Ralph Tuchtenhagen: Geschichte der baltischen Länder, Verlag C. H. Beck (2005). Neuestes OEuvre zu Geschichte sowie polititischen und kulturellen Entwicklung der Baltenstaaten.

Kadri Tähepõld: Willkommen in Tallinn, Verlag Ecce Revalia (2004). Die hübsche Broschürensammlung bietet Einblicke und Hintergründe zu estnischer Kultur, Lebensweise, Geschichte und Wirtschaft.

Mietwagen

Hinweis

Die internationalen Mietwagenfirmen verleihen Autos für Fahrten über die Grenzen hinweg durch die baltischen Länder. Bei anderen Firmen sollte man sich vorher erkundigen.

AUTOVERMIETUNGEN

TALLINN

▸ **Avis**
Hauptgeschäftstelle:
Liivalaia 13/15
Tel. 6 67 15 00, Fax 6 67 15 01
am Flughafen: Tel. 6 05 82 22
www.avis.ee

▶ **Europcar**
Reservierungszentrum:
Narva mnt. 7,
Tel. 6 10 93 17, Fax 6 10 93 27
am Flughafen: Tel. 6 05 80 31
www.europcar.ee

▶ **Hertz**
Hauptgeschäftsstelle:
Lennujaama tee 2
Tel. 6 05 89 23, Fax 6 05 89 53
www.hertz.ee

RĪGA

▶ **Avis**
Stadtbüro: Krasta 3
Tel. 7 22 58 76, Fax 7 82 04 41
am Flughafen: Tel. 7 20 73 53
www.avis.lv

▶ **Europcar (Eurobalt)**
Stadtbüro: Bastaja bulv. 10
Tel. 7 22 26 37, Fax 7 82 03 60
am Flughafen: Tel. 7 20 78 25

▶ **Hertz**
Stadtbüro: Aspazijas bulv. 24
Tel. 7 22 42 23
am Flughafen: Tel. 7 20 79 80
www.hertz.lv

▶ **National Car Rental**
am Flughafen: Tel. 7 20 77 10

VILNIUS

▶ **Avis**
am Flughafen
Tel. 8 - 5 / 2 30 68 20
www.avis.lt

▶ **Europcar**
Stuokos-Gucevičiaus 9 – 1
Tel. 8 - 5 / 2 12 02 07
www.europcar.lt

Notdienste

NOTRUFE VOR ORT

▶ **Estland**
Feuerwehr: Tel. 112
Polizei: Tel. 110
Ambulanz / Notarzt: Tel. 112

▶ **Lettland**
Feuerwehr: Tel. 01
Polizei: Tel. 02
Ambulanz / Notarzt Tel. 03

▶ **Litauen**
Feuerwehr: Tel. 112
Polizei: Tel. 112
Ambulanz / Notarzt Tel. 112

NOTRUFDIENSTE IN DEUTSCHLAND

▶ **ACE-Notrufzentrale Stuttgart**
aus dem Baltikum:
Tel. 00 49 / 7 11 / 34 35 36

▶ **ADAC-Notrufzentrale München**
aus dem Baltikum:
Tel. 00 49 / 89 / 22 22 22

▶ **ADAC-Ambulanzdienst**
aus dem Baltikum:
Tel. 00 49 / 89 / 76 76 76

▶ **DRK-Flugdienst Bonn**
aus dem Baltikum:
Tel. 00 49 / 2 28 / 23 00 23

Post und Telekommunikation

Briefmarken und Gebühren

Die Briefmarken der drei baltischen Länder sind bei Sammlern begehrt. Man erhält sie auf den Postämtern; dort erfährt man auch die aktuellen Portogebühren.

Briefkästen

Briefkästen sind gelb und tragen die Aufschrift »Eesti post« (Estland), »pasts« (Lettland) oder »paštas« (Litauen).

Telefon

Telefonnummern

Die Telefonnummern für Estland und Litauen sind mit der Ortsvorwahl für Gespräche innerhalb des betreffenden Landes, die Telefonnummern für Lettland sind mit sieben Ziffern angegeben. In Zweifelsfällen gibt es hierfür eine kostenlose Information rund um die Uhr: Tel. 8 00 80 40).

Vorwahlen

Für **Lettland** ist das Vorwahlsystem noch in der Umstellung. In diesem Reiseführer sind daher keine Vorwahlen angegeben; sie lassen sich unter Tel. 8 00 80 08 (24-Std.-Information) kostenlos erfragen.
In **Litauen** und **Kaliningrad** gilt im Moment noch das sowjetische »Muster«: Zuerst muss man eine »8« wählen. Wenn ein langer Ton zu hören ist, hat man eine Leitung bekommen. Man wählt nun die dreistellige regionale Vorwahl und anschließend die Nummer des Teilnehmers (z. B. Druskininkai: 8 - 3 13 ...). Die regionalen Vorwah-

Telefonkarten für öffentliche Telefone gibt es an Tankstellen und Kiosken.

VORWAHLEN & AUSKUNFT

► **Landesvorwahlen**
Estland: Tel. +372
Lettland: Tel. +371
Litauen: Tel. +370

Kaliningrad / Königsberg:
von Westeuropa aus:
Tel. 0 07 01 12

nach Westeuropa:
Tel. 8 – 10 + Ländernetzkennzahl

► **Englischsprachige Auskunft**
Estland: Tel. 11 82
Lettland: Tel. 1 18
Litauen: Tel. 1 18

len erfährt man auf der Post. Für Gespräche innerhalb einer Stadt genügt die Nummer des Teilnehmers.

! Baedeker TIPP

Mobil telefonieren mit Prepaid-Karten
Am billigsten lässt sich das sehr gut ausgebaute Mobilfunknetz im Baltikum mit Prepaid-Karten nützen: Für ca. 20 € erwirbt man eine SIM-Karte, deren Guthaben man verbrauchen und auch wieder aufladen kann. Man erhält eine eigene Telefonnummer, unter der man während der Dauer des Aufenthaltes erreichbar ist und SMS-Nachrichten empfangen kann.

Von öffentlichen Fernsprechern aus kann man mit Telefonkarten telefonieren (am Kiosk, an Tankstellen, in Postämtern usw. erhältlich). ► Notdienste erreicht man immer kostenlos.

Sehr verlässlich ist eine Verbindung per **Mobiltelefon**. Die Netzanbieter haben Verträge mit den meisten GSM-Anbietern der Welt. Mobiltelefone können also benutzt werden.

Preise · Vergünstigungen

Preisniveau Die Preise in den Baltischen Staaten liegen in vielen Bereichen noch sehr deutlich unter denen Westeuropas. Allerdings ist mit dem EU-Beitritt vieles teurer geworden. Groß ist der Unterschied vom Land zur Stadt und hier wiederum von der Kleinstadt zu den Hauptstädten: Touristen werden insbesondere bei Verpflegung und Unterkunft große Preisspannen beobachten. Am teuersten ist Rīga, denn Lettland hat das vergleichsweise höchste Preisniveau. Am niedrigsten liegen die Preise gegenwärtig noch in Estland, Litauen befindet sich irgendwo im Mittelfeld.

Vergünstigungen Mit der **Tallinn-Card** und der **Vilnius-Card** erhalten Touristen kostenlosen Eintritt in fast alle Museen, sie benutzen die öffentlichen Verkehrsmittel umsonst und erhalten in vielen Restaurants und Läden

WAS KOSTET WIE VIEL?

PREISE IM VERGLEICH
(Durchschnittspreise in den drei Hauptstädten)

Lokales Bier (0,5 l)
1 €

Imbiss am Stand
ab 0,80 €

Eine Tasse Kaffee
ca. 0,60 €

Ein Liter Benzin
0,70 €

Doppelzimmer
40 €

Taxifahrt (10 km)
3 – 5 €

TRINKGELD
In den Hauptstädten ist es mittlerweile üblich, ca. 5 – 10 % Trinkgeld auf Restaurant- oder Taxirechnungen aufzuschlagen.

Preisnachlässe. Die Karten gibt es für 6, 24, 48 und 72 Stunden an den Flughäfen, bei den Touristen-Informationsbüros oder in Hotels zu kaufen.
Studenten können mit einem **Internationalen Studentenausweis** an vielen Stellen Geld sparen. Rabatte gibt's oft für Hotels oder Museen aber auch einige Taxis, Restaurants oder gar Mode-Läden sollen Nachlass geben (www.isic.de).

Reisezeit

Nordische Sommer

Die schönste Zeit für eine Reise ins Baltikum sind die Monate Mai bis Oktober: Es regnet relativ wenig, das Wasser erreicht 16 – 17 °C, und die Tagestemperaturen sind zumeist angenehm.
Das Frühjahr ist die Zeit der geringsten Niederschläge. Der Frühling kommt spät, dann aber mit beeindruckender Wucht. Insbesondere die Sommermonate werden zum besonderen Erlebnis, wenn in Nordestland die Sonne in den **»weißen Nächten«** nur für wenige

Stunden hinter dem Horizont verschwindet und das Licht der lange Morgen- und Abenddämmerung die Natur verzaubert. Im Juli und August erreichen die Temperaturen tägliche Höchstwerte um mindestens 20 °C an den Küsten sowie 21 bis 23 °C im Binnenland. Die **Wassertemperaturen** der nördlichen Ostsee bleiben auch im Sommer relativ niedrig. In Tallinn sind es von Juli bis September durchschnittlich 15, 16 und 13 °C. Flüsse und Seen können in durchschnittlichen Sommern bis zu etwa 18 °C warm werden.

Shopping

Öffnungszeiten Geschäfte

In der Regel sind die Geschäfte in den Städten zu den Kernöffnungszeiten Mo. – Fr. 10.00 – 19.00, Sa. bis 16.00 Uhr geöffnet. Lebensmittelgeschäfte haben häufig bis 22.00 Uhr auf. In Lettland sind viele Läden an sieben Tagen rund um die Uhr geöffnet. Ansonsten ist der Sonntag allgemeiner Ruhetag, und auch montags hat manches Geschäft geschlossen. In ländlichen Gebieten muss man mit vergleichsweise frühem Ladenschluss und evtl. auch mit einer Mittagspause rechnen. Neben den örtlichen Produkten kann man heute im Baltikum alles kaufen, was man auch zu Hause bekommen würde.

Kunsthandwerk

An erster Stelle im Souvenirgeschäft steht der Bernstein, das »Gold des Baltikums«. Man bekommt ihn zu Schmuck- oder Dekorationsstücken verarbeitet oder als polierten Rohling. Kunsthandwerkliche Textilien wie traditionell gemusterte Webbänder, besticktes Leinen, Häkeldeckchen und handgestrickte, schön gemusterte Wollwaren werden in allen drei Ländern angeboten, wobei besonders die Esten hübsche Sachen herstellen, so die leichten Schals aus Haapsalu (die man angeblich durch einen Ehering ziehen kann) oder bestickte Stoffschuhe von der Insel Muhu. Weiterhin beliebt sind Keramik, Holzarbeiten und Ledersachen. Gute Adressen für den Kauf von Kunsthandwerk sind die drei großen Freilichtmuseen (Rocca al Mare in Estland, Rīga in Lettland und Rumšiškės in Litauen).

Nützlich-Schönes aus Holz

Die estnische Insel Muhu ist berühmt für ihre kunstvollen Strickwaren.

Hochprozentiges

Aus Lettland kann man auch »Rīgaer Schwarzen Balsam« (Rīgas melnais balzams) mitnehmen, einen berühmten Kräuterbranntwein; in Estland und Lettland wird guter Wodka gebrannt.

Bücher

In manchen Buchhandlungen findet man nach einigem Stöbern Bücher in deutscher Sprache. Auch Antiquariate bieten deutsche Bücher feil. Für die Ausfuhr von Antiquitäten und antiquarischen Büchern, die vor 1945 erschienen sind, ist eine Genehmigung erforderlich.

Sicherheit

Versicherung

Wer mit dem eigenen PKW reist, sollte bei seiner Versicherungsgesellschaft eine Erweiterung des Versicherungsschutzes vornehmen lassen und eine Kurzzeitkaskoversicherung abschließen. Die Grüne Versicherungskarte ist erforderlich.

Unfall

Eine vorsichtige Fahrweise ist die beste Versicherung gegen einen Unfall. Passiert dennoch etwas, kann ► Autohilfe angefordert werden. Bei Unfällen sollte man die Polizei (►Notrufe) verständigen.

Kriminalität

In den baltischen Staaten ist es nicht gefährlicher als in anderen europäischen Ländern auch, und wie überall sollte man bestimmte Vorsichtsmaßregeln beherzigen. Dazu gehört, dass man keine Ge-

genstände und Wertsachen im Auto liegen lässt und es, besonders in den großen Städten, nach Möglichkeit auf einem bewachten Parkplatz abstellt. Die bewachten Parkplätze der großen Hotels sind in vielen Fällen auch für Nicht-Hotelgäste zugänglich.
»Beliebt« sind westliche Autos, ferner Einzelteile wie Typenschilder und Embleme der Autos – dagegen ist kaum etwas zu tun. In Hotels sollte man keine Wertgegenstände auf dem Zimmer lassen, sondern in den Hotelsafe geben, und wer mit einer prall gefüllten Brieftasche renommiert, sollte sich über fingerfertige Neider nicht wundern.

Sprache

Hinweis Die im Baltikum gesprochenen Sprachen sind für die Deutschen im Allgemeinen sehr fremd. Die nachstehende Wortliste kann lediglich eine kleine Hilfe sein.

Estnisch Das Estnische gehört nicht zur Familie der indoeuropäischen Sprachen, sondern zur baltisch-finnischen Untergruppe der finno-ugrischen Sprachfamilie und ist eng verwandt mit dem Finnischen. Zu den wichtigsten Merkmalen der estnischen Sprache gehören: Betonung auf der ersten Silbe, Vokalreichtum (insbesondere viele Umlaute), Deklination und Konjugation durch Anhängen von Silben an den Wortstamm (u.a. 14 Fälle) sowie Bedeutungsänderung je nach Länge der Betonung von Vokalen und Konsonanten (drei Stufen).
Aussprache: Alle Doppelvokale werden sehr lang und alle Doppelkonsonanten hart ausgesprochen. Das estnische »ö«, der Laut »õ« ist ein sehr geschlossenes, zum »ü« gehendes »e«; das »r« wird mit der Zunge gerollt, ein »h« vor Konsonanten wie »ch«, und »ei« wird wie »äi« ausgesprochen.

i Verständigung

- Wer als Tourist Englisch beherrscht, wird in allen Ländern des Baltikums besonders bei jüngeren Gesprächspartnern einigermaßen zurechtkommen. Aber auch mit Deutsch kann man bisweilen weiterkommen. Russisch wird im Allgemeinen nicht mehr gern gehört. Immer jedoch gilt: Ein Lächeln ersetzt viele Worte!

Lettisch Das Lettische gehört zur baltischen Sprachgruppe der indoeuropäischen Sprachen, die auch das Litauische, das inzwischen ausgestorbene Pruzzische sowie das nur in Rudimenten überlieferte Kurische und Selische umfasst. Sie hat keine direkte Verwandtschaft zu slawischen Sprachen. Ein Charakteristikum ist das Endungs-»s« an männlichen Namen und Bezeichnungen, auch bei Lehnwörtern und Eigennamen aus anderen Sprachen (z.B. Johans Gotfrīds Herders). Betont wird auf der ersten Silbe.

Aussprache ▶ Vokale mit Dehnungsbalken werden lang (z.B. »ā«) ausgesprochen; Konsonanten mit Häkchen darüber oder darunter palatalisiert (=

am Gaumen; z. B. »ņ« = nj); »o« wie »uo«, »h« wie »ch« (»ach«), »c« wie »z«, »cõ« wie »tsch«, »s« stimmlos, »š« wie stimmloses »sch«, »ž« wie stimmhaftes »sch«, »r« gerollt.

Litauisch

Das Litauische ist neben dem Lettischen die letzte noch lebende Sprache der baltischen Sprachgruppe. Es hat gegenüber dem Lettischen mehr ältere Formen in Lautung, Grammatik und Syntax erhalten. Es gilt heute als die Sprache, die einer indoeuropäischen Ursprache am nächsten kommt und hat sich daher bei Sprachwissenschaftlern als Forschungsobjekt großer Beliebtheit erfreut.
Charakteristika der Sprache sind u. a. der freie Wortakzent (mit Betonung auf der langen Silbe) sowie der besonders große Reichtum an Suffixen (Wortstammergänzungen) und Diminutiven (Verkleinerungsformen).

◄ Aussprache

Vokale mit Häkchen oder Dehnungsbalken spricht man lang (z. B. »ą«), dsgl. »ė«, »y« und »o«; »ę« offen wie »ä«; »i« und »u« kurz; »ei« wie »ej«; »ie« wie »ije«; Konsonant mit nachfolgendem »i« ist palatal (z. B. »ki« = kj); sonstige Konsonanten wie im Lettischen.

SPRACHFÜHRER ESTNISCH • LETTISCH • LITAUISCH

Deutsch	**Estnisch**	**Lettisch**	**Litauisch**
Ja/Nein	jah/ei	jā/ne	taip/ne
Guten Morgen	Tere hommikust	Labrīt	Labas rytas
Guten Tag	Tere päevast	Labdien	Laba diena
Guten Abend	Tere õhtust	Labvakar	Labas vakaras
Gute Nacht	Head ööd	Arlabunakti	Labanakt
Auf Wiedersehen	Head aega	Uz redzēšanos	Viso gero
Danke	aitäh	paldies	acõiuh
Bitte	palun	lūdzu	prašom
Entschuldigen Sie	Palun vabandust	Piedodiet, lūdzu	Prašom atleisti
Herr Müller	Härra Müller	Millera kungs	Pone Müller
Frau Müller	Proua Müller	Milleres kundze	Ponia Müller
Sprechen Sie Deutsch?	Kas te räägite saksa keelt?	Vai jūs runājat vāciski?	Ar kalbate vokiškai?
... Englisch?	... inglise keelt?	... angliski?	... angliškai?
Ich habe Sie nicht verstanden	Ma ei saanud aru	Es jūs nesapratu	Aš nelabai supratau
Ambulanz	es maabi	ātrā palīdzība	greitoji pagalba
Arzt	arst	ārsts	gydytojas
Zahnarzt	hambaarst	zobārsts	dantųgydytojas

Deutsch	Estnisch	Lettisch	Litauisch
Krankenhaus	haigla	slimnīca	ligoninė
Apotheke	apteek	aptieka	vaistinė
Rufen Sie einen Arzt	Kutsuge arst	Izsauciet ārstu	Pakviesti gydytoą
Kaufhaus	kaubamaja	universālveikals	universalinė parduotuvė
Lebensmittelgeschäft	toidupood	pārtikas veikals	maisto prekės
Bäckerei	leivapood	maizes veikals	duonos parduotuvė
Markt	turg	tirgus	turgus
Buchhandlung	raamatupood	grāmatu veikals	knygynas
Ich möchte ...	Ma tahan ...	Es gribu ...	Aš noriu ...
Ich hätte gern ...	Ma tahaksin ...	Es vēlētos ...	Aš norėcõiau ...
Wie viel?	Kui palju?	Cik?	Kiek?
Was kostet es?	Kui palju see maksab?	Cik tas maksā?	Kiek kainuoja?
billig	odav	lēts	pigus
teuer	kallis	dārgs	brangus
geöffnet	avatud	atvērts	atidaras
geschlossen	suletud	slēgts	uždaras
Postamt	postkontor	pasts	paštas
Briefmarke	kirjamark	pastmarka	pašto ženklas
Postkarte	postkaart	atklātne	atvirukas
Briefkasten	kirjakast	pasta kastīte	pašto

Unterwegs

Autobus	autobuss	autobuss	autobuso
Trolleybus	trollibus	trolejbuss	troleibuso
Straßenbahn	tramm	tramvajs	tramvajaus
Haltestelle	peatus	pietura	stotele
Taxi	takso	taksometrs	taksi
Eisenbahn	raudtee	dzelzceļš	geležinkelis
Zug	rong	vilciens	traukinys
Bahnhof	raudteejaam	stacija	stotis
Abfahrt	ärasõit	atiešana	pavažiamivas
Ankunft	saabumine	pienākšana	atvažiamivas
aussteigen	mahaminema	izkāpt	išlipti
umsteigen	ümberistuma	pārsēsties	persėsti
Flughafen	lennujaam	lidosta	aeroaustas
Landstraße	tee	ceļš	kelias
Schnellstraße	maantee (mnt.)	šoseja (šos.)	autostrada, plentas (pl.)
Tankstelle	bensiinijaam	uzpildes stacija	degalinė
Polizei	politsei	policija	policija
weit	kaugel	tālu	toli
nah	lähedal	tuvu	arti

Besonders in ländlichen Gebieten helfen ein paar Worte in der Landessprache oft weiter.

Deutsch	Estnisch	Lettisch	Litauisch
nach rechts	paremale	pa labi	į dešinę
nach links	vasakule	pa kreisi	į kaię
geradeaus	otse	taisni	tiesiai
Wie weit?	Kui kaugel?	Cik tālu?	Ar toli?
Wo?	Kus?	Uz kurieni?	Kur?
Wohin?	Kuhu?	Kur?	Kur?

Geografische Begriffe

See	järv	ezers	ezeras
Fluss	jõgi	upe	upė
Dorf	küla	ciems	kaimas
Stadt	linn	pilsēta	miesta
Vorstadt	eeslinn	priekšpilsēta	premiestis
Straße (Stadt)	tänav (t.)	iela	gatvė (g.)
Hauptstraße (Stadt)	puiestee (pst.)	prospekts, bulvāris	prospektas, bulvaras
Platz	plats, väljak	laukums	aikštė

Deutsch	Estnisch	Lettisch	Litauisch
Brücke	sild	tilts	tiltas
Gebäude	hoone	celtne, ēka	pastatas
Haus	maja	māja	namas
Rathaus	raekoda	domes nams	rotušė
Kirche	kirik	baznīca	bažnycõia
Schloss, Burg	loss	pils	pilis
Museum	muuseum	muzejs	muziejus
Denkmal	ausammas	piemineklis	paminklas

Hotel und Restaurant

hootel	hotell	viesnīca	viešbutis
Zimmer	tuba	istaba	kambarys
Bett	voodi	gulta	lova
Bad	vannituba	vanna	vonia
Schlüssel	võti	atslēga	raktas
Frühstück	hommikueine	brokastis	pusrycõiai
Mittagessen	lõuna	pusdienas	pietūs
Abendessen	õhtusöök	vakariņs	vakarienė
Restaurant	restoran	restorāns	restoranas
Kellner	kellner	oficiants	padavejas
Speisekarte	menüü	ēdienkarte	valgiaraštisi
Brot	sai	maize	duona
Butter	voi	sviests	sviestas
Suppe	supp	zupa	sriuba
Fisch	kala	zivs	žuvis
Fleischgericht	liharoad	gaļas ēdieni	ėsos patiekalai
Gemüse	köögiviljad	saknes, dārzeņi	daržovės
Nachtisch	magusroad	saldais ēdiens	saldumynai
Obst	puuvili	augļi	vaisiai
Speiseeis	jäätis	saldējums	ledai
Kuchen	kook	kūka	pyragaitis
Getränke	joogid	dzērieni	gėrimai
Limonade	limonaad	limonāde	limonadas
Mineralwasser	mineraalvesi	minerālūdens	mineralvanduo
Saft	mahl	sula	sultys
Bier	õlu	alus	alus
Rotwein	punane vein	sarkanvīns	raudonas vynas
Weißwein	valge vein	baltvīns	baltas vynas
Kaffee	kohv	kafija	kava
Tee	tee	tēja	arbata
Milch	piim	piens	pienas
Zucker	suhkur	cukurs	cukrus
Salz	sool	sāls	druska

Eine lettische Bäuerin sortiert getrocknete Kornblumen →

Deutsch	Estnisch	Lettisch	Litauisch
Die Speisekarte bitte	Palun menüüd	Lūdzu, ēdienkarti	Prašom, valgiaraštį
Die Rechnung bitte	Palun arvet	Lūdzu, rēķinu	Prašom, sąskaitą

Wochentage und Zeit

Montag	esmaspäev	pirmdiena	pirmadienis
Dienstag	teisipäev	otrdiena	antradienis
Mittwoch	kolmapäev	trešdiena	trecõiadienis
Donnerstag	neljapäev	ceturtdiena	ketvirtadienis
Freitag	reede	piektdiena	penktadienis
Samstag	laupäev	sestdiena	šeštadienis
Sonntag	pühapäev	svētdiena	sekmadienis
Minute	minut	minūte	minutė
Stunde	tund	stunda	valanda
Tag	päev	diena	dienau
Woche	nädal	nedēļa	savaitė
Monat	kuu	mēnesis	mėnuo
Jahr	aasta	gads	metai
morgens	hommikul	no rīta	rytais
mittags	lõuna ajal	pusdienas laikā	pietų metu
abends	õhtul	vakarā	vakarais
nachts	öösel	naktī	naktį

Zahlen (Anm.: Im Lettischen und Litauischen richten sich die Zahlwörter von 1 bis 9 nach dem Geschlecht)

1	üks	viens, -a	vienas, -a
2	kaks	divi, -as	du, dvi
3	kolm	trīs	trys
4	neli	cõetri, -as	keturi, -ios
5	viis	pieci, -as	penki, -ios
6	kuus	seši, -as	šeši, -ios
7	seitse	septiņi, -as	septyni, -ios
8	kaheksa	astoņi, -as	aštuoni, -ios
9	üheksa	deviņ, -as	devyni, -ios
10	kümme	desmit	dešimt
11	üksteist	vienpadsmit	vienuolika
12	kaksteist	divpadsmit	dvylika
20	kakskümmend	divdesmit	dvidešimt
21	kakskümmendüks	divdesmit viens	vienuodešimt
100	sada	simts	šimtas
1000	tuhat	tūkstotis	tūkstantis

Übernachten

Hotels

Allgemeines

In den baltischen Ländern hat das Hotelangebot im Vergleich zur Sowjetzeit beträchtliche Fortschritte gemacht. Viele neue Hotels sind gebaut, eine große Anzahl alter Betriebe komplett modernisiert. In den letzten Jahren entstanden endlich auch viele Unterkünfte im mittleren Preis- und Komfortsektor. Hotels bieten dem Gast in der Regel zahlreiche Serviceeinrichtungen, etwa eine Wechselstube und die Organisation von Ausflügen. Kreditkarten werden akzeptiert.

Preise

Die Hotelpreise in den Hauptstädten haben durchaus schon westeuropäisches Niveau erreicht, in kleineren Städten und auf dem Land kann man jedoch für vergleichsweise wenig Geld übernachten, manchmal sogar »fürstlich« logieren. Bei den nebenstehend genannten Preiskategorien handelt es sich lediglich um Richtwerte für Doppelzimmer ohne Frühstück.

Weitere Unterkunftsmöglichkeiten

Jugendherbergen

Die baltischen Staaten sind in der International Youth Hostel Association organisiert. Der internationale Jugendherbergsausweis wird akzeptiert.

WICHTIGE ADRESSEN ONLINE

HOTELS

► **Alle baltischen Länder**
www.inyourpocket.com

► **Estland**
www.visitestonia.com

► **Lettland**
www.allhotels.lv

► **Litauen**
www.lithuanianhotels.com
www.hotels.lt

FERIENHÄUSER

► **Alle baltischen Länder**
www.mare-baltikum-reisen.de

► **Estland**
www.maatourism.ee

► **Lettland**
www.www.celotais.lv

► **Litauen**
www.atostogoskaime.lt/de

JUGENDHERBERGEN

► **Estland**
www.baltichostels.net

► **Lettland**
www.hostellinglatvia.com

► **Litauen**
www.filaretai.8m.com

► **Preiskategorien Übernachtung**
Luxus: ab 120 €
Komfortabel: 60 – 120 €
Günstig: bis 60 €

► **Unterkunftsvorschläge:**
Praktisch-Kästen
►Reiseziele von A bis Z

In allen baltischen Ländern wächst die Auswahl an gemütlichen **Ferienhäusern**. Sie haben oft eine eigene Sauna und sind am See oder Meer gelegen.

In den baltischen Ländern gibt es immer mehr gute und modern ausgestattete **Campingplätze**. Einfache Zeltplätze finden sich überwiegend in den Nationalparks und an der Ostseeküste oder an Seen und Flüssen. Sie sind manchmal mit kleinen Holzhütten ausgestattet, die man mieten kann. Hinweise auf Campingplätze geben aktuelle Landkarten und die Touristeninformationen in den verschiedenen Regionen. Hilfreich sind die Links auf der Internetseite der Baltikum Tourismus-Zentrale (►Auskunft).

»Wildes Campen« Außerhalb der Nationalparks wird, wie in den skandinavischen Ländern, das »wilde« Campen toleriert (nicht im Königsberger Gebiet). Eigens dafür gedacht sind die mit einem blauen Schild mit Tanne gekennzeichneten Rastplätze.

Urlaub im Ferienhaus: Viele Traumhäuser kann man online buchen.

Verkehr

Flugverkehr

Innerhalb des Baltikums sind die Hauptstädte Vilnius, Rīga und Tallinn durch die baltischen Fluggesellschaften verbunden. In Estland werden von Tallinn aus auch die Inseln Saaremaa und Hiiumaa angeflogen; in Litauen besteht eine Verbindung von Vilnius zum kleinen Flughafen des Fremdenverkehrsortes Palanga.

Ziele innerhalb des Baltikums

FLUGVERKEHR

ESTLAND

▸ **Flughafen Tallinn (Tallinna lennujaam)**
Lage: ca. 4 km südöstlich vom Stadtzentrum an der Straße Nr. 2 in Richtung Tartu
Transfer ins Zentrum:
Bus Nr. 2

▸ **Estonian Air**
Buchung:
Vabaduse väljak 10
Tel. 6 31 33 02
und am Flughafen
www.estonian-air.ee

Buchung in Deutschland:
c/o Aviareps GmbH
Hessenring 32
D - 64546 Mörfelden-Walldorf
Tel. 0 61 05 / 20 60 70

▸ **Lufthansa in Tallinn**
Rävala pst. 2
Tel. 6 66 30 45
am Flughafen:
Tel. 6 05 85 53

LETTLAND

▸ **Flughafen Rga (Rgas lidosta)**
Lage: ca. 9 km westlich vom Stadtzentrum. Transfer ins Zentrum: Bus Nr. 22

▸ **Air Baltic**
Buchung:
Kaļķu 15, LV - 1051 Rīga
Tel. 7 22 91 66
Fax 7 22 42 82
am Flughafen: Tel. 7 20 77 77
www.airbaltic.lv

Buchung in Deutschland:
c/o Aviareps GmbH
Hessenring 32
D - 64546 Mörfelden-Walldorf
Tel. 0 61 05 / 20 60 70

▸ **Lufthansa in Rīga**
am Flughafen:
Tel. 7 50 77 00

LITAUEN

▸ **Flughafen Vilnius (Vilnius aeroaustas)**
Lage: ca. 6 km südlich vom Stadtzentrum
Transfer ins Zentrum:
Bus Nr. 2

▸ **Lithuanian Airlines**
Buchung:
Konstitucios pr. 12
LT - 2005 Vilnius
Tel. 8 - 5 / 2 75 25 85
am Flughafen:
Tel. 8 - 5 / 2 30 66 66
www.lithuanian-airlines.de

Buchung in Deutschland:
c/o Aviareps GmbH
Landsbergerstr. 155
D - 80687 München
Tel. 0 89 / 55 25 33 41
Fax 54 50 68 5

► **Lufthansa in Vilnius**
Rodunios kelias 2
LT - 2600 Vilnius
Tel. 8 - 5 / 2 30 60 3

KALININGRAD • KÖNIGSBERG

► **Flughafen Chrabrowo / Powunden**
Lage: ca. 20 km nördlich vom Stadtzentrum
Regelmäßiger Bustransfer in die Stadt

Fluglinien ins Baltikum: ►S. 88

Bahnverkehr

Netz im Wiederaufbau

Das Bahnstreckennetz wird erst langsam (wieder-) aufgebaut, für den Personenverkehr sind Busse das zumeist schnellere Transportmittel (►Busverkehr). Nur wenige Strecken sind elektrifiziert, auf den meisten Strecken sind Diesellokomotiven im Einsatz. Die Fahrpreise sind sehr niedrig. Fahrkarten erhält man an allen Bahnhöfen (für Strecken über 50 km bis zu 30 Tage im Voraus); in den Bahnhöfen der Hauptstädte sollte man im Sommer längeres Anstehen beim Fahrkartenkauf einkalkulieren. Die Eisenbahnstrecke Rīga – Tallinn wurde 2002 eingestellt.

Busverkehr

Hauptverkehrsmittel

Das Hauptverkehrsmittel zwischen allen Teilen des Baltikums ist der Bus. Das Liniennetz verbindet nicht nur große Städte, sondern auch Kleinstädte und Dörfer miteinander. Jede größere Stadt hat einen Busbahnhof, wo der Fahrplan aushängt und Fahrkarten verkauft werden (von 10 Tagen bis zu 2 Monaten im Voraus). Vor allem für Fernbusse werden zusätzlich auch Platzkarten ausgegeben. Bushaltestellen auf dem Land sind entweder durch ein rotes Schild mit einem »A« oder durch ein blaues mit einem schwarzen Bussymbol gekennzeichnet. Wer dort zusteigt, muss beim Fahrer bezahlen. Es gibt auch Busverbindungen in die Nachbarländer.

Straßenverkehr

Straßenzustand

In den letzten Jahren wurde viel getan, um die Straßenverhältnisse in den baltischen Ländern zu verbessern. Die Hauptverkehrsstraßen im Baltikum, besonders die E 67 oder »Via Baltica« Tallinn – Rīga – (Vilnius) – Kaunas – Polen, sind in gutem Zustand. In Litauen entsprechen die Autobahnen Vilnius – Kaunas – Klaipėda und Vilnius – Panevėžys internationalem Standard. In Lettland sind die Strecken von Rīga nach Jūrmala, Sigulda, Ogre und Jelgava und von Daugavpils nach Nīcgale (Richtung Rīga) großzügig ausgebaut; um die estnische

Hauptstadt Tallinn herum sind die Ausfallstraßen vierspurig. Auch die Nebenstraßen sind meist gut befahrbar, man sollte jedoch auf Schlaglöcher gefasst sein.

PANNENHILFE

► **Estland**
Tel. 18 88

► **Lettland**
Tel. 8 00 00 00
Funktelefon Tel. 188

► **Litauen**
Tel. 8 - 22 / 70 94 04

In den baltischen Staaten entsprechen die **Fahrvorschriften** den europäischen Normen. In Estland muss Tag und Nacht mit Abblendlicht gefahren werden, in Litauen nur in den Wintermonaten.

Die **Höchstgeschwindigkeit** beträgt in Städten 50 km/h, auf Fernstraßen 90 km/h, auf Autobahnen 100 km/h (in Litauen 110 km/h). In allen drei Ländern wird mit Radargeräten überwacht. Bußgelder werden sofort bezahlt.

Ampeln

Blinkendes Grün entspricht Gelb in Deutschland, bei Gelb darf bereits nicht mehr gefahren werden! An Bahnübergängen blinkt meist ständig ein weißes Licht, herannahende Züge werden durch Wechsel auf Rot angekündigt.

Alkoholverbot

In Estland und Litauen herrscht absolutes Alkoholverbot am Steuer! In Lettland sind 0,5 Promille Alkohol im Blut erlaubt; das entspricht etwa einer Flasche Leichtbier (0,5 l).

Tankstellen

In den baltischen Ländern entspricht die Versorgung mit Kraftstoff westeuropäischem Standard. Der Kraftstoff wird durch seine Oktanzahl klassifiziert (95 E entspricht Super bleifrei). Die Tankstellen, mit Kiosk oder Cafeteria ausgestattet, haben bis auf einige Ausnahmen rund um die Uhr geöffnet. Angegliedert sind moderne Werkstätten, es gibt Motorenöl und Kleinteile zu kaufen. Das Personal spricht meist Englisch. Man bezahlt in Landeswährung oder mit Kreditkarte.

i **Tankirrtümer vermeiden!**

- Grüner Zapfrüssel: bleifrei
- Roter Zapfrüssel: verbleit
- Schwarzer Zapfrüssel: Diesel

Unfall

►Sicherheit

Zeit

In allen vier Ländern gilt die Osteuropäische Zeit (OEZ), sie ist der Mitteleuropäischen Zeit (MEZ) um eine Stunde voraus.

757 FAM

Touren

DIE GANZE RUNDE ODER LIEBER EIN LAND RICHTIG? WAS MITNEHMEN, WAS AUSLASSEN? TOUREN FÜR MÜSSIGE UND EILIGE, MIT TIPPS FÜR SEHENSWERTES AM WEGESRAND.

TOUREN DURCH DAS BALTIKUM

Sie wollen die baltischen Länder einzeln bereisen oder sie im Dreierpack »erfahren«? Vier sorgfältig zusammengestellte Routen für mobile Reisende.

TOUR 1 **Dreiländerrundreise**
Mit ca. zwei Wochen Zeit kommt man zu den schönsten Zielen aller drei Länder. ▸ **Seite 128**

TOUR 2 **Estland in acht Tagen**
Unberührte nordische Natur, mittelalterliche Kultur und liebevoll restaurierte Herrenhäuser am Wegesrand ... ▸ **Seite 131**

TOUR 3 **Lettland in acht Tagen**
Jugendstil in Rīga, mittelalterliche Burgen und Schlösser auf dem Land, und auch hier: herrliche Natur im Überfluss ▸ **Seite 132**

TOUR 4 **Litauen in acht Tagen**
Eine barock angehauchte Hauptstadt mit südlichem Flair, Europas höchste Dünen auf der Kurischen Nehrung, Nationalparks und Wälder, Wälder, Wälder ... ▸ **Seite 134**

Kurische Nehrung
Eine Sinfonie aus Himmel, Wasser und Sand

Gut Palmse
Bauliches Highlight in Estlands größtem Nationalpark

Burgruine von Toolse
Im 15. Jh. zur Überwachung des Hafens gebaut

Trakai
Größte erhaltene Wasserburg Europas

Schloss Rundāle
Edelimmobilie, erbaut vom Herzog von Kurland.

Unterwegs im Baltikum

Unverbrauchtes Urlaubsziel

Baltikumreisende sind in gewisser Weise immer noch Entdecker und Individualisten. Zu Entdecken gibt es ein unverbrauchtes, abwechslungsreiches und spannendes Urlaubsziel – nur den Urlaub von der Stange wird man hier nicht finden.

Das Beste für jeden Geschmack

Liebhaber von **Kunst und Kultur** finden in den drei Hauptstädten Tallinn, Rīga und Vilnius herrliche Museen, Galerien, Konzert- und Theaterveranstaltungen. Doch auch in der so genannten Provinz finden das ganze Jahr über zahlreiche Musik- und Kulturfeste statt.
Naturliebhaber werden sich die weiten Nationalparks auf keinen Fall entgehen lassen: Fischotter Elch, Braunbär, Biber und Luchs kann man in der stillen Küstenlandschaft des estnischen Lahemaa-Nationalparks begegnen, oder auf den moorigen Wasserwegen des Soomaa-Nationalparks vom Kanu aus seltene Vögel beobachten. Wildwasserfreunde schwärmen von den Stromschnellen der Gauja oder der Amata in Lettland, deren Schluchten sich jedoch auch hervorragend erwandern lassen. Ein Netz von über hundert Seen durchzieht das riesige Gebiet des litauischen Aukštaitija-Nationalparks und die mächtigen Dünen der Kurischen Nehrung erinnern gar an die Sandwüsten der Sahara.

Begegnung am Wegesrand

Urlaub aktiv

Wer seinen Urlaub gerne sportlich aktiv verbringt, hat im Baltikum viele Möglichkeiten. Hervorragend für Fahrradfahrer ist die flache Kurische Nehrung, aber auch in den Nationalparks gibt es reizvolle, sehr gut ausgeschilderte Routen. Oder man kombiniert eine Rad- und Rudertour im Gauja-Nationalpark – falls man nicht doch eine Floßtour auf der Daugava vorzieht. Im estnischen Otepää gibt es hervorragende Wintersportbedingungen und im lettischen Sigulda sogar eine Bobbahn.

Die Badehose sollte für einen Urlaub im Baltikum auf keinen Fall fehlen: Bei sommerlichen Temperaturen von bis zu 30 °C ist ein Bad in der Ostsee eine herrliche Erfrischung. Ausgemachte Badeorte mit langen Stränden und regem Nachtleben sind Pärnu in Estland, Jūrmala in Lettland und das litauische Palanga. Hier kann es dann schon auch mal sehr voll und lebhaft zugehen. Ruhiger sind die Strände der kurischen Nehrung, bei Liepāja und Ventspils in Lettland oder nahe dem estnischen Haapsalu. Und auch wer gerne Stand und Meer ganz für sich alleine hat, findet entlang der fast endlosen Küste oder auf den Inseln ein romantisches und einsames Plätzchen.

Unterkünfte

Die Unterkunftskapazitäten werden, besonders in den für Kurzreisen sehr beliebten Hauptststädten, ständig ausgebaut, dennoch wächst das Besucheraufkommen in den Sommermonaten zunächst noch schneller, als die entsprechenden Quartiere. Hier gilt es also, rechtzeitig zu planen. Begrüßenswert ist eine wachsende Anzahl von hübschen Mittelklassehotels oder liebevoll geführten Pensionen. Auf dem Land und in den abgelegenen Kleinstädten sieht es etwas anders aus: In der Regel hat jeder größere Ort zumindest ein Hotel – wenn es nicht gerade wegen Renovierung geschlossen ist. Die Qualität dieser Unterkünfte kann sehr unterschiedlich sein.

Relikte aus der Zeit der ehemaligen Sowjetunion sind die so genannten Ferienheime, in den touristischen Hochburgen oft riesige Betonbunker mit Vollpension, ansonsten häufig auch sehr preiswerte Einfachstquartiere mit Küche zur Selbstversorgung. Auf Campingplätzen gibt es vielfach einfache Holzhütten zum Übernachten, oftmals urig und besonders schön gelegen.

! *Baedeker* TIPP

Privatquartiere

Wer einen Einblick in das Leben baltischer Familie haben möchte, erkundigt sich bei den Touristeninformationen nach Privatquartieren. Hausgemachtes Essen sowie eine echte Sauna gehören selbstverständlich dazu.

Fortbewegung

Wer mit dem Auto reist, hat es am leichtesten, auch die entlegensten Ecken des Baltikums sind bequem zu erreichen. Die größeren Städte sind mit einem dichten und gut funktionierenden Busnetz verbunden. Doch wird auch jedes noch so kleine Dorf mindestens einmal täglich von einem Linienbus angefahren. Bahnfahren ist spektakulär billig, jedoch oft sehr langsam.

Tour 1 Dreiländerrundreise

Länge der Tour: ca. 1890 km

Diese Route, für die man ca. zwei Wochen veranschlagen sollte, verbindet die schönsten Ziele aller drei Länder. Ein Einstieg ist an jeder Stelle möglich. Die Kilometerangaben markieren mögliche Tagesetappen.

Ein günstiger Einstiegspunkt für die Rundreise ist die litauische Hauptstadt ❶ ✶✶ **Vilnius**. Für die Besichtigung des »Rom des Ostens« mit seinen Kirchen, der berühmten Universität und den mittelalterlichen Gassen sollte man mindestens einen ganzen Tag einplanen. Von der Hauptstadt geht es nach Nordwesten Richtung Šiauliai. 17 km nördlich der Stadt liegt der berühmte Wallfahrtsort ❷ ✶✶ **Berg der Kreuze**. Auf der A 12 fährt man zur lettischen Grenze. Von hier ist es nicht weit zum Schloss Rundāle, dem größten Barockensemble in Lettland. Über ❸ ✶ **Bauska** mit der malerischen Burgruine geht die Route vorbei an Rīga nach ❹ ✶✶ **Sigulda** (400 km). In der Nähe des am Eingang des Gauja-Nationalparks gelegenen Städtchens kann man der Burg Turaida einen Besuch abstatten. Durch die herrliche Natur des Nationalparks kommt man in die alte Hansestadt ❺ ✶✶ **Cēsis**. Über ❻ **Valmiera** führt die Route weiter über die estnische Grenze in das landschaftlich besonders reizvolle ❼ ✶ **Hochland von Otepää** mit dem gleichnamigen Städtchen als urbanem Zentrum der Gegend (160 km). In der »Estnischen Schweiz« kann man einen erholsamen Tag mit Wandern oder Spazierengehen verbringen und zum Abend in die alte Universitätsstadt ❽ ✶✶ **Tartu** weiterfahren (45 km). Vorbei an den Ufern des ❾ **Peipsi järv** und dann Richtung Nordwesten gelangt man über das Städtchen ❿ **Rakvere** in den ⓫ ✶✶ **Lahemaa-Nationalpark** mit seinen malerischen Küsten, Wäldern und Gutshäusern. Über die Schnellstraße 1 gelangt man schnell nach ⓬ ✶✶ **Tallinn** (250 km). Die Stadtmauer der mittelalterliche Hauptstadt umschließt eine der wunderbarsten Altstädte Europas, für deren Erkundung ein Tag eigentlich zu wenig ist.

Zur Weiterreise wendet man sich nach Süden Richtung ⓭ ✶ **Pärnu**. Ab dem hübschen Hafen- und Kurstädtchen führt die Route entlang der »Via Baltica« parallel zur Küste nach ⓮ ✶✶ **Rīga** (300 km). Auch für die großstädtischste der baltischen Metropolen, die besonders berühmt für ihre vielen Jugendstilgebäude ist, reicht ein Tag für ein richtiges Kennenlernen kaum aus. Nach Rīga führt der Weg ins Kurland, vorbei an sehenswerten Orten wie ⓯ **Tukums** und Kandava nach ⓰ ✶ **Kuldīga** (160 km). Nirgendwo in Lettland ist die traditionelle hölzerne Bauweise so gut erhalten wie hier. Über Aizpute, wo man das Schloss Kazdanga mit dem größten und baumreichsten Park Lettlands besichtigen kann, erreicht man die geschäftige

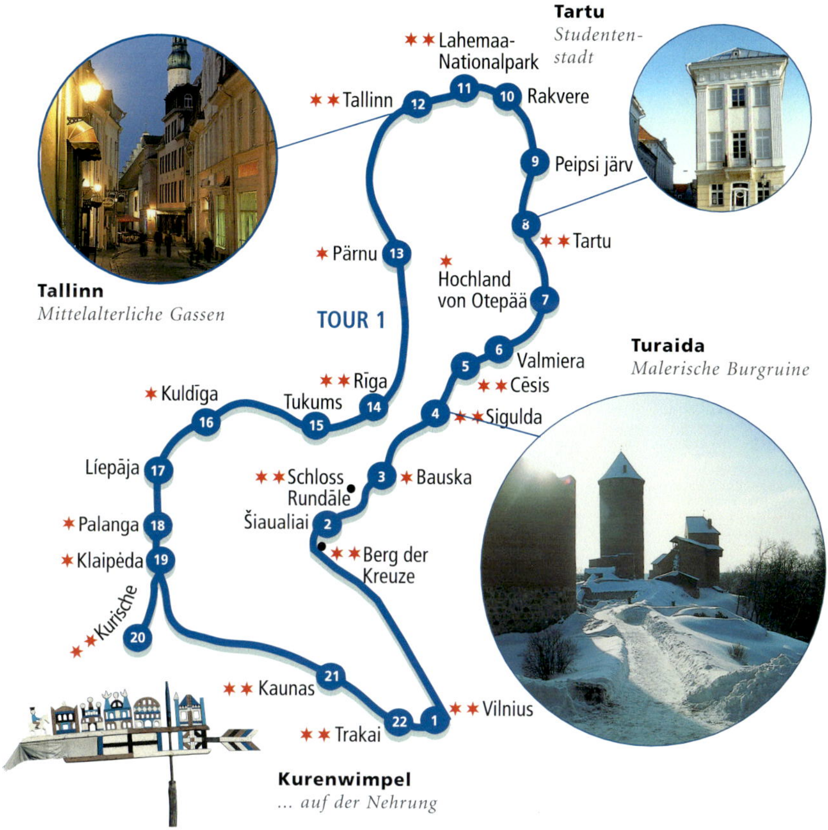

Hafenstadt ⑰ **Liepaja**. Nach der lettisch-litauischen Grenze kommt ⑱ ★ **Palanga**, ein Badeort, der zu Sowjetzeiten sehr en vogue war, von dort geht es weiter in die Hafenstadt ⑲ ★ **Klaipēda**, dessen malerische Altstadt als Kulturdenkmal unter Schutz steht (170 km). Hier sollte man unbedingt das Bernsteinmusem besuchen. Von Klaipėda aus ist ein Tagesausflug (100 km) auf die ⑳ ★★ **Kurische Nehrung**, die landschaftlich einzigartige Halbinsel zwischen Ostsee und Kurischem Haff, ein touristisches Muss. Zurück geht es nach ⑲ ★ **Klaipēda** und am nächsten Tag auf der alten Landstraße (141) über Silutė (Abstecher an die Haffküste mit den malerischen Orten Minija, Ventė und Rusnė) entlang der Memel nach ㉑ ★★ **Kaunas** (200 km). Hier kann man in den Gassen der historischen Altstadt spazieren und sollte einen Besuch des Čiurlionis-Musems nicht versäumen. Weiter geht es über ㉒ ★★ **Trakai**, die malerische Stadt am Wasser, nach ❶ ★★ **Vilnius** (100 km).

Tour 2 Estland in acht Tagen

Start: H 3

Länge der Tour: ca. 800 km

Ideale Tour für alle, die Estland zum ersten Mal besuchen und sich einen umfassenden Überblick verschaffen wollen. Wer mehr als acht Tage Zeit hat, macht noch einen Abstecher nach Narva.

❶ ✶✶ **Tallinn**, die mittelalterlich geprägte Hauptstadt, ist der Ausgangspunkt für die Reise durchs Land. Die Altstadt ist hervorragend erhalten und vom Domberg bietet sich ein weiter Blick über die Dä-

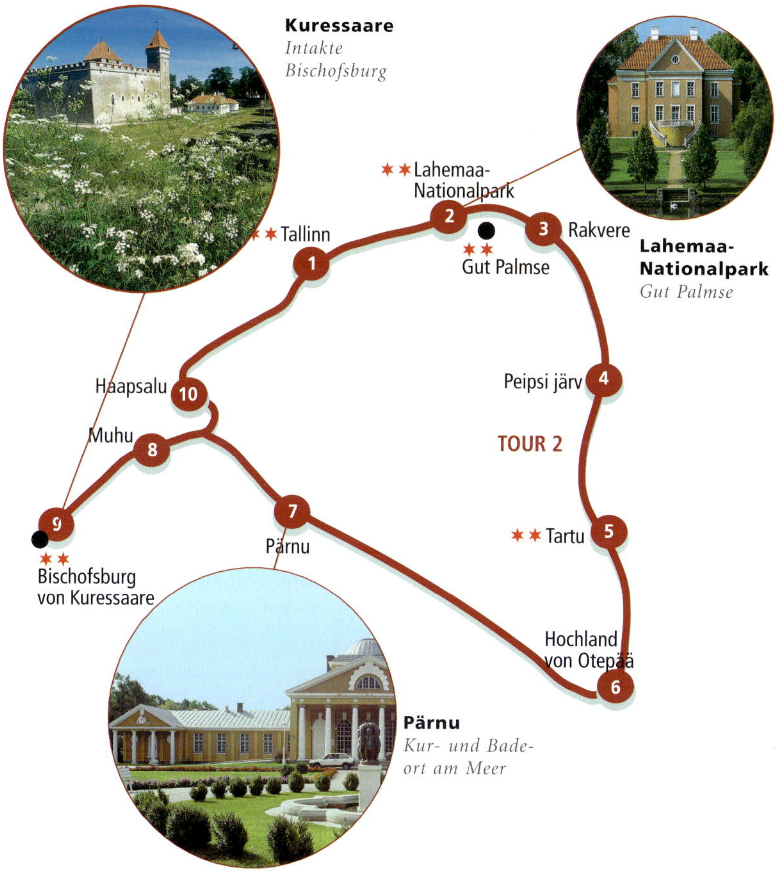

cher der früheren Hansestadt Reval. Nur eine gute Stunde Fahrt nach Osten liegt der ❷ ✶✶ **Lahemaa-Nationalpark**, mit Hochmooren, Wäldern und Buchten ein wahres Naturparadies. Die Gutshäuser in der Gegend (✶✶ Palmse, ✶ Sagadi, Kolga, Vihula) erzählen ein Stück deutsch-baltischer Geschichte. In Palmse und Sagadi kann man schön übernachten.

Der nächste Tag führt nach ❸ **Rakvere**, wo auf einem Hügel die eindrucksvolle Ordensburg thront. Anschließend folgt man der Küstenlinie des ❹ **Peipsi järv** und fährt weiter zum Etappenziel ❺ ✶✶ **Tartu** mit seiner historischen Altstadt und der berühmten Universität.

Von Tartu führt der Weg in die hügelige »estnische Schweiz«, das ❻ ✶ **Hochland von Ötepää** und weiter über das Gutsschloss Sangaste in die Hafenstadt ❼ ✶ **Pärnu**. Von hier eine gute Stunde entfernt liegt Virtsu, der Fährhafen für die Überfahrt nach ❽ ✶ **Muhu**. Hier lohnt ein Besuch im bewohnten Museumsdorf Koguva. Über einen Damm erreicht man die Insel Saaremaa mit dem Etappenziel ❾ ✶✶ **Kuressaare**. Am nächsten Tag bietet sich eine Rundfahrt über die Insel an.

An letzten Tag geht es über ❽ ✶ **Muhu** zurück nach Virtsu und von dort über Lihula nach ❿ ✶ **Haapsalu**, dem Bade- und Kurort mit einer eindrucksvollen Bischofsburgruine im Stadtzentrum. Über Padise mit einer imposanten Klosterruine und Keila erreicht man den Ausgangspunkt ❶ ✶✶ **Tallinn**.

Tour 3 Lettland in acht Tagen

START H 5

Länge der Tour: ca. 730 km

Diese Rundfahrt berührt die schönsten Ziele Lettlands, beginnend in der vom Jugendstil geprägten Hauptstadt über den Gauja-Nationalpark im Osten bis zu den Küstenorten im Westen.

Die Tour beginnt in der Hauptstadt ❶ ✶✶ **Rīga**. Neben dem Anreisetag sollte man sich einen weiteren Tag zur Besichtigung der ehemaligen Hansestadt mit ihrer abwechslungsreichen Architektur vom Mittelalter über den Klassizismus bis zum Jugendstil reservieren. Die erste Etappe der Tour führt nach ❷ ✶✶ **Sigulda** am Eingang des ✶✶ Gauja-Nationalparks. Hier sollte man die Burgruine Turaida und die Gutmannshöhle besichtigen. Die Weiterfahrt führt durch das Herz des hügeligen Nationalparks nach ❸ ✶✶ **Cēsis**, der ehemaligen Hansestadt Wenden, die sich mit ihrer schönen Altstadt gut als Etappenziel eignet.

Am nächsten Tag führt der Weg knapp an Rīga vorbei und nahe der litauischen Grenze nach 4 ✶ **Bauska** mit einer imposanten Ordensburgruine. Von hier geht es zum wohl berühmtesten Schloss des Baltikums nach ✶✶ Rundāle und weiter zum Etappenziel 5 ✶ **Jelgava**. Hier kann man den größten Barockbau des Baltikums, das Schloss Jelgava, besichtigen.

Rīga
Strahlende Hauptstadt

Gauja-Nationalpark
Gut Straupe

Kuldīga
Europas breiteste Stromschnellen

Schloss Rundāle
Barocke Herrlichkeit

Die Weiterfahrt führt tief in das Herz Kurlands (Kurzeme), eine der vielfältigsten Regionen des Landes mit weiten Küsten und ruhigen Wäldern. Am Übergang der Regionen Semgallen und Kurland kommt man nach 6 **Dobele**, auch hier lohnt ein Besuch der Ordensburgruine. Es geht weiter über 7 **Jaunpils** und Saldus nach 8 ★ **Kuldiga** mit alter Holzbebauung und den Kaskaden des Flüsschens Venta. Hier lädt der nächste Tag zu Wanderungen oder einer kleinen Rundfahrt durch das Kurland ein, die nach 9 **Aizpute**, 10 **Liepaja** und weiter an die Küste in das Fischerörtchen 11 **Pavilosta** führen kann. Weiter der Küste entlang kann man 12 **Ventspils** besichtigen oder bis ans einsame 13 **Kap Kolka** vordringen.

Die Rückfahrt nach Rīga führt über Roja und 14 **Talsi** nach Tukums mit dem nördlichsten Weinberg der Welt, Gut Slokenbeka, Jagdschloss Jaunmokas und über Jūrmala, das Seebad vor den Toren der Hauptstadt.

Tour 4 Litauen in acht Tagen

START I 8

Länge der Tour: ca. 865 km

Die wichtigsten Ziele Litauens liegen wie Perlen einer Kette an dieser Route durchs Land. Wer mehr als eine Woche Zeit hat, legt ein paar zusätzliche erholsame Tage an den Stränden der Nehrung ein, oder macht noch einen Ausflug zum Berg der Kreuze.

Ausgangspunkt für die Rundreise ist die Hauptstadt 1 ★★ **Vilnius**. Das einstige Wilna zählt mehr als 40 Kirchen, und in den Gassen der unter den Schutz der UNESCO gestellten Altstadt lässt es sich wunderbar bummeln. Sehr lohnend ist ein Ausflug in das nur 25 km entfernte 2 ★★ **Trakai** mit der berühmten Inselburg. Als Kontrast zur belebten Metropole empfiehlt sich ein Tagesausflug in den 3 ★★ **Aukštaitija-Nationalpark** ca. 70 km nordöstlich der Hauptstadt. Wälder, Seen und einsame Dörfer sind ein Paradies für Naturliebhaber.

Nach einer weiteren Übernachtung in 1 ★★ **Vilnius** geht es auf der einzigen richtigen Autobahn des Baltikums an die Ostseeküste. In 4 **Palanga** lohnt ein Besuch des Bernsteinmuseums; zum Etappenziel 5 ★ **Klaipėda** sind es nur noch 25 km.

Der Hafenort mit der schönen Altstadt ist Ausgangspunkt für den Besuch der 6 ★★ **Kurischen Nehrung**. Nach einer kurzen Fährüberfahrt lohnt sich ein Besuch der malerischen Orte Nidden, Preil, Perweelk und Schwarzort. Anschließend geht es zurück nach 5 ★ **Klaipėda**.

Am nächsten Tag folgt man der alten schmalen Landstraße in das 7 **Memelland**. Ein lohnender Abstecher führt an das Kurische Haff zur Vogelwarte am Ventes Ragas. Über Silutė entlang des Nemunas geht es nach 8 ★★ **Kaunas**, der Universitätsstadt am Zusammenfluss von Neris und Nemunas (Memel). Hier wird übernachtet. Kurz hinter Kaunas liegt das Freilichtmuseum 9 ★★ **Rumšiškės**, auf dessen riesigem Areal das ländliche Leben der unterschiedlichen litauischen Regionen dargestellt wird. Von hier ist es nur eine ca. einstündige Fahrt zum Ausgangspunkt 1 ★★ **Vilnius**.

Reiseziele von A bis Z

STÄDTE, DÖRFER, LANDSCHAFTEN UND NATIONALPARKS: NACH LÄNDERN GEORDNET FINDEN SIE HIER ALLE GROSSEN UND AUCH KLEINEN REISEZIELE IM BALTIKUM.

ESTLAND (Eesti)

Das nördlichste, das kleinste und das am dünnsten besiedelte Land des Baltikums ist immerhin noch größer als Belgien oder Dänemark. Die Eroberung durch die Deutschordensritter im Mittelalter wurde kulturell prägend, Sprache und Gewohnheiten der Esten jedoch verraten die Nähe zum nördlichen Bruder Finnland.

Weite Wälder, verschwiegene Seen, einsame Moore, eine mit rund 1500 großen, kleinen und kleinsten Inseln schier endlos lange Küste mit weißen Sandstränden, riesige Findlinge, von zurückweichenden Gletschern lässig übers Land gestreut – Estlands Natur wirkt vielerorts, als hätten die Riesen der Eiszeit erst gestern ihr Spiel mit der Landschaft beendet.

Dabei haben die Jahrtausende der Besiedelung Spuren hinterlassen, Kommata oder Ausrufezeichen einer wechselvollen Geschichte, die die Landschaft oft weithin sichtbar interpunktieren. Burgberge tragen Ruinen uralter Estenfesten, mächtige, jedoch vielerorts zerstörte Bischofsburgen der Ordensritter künden von Herrschaftsanspruch und Machtausübung der deutschen Eroberer. Stattliche Gutshäuser erinnern an eine jahrhundertelang gültige Sozialstruktur, in der eine kleine deutsch-baltische Führungselite über riesige Ländereien verfügte, deren Bewirtschaftung estnischen Leibeigenen oblag.

Die Hauptstadt Tallin, das alte Reval, ist ein Sonderfall der Geschichte: Ihr fast vollständig erhaltener mittelalterlicher Stadtkern berichtet von der Blüte der Stadt, vom Wehrwillen der klerikalen Machthaber

Highlights Estland

Lahemaa Nationalpark
Hier liegen Natur und Kultur Seit' an Seite.
▶ Seite 148

Narva
Grenzstadt mit zwei Burgen
▶ Seite 156

Pärnu
Badevergnügen an Estlands schönstem Strand
▶ Seite 169

Saaremaa
Ostseeinsel mit vollständig erhaltener Bischofsburg in Kuressaare
▶ Seite 182

Soomaa Nationalpark
Einzigartige Moorlandschaften
▶ Seite 174

Tallinn
Ausflug ins Mittelalter
▶ Seite 190

Tartu
Die Universitätsstadt schrieb Nationalgeschichte.
▶ Seite 219

← *Leuchtturm von Vilsandi, der kleinen Vogelschutzinsel vor Saaremaa*

Estland *Orientierung*

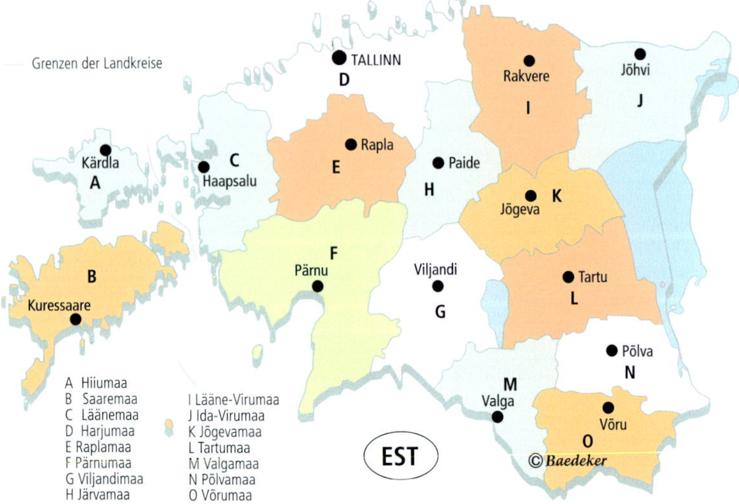

auf dem Domberg und vom Reichtum und Kunstsinn der weltgewandten freien Hansekaufleute in der Unterstadt. Der Zweite Weltkrieg und ein halbes Jahrhundert sowjetischer Zwangsherrschaft haben sich tief ins Gesicht der Stadt und des ganzen Landes eingegraben: Trostlose Trabantenstädte sind nur die äußeren Hinterlassenschaften eines Fremdregimes, das es, obwohl verhasst, lange zu ertragen galt.

Um so größer ist Optimismus im Lande heute: Endlich ist Estland eine selbstbesimmte Nation, die mit Nachdruck und Selbstbewusstsein ins junge Jahrtausend aufbricht.

★ Haapsalu (Haapsal)

L 5

Höhe: 0 – 8 m ü. d. M. **Einwohnerzahl:** 11 700

Haapsalu am westlichsten Vorsprung der estnischen Festlandsküste ist einer der ältesten estnischen Kurorte und seit nunmehr bereits 200 Jahren weithin berühmt für seine wohltuenden Behandlungen mit Heilschlamm.

Badestadt mit Bischofsburg

Als im 13. Jh. die Dänen und die Ordensritter die Gegend erobert hatten, entstand zwischen 1263 und 1272 der Bischofssitz Haapsalu und um diesen herum entwickelte sich die Stadt. Gegen Mitte des

14. Jh.s wurde der Sitz des Bischofs jedoch aus Haapsalu nach Kuressaare (►Saaremaa) verlegt. Unter Zar Peter I. verlor Haapsalu seine militärische Bedeutung, und auch der zusehends versandende Hafen büßte seine Wichtigkeit ein. Ein erneuter Aufschwung des Städtchens begann, als 1805 das erste Seebäderhaus eingerichtet und 1825 die erste Schlammheilstätte gegründet wurde. Damit entfaltete sich die Stadt als **Kur- und Erholungsort**, in dem auch die Zarenfamilie ihren Sommeraufenthalt verbrachte.

Sehenswertes in Haapsalu

✶ Altstadt

Umgeben von wenig ansehnlichen Industriegebieten und Wohnblocks besitzt Haapsalu doch eine schöne, unter Denkmalschutz stehende Altstadt mit mittelalterlicher Straßenführung und überwiegend aus dem 19. – 20. Jh. stammenden Holzbauten. Von der Seeseite her umrahmt ein Grüngürtel die Altstadt: Õhtukallas (= Abendufer), Vaikne kallas (= Stilles Ufer) und Aafrika kallas (= Afrikanisches Ufer).

✶ Bischofsburg

Die Bischofsburg stammt spätestens aus der Mitte des 13. Jh.s und wurde um 1265 Zentrum des Bistums Ösel-Wiek. Die gewaltige Anlage war von einer Mauer umgeben, von der noch 800 m erhalten geblieben sind. Die ursprüngliche Burg liegt im Westteil des Binnenhofes in Ruinen. Die Nordostecke des Hofes nimmt das Domkapitel – die Hauptburg – ein, an dessen südlichem Flügel die bischöfliche Kathedrale anschließt; an den Nordecken stehen turmähnliche Bau-

HAAPSALU ERLEBEN

AUSKUNFT

Posti 37, EE-90502 Haapsalu
Tel. 0 / 4 73 32 48, Fax 0 / 4 73 34 64
haapsalu@visitestonia.com

ESSEN

► Preiswert

Kuursaal
Promenaadi 1, Tel. 0 / 4 74 40 50
Hier macht die Umgebung das Flair aus: einzig original erhaltener Kursaal im ganzen Land (von 1898).

ÜBERNACHTEN

► Günstig

Hotel Haapsalu
Posti 43, Tel. 0 / 4 73 33 47
Fax 0 / 4 73 31 91, 35 Z.
Zum Haus in der Stadtmitte gehören eine Sauna sowie Restaurant und Lobby-Bar.

Hotel Päeva Villa
Lai 7
Tel. & Fax 0 / 4 73 36 72, 18 Z.
www.paevavilla.ee
Modernes Haus, dessen 18 verschiedene Zimmer sich auf einzelne Themen der Stadtgeschichte beziehen. Direkt am Meer gelegen.

FÄHREN

9 km südwestlich von Haapsalu liegt der Hafen Rohuküla, über den der Fährverkehr zu den Inseln ►Hiiumaa und Vormsi abgewickelt wird.

Auch in Ruinen noch imposant: die Bischofsburg von Haapsalu

körper und an der Westseite ein vorspringender Turm, der seine jetzige Höhe und Gestalt am Ausgang des Mittelalters erhielt. An der Ostseite der Gebäudegruppe befand sich ursprünglich der durch Mauern geschützte Hafenausgang, der nach dem Weichen des Meeres im 16. Jh. in einen zweiten großen Vorhof mit eigenem Außentor und Türmen für den Gebrauch von Feuerwaffen umgewandelt wurde. Am Haupttor ist das Wappen des Bischofs von Ösel-Wiek, Johanns IV. Kyvels, zu sehen, datiert auf das Jahr 1515. Die Burgmauer bildete zusammen mit der im 15. Jh. vollendeten Stadtmauer eine befestigte Einheit. 1641 – 1647 ließ der schwedische Graf Jakob de la Gardie die bisherige Trutzburg zum Schloss umbauen, das seit einem Brand im Jahr 1688 nur noch Ruine ist. Anstelle des verlandeten Hafens wurde ein Park angelegt, der Grafengarten.

Bischöfliche Kathedrale ►

Ungefähr um 1270 war die einschiffige Kathedrale fertig gestellt, ein eher schlichter Bau mit spätromanischen Reliefkapitellen, einem Gewölbe mit scharfen Graten und einem Rosettenfenster an der Westwand. Die Taufkapelle wurde vermutlich im 13. Jh. an die Südseite der Kirche gebaut; dort befindet sich die ebenfalls später angefügte Sakristei. Nach den Zerstörungen im 17. Jh. erfolgte Ende des 19. Jh.s der Neuaufbau der Kirche. Am mittleren Fenster des Baptisteriums soll in mondhellen Augustnächten vom Wall aus das Erscheinen der »Weißen Dame« in hauchdünnem Gewande zu sehen sein – der Legende nach die Geliebte eines Domherrn, die für ihr »Vergehen« in die Wand des Baptisteriums eingemauert worden war (Öffnungszeiten: Museum, Kirche, Turm: 15. 5. – 15. 9. Di. – So. 10.00 – 18.00 Uhr, Sept. – Mai Anmeldung unter Tel. 0 / 4 73 55 16).

Altes Rathaus

Das spätbarocke Alte Rathaus wurde 1775 vollendet. Zwei Kanonen aus dem Nordischen Krieg bewachen den Eingang des Hauses, in dem nun das Museum von Läänemaa eingerichtet ist (Öffnungszeiten: 15. 5. – 15. 9. Mi. – So. 11.00 – 18.00 Uhr, 16. 9. – 14. 5. 11.00 – 16.00 Uhr).

Alte Apotheke

Direkt neben dem Museum steht eines der ältesten Häuser der Stadt. Es wurde für Pastor Gleckner erbaut und war 1772 vollendet. 1804 stieg Zar Alexander I. hier ab; seit 1840 dient das Haus als Apotheke.

Unweit vom Rathaus kommt man zur Johanneskirche, die im 16. Jh. durch Umbau eines Lagerhauses entstanden ist. Der jetzige Turm wurde 1856 aufgesetzt.

Johanneskirche

Im Haus des einstmaligen Stadtvogts (Rüütli 2) stieg 1715 Zar Peter der Große ab. Aus den Anfangsjahren des vergangenen Jh.s stammen der Kursaal (1905) und der Bahnhof (1906). Im Bahnhof befindet sich das Eisenbahnmuseum (Öffnungszeiten: Mi. – So. 10.00 – 18.00 Uhr). Im alten Hafen (Sadama 31) befindet sich das Museum der Schweden, die bis 1944 im westlichen Teil Estlands gelebt haben (estn. Rannarootsi Muuseum, Öffnungszeiten: Mai – Sept. Di. – So. 10.00 – 18.00, Okt. – April Mi. – So. 11.00 – 16.00 Uhr).

Weitere sehenswerte Gebäude

Umgebung von Haapsalu

Vom Hafen Rohuküla fährt eine Fähre nach Vormsi, der viertgrößten Insel Estlands, die früher überwiegend von Schweden bewohnt war. Hier kann man wandern und dabei in Hullo die Kirche mit einem Chor aus dem 15. Jh., bei Borrby den 22,5 m umfassenden und 4 m hohen Findling »Smen« und in Saxby den 1864 erbauten, 24 m hohen Leuchtturm anschauen.

Vormsi
◄ (dt. Worms)

Der Maler **Ants Laikmaa** (1866 – 1942) ließ sich im zu Taebla gehörenden Weiler Kadarpiku (12 km östlich von Haapsalu) sein an ein altes estnisches Bauernhaus erinnerndendes Heim bauen, in dem er seine letzten zehn Lebensjahre verbrachte (Öffnungszeiten: Mi. – So. Mai – Sept. 10.00 – 18.00, Okt. – April 11.00 – 16.00 Uhr). Er legte rundum einen schönen Landschaftspark an, in dem ein wenig abseits das reich verzierte Sommerhäuschen steht; einige Hundert Meter davon entfernt befindet sich das Grab des Künstlers.

Taebla / Kadarpiku

Beim 9 km südöstlich von Haapsalu gelegenen Ridala fand man die Reste einer altestnischen Burg, der »Tubrilinn«, die vermutlich in der zweiten Hälfte des 1. Jt.s angelegt worden war und somit zu den ältesten Burgen in Läänemaa gehört.

Ridala

Von großem kunsthistorischem Wert ist die kleine Kirche von Ridala. Sie wurde im letzten Viertel des 13. Jh.s als einschiffiges, turmloses Langhaus mit angefügtem quadratischem Chor erbaut; der niedrige Turm an der Südseite kam erst später hinzu. Von den beiden Gewölben des Langhauses hat sich das östliche in seiner ursprünglichen Form erhalten. An der Ostwand befindet sich eine später zugemauerte Gruppe von drei Fenstern, die auf Beziehungen zur Jakobikirche in ► Rīga hindeutet. In die Westwand ist ein Spitzbogenportal mit Ziergiebel und einer Figur der Maria Magdalena aus dem 13. Jh. eingelassen. Im Kircheninnern kann man Fragmente von Wandmalereien aus dem 14. Jh., die Figur des Christus am Scheitelpunkt des Chorgewölbes (15. Jh.), eine Kanzel (1656) und einen Barockaltar sowie die Triumphbogengruppe (1678) bewundern.

◄ Kirche

Bischofsburg Koluvere

Über die in Risti abzweigende Landstraße 10 Richtung Virtsu erreicht man nach ca. 44 km das Dorf Koluvere. Hier sieht man nahe der Straße, wenige Kilometer vor dem Ort Kullamaa, die einstige Bischofsburg Koluvere. Dicse ging aus einer Festung hervor und fiel 1439 an den Bischof von Ösel-Wiek. Zu Beginn des 15. Jh.s wurde aus dem Kastell ein Konventsgebäude, gleichzeitig leitete man mittels eines Stausees und mehrerer Teiche den Fluss um das Städtchen herum. Im 16. Jh. kam der starke Rundturm an der Nordostecke hinzu. Im 17. Jh. wurde die Feste in ein Gutsschloss umgebaut, das während der revolutionären Ereignisse von 1905 niederbrannte und danach im neogotischen Stil wiedererstand. Das teilweise renovierte Gebäude ist von einem Park umgeben und dient heute als Altenpflegeheim.

Auf der Burg war die **württembergische Prinzessin Augusta Carolina** als Gefangene von Zarin Katharina II. eingesperrt. Die Prinzessin starb 1788 und wurde in der Kirche von Kullamaa begraben.

Kullamaa

Die Geschichte des kurz auf Koluvere folgenden Dorfs Kullamaa ist eng verknüpft mit der Rohumägi oder Kantsimägi genannten **altestnischen Burg**, von der heute lediglich ein 10 m hoher, 75 m langer Teil erhalten ist, da man sie lange zur Kiesgewinnung nutzte. 1220 errichtete das Lehnsgeschlecht der Lode anstelle der alten Burg eine Vasallenburg (»castrum Goldenbeke«), die vom Heerbann des Ordens um 1234 zerstört wurde. Sehenswert im Dorf sind die Schenke aus dem 19. Jh., die aus derselben Zeit stammende Wassermühle am Liivifluss sowie die **Dorfkirche**. Diese war Ende des 13. Jh.s als einschiffiger, turm- und chorloser Bau mit kuppelförmigem Kreuzgewölbe und frühgotischen Blattkapitellen fertig gestellt. 1752 wurde die Sakristei, 1865 die vieleckige Apsis und 1870 der neogotische Turm gebaut.

Kirbla

Verfolgt man von Kullamaa die Straße Richtung Virtsu weiter, erreicht man nach 22 km Kirbla. Hier erhebt sich 23 m hoch der **»Berg« von Kirbla**, dessen nordwestliche und nördliche Flanke als steile Stufen abfallen. Auf dieser Terrasse und in ihrer nächsten Umgebung wachsen mehrere in Estland seltene Pflanzenarten. Von der Anhöhe eröffnet sich ein herrlicher Ausblick über die größte Auenlandschaft Estlands und den Kasarifluss, der in die Bucht von Matsalu (s. u.) mündet. Das einschiffige **Kirchlein** von Kirbla wurde Anfang des 16. Jh.s im spätgotischen Stil erbaut und ist eines der kleinsten mittelalterlichen Sakralgebäude des Landes.

✶ Auenlandschaft ►

Lihula

Die Stadt Lihula befindet sich einige Kilometer südwestlich von Kirbla und ist der größte Ort im südlichen Läänemaa. Im 12. und 13. Jh. lag hier eines der bedeutendsten estnischen Siedlungszentren, das jedoch ab 1220 von den Schweden erobert wurde. Von der 1241 – 1242 angelegten Burg sind lediglich Mauerreste und die Ruinen der Schlosskeller geblieben. Auf dem Schlossberg steht auch das in den 1820er-Jahren erbaute klassizistische Gutsherrenhaus mit dem Lihula-Museum (Öffnungszeiten: Mai – Sept. Mi. – So. 10.00 – 18.00 Uhr), und etwas weiter die 1876 errichtete neogotische Elisabethkirche.

★ Naturschutzgebiet Matsalu

Lihula ist ein guter Ausgangspunkt für die Erkundung des Naturschutzgebietes von Matsalu, das sich um die Bucht gleichen Namens erstreckt. Es nimmt eine Fläche von 486 km^2 ein, von denen gut die Hälfte von Wasser bedeckt ist. In Penijõe, 3 km nördlich von Lihula, unterhält die Reservatsverwaltung ein kleines Museum (Öffnungszeiten: Mai – Sept. Mo. – Do. 8.00 – 17.00, Fr. 8.00 – 15.45 Uhr), und man kann vom Hafen aus geführte Bootsfahrten unternehmen (Anmeldung im Museum unter Tel. 0 / 4 72 42 36 oder museum@matsalu.ee). Das 1957 angelegte Areal gehört zu den wichtigsten Vogelschutzgebieten Europas. Einzigartig sind die Strandweideflächen und -wiesen sowie die artenreichen Waldheiden; der hier mündende Kasarifluss nimmt seinen Lauf durch eine weit gestreckte Auenlandschaft. Die Bucht selbst ist mit ihren Eilanden und Holmen ein Paradies für Zugvögel.

Karuse

Elf Kilometer südwestlich von Lihula liegt Karuse. Sehenswert ist die Kirche aus dem 13. Jh., wiederum ein einschiffiger Bau. Auch diese Kirche hatte ursprünglich keinen Turm, er wurde erst 1858 – 1859 errichtet. Aus dem Mittelalter sind nur die Gewölbe und die paarweise angeordneten Fenster im Chorraum erhalten.

Nahe **Kõmsi** (wenige Kilometer weiter Richtung Virtsu) fand man ein Gräberfeld, das zwei umfriedete **Steinkistengräber**, einen Friedhof für Feuerbestattungen und Überbleibsel frühgeschichtlicher Äcker einschließt. Die Gräber können besichtigt werden; in den größeren wurden seltene Bronzegegenstände gefunden, von denen etliche von den Oberläufen der Wolga und der Oka stammen.

Das nahebei liegende **Hanila** gilt als identisch mit dem 1154 von al-Idrisi erwähnten »Anhel«. Vom Ende des 13. Jh.s stammt die für Sakralbauten von Läänemaa und Saaremaa charakteristische frühgotische Kirche. Das Museum von Hanila hat von Mai – Oktober geöffnet (Öffnungszeiten: Mi. – So. 11.00 – 17.00 Uhr).

Altes Ringkreuz auf dem Friedhof von Karuse

Halbinsel Puhtulaid

Nur 6 km weiter kommt man nach **Puhtulaid**, auch »Landzunge Puhtu« genannt, ein durch eine Landenge mit der Insel Virtsu verbundener Holm. Puhtulaid ist Teil des Naturschutzgebietes Virtsu-Laelatu-Puhtu (Besuch nur nach Voranmeldung unter Tel. 0 / 4 77 22 02, kampus@starline.ee). In dem parkartigen Wald nisten mehr als 160 Vogelarten und es gibt eine **Vogelwarte** des Instituts der Estnischen Landwirtschaftlichen Universität. Im 18. Jh. erbaute sich hier der Gutsbesitzer Karl Theodor von Helwig ein Sommerhaus mit Park. Als glühender Verehrer Friedrich Schillers ließ er im Park ein Schillerdenkmal errichten. Das Original befindet sich im Museum Läänemaa, die Kopie wurde 1957 an der alten Stelle aufgestellt. Letzter Besitzer von Gut Puhtu war der Philosoph Hermann Graf Keyserling.

Virtsu Der Flecken Virtsu, Endpunkt der Fahrt von Haapsalu aus (77 km), liegt inmitten von Strandwiesen und Wacholderheiden am Ufer des Großen Sunds auf einer steinübersäten Halbinsel. Über den Hafen von Virtsu läuft der Fährverkehr mit ►Muhu und ►Saaremaa, auch die Fischerei ist von Bedeutung. Im Mittelalter gehörte Virtsu dem Geschlecht derer von Uexküll, ihr Gut Werder findet erstmals 1459 Erwähnung. Von einer Festung aus kontrollierten die Herren von Uexküll den Schiffsverkehr und betrieben auch Seeräuberei, bis die Burg 1533/1534 zerstört wurde. Die Ruinen sind vom heutigen Hafen aus weithin sichtbar; sie befinden sich in 2 km Entfernung Richtung Lihula direkt am Strand. Der Ort Virtsu selbst entstand gegen Ende des 19. Jahrhunderts.

Hiiumaa (Dagö)

J/K 4/5

Fläche: 989 km²
Einwohnerzahl: 10 450
Höhe: 0 – 68 m ü. d. M.

Hiiumaa ist die zweitgrößte Insel Estlands. Dichter Wald und einsame Moore bilden über weite Strecken die Vegetation, im Süden findet man auch Felder und Wiesen. Die Böden sind karg und schwer zu bestellen, die Menschen besiedeln hauptsächlich die Küstengebiete und leben von Viehzucht, Holzverarbeitung oder vom Fischfang.

HIIUMAA ERLEBEN

AUSKUNFT

Hiiu 1, Kärdla, EE-92413 Kärdla
Tel. 0 / 4 62 22 32, Fax 0 / 4 62 22 34
www.hiiumaa.ee

ANREISE

Fährverbindung von Rohuküla (► Haapsalu) zum Hafen Heltermaa, im Sommer auch von Saaremaa (Hafen Triigi) nach Hiiumaa (Hafen Sõru). Flugverbindung von ► Tallinn nach Hiiumaa.

ESSEN / ÜBERNACHTEN

► **Erschwinglich – Günstig**

Hotel Heltermaa
Am Hafen Heltermaa
Tel. 0 / 4 69 41 46,
Fax 0 / 4 69 41 47, 34 B.
www.heltermaahotell.ee
Ausgestattet mit Bar, Sauna und Konferenzsaal. Im Hotelbistro gibt es feine Kuchen und Torten sowie leckere Fischgerichte aus fangfrischem Fisch.

Abgeschiedenes Paradies

Schon die alten Skandinavier kannten die Insel am Seeweg in die nordöstliche Ostsee. Die Eroberung durch Ordensritter und Dänen bewegte das karge Eiland kaum; man holte sogar Siedler aus dem entfernten Schweden, um die Nordküste zu beleben. Zu Beginn des 18. Jh.s stand die Insel unter der rigorosen Herrschaft der Familien Stenbock und von Ungern-Sternberg.

Sehenswertes auf Hiiumaa

Kärdla

Kärdla an der Nordküste ist die einzige Stadt der Insel und Zentrum des Landkreises. Sie war einst eine große Siedlung der 1470 von der Leibeigenschaft befreiten sog. Strandschweden. 1829 gründeten die **Gebrüder von Ungern-Sternberg** hier eine Tuchfabrik. Sie wurde 1941 zerstört. Heute ist Kärdla eine Gartenstadt.

Halbinsel von Tahkuna

Auf der Spitze der nordwestlich von Kärdla ins Meer ragenden Halbinsel Tahkuna strahlt ein 1875 aufgestellter, in Paris gefertigter gusseiserner Leuchtturm sein Licht aus 42 m Höhe auf die See hinaus. Der teilweise noch aus dem 18. Jh. stammende Mihkli-Hof an der Einfahrt zur Halbinsel zeigt Baustile sowohl schwedischer als auch estnischer Bauern. Die hier lebenden Schweden waren 1781 in die Ukraine deportiert worden.

Ganz im Westen der Insel springt die zerklüftete **Halbinsel von Kõpu** ins Meer hinaus. Auf dem 68 m hohen Tornimägi steht der

? WUSSTEN SIE SCHON ...?

- ... dass sich im 18. Jh. Graf Ludwig von Ungern-Sternberg die Sandbank vor Kõpu auf unrühmliche Weise zunutze machte? Er stellte ein falsches Leuchtfeuer auf, um die irregeleiteten Schiffe an der Küste zerschellen zu lassen; da nach Recht und Gesetz alles Strandgut dem Finder gehörte, konnte er so sein Vermögen beträchtlich mehren.

Heute ist es ein Schulhaus: das barocke Schloss von Suuremõisa.

bemerkenswerte **Leuchtturm**, von einem wuchtigen Sockel 37 m hoch aufragend, um die Schiffe vor der nahen Sandbank Neckmansgrund zu warnen.

Wichtigster Ort im Süden von Hiiumaa ist **Käina**. Hier wurde der Komponist **Rudolf Tobias** (1873 – 1916) geboren. Sein Haus kann besichtigt werden.

Westlich und östlich von Käina führt je ein Damm auf die Insel **Kassari**, ein wundervolles Naturparadies mit ausgedehnten Schilfwiesen, seltenen Pflanzen und Vögeln. Außerdem gibt es ein kleines Museum, eine reetgedeckte Kirche und den Yachthafen Orjaku.

Gutsschloss Suuremõisa

Zum Gutsschloss Suuremõisa, 20 km südöstlich von Kärdla und 5 km westlich vom Hafen Heltermaa, führt eine Schwarzerlenallee. Das barocke Schloss wurde 1772 für die Familie Stenbock erbaut. Es besitzt ein Foyer und eine doppelte Zwischendecke, in die ebenfalls Räume eingebaut waren. Diese konnte der Gutsherr durch eine Geheimtür in einem Schrank betreten, wollte er seinen Leibeigenen aus dem Weg gehen. Das Schloss dient heute als Schulhaus, der Park ist etwas verwildert.

★★ Lahemaa-Nationalpark

(Lahemaa rahvuspark)

Q/R 3/4

Höhe: 0 – 50 m ü. d. M. **Fläche:** 725 km^2

Der größte und berühmteste Nationalpark Estlands heißt übersetzt »Buchtenland« und umfasst die Halbinseln und Meeresbuchten ganz im Norden des Landes. Neben unberührter Natur findet man hier prächtige Herrenhäuser und uralte Kulturzeugnisse.

Naturparadies mit Kulturzeugnissen

Der Nationalpark wurde 1971 angelegt, um die urwüchsigen Natureigenheiten sowie die kulturellen und historischen Denkmäler dieses für Estland so typischen Landstrichs zu erhalten, zu erforschen und der Öffentlichkeit zugänglich zu machen. Kulturlandschaften nehmen etwa ein Drittel der Gesamtfläche des Nationalparks ein. Hier sind zahlreiche archäologische, historische und architektonische Denkmäler zu besichtigen.

LAHEMAA-NATIONALPARK ERLEBEN

AUSKUNFT

Besucherzentrum Palmse
EE - 45202 Viitna
Tel. 0 / 3 29 55 55, Fax 0 / 3 29 55 31
lahemaa@lahemaa.neti.ee
Öffnungszeiten: Mai – Aug. 9.00 – 19.00, Sept. bis April 9.00 – 17.00 Uhr

ESSEN & ÜBERNACHTEN

▶ **Komfortabel**

Park Hotel Palmse
Tel. & Fax 0 / 3 23 41 67, 22 Z.
www.phpalmse.ee
In der historischen Schnapsbrennerei des Gutshofes wurde ein Wellness-Hotel mit gutem Restaurant und schönen Zimmern eingerichtet. Das Gutshaus selbst dient heute als Museum.

Sagadi Hotel
Tel. 0 / 3 25 88 88, Fax 0 / 3 25 88 80
Hotel in den liebevoll restauriertem Stallungen des Gutsanwesen. Sauna, gutes Restaurant.

Landschaftsbild

Das Oberflächenrelief im Nationalpark bildete sich hauptsächlich unter der Einwirkung des Festlandeises und des Meeres heraus. Die Küste ist von Buchten und Halbinseln zergliedert; im Küstengewässer liegen viele Inselchen verstreut. Die Küstenniederung wird vom nordestnischen Plateau durch den **Glint** getrennt, der größtenteils recht weit vom Meer liegt (stellenweise 20 km). Den Glintrand rauschen Flüsse und Bäche hinab und bilden an vier Stellen Wasserfälle. Das größte Binnengewässer ist der **Kahalasee** im westlichen Teil des Nationalparks.

i Glint

- Der estnische Glint ist eine geologische Besonderheit: Er bezeichnet eine steile, bis zu 56 m abfallende Bruchstufe aus Grünschiefer, die sich mehr oder weniger parallel zur estnischen Küste entlangzieht.

Tier- und Pflanzenwelt

Fichtenwälder bedecken weite Strecken des Parks, unterbrochen von lichten Föhrenhainen. Hin und wieder wächst auf dem von Geröll bedeckten Küstenstreifen am Fuße des Glints ein üppiger Laubwald. Moore bilden etwa 5% der Bodenfläche und in den Flusstälern gedeihen im Schatten von Fichtenwäldchen zahlreiche bedrohte Pflanzenarten. Die Tierwelt ist mit 37 Säugetier-, 213 Vogel- und 24 Fischarten vertreten. Zu den Bewohnern gehören Braunbären, Luchse und der europäische Nerz, man kann noch Schwarzstörche, Seeadler und Prachttaucher antreffen. In den Flüssen und Seen laichen Lachse und Meeresforellen; hier befindet sich auch die einzige Fundstelle von unechten Perlmuscheln in Estland.

Alvare

Auf einer Fläche von ca. 235 ha erstrecken sich die sog. Alvare, größteils in der Westhälfte des Nationalparks um Kolga, Muuksi und Tsitre. Dabei handelt es sich um eine steppenartige Landschaftsform von größter Seltenheit mit einem Kalkuntergrund, den eine weniger

Lahemaa rahvuspark *Orientierung*

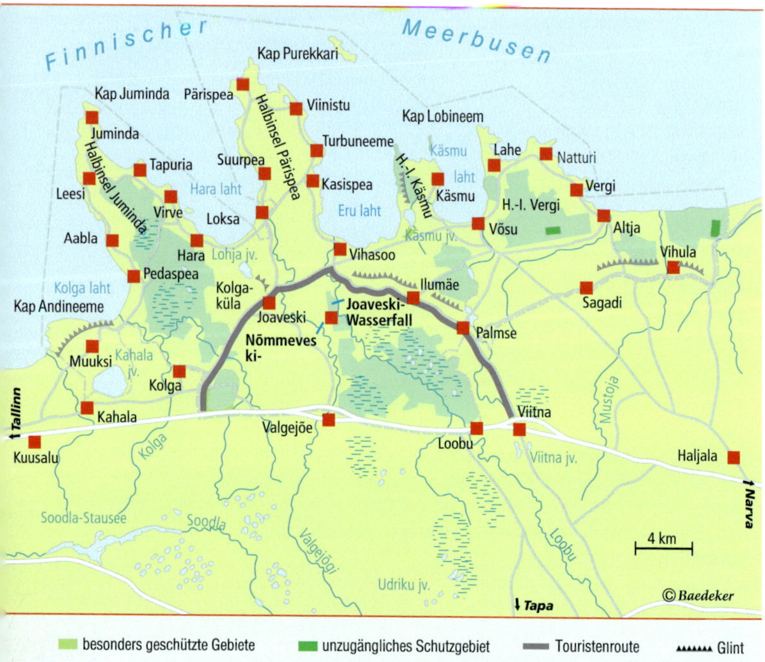

als 30 cm dünne Erdschicht bedeckt, die manchmal auch fast völlig fehlt. Alvarsteppen findet man weltweit außer in Nord- und Westestland nur noch in Schweden, überwiegend auf den Inseln Öland und Gotland.

Findlinge Lahemaa ist die an ortsfremdem Gestein reichste Gegend Estlands. Charakteristisch ist die große Anzahl gewaltiger Findlinge, die einst von Festlandgletschern aus dem Norden herangeschleppt wurden, sowie Gruppen außerordentlich dicht stehender großer erratischer Blöcke. In Lahemaa sind acht Riesenblöcke mit einem Umfang von mehr als 30 m und über 50 weitere größere Steine gezählt worden. Die bekanntesten sind der Jaani-Tooma Suurkivi (Umfang 35,7 m / Höhe 6,8 m) bei Loksa, der Felsblock Jaani-Mardi in Viinistu (35,5 m / 4,7 m), der Majakivi (Haus-Stein; 32 m / 6,9 m) im Wald auf der Halbinsel Juminda und in der Nähe von Võsu der Ojakivi (Bach-Stein; 30,6 m / 6,1 m).

Touristische Einrichtungen und Information Die Schönheiten des Nationalparks lassen sich am ergiebigsten zu Fuß erschließen; es gibt allerdings auch eine Autoroute durch den Park. Durch das Viru-Hochmoor wurde ein Lehrpfad, im Oandu-

Wald ein Naturwald-Lehrpfad angelegt. Wunderschöne Badestrände finden sich um die Bucht von Käsmu. Auskunft über Wanderrouten und Informationsmaterial erhält man im Besucherzentrum in Palmse.

Sehenswertes im Nationalpark

Viitna
◄ Gasthof

Viitna liegt 73 km östlich von Tallinn an der E 20. Sehenswert ist dort der von 1798 bis 1802 erbaute Gasthof. Er zeigt die typische Einteilung altestnischer Gasthöfe in getrennte Schankstuben und Räume für Herren bzw. Bauern, und auch die dazugehörigen Pferdeställe. Südlich der E 20 liegen in einer Hügellandschaft die herrlichen Seen von Viitna. Der malerischste dieser drei Seen ist der Pikkjärv mit hohen Ufern und vier Inseln. Der daneben liegende Linajärv hat flache Gestade und einen schlickigen Grund.

*
◄ Landschaftsschutzgebiet Viitna

* *
Gut Palmse

Von Viitna aus erreicht man nach 7 km in nordwestlicher Richtung das am Rand des nordestnischen Plateaus liegende Palmse. Es gehörte über Jahrhunderte hinweg dem Geschlecht derer von Pahlen. Das einzigartig schöne Gutsensemble verdankt seinen guten Zustand einem findigen Kolchos-Vorsitzenden: Er überzeugte Moskau, man brauche Räume für den Zivilschutz, und so flossen in einer Zeit, als andere Herrenhäuser der Zerfall preisgegeben waren, stattliche Gelder, die für die Renovierung verwendet wurden. Das Gut ist heute der Öffentlichkeit zugänglich. Mittelpunkt ist das ehemalige Herren-

Das prächtige Herrenhaus von Palmse ist der Mittelpunkt des schön restaurierten Gutsensembles.

haus, das seine heutige Gestalt 1782 – 1784 erhielt und im 19. Jh. nochmals umgebaut wurde. Die Räume sind aufs prächtigste renoviert und geben einen guten Einblick in das Leben baltischer Gutsbesitzer im 18. und 19. Jh.; neben den erlesenen Möbeln fallen herrliche Rokokokachelöfen auf. Im Sommer finden hier Konzerte statt. Die zahlreichen übrigen Gutsgebäude sind ebenfalls restauriert. Die Schmiede wird noch betrieben, das Kavaliershaus dient als Souvenirladen und die Brennerei beherbergt ein besonders schönes Hotel.

◄ Park

Das Herrenhaus umgibt ein französischer Park, der um 1840 im englischen Stil erweitert wurde und auf 18 ha insgesamt 60 km Wanderwege bietet. Dort trifft man auf eine Gruppe von Findlingen, genannt Kloostrikivid (= Klostersteine) sowie auf den westlich der Straße Palmse – Ilumäe am Rain zwischen Wald und Feld stehenden Vahakivi (Umfang ca. 25 m / Höhe 4,5 m). Eher bedrückend sind die aus den Hungerjahren 1695 – 1697 stammenden Gräber, aufgeschichtet aus auf den Gutsfeldern gesammelten Steinen.

Ilumäe

In Ilumäe, 4 km nordwestlich von Palmse, lohnt ein Gang zu der Kapelle. Es gab einen hölzernen Vorgängerbau, im Jahr 1843 war dann die schlichte steinerne Saalkirche fertig gestellt. Die schon im Holzbau von 1729 vorhandenen Fenster tragen die Wappen estnischer Freibauern. Auf dem Kirchhof befinden sich mehrere Grabplatten der Gutsherren von der Pahlen, aber auch vermutlich aus dem 18. Jh. stammende Grabsteine estnischer Bauern.

★ Võsu

Der Flecken Võsu am Südufer der Bucht von Käsmu, 13 km nördlich von Viitna, entstand um 1856. Seine Bedeutung als **Erholungsort und Seebad** verdankt er Intellektuellen und Künstlern, die in den siebziger Jahren des 19. Jh.s begannen, dort ihre Sommerhäuser zu errichten. Vor Wind geschützt, bietet die flache Bucht mit feinsandigem Strand und dem anschließenden Föhrenwald ruhige Erholungsmöglichkeiten für Sommerfrischler und Wassersportler. In der Siedlung und ihrer Umgebung finden sich unter Naturschutz stehende Findlinge und uralte Bäume.

Käsmu

Das Dorf Käsmu liegt rund 7 km nordwestlich von Võsu. Ende des 19. Jahrhunderts war der kleine Ort wichtigster Reedereiplatz an der Küste von Virumaa; von 1884 bis 1931 gab es hier eine Seefahrtschule. Heutzutage kommt man nach Käsmu wegen des schönen Strandes. Auf dem gehegten Kirchhof zieht ein besonders anrührendes Grabmal die Blicke auf sich: die Gestalt eines knienden Mädchens mit Blumenschale. Der Nordostteil der Landzunge von Käsmu läuft in einem mit Steinen übersäten Kap aus. Naturschönheiten, allen voran der Reichtum an dick bemoosten, manchmal haushohen Steinblöcken, machen den besonderen Reiz des Ortes aus.

← *Abendstimmung im Moor von Kolga im Südwesten des Lahemaa-Nationalparks*

Kolga Kolga, im Westteil des Nationalparks ca. 3 km nördlich der E 20 gelegen, wartet mit einem Gutsensemble auf. Das 1642 fertig gestellte zweigeschossige Hauptgebäude wurde 1765 – 1768 weitgehend im Barockstil umgebaut und erhielt sein klassizistisches Antlitz um 1820, indem man dem dreistöckigen Mittelteil einen aus sechs Säulen bestehenden Giebelportikus vorbaute. Mehrere Innenräume haben ihre ursprüngliche klassizistische Prägung bewahrt. Das gegenwärtig verfallene Gutshaus wird renoviert.

Muuksi Am Ufer der Bucht von Kolga kommt man 7 km nordwestlich der E 20 (1) nach Muuksi. Außer dem Gefälle von Tsitre und dem stellenweise mit Wacholder bewachsenen **Alvar** von Muuksi-Tsitre sieht man hier den in 47 m Höhe auf dem Glintvorsprung von Muuksi thronenden Burgberg. Als Wohnplatz wurde er wahrscheinlich schon vor 2000 Jahren aufgegeben.

Hundikangrud Im Gelände südlich von Muuksi, zwischen dem Meer und dem Kahalasee, befindet sich auf einem Wacholder-Alvar Estlands größte Gruppe von Steinkistengräbern, die sog. Hundikangrud. Man fand über 80 Steinaufschichtungen aus der Zeit von der zweiten Hälfte des 1. Jt.s v. Chr. bis zum Ende des ersten nachchristlichen Jahrhunderts.

✶ Muhu (Moon)

L 5

Landkreis: Saaremaa
Fläche: 200 km²
Höhe: 0 – 25 m ü. d. M.
Einwohnerzahl: 1900

Muhu ist die drittgrößte Insel Estlands. Am Nordrand trifft man auf alte, steile Abrasionsküsten mit eindrucksvollen Kliffen. Charakteristische Vegetation ist das für Alvaren (► vgl. Infokasten S. 183) typische Wacholder- und Nussgesträuch.

Alvarenlandschaft und Bauerndörfer Begräbnisstätten aus dem älteren Neolithikum in Külasema, Steinkistengräber aus dem 1. Jt. v. Chr. an der West- und Nordostküste sowie die Burgstätte aus dem 1. Jt. n. Chr. in der Inselmitte weisen auf eine frühe Besiedlung hin. Trotz des wenig ergiebigen, meist steinigen Bodens gehört Muhu heute mit 11 Einw./km² zu den am dichtesten bevölkerten Regionen des Kreises Saaremaa.

Sehenswertes auf Muhu

Gutshof Pädaste Durchreisende durchqueren Muhu in einer guten halben Stunde, doch gibt es auch abseits der Hauptstraße Ziele, die durchaus mehr als einen flüchtigen Blick wert sind. Wer ein wenig Zeit hat, sollte zunächst die Hauptstraße hinter dem im 17. Jh. angelegten Fähr-

Die bemooste Feldsteinmauer auf Muhu hat schon viele Jahrhunderte und viele Herren überdauert.

hafen Kuivastu verlassen und in Richtung Süden zu dem traumhaft zwischen Meer und Wald gelegenen restaurierten Gutshof Pädaste fahren.

Von hier aus führt ein kleines Sträßchen nach Norden und trifft nach ca. 6 km wieder auf die Straße Richtung Kuressaare (► Saaremaa). Diese führt bald an der sehenswerten **Dorfkirche von Liiva** vorbei, deren Bau in den 1280er-Jahren vollendet war. Die einschiffige turmlose Kirche ist mit überwölbter Vorhalle, hohem Langhaus und zweiteiligem Chor eine der schönsten Dorfkirchen in Estland. Das Innere ist gotisch geprägt, Fragmente figuraler Wandmalereien vom Ende des 13./Anfang des 14. Jh.s sind erhalten.

Burgberg von Muhu

An der Westküste unweit der Durchgangsstraße (17 km von Kuivastu) fällt eine Gruppe flacher Bodenerhebungen auf. Es sind die Überreste einer **Bauernburg**, deren Belagerung durch die Ordensritter im Jahre 1227 Heinrich von Lettland in seiner Chronik ausführlich schilderte. Die auf dem Wall aufgehäuften Bruchsteine wurden in den Jahren 1894 – 1895 zur Aufschüttung des Damms nach Saaremaa verwendet.

MUHU ERLEBEN

ANREISE

Stündliche Autofähre von Virtsu (► Haapsalu, Umgebung). Mit der südwestlich liegenden Insel ► Saaremaa ist Muhu mit einen Damm verbunden.

ESSEN & ÜBERNACHTEN

Baedeker-Empfehlung

► **Luxus**

Gutshof Pädaste
Muhu valid
Tel. 0 / 4 54 88 00, Fax 0 / 4 54 88 11
www.pädaste.ee
Im Gut Pädaste kann man bei einer Übernachtung in den Häusern aus dem 19. Jh. das Flair der »guten alten Zeit« mit modernem Standard genießen, oder aber auch »nur« auf ein besonders schönes Essen im dazugehörenden Restaurant mit estnischer Küche vorbeischauen.

Koguva

Am Südwestrand der Insel, 6 km westlich der Durchgangsstraße, liegt am Kleinen Sund das Stranddörfchen Koguva, ein typisches westestnisches Haufendorf. Bis Anfang des 19. Jh.s lief der Personen- und Postverkehr zwischen Muhu und Saaremaa über Koguva.

✶ **Museum Muhu**

Öffnungszeiten: Mai – Sept. tgl. 10.00 – 19.00, Okt. – April Mi. – So. 10.00 – 17.00

Das Dorf steht heute unter Denkmalschutz und ist ein Freilichtmuseum. Die Bebauung stammt größtenteils aus der Zeit zwischen 1800 und 1930, die ältesten Häuser gar vom Beginn des 18. Jahrhunderts. Charakteristisch ist der Aufbau eines Gehöfts: Wichtigstes Gebäude ist die »Wohnrige«, an deren einem Ende die Wohnräume, am anderen die Tenne und in der Mitte die Darre liegen. Die Zahl der Nebengebäude hing vom Wohlstand des Bauern ab. Jeder Hof besaß eine Windmühle. Im Tooma-Hof, Geburtshaus des Schriftstellers Juhan Smuul (1921 – 1972), unterrichtet eine Ausstellung über die Lebensweise der Inselbauern.

✶✶ Narva

V 4

Höhe: 1 – 34 m ü. d. M. **Einwohnerzahl:** 68 500

Narva, die drittgrößte Stadt Estlands, liegt im äußersten Nordosten des Landes am Westufer des Flusses Narva, der hier die Grenze zu Russland bildet. Eindrucksvoll ist das Stadtbild mit den zwei mächtigen, nur durch einen Fluss voneinander getrennten Festungen.

Festungsstadt an der Grenze

Eine Brücke verbindet Narva mit dem russischen Iwangorod am anderen Ufer. Wohl an keinem anderen Ort im Baltikum wird die durch den Zusammenbruch der Sowjetunion hervorgerufene Umwälzung so deutlich wie in Narva. Auf der Brücke über den Fluss, 50 Jahre lang eine Verkehrsverbindung innerhalb der Sowjetunion, verläuft nun eine internationale Grenze mit Zoll- und Passkontrollen, die ausländische Besucher nur mit einem Visum für Russland passieren können. Gleichzeitig zeigen sich in Narva am augenfälligsten die Probleme, die das wiedererstandene Estland mit dem mit Russland verbundenen Teil seiner Vergangenheit hat, denn der überwiegende Teil der Einwohner sind Russen.

Geschichte

Zu Anfang des 13. Jh.s hatten die Dänen Nordestland bis zur Narva erobert. Zur Sicherung der Handelswege und der Grenze zu Nowgorod legten sie eine Burg an. Um 1276 begann der Bau der **Hermannsfeste**, drum herum entstand die Stadt. Die Dänen verkauften 1346 Nordestland und damit auch Narva an die Ordensritter. Unter deren Herrschaft wurde noch im 14. Jh. nördlich der Burg eine neue Stadt angelegt und mit einer Mauer umgeben. Der Eintritt in die Hanse wurde Narva durch einen Einspruch von Tallinn verwehrt.

Hermannsfeste und die Burg Iwangorod: imposante Außenposten mächtiger Reiche mit der Narva als Grenze zwischen Ost und West

Seit 1492 markiert die gegenüber der Hermannsfeste am Ostufer der Narva erbaute **Festung Iwangorod** gleichsam die Grenzlinie zwischen Ost und West. Dieser Grenzlage verdankte die Handelsstadt ihren Wohlstand. Von 1558 – 1581 gehörte sie zu Russland, bis 1704 wurde sie von Schweden beherrscht und erlebte ab 1640 einen zweiten Aufschwung. Narva und Iwangorod wurden zu einer Stadt vereinigt, und ab 1651 war Narva auch Sitz des Generalgouverneurs von Ingermanland. Gegen Ende des 17. Jh.s erlebte die Stadt ihre Blütezeit, ein mächtiger Festungsgürtel sowie das Rathaus und eine Börse wurden errichtet.

Im Nordischen Krieg bezwang das Zarenheer 1704 die Festung. Narva mit der Hermannsfeste und der Burg Iwangorod war nun Verteidigungsvorposten für die Hauptstadt St. Petersburg. Unter russischer Herrschaft entwickelte sich der Holzhandel. Den entscheidenden wirtschaftlichen Schub brachte aber die Textilindustrie. Schon 1819 war eine Tuchfabrik gegründet worden. Die ab 1857 gebaute **Kreenholmer Manufaktur** war zu Anfang des 20. Jh.s eine der größten Baumwollfabriken der Welt. 1870 wurde die Stadt an die Bahnlinie Tallinn – St. Petersburg angeschlossen. Nach dem Ersten Weltkrieg verlegte der Friedensvertrag von Tartu die Grenze weiter nach Osten. Im Zweiten Weltkrieg standen sich hier die Rote Armee und die Deutsche Wehrmacht gegenüber. Mit einem sowjetischen Bombenangriff wurde das an Türmen reiche Barock-Narva 1944 fast völlig zerstört. Nach dem Krieg setzte die Industrialisierung ein. Ende der fünfziger Jahre wurden die Altstadtruinen abgetragen, um mehrstöckigen Wohnblocks der Ära Breschnew Platz zu machen.

Sehenswertes in Narva

★★ **Hermannsfeste**
Öffnungszeiten: Mi. – So. 10.00 – 18.00

Die imposante Hermannsfeste am Westufer und die nicht minder eindrucksvolle Burg Iwangorod am Ostufer der Narva, unmittelbar südlich der Grenzbrücke, beherrschen das Bild der Stadt. Die Ende des 13. Jh.s als Holzkonstruktion begonnene Hermannsfeste zeigte sich 1347 zum Ende der Dänenherrschaft als quadratischer, kastellartiger Steinbau mit dem Nordwestturm »**Langer Hermann**« sowie nördlichen und westlichen Vorburgen. Unter den Ordensrittern erfolgte der Ausbau zum Konvent in seinen heutigen Maßen, insbesondere die Erhöhung des »Langen Hermanns« auf sechs Stockwerke. Die Schweden setzten weitere Gebäude wie den Großen Steinsaal

Narva *Orientierung*

und das Zeughaus hinzu und erstellten den Befestigungsgürtel. Nach 1864 diente die Burg als Kaserne. Im Zweiten Weltkrieg wurde sie stark beschädigt, ihr Wiederaufbau begann 1955 und ist noch nicht völlig abgeschlossen.
Die Besichtigungstour führt durch mehrere Burgräume, die heute Ausstellungen des Stadtmuseums beherbergen; höchst eindrucksvoll ist der Blick vom Wehrgang des »Langen Hermann« aus luftiger Höhe hinüber zur Burg Iwangorod am anderen Ufer. Im nordwestlichen Geschützturm der Vorburg gibt es ein empfehlenswertes Café.

✶ **Basteien**

Der Festungsbauingenieur und spätere Generalgouverneur von Livland Erik Dahlberg entwarf das System der Basteien um die Feste. Er hielt sich an holländische Vorbilder und die Bauweise von Vauban. Die Arbeiten begannen 1681. Geplant waren neun Basteien, von denen zu Beginn des Nordischen Krieges sieben fertig gestellt waren – mit den lateinischen Namen Victoria, Honor, Gloria, Fama, Triumph, Fortuna und Spes. Die prächtige Königspforte zwischen Gloria und Honor wurde Mitte des 19. Jh.s abgerissen. Fama ist durch die Petrikirche und neue Straßen zwischen Altstadt und Peetrivorstadt durchbrochen worden. Auf Victoria entstand in der zweiten Hälfte des 19. Jh.s der Pimeaed (= Dunkelgarten); Triumph, am Rand des Peetri plats, wurde restauriert und dient heute als Zollstation für Lastwagen. Zuletzt wiederhergestellt wurde die Bastei Fortuna, auf deren Terrain ein mittelalterlicher Turm ausgegraben wurde.

NARVA ERLEBEN

AUSKUNFT

Puškini 13, EE - 20309 Narva
Tel. 0 / 3 56 01 84
Fax 0 / 3 56 01 86
narva@visitestonia.com

ESSEN

► Preiswert

① ***Germann Pub***
Puschkini 10
Tel. 0 / 359 15 48

ÜBERNACHTEN

► Komfortabel

Mereranna
In Narva-Jõesuu: Aia 17
Tel. 0 / 3 57 28 27
Das Hotel verfügt über Bar, Sauna und Tennishalle.

② ***Vanalinn Hotel***
Koidula 6
Tel. 0 / 3 57 32 53
Fax 0 / 3 57 32 54, 15 Z.
Kleines Hotel im Stadtzentrum mit Café und Sauna

► Günstig

① ***Hotel Restaurant King***
Lavretsovi 9
Tel. 0 / 357 24 04
Fax 359 20 75
www.hotelking.ee
Nahe der Bastei Fama in einem alten Ladengebäude aus dem 17. Jh ist dieses Hotel eingerichtet. Angeschlossen ist ein angenehmes Restaurant sowie eine Disco, an den Wochenenden gibt es Live-Musik.

Auf der Gloriabastei ist ein Lagerhaus aus dem 18. Jh. nachgebaut worden (Westervalli 21). Es beherbergt eine **Kunstgalerie** (Öffnungszeiten: Mi. – So. 10.00 – 18.00 Uhr).

Rathaus Eines der drei nach den Zerstörungen des Zweiten Weltkriegs wiederaufgebauten Altstadtgebäude ist das frühklassizistische Rathaus. Es wurde 1665 – 1671 erbaut. In der Hauptfassade mit toskanischen Pilastern ist das Hauptportal »Iustitia« eingelassen.

Historische Gebäude In der Koidulastraße sind zwei historische Häuser aus dem 17. Jh. wiederhergestellt worden: Haus Nr. 3a ist die ehemalige Deutsche Schule, das frühere Bürgerhaus Nr. 6 ist nun Hotel.

Kirchen Im südlich des Festungsringes, aber noch nördlich der Bahnlinie gelegenen Stadtteil Joaorg sind zwei Kirchen sehenswert. Die evangelische **Alexanderkirche** wurde 1884 erbaut. Ihre Besonderheit ist der oktogonale Innenraum; der Spitzhelmturm wurde im Zweiten Weltkrieg zerstört. Sie wurde lange als Lagerraum benutzt, soll aber wieder kirchlichen Zwecken dienen.
Die orthodoxe **Auferstehungskathedrale** von Paul Alisch ist das einzige Bauwerk nördlich der Bahnlinie, welches den Zweiten Weltkrieg unbeschädigt überstanden hat. Der von grünen Kuppeln gekrönte Bau nach byzantinischem Vorbild entstand im Jahr 1898 und wurde – wie auch die Alexanderkirche – von der Kreenholmer Textilmanufaktur finanziert.

✶ Kreenholmer Textilmanufaktur Die Bauten der südlich der Bahnlinie liegenden Kreenholmer Textilmanufaktur, überwiegend um die Jahrhundertwende entworfen, sind ein anschauliches Beispiel estnischer Industriearchitektur. Erhalten sind auf der Insel Kreenholm die Kalksteingebäude der Alten Spinnerei und der Alten Weberei (sowie die neue Spinnerei EF), am Flussufer die Backsteingebäude der Joala-Spinnerei und auf der Georgi-Insel die Georgi-Weberei. Für das übrige Gelände wurden englische Industriesiedlungen zum Vorbild genommen: in der Kose-Straße das Direktorenhaus von 1875 und Angestelltenhäuser, in der Joala das neue Direktorenhaus (Nr. 20; 1893), das Bürohaus (Nr. 22; 1901) und die Häuser der Werksmeister (Nr. 26 – 30; 1901 – 1906). Arbeiterwohnblöcke befinden sich in der Kalda (Nr. 4, 8, 10) und in der Joala (Nr. 10 und 12) sowie in der Haigla Nr. 4. Dort steht auch die neobarocke Klinik (Nr. 7; 1913) von Aleksander Wladowsky.

Umgebung von Narva

Narva-Jõesuu 14 km nördlich an der Mündung der Narva liegt Narva-Jõesuu. Der schon zur Steinzeit besiedelte Platz wird 1503 erstmals erwähnt, war im Livländischen Krieg Vorhafen von Narva und unter den Schweden selbstständiger Hafen. Eine richtige Siedlung wurde jedoch erst 1873 zu Kurzwecken gegründet. 1894 eröffnete man ein Bad für

Auf dem Land bei Narva-Jõesuu

Kneippkuren und Schlammbäder, 1909 folgte eine Klinik; 1912 wurde ein prächtiger neobarocker Kursaal erbaut. Der Ort war vor dem Ersten Weltkrieg bei Petersburgern und Moskauern als mondänes Urlaubsziel überaus beliebt. Bis heute konnte das Städtchen mit dem über 7 km langen Sandstrand seine Bedeutung als Kurort behalten. Von den alten Sommerhäusern und Pensionen ist nur ein kleiner Teil erhalten. Zu sehen sind noch ein Flügel des Kursaals, die nach dem Zweiten Weltkrieg aus dem nahen Meriküla herangeschaffte kleine orthodoxe Wladimirkirche (zweite Hälfte 19. Jh.), mehrere schöne Holzvillen (Aia 2, 15, 16, 20, 33, 45/47, Vabaduse 35, Vilde 5, Sepa 9 und Karja 10) sowie der mit Holzschnitzereien verzierte sog. Tschaikowski-Pavillon (Mere pst.). Neue Sanatorien und Erholungsheime bieten ihre Dienste an.

Um Jõhvi

Ölschiefergebiet

Das Gebiet westlich von Narva, insbesondere um Kohtla-Järve, ist eines der größten Ölschieferreviere der Welt. Diese Vorkommen ermöglichen Estland zwar den Export von Energierohstoffen, jedoch hatte der jahrzehntelange Abbau unter sowjetischer Regie die Landschaft in ein ökologisches Notstandsgebiet verwandelt. In den 1990er-Jahren wurde die Fördermenge stetig reduziert und man legte ein ganz neues Gewicht auf die Belange des Umweltschutzes.

Jõhvi

Die Stadt Jõhvi, 46 km westlich von Narva, ist das Verwaltungszentrum des Landkreises Ida-Virumaa. Der Güterbahnhof ist einer der wichtigsten Warenumschlagplätze im Land. Sehenswert ist die im

Das orthodoxe Nonnenkloster Pühtitsa war auch während der Sowjetzeit aktiv.

14. Jh. gebaute **Wehrkirche** mit ihrem 200 Jahre jüngeren mächtigen Turm; das Kellergeschoss des Langhauses diente als Waffen- und Munitionslager.

Kohtla-Järve

Das Zentrum des Ölschiefergebiets ist die Stadt Kohtla-Järve, eine der größten Industrieregionen des Landes. In der Keskallee 19 gibt es ein **Ölschiefermuseum** (Öffnungszeiten: Mo. – Fr. 9.00 – 17.00 Uhr). Im direkt im Norden anschließenden Dorf **Järve** stehen die Ruinen einer im 15./16. Jh. errichteten Lehnsburg.

Kuremägi

★★ Kloster Pühtitsa ▶

22 km südöstlich von Jõhvi liegt Kuremägi auf einer Anhöhe, mit einem malerischen Blick über die umliegenden Moore und Wälder. Sehenswert ist das russsisch-orthodoxe Nonnenkloster von Pühtitsa. Es wurde 1891/1892 auf Veranlassung des Gouverneurs von Estland gegründet, der einer der Hauptmotoren der Russifizierung war. Die malerischen Klosterbauten im russischen Stil stammen mitsamt der umgebenden, turmbewehrten Feldsteinmauer aus den Jahren 1892 – 1895. Die von fünf Kuppeln bekrönte Uspenskikathedrale wurde 1907 – 1910 erbaut und bewahrt einen prächtigen Ikonostas. Pühtitsa ist eines der wenigen Klöster, die während der Sowjetzeit ununterbrochen aktiv gewesen sind.

★ Küstengebiet um Toila

Toila

Der Ort Toila liegt 11 km nordöstlich von Jõhvi an der Mündung des Pühajõgi. Von hier kann man einen der schönsten nordestnischen Glintküstenstriche und das Flusstal Pühajõe mit seinem herrlichen Park erkunden. Der Badestrand mit feinem Sand und von den Meereswogen glatt geschliffenen Steinplatten ist an heißen Tagen von Hunderten von Badegästen bevölkert. Bereits vor dem Ersten Weltkrieg war Toila ein begehrter Sommeraufenthalt, Gäste reisten aus St. Petersburg, Moskau und sogar aus dem Kaukasus an.

◄ Schloss und Park Oru

Ende des 19. Jh.s ließ ein St. Petersburger Großhändler in Toila-Oru eine schlossähnliche Luxusvilla bauen. Sie wurde später Sommerresidenz des Staatspräsidenten und im Zweiten Weltkrieg zerstört. Erhalten blieb der Schlosspark, wo sich das Flusstal des Pühajõgi besonders malerisch gibt. Nicht weit vom ehemaligen Gut Pühajõe stürzt der Nebenfluss Aluoja über 3 – 5 m hohe Stufen hinab und durchfließt ein sehr enges, steilwandiges Tal, in dem sich auch zwei vorgeschichtliche Opferquellen befinden.

★ ◄ Tal von Pühajõgi

◄ Glintküste

Westlich der Mündung des Pühajõgi bildet der Glint mit über 20 km den längsten ununterbrochenen Steilhang der baltischen Küste. Bei Ontika (8 km westlich) erreicht dieser Abschnitt mit 55,6 m ü. d. M. den höchsten Punkt.

Wasserfall von Valaste

Zwischen Toila und Ontika kann man im Frühjahr und Herbst, wenn sich genügend Wasser angesammelt hat, nahe Valaste den höchsten Wasserfall Estlands mit einer Höhe von immerhin 20 m bewundern.

Ehemaliges Gut Voka

Beim ehemaligen Gut Voka, wenige Kilometer östlich des Pühajõgi, ist die Landschaft ähnlich schön wie bei Toila. Auch hier findet man ein Flusstal, doch ist es tiefer, urwüchsiger und steiler als dasjenige von Toila. Der Glint erreicht hier eine Höhe von 43 m.

Otepää

R 6

Höhe: 115 – 150 m ü. d. M. **Einwohnerzahl:** 2290

Das Städtchen liegt 47 km nordöstlich von ►Valga in der reizvollen Moränenlandschaft der Höhen von Otepää und ist wirtschaftlicher und kultureller Mittelpunkt des Umlands, beliebtes Urlauberziel und international bekannte Stätte für Wintersport.

Historisches und kulturelles Zentrum

Otepää hat eine wichtige Rolle in der Geschichte des Landes gespielt. Die altestnische Burg war die Hauptbefestigungsanlage des südestnischen Gaus Ugandi. Hier kreuzten sich die wichtigsten Handelswege und Heerstraßen, die die nördlichen und westlichen Gaue mit Nowgorod und Pskow sowie mit den lettischen und livischen Siedlungsgebieten verbanden. Um die **Bischofsburg** von 1224 herum entstand ein Marktflecken, aus dem die Stadt hervorging. Auch in der estnischen Kulturgeschichte nimmt Otepää einen gebührenden Platz ein. Hier lebte und wirkte in den Jahren 1872 bis 1880 **Pastor Jakob Hurt**. einer der bedeutendsten Sammler estnischer Volksdichtung; seine

ÖTEPÄÄ ERLEBEN

AUSKUNFT

Lipuväljak 13, EE-67405 Otepää
Tel. 0 / 7 65 53 64
Fax 0 / 7 66 12 46
www.otepaa.ee

ÜBERNACHTEN

► **Günstig**

Schloss Sangaste
22 km südlich von Otepää
Valgamaa
Tel. 0 / 7 67 93 00
Fax 0 / 7 67 93 03
www.sangasteloss.ee
In der Windsor-Kopie im Tudor-Stil kann man preiswert und sehr originell übernachten. Wie wäre es davor mit einem romantischen Candlelightdinner bei leichter Violinmusik? Oder Sie mieten gleich das ganze Schloss ...

Sammlungen werden heute im Literaturmuseum in ► Tartu aufbewahrt. Am 4. Juni 1884 wurde hier die blau-schwarz-weiße Fahne des Estnischen Studentenvereins geweiht, die heutige Nationalflagge Estlands. In Otepää entstand daher das Museum der Estnischen Flagge. Der Ort war und ist Schaffensstätte berühmter Künstler und Schriftsteller.

Kirche Am nordöstlichen Stadtrand steht die aus dem Mittelalter stammende Kirche, die 1889/1890 im neogotischen Stil umgestaltet wurde. An der Hauptfront erinnern zwei Reliefs an die Weihe der estnischen Fahne; ein Relief am Turm ist Jakob Hurt gewidmet.

Burgberg Ein wenig südwärts von der Kirche sieht man den steilen, teils bewaldeten Burgberg Linnamägi. Auf ihm erhob sich einst die Burg Otepää. Sie hatte mehrere Belagerungen zu überstehen, bevor 1224 die Ordensritter sie erstürmten und eine Bischofsburg anlegten, die bis um 1230 Zentrum des Bistums war und danach den Uexkülls zum Lehen gegeben wurde. Für den Bau der Burg wurden erstmals in Estland Ziegelsteine verwendet; sie wurde jedoch schon 1396, vermutlich vom Orden selbst, in Trümmer gelegt. Bei Ausgrabungen konservierte man einige Mauerteile.

Schule Im alten Schulhaus des Gymnasiums von Otepää (Koolitare 9) befindet sich heute das historische Museum.

★ Hochland von Otepää

Lohnendes Ausflugsziel In der Umgebung der Stadt bietet das Hochland von Otepää viele reizvolle Ausflugsmöglichkeiten in malerischen Landschaften. Die Umgebung von Otepää ist auch ein wichtiges Skizentrum. In Tehvandi gibt es gute Skipisten und eine Sprungschanze. 11 km südwestlich von Otepää befinden sich in Kääriku die Sportanlagen der Universität von Tartu.

Der Pühajärv ist eines der Hauptziele im Hochland von Otepää.

Südlich von Otepää gelangt man zu dem idyllischen **Pühajärv** (dt. Heiligensee), Gegenstand vieler Sagen und Lieder und beliebter Urlaubsort. Der bis zu 8,5 m tiefe See mit sandigem oder kiesbedecktem Strand bezaubert durch fünf Inseln, zahlreiche Halbinseln und stille Buchten; mehrere Quellen sprudeln am Ufer.

Zwischen den bewaldeten Kuppen südlich von Otepää erhebt sich östlich der Straße nach Valga der Väike Munamägi. Auf dem Berg gibt es ein Zentrum für alpinen Skilauf.

◄ Tedremägi

Nordwestlich vom Väike Munamägi erhebt sich jenseits der Straße die mit einem schönen Wald bewachsene Kuppe des Tedremägi. Südlich davon liegt der anmutige Nüplisee.

Weitere Seen sind nordöstlich von Otepää nahe der Straße nach ►Võru zu finden: Alevi, Väike Juusa, Pilkuse und Kaarna, der größte darunter, an dessen Ufer das Schulhaus von Vana-Otepää steht.

◄ Kuutse mägi

◄ Meegaste mägi

3 km südwestlich der Stadt erhebt sich der Berg Kuutse (mit einem Slalom-Zentrum), der am besten vom Weg Arula – Pringi zugänglich ist. Noch weiter westlich an der Straße nach Puka hat man vom Berg Meegaste bei klarem Wetter einen herrlichen Blick weit über das Land bis hin zum Võrtsjärv (►Viljandi, Umgebung), nach ►Tartu und zum Suur Munamägi (►Võru, Umgebung).

Paide (Weißenstein)

Q 5

Höhe: 60 – 74 m ü. d. M. **Einwohnerzahl:** 9660

Am Oberlauf des Flusses Pärnu breitet sich auf einem von zahlreichen Sümpfen und Mooren umgebenen hügeligen Gelände die Stadt Paide aus. Sie ist das Zentrum des überwiegend von der Landwirtschaft geprägten Landkreises Järvamaa.

Städtchen zwischen Tallinn und Tartu

Die Geschichte von Paide nahm ihren Anfang auf dem sich inmitten der heutigen Stadt erhebenden Vallimägi, der in alten Zeiten eine altestnische Burg trug. Von 1265 an entstand die Ordenszitadelle, und um sie herum entwickelte sich alsbald eine Siedlung. Bis zur Mitte des 16. Jh.s baute man an der Burg. Im inzwischen ausgebrochenen Livländischen Krieg stürmten verschiedene Heere mehrmals die Stadt, bis schließlich nur noch Ruinen übrig blieben: 1636 wurde Paide dem Gut Mäo überlassen. Erst 1783 erhielt der Ort erneut das Stadtrecht.

PAIDE ERLEBEN

AUSKUNFT

Pärnu 6, EE - 72712 Paide
Tel. & Fax 0 / 3 85 04 00
paide@visitestonia.com

ESSEN

► **Erschwinglich**
Kuldkroon
Pärnu 6, Tel. 0 / 3 85 08 18
Empfehlenswerte Adresse im Nelja Kuninga Hotel.

ÜBERNACHTEN

► **Komfortabel**
Nelja Kuninga Hotel
Pärnu 6
Tel. 0 / 3 85 08 82
Fax 0 / 3 85 01 67, 24 Z.
Das »Vierkönigshotel« ist im Stadtzentrum gelegen und komfortabel mit Sauna, Konferenzsaal und Restaurant ausgestattet.

Sehenswertes in Paide

Ordensburgruine Der erste Bauteil der Ordensburg auf dem Wallimägi war der achteckige, 30 m hohe Bergfried »Pikk Hermann«. Anfang des 14. Jh.s folgte nordöstlich davon eine Art Konventsbau; der weitere Ausbau seit Ende des 14. Jh.s war im 16. Jh. mit vier Bastionen abgeschlossen. Außer dem Turm sieht man noch Reste der Ringmauer und des Konvents (Öffnungszeiten: Mi. – So. 11.00 – 18.00 Uhr).
Ein Denkmal auf dem Wallimägi erinnert an vier Bauernführer, die während des Aufstands der Georgennacht – angeblich zu Verhandlungen – nach Paide gelockt und dort 1343 hingerichtet wurden.

Beschaulich, aber auch bescheiden ist das Leben bei Paide.

Eines der interessantesten Objekte des **Museums von Järvamaa** ist die Einrichtung einer mittelalterlichen Apotheke (Lembitu 5; Öffnungszeiten: Mi. – So. 11.00 – 18.00 Uhr).

Die **Altstadt** von Paide um den zentralen Platz Keskväljak und entlang der Straßen Tallinna, Pärnu und Pikk besitzt einige schöne klassizistische Baudenkmäler. Insbesondere sehenswert sind der im 18. Jh. erbaute Kaufhof mit seinen Speichern und die Heiligkreuzkirche (1847 – 1848). Das Lagerhaus Tallinna 25 stammt aus dem Jahr 1786; etwas weiter entfernt kommt man zu einem für Paide typischen Wohnhaus aus dem 19. Jh. samt Nebengebäuden und Innengarten. Das ehemalige Gerichtsgebäude (Tallinna 18) wurde 1783 errichtet.

Umgebung von Paide

Türi (14 km südwestlich) besitzt eine ansehnliche Kirche (Ende 13. Jh.) mit schön gestaltetem Chorgiebel und Südportal. Bekannt ist der jährliche Blumenmarkt. **Türi**

Anton Hansen Tammsaare (1878 – 1940), der bedeutendste estnische Romanschriftsteller, wurde 29 km nördlich von Järva-Madise geboren. Außer seinem als Museum eingerichteten Geburtshaus im nahen Vetepere (Öffnungszeiten: Mi. – So. 11.00 – 18.00 Uhr) ist die Kirche (13./14. Jh.) mit ihrer Barockkanzel von Heissmann und Elert Thiele sowie dem Altar von Ackermann sehenswert. **Järva-Madise**

Die dreischiffige Kirche von Ambla (38 km nordwestlich Richtung Tapa) wurde im 13. Jh. am nördlichsten Punkt des Ordensgebietes erbaut und ist das älteste Gotteshaus in Zentralestland. **Ambla**

Im Dorf Jäneda, 38 km nördlich, hat eine der ältesten Landwirtschaftsschulen Estlands ihren Sitz in einem Jugendstil-Herrenhaus. Dort gibt es auch ein Museum. Auf Gut Jäneda weilte 1934 der englische Schriftsteller Herbert George Wells auf Besuch. In nächster Umgebung von Jäneda kommt man zum Kiesrücken am Ostufer des Kalijärv, Stätte einer altestnischen Burg (um 1000). **Jäneda**

Von Jäneda sind es noch 10 km zum bereits im Kreis Harjumaa inmitten einer von Wäldern und Seen geprägten Landschaft liegenden Ort Aegviidu. Die Schönheit der Natur veranlasste im 19. Jh. viele Gutsbesitzer, sich Sommerhäuser zu erbauen, und bis heute ist der Ort zusammen mit dem nahen Nelijärve ein sehr beliebtes Urlaubsziel geblieben. Im Winter ist Nelijärve ein viel besuchtes Ski-Zentrum. Sehenswert in Aegviidu ist das Bahnhofsgebäude, eine für die Zarenzeit typische Bahnstation, die 1869/1870 mit dem Bau der Bahnlinie Tallinn – St. Petersburg errichtet wurde. **★ Aegviidu**

Von der nach Tapa führenden Straße zweigt auf halber Strecke die Zufahrt zum Flecken Järva-Jaani ab (30 km von Paide). Die Kirche im Ort geht auf ein dänisches Gotteshaus zurück, vermutlich um 1221 – 1223 erbaut. Ihre jetzige Gestalt erhielt sie gegen Ende des 13. Jh.s, der Westturm wurde erst 1881 hinzugefügt. **Järva-Jaani**

14 km südöstlich von Järva-Jaani kommt man nach Koeru. Die in der Ortsmitte aufragende **Kirche** wurde im dritten Viertel des 13. Jh.s begonnen und bald darauf zur dreischiffigen Hallenkirche umgebaut. Schön anzusehen sind die geschnitzten Bankreihen. **Koeru**
Der mit einer Säulenfassade versehene **Gasthof** (Bauzeit 1825 – 1833), ab 1860 auch Poststation, wurde restauriert.
Das Gutshaus von Aruküla, 1,5 km von der Kirche entfernt an der Straße Koeru – Paide gelegen, wurde 1780 vollendet und eingangs ◄ Gut Aruküla

Das Hochmoor von Männikjärve im Naturschutzgebiet Endla

des 19. Jh.s umgebaut. Das frühklassizistische Hauptgebäude, dem um 1820 der Säulenportikus angefügt wurde, ist heute Schule. Im Park setzt ein tempelartiges Brunnenhäuschen den Hauptakzent.

Südlich von Koeru beginnt am Südwestrand der Höhen von Pandivere das 76 km² große **Naturschutzgebiet Endla**. Es umfasst von Hochmooren und Seen geprägte Sumpfgelände. Im Westteil sprudeln die insgesamt zehn Quellen von Norra, deren wasserreichste die Oostriku- (455 l / Sek.) und die Võllingu-Quelle (204 l / Sek.) sind. Hier treten die im Karstgebiet der mittleren Pandivere-Höhen versickernden Wasser wieder zutage. Für Besucher ist der Ostteil am leichtesten zugänglich, wo man ein Stück urwüchsiger Moorlandschaft kennen lernen kann. Informationen erhält man im Zentrum des Schutzgebiets in Tooma (2 km von der Bushaltestelle; Tel. 0 77 / 6 31 33; endlalk@hot.ee; Öffnungszeiten: Mo. – Fr. 8.00 – 17.00 Uhr).

Kärde

Kärde liegt am Ostrand des Schutzgebiets an der Straße nach ► Tartu. Im sog. Friedenshäuschen im kleinen Gutspark wurde am 1. Juli 1661 der Frieden zwischen Schweden und Russland geschlossen.

Põltsamaa

39 km südöstlich von Paide kommt man nach Põltsamaa. Die Stadt erstreckt sich an beiden Ufern des gleichnamigen Flusses inmitten einer leicht gewellten, fruchtbaren Moränenlandschaft und ist Mittelpunkt eines Obstbaugebietes.

Aus dem um die Ordensburg entstandenen Marktflecken Oberpahlen wurde eine Stadt, die 1570 – 1578 Hauptstadt des Livländischen Vasallenkönigreiches und Residenz von Herzog Magnus war. Im 18. Jh. stieg Põltsamaa zum Zentrum der Manufakturen auf. Hier erschien 1766 die erste estnischsprachige Zeitschrift.

* Ordensburgruine ►

Die 1272 angelegte Ordensburg liegt heute in Ruinen, umgeben von den Wallgräben und einem Teich. Der runde Geschützturm an der Südostseite (Anfang 16. Jh.) wurde im 18. Jh. zum Chorraum der Kirche umgewandelt. Im Livländischen Krieg erlitt die Burg beträchtliche Schäden und verlor danach endgültig ihren militärischen Wert.

Das von 1770 an errichtete Schloss war eines der schönsten Rokoko-Bauwerke im estnischen Raum, sank jedoch 1941 in Trümmer. Die Kirche ist wiederhergestellt und die Ringmauer teils restauriert worden. Im Schlosshof befindet sich das Museum Põltsamaa (Öffnungszeiten: im Sommer tgl. 10.00 – 18.00 Uhr, im Winter Mo. – Sa. 10.00 – 16.00 Uhr), häufig werden dort Freilichtkonzerte veranstaltet.

★ Pärnu (Pernau)

N 6

Höhe: 60 – 74 m ü. d. M. **Einwohnerzahl:** 9660

Angenehmes Meeresklima, einer der schönsten und saubersten Sandstrände des Baltikums, Heil- und Kureinrichtungen sowie die wohldurchdachte Stadtanlage mit Alleen begründeten bereits vor über 160 Jahren den Ruf von Pärnu als Kur- und Badeort.

»Sommerhauptstadt« und Hansestadt

Das Mündungsgebiet des Flusses Pärnu hat als Erster der arabische Geograph al-Idrisi im Jahr 1154 beschrieben. Die am linken Flussufer errichtete Ordensburg wird erstmals 1265 genannt. Um die Burg entstand die Stadt, die, stark befestigt und Mitglied der Hanse, zum wichtigsten Seehafen des Ordens im estnischen Siedlungsraum heranwuchs. Im Livländischen Krieg im 16. Jh. ging die Stadt in schwedischen Besitz über. Ende des 17. Jh.s begannen die Schweden mit dem Ausbau der Stadtbefestigungen. Nach dem Nordischen Krieg fiel Pärnu an Russland. Die Eröffnung der ersten Badeanstalt im Jahr 1838 markiert den Beginn von Pärnus Aufstieg zum Kurbad.

Hübsche Holzhäuser gibt es in der Altstadt von Pärnu.

PÄRNU ERLEBEN

AUSKUNFT

Rüütli 16, EE - 80010 Pärnu
Tel. 0 / 4 47 30 00
Fax 0 / 4 47 30 01
www.parnu.ee

ESSEN

► Fein & Teuer

① ***Ammende Villa***
Mere pst. 7
Tel. 0 / 4 47 38 88
Das preisgekrönte Restaurant im luxuriösen Jugendstil-Hotel serviert elegante französische und mediterrane Küche.

Heute Luxushotel mit Feinschmecker-restaurant: die Villa Ammende

► Erschwinglich

② ***Seegi maja***
Hospidali 1
Tel. 0 / 4 43 05 55
Das angeblich älteste Haus der Stadt und einstiges Armenhaus ist jetzt ein bekanntes Restaurant. Wie wäre es mit Bärenfleisch in Honigbeize? Wer im selben Gebäude übernachten will, kann dies im Hotel St. Petersburg tun.

ÜBERNACHTEN

► Komfortabel

① ***Hotel Pärnu***
Rüütli 44
Tel. 0 / 4 47 89 11
Fax 0 / 4 47 89 05
www.pergohotels.ee, 80 Z.
Ein Haus der Best Western-Kette in ruhiger Innenstadtlage. Angeboten werden Schlammkur-Arrangements.

► Günstig

② ***Victoria***
Kuninga 25
Tel. 0 / 4 44 34 12
Fax 0 / 4 44 34 15
www.victoriahotel.ee
Aufwändig renoviertes Prachtgebäude aus dem Jahre 1923 im Herzen der Stadt. 23 Z.; Sauna. Im Restaurant »Café Grand« kann man zu Klaviermusik edel dinieren.

Majatusbüroo
Hommiku 5, Tel. 0 / 4 44 40 32
Hier werden rund um die Uhr Zimmer oder sogar ganze Wohnungen vermittelt.

Pärnu war ein bedeutendes Zentrum des estnischen Kulturlebens. In den Jahren 1699 – 1710 hatte die Universität von ►Tartu hier ihren Sitz; Johann Woldemar Jannsen, der Vater von Lydia Koidula (►Berühmte Persönlichkeiten), lebte lange Zeit in Pärnu und brachte hier von 1857 an mit der «Perno Postimees» die erste estnischsprachige Zeitung heraus.

Altstadt

Reste der Stadtbefestigung

Die Altstadt mit einem regelmäßigen Straßennetz erstreckt sich zwischen dem linken Ufer des Pärnuflusses und dem Strand auf einer flachen, sandigen Halbinsel. Die Suursild (= Große Brücke) verbindet das Stadtzentrum mit den übrigen am anderen Ufer gelegenen Stadtteilen.
Der alte Stadtkern bildete sich bereits gegen Ende des 17. Jh.s heraus und war bis zur Mitte des 19. Jh.s durch Bastionen und einen Wallgraben von den Vorstädten getrennt. Von den Befestigungen sind der so genannte **Rote Turm** aus dem 15. Jh., das monumentale barocke **Tallinner Tor**, einstiges Haupttor der Stadt, sowie Teile der Bastionen und des Wallgrabens geblieben. Der vom Tallinner Tor sich strandwärts erhebende Munamägi ist ein Rest der Ende des 19. Jh.s abgetragenen Mercuriusbastei.

Rüütli

Die Hauptstraße der Altstadt ist die Rüütli, teilweise als Fußgängerzone gestaltet und gesäumt von hübschen farbenfrohen und niedrigen Gebäuden.
Im Haus Rüütli 53 ist ein Museum eingerichtet, das sich nicht nur der Stadtgeschichte, sondern auch der Naturkunde des Kreises widmet (Öffnungszeiten: Mi. – So. 10.00 – 18.00 Uhr). Andere sehenswerte Bauten in der Straße sind das Haus Nr. 21/23 (1681) und das 1933 erbaute Wohnhaus Rüütli 1a, ein sehr schönes Beispiel funktionalistischer Architektur in Estland.

> ! *Baedeker* TIPP
>
> **David-Oistrach-Festival**
>
> Das neue Konzerthaus der Stadt ist der Rahmen für dieses hochkarätige internationale Musikereignis, das jeden Sommer von Ende Juni bis Anfang August weltberühmte Solisten, Orchester und Chöre in die Stadt führt.

Rathaus

Nur wenig nördlich der Rüütli erstrahlt die gelbweiße Fassade des klassizistischen Rathauses, das 1797 als Wohnhaus errichtet wurde. Der Jugendstilanbau wurde 1911 hinzugfügt.

Katharinenkirche

Gleich neben dem Rathaus erhebt sich die 1764 – 1768 nach Plänen von Architekt Pjotr Jegorow erbaute orthodoxe Katharinenkirche. Der schöne Kirchenbau auf kreuzförmigem Grundriss mit massiver Mittelkuppel, schlankem dreiteiligem Westturm und drei weiteren Türmchen diente als Vorbild für die meisten orthodoxen Kirchen in Estland.

Elisabethkirche Südlich der Rüütli kommt man zur 1744 – 1750 errichteten evangelischen Elisabethkirche, die durch ihr schmuckes Barockportal aus dem Jahr 1747 auffällt. Der Südflügel wurde 1893 gebaut. Weitere sehenswerte Bauten findet man in der Nähe der Rüütli, der »Ritterstraße«: die Häuser Pühavaimu 8 (1674), Kuninga 24 (1694), Nikolai 8 (1740) und Uus 3 (1763) sowie das Schulhaus in der Kuninga 27 von 1805.

Pärnu Orientierung

Übernachten

① Best Western Hotel Pärnu

② Hotel / Restaurant Victoria

Essen

① Ammende Villa

② Seegi maja

Eine der schönsten Parkanlagen von Pärnu ist der Koidulapark mit dem 1929 geschaffenen Denkmal der estnischen Dichterin Lydia Koidula (►Berühmte Persönlichkeiten). **Lydia-Koidula-Denkmal**

✶ Kurviertel

Das Kurviertel erstreckt sich südlich vom Zentrum. Hier spaziert man durch eine von Alleen durchzogene Villengegend und den Rannapark hinab zum Strand, wo sich an heißen Tagen unzählige Badegäste im seichten, nur allmählich tiefer werdenden Meer tummeln. Am Nordende des Parks ragt die Mole weit ins Meer hinaus. **Parks und Villen**

Ein höchst originelles Jugendstilhaus ist die Villa Ammende (1905), heute ein luxuriöses Hotel und Top-Restaurant (►Pärnu erleben, Essen). Im Sommer finden hier donnerstags Gartenkonzerte statt. **Villa Ammende**

Die wichtigste Kureinrichtung ist das Schlammheilbad am Ende der Supeluse, in dem u. a. Schlammpackungen und Heilbäder verabreicht und Kneippkuren durchgeführt werden. **Kur- und Strandgebäude**

Interessante Beispiele funktionalistischer Architektur findet man unter den Strandeinrichtungen zwischen Badestrand und südöstlichem Rannapark: das Rannahotell (1937) und gleich daneben das Strandcafé mit seinem pilzförmigen Balkon (1939). **Funktionalistische Architektur**

An der Esplanaadistraße (Nr. 10) befindet sich das »Chaplini Kunstikeskus», ein Museum der Neuen Kunst (Kunstausstellungen, Filmfestivals; Öffnungszeiten: tgl. 9.00 – 21.00 Uhr). **Kunstzentrum Chaplin** ⌚

Im auf dem rechten Flussufer liegenden Stadtteil Ülejõe kommt man auf der Tallinna zur Kreuzung mit der Jannseni, wo im Haus Nr. 37 ein Gedenkmuseum für die Dichterin Lydia Koidula (► Berühmte Persönlichkeiten) eingerichtet ist (Öffnungszeiten: Mi. – So. 11.00 – 17.00 Uhr). **Lydia-Koidula-Museum** ⌚

Umgebung von Pärnu

Pärnu-Jaagupi liegt 27 km nördlich von Pärnu etwas abseits der Landstraße 4. Die 1531 – 1534 errichtete einschiffige Kirche ist einer der letzten katholischen Sakralbauten im heutigen Estland. Kunstfertige Ausstattungsgegenstände sind die Kanzel von 1781 und das Altarbild. **Pärnu-Jaagupi**

Weiter nördlich erreicht man über Märjamaa mit einer Wehrkirche aus dem 14. Jh. den Burgberg Varbola oder Jaanilinn (75 km von Pärnu). Die Feste war eine der größten **altestnischen Burgen**. An der Westseite wurden Toröffnungen rekonstruiert. **Burgberg Varbola**

Den Soomaa-Nationalpark kann man gut mit dem Kanu erkunden.

Sindi Das Städtchen Sindi befindet sich 14 km östlich von Pärnu am linken Ufer des Flusses. Es war bis 1992 ein Zentrum der Textilindustrie; schon im 19. Jh. besaß es die größte Fabrik auf estnischem Boden. Die ältesten **Fabrikationsgebäude** rühren noch aus der Bauzeit (1832 – 1834).

Tori ✶ Gestüt ▶ Der Ort Tori liegt 19 km nordöstlich von Sindi in einer lange Zeit nur dünn besiedelten Gegend. Besondere Bedeutung verleiht dem Ort das 1856 gegründete und dem Gut angeschlossene Gestüt, wo man aus estnischen Ackergäulen Pferde der »Tori-Rasse« züchtete. Sehenswerte Bauten sind das Tor aus Backstein und das Wirtshaus (1845).

✶ **Soomaa-Nationalpark** Im Dorf Tipu, ca. 20 km von Tori entfernt, befindet sich das Besucherzentrum (Tel. 0 43 / 5 71 64; www.soomaa.com) des 1993 zum Schutz der ausgedehnten Moore, Auen und Wälder gegründeten Nationalparks Soomaa. Hier kann man auch essen und übernachten, organisierte Touren buchen oder Informationen für eigene Erkundungen einholen.

Bauernhof-Museum In Kurgja, an der Landstraße 5, ca. 40 km von Tori, befindet sich ein Bauernhof-Museum, das dem estnischen Schriftsteller Carl Robert Jakobson gewidmet ist (Öffnungszeiten: 15. 4. – 14.10. tgl. 10.00 – 17.00, 15. 10. – 14. 4. Mo. – Fr. 10.00 – 16.00 Uhr).

Auf dem Weg nach Audru (10 km nordwestlich von Pärnu) kann man nach 7 km beim Dorf Papsaare einen Abstecher nach **Valgeranna** machen, ein wegen seines fast **4 km langen Sandstrands** sehr beliebtes Erholungsziel. Man kommt dabei am historischen Gasthof Kuld Lõvi, dem Goldenen Löwen vorbei, mit seinem erneuerten Gebäudeensemble ein hübsches Beispiel der Architektur des 19. Jahrhunderts.

i Die Einbäume von Soomaa

- Den Soomaa-Nationalpark kann man mit dem Kanu erkunden oder man macht sich mit einem Haabjas, dem jahrhundertealten Transportmittel der Einheimischen vertraut. Die schon seit der Steinzeit gefertigten Einbäume waren gängigstes Transportmittel im Soomaa, und beim alljährlichen Hochwasser, der »fünften Jahreszeit«, wie man in der Region sagt, sind sie immer noch unentbehrlich (Tourangebote unter www.soomaa.com).

Audru

In Audru gibt es seit 1449 ein Gut. Das Herrenhaus mit Glockenturm, das Gutsverwalterhaus, die Brennerei und die zum Anwesen gehörenden Wohnhäuser sind in der Mehrzahl aus dem 19. Jahrhundert. In der Nähe ragt der schlanke Turm der Kirche von Audru empor. Sie wurde 1677 – 1680 anstelle einer Holzkirche erbaut.

Kihnu -Insel

Kihnu, die größte Insel der Rīgaer Bucht, ist 12 km vom Festland entfernt und wird vom Hafen Munalaiu aus angefahren. Sehenswert ist u. a. das Grab des Kapitäns Kihnu Jõnn.

Tõstamaa

Von Audru der Straße am Meer entlang folgend, erreicht man nach 35 km das zwischen dem Meer und dem Ermistusee liegende Tõstamaa, das erst Ende des vorigen Jahrhunderts um die **Kirche** herum entstand. Diese wurde 1763 – 1768 von ortsansässigen Baumeistern geschaffen. Am Flussufer sieht man das ehemalige **Gutshaus** mit neoklassizistischer Fassade. Im nördlich von Tõstamaa gelegenen Ermistusee werden Fische, vor allem Karpfen, gezüchtet.

✶ Kabli

Über Häädemeeste, mit den höchsten Dünen Estlands, weiter Richtung Lettland fahrend, kommt man nach 42 km von Pärnu zum Dorf Kabli. Sowohl die Siedlung als auch der Strand gehören zu den schönsten südwestestnischen Erholungsgebieten. Es gibt u. a. einen ganzjährig geöffneten Campingplatz. Kabli war im 19. und Anfang des 20. Jh.s vornehmlich von Seeleuten bewohnt und besaß eine Werft, von der noch in den 1920er-Jahren Boote vom Stapel liefen. Der kompaktere Teil des Dorfes hat sein Aussehen als Schiffersiedlung beibehalten und wirkt gleichsam wie ein Freilichtmuseum. Das einstige Heim des Kapitäns Jakob Marksen haben dessen Nachfahren komplett im ursprünglichen Zustand von 1889 bewahrt.

Ikla

Ikla liegt direkt an der Grenze zu Lettland abseits der Landstraße 4 (65 km südlich von Pärnu). Hier wird Heilschlamm und Mineralwasser gewonnen, das eigentlich für Heilbäder bestimmt ist, in verdünntem Zustand aber auch als Tafelwasser gut schmeckt.

Peipsi järv (Peipus-See)

T/U 5/6

Mittl. Wasserspiegel: 30 m ü. d. M. **Fläche:** 3555 km²
Länge: 140 km **Breite:** max. 50 km

Ganz im Osten des Landes erstreckt sich der Peipus-See, durch den die Grenze zwischen Estland und Russland verläuft. Er ist etwa achtmal so groß wie der Bodensee, dabei jedoch mit einer durchschnittlichen Tiefe von nur 8 m ein recht flaches Gewässer, das deshalb im Sommer sehr angenehme Badetemperaturen erreicht.

Viertgrößter See Europas

Über dreißig Bäche und Flüsse speisen den See, sein einziger Abfluss ist die Narva. Die Ufervegetation besteht vielfach aus Schilf- und Röhrichtwiesen. Die Menschen am See leben hauptsächlich vom Fischfang und vom Gemüseanbau. Dank der warmen Wassertemperaturen (im Sommer auf dem offenen See noch 22 °C) eignet sich der See zum Baden, allerdings ist nur das Nordufer gut zugänglich. Regelmäßiger Schiffsverkehr über den Fluss Emajõgi verbindet ► Tartu mit der Insel Piirissaar. Der Peipus-See war seit jeher die natürliche Grenze zwischen dem frühgeschichtlichen estnischen Siedlungsgebiet und Nowgorod, zwischen Alt-Livland und Russland sowie zwischen Estland und Russland.

! *Baedeker* TIPP

Fisch aus dem Rauch

»Suitsukala« wird oft am Straßenrand verkauft. Es handelt sich um fangfrisch geräucherten Fisch, eine köstliche und wohlfeile Spezialität der Seegegend.

Am See entlang

Nordufer

Das malerische Nordufer des Sees von Vasknarva bis nach Rannapungerja besitzt sandige Strände, die durch dahinter liegende Föhrenwälder vor dem rauhen Nordwind geschützt sind. Man erreicht das Nordufer am besten auf der von Jõhvi (► Narva, Umgebung) nach Valga verlaufenden Landstraße 3.

Iisaku

Iisaku liegt noch 13 km nördlich vom See entfernt am Südfuß des **Tärivereberges**, der mit 94 m ü. d. M. höchsten Erhebung in Nordostestland. Von diesem Bergrücken eröffnet sich ein großartiger Ausblick auf die waldreiche Umgebung; Iisaku selbst besitzt ein sehenswertes Heimatmuseum.

Kauksi

Auf Iisaku folgt am Nordufer des Sees Kauksi, dank seines **Strandes** eines der bekanntesten Erholungsziele, weswegen sich hier auch die wenigen öffentlichen Touristeneinrichtungen am See befinden.

Endlos erstreckt sich der touristisch kaum erschlossene Peipsi järv. →

Vasknarva Am Austritt der Narva aus dem See liegt das nur 69 Einwohner zählende **Vasknarva** (37 km östlich von Kauksi), von wo aus auch ein Schiff nach ►Narva verkehrt. Im 15. und 16. Jh. war Vasknarva von Woten, Esten und Russen bewohnt, gegenwärtig besteht die Dorfbevölkerung hauptsächlich aus Russen. Im Dorf stehen noch die Ruinen der 1427 angelegten Ordensburg Nyslot.

Mustvee Das Städtchen **Mustvee** nahm zu Beginn des 19. Jh.s viele in ihrer Heimat verfolgte altgläubige Russen auf. So klein Mustvee ist, besitzt es doch vier Kirchen: die orthodoxe Nikolaikirche (1864), eine baptistische (1872), eine lutherische Kirche (1880) sowie ein Gotteshaus der Altgläubigen (1927).

Kallaste Von Mustvee folgt man dem Seeufer südwärts durch gleichartige Straßendörfer mit wechselnder Bevölkerung: In Raja, Kükita und Tiheda leben Russen, in Kasepää Esten. Man erreicht Kallaste (26 km südlich von Mustvee), das sich 2 km lang am hier sehr schönen, aus rotem Sandstein gebildeten Steilufer erstreckt. Die Siedlung entstand im 18. Jh. als kleines Fischerdorf, in dem sich vor Verfolgungen geflohene Altgläubige niederließen. Im Dorf Kolkja befindet sich das **Museum der Altgläubigen** (Anmeldung unter Tel. 0 74 / 5 34 31).

Rakvere (Wesenberg)

R 4

Höhe: 67 – 105 m ü. d. M. **Einwohnerzahl:** 17 065

Die historisch bedeutende Stadt Rakvere ist das Zentrum des Landkreises Lääne-Virumaa und liegt 89 km östlich von Tallinn südlich der Fernstraße E 20.

Alter Handelsplatz Im Jahr 1220 eroberten die Dänen die alte Estenburg auf der Anhöhe im Westteil des heutigen Rakvere und errichteten danach eine eigene Feste. 1302 verlieh der König von Dänemark der unterhalb dieser Burg entstandenen Siedlung das Lübecker Stadtrecht. Während des Livländischen Krieges wurde das Städtchen schwer in Mitleidenschaft gezogen, war im 17. und 18. Jh. Eigentum des örtlichen Gutsherren und wurde dann zur Kreisstadt. Ein schwunghaftes Wachstum setzte nach 1870 mit der Inbetriebnahme der Bahnlinie Tallinn – St. Petersburg ein.

Sehenswertes in Rakvere

Auf dem Nordgipfel des am Westrand des Stadtkerns aufragenden Vallimägi befindet sich die eindrucksvolle Ruine der **Ordensburg**. Die dänische Burg fand erstmalig 1252 Erwähnung als Wesenberg. Das Tor und die Hauptgebäude der aus Kalkstein erbauten Festung lagen an der Nordseite, das breite Turmwerk in der Südwestecke. In der zweiten Hälfte des 14. Jh.s baute der Orden, in dessen Besitz Virumaa 1347 übergegangen war, die Burg zu einem Konventsgebäude mit Innenhof um und nutzte sie als Vogtssitz. Während des Livländischen Krieges war der gesamte Vallimägi mit einer Mauer umgeben. Im 16./17. Jh. wurde die Festung aufgegeben, und nach dem Nordischen Krieg benutzte man die Steine der Burgmauer zum Wiederaufbau der Stadt. Südlich der Burg erstreckt sich am Hang ein kleiner Eichenwald, der vermutlich aus einem vorchristlichen **heiligen Hain** entstanden ist. Südöstlich unterhalb der Burg liegt eine im 19. Jh. erbaute **Windmühle**.

RAKVERE

AUSKUNFT
Laada 14, EE - 44310 Rakvere
Tel. & Fax 0 / 3 24 27 34
www.visitestonia.com

Von der Burg aus die Pikkstraße südwärts gehend, kommt man zur weiß getünchten Trinitatiskirche, die 1648 – 1691 wieder erbaut wurde. Der Turm an der Westseite diente auch als Befestigung. **Kirche**

Das Museum von Rakvere, das die Geschichte der Stadt zeigt, befindet sich in dem 1783 – 1790 errichteten Gerichtsgebäude (Tallinna 3; Öffnungszeiten: Di. – Sa. 11.00 – 17.00 Uhr). Südlich der Trinitatiskirche kommt man zum Bürgerhaus-Museum (Pikk 50; Öffnungszeiten: Mi. – Sa. 11.00 – 17.00 Uhr). **Museen**

Umgebung von Rakvere

Haljala, 8 km nordwestlich von Rakvere, besitzt eine für den Kirchenbau in Virumaa typische **Wehrkirche**. Die dreischiffige Hallenkirche entstand zwischen dem 14. und dem Anfang des 16. Jh.s an der Straße Tallinn – Narva als Vorposten der Ordensburg von Rakvere. Ihren wehrhaften Charakter verdeutlichen der monumentale Turm sowie die Schießscharten an drei Turmseiten und am Langhaus. Auf dem Kirchhof steht eine Kopie von Thorwaldsens »Christus«. **Haljala**

Sagadi ist neben Gut Palmse das zweite wichtige Herrenhaus im Lahemaa-Nationalpark.

Eine Fahrt nach **Sagadi,** 18 km nordwestlich von Haljala am Nationalpark Lahemaa (►Lahemaa rahvuspark), lohnt sich wegen des sehr schön restaurierten Herrenhauses von **Gut Sagadi**. Das 1750 erbaute Haus mit schlanken Kaminen, geräumigem Vestibül und

Saal vereint Elemente des Barock, Rokoko und Klassizismus. Zusammen mit dem Park, den Teichen, dem Glockenturm und den Wirtschaftsgebäuden bietet das Gutsensemble einen sehr reizvollen Anblick. Im Gut ist ein Forstmuseum eingerichtet (Öffnungszeiten: Mai – Sept. Di. – So. 11.00 – 18.00, Okt. – Apr. nach Vereinbarung, Tel. 0 32 / 5 88 88; sagadi.koo@riigimets.ee).

Viru-Nigula

Von der E 20 Richtung ►Narva biegt man nach 17 km von Rakvere zum wenige Kilometer nördlich der Straße liegenden Viru-Nigula ab. Das bedeutendste Baudenkmal des Ortes ist die gotische Kirche. Sie wurde im 15. Jh. – möglicherweise schon im 14. Jh. – als dreischiffige Hallenkirche gebaut. Der über den Gewölben der Südvorhalle befindliche Raum diente als Unterschlupf und war nur durch eine Öffnung in 4 m Höhe zu betreten. Tief in die Ostwand des Chors ist eine Reliquiennische eingelassen. Auf dem Kirchhof sieht man vier im 17. Jh. gesetzte Ringkreuze; auch das Pfarrhaus bietet einen schönen Anblick.

◄ Marienkapelle

Einen halben Kilometer östlich der Kirche stehen die Ruinen der Marienkapelle, von der man annimmt, dass sie in der zweiten Hälfte des 13. Jh.s auf kreuzförmigem Grundriss angelegt wurde, was für die mittelalterliche Baukunst des Baltikums einmalig ist. Die Kapelle steht wahrscheinlich am Ort einer 1268 zwischen Dänen, Deutschen und Russen ausgetragenen Schlacht und war weit und breit als Wallfahrtsort bekannt, wurde jedoch im 16. und 17. Jh. zerstört.

Burgruine Toolse

Nordwestlich von Viru-Nigula kommt man über Kunda, dem Zentrum der estnischen Zementproduktion, zur malerischen Burgruine Toolse, im 15. Jh. zur Bewachung des Hafens erbaut.

Pada

Wenige Kilometer südlich von Viru-Nigula jenseits der E 20 liegt Pada. Von einer früheren Besiedlung zeugen die beiden nahe gelegenen Burgberge im malerischen Tal der Pada. Der größere erhebt sich steil am Ostrand des Tals zwischen der alten und der neuen Landstraße. Er trug eine Burg und diente als Zufluchtsort. Der kleinere Burgberg, bis zum Ende des 1. Jt.s bewohnt, steht 350 m südwestlich davon auf einer Anhöhe. Eine Kalksteinmauer markiert den Verlauf der Befestigung.

Purtse

Purtse liegt 40 km von Rakvere an der E 20. An den Ufern des an Stromschnellen reichen gleichnamigen Flusses finden sich ein Opferquell, Kultsteine und eine vorgeschichtliche Siedlungsstätte sowie mehrere über 2000 Jahre alte Steinkistengräber, deren von der Südküste der Ostsee stammende Beigaben beweisen, dass die Flussmündung schon vor Jahrtausenden von Seefahrzeugen angelaufen worden ist.

← *Einst zur Überwachung des Hafens errichtet: die Burgruine Toolse*

Burgberge ► Am östlichen Purtse-Ufer erhebt sich südlich der E 20 der Burgberg Tarakallas, der möglicherweise schon kurz nach der Zeitenwende befestigt war; 2 km weiter nördlich liegt am Westufer der vom 8. – 13. Jh. bewohnte Burgberg Taramägi.

Nördlich der E 20 kommt man am Ostufer des Flusses zur kleinen, weiß gekalkten **Lehnsburg von Purtse**, die im zweiten Viertel des 16. Jh.s mit bis zu 2,5 m dicken Mauern erbaut wurde. In der Burg haben sich Fragmente des gemeißelten spätgotischen Dekors und ein Teil der Fußbodenheizung erhalten; Beachtung verdienen auch die Gewölbedecke im ersten Stock und die Balkendecken in den beiden darüber liegenden Etagen. Der Wohntrakt wurde 1988 – 1990 restauriert und dient jetzt als Kulturzentrum.

Ein wenig weiter östlich bemerkt man eine wallartige kleine Anhöhe. Hier fand man auf einer Länge von 300 m mehrere **Steinsarggräber** aus der Zeit von 500 v. Chr. bis 500 n. Chr.; noch etwas weiter entfernt wurden an einem Bach im sog. unterirdischen Friedhof neun ca. 4000 Jahre alte Skelette, beinerne Gegenstände und Steinäxte geborgen.

Lüganuse Lüganuse liegt an der Straße Purtse – Püssi, 4 km südlich der E 20 (1). Der Flecken war im frühen 13. Jh. das größte Bauerndorf in Ida-Virumaa. Das nahe Gut Püssi existiert seit 1541. Die Kirche, wohl im 14. Jh. begonnen, erhielt im Laufe des 15. Jh.s ein zweischiffiges Langhaus und den Turm, dessen Bauweise – Basis quadratisch, oberer Teil rund – man in keinem anderen Ort Estlands findet. Einmalig ist auch das als Giebelverzierung gemeißelte Kreuz und die Inschrift in gotischen Lettern.

Karstgebiet von Uhaku ► Bei Lüganuse nimmt die Purtse das Flüsschen Erra auf, dessen unterirdischer Abschnitt den Namen Uhaku trägt. Zwischen den Dörfern Erra und Lüganuse ziehen sich entlang des Flüsschens teilweise mehrere Hundert Meter lange Karstsenken.

★★ Saaremaa (Ösel)

H/L 5/6

Höhe: 0 – 54 m ü. d. M.
Fläche: 2673 km²
Einwohnerzahl: 35 900

Die größte Insel Estlands ist noch urwüchsiger und einsamer als das Festland. Typisch für das Landschaftsbild sind dichte Nadelwälder, Weiden und Felder sowie die hölzernen Windmühlen, die sich wie Riesen am Horizont ausnehmen. Die Hauptstadt Kuressaare ist berühmt für ihre vollständig erhaltene mittelalterliche Burg.

Größte Insel des Landes Die Küste von Saaremaa ist stark in Halbinseln und Buchten zergliedert; an die 1000 kleinere Inseln und Holme verlieren sich in den Küstengewässern. Die Insel ist ein aus Kalkgestein aufgebautes Flach-

Begegnung auf der Dorfstraße

land mit Ausnahme der Anhöhe von West-Saaremaa, die bis zu 54 m ü. d. M. aufsteigt. Ein großer Teil der Nordküste zeigt sich als steile Brandungsküste. Der Kalksteingrund ist meistens mit Moränenablagerungen oder See- und Flugsand bedeckt, auf Alvaren ist die Humusschicht äußerst dünn. Moore nehmen ungefähr 7% der Fläche ein. Auf Saaremaa herrscht mildes Seeklima; die Böden sind jedoch sehr steinig und ertragsarm. Etwa die Hälfte des Inselterrains ist bewaldet. In Ost-Saaremaa gibt es auch fruchtbares Land. Säugetiere gibt es deutlich weniger als auf dem Festland, dafür ist die Vogelwelt um so reicher, namentlich auf den kleineren Inseln und an den Strandseen.

Wirtschaft

Die wichtigsten Wirtschaftszweige sind Fischerei, Viehzucht, Bootsbau und die Förderung des Minerals Dolomit, die ihr traditionelles Zentrum in Kaarma hat. Zunehmende Bedeutung gewinnt auch wieder der Tourismus. An kulturellen Sehenswürdigkeiten ist Saaremaa nicht arm: Bekannt ist die Bischofsburg von Kuressaare, doch auch die vielen kleinen Kirchen aus der Zeit kurz nach der Eroberung durch den Orden sind der Erwähnung wert.

Geschichte

Die ältesten Spuren menschlicher Besiedlung verweisen auf die Mitte des 3. Jt.s v. Chr., doch erst im 10. Jh. wird Saaremaa in skandinavischen Sagen als »Eysysla« bezeichnet. Zu Beginn des 13. Jh.s war die Insel bereits verhältnismäßig stark besiedelt und hatte ein Volk von Seefahrern und Fischern hervorgebracht, das auch an der Seeräuberei Gefallen fand. Die Insulaner setzten sich länger als alle anderen Esten gegen die dänischen und deutschen Eroberer zur Wehr, denn erst 1227 war die Insel völlig unter der Kontrolle der Schwertbrüder. Von diesem Zeitpunkt an bis Mitte des 16. Jh.s war Saaremaa zwischen zwei Herrschern – dem Bistum Ösel-Wiek und dem Orden – aufgeteilt, die sich ständig befehdeten. Im Laufe des Livländischen Kriegs wurde Saaremaa an Dänemark verkauft. 1645 kam die Insel zu Schweden, und als Folge des verheerenden Nordischen Krieges als Teil des Gouvernements Livland unter russische Herrschaft. In den Jahren der ersten Republik Estland sorgten Kur- und Badegäs-

i Alvare

- Alvare sind steppenartige trockene Wacholderheidelandschaften, eine biologische Besonderheit der estnischen Westküste sowie Gotlands und Ölands.

Besonders gut erhalten ist die Bischofsburg von Kuressaare.

te für neue Erwerbszweige. Die friedliche Entwicklung wurde 1940 durch die sowjetische Okkupation unterbrochen, und 1944 hatte besonders die Halbinsel Sõrve unter den Rückzugsgefechten der deutschen Wehrmacht gegen die Rote Armee schwer zu leiden.

✶✶ Kuressaare (Arensburg)

Hauptstadt von Saaremaa

Die 15 000-Einwohner-Stadt Kuressaare liegt an der Südküste der Insel. Die Stadtgeschichte beginnt mit dem Bau der Bischofsburg, die Mitte des 14. Jh.s Hauptresidenz des Bischofs von Ösel-Wiek wurde. Im Mittelalter hatte sie sich bereits zum bedeutenden Handelsplatz entwickelt. Eingeführt wurden Salz und Wein, ausgeführt Vieh, Felle, Kalk und Getreide. Im 19. Jh. entdeckte man die Heilwirkung des Schlamms aus der Bucht: Die erste **Schlammheilstätte** öffnete 1840 ihre Tore, 1858 wurde die erste regelmäßige Fährverbindung eingerichtet.

✶✶ Bischofsburg

Öffnungszeiten: Museum tgl. 11.00 – 18.00, im Winter nur Mi. – So.

Mit dem Bau der ersten Bischofsburg wurde wohl in der zweiten Hälfte des 13. Jh.s begonnen, erstmalig belegt ist eine »Arensburg« im Jahr 1381. Die heute zu sehende Feste ist eine der wenigen in vollem Umfang erhalten gebliebenen mittelalterlichen Steinburgen des Baltikums und typisch für die zu Beginn des 14. Jh.s im Machtbereich des Ordens errichteten befestigten Konventsbauten. Die im 15. Jh. vollendeten Rundtürme sollten Kanonen aufnehmen; der gewaltigste von ihnen war der Geschützturm. Die Erdbefestigungen entstanden zwischen dem 16. und dem 18. Jh.; mit vier starken Bastionen, den Wällen, drei Außenwerken und dem mit Meerwasser angefüllten Graben war die Burg zu ihrer Zeit ein hervorragender Wehrbau. Im Nordischen Krieg ging sie in Flammen auf; 1762 begann der Wiederaufbau, um hernach als Repräsentationsgebäude der Ritterschaft von Saaremaa zu dienen. Vier dreistöckige Flügel umschließen den Innenhof. Die Mauern sind aus wuchtigen behauenen Dolomitblöcken aufgeführt, nahezu 3 m dick und über 20 m hoch. An den Ecken der Nordostfassade, wo sich auch das Tor befindet, ragen zwei Türme empor: der kleinere »Sturvold« und der 29 m hohe »Lange Hermann«. Im Erdgeschoss befinden sich die Wirtschaftsräume, zwei Anlagen zur Fußbodenheizung und ein Brunnen; im zweiten Stock, dem Hauptgeschoss, liegen die Wohn- und Repräsentationsräume: im Südwestflügel das prächtige Festrefektorium und die Kapelle, im Nordwestflügel die Wohnung des Bischofs, im Nordostflügel das große Dormitorium und schließlich im Südostflügel das Refektorium und das kleine Dormitorium. Die Räume des Hauptgeschosses sind durch einen überwölbten Kreuzgang, die einzelnen

KURESSAARE ERLEBEN

AUSKUNFT

Tallinna 2, EE - 93813 Kuressaare
Tel. & Fax 0 / 4 53 31 20
kuressaare@visitestonia.com

ESSEN

► Gut & Günstig

① *Veski*
Pärna 19, Tel. 0 / 4 53 37 76
Wer schon immer mal in einer Windmühle speisen wollte, kann es hier tun. Es gibt nationale estnische Küche und Livemusik in Sommernächten.

ÜBERNACHTEN

► Komfortabel

② *Hotel Daissy*
Tallina 15
Tel. 0 / 4 53 36 69
Fax 4 53 35 26, www.daissy.ee
Gemütliche Unterkunft in einem Haus aus dem 19. Jh. Sehr gute Wildgerichte gibt es im angeschlossenen Restaurant.

► Günstig

① *Hotel Arensburg*
Kuressaare
Lossi 15
Tel. 0 / 4 52 47 00
Fax 0 / 4 52 47 27, 25 Z.
www.sivainvest.ee
Schönes Hotel im Zentrum mit Restaurant und Sauna.

Staadioni
Kuressaare, Staadioni 1
Tel.0 / 4 53 35 56, 58 B.
staadioni@tt.ee
Preiswertes, aber angenehmes Gästehaus mit Bar.

ANREISE

Stündliche Autofähre von Virtsu (► Haapsalu, Umgebung) nach Kuivastu auf ► Muhu; von dort weiter auf dem Landweg über den Damm. Von ► Tallinn und ► Pärnu aus bestehen Flugverbindungen zur Inselhauptstadt Kuressaare.

Kuressaare *Orientierung*

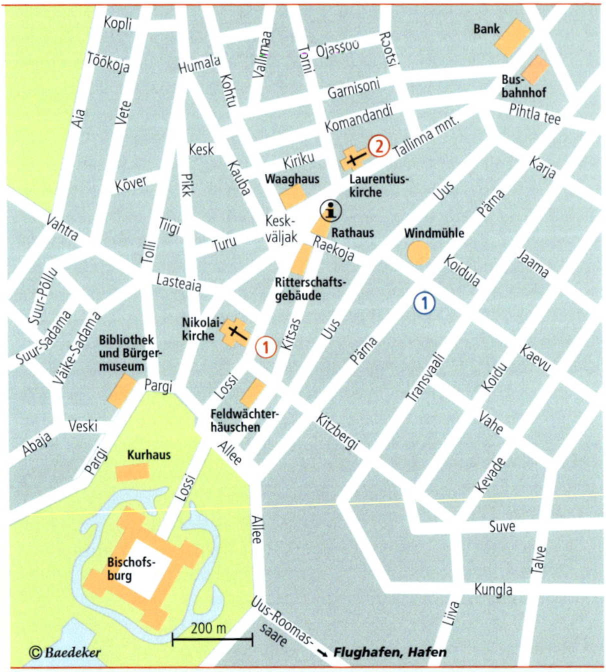

Übernachten
① Hotel Arensburg
② Hotel Daissy

Essen
① Restaurant Veski

Stockwerke mittels schmaler Mauertreppen miteinander verbunden. Im dritten Stock und im Sturvoldturm wohnten die Wachmannschaft und die Bediensteten. In der Feinheit der Bearbeitung und in den strengen spätgotischen Dekorformen zeigt sich die vollendete Kunstfertigkeit der Baumeister und Steinmetze.
Gegenwärtig steht die Burg dem Museum von Saaremaa zur Verfügung. Regelmäßig werden in der Bischofsburg Kunstausstellungen und Konzerte, im Burghof Sänger- und Tanzfeste veranstaltet.

Kurhaus Nur wenig entfernt vom Burgtor steht im alten Stadtpark das 1889 erbaute hölzerne Kurhaus. Es beherbergt ein Café und eine Bar, und im Sommer gibt es dort Freilichtkonzerte. Um den Park gibt es einige romantische Holzhäuser aus der Jahrhundertwende.

Bürgermuseum, Archivbibliothek An der am Kurhaus vorbeiführenden Pargi befindet sich das Bürgermuseum mit Bibliothek (Öffnungszeiten: Mai – Aug. Mi. – So. 11.00 bis 18.00 Uhr).

Die Lossi-Straße, gesäumt von klassizistischen Häusern, führt von der Burg zum zentralen Platz der Altstadt, dem Keskväljak. Hier steht das 1670 vollendete Rathaus, eines der schönsten Steingebäude der Stadt. Einziger Schmuck ist das von zwei steinernen Löwen bewachte Rundbogenportal mit dem darüber angebrachten Wappen der Stadt. Dem Rathaus direkt gegenüber sieht man den barocken Giebel des Waaghauses. Das Baujahr 1663 lässt sich an der Wetterfahne ablesen. Auf dem Hof neben dem Waaghaus wurde im 17. Jh. das zweistöckige Marktgebäude errichtet.

✶ **Altstadt**

◄ Waaghaus und Markt

In der von Häusern des 18./19. Jh.s gesäumten Tallinna mnt. kommt man zur evangelischen Laurentiuskirche, die im 17. Jh. errichtet wurde und ihr heutiges spätklassizistisches Aussehen 1835 erhielt.

◄ Laurentiuskirche

Gericht und Apotheke

Das auf die Kirche folgende klassizistische Gerichtsgebäude wurde 1789 erbaut. Die Apotheke in der vom Keskväljak nach Westen abgehenden Turu-Straße ist seit 1680 belegt und damit eine der ältesten in Estland. Nördlich der Kirche (Komandandi 9) sieht man das frühklassizistische Haus des livländischen Vizegouverneurs von Campenhausen.

Kudjapefriedhof

Einer der an Kunstdenkmälern reichsten Friedhöfe in Estland ist der 1778 am nordöstlichen Stadtrand angelegte Kudjapefriedhof. Man findet hier zahlreiche klassizistische Grabkapellen, Krypten mit massiven Fliesen und Grabsäulen aus Saaremaa-Dolomit.

✶✶ Krater von Kaali

Lage

Ungefähr 19 km nordöstlich der Stadt Kuressaare und ca. 3 km nördlich der Straße Kuressaare – Pöide kommt man beim kleinen, 47 Einwohner zählenden Dorf Kaali zu einer der bedeutendsten Natursehenswürdigkeiten Estlands. Nahe beim Hauptkrater kann man sich in einem Pavillon über das Kratergebiet informieren.

Natursehenswürdigkeit: Durch Meteoriteneinschlag entstanden die Krater von Kaali.

Neben dem Schulhaus von Kaali liegt der **Hauptkrater** mit einem Durchmesser von max. 110 m und einer Tiefe von 16 m. Der umgebende 3 – 7 m hohe Wall wurde durch die Wucht des Aufpralls aufgeworfen. Am Kraterinnenrand scheinen bis zu 10 m dicke Dolomitblöcke hervor, die vom Untergrund losgebrochen und in ihre heutige Lage geschleudert worden sind. Den Kratergrund bedeckt der bis zu 6 m tiefe und 40 – 60 m durchmessende Kaali-See. Bei Ausgrabungen in den 1970er-Jahren wurde an der Nordostseite des Hauptkraters die Stätte einer befestigten Siedlung aus dem 7. – 6. Jh. v. Chr. freigelegt. Wahrscheinlich ist der Kraterwall vor weniger als 2000 Jahren von einer 470 m langen und bis zu 2,8 m starken Mauer aus Granitgestein umringt gewesen.

In der Umgebung des Hauptkraters sind noch acht kleinere Krater mit Durchmessern von 12 – 40 m und Tiefen von 1 – 4 m vorhanden. Etwa 300 m vom Hauptkrater entfernt liegt in südwestlicher Richtung einer der seltenen Doppelkrater, in dem die ersten Meteoritensplitter aufgefunden wurden.

Weitere Ziele auf Saaremaa

Valjala Der Flecken Valjala liegt rund 20 km nordöstlich von Kuressaare im Ostteil der Insel. Wenig südöstlich außerhalb sieht man die Reste der **Burg** von Valjala, einst eine der stärksten Befestigungsanlagen von Saaremaa. Mit der Inbesitznahme der Burg im Februar 1227 sicherten sich die Ordensritter ihre Herrschaft über Saaremaa. Im Zentrum des Dorfes erhebt sich die **Kirche** von Valjala, mit das älteste Bauwerk auf Saaremaa. Sie wurde unmittelbar nach der Unterwerfung im Jahre 1227 als erste Steinkirche der Insel errichtet. Nach der Zerstörung 1343 ersetzte man beim Wiederaufbau die ursprüngliche Rundapsis durch einen vieleckigen Chorabschluss; schließlich folgte erst im 17. Jh. der Turm, zu dessen Bau Grabsteine aus dem 13. Jh. verwendet wurden.

Pöide Inmitten einer dicht besiedelten Ackerlandschaft liegt 48 km östlich von Kuressaare das Dorf Pöide, vor dem Eintreffen der Ordensritter eines der lebhaftesten altestnischen Gebiete. Zu den größten Burganlagen von Saaremaa gehörte die **Burg Kahutsi**. Sie liegt 2,5 km westwärts außerhalb des Dorfes gut sichtbar auf einem niedrigen Hügel. Südöstlich der Burg entdeckte man zehn **Steinkistengräber**. Die romanische **Kirche** von Pöide wurde Mitte des 13. Jh.s errichtet und ist heute die größte Wehrkirche der Insel. Auffällig sind die für diese Region recht ungewöhnlichen Pflanzenornamente im Inneren.

Halbinsel Sõrve Mehr als 30 km weit springt an der Südwestküste von Saaremaa die Halbinsel Sõrve ins Meer vor, an deren Südspitze sich ein eindrucksvoller Leuchtturm erhebt. An der wildromantischen Westküste trifft man bei Jämaja auf einige Bockmühlen.

Kihelkonna 31 km nordwestlich von Kuressaare kommt man nach Kihelkonna, einst ein wichtiger Hafen an der Westküste. Im nordwestlichen Teil des Fleckens stehen noch die im 16. Jh. gebauten Häuser des Herrensitzes Rootsiküla. Die einschiffige **Kirche** von Kihelkonna entstand im 13. Jh. im gotischen Stil. Von der Kirche getrennt steht der Glockenturm, dessen Funktion ab 1899 der 60 m hohe Westturm übernommen hat. Er dient gleichzeitig als Leuchtturm.

Bauernhof-museum Mihkli

Wenige Kilometer südöstlich vor Kihelkonna sollte man im Dorf Viki das originelle Museum auf dem Mihkli-Hof besuchen. Hier werden seit 1959 bäuerliche Geräte und Gebrauchsgegenstände gesammelt. Mihkli ist ein für den Westteil von Saaremaa typischer Bauernhof, dessen Gebäude wie Scheune, Stall und Sauna größtenteils aus der Mitte des vorigen Jahrhunderts stammen. Zum Hof gehört auch die kleine Bockmühle auf der nahen Anhöhe (Öffnungszeiten: April – Sept. Mi. – So. 10.00 – 18.00 Uhr).

Vilsandi-Nationalpark

Die der Westküste vorgelagerte Insel Vilsandi und 160 weitere kleinere Inseln bilden den Vilsandi rahvuspark, das älteste Naturschutzgebiet Estlands. Jährlich brüten im 1907 gegründeten Reservat Tausende von See- und Zugvögeln (Besucherzentrum in Loona, Tel. 0 45 / 4 68 80; loona@tt.ee).

Viidumäe - Naturschutz-gebiet

10 km südöstlich von Kihelkonna liegt das Viidumäe-Naturschutzgebiet mit einem Informationszentrum in Audaku (Öffnungszeiten: Juni – Aug. Mi. – So. 10.00 – 18.00 Uhr; Tel. 0 45 / 4 68 80).

Anglas Windmühlen sind das beliebteste Fotomotiv auf Saaremaa.

★ Steilküste von Panga

Die Steilküste von Panga liegt an der Nordküste von Saaremaa, ungefähr 4 km nördlich von Võhma beim Dorf Panga an der Bucht von Küdema. Sie ist 2,5 km lang und die **höchste Klippe auf Saaremaa**. An der Spitze des Kaps erreicht der fast senkrechte Abhang eine Höhe von 21,3 m. Einige Hundert Meter seewärts fällt der Meeresboden jäh ab; dort brechen sich bei Sturm die Brandungswogen und bilden einen weißen, gischtigen Bogen.

★★ Windmühlen von Angla

Bei Angla (5 km südlich von Leisi an der Nordküste) hat der Windmühlenhügel als Einziger seiner Art auf Saaremaa sein ursprüngliches Gepräge beibehalten: eine allen Winden offene Anhöhe, auf dem die Mühlen des gesamten Dorfes angelegt waren. 1925 standen dort neun Mühlen, heute sind es nur noch fünf; vier davon sind die für Saaremaa typischen Bockmühlen vom Beginn des vergangenen Jahrhunderts.

Karja

Nur einen Kilometer weiter südlich von Angla liegt das Dorf Karja. Die **Kirche** im nahen Linnaka gehört zu den an Steinmetzkunst reichsten gotischen Dorfkirchen Nordeuropas, erbaut im letzten Viertel des 13. Jahrhunderts. Kapitelle, Basen, Schlusssteine und zwei Portale sind reich mit Pflanzenmotiven und figuralen Verzierungen geschmückt.

★★ Tallinn (Reval)

O 4

Höhe: 0 – 63 m ü. d. M. **Einwohnerzahl:** 399 850

Wer eine Stadt mit nahezu vollständig erhaltenem mittelalterlichem Stadtkern kennen lernen will, ist in Tallinn, einst als Reval bekannt, am richtigen Platz; auf Schritt und Tritt kann man hier Zeugnissen einer großen Vergangenheit begegnen.

Weltkulturerbe der UNESCO

Am Finnischen Meerbusen, wo die Bucht von Tallinn als breiter, flacher Strandstreifen die steile Kalksteinanhöhe des estnischen Glints unterbricht, liegt die Hauptstadt Estlands. Eingezwängt zwischen dem Meer und dem See Ülemiste järv, dehnt sich das Stadtgebiet von Südwesten nach Nordosten hin auf einer Länge von 24 km aus, während die Entfernung zwischen See- und Meeresufer lediglich 2,3 km beträgt. Der Stadtname leitet sich von »Taani linn« ab, was im Estnischen »Dänenstadt« bedeutet; die

✔ NICHT VERSÄUMEN

- Alle fünf Jahre ist Tallinn Schauplatz des wichtigsten kulturellen Ereignisses in Estland, des Sängerfests. Tausende Sänger kommen aus dem ganzen Land zusammen. Nächster Termin: 2009

Blick vom Tallinner Domberg in Richtung Olaikirche →

deutsche und dänische Bezeichnung »Reval« dagegen rührt vom altestnischen »Rävala« her. Durch die Nähe zur finnischen Hauptstadt Helsinki konnte Tallinn den Eisernen Vorhang schon zu Sowjetzeiten ein wenig lüften, denn den Finnen war der Besuch Tallinns erlaubt. Im Jahr 1997 wurde die Stadt in die Liste des Weltkulturerbes der UNESCO aufgenommen. 29% aller Einwohner Estlands leben in Tallinn.

Stadtgeschichte

1154	Erster schriftlicher Nachweis Tallinns
1219	Beginn der dänischen Herrschaft und des Stadtausbaus
1300	Tallinn wird Hansestadt.
1346	Dänemark verkauft Nordestland an den Deutschen Orden.
1561	Nordestland mit Tallinn fällt an Schweden.
1721	Tallinn fällt im Verlauf des Nordischen Krieges an Russland.
1918	Tallinn wird Hauptstadt des unabhängigen Estlands.
1940	Erzwungener Beitritt Estlands zur UdSSR
1991	Erneute Unabhängigkeit

Stadtgründung und dänische Herrschaft

Bereits vor den Zeiten der Völkerwanderung war der Ort des heutigen Tallinn als Handelsplatz bekannt, schriftlich nachweisbar ist er seit 1154 auf der Weltkarte des arabischen Geografen al-Idrisi. Im Jahr 1219 nahm Waldemar II. von Dänemark die Siedlung ein, schleifte die altestnische Burg und begann mit dem Bau einer neuen. Um den jetzigen Rathausplatz entstanden neue Siedlungsherde, und 1265 begann der planmäßige Bau von Befestigungsanlagen. Innerhalb der mittelalterlichen Verteidigungsmauern bildete sich um die Mitte des 14. Jh.s die Stadt in ihrer auch jetzt noch zu erkennenden Gestalt heraus. 1346 verkaufte Dänemark Nordestland mitsamt Tallinn an den Deutschen Orden, der es seinerseits dem faktisch über das Land gebietenden **Livländischen Orden** überließ.

? WUSSTEN SIE SCHON ...?

- Der Legende nach trug Linda, die Witwe des Kalev, nach dem Tod ihres Mannes Steine für ein würdevolles Grab zusammen: Aus diesen Steinen entstand der Domberg. Den letzten Stein allerdings ließ sie fallen, und aus Erschöpfung und Enttäuschung begann sie zu weinen. Aus diesen Tränen ist der Ülemiste-See entstanden, wo heute noch genau dieser letzte Stein, der Linda kivi, liegt. Der Domberg ist also nie fertig geworden, und das ist gut so: Denn beim See lebt ein sagenumwobener Gnom, der droht, die Stadt zu überschwemmen, sollte sie vollendet sein. Doch an Tallinn wird immer noch gebaut ...

Unabhängig von den ritterlichen Machthabern, die vom Domberg aus regierten, waltete ein aus Kaufleuten zusammengesetzter Magistrat über das Leben in der Unter-

! Baedeker TIPP

Tallinn im Mittelalterrausch

Bei den traditionellen Altstadt-Tagen in der ersten Juniwoche steht die gesamte Tallinner Altstadt mit skurrilen Traditionen wie dem »Schießen der Papageien« und der Wahl der Maigrafen ganz im Zeichen von Handel, Spielen und Spektakeln.

stadt. Das seit 1248 gültige **Lübecker Stadtrecht** blieb bis zum 19. Jh. Grundlage aller rechtlichen Beziehungen. Mit dem um 1300 vollzogenen Beitritt zur **Hanse** sicherte sich Tallinn eine wichtige Stellung im Handel zwischen Nowgorod und den an der Ostsee liegenden Wirtschaftszentren. Im 15. Jh. hatte die Stadt ihre Blüte erreicht. Die bis zu den nordrussischen Märkten und über Lübeck in die Niederlande und sogar nach Portugal reichenden Handelsverbindungen sorgten für ein Aufblühen der durch vielfältige Einflüsse bereicherten Kunst. Aus jener Periode stammen die bedeutendsten Bauwerke in der Altstadt. Der 1558 ausgebrochene Livländische Krieg führte zum Zerfall des Livländischen Ordensstaates. 1561 ergab sich Tallinn und geriet mit Nordestland unter schwedische Herrschaft.

Schwedenzeit

Im weiteren Verlauf des Krieges belagerten die Soldaten Iwans des Schrecklichen Tallinn in den 1570er-Jahren, jedoch ohne Erfolg. Die unsichere Lage führte zum Erliegen der Bautätigkeit zur Zeit der Renaissance, erst in der barocken Periode sind wieder einige schöne Bauten hinzugekommen.

Russische Herrschaft

Im Jahr 1700 entbrannte der **Nordische Krieg**. Er schlug große Wunden im ganzen Land und endete damit, dass Estland ins Russische Reich einverleibt wurde. Im 18. Jh. war Tallinn zu einer Gouvernementshauptstadt geworden, außerhalb des alten Stadtkerns bildeten sich lebendige Vorstädte. Eine neue wirtschaftliche Belebung erfuhr die Stadt 1870 mit der Eisenbahnstrecke Tallinn – St. Petersburg.

Erster Weltkrieg und Unabhängigkeit

Der Erste Weltkrieg verschonte die Stadt. Am 24. Februar 1918 wurde in Tallinn die staatliche Unabhängigkeit Estlands ausgerufen und die Stadt zur Metropole der jungen Republik erklärt. Mit dem erzwungenen **Eintritt Estlands in die Sowjetunion** 1940 war diese Periode wieder zu Ende.

Zweiter Weltkrieg und Sowjetzeit

Im August 1941 marschierte die deutsche Wehrmacht in Tallinn ein. Im Lauf des Kriegs hatte die Stadt nun schwer zu leiden, besonders in der Nacht vom 9. März 1944, als sowjetische Bomber nahezu die

Hälfte aller Wohnhäuser zerstörten. Im August 1944 zog sich die Wehrmacht zurück. Nach dem Krieg begann der Wiederaufbau. Während der Sowjetzeit wuchs die Bevölkerung auch durch den Zuzug vieler Russen erheblich an. Es entstanden etliche in bekannter Sowjet-Bauweise und -Ästhetik errichtete Trabantenstädte.

Erneute Unabhängigkeit

Tallinn war das Zentrum der estnischen Unabhängigkeitsbewegung. Das **Sängerfest von 1988** wurde zur machtvollen Demonstration des Selbstbestimmungswillens, der schließlich dazu führte, dass Tallinn seit 1991 wieder Hauptstadt der Republik Estland ist. Heute lebt hier ein Drittel aller Landesbewohner, die historische Altstadt wurde sorgfältig restauriert.

Stadtbesichtigung

Besichtigungsprogramm

Die Sehenswürdigkeiten der Altstadt von Tallinn lernt man am besten bei einem Spaziergang kennen. Einen ersten Überblick verschafft man sich von den beiden Aussichtsplattformen des Dombergs, von wo man die Unterstadt, den Hafen und die Bucht wunderbar überschauen kann. Die Aufmerksamkeit gilt hier oben vor allem der Burg und dem Schloss, der Alexander-Newski-Kathedrale und der Domkirche mit ihren stattlichen Grabmälern und farbenprächtigen Wappenschilden.

Bester Ausgangspunkt für die Erkundung der Unterstadt ist der Rathausplatz mit dem imposanten gotischen Rathaus. Von hier aus kann man die Gassen abschreiten – nach Norden, vorbei an Heiliggeist- und Olaikirche sowie dem Schwarzhäupterhaus bis hin zur Strandpforte mit dem Torturm »Dicke Margarete«, Sitz des Seefahrtmuseums; nach Süden bis zur Nikolaikirche, wo man unbedingt den Totentanz von Bernd Notke und die übrigen sakralen Kunstwerke besichtigen sollte. Mit dem Gang durch die Altstadt ist rasch ein Tag vorüber. Am zweiten Tag in Tallinn kann man die etwas außerhalb

Highlights Tallinn

Burg und Schloss Toompea
Einst regierten von hier die Bischöfe, heute tagt im Schloss das Parlament.
► Seite 198

Domkirche
Würdevolles Gotteshaus
► Seite 200

Rathausplatz
Belebter Mittelpunkt der Altstadt, abendlicher Treffpunkt
► Seite 203

Drei Schwestern
Speicherhäuser – unzertrennlich seit dem 15. Jahrhundert
► Seite 208

Nikolaikirche
Museumskirche, beherbergt den berühmten »Totentanz« von Bernd Notke
► Seite 211

Stadtmauer
45 mittelalterliche Wehr- und Tortürme
► Seite 209

Tallinn Orientierung

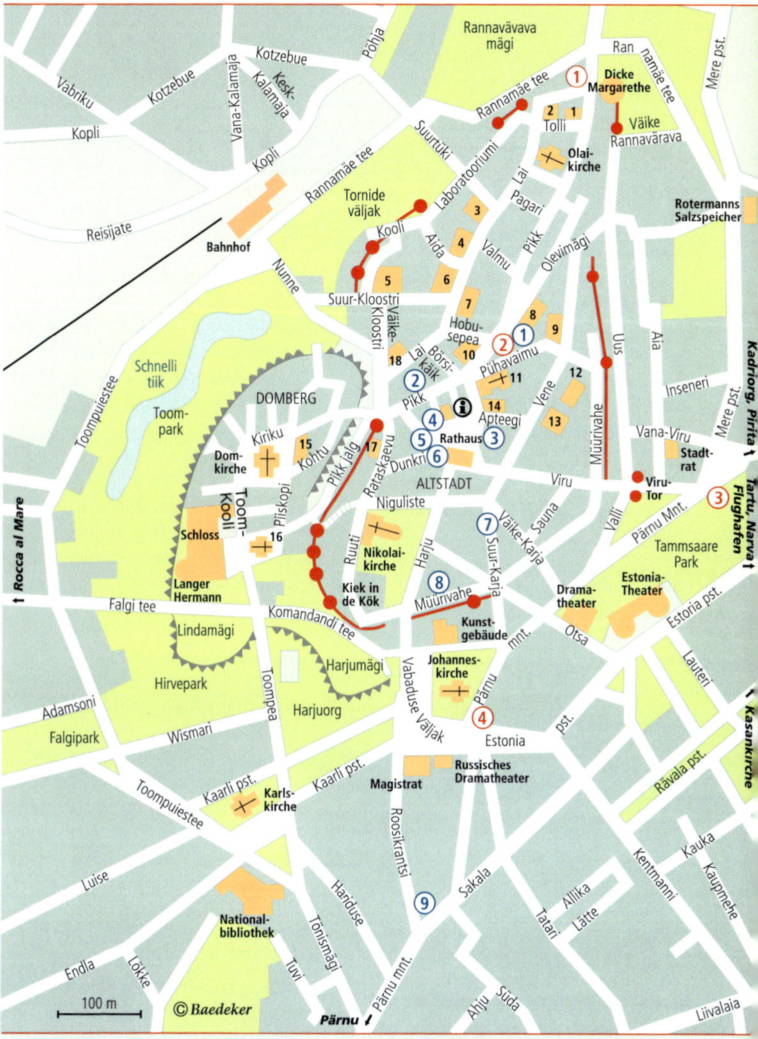

1 Drei Schwestern
2 Stadtarchiv
3 Naturkundenmuseum
4 Stadttheater
5 Michaelskloster
6 Kunstgewerbemuseum
7 Hygienemuseum
8 Schwarzhäupterhaus
9 Stadtmuseum
10 Große Gilde
11 Heiliggeistkirche
12 Katholische Kirche
13 Katharinenkloster
14 Ratsapotheke
15 Haus der Ritterschaft
16 Alexander-Newski-Kathedrale
17 Von-Krahl-Theater
18 Puppentheater

Übernachten
① Grand Hotel Tallin
② Schlössle Hotel
③ Viru Hotel
④ Scandic Palace

Essen
① Stenhus
② Mariasmokk
③ Karl Friedrich
④ Balthasar
⑤ Café Anglais
⑥ Troika
⑦ Karja Kelder
⑧ Gloria
⑨ Baieri Kelder

TALLINN ERLEBEN

AUSKUNFT

Kullasepa 4 / Niguliste 2
EE - 10146 Tallinn
Tel. 6 45 77 77, Fax 6 45 77 78
www.tourism.tallinn.ee

ANREISE

Flughafen:
3 km südöstlich vom Stadtzentrum im Stadtteil Ülemiste (Busverbindung mit Linie Nr. 2 u. a. von / zur Haltestelle Viru)

Fährhafen:
über die Vanasadama wenig nordöstlich der Altstadt

Bahnhof:
Baltischer Bahnhof nordwestlich der Altstadt

Busbahnhof:
Lastekodu 46 südöstlich nahe Tartu maantee (Anfahrt mit Tramlinien Nr. 2 oder Nr. 4; Buslinien 17, 17a, 23 oder 23a)

ESSEN

▸ Fein & Teuer

⑧ ***Gloria***
Müürivahe 2
Tel. 6 44 69 50
Der Papst war nur einer der prominenten Gäste, die sich in Tallins bestem À-la-carte-Restaurant verwöhnen ließen. In der exklusiven Tabacalera kann der Kenner unter mehr als 500 Zigarrensorten wählen.

③ ***Karl Friedrich***
Raekoja plats 5, Tel. 6 27 24 14
Im Erdgeschoss gibt es Fisch für gehobene Ansprüche, im noch edleren Obergeschoss richtet sich die Karte an Fleischliebhaber mit besonders gut gefüllter Brieftasche.

Am Abend fällt die Auswahl schwer: Restaurants auf dem Tallinner Rathausplatz.

② ***Maiasmokk***
Pikk 16, Tel. 6 46 40 70
Edle Küche in historischem Haus, Betonung auf Wild und Hering

Olde Hansa
Vana turg 1, Tel. 6 27 90 20
Mittelalter für alle Sinne: originale Rezepte, kostümierte Bedienung und unaufdringliche Musik – an sechs Tagen der Woche live gespielt

① ***Stenhus***
Pühavaimu 13 / 15
Tel. 6 99 77 80
Im Keller des Hotels Schlössle liegt das aufwändig in Richtung Märchenschloss dekorierte Top-Restaurant.

► Erschwinglich

⑨ ***Baieri Kelder***
Roosikrantsi 2A,
Tel. 6 40 74 25
Die estnische Variante eines bayerischen Hofbräukellers: Bratwurst und Sauerkraut in riesigen Portionen, deutsches Bier und deutsche Musik.

④ ***Balthasar***
Raekoja plats 11, Tel. 6 27 64 00
Die Spezialität dieses Hauses ist Knoblauch – die Anzahl der verwendeten Zehen wird zu jedem Gericht in der Karte angegeben. Hübsche Räume mit Blick auf den Rathausplatz.

⑤ ***Café Anglais***
Raekoja plats 14, Tel. 6 44 21 60
Extrem beliebtes Café mit ausgezeichneten Salaten und Sandwiches, leckeren Kuchen und hervorragendem Kaffee

Kuldse Notsu Kõrts
Dunkri 8, Tel. 6 28 65 67
Ein estnisch-bodenständiges Paradies für Liebhaber von Schweinefleisch. Doch auch eingefleischte Vegetarier kommen in der »Wirtschaft zum goldenen Schwein« angenehm auf ihre Kosten.

⑥ ***Troika***
Raekoja plats 15, Tel. 6 27 62 45
Das mystisch-romantische Ambiente könnte direkt einem Tolstoi-Roman entsprungen sein. Russisches Restaurant mit besten Gerichten, nettem Service und erstaunlich moderaten Preisen.

► Preiswert

⑦ ***Karja Kelder***
Väike-Karja 1, Tel. 6 44 65 87
Beliebte und preiswerte Stadtkneipe mit großer Auswahl an Bier und Essen. Vor allem an Tagen mit Livemusik etwas voll.

ÜBERNACHTEN

► Luxus

① ***Grand Hotel Tallinn***
Toompuiestee 27
Tel. 6 67 70 00,
Fax 6 67 70 01, 164 Z.
www.grandhotel.ee
Das Hotel gilt als eines der besten am Ort und bietet eine Sauna sowie zwei Restaurants.

Olümpia
Liivalaia 33, Tel. 6 31 5333

Fax 6 31 5325, 406 Z.
www.revalhotels.com
Das 1980 gebaute Hochhaus ist mit Bar und Restaurants, Sauna und Schönheitssalon ausgestattet und bietet eine schöne Aussicht.

④ ***4 Scandic Hotel Palace***
Vabaduse väljak 3
Tel. 6 40 73 00,
Fax 6 40 72 99, 91 Z.
www.scandic-hotels.ee
Ein Haus für anspruchsvolle Gäste mit Restaurant »Leonardo« und Nachtklub »Sky Bar«

② ***Schlössle Hotel***
Pühavaimu 13/15
Tel. 6 99 77 00
Fax 6 99 77 77, 23 Z.
www.schlossle-hotels.com
In einem alten Kaufmannshaus in der Altstadt von Tallinn findet man dieses exquisite Fünf-Sterne-Hotel.

liegenden Sehenswürdigkeiten besuchen: Schloss Kadriorg, das Brigittenkloster und das unmittelbar benachbart liegende olympische Segelzentrum, vor allem aber das Freilichtmuseum Rocca al Mare. Schließlich gibt es in der weiteren Umgebung der Stadt genügend lohnende Ausflugsziele, und auch der ► Lahemaa-Nationalpark ist nicht allzu fern.

Stadtbild Die Altstadt von Tallinn gliedert sich in den Domberg, eine Kalkhöhe mit fast senkrecht abfallenden Hängen, und in die größere Unterstadt am östlichen Fuß des Dombergs. Durch den Höhenunterschied ist der Stadtkern in der Unterstadt praktisch von der Oberstadt auf dem Domberg getrennt. Es gibt nur zwei Verbindungen aus der Innenstadt hinauf auf den Domberg: den Pikk jalg und die Treppen des Lühike jalg. Die annähernd tausendjährige Geschichte der Stadt hat ein selten einheitlich gebliebenes Stadtbild geprägt, in welchem alle Stilperioden in unterschiedlicher Akzentuierung zur Geltung kommen.

✶✶ Domberg (Toompea)

Kommandantenhaus Steigt man vom großen Platz Vabaduse väljak durch den Park die Komandandi tee hinauf, dabei Teilen der Mauer der Unterstadt folgend, erreicht man oben das Kommandantenhaus. Das in der zweiten Hälfte des 17. Jh.s errichtete Gebäude hat sein ursprünglich hohes Dach eingebüßt; es zeigt sich heute mit schlichter, von Pilastern gegliederter Fassade. Als Generalkommandant Tallinns lebte hier u. a. Ibrahim Hannibal, Alexander Puschkins Urgroßvater, der seiner äthiopischen Abstammung wegen auch »Mohr Peters I.« genannt wurde.

Ordensburg Nach wenigen Schritten ist man auf dem Schlossplatz. Hier blickt man auf die Fassade des Schlosses von Tallinn. Das die Südwestecke des Toompea einnehmende Schloss, die frühere **Ordensburg**, ist

Nordestlands größter und mächtigster Wehrbau. Sie wurde, am Ort einer altestnischen und später einer dänischen Feste, vom Schwertbrüderorden errichtet. Die erste, durch Ecktürme und tiefe Trockengräben gesicherte Burg vom Kastelltypus war bereits 1229 fertig gestellt und wurde in der zweiten Hälfte des 14. Jh.s gründlich umgebaut. Den Kernpunkt bildete das in der Bautätigkeit des Ordens übliche Konventsgebäude. Aus dieser Bauperiode haben sich die gewaltige und imposante Westmauer mit dem Bergfried »Langer Hermann«, sowie dem Hängeturm »Pilsticker« am besten erhalten. Auch die nördliche Wehrmauer und der Landskrone-Turm sind geblieben. Einen hervorragenden Blick auf diesen Teil der Burg hat man vom unterhalb liegenden Toompark und vom Baltischen Bahnhof aus.

»Langer Hermann« heißt der Burgturm an der Südwestspitze der Festung.

✶ Schloss

Die Ost- und Südmauer der Burg wurden abgerissen, um Platz für die 1767 – 1773 nach Plänen des Jenaer Architekten Johann Schulz errichtete Residenz des Gouverneurs von Estland zu machen. Damit hatte die Burg ihren Festungscharakter verloren und sich in ein ansehnliches Schloss verwandelt. Anstelle des abgebrannten Konventshauses wurde bis 1922 das kubische Gebäude der Riigikogu (= Staatsversammlung) erstellt. Das Schloss dient heute wieder als Sitz des Parlaments.

Zwischen Burg und Domkirche

Lossi plats

Von der ursprünglichen barocken Bebauung des gleichzeitig mit dem Schlossbau angelegten Schlossplatzes ist nur die Nordseite erhalten geblieben.

Alexander-Newski-Kathedrale

Einigermaßen fremd in dieser Umgebung wirkt die überdimensionale orthodoxe Alexander-Newski-Kathedrale direkt gegenüber dem Schloss, 1894 – 1900 in der Hochperiode der Russifizierung als Manifest russischer Herrschaft errichtet. Die von fünf Kuppeln gekrönte Kathedrale russischen Typs besitzt über dem Hauptportal zwei fein gearbeitete Mosaiken. Auch innen setzt sich der üppige Schmuck mit Mosaiken und Ikonen fort. Die Kirche besitzt die mit einem Gewicht von über 15 t größte Glocke Estlands.

Domgilde Auf der kurzen, vom Lossi plats zum Kiriku plats führenden Gasse Toom-Kooli verdient das Haus Nr. 9 Beachtung, das einst der Domgilde der Handwerker gehört hatte. Das zu Anfang des 16. Jh.s errichtete Gebäude brannte 1684 nieder. Sein heutiges klassizistisches Äußeres stammt aus dem Jahr 1843.

Domschule Ein wenig weiter befand sich im Haus Toom-Kooli 4 über Jahrhunderte hinweg die schon 1319 erwähnte Domschule. Das anstelle der vormaligen Holzbauten 1691 errichtete neue Schulhaus wurde 1765 in eine allein adligen Schülern vorbehaltene Lehranstalt umgewandelt und der Ritterschaft unterstellt. Später war es Gymnasium, die Lehrtätigkeit musste 1940 nach dem Einmarsch der Sowjets eingestellt werden.

✶ Domkirche (Toomkirik)

Öffnungszeiten:
April – Sept. 9.00 – 16.30,
Okt. – März 9.00 – 15.00

Das eindrucksvollste und würdevollste Bauwerk der Oberstadt ist die der Jungfrau Maria geweihte Domkirche auf dem Kiriku plats, eines der ältesten Gotteshäuser in Estland. Ein schon bald nach der Eroberung durch die Dänen 1219 errichteter erster Bau war nicht von Dauer. Im letzten Viertel des 13. Jh.s begann der Umbau zur dreischiffigen Hallenkirche, von der der quadratische Chor und die polygonale Apsis die Jahrhunderte überstanden haben. Das gotische Langhaus in seiner heutigen Form stammt aus der ersten Hälfte des 15. Jh.s; etwas später wurde es durch eine Reihe von Anbauten bereichert: Es entstand an der Nordseite die Kapelle des hl. Georg, an der Südseite eine Vorhalle zum Hauptportal und in der Ecke des südlichen Seitenschiffes ein kleiner Andachtsraum. Noch später wurde der untere Teil der südlichen Fassade durch weitere Zubauten vollständig verdeckt. Im Jahr 1684 brannte die Kirche bis auf die Mauern nieder, wurde jedoch bereits 1686 wieder zum Gottesdienst geöffnet. Als letzte Ergänzung wurde 1779 der spätbarocke Westturm mit einem Helm angefügt.

✔ NICHT VERSÄUMEN

- Die Kanzel und den Altar des Barockkünstlers Christian Ackermann
- Grabmal des Pontus de la Garde und seiner Frau
- Grabmal des Schotten Samuel Greigh

✶✶ Innenraum Der Kirchenraum birgt eine Fülle künstlerisch wertvoller Stücke, neben barocker Kanzel und Altar von **Christian Ackermann** vor allem herrlich geschnitzte und farbenfrohe Wappenschilde baltendeutscher Adliger sowie eindrucksvolle Grabmäler aus dem 14. – 18. Jahrhundert. Besonders eindrucksvoll sind die lebensgroßen Darstellungen des schwedischen Statthalters Pontus de la Garde und seiner Frau. Er starb im 16. Jh. bei der Belagerung der Stadt Narva, dargestellt auf der Seite des Sarkophags. Das tempelartige Grabmal gehört Admiral Samuel Greigh, einem Schotten, der als russisches Marinemitglied

Tallinn Domkirche *Orientierung*

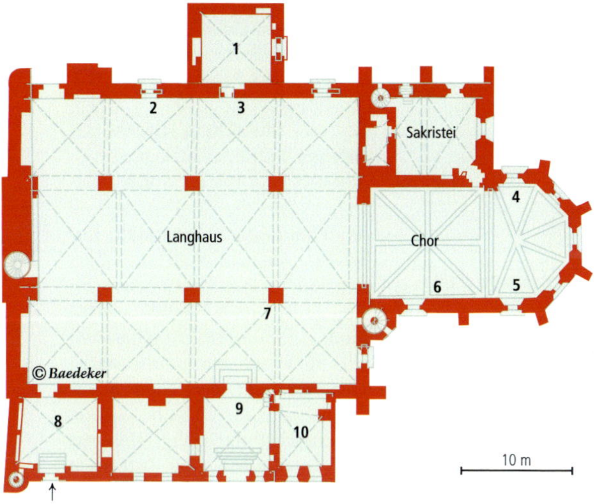

1 Kapelle des hl. Georg
2 Grabmal von Adam Johann von Krusenstern
3 Grabmal von Samuel Greigh
4 Grabmal von Caspar von Tiesenhausen
Epitaph von Olaf Ryning
Grabobelisk von Ferdinand von Tiesenhausen
5 Grabmal von Pontus de la Gardie
6 Grabplatten von Carl Horn und Otto von Uexküll
7 Epitaph von Johann Hastfer
8 Südwestkapelle
9 Vorhalle
10 Grabkapelle von Otto Wilhelm von Fersen

bei den türkisch-russischen Seeschlachten Ruhm und Ehre errang. Direkt daneben liegt das Grab von Adam Johann von Krusenstern, einem deutsch-estnischen Forschungsreisenden, der die erste Weltumsegelung unter russischer Flagge unternahm.

Um die Domkirche

Gebäude der Ritterschaft

Das dem Domchor gegenüber am Kiriku plats liegende repräsentative Gebäude wurde in den vierziger Jahren des 19. Jh.s für die estnische Ritterschaft erbaut. Es erinnert im Gesamtbild an einen italienischen Palazzo. Der auf die Nebengasse übergreifende Gebäudeflügel stammt aus dem 18. Jahrhundert.

✶ ◄ Estnisches Kunstmuseum ⌚

Das Gebäude der Ritterschaft beherbergt heute das Estnische Kunstmuseum. Es zeigt Bilder baltendeutscher Künstler wie Karl Ferdinand von Kügelgen und August Pezold, hauptsächlich jedoch Klassiker der estnischen Malerei (Öffnungszeiten: Mi. – So. 11.00 bis 18.00 Uhr).

Adelshäuser

Im Vergleich zur unteren Altstadt ist die Bebauung des Toompea merklich jüngeren Ursprungs, im Wesentlichen entstanden in den Jahrzehnten nach dem Brand von 1684. Vollklassizistische Formen zeigt das Adelshaus an der Ecke Kiriku plats / Kohtu aus dem Jahr 1798. Als stilreinstes Beispiel klassizistischer Baukunst kann das etwas nordwärts stehende Haus Kohtu 8 betrachtet werden. Die zur Unterstadt weisende Südostfassade dieses 1809 – 1814 am Rand des Abhangs errichteten Gebäudes, von Stadtbaumeister Carl Ludwig

Blick vom Burgberg auf die Altstadt

Engel entworfen, besitzt einen ionischen Säulenportikus und beherrscht die Silhouette des Toompea von der Ferne. Zur Kohtu hin öffnet sich der Paradehof.

Von der **Aussichtsplattform** am Ende der Kohtu bietet sich ein unvergleichlicher Blick auf das malerische Gewirr der Ziegeldächer und die Türme der Unterstadt. Zur zweiten Aussichtsplattform muss man von der Rahukohtu (wo sie einen Knick nach rechts macht) durch eine Toreinfahrt gehen, um den Blick auf die nordwestliche Unterstadt mit der alten Stadtmauer und ihrer Reihe spitzer Turmhelme, auf die Tallinner Bucht und hinab zum Baltischen Bahnhof zu genießen. Von hier führt die steile und winklige Patkul-Treppe hinab.

An der oben genannten Treppe sticht ein weiteres Gebäude aus der Silhouette des Toompea heraus, das **Stenbocksche Haus** (Rahukohtu 3), bestehend aus einem dem Abhang zugekehrten, frühklassizistischen dreigeschossigen Hauptgebäude und den den Innenhof umgebenden niedrigeren Nebengebäuden. Der als Behördensitz konzipierte Bau von 1792 dient heute als Sitz der Regierung.

Unterstadt

★ **Stadtmauer**

Vor dem Gang in die Unterstadt kann man von der Grünanlage am Schlossplatz den Verlauf der inneren Stadtmauer studieren. Nicht nur der Höhenunterschied trennte den Toompea von der Unterstadt. Die Kaufleute und Handwerker der Unterstadt misstrauten der auf dem Berg residierenden Ordensmacht und hielten es deshalb für angebracht, auch eine innere Stadtmauer zu errichten, die die beiden Stadtteile vollständig voneinander trennte. Die gegen den Toompea gerichtete, mit Schießscharten versehene Stadtmauer hat sich auf der niedrigeren Seite der Anhöhe, dem sog. Garten des Königs von Dänemark, gut erhalten. Ausgehend vom viereckigen **Mägdeturm** verläuft sie, bereits seit dem 14. Jh. existierend, zunächst bis zum **Torturm** auf dem Lühike jalg, um von dort über die Berglehne bis zum Tor des **Pikk jalg** hinabzusteigen.

Südöstlich unterhalb des Mägdeturms kam 1475, außerhalb der eigentlichen Stadtmauer und daher mit dieser durch eine Zwingermauer verbunden, der mächtige runde Geschützturm »Kiek in de Kök« hinzu. Seinen Namen erhielt er vom niederdeutschen »Guck in die Küche«, denn angeblich konnte man vom hoch gelegenen Turmfenster direkt in die Küchen der Häuser schauen. Im Turm ist eine Filiale des Stadtmuseums eingerichtet, mit Dokumenten zur Entwicklung der Festungsbaukunst in Tallinn. Samstags und sonntags finden im Turm oft Konzerte statt. Ferner werden dort Fotoausstellungen veranstaltet (Öffnungszeiten: Di. – So. März – Sept. 10.30 – 18.00, Okt. – Febr. 11.00 – 17.00 Uhr).

★ **Kiek in de Kök**

> ! *Baedeker* TIPP
>
> **Café im Turm**
>
> Bevor man vom Burgberg in die Unterstadt hinabsteigt, kann man sich im Café im mittelalterlichen Neitsitorn mit herrlichem Ausblick erst einmal ausruhen.

★★ Rathausplatz (Raekoja plats)

Den Platz dominiert das altehrwürdige Rathaus ►3-D-Folder folgende Seite.

★★ **Rathaus**

Büttelei

Hinter dem Rathaus (Raekoja 4) befand sich bereits um die Mitte des 14. Jh.s die Büttelei, der Stadtkerker. Das unterkellerte Gebäude wurde 1441 – 1442 erbaut und bis 1828 als Haftanstalt benutzt. Heute ist hier eine Zweigstelle des Stadtmuseums untergekommen. Die Häftlingszellen sind erhalten geblieben. Im Haus befindet sich ein **Museum zur Geschichte der estnischen Fotokunst** (Öffnungszeiten: Okt. – Febr. tgl. außer Di. und Mi. 11.00 – 17.00, März – Sept. tgl. außer Mi. 10.30 – 18.00 Uhr).

Ostseite des Rathausplatzes

Die Südostecke des Platzes nimmt das sog. Haus Matkamaja (Raekoja plats 18) ein. In ihm sind kleine Läden mit dem Wohnhaus eines wohlhabenden städtischen Kaufmanns verschmolzen. Das spätgotische Haus wird für mannigfaltige Veranstaltungen genutzt.

Matkamaja

Im Haus Nr. 15 amtierte bereits 1378 die **Rats- oder Stadtkanzlei**. Das heutige Gebäude mit imposantem Kellergewölbe wurde 1432 – 1434 errichtet.

Ein sehr schmales, in Grau und Weiß gehaltenes Haus (Nr. 12) mit zwei Beischlagsteinen vor der Treppe schließt die Ostseite des Platzes ab. Es ist eines der wenigen **Handwerkerhäuser**, die am Rande des Marktplatzes neben den Häusern der Rats- und Kaufherren genehmigt wurden. Das 1985 restaurierte Gebäude hat sowohl die ursprüngliche Raumeinteilung als auch die aus dem 16. – 18. Jh. stammenden vielfarbigen Balkendecken behalten.

★ **Ratsapotheke**

Dem Handwerkerhaus gegenüber steht an der Nordseite des Platzes die Ratsapotheke (Nr. 11), eine der wenigen seit dem Mittelalter be-

RATHAUS

★★ **Das alte Tallinner Rathaus hat als einziges im Baltikum sein stilreines spätgotisches Gepräge beibehalten. Grundriss und Raumeinteilung des heutigen Gebäudes entstanden 1402–1404. An der Ostwand ragt der schlanke achteckige Turm empor, der 1628 seinen Spätrenaissance-Turmhelm mit luftigen Laufgängen aufgesetzt bekam. Schon 1530 wurde die Wetterfahne mit der Figur des Stadtknechtes »Alter Thomas« auf die Turmspitze gestellt, das Wahrzeichen der Stadt Tallinn.**

Öffnungszeiten:
Besichtigung Mo.–Fr.
9.00–17.00 nur mit Vorbestellung unter
Tel. 06 45 / 79 00
Turmöffnungszeiten Juni – Sept.
tgl 11.00–19.00

1 Prunkräume
Die beiden repräsentativsten Räume befinden sich im ersten Stock.

2 Bürgersaal
Der Bürgersaal ist ein zweischiffiger Raum, dessen Gewölbe durch achtkantige grazile Pfeiler abgestützt werden, die aufs Schönste bemalt sind.

3 Ratssaal
Der angrenzende Ratssaal wurde 1667 mit holzgeschnitzten Friesen ausgestattet, die Lünetten darüber zeigen Gemälde aus dem Themenkreis der Rechtsprechung. Erhalten haben sich auch die mit Schnitzereien verzierten Wangen der Ratsherrenbänke.

4 Arkaden
Unter den schützenden Arkaden hatten im Mittelalter Händler ihre Verkaufsstände.

5 Inschrift
Über dem Eingang des Abgeordnetensaals mahnt eine Tafel auf Lateinisch:
»Abgeordneter, wer auch immer Du sein magst, wenn Du das Rathaus betrittst, um öffentliche Pflichten zu erfüllen, lasse Dein Privatleben vor der Tür. Wut, Unrecht, Feindschaft, Freundschaft, Schmeichelei; ordne Deine Person und Deine Sorge der Gemeinschaft unter, weil Du, direkt oder indirekt, über andere Menschen entscheidest, stehst Du selber unter Gottes Rechtsprechung.

Aus der Vogelperspektive erkennt man die mittelalterlich verschachtelten Gebäudestrukturen rund um den Rathausplatz.

Vana Toomas
Der »Alte Thomas« auf der Rathausspitze zeigt die Windrichtung an.

Weihnachten
Mit einem riesigen Tannenbaum und hübschen Weihnachtsmarktständen putzt sich der Platz zur Adventszeit heraus.

Mittelalterfest
Bei den Altstadttagen Anfang Juni fühlt man sich rund ums Rathaus ins Mittelalter zurückversetzt.

Ratsherren, Bürger und Bettler ...
... gingen im Mittelalter durch die Arkaden.

triebenen Apotheken Europas. Die etwas unregelmäßig gestaltete Front des Hauses verrät, dass hier unter einem gemeinsamen, jedoch aus jüngerer Zeit stammenden Dach einzelne, unterschiedlichen Zwecken dienende Gebäude vereint sind. Die 1422 erstmals erwähnte Apotheke nahm den Ostteil ein, während das westliche Drittel die seit 1358 belegte Kleine Stadtwaage beherbergte; erst 1550/1551 wurden die Gebäudeteile zusammengefasst.

Links neben der Apotheke führt ein Durchgang in eine kurze und schmale Gasse, den **Saiakang** (Weckengang), hier wurde einst Weißbrot feilgeboten. Rechts in der Gasse sieht man ein farbenfreudiges, hochfirstiges Häuschen mit einem winzigen Laden im Erdgeschoss. Es wurde bereits 1656 als Krämerladen an diese zum Handel besonders geeignete Stelle gebaut.

! *Baedeker* TIPP

Sorgenbriefkasten

In einer Altstadtgasse haben ukrainische Mönche auf einem alten Klostergelände eine Kunstwerkstatt sowie eine Herberge eingerichtet. Außen hängt ein Briefkasten, wer Sorgen hat, kann dort ein Zettelchen einwerfen – und darauf vertrauen, dass die Möche ihn in ihr Gebet miteinschließen (Laboratootumi 22).

Nördliche Unterstadt

Pikk Durch den Saiakang gelangt man auf die Pikk (= Lange Straße), als Verbindung zwischen Toompea und Hafen einst die wichtigste Straße der Unterstadt, in der sich die Gildehäuser konzentrierten.

* **Heiliggeistkirche** Unmittelbar rechts am Ende des Saiakang steht die Heiliggeistkirche. In der ersten Hälfte des 13. Jh.s errichtet und danach umgebaut, ist sie das einzige Sakralbauwerk Tallinns, das sich in seiner Gestalt aus dem 14. Jh. erhalten hat. Es diente als Kirche des Siechenhauses und auch als Ratskapelle. Der Baukörper besteht aus einem zweischiffigen Langhaus, an dessen Nordschiff der quadratische, niedrigere Chorraum angebaut ist. Im achtkantigen Turm hängt die älteste erhaltene Glocke Estlands (1433). Die bunt bemalte Holzuhr an der nördlichen Außenwand schuf **Christian Ackermann** im Jahr 1684. In dieser Kirche wirkte auch **Balthasar Russow**, der Verfasser der »Livländischen Chronik«, als Pfarrer. Herausragend ist der 1483 von **Bernt Notke** geschaffene Flügelaltar mit Gemälden und farbigen Holzskulpturen. Dargestellt sind im Mittelteil die Ausgießung des Hl. Geistes und die Krönung Mariä, auf den Flügeln der hl. Olaf, Maria mit dem Kind und Anna, die hl. Elisabeth und der hl. Viktor. Das Gestühl trägt an den

* Innenraum ►

✓ NICHT VERSÄUMEN

- Den 1483 geschaffenen Flügelaltar des Lübecker Meisters Bernd Notke in der Heiliggeistkirche

Wangen u. a. eine Reliefabbildung des hl. Andreas und das Familienwappen der Wrangels (1513). Die Kanzel wurde 1597 geschaffen. Außerordentlich schön sind auch der Orgelprospekt und die mit Allegorien beschnitzte und bemalte Empore von Elert Thiele (1660).

Die von Christian Ackermann bemalte Uhr der Heiliggeistkirche entstand bereits 1684.

Der Heiliggeistkirche schräg gegenüber erkennt man das Haus der **Großen Gilde** an seinen für Bauten der Hansestädte typischen spitzbogigen Blendnischen. Es wurde 1407 – 1410 für die Gilde der Kaufleute und Reeder erbaut. Am Portal sind noch die um 1430 aus Bronze gegossenen Türklopfer mit Löwenköpfen vorhanden. Ursprünglich teilte sich das Gildehaus in zwei große Räume; erst später wurde die Gewölbevorhalle durch Zwischenwände in kleinere Räume mit neogotischer Ausgestaltung aufgeteilt. In ursprünglichem Zustand ist noch der zweischiffige Festsaal vorhanden, dessen Gewölbe sich auf drei sechskantige, profilierte Tragpfeiler stützt. Deren Kapitelle schmücken Flachreliefs mit Pflanzen- und Tierabbildungen. Die Große Gilde ist Sitz des **Museums für Estnische Geschichte**, das über 200 000 Exponate wie Münzen, Gemälde und archäologische Artefakte sein Eigen nennt (Öffnungszeiten: tgl. außer Mi. 11.00 – 18.00 Uhr).

Kanutgilde

Nach wenigen Schritten kommt man zum Gebäude Pikk 20. Hier standen einst die Häuser der Kanutgilde, in der sich die feineren Handwerke vereinigt hatten. Heute nimmt den Platz ein in den Jahren 1863 bis 1864 gebautes Haus im Tudorstil ein.

Olaigilde

Das übernächste Gebäude, Pikk 24, gehörte der Olaigilde, einer Vereinigung der einfacheren Handwerkerzünfte. In ihrem von 1419 bis 1424 erbauten Gildehaus hat sich noch der architektonisch beachtliche zweischiffige Gildesaal mit seinem prachtvollen Sterngewölbe erhalten. Das später mit dem benachbarten Schwarzhäupterhaus vereinigte Haus der Olaigilde wurde heute zu Klubräumen umfunktioniert.

Schwarzhäupterhaus

Am Nachbarhaus Pikk 26 fällt zunächst die wunderbar gearbeitete Eingangstür auf: goldene Sterne auf grünem Grund, darüber der Kopf eines Mohren, das Wappen der Bruderschaft der Schwarzhäupter, in der sich ledige junge Kaufleute unter dem Schutzpatronat des

Einst Treffpunkt junger lediger Kaufleute: das Schwarzhäupterhaus

hl. Mauritius zusammenfanden. Auch im lettischen ► Rīga befand sich ein Bruderschaftshaus. Das Schwarzhäupterhaus von Tallinn erhielt seine Fassade im Stil der niederländischen Renaissance 1597 durch den Baumeister Arent Passer. Volutengiebel, Fassadenwand und das schöne Rundbogenportal zieren zahlreiche Steinreliefs, darunter Allegorien von Frieden und Gerechtigkeit, Porträts des polnisch-schwedischen Königspaares Sigismund III. und Anna, auf Turnieren kämpfende Ritter sowie die Wappen der vier Hansestädte Brügge, Nowgorod, London und Bergen. Heute befindet sich hier ein Kulturzentrum.

Rosensches Haus Das direkt anschließende dreistöckige Gebäude mit hohem Dach, wappengeschmücktem Giebeldreieck und Pilastergliederung wurde in den 1670er-Jahren errichtet und ist ein gutes Beispiel für ein Adelshaus aus der Barockperiode.

★ Drei Schwestern Auf der Pikk weitergehend stößt man bald links an der Ecke zur Straße Tolli auf eine Gebäudegruppe aus drei Häusern (15. Jh.), »Drei Schwestern« genannt. Alle drei weisen sich – erkennbar an den hoch gelegenen Luken und Lastenaufzügen – als Kaufmannshäuser aus. Das bemerkenswerteste von ihnen ist das Eckhaus, die »erste Schwester«, mit ihrem blendnischenverzierten Giebel und dem mit barocken Schnitzereien dekorierten Portal.

»Drei Schwestern« aus den Zeiten der Hanse: alte Speicherhäuser

Nur wenige Schritte sind es nun noch bis zur Großen Strandpforte, dem Stadttor zum Hafen hinaus. Von ihm hat sich nur das zu Anfang des 16. Jh.s errichtete vordere Tor mit dem mächtigen Geschützturm **»Dicke Margarete«** erhalten. Der viergeschossige Turm mit einem Durchmesser von 24 m trägt über der Toröffnung in schönen spätgotischen Formen das kleine Stadtwappen. Im Turm befindet sich das **Estnische Museum für Seefahrt** (Öffnungszeiten: Mi. – So. 10.00 – 18.00 Uhr).

Von der Strandpforte aus lässt sich wiederum die Stadtmauer gut studieren. Die von hier in südlicher Richtung verlaufenden Mauerabschnitte und Türme umschließen die Unterstadt im Westen und Osten. Die schon 1265 begonnenen Befestigungsarbeiten erreichten ihren Höhepunkt in der ersten Hälfte des 15. Jh.s, als die annähernd 2,4 km lange und mit **45 Wehr- und Tortürmen** ausgerüstete Stadtmauer ihre endgültige Gestalt erhielt. Die Höhe der Mauer betrug bis zu 16 m, die viergeschossigen Türme erreichten eine Höhe von bis 22 m und hatten einen Durchmesser zwischen 8 und 10 m, damit war die Tallinner Stadtmauer eines der bedeutendsten Fortifikationssysteme im damaligen Nordeuropa. Heute sind davon Mauerteile von insgesamt 1,85 km sowie 26 Wehrtürme erhalten. Einige von ihnen sind als Wohnstätten, ein weiterer Teil für öffentliche Zwecke eingerichtet, die übrigen stehen leer. Am besten überblickt man die Mauer von Westen her.

✶ **Stadtmauer**

Die Türme der Stadtmauer: Steinerne Wahrzeichen aus dem Mittelalter

Von der Dicken Margarete führt der Weg durch die Unterstadt auf der nach Westen abzweigenden Straße Lai wieder zurück Richtung Rathausplatz. Zwischen der Pikk und der Lai ragt die 1267 erstmals erwähnte **Olaikirche** empor, eines der imposantesten mittelalterlichen Bauwerke in Tallinn. Die dreischiffige Kirche vom Basilikatyp hat ihre heutige Gestalt im Wesentlichen im 15. Jh. erhalten: 1424 war der von einem Sterngewölbe abgeschlossene Chorraum im Stil reinster Tallinner Spätgotik vollendet, in den Jahren 1436 bis 1450 entstand das Langhaus mit dem 31 m hohen Mittelschiff, das somit das höchste Kirchenschiff im Baltikum ist. 1521 wurde die Marienkapelle an der Südseite des Chors vollendet, die sich durch ihr fein gearbeitetes und detailreiches Äußeres auszeichnet. Der weite und lichte Kirchenraum präsentiert sich nach einem weiteren Brand im Jahr 1820 überwiegend in der neogotischen Ausstattung von 1839. Das Altargemälde stammt von Wilhelm von Kügelgen.

Vorbei am **Naturkundemuseum** im Haus Lai 29 (Öffnungszeiten: Mi. – So. 11.00 – 17.00 Uhr) gelangt man durch das Hoftor des Hauses Lai 17 zu einem großen ehemali-

! *Baedeker* TIPP

Aussichtsvoll

Lohnend ist der Blick von der Aussichtsplattform auf ca. 60 m Höhe des Westturms der Olaikirche, geöffnet April – Oktober 12.00 – 16.00 Uhr. Zwischen der Turmspitze und der Stadtmauer spannten im Mittelalter fahrende Akrobaten ihr Seil und unterhielten die Stadtbewohner mit Schwindel erregenden Kunststücken.

gen Lagerhaus und Getreidespeicher. Hier hat das **Kunstgewerbemuseum** Platz gefunden, das eine Übersicht über das estnische Kunsthandwerk von der Jahrhundertwende bis heute gibt (Öffnungszeiten: Mi. – So. 11.00 – 18.00 Uhr). Gegenüber (Lai 30) befindet sich das **Gesundheits- oder Hygienemuseum** (Öffnungszeiten: Di. – Sa. 11.00 – 17.00 Uhr).

Ehemaliges Michaelskloster

Die am nächsten Eckhaus abbiegende kurze Straße Suur Kloostri wird von Gebäuden des dem hl. Michael geweihten Zisterzienserinnenklosters gesäumt, das von 1249 – 1629 bestand. Von diesem haben sich – als ältestes in Tallinn erhaltenes Zeugnis klösterlichen Alltagslebens – mehrere zweischiffige Gewölbesäle mit Rundsäulen im Ost- und Nordflügel der ansonsten gründlich umgebauten Klausur erhalten. 1631 war in den ehemaligen Klosterräumen ein Knabengymnasium eröffnet worden, und 1633 nahm dort die erste Tallinner Druckerei ihre Tätigkeit auf. Die Kirche wurde 1716 der orthodoxen Gemeinde übergeben und in Preobrashenskikirche umbenannt. 1776 erhielt sie den barocken Turmhelm, in den Jahren 1828 bis 1830 kamen die klassizistische Fassade und die Kuppel hinzu. Die Kirche besitzt einen sehenswerten barocken Ikonostas.

Östliche und südliche Unterstadt

Alter Markt

Eine merklich abfallende, kurze und krumme Gasse, der sog. Vanaturu kael, verbindet den Rathausplatz mit dem Alten Markt (estn. Vana turg), wo die spätgotischen Häuser an der Südost- und Südseite sowie das 1656 an der Westseite erbaute Packhaus auffallen.

Lehmpforte

Westlich vom Alten Markt markieren die beiden 1454 erbauten Spitztürme der Lehmpforte (estn. Viru värav) den Ostausgang der Altstadt, der auf den Viru hinausführt.

Auf der vom Platz nordwärts führenden Straße Vene kommt man zum **Katharinenkloster**, einem 1246 geweihten **Dominikanerkloster**, das seit einem Brand im Jahr 1531 in Ruinen liegt. Auch von der ihrer Grundfläche nach größten

! Baedeker TIPP

Mittelalter für alle Sinne ...

... gibt es im Restaurant Olde Hansa. Originale Rezepte, historisch kostümierte Bedienung und unaufdringliche Musik – an sechs Tagen der Woche live gespielt (Vana Turg 1, Tel. 6 27 90 20).

der alten Tallinner Klosterkirchen sind nur Mauerreste erhalten. Zu sehen sind noch die spätgotischen Portale an der Westwand, Grabplatten aus dem 14. – 15. Jh. an der Südwand sowie von der einstigen Klausur an der Nordseite der Kirche die Kreuzgänge, der Kapitelsaal und die Kapelle für die Seelenmesse (Öffnungszeiten des Museums: Mai – Okt. tgl. 9.30 – 18.00 Uhr). An der Stelle des Refektoriums wurde 1841 – 1845 die neoklassizistische Katholische Kirche erbaut.

! *Baedeker* TIPP

Katharinengilde

Tuchmacherinnen, Glasbläserinnen, Gerberinnen – 13 Frauen, die sich von der Kunstakademie kennen, haben in den malerischen Hinterhäusern zwischen den Straßen Vene und Müürihave (Vene 12) ihre Werkstätten; man kann bummeln, schauen, kaufen ...

Etwas weiter kommt man zur orthodoxen **Kirche St. Nikolais des Wundertäters**, errichtet an einer Stelle, an der russischen Kaufleuten bereits anfangs des 15. Jh.s ein Platz zum Bau eines Warenlagers mit Kirche eingeräumt worden war. Die heutige klassizistische Kirche entstand um 1820.

Stadtmuseum

Das gegenüberliegende Patrizierhaus (Vene 17) mit kunstvoll gestalteter Außenwand und gotischem Portal beherbergt das Stadtmuseum. Zu sehen sind Gemälde aus der Sammlung der Bruderschaft der Schwarzhäupter, Silbergegenstände und Teppiche sowie Fayencen der Fickschen Manufaktur. Die Hauptausstellung »Tallinn 1700 – 1918« zeichnet die Geschichte der Stadt nach (Öffnungszeiten: tgl. außer Di. März – Sept. 10.30 – 18.00, Okt. – Febr. 11.00 – 17.00 Uhr).

✶ **Nikolaikirche**

Die südliche Unterstadt wird von der Nikolaikirche beherrscht. Sie wurde 1230 von deutschen Kaufleuten gegründet. Vom noch im 13. Jh. abgeschlossenen ersten Bau sind die Basis des Westturms sowie die Grundmauer des Langhauses mit den Portalen an der Nord- und Südwand erhalten geblieben. Die Nikolaikirche ist ein Beispiel einer im Ostseeraum verbreiteten sog. Kaufmannskirche, in der im Dachstuhl Waren gelagert werden konnten und die wohl auch zur Verteidigung eingerichtet war. Der Umbau zur Basilika und der Anbau des neuen Chores erfolgte 1405 – 1420. Letzter baulicher Zusatz war die spätbarocke Grabkapelle von Peter August von Holstein-Beck (1773) an der Nordseite des Turms. Die 1944 zerstörte Kirche wurde wiederaufgebaut und dient nun als Konzertsaal und **Filiale des Estnischen Kunstmuseums**, in dem sakrale Kunstgegenstände ausgestellt werden. Herausragende Stücke sind der vom Lübecker Meister Hermen Rode 1481 geschaffene **Hauptaltar** und das An-

✓ NICHT VERSÄUMEN

- Totentanz des Lübecker Künstlers Bernd Notke
- Hauptaltar des Lübecker Bildhauers Hermen Rode

✶ ✶ ◄ Hauptaltar

Tallinn Nikolaikirche Orientierung

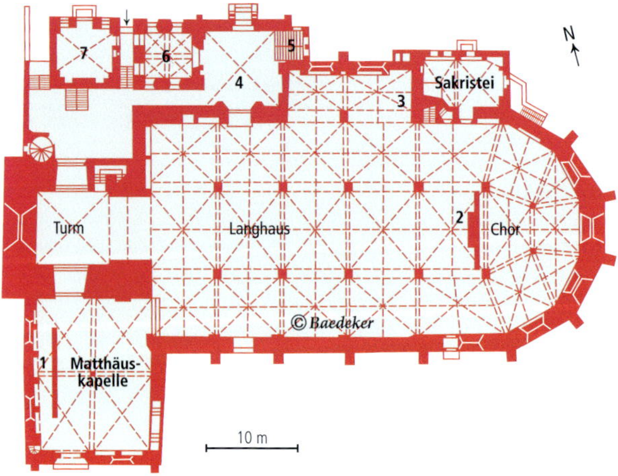

1 Totentanz von Bernt Notke
2 Hauptaltar von Hermen Rode
3 Altar der Antoniuskapelle
4 Nördliche Vorhalle
5 Grabkapelle von Bogislaus von Rosen
6 Grabkapelle von Gustav Adolf Clodt
7 Grabkapelle von Peter August von Holstein-Beck

★★ Totentanz ► fangsstück des **»Totentanzes«** (Ende 15. Jh.) des Lübeckers Bernd Notke. Zu den Kleinodien gehört eine Sammlung von Kron- und Wandleuchtern aus dem 16. – 18. Jh., und neu ist die Silberkammer mit Silbergut aus den Gilden und Kirchen (Öffnungszeiten: Mi. – So. 10.00 – 17.00 Uhr).

Rund um die Altstadt

Feuerwehrmuseum Man verlässt die Altstadt durch die Lehmpforte zum vom Hotel Viru überragten Viruplatz. Das Haus linker Hand (Vana-Viru 14) ist eine alte Feuerwache, und beherbergt ein sehenswertes Feuerwehrmuseum (Öffnungszeiten: Sept. – Mai Di. – Sa. 12.00 – 18.00, Juni bis Aug. Do. – Sa. 12.00 – 17.00 Uhr).

Estonia-Theater Vom Viruplatz nach Süden gehend kommt man bald zum Estonia-Theater. Das 1910 – 1913 erbaute Schauspielhaus besteht aus zwei Bauten für Theater und Konzerte und ist die wichtigste Musikbühne des Landes: Oper, Operette, Musical und Ballett werden von den kunstbegeisterten Esten gleichermaßen gut besucht.

Estnisches Dramentheater Gleich daneben erblickt man das 1910 im Jugendstil geschaffene Gebäude des Estnischen Dramentheaters. Es war bei seiner Gründung Deutsches Theater, heute legt die erste Bühne des Landes besonderes Gewicht auf die Inszenierung junger estnischer Dramatiker.

Karlskirche Südwestlich vom Vabaduse väljak erhebt sich die 1870 erbaute Karlskirche mit eindrucksvoller zweitürmiger Westfassade.

Gegenüber der Kirche entstand 1993 der Gebäudekomplex der Estnischen **Nationalbibliothek**. Sie besitzt 4,3 Mio. Bände und erfüllt gleichzeitig die Funktion der Parlamentsbibliothek.

> ! *Baedeker* TIPP
>
> **Zentralmarkt**
>
> Märkte geben immer einen lebendigen Einblick in Alltag und Konsumgewohnheiten eines Landes. Der Keskturg (Zentralmarkt) befindet sich im Südosten in der Turu pöik 2 (Tram 2, 4) und hat täglich bis 16.00 Uhr geöffnet.

Die Toompuiestee umrundet von der Nationalbibliothek aus den Domberg und folgt dabei dem Verlauf der **Festungswälle**, heute ein Grüngürtel, zu dem der Lindamägi (= Lindahügel), der Schnelli tiik (= Schnell-Teich), der Tornide väljak (= Platz der Türme) und die Skoone-Bastion gehören.

Salzspeicher

In der Nähe des Hafens, Ahtri 2, steht der ehemalige Salzspeicher, eines der schönsten Kalksteingebäude Estlands. In dem Haus, das 1995 – 1996 restauriert wurde, befinden sich das **Museum der Estnischen Architektur** und der Ausstellungssaal des Estnischen Kunstmuseums (Öffnungszeiten: Mi. – Fr. 12.00 – 20.00, Sa. – So. 11.00 – 18.00 Uhr; letzter Fr., Sa. und So. im Monat freier Eintritt).

Im östlichen Stadtteil

★ Kadriorg

Der Park von Kadriorg erstreckt sich zwischen dem Meeresufer und dem steilen Kalksteinhang des Lasnamägi und ist beliebtestes Ausflugs- und Naherholungsgebiet der Stadtbevölkerung. **Zar Peter I.** beauftragte den Italiener Niccolò Michetti mit dem Bau einer Sommerresidenz, die zu Ehren seiner Gemahlin **»Katharinental«** genannt

Schloss Katharinental: die ehemalige Sommerresidenz Zar Peters I.

wurde. Das 1725 fertig gestellte Schloss stellt den Höhepunkt estnischer Barockarchitektur dar. Der prachtvollste Raum ist der leicht und beschwingt wirkende Saal über dem Foyer, ausgestattet mit großartiger Stuckdekoration und einem Deckengemälde nach den Metamorphosen des Ovid. Im Schloss befindet sich das **Museum ausländischer Kunst** (Öffnungszeiten: März – Sept. Di. – So., Okt. – Febr. Mi. – So. 10.00 – 17.00 Uhr).

Hinweis

- Zu den Sehenswürdigkeiten im Osten Tallinns gelangt man vom Viruplatz aus am besten mit den Straßenbahnlinien 1 und 3 in Richtung Park von Kadriorg oder mit den Bussen, die in Richtung Pirita und Lasnamäe fahren (Haltestelle J. Poska).

Der großzügige Lustgarten ist heute ein romantischer und beschaulicher Waldpark mit altem Baumbestand. Ein kleines Sommerhaus, das sog. **Peterhäuschen** mit persönlichen Gegenständen des Zaren ist in den Sommermonaten zu besichtigen (Öffnungszeiten: Mi. – So. 10.30 – 18.00 Uhr).

In einem ehemaligen Küchengebäude des Schlosses (Weizenbergi 28) findet sich die **Kollektion des Kunstsammlers Johannes Mikkel** sowie eine **Sammlung alter Ikonen** (Öffnungszeiten: Mi. bis So. 11.00 – 18.00 Uhr).

Am Westrand des Parks (Koidula tänev 12 A) steht das Holzhaus des estnischen Romanciers **Anton Hansen Tammsaare** in dem ein kleines Museum zu seinem Werk eingerichtet ist (Öffnungszeiten: tgl. außer Di. 11.00 – 18.00 Uhr).

✶ Sängerbühne

Von Kadriorg zieht die Pirita tee am Ufer der Tallinner Bucht entlang, und am Denkmal für die Besatzung des 1893 in der Bucht gesunkenen Kriegsschiffes »Russalka« vorbei erreicht man die 1960 gebaute 20 000 Sänger fassende muschelförmige Sängerbühne. Hier finden alle fünf Jahre die berühmten Sängerfeste statt, und auch sonst ist immer etwas geboten: Rollschuhbahn mit -Verleih, Buden, Märkte oder Konzerte.

Segelzentrum

Anlässlich der Moskauer Olympischen Sommerspiele von 1980 wurde in **Pirita** das Olympische Segelzentrum angelegt. Hinter der Brücke befindet sich ein Ruderbootverleih und es gibt einen beliebten Sandstrand.

Brigittenkloster

Nur wenig entfernt am gegenüberliegenden Ufer des Flusses wurde 1407 – 1436 das **Kloster der hl. Brigitta** (estn. Pirita klooster) erbaut. Es fiel 1577 während der Belagerung der Stadt in Trümmer und zeigt sich heute als sehr romantisch wirkender Ruinengarten. Von der großen dreischiffigen Klosterkirche stehen noch die Außenmauern, Ausgrabungen legten Reste der im Norden anschließenden Klausur, des Kapitelsaals und des Festrefektoriums sowie der Wirtschaftsräume an der Ostseite frei. Neben den Ruinen entstand 2001 ein neuer Klosterkomplex des Ordens der hl. Brigitta.

2,5 km östlich von Pirita liegt idyllisch am Pirita-Fluss der Botanische Garten mit 123 ha Land, mehreren Gewächshäusern und über 8000 Pflanzenarten (Öffnungszeiten Mai – Sept. tgl. außer Mo. 11.00 bis 19.00 Uhr).

★ **Botanischer Garten**

Umgebung von Tallinn

Noch im Stadtgebiet von Tallinn, 7 km vom Zentrum entfernt, liegt das Gebiet Rocca al Mare (ital. Felsen am Meer). Es verdankt seinen Namen einem reichen Kaufmann und Italienfreund, der hier sein Sommerhaus baute. 1964 wurde auf dem weitläufigen, waldigen Gelände das Estnische Freilichtmusem eröffnet. Entsprechend der ethnografischen Gliederung Estlands ist auch das Museum in die vier Abteilungen Nordestland, Südestland, Westestland und die Inseln untergliedert. Aufgebaut sind über 70 Gebäude, die meisten davon Bauernhäuser aus dem 19. Jh., einschließlich kompletter Höfe mit Geräten, Werkzeugen und Gebrauchsgegenständen; zudem sieht man Kleinbauernkaten, Windmühlen, eine Wassermühle, eine Dorf-

★★ **Freilichtmuseum Rocca al Mare**

Bus 21
Trolleybus 6

Marktfest im Freilichtmuseum Rocca al Mare

Estnisches Freilichtmuseum Orientierung

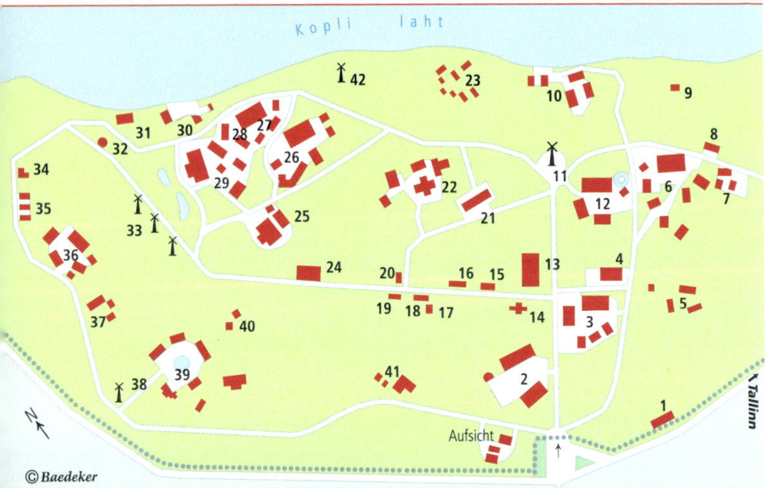

1 Dorfkrug
2 Westestnischer Bauernhof aus Sassi-Jaani (Mitte 18. Jh.)
3 Westestnischer Pachthof aus Köstriaseme (2. H. 19. Jh.)
4 Westestnisches Kätnerhaus aus Nuki (Ende 19. Jh.)
5 Waldarbeiterhof aus Avinurme (Ende 19. Jh.)
6 Nordestnischer Pachthof aus Pulga (Mitte 19. Jh.)
7 Bauernhof von 1920/1940
8 Landarbeiterhaus
9 Kalkofen
10 Nordestnischer Fischerhof aus Aarte (2. H. 19. Jh.)
11 Bockmühle aus Nätsi (2. H. 19. Jh.)
12 Nordestnischer Hof aus Kutsari (Ende 19. Jh.)
13 Dorfkrug aus Kolu (Mitte 19. Jh.)
14 Dorfladen aus Vilita (Ende 19. Jh.)
15 Gemeindehaus
16 Gemeindeschule aus Kuie (Ende 19. Jh.)
17 Gemeindespeicher
18 Gemeindeverwaltung
19 Armenhaus
20 Feuerwehrhaus (1929)
21 Dorfkirche aus Sutlepa (1699/1837)
22 Museumsvervaltung
23 Hof estnischer Schweden
24 Wassermühle aus Kahala (Ende 19. Jh.)
25 Kleinbauernhof aus Muhu (Ende 19. Jh.)
26 Pachthof aus Hiiumaa (2. H. 19. Jh.)
27 Bauernhof aus West-Saaremaa (Ende 18. Jh.)
28 Herrnhuter Bethaus (um 1780)
29 Hof aus Muhu (Beginn 20. Jh.)
30 Netzhütten (19./20. Jh.)
31 Wanderfanghaus der Fischer (Ende 19. Jh.)
32 Teerofen
33 Bockmühlen aus Kotlandi (1871), Leedri (1876) und Sutlepa (1749)
34 Russischer Fischerhof vom Peipus-See (Ende 19. Jh.)
35 Bauernhof aus Setumaa (Ende 19. Jh.)
36 Südestnischer Bauernhof aus Rusi (Ende 19. Jh.)
37 Südestnischer Kätnerhof aus Risu (Ende 19. Jh.)
38 Holländermühle aus Kalma (1897)
39 Südestnischer Großbauernhof aus Kerase (Ende 19. Jh.)
40 Knechtehaus des Großbauernhofs
41 Südestnischer Kleinbauern- und Handwerkerhof aus Sepa (Beginn 20. Jh.)
42 Bockmühle aus Ülendi (1860)

schenke (in Betrieb), eine Kirche und ein Spritzenhaus (Öffnungszeiten: Mai – Aug. tgl. 10.00 – 20.00, Gebäude bis 18.00; Sept. und Okt. 10.00 – 18.00 bzw. bis 16.00 Uhr).

Im Landkreis Harjumaa

Badeorte

Kloogranna ist ein Erholungsort in einer bewaldeten Dünengegend ca. 40 km westlich von Tallinn. **Laulasmaa**, 5 km nördlich von Kloogranna, ist ein beliebter Badeort, mit einem windgeschützten Sandstrand unter den etwa 5 m hohen Klippen. Der Name Laulasmaa bedeutet »Singendes Land«: Wenn man den Sand durchwatet, erklingen unter den Fußsohlen bisweilen eigenartige, vom Wind hervorgerufene Töne. Ein paar Kilometer nördlich liegt die Halbinsel **Lohusalu**, ebenfalls Badeörtchen mit breitem Sandstrand, Yachthafen und Restaurant.

Keila-Joa

✶

◄ Wasserfall

◄ Gutspark

Nach Laulasmaa beschreibt die Straße einen Bogen zum überaus malerischen Ort Keila-Joa. Hier stürzt das Flüsschen Keila vom nordestnischen Plateau in die Senke hinab und bildet einen 6 m hohen und bis zu 70 m breiten, Gischt sprühenden Wasserfall, um dann durch eine Parklandschaft aus Dünen, uralten Föhren und exotischen Nadel- und Laubhölzern dem Meer zuzufließen. Der große Park wurde zu Beginn des 19. Jh.s vom Chef der Gendarmerie unter Zar Nikolaus I. um ein kleines Herrenhaus im neogotischen Stil angelegt. Herrenhaus und Park hatten im Zweiten Weltkrieg schwer zu leiden, und auch die in den Nachkriegsjahrzehnten hier hausende Sowjetarmee hinterließ beträchtliche Schäden.

Kliff von Türisalu

3 km nordöstlich von Keila-Joa führt bei Türisalu die Landstraße ganz nahe an den Glintabfall heran. Aus einer Höhe von 30 m eröffnet sich ein schöner Ausblick auf die See und die ferne Küstenlinie.

Paldiski

Paldiski liegt an der Westküste der Halbinsel Pakri und hat zwei Handelshäfen und einen Leuchtturm. Die Stadt ist Geburtsort des estnischen Bildhauers **Amandus Adamson** (1855 – 1929).

Harju-Madise

10 km südwestlich von Kloogranna biegt eine Straße nach Harju-Madise an der Bucht von Pakri ab. Sehenswert ist die auf einer Anhöhe über der Bucht aufragende einschiffige Kirche aus dem 18. Jahrhundert. Ihr Turm ist gleichzeitig Leuchtturm.

✶

Klosterruine Padise

Über Keila (nicht zu verwechseln mit Keila-Joa) gelangt man 43 km südwestlich von Tallinn nach Padise, das dank seiner Klosterruine bekannt ist. Das Kloster wurde zwischen 1305 und 1317 von Zisterziensern angelegt und brannte 1766 aus. Die Gebäude des wiedererbauten, nun wehrhaften Klosters waren um einen Innenhof gruppiert und von einem Wallgraben umgeben. Die Bauart der einschiffigen Kirche an der Nordseite weist auf Beziehungen zum Tallinner Dom hin. Im Erdgeschoss des Ostflügels befanden sich Sakristei, Kapitel und Parlatorium, im zweiten Geschoss das Dormitorium. Vom Südflügel, wo oben die Wohnräume des Abtes und unten das Refektorium lagen, ist wenig erhalten. Der Westflügel beherbergte Wirtschaftsräume. Im letzten Viertel des 18. Jh.s entstand östlich vom Kloster das barocke **Gutsgebäude**. Bemerkenswert sind der Speicher – die sog. Gutsklete (1836) – und die Pferdeställe (1856).

Jõelähtme

Jõelähtme, 23 km östlich von Tallinn, ist uraltes nordestnisches Siedlungsgebiet. Anschaulich bezeugen dies die 36 **Steinkistengräber** nördlich der E 20. Sie stammen aus der späten Bronzezeit (in Estland ca. 500 v. Chr.) und enthielten die Überreste der unverbrannt bestatteten Toten. Die Grabbeigaben deuten auf Beziehungen zu Südskandinavien hin. In der Umgebung, meist nördlich der E 20, finden sich noch weitere Gräber und zahlreiche Kultsteine.

Kostivere Nur wenig südwestlich des Gräberfeldes kommt man zum Karstgebiet von Kostivere, dem größten in Estland. Beim Ort Kostivere verliert sich der Fluss Jõelähtme unter der Erde und tritt nach ca. 2,5 km in der Nähe der Kirche in mehreren kräftigen Quellen wieder an die Oberfläche. Neben der Karstsenke finden sich auf einer Fläche von einigen Quadratkilometern zahlreiche Dolinen, winzige Höhlen und andere Karstgebilde. Bei Hochwasser steht die Senke unter Wasser, dann tritt auch der Fluss zutage.

✶ Wasserfall des Jägala Ungefähr 3 km östlich von Jõelähtme und 2 km nördlich der E 20 bildet der Fluss Jägala, von der Terrasse des Glints hinabstürzend, einen nahezu 8 m hohen, sehr schönen Wasserfall. Am Wasserfall war schon seit dem 13. Jh. eine Wassermühle in Betrieb, deren Standort wegen des allmählichen Zurückweichens der Hangstufe dreimal gewechselt werden musste.

Strenger Winter am Wasserfall

Die E 20 weiterverfolgend, erreicht man 38 km von Tallinn das Dorf **Kiiu**. Es besitzt mit dem im frühen 16. Jh. erbauten **Mönchsturm** einen außerordentlich interessanten Wehrbau, der zu den kleinsten Burganlagen Estlands gehört. Der sich verjüngende vierstöckige Rundturm, das zentrale Gebäude des Gutes Kiiu, ist mit Kaminen, Latrinen, einem außen liegenden Wehrgang am dritten Stockwerk und Schießscharten in allen Geschossen ausgestattet.

Kuusalu Nur 3 km weiter liegt Kuusalu. Hier ist ein Silberschatz gehoben worden, der 410 Münzen aus dem 11. Jh. enthielt. Der Bau der Laurentius-Kirche wurde in seiner Anfangsgestalt Ende des 13. Jh.s abgeschlossen, Tallinner Meister gestalteten das Langhaus im 15. Jh. um. Im Nordteil des Dorfes sieht man die Reste des Steinwalles der Pajulinn, einer bis zum 11. Jh. bewohnten Moorburg. In deren Nähe wurden u. a. noch vier vorgeschichtliche Siedlungsstellen und eine Gräberstätte aus der ersten Hälfte des 2. Jahrtausends gefunden.

★★ Tartu (Dorpat)

S 6

Höhe: 30 – 79 m ü. d. M. **Einwohnerzahl:** 101 200

Tartu, die älteste Stadt des Landes, nimmt im Nationalbewusstsein der Esten einen überragenden Platz ein: Hatte doch hier, in der altehrwürdigen Universitätsstadt, die estnische Nationalbewegung ihre Keimzelle.

Wiege der Nationalbewegung

Tartu ist das bedeutendste Verwaltungszentrum Südestlands und die zweitgrößte Stadt des Landes. Die Stadt liegt knapp 200 km südöstlich der Hauptstadt ► Tallinn zwischen dem Võrtsjärv (► Viljandi, Umgebung) und dem ► Peipsi järv. Durch Tartu fließt – von fünf Brücken überspannt – der Fluss Emajõgi.

Geschichte

Im Jahr 1030 eroberte der Kiewer Fürst Jaroslaw der Weise eine altestnische Burg und erbaute eine eigene Festung. 1224 gelang den Schwertbrüdern die Eroberung; die nun **Dorpat** genannte Ansiedlung wurde Bischofssitz. Dank ihrer verkehrsgünstigen Lage erblühte die Stadt und entwickelte sich zum wichtigen Warenumschlagplatz zwischen Ost und West, der folgerichtig auch **Mitglied der Hanse** wurde. Die schöne und reiche Stadt, nach Rīga das bedeutendste Zentrum Livlands, umgab sich mit einer Ringmauer mit 27 Wehrtürmen und fünf Haupttoren. Doch auch diese Mauer konnte nicht verhindern, dass die Russen im Livländischen Krieg die Stadt eroberten, sie 1582 aber an Polen abtraten. Mit dem Einzug der Schweden im Jahr 1625 begann eine neue Phase des Aufbaus, denn diese sicherten Tartu mittels zeitgemäßer Bastionen und Außenwerke. Wichtigstes Datum in dieser Periode aber war die Gründung der **Academia Gustaviana Dorpatensis** am 30. Juni 1632. Angesichts des drohenden Krieges wurde der Universitätsbetrieb 1699 nach ► Pärnu verlegt. Neun Jahre später machten die Truppen Peters des Großen Tartu dem Erdboden gleich; von 1721 an gehörte die Stadt zu Russland.

? WUSSTEN SIE SCHON ...?

- ... dass Tartu nach Tallinn die kulturell bedeutendste Stadt Estlands ist: Vier Theater spielen hier, regelmäßig werden Musiktage veranstaltet, beliebt ist das Rockfestival »Tartuer Herbst«.

1775 vernichtete ein Brand zahlreiche der überwiegend aus Holz errichteten Gebäude; dem anschließenden Wiederaufbau, bei dem aus Sicherheitsgründen nur Steinhäuser erlaubt waren, verdankt die Altstadt von Tartu heute ihr **klassizistisches Antlitz**.

1802 gründete Zar Alexander I. die Universität aufs Neue. Sie entwickelte sich zum Zentrum der baltendeutschen Wissenschaftler und, ganz entgegen dem Sinn der russischen Herrscher, auch zum Zentrum des estnischen Nationalbewusstseins, das unter der estni-

Tartu Orientierung

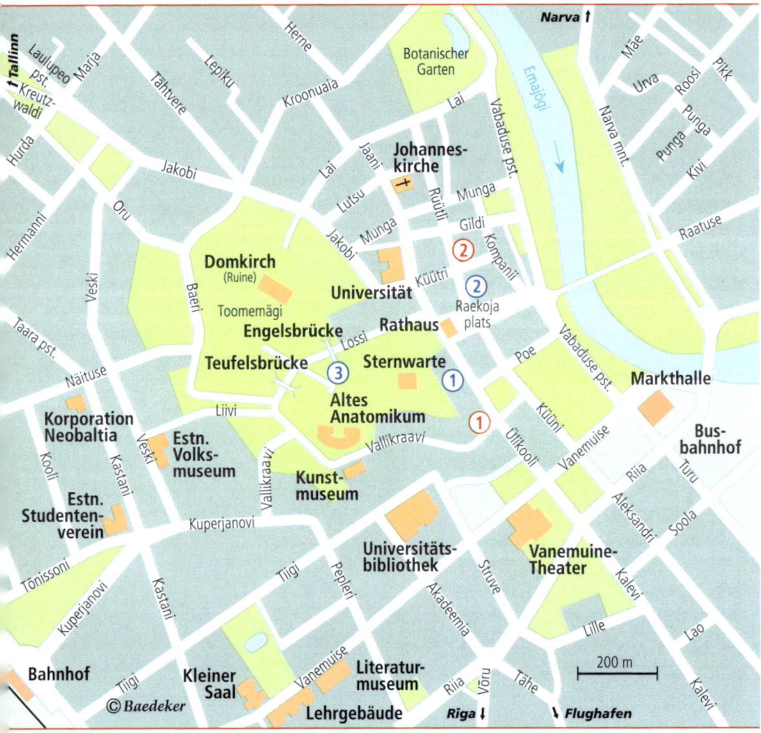

Übernachten
1. Hotel Barclay
2. Hotel London

Essen
1. Werner
2. Drakoon
3. Püssirohukelder

schen Studentenschaft zunehmend wuchs. 1869 feierte man in Tartu das erste estnische Sängerfest. Nach dem Ersten Weltkrieg und dem sowjetischen Versuch, Estland zurückzugewinnen, schlossen das junge Estland und Russland im Jahr 1920 in Tartu einen Friedensvertrag. Damit war die staatliche Unabhängigkeit gesichert – jedenfalls bis 1940, als die Sowjets zurückkehrten. Im Zweiten Weltkrieg erlitt Tartu schwere Schäden durch Bombardierungen.

Domberg (Toomemägi)

Hier thronten die Burgen

Inmitten der Stadt, hinter dem Rathaus und der Universität, erheben sich die beiden Hügel des Dombergs, zu dem man am besten auf der steilen Straße Lossi hinaufgeht. Auf dem Domberg thronte seit dem ersten nachchristlichen Jahrtausend eine altestnische Burg. Die Ordensritter ersetzten sie durch eine Bischofsburg und die Domkirche. Im 19. Jh. ging der Toomemägi an die Universität über, das verwilderte Gelände wurde zu einem Park umgestaltet, und zahlreiche Bauten wurden errichtet.

Pulverkeller Steigt man die Lossi hinauf, sieht man bald links den Pulverkeller. Er wurde 1778 in den Hang des Dombergs am alten Burggraben hineingebaut.

Engelsbrücke Weiter oben am Hang folgt die Engelsbrücke, eine Holzkonstruktion aus dem Jahr 1838, die die beiden Domberghälften verbindet. Auf der stadtzugewandten Seite trägt sie die Inschrift »Otium reficit vires« (»Aus der Ruhe kommt die Kraft«).

TARTU ERLEBEN

AUSKUNFT

Raekoja plats 14, EE - 51004 Tartu
Tel. 0 / 7 44 21 11, Fax 43 21 41
www.tartu.ee

ESSEN

► Fein & Teuer

① ***Barclay***
Ülikooli 8, Tel. 0 / 7 44 71 03
Teuerstes – und entsprechend edles – Restaurant der Stadt im Jugendstil-Hotel

► Erschwinglich

② ***Draakon***
Raekoja plats 15, Tel. 0 / 7 44 20 45
Die Räumlichkeiten in dem Barocksaal sind berühmt für ihr edles Stuckwerk.

► Gut & Günstig

③ ***Püssirohukelder***
Lossi 28, Tel. 0 / 7 30 35 55
Angesagtes Restaurant im alten Pulverkeller

① ***Werner***
Ülikooli 11
Tel. 0 / 7 44 12 74
Kombiniertes Café, Restaurant, Bäckerei. Überaus beliebter Treffpunkt für Studenten und Schachspieler.

ÜBERNACHTEN

► Komfortabel

① ***Hotel Barclay***
Ülikooli 8, Tel. 0 / 7 44 71 00
Fax 7 44 71 01, 89 B.
www.barclay.ee
Das anspruchsvolle Hotel wurde 1995 in einem stilvollen historischen Gebäude im Stadtzentrum eröffnet.

② ***Hotel London***
Rüütli 9
Tel. 0 / 7 30 55 55
Fax 7 30 55 65
www.londonhotel.ee
Im Herzen der Stadt gelegen, wurde das London 2002 eröffnet. Seinen Namen erhielt es nach dem »alten London«, das bis 1919 im Stadtzentrum Tartus ansässig war.

► Günstig

Kantri Hotel
Riia 195, Tel. 0 / 7 38 30 43
Fax 7 47 72 13, 25 Z.
Neues Haus im skandinavischen Stil.

! Baedeker TIPP

Essen auf dem Pulverfass

Den beeindruckenden Innenraum des Pulverkellers kann man bei einer Erfrischungspause im wohl originellsten Restaurant der Stadt besichtigen. Und keine Bange: Das Pulver wurde bereits 1809 weggeschafft (Püssirohukelder, Lossi 28, Tel. 0 / 74 30 35 55).

Auf der Domberghälfte rechts der Lossi befindet sich die Ruine der **Domkirche**. Das im 13. Jh. begonnene Gotteshaus zeigt sich heute als fünfschiffige Basilika mit sowohl romanischen als auch gotischen Stilelementen. Der Zerfall der Kirche setzte mit dem Beginn des Livländischen Krieges (1558) ein, an dessen Ende sie nur noch eine Ruine war. Den Chorraum baute die Universität 1806 zur Bibliothek um; die alten Bibliotheksräume sind heute Teil des nun hier eingrichteten **Historischen Museums der Universität** (Öffnungszeiten: Mi. – So. 11.00 – 17.00 Uhr).

Altes Anatomikum und Sternwarte

Über die Engelsbrücke oder die oberhalb gelegene, 1913 erbaute Teufelsbrücke kann man nun auf die andere Seite des Dombergs hinübergehen. Hier trifft man auf das Alte Anatomikum, ein ansehnliches halbkreisförmiges Gebäude aus dem Jahr 1805. Die hübsche Sternwarte (1810) steht am höchsten Punkt des Berges. Sie war im 19. Jh. ein Institut von weltweitem Ruf und besaß eines der besten Fernrohre ihrer Zeit.

Klassizismus pur am Rathausplatz

Unterstadt

Der Mittelpunkt von Tartu ist der weite, zum Emajõgi hin offen angelegte **Rathausplatz**, der schon seit dem 16. Jh. belegt ist. Er war gesäumt von den wichtigsten öffentlichen Gebäuden (Münze, Waage, Apotheke) und kleinen Läden, Schauplatz von Versammlungen, Jahrmärkten, Heerschauen, aber auch von Hinrichtungen. Die Bebauung des Platzes erfolgte in den Jahren nach dem großen Brand von 1775. Davon haben die Häuser an der Nordseite die Bombardements im Zweiten Weltkrieg überstanden, während an der Südseite kein Stein auf dem anderen geblieben ist. Zu den schönen alten Gebäuden an der Nordseite zählen:

Universität mit weit zurückreichender Historie: die Academia Gustaviana Dorpatiensis

das Haus Nr. 2 (Ende 18. Jh.), das sog. alte Universitätsgebäude (Nr. 6; 1798), das Haus des Rathausbaumeisters Walther (Nr. 8; 1784), die Häuser Lange (Nr. 12; 1819) und Krause (Nr. 16; 1804) und das sehr bemerkenswerte, weil durch Bodenabsenkung schiefe sog. Barclay-Haus (Nr. 18; 1793). Hier befinden sich die Ausstellungssäle des **Kunstmuseums** von Tartu (Öffnungszeiten: Mi. – So. 11.00 – 18.00 Uhr). Den Abschluss des Platzes zum Fluss hin bildet ein Bankgebäude von 1879. Die Verbindung zum anderen Flussufer stellt eine Fußgängerbrücke her, als Ersatz für die 1941 gesprengte Kivisild-Brücke von 1784.

★ ◄ Rathaus

Die schmale Westseite des Platzes nimmt das Rathaus ein, erbaut von dem Rostocker Baumeister Johann Heinrich B. Walther und eines der schönsten frühklassizistischen Bauwerke Estlands. Nach dem Stadtbrand von 1775 beteiligten sich sämtliche Handwerksmeister der Stadt am 1789 abgeschlossenen Bau. Im rechten Untergeschoss befand sich die Stadtwaage, links das Gefängnis.

Universität

★ ◄ Hauptgebäude

Am Rathaus rechts vorbei und gleich wieder rechts einbiegend, kommt man schnell zum Hauptgebäude der Universität.
1632 stiftete der schwedische **König Gustav II. Adolf** die Universität. Sie trug seinen Namen: Academia Gustaviana Dorpatensis. Angesichts des drohenden Krieges mit Russland wurde sie 1699 nach ► Pärnu verlegt, wo bis 1710 weitergearbeitet wurde. Erst 1802 gründete **Zar Alexander I.** die Universität in Tartu erneut. Das hochklassizistische Universitätsgebäude wurde bei Architekt Johann Wilhelm Krause in Auftrag gegeben und war 1809 vollendet. Mitte des 19. Jh.s kamen die beiden Seitenflügel und die Universitätskirche hinzu, die heute als Bibliothek genutzt wird. Durch den Haupteingang gelangt man in ein schlicht anmutendes Vestibül, um so prächtiger ist aber die über zwei Stockwerke reichende Aula mit ionischen Holzsäulen, Spiegelgewölbe und einer den gesamten Saal umlaufenden Empore. Nach einem Brand im Jahr 1965 wurde die Aula in ursprünglicher Form, der beschädigte nördliche Teil des Hauptgebäudes in etwas veränderter Gestalt wiederhergestellt.

Im Südflügel des Hauptgebäudes befindet sich das **Kunstmuseum** der Universität. Ausgestellt sind Gipskopien antiker Skulpturen, ferner eine Reihe Originale antiker Plastiken sowie Vasen, Münzen u. a. Die Wände der Museumsräume hat ein örtlicher Kunstmaler nach dem Vorbild pompejanischer Wandgemälde bemalt (Öffnungszeiten: Mo. – Fr. 11.00 – 16.30 Uhr).

✶ **Johanneskirche**

Wenig weiter an der Jaani erhebt sich seit Beginn des 14. Jh.s die Johanneskirche, ältestes Gotteshaus der Unterstadt und bedeutendste Backsteinkirche Estlands, die wegen ihres Schatzes an Terrakottaskulpturen weit über Estland hinaus bekannt ist. Die dreischiffige Basilika trug schon im Livländischen Krieg erhebliche Schäden davon, und während des Nordischen Krieges wurden 1708 die Gewölbe des Mittelschiffs und des Chors in Mitleidenschaft gezogen. In der ersten Hälfte des 19. Jh.s wurde der Bau im klassizistischen Geist umgestaltet, jedoch Ende des 19. Jh.s wurden diese Eingriffe wieder korrigiert. Der Zweite Weltkrieg hinterließ die Johanneskirche als ausgebrannte Ruine; derzeit sind Restaurierungsarbeiten im Gang.

✶✶ Skulpturenschmuck ►

Der reiche Schmuck aus Terrakottaplastiken ist in Europa einmalig. Die vermutlich französischen Meister schnitten aus großen Lehmblöcken kräftige, ausdrucksvolle Figuren. Außen sieht man in den Nischen des Ziergiebels über dem Westportal 15 Motivfiguren aus dem Jüngsten Gericht. Über drei Seiten des Turms läuft ein sich an der Außenwand des Langhauses fortsetzender Fries, dessen Terrakottaköpfe teils noch original, teils aber auch erneuert sind. In den Blenden am oberen Teil der Turmvorderseite stehen Halb- und Vollfiguren. In der ausgebrannten Ruine kamen nach dem Krieg unter der abgebröckelten Tünche bis dato unbekannt gebliebene Skulpturen zum Vorschein. An den Pfeilerkapitellen befinden sich Blätter, Knospen und Blüten. Ein Fries mit Köpfen umläuft das Arkadengeschoss; die unter Baldachinen sitzenden weiblichen Figuren in den Nischen des Arkadengangs waren in lebhaften Farben koloriert. An der inneren Ostwand des Turms stehen Heiligenstatuen in Lebensgröße; auch Gemäldefragmente wurden gefunden.

! *Baedeker* TIPP

Trödelladen

Der angeblich beste und preiswerteste Antiquitätenladen der Stadt heißt »Remo« und liegt in der Riia maantee 41.

Jaani und Lai

Unweit der Kirche sieht man das einzige mit einem Barockportal erhalten gebliebene Haus der Stadt (Lutsu 2; 1755). Im Haus Jaani 16 ist 1993 das Städtische Bürgerhaus-Museum eröffnet worden (Öffnungszeiten: Mi. – So. 11.00 – 18.00 Uhr). Es folgt links das älteste Steingebäude der Stadt (Jaani 20), hier soll 1704 der russische Zar Peter I. abgestiegen sein. Am Ende der Jaani, an der Kreuzung mit

Hotell Draakon
Hotell Draakon

der Lai, sieht man ein Holzhaus (Lai 24) mit einem Mantelschornstein (2. Viertel 18. Jh.). Haus Lai 30 ist ein sehr stattliches Patrizierhaus aus dem 18. Jahrhundert. Aus derselben Zeit stammt das Haus Lai 36.

Botanischer Garten Gegenüber dem Haus Lai 33 liegt der Botanische Garten. Dessen ältestes Gebäude stammt aus dem Jahr 1808, jüngstes ist das gläserne Palmenhaus von 1982. Außer üppigem Pflanzenwuchs finden sich im Park mehrere Denkmäler (Öffnungszeiten: tgl. 10.00 – 17.00 Uhr).

Uspenskikirche Am Beginn der rechts von der Lai abgehenden Magasini steht die im Jahr 1781 erbaute russisch-orthodoxe Uspenskikirche, ein Beispiel des russischen Frühklassizismus.

Stadtmauer Am Ende der Lai, auf der rechten Straßenseite, sind 127 m der einst 2 km langen Stadtmauer erhalten. Die Mauer wurde 1708 geschleift; die Trümmer verwendeten die Städter zum Wiederaufbau.

Post- und Sportmuseum Im Haus Rüütli 15 befinden sich das Post- und Sportmuseum (Öffnungszeiten Mi. – So. 10.00 – 17.00 Uhr).

Weitere Sehenswürdigkeiten in der Unterstadt

Barclayplatz Wendet man sich vor dem Rathaus nach links, kommt man auf den Barclayplatz, dessen Mitte die Büste des russischen Feldherrn Barclay de Tolly einnimmt.

Vallikraavi Hier beginnt die unterhalb des Dombergs verlaufende Vallikraavi, die dem ehemaligen Wallgraben außerhalb der Stadtmauer folgt. Auf halber Länge führt eine Treppe hinauf zur **neuen Universitätsbibliothek** (1980), die heute fast 5 Mio. Einheiten besitzt. Die Bibliothek wurde 1802 von Professor Morgenstern gegründet. Fast am Ende der Vallikraavi kommt man zum Völkerdenkmal, dem 1811 geschaffenen ältesten Denkmal in Tartu. Hier sind menschliche Gebeine bestattet, die bei den Bauarbeiten am Hauptgebäude der Universität in der Marienkirche und auf deren Kirchhof zum Vorschein gekommen waren.

Vanemuise Von der Bibliothek sind es nur wenige Schritte zur Hauptstraße Vanemuise. Hier fällt der Blick auf das Theater »Vanemuine«, das seinen Namen dem altestnischen Sängergott Vanemuine verdankt; es wurde im Jahr 1971 anstelle des im Zweiten Weltkrieg abgebrannten Theaters errichtet. Nach der Kreuzung mit der Akadeemia sieht man rechts das Haus, in dem 1920 der Friedensvertrag zwischen Estland und Russland unterzeichnet wurde; jenseits der Kreuzung mit der Pepleri liegt links das **Literaturmuseum** (Öffnungszeiten: Mo. – Fr. 8.00 – 17.00 Uhr); anschließend im neuen Universitätsgebäude das **Zoologische Museum** der Universität (Öffnungszeiten: Mi. – So. 10.00 – 16.00 Uhr). Rechts folgt hinter einer kleinen Parkanlage das 1918 im Jugendstil erbaute Kleine Schauspielhaus, das ehemalige Deutsche Theater.

Paulskirche

Die gegenüber dem Kleinen Schauspielhaus abgehende schmale Straße führt zur Straße Riia, an der sich die Paulskirche erhebt, erbaut 1915 – 1919 nach Plänen des finnischen Jugendstilarchitekten Eliel Saarinen.

Westlich des Dombergs

Auf der von der Vanemuise nach Norden abzweigenden Kastani kommt man in das Viertel westlich unterhalb des Dombergs. Sehenswert sind hier das Haus des Estnischen Studentenvereins (Tõnissoni 1), 1902 auf asymmetrischem Grundriss erbaut; das **Karl-Ernst-von-Baer-Haus** in der Veski 4 (Öffnungszeiten: Mo. – Fr. 9.00– 16.00 Uhr); das **Museum für Estnische Volkskunde**: Bestände in der Veski 32, Ausstellungen in der Kuperjanovi 9 (Öffnungszeiten: Mi. – So. 11.00 – 18.00 Uhr); schließlich das **Stadtmuseum** in der Narvastraße 22 mit den KGB-Zellen in der Riia 15b (Öffnungszeiten: Di. – So. 11.00 – 16.00 Uhr).

◄ Museen

Umgebung von Tartu

Ülenurme

In Ülenurme, 5 km südlich der Stadt, kann man das **Landwirtschaftliche Museum** besichtigen (Öffnungszeiten: tgl. 10.00 – 16.00 Uhr).

✶ **Saadjärv**

Ungefähr 18 km nördlich von Tartu erstreckt sich an der Grenze der Landkreise Tartumaa und Jõgevamaa der Saadjärv, der größte und reizvollste See der Landschaft Vooremaa. Das etwas über 7 km² große und bis zu 25 m tiefe Gewässer hat sandige oder kiesbedeckte Ufer und sauberes, sauerstoffreiches Wasser. Badegelegenheiten findet man besonders am südöstlichen Ufer beim Dorf **Saadjärve**. Im umliegenden Gelände bemerkt man mehrere gewaltige Findlinge, die sog. »Steine des Kalevipoeg«.

Luua

Ca. 14 km nördlich vom See erreicht man das Dorf Luua. Sehenswert ist das in den 1830er-Jahren im Barockstil erbaute ehemalige Herrenhaus und der dazugehörige 14 ha große Park, der schon 1790 – 1820 als englischer Garten angelegt und später mit französischen Stilelementen bereichert wurde. Gegenwärtig hat das Zentrum der Forstschule von Luua nebst einem kleinen, aber recht interessanten Forstmuseum seinen Sitz im ehemaligen Herrenhaus. 1,5 km – südwestlich vom Mittelpunkt des Guts liegt der **Prossa- oder Luuasee** mit Badeplatz am Südostufer.

Palamuse

Wiederum nur wenige Kilometer nördlich von Luua liegt am Oberlauf des aus dem Kuremaasee fließenden Flüsschens Amme der Flecken Palamuse. Die zu Beginn des 14. Jh.s errichtete **Hallenkirche** er-

Ruine der Ordensburg von Laiuse

hielt ihren Turm erst um 1800 und erst 1929 hatte man das bereits im 17. Jh. eingestürzte Gewölbe wiederhergestellt. An der Außenmauer sind noch Reste von Bemalung zu erkennen. Die alte Kirchspielschule (1873) nahe der Kirche ist heute ein **Schulmuseum** (Öffnungszeiten: Mai – Sept. tgl. 10.00 – 18.00 Uhr). Aus Palamuse kommt der berühmte Schriftsteller Oskar Luts. Er schrieb, gestützt auf Erinnerungen an die Schulzeit, die volkstümliche Erzählung »Kevade« (»Frühling«; verfilmt).

Laiuse Nach insgesamt 55 km nördlich von Tartu erreicht man über Jõgeva das Dorf Laiuse am Ostfuß des Laiuse mägi. 1406 entstand eine Ordensburg, die seit 1702 in Ruinen liegt (heute 4 km nordöstlich der Siedlung). 800 m südlich vom heutigen Siedlungskern erhebt sich am Weg nach Kuremaa die Mitte des 14. Jh.s errichtete dreischiffige Hallenkirche. Eine hoch an der Westwand liegende Treppe kennzeichnet sie als Wehrbau. Der heutige Turm wurde 1770 aufgeführt.

Kirche ►

✶ Laiuse mägi Der Laiuse mägi ist eine ca. 10 km lange und 2 km breite Bodenwelle, die im Westhang jäh ansteigt, im Osten leicht abfällt und auf ihrem Scheitel den höchsten Punkt von Vooremaa erreicht (144 m ü. d. M.). Dieser durch eiszeitliche Gletscher enstandene Drumlin ist einer der größten Europas. Hoch am Scheitel befindet sich ca. 1 km südwestlich vom Siedlungskern eine Kuhle, in deren moorigem Grund eine Quelle entspringt. Mit dieser sind viele Volksüberlieferungen verbunden. Nahe der Quelle eröffnet sich ein reizender Blick auf die umliegende Landschaft. Am Südwesthang liegt Vilina, ein Dorf mit altertümlich anmutenden Häusern, schmalen Gassen und Steinzäunen; nahebei befindet sich eine Burgstätte aus der Eisenzeit.

Kuremaa Kuremaa liegt nur wenig entfernt am Südhang des Laiuse mägi am Nordostufer des Kuremaasees. Das zu Beginn des 17. Jh.s gegründete **Gutsanwesen** gehörte von 1843 an der Familie von Oettingen, die hier u. a. die erste Milchzuckerfabrik Estlands aufbaute. Das 1843 vollendete, auf einer Terrasse stehende klassizistische Hauptgebäude dient nun als Landwirtschaftsschule. Zwischen dem Herrenhaus und dem Kuremaasee erstreckt sich der zu Beginn des 19. Jh.s angelegte Gutspark.

Der bis zu 13,8 m tiefe **Kuremaasee** ist nach dem Saadjärv der zweitgrößte See in Vooremaa. Am kleinen Badestrand gegenüber der Siedlung kann man gut baden. Südlich vom See Richtung Palamuse (s.o.) beginnt ein von Seen, Wiesen und Wäldern bestimmter, äußerst anmutiger Landstrich.

Alatskivi

In Richtung ►Peipsi järv, 48 km nordöstlich von Tartu, erreicht man Alatskivi. Sehenswert ist das 1870 gebaute, an englische Landsitze erinnernde Schloss. Südlich von Alatskivi wuchs im Dorf Rupsi der Dichter **Juhan Liiv** (1864 – 1913) auf. Zur Erinnerung an ihn wurde in dem Gebäude ein kleines Museum eingerichtet.

Valga (Walk)

R 7

Höhe: 39 – 78 m ü. d. M. **Einwohnerzahl:** 14 300

Valga ist die südlichste Stadt Estlands und Zentrum des von der Landwirtschaft geprägten, landschaftlich außerordentlich schönen Kreises Valgamaa. Valga befindet sich am Mittellauf des Flusses Pedeli, im Westen grenzt die Stadt an die lettische Stadt ►Valka.

Grenzstadt zu Lettland

Die alle Zeitläufe überstehende Landesgrenze geht auf den Schiedsspruch eines päpstlichen Gesandten zurück, der im Jahr 1224 die Grenze zwischen den Gebieten des Schwertbrüderordens und des Bischofs von Rīga an einem Bach entlang festlegte. Im Livländischen Krieg musste die Stadt eine Belagerung und die großflächige Verwüstungen durch das Heer Iwans des Schrecklichen über sich ergehen lassen. Von 1582 an gehörte Valga zu Polen, nach dem Nordischen Krieg jedoch waren dann wieder die Russen die Herrschaftsmacht. 1920 kam es zwischen Estland und Lettland zum Streit um den Verlauf der Grenze; der Zwist wurde durch eine von den Briten geleitete Kommission geklärt, die die heute noch geltenden Verhältnisse festschrieb.

► VALGA

AUSKUNFT

Kesk 11, EE - 68203 Valga
Tel. & Fax 0 / 7 66 16 99
www.visitestonia.com

GRENZÜBERGANG

Der Grenzübergang für Autofahrer liegt nordwestlich außerhalb der Stadt und nicht im Stadtinneren.

Sehenswertes in Valga

Johanneskirche

Im Zentrum von Valga erhebt sich die Johanneskirche, ein heller klassizistischer Bau, 1787 – 1789 ausgeführt, der Turm kam erst 1816 hinzu. Die Orgel der Kirche stammt von Leipziger Orgelbauern und erklingt bei regelmäßig stattfindenden Konzerten.

Stalag 351

Am Stadtrand richtete die deutsche Besatzungsmacht im Zweiten Weltkrieg in alten Pferdeställen ein Lager für sowjetische Kriegsgefangene ein. Die 30 000 hier gestorbenen Menschen sind in einem 300 m langen Massengrab im Fichtenwald von Priimetsa begraben.

Umgebung von Valga

Jõgeveste
Mausoleum Barclay de Tollys ►

Nahe Jõgeveste (ca. 30 km nördl. von Valga) ist der russische Feldmarschall **Barclay de Tolly** (1761–1818) zusammen mit seiner Frau in einem bemerkenswerten klassizistischen Mausoleum begraben. Er war schottischer Herkunft, diente in der Armee des Zaren, führte 1812 die Erste Russische Westarmee gegen das Heer Napoleons I. und wurde schließlich Oberbefehlshaber der russisch-preußischen Truppen in der Armee des Fürsten Schwarzenberg. Das Mausoleum entstand 1823 und birgt das schwarze Marmorgrabmal des Marschalls, das die Büste Barclay de Tollys zeigt, flankiert von Pallas Athene und der trauernden Mutter Russland. Das Sockelrelief stellt den Marschall beim Einzug der alliierten Armeen in Paris am 31. März 1814 dar.

Helme

Auf dem Gut des wenig nordwestlich von Jõgeveste liegenden Helme trafen sich 1870 die Größen des estnischen Geisteslebens – u. a. Jacob Hurt und Lydia Koidula –, um die »Eesti Kirjameeste Selts« (= Estnische Literarische Gesellschaft) zu gründen. 3 km außerhalb des Ortes liegen die Reste der Ordensburg aus dem 14. Jh.; am Hang darunter zwei Sandsteinhöhlen.

Sangaste

Das Gutsschloss von Sangaste, 16 km nordöstlich von Valga wurde 1883 als Windsor-Kopie im Tudor-Stil für Graf Friedrich von Berg erbaut. Dieser tat sich auch als Getreidezüchter hervor und entwickelte die Roggensorte »Sangaste« (Öffnungszeiten: tgl. 9.00–18.00 Uhr). In Sangaste kann man auch vergleichsweise günstig und originell übernachten ►S. 164).

★ Viljandi (Fellin)

Q 6

Höhe: 42–89 m ü. d. M. **Einwohnerzahl:** 20 700

Das verschlafene Städtchen Viljandi liegt auf den Hügeln des Sakala-Höhenzugs in Südwestestland malerisch an einem See und ist beliebt als kulturoffener Erholungsort.

Malerischer Erholungsort

Auf dem Lossimäed (= Schlossberge) genannten Hügel stand wohl schon im 1. Jt. eine Burg der alten Esten. Sie ging 1224 in den Besitz des Schwertbrüderordens über, der eine eigene Feste errichtete. In der Folge entwickelte sich rasch eine von einer starken Mauer umringte Handelsstadt, die Mitglied der Hanse wurde. Nach dem Nordischen Krieg lebten gerade noch 100 Menschen in Viljandi und erst 1783 begann ein neuer Aufschwung. Im 19. Jh. gelang es den bislang unter Leibeigenschaft stehenden Bauern aus der umliegenden Landschaft Sakalamaa als ersten estnischen Bauern, ihren deutschen Gutsherren eigene Höfe abzukaufen. Viljandi wurde zum Zentrum der estnischen Nationalbewegung; mit der »Sakala« erschien dort die erste estnischsprachige Zeitung demokratischen Charakters.

Sehenswertes in Viljandi

★ **Ordensburg**

Die Ruinen der Ordensburg auf der Höhe des Lossiparks stammen von der einstmals stärksten livländischen Burg des Schwertbrüderordens. Von der Höhe genießt man eine wunderbare **Aussicht** auf Stadt und See. Durch das Haupttor den Burghof betretend, erblickt man rechts die Mauer des Westflügels des Konventsgebäudes, in dem die Wirtschaftsräume lagen. Links vom Toreingang stehen die Ruinen des Nordflügels mit dem Kapitelsaal und der Kapelle. Im Ostflügel befand sich das Dormitorium, im Südflügel das Refektorium. An der Nordwestecke erhob sich der Hauptturm **»Pikk Hermann«**«. Im Südwestwinkel des Burghofs haben sich Teile der Brunnenfassung erhalten. Die einzelnen Räumlichkeiten waren ursprünglich durch einen den Hof umsäumenden Kreuzgang verbunden.

Unterhalb des Schlossparks hat die liebevoll renovierte **Johanneskirche** aus der zweiten Hälfte des 15. Jh.s die wechselvolle Geschichte der Stadt überstanden.

Holzhäuser aus dem 18./19. Jh. säumen die Hauptstraße, von ihr biegt man nach rechts zum **Museum von Viljandi** am Laidoneri plats ab, das sich in den Räumen der 1780 erbauten ehemaligen Apotheke befindet. (Öffnungszeiten Mi. – So. 11.00 – 18.00 Uhr).

▶ VILJANDI

AUSKUNFT

Tallinna 2b, EE - 71011 Viljandi
Tel. & Fax 0 / 4 33 37 55
www.viljandi.ee

ESSEN UND ÜBERNACHTEN

► **Günstig**
Hotel Centrum
Tallinna 24
Tel. 0 / 4 35 11 40
www.centrum.ee
Modern geführtes 56-Betten-Haus. Im angeschlossenen Restaurant gibt es estnische und europäische Küche.

Rathaus

Nur wenige Schritte entfernt steht das Rathaus, im 18. Jh. errichtet und 1931 umgebaut, eines der ersten funktionalistischen Gebäude in Estland.

Ugala-Theater

Das Gebäude des Ugala-Theaters entstand 1975 – 1981 westlich vom Lossipark und gilt als eines der modernsten in Estland. Das Dramentheater »Ugala« existiert seit 1920.

Alter Friedhof

Hinter dem Theater erstreckt sich der Alte Friedhof. Daneben befindet sich der Friedhof der deutschen Soldaten.

Umgebung von Viljandi

Heimtali-Museum

10 km südwestlich von Viljandi am Fluss Raudna liegt das Gut Heimtali. Im nahe gelegenen alten Schulhaus betreibt eine Textilkünstlerin und Professorin der Kunstakademie das Heimtali-Museum mit einer Sammlung sämtlicher Musterexemplare des estnischen Handwerks (Öffnungszeiten: tgl. außer Mo. 9.00 – 17.00 Uhr).

Suure-Jaani, 26 km nordwestlich von Viljandi, war dank des rührigen Schulmeisters Joosep (1833 – 1894) und dessen Sohn, dem Komponisten Hans Kapp (1870 – 1938), in der zweiten Hälfte des 19. Jh.s ein Zentrum der estnischen Nationalbewegung. Ein Museum in der Tallina 30 erinnert an die Familie Kapp (Öffnungszeiten: Mi. – So. 11.00 – 18.00 Uhr).

Die Kirche von Suuri-Jaani

Nur 2 km östlich des Dorfes Lõhavere, das 2 km nordöstlich von Suure-Jaani liegt, stößt man am Nordhang des Hügellandes von Sakala auf den **Burgberg von Lõhavere**. Die einstige Bauernburg ist die einzige in Estland, die mit einer konkreten historischen Person in Verbindung steht: Hier kämpfte Lembitu, Heerführer und Gau-Ältester von Nord-Sakala. Zugleich ist Lõhavere einer der am gründlichsten erforschten Burgberge in Estland, über 8000 archäologische Funde wurden hier gemacht.

Östlich von Viljandi erstreckt sich der **Võrtsjärv**, Estlands zweitgrößter See. Vor allem an seinem Nordufer bei Vaibla und am Ostufer kann man sehr gut baden.
Dort liegt auch das Dorf **Meleski**, wo im Jahre 1792 eine Glasmanufaktur gegründet wurde, die bald der größte estnische Industriebetrieb werden sollte.
Vom Võrtsjärv fließt der breite und ruhige Emajõgi durch ► Tartu in den ► Peipsi järv. Seit 1928 wird alljährlich ein Wettlauf veranstaltet, bei dem die Teilnehmer den ganzen Võrtsjärv umrunden müssen.

Võru (Werro)

T 7

Höhe: 69 – 81 m ü. d. M. **Einwohnerzahl:** 14 900

Im einsamen Südosten Estlands liegt die Landschaft Hanjamaa mit Estlands höchsten Bergen und tiefsten Schluchten. Võru ist vor allem durch seine Nähe zum Hanjamaa ein sehr beliebter Erholungsort mit Möglichkeiten für Wasser- und Wintersport.

Zentrum für Wasser- und Wintersport

Võru ist eine recht junge Stadt. Im etwas nördlich gelegenen Kirumpää sind die Ruinen einer Bischofsburg geblieben, doch ist Võru erst 1784 gegründet worden und wuchs im 19. Jh. durch den Bau der Bahnlinie Pskow – Rīga zur Kreisstadt heran.

Sehenswertes in Võru

Museum

Das Museum von Võrumaa (Katariina 11; Öffnungszeiten: Mi. – So. 11.00 – 18.00 Uhr) berichtet anschaulich über Võru und Südestland.

✶ Kreutzwald-Museum

Im lauschigen Schatten von Bäumen steht das Haus Kreutzwaldi 31. Es wurde 1793 erbaut und ist eines der ältesten in Võru. Hier lebte Friedrich Reinhold Kreutzwald (► Berühmte Persönlichkeiten) in den Jahren 1833 bis 1877 als Stadtarzt. Vor allem aber schuf er in dieser Zeit das estnische Nationalepos »**Kalevipoeg**«. Das Haus mit der geschmackvollen Einrichtung ist heute Museum (Öffnungszeiten: Mi. – So. 11.00 – 18.00 Uhr).

✶ Haanjamaa

Nur wenig südlich von Võru steigen die lieblichen Höhen von Haanja an. Deren Zentrum ist das 16 km südlich gelegene Dorf Haanja. Die Landschaft Hanjamaa ist ein stilles und weitläufiges Wanderparadies in der am höchsten gelegenen Landschaft Estlands. Rund ein Viertel der Fläche liegt über 250 m ü. d. M. Auf den abgerundeten Gipfelkuppen der steil aufragenden Hügel und an deren abschüssigen Talrändern wachsen alte Fichten- und Mischwälder, hohe Hügel wechseln sich mit sumpfigen Senken und stillen Seen ab.

► VÕRU

AUSKUNFT

Tartu mnt. 31, EE - 65608 Võru
Tel. & Fax 0 / 7 821 88 1
www.werro.ee

ÜBERNACHTEN

Kubija
Männiku 43a
Tel. 0 / 7 82 23 41
Fax 0 / 7 82 23 42, 61 Z.
www.kubija.ee
3 km südlich vom Zentrum gelegen, mit Sauna und hoteleigenem Restaurant

★★ **Suur Munamägi** Der Suur Munamägi (= Großer Eierberg), der sich 1 km südlich von Haanja erhebt, ist mit 318 m ü. d. M. der höchste Berg des gesamten Baltikums und überragt seine Umgebung um immerhin noch 60 m. Auf seinem Gipfel wurde 1939 ein Aussichtsturm errichtet, von dem sich bei heiterem Wetter ein ausgezeichneter Ausblick auf die Umgegend eröffnet (Öffnungszeiten: Mai – September). Im Süden sieht man den höchstgelegenen See Estlands, den Tuuljärv, (=Windsee) und südöstlich den Vaskna järv.

★★ **Vällamägi Seen** Etwa 3 km nördlich vom Suur Munamägi erreicht die ovale Kuppe des Vällamägi eine Höhe von 303,9 m ü. d. M. und ist somit die zweithöchste Erhebung in Estland.

Rõuge Rõuge liegt an der Nordwestkante der Höhen von Haanja, 14 km südwestlich von Võru am Rõuge-Fluss inmitten einer wunderschönen Landschaft von Tälern und Seen. In das Rõuge-Tal, das stellenweise die Ebene in einer Tiefe von 75 m durchschneidet, münden von zwei Seiten kleinere Täler. Das von Osten einmündende, tiefe und steilwandige Ööbikuorg (= Tal der Nachtigallen) ist in Frühlingsnächten vom Gesang der Nachtigallen erfüllt.

Ideal zum Wandern: die weite und einsame Landschaft des Hanjaumaa

★★ Seen

Herrlich ist die Kette der sieben Seen, die durch ein Bächlein miteinander verbunden sind. Unter den sechs eng beieinander liegenden Seen ist der **Suurjärv** mit 38 m Estlands tiefstes Binnengewässer. Weitere Seen sind der fast runde **Kaussjärv** und der am Fuße des Burgberges gelegene **Liinjärv**, auf dessen Grund sich eine 21 m dicke Schlammschicht abgelagert hat. Der siebente See, der **Kahrilasee**, liegt einige Kilometer nordwestlich von Rõuge.
Der **Burgberg** befindet sich auf einem Vorsprung zwischen dem Tal der Nachtigallen und dem Burgsee. Die Burg, vom 6. – 11. Jh. bewohnt und ist als einzige der frühen Festungen in Estland in ihrem Gesamtumfang erforscht worden; dabei fand man auch Schmelztiegel für Metalle. Die hübsche **Kirche** am hochgelegenen Ostrand des Tales stammt in ihrer heutigen Gestalt aus dem Jahr 1730. Sie besitzt eine der besten estnischen Dorfkirchenorgeln.

Dorfmuseum Mõniste

Am Südrand des Höhenzuges, 45 km südwestlich von Võru, kann man in Kuutsi – im Dorfmuseum Mõniste – Bauernhöfe mit Handwerkszeug und bäuerlichen Geräten aus dem 19. Jh. besichtigen (Öffnungszeiten: Mai – Sept. 10.00 bis 17.00 Uhr; im Winterhalbhjahr Voranmeldung unter Tel. 0 / 7 89 06 22).

Karula-Nationalpark

Im Dorf Ähijärve, 14 km nördlich von Kuutsi, befindet sich an der Landstraße Mõniste – Antsla das Zentrum des Nationalparks Karula. Der 110 km² große Park wurde 1993 zum Schutz der wald- und seenreichen Kuppellandschaft, die typisch ist für Süd-Estland, gegründet (Öffnungszeiten: 15. Mai – 1. Sept. 9.00 bis 17.00, 2. Sept. – 14. Mai 10.00 – 16.00 Uhr; Tel. 0 / 7 85 24 56).

★ Kütiorg

Vom Dorf Holsta aus (13 km südöstlich von Võru) erstreckt sich eines der romantischsten Täler im Kreis Võrumaa, genannt Kütiorg. Durch die Talsohle schlängelt sich ein Bächlein, und kleine, verträumte Seen erfreuen das Auge.

Bischofsburg Vastseliina

23 km südöstlich von Võru, am Ostrand der Höhen von Haanja, kommt man zum Dorf Vana-Vastseliina. 6 km östlich kann man auf dem hohen Ufer des Piusaflusses die Ruinen der Bischofsburg besuchen. Sie ging aus dem Livländischen Krieg mit erheblichen Beschädigungen hervor und wurde im Nordischen Krieg endgültig verwüstet. Von den Überresten verdienen die Rundtürme mit ihren Verzierungen, die an die Fassade der Tartuer Domkirche erinnern, besondere Beachtung.

★ Urstromtal der Piusa

Das geschützte Urstromtal der Piusa zieht sich auf 18 km Länge von Vastseliina bis zum Dorf Saetamme dahin. Am steilen rechten Ufer, 3 km nordwärts der Burgruinen, beginnen beim Dorf Möldri Sandsteinaufschlüsse aus dem Devon, die höchsten Estlands. Beim Dorf Härmä erreichen sie eine imposante Höhe von 18 bis 30 m und eine Länge von 150 m.

ROJA-149

die ersten Schulen in Livland für lettische Bauernkinder eröffnete. Im Nordischen Krieg wurde Alūksne weitgehend zerstört; die Erneuerung dauerte bis in die 60er-Jahre des 19. Jahrhunderts.

ALŪKSNE

AUSKUNFT

Dārza 8a, LV – 4301 Alūksne
Tel. 4 32 28 04, Fax 3 44 89 56,
www.aluksne.lv

Sehenswertes in Alūksne

★ **Evangelische Kirche**

Ein Spaziergang durch die Stadt beginnt man am besten bei der evangelischen Kirche im Zentrum. Sie entstand 1781 – 1788 und gilt als eines der eindrucksvollsten Kirchenbauwerke des Klassizismus in Lettland. Sie wird überragt von einem 55 m hohen Turm, von hier aus bietet sich eine gute Aussicht.

Klassizistisches Kleinod: die Kirche von Alūksne

Zwischen der Kirche und der Hauptstraße Pils iela ist im 1908 errichteten ehemaligen Handelspavillon das **Ernst-Glück-Bibelmuseum** untergebracht (Öffnungszeiten: Mai – Okt. Mi. – Sa. 12.00 – 15.00 Uhr).

Südöstlich der Kirche wird die Pils iela von der O. Vācieša iela gekreuzt. An ihr sieht man links die 1793 gebaute große Kornkammer des alten Landgutes von Alūksne, etwas weiter rechts kommt man zur Burg- oder Marieninsel im Alūksne-See, auf der die Ruine der 1342 erbauten und 1702 gesprengten **Ordensburg** steht. An der Ostseite der Insel gibt es eine Leihstelle für Ruder- und Motorboote.

Östlich der O. Vācieša iela erstreckt sich zwischen der Hauptstraße und dem See der Ende des 18. Jh.s angelegte **Park von Alūksne**. Hier findet man u. a. einen Kaffeepavillon, einen granitenen Obelisken, von dem man einen herrlichen Blick auf den See hat, und den Äolstempel, in dem einst vier Äolsharfen aufgehängt waren.

Pils iela

Über die Rijukalna iela erreicht man wieder die Pils iela, auf der man Richtung Stadtzentrum zurück, am sog. Palmenhaus vorbei, zum ehemaligen neogotischen Gutsschloss geht. In ihm ist das **Kunst- und Heimatkundemuseum** untergebracht; der Park rund um das Schloss wurde als Skulpturengarten gestaltet. Es folgen die beiden **Glück'schen Eichen** am ehemaligen Pfarrhaus, deren eine 1685 nach dem Übersetzen des Alten Testaments, die andere 1689 nach dem Übersetzen des Neuen Testaments von Ernst Glück gepflanzt wurde.

★ **Tempelberg** Der weitere Spaziergang führt nordöstlich zur Templakalna iela, auf der man wieder zurück zum Seeufer gelangt, wo der 30 m hohe altlettgallische Schlossberg aufragt, heute Tempelberg genannt. Von der 1807 errichteten Rotunde bietet sich ein schöner Blick auf den See und den Park auf dem gegenüberliegenden Ufer.

Umgebung von Alūksne

Folgt man der A 2 von der estnischen Grenze Richtung Rīga, kann man nach beiden Seiten interessante Abstecher machen.

★ **Schlossberg Drusku** Auf dem Abzweig zur Grenze nach Estland kommt man über das Dorf Korneti, wo sich eine Kette von 15 Seen erstreckt. Einen vollständigen Eindruck der Landschaft gewinnt man vom Schlossberg Drusku (ca. 1 km westlich von Korneti). Von hier eröffnet sich ein Rundblick auf die Hügellandschaft von Alūksne und die Hochebene von Haanja in Estland.

Dēliņkalns Zurück auf der Hauptstraße folgt nach 1,5 km links der Abzweig zum Dēliņkalns, der mit 271 m ü. d. M. höchsten Erhebung der Hochebene von Alūksne mit einer weiten Aussicht.

Wasserfall von Grūbe Nach weiteren 11 km kreuzt die A 2 den Fluss Vaidava, an dessen rechtem Ufer sich der größte Wasserfall des Landes befindet – er ist immerhin 12 m breit und fällt über zwei zusammen 4,30 m hohe Stufen hinab.

★ **Lärchenallee Līzespasts – Trapene** 15 km nach dem Wasserfall folgt das Dorf Līzespasts. Hier steht auf der einen Seite der Hauptstraße ein altes Wirtshaus, auf der anderen eine Pferdepost aus der Zeit der Zarenherrschaft, wie sie um die Mitte des letzten Jahrhunderts in großer Zahl in regelmäßigen, 25 bis 30 km langen Abständen errichtet worden waren. Von dieser Stelle aus führt eine 5 km lange Allee – mit Lärchen, Birken und Linden – nach Südosten zur Ortschaft Trapene.

★ **Gaujiena** 6 km nördlich von Vireši liegt Gaujiena. Südlich der Gauja-Brücke erhebt sich auf dem steilen rechten Ufer die in Grün gebettete Ruine der 1236 erbauten und im Laufe des Nordischen Krieges zerstörten Ordensburg. Etwas weiter entfernt das 1850 geschaffene ehemalige Gutsschloss von Gaujiena, heute eine Schule. Im Park hinter der Schule, an der »Löwenmaulquelle« vorbei, kommt man zum Museum »Anniņas«, das an den Komponisten Jāzeps Vītols (1863 – 1948) erinnert. 3 km östlich ist das 1881 erbaute Gutsschloss von Zwārtava sehenswert.

Ate Ca. 13 km südwestlich von Alūksne liegt Ate (Otte). Interessant für Besucher ist hier das kleine Heimatmuseum von Kalncempji (Öffnungszeiten: April – Oktober Di. – Sa. 9.00 – 17.00 Uhr). Die 1795 errichtete Wassermühle ist noch voll in Betrieb. Auch einen typischen Bauernhof der hiesigen Region Nord-Vidzeme kann man besichtigen.

Um Balvi

Balvi

Balvi liegt 44 km südöstlich von Alūksne und wurde im Zweiten Weltkrieg fast völlig zerstört.

Lubana-Ebene

Fährt man von Balvi Richtung ►Rēzekne, sieht man nach ca. 14 km hinter dem Dorf Medņi den 6 m langen Feldstein Medņu. In der Umgebung von Medņi, an den Ufern des Flusses Vārniene, wachsen wilde Gladiolen. Im weiteren Straßenverlauf bietet sich ein prächtiger Ausblick auf die Landschaft der Lubāna-Ebene, eine sumpfige Niederung, deren Wiesen jedes Frühjahr überschwemmt werden.

Um Gulbene

Gulbene

Gulbene liegt 45 km südwestlich von Alūksne auf dem hügeligen Gulbene-Wall, der die Vidzeme-Hochebene mit der Alūksne-Hochebene verbindet. Sehenswert sind – südöstlich vom Bahnhof – die schönen Emze- und Spārīte-Parkanlagen mit künstlichen Teichen und Gruppen exotischer Bäume.

Stameriena

Zwischen den Seen Stāmeriena und Poga, 12 km nordöstlich von Gulbene, ließ sich Ende des 19. Jh.s die Gutsbesitzerfamilie Wolff ein Herrenhaus erbauen. Ihr Wappen schmückt die Front des Hauses, in dem in den dreißiger Jahren des 20. Jh.s der italienische Schriftsteller Giuseppe Tomasi di Lampedusa, Autor des Romans »Der Leopard«, einige Sommer und Winter verbrachte.

✶ Jaungulbene

Rund 17 km südwestlich von Gulbene liegt Jaungulbene. Sehenswert sind das 1904 erbaute Gutsschloss und der Park (19. Jh.), ferner südlich vom Schloss die Gruft (1879) sowie die kleine, aus Feldsteinen errichtete evangelische Kirche der Gutsherren.

! *Baedeker* TIPP

Schmalspurbahn

Zwischen Alūksne und Gulbene verkehrt seit nunmehr 100 Jahren die letzte in Lettland betriebene Schmalspurbahn (Spurweite 750 mm). Die Fahrten nach Gulbene und zurück beginnen Mo. – Fr. um 9.00 Uhr in Alūksne, Reisezeit knapp 3,5 Stunden (Information und Reservierung Tel. 5 88 62 71, www.banitis.lv)

Druviena Von Druviena (ca. 27 km südwestlich von Gulbene über Tirza) sind es noch einmal 3 km in Richtung Pērlis bis zur alten Schule von Druviena, die aus dem 19. Jh. stammt. In ihr ist das Museum der Literatur- und Kunstschaffenden eingerichtet, in dem man sich mit den Schulräumen und der Schulausstattung aus dem vergangenen Jahrhundert bekanntmachen kann (Öffnungszeiten: Mai – Okt. Di. – Sa. 10.00 – 17.00, So. 10.00 – 15.00 Uhr).

★ Bauska (Amt-Bauske)

N 10

Höhe: 30 m ü. d. M. **Einwohnerzahl:** 10 800

Als letzte größere Stadt vor der Grenze zu Litauen liegt Bauska im Südwesten der Ebene von Zemgale zwischen den Flüssen Mūsa und Mēmele.

Burgsitz zwischen zwei Flüssen Um eine Mitte des 15. Jh.s erbaute Ordensburg entstand die Siedlung Bauska. Die fruchtbare Umgebung und die Lage am wichtigen Handelsweg von Rīga nach Litauen förderten die Entwicklung der Stadt, doch erlitt sie im Nordischen Krieg und auch in den beiden Weltkriegen große Schäden.

Sehenswertes in Bauska

★ Ordensburgruine Westlich der Brücke über die Mūsa erhebt sich hoch auf einem Hügel die Ruine der Ordensburg. Die Feste wurde von 1443 – 1456 als Sitz des Ordensvogtes gebaut; Ende des 16. Jh.s fügte man am

Malerisch über der Mūsa liegt die Burgruine.

östlichen Teil einen Palast an. Beide Bauten wurden 1706, als auch hier der Nordische Krieg wütete, gesprengt. Noch teilweise erhalten ist der 22 m hohe Hauptturm am Übergang von der Burg zum Palast; man kann ihn besteigen, um die Aussicht auf die Stadt zu genießen oder sich im **Burgmuseum** umschauen (Öffnungszeiten: Mai – Okt. tgl. 9.00 – 19.00 Uhr).

Östlich der Heiliggeistkirche kommt man zur Kalna iela, wo unweit der Brücke über die Mēmele das **Heimat- und Kunstmuseum** von Bauska Besucher erwartet. Gegenüber liegt das ehemalige Rathaus.

Umgebung von Bauska

32 km östlich von Bauska liegt Skaistkalne. Hier findet man ein katholisches Gotteshaus – ein interessantes Beispiel für einen Kirchenbau aus der Zeit der Gegenreformation. Die nahe dem Mēmele-Ufer beim damaligen Jesuitenkloster von 1658 an errichtete dreischiffige Basilika wirkt von außen bescheiden; im Kirchenraum jedoch beeindruckt der reich verzierte 12 m hohe barocke Altaraufsatz mit dem Bildnis des Gekreuzigten im Zentrum.

BAUSKA

AUSKUNFT

Rātslaukums1, LV - 3901 Bauska
Tel. 3 92 37 97, www.bauska.lv

ESSEN & ÜBERNACHTEN

► **Preiswert**

Hotel Bauska
Slimnīcas 7
Tel. 3 92 47 05, Fax 3 92 30 27, 80 B.
Das Haus mit Restaurant liegt verkehrsgünstig 50 m abseits der Autobahn.

► **Komfortabel**

Schloss Mežotne
Ca. 10 km westlich von Bauska
Tel. 3 96 07 11
Fax 3 96 07 22, 37 B.
27 modern ausgestattete Hotelzimmer und ein edles Restaurant: Im Schloss Mežotne kann man es sich fürstlich gut gehen lassen.

★ **Schloss Mežotne**

Fährt man von Bauska am rechten Ufer der Lielupe entlang, kommt man zuerst zu einem Museum, in dem technische Geräte, vor allem für die Landwirtschaft, ausgestellt sind (Öffnungszeiten: Mai – Okt. Di. – So 10.00 – 17.00 Uhr). Danach erreicht man Schloss Mežotne, 1800 im klassizistischen Stil erbaut. Heute befindet sich im liebevoll restaurierten Anwesen ein exquisites Hotel mit Restaurant (►Bauska erleben). Im Park sieht man am Flussufer einen Pavillon und eine Grabstätte aus dem Ersten Weltkrieg mit der deutschen Inschrift: »Hier ruhen 7 tapfere Russen, Aug. 1915.«

Schlossberg Mežotne

Vom Park des Schlosses Mežotne aus erkennt man am gegenüberliegenden Ufer der Lielupe einen der beeindruckendsten Schlossberge Lettlands. Der 16 m hohe Schüttberg markiert den Standort einer Burg, von der bis zur Ankunft der Ordensritter das umliegende Ost-Semgallen beherrscht wurde.

★★ Schloss Rundāle (Pilsrundle • Ruhental)

Öffnungszeiten: tgl. Mai – Okt. 10.00 – 18.00, Nov. – April 10.00 – 17.00

deutschsprachige Führungen Tel. 3 96 21 97

Von der nach Westen führenden Straße Bauska – Eleja zweigt nach 9 km ein Sträßchen zum Schloss Rundāle ab, dem größten und vollkommensten Barockensemble des Landes. Es entstand nach Entwürfen des italienischen Architekten Bartolomeo Francesco Rastrelli als Sommerresidenz für Ernst Johann Biron. Dieser war besonderer Günstling der Zarin Anna Iwanowna und nachmaliger Herzog von Kurland. Die erste Bauphase dauerte von 1735 bis 1740, dann fiel Biron in Ungnade und wurde nach Sibirien verbannt; erst nach seiner Rückkehr 1764 wurden die Arbeiten fortgesetzt und schließlich 1769 beendet. Im Lauf der Zeit hat das Bauwerk viel gelitten, insbesondere während des Ersten Weltkrieges, als es u. a. deutsches Lazarett war. Heute jedoch ist die vollständige Restauration von Schloss und Park weitgehend abgeschlossen.

Besichtigung

Über einen Kanal und zwischen den Stallungen hindurch betritt man den Hof des nach französischem Vorbild angelegten Schlosses. Es ist 86 x 100 m groß und umfasst 138 Räume mit einer Gesamtfläche von 6963 m², die sich auf zwei Geschosse verteilen. Die ebenerdig liegenden Räume waren für die Verwaltung, als Wirtschafts-

Auch in Lettland liebte man die barocke Prachtentfaltung: In der Sommerresidenz Schloss Rundāle gab sich der Hochadel die Klinke in die Hand.

Schloss Rundāle Orientierung

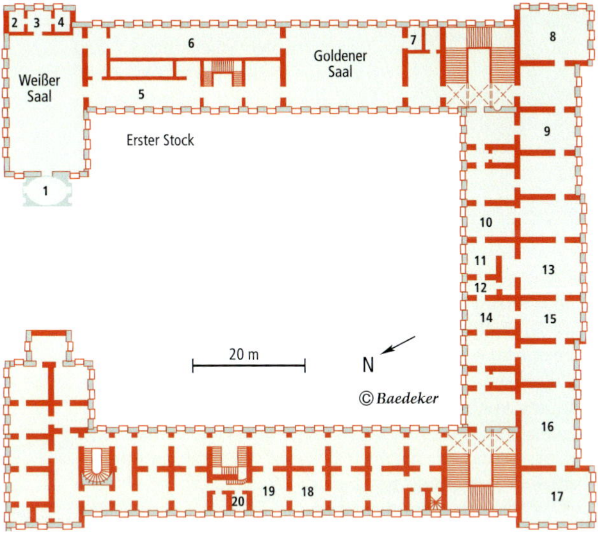

1 Ovales Porzellankabinett
2-4 Kabinette
5 Kleine Galerie
6 Große Galerie
7 Porzellankabinett
8 Bibliothek
9 Rosenzimmer
10 Kabinett des Herzogs
11 Ankleidezimmer
12 Toilettenraum
13 Schlafzimmer
14 Kabinett des Herzogs
15 Rotes Kabinett (herzogl. Audienzzimmer)
16 Speisesaal
17 Billardzimmer
18 Boudoir der Herzogin
19 Schlafzimmer
20 Toilettenraum der Herzogin

räume und als Wohnungen für die Bediensteten vorgesehen; in ihnen werden derzeit Ausstellungen veranstaltet. Im ersten Stock des Haupt- bzw. Südflügels befinden sich die Wohnräume des Herzogs, im Westflügel Gästeräume und die Repräsentationsräume im Ostflügel. Die 43 wichtigsten und schönsten dieser Räume können im Rahmen einer Führung besichtigt werden.

Vom Vestibül aus gehen nach beiden Seiten gewölbte Gänge ab, zu den von Rastrelli geschaffenen, einzigartigen Paradetreppenhäusern mit ihren reich verzierten Wänden und geschnitzten Geländern. Diese beiden Räume sind die einzigen, die ihre ursprüngliche Ausstattung aus dem Jahre 1740 behalten haben.

Vom Paradetreppenhaus in der Ostecke betritt man den Goldenen Saal, den prachtvollsten Raum des Schlosses. Er diente als Thron- und Audienzsaal des Herzogs von Kurland. Die Italiener Francesco Martini und Carlo Zucchi schufen das ca. 200 m² große Deckengemälde mit Allegorien auf die Tugenden des Herzogs, während der Berliner Bildhauer Johann Michael Graff die Skulpturen aus Stuckmarmor arbeitete. An den Goldenen Saal grenzt das Porzellankabinett mit chinesischen und japanischen Vasen an. ★★ ◄ Goldener Saal

Die Große Galerie schmücken allegorische Gemälde. Hier wurden die offiziellen Bankette gegeben und an langen Tischen festlich getafelt; die Speisen trugen die Bediensteten über das nebenan liegende Treppenhaus aus den beiden Küchen herauf. In der größeren Küche wurde ein Schloss-Restaurant eingerichtet. ◄ Große Galerie

Höhepunkt im Schlossinneren: der Goldene Saal

Durch die Kleine Galerie geht man weiter in den **Weißen Saal**, oder Tanzsaal, der an Glanz dank wunderbar leichter Stuckarbeiten dem Goldenen Saal fast gleichkommt. Fünf Spiegelfenster fangen das einfallende Licht ein und erweitern den Saal optisch.

An der östlichen Stirnseite schließen sich drei kleine **Kabinette** an, unter denen sich das Spiegelkabinett besonders auszeichnet. Am westlichen Ende des Weißen Saales kann man im Ovalen Porzellankabinett japanisches und chinesisches Porzellan aus der reichhaltigen Sammlung des Herzogs bewundern.

Hauptflügel ►

Quer durch den ersten Stock des Hauptflügels ziehen sich – von Bibliothek bis Billardsaal – die Gemächer des Herzogs. Sehr schön ausgestattet sind das Ankleidezimmer und das danebenliegende herzogliche Schlafgemach. Parkettboden und Deckenmalerei gehören noch zur Originalausstattung. Im Kabinett des Herzogs steht ein originaler, blau bemalter Kachelofen aus Delfter Fayence. Der prächtigste Raum ist jedoch das Rosenzimmer, dessen Wände aus künstlichem Marmor mit unzähligen kolorierten Girlanden von Rosen und anderen Blumen verziert sind. Der größte Raum des Hauptflügels ist der Speisesaal.

* Rosenzimmer ►

Boudoir der Herzogin ►

Von den der Herzogin vorbehaltenen Gemächern im Westflügel strahlt das Boudoir den größten Pomp aus. Die Herzogin konnte sich hier in eine muschelartige Diwan-Nische zurückziehen, über der zwei Kinderfiguren im Geäst sitzen.

** Cēsis (Wenden)

P 8

Höhe: 50 – 120 m ü. d. M. **Einwohnerzahl:** 20 100

Eine der schönsten Städte Lettlands ist die alte Hansestadt Cēsis, das inmitten des Gauja-Nationalparks am westlichen Rand der Vidzeme-Hochebene über den Ufern der Gauja liegt. Den Ort mit der reizvollen Altstadt und vor allem der herrlichen Umgebung sollte kein Reisender versäumen.

Historische Stadt über der Gauja

Schon im 11./12. Jh. stand im heutigen Stadtgebiet ein befestigtes Schloss der Wenden. Um 1207 begann der Schwertbrüderorden mit dem Bau einer steinernen Burg direkt gegenüber, um die herum sich eine Ansiedlung entwickelte. Cēsis wurde Hauptstadt des gesamten vom Livländischen Orden eroberten Territoriums. Im 14. Jh. erhielt die rege Handelsstadt, durch die fast der gesamte Warenverkehr mit

Russland verlief, eine starke Festungsmauer. Doch von 1560 an, als Cēsis durch ein russisches Heer verwüstet wurde, begann der Verfall. Der Erste Weltkrieg brachte erneutes Leid über Cēsis: 1919 fanden in der Umgebung der Stadt die Kämpfe zwischen der deutschen Landwehr und der Eisernen Division unter von der Goltz einerseits und der estnischen Armee mit ihren Verbündeten – den Einheiten der lettischen Armee – andererseits statt. Die deutschen Truppen erlitten eine Niederlage, wodurch die bedrohte Unabhängigkeit Lettlands und Estlands bewahrt werden konnte.

! *Baedeker* TIPP

Bier trinken bis zum Abwinken

Der vierte Samstag im Juli ist fester Termin für das Bierfest in Cēsis. Alle lettischen Biersorten werden ausgeschenkt – probieren geht über studieren! Ein Muss für Bier-Liebhaber ist zudem ein Besuch der wohl ältesten Brauerei des Baltikums in Cēsis in der Lencōu iela.

Sehenswertes in Cēsis

✶ Altstadt

Von besonderem Reiz ist die einst von einer Festungsmauer – von der nur einige Fragmente erhalten sind – umgebene Altstadt. Hier trifft man noch traditionelle Holzgebäude an, wertvolle Zeugen der alten Planung wie auch einer volkstümlichen Bauart.

Rīgas iela

Hinter einem rekonstruierten Fragment der Stadtmauer, welches das alte Rauna-Tor markiert, beginnt das historische Stadtzentrum. Die von vielen alten Häusern gesäumte Rīgas iela ist die Hauptstraße der Altstadt. Zunächst folgt links (Nr. 7 und 7a) das alte Rathaus von 1767 mit einem Wächterhäuschen. An der Fassade sieht man zwischen den Fenstern des oberen Geschosses das farbige Stadtwappen. Rechts (Nr. 16) folgt das wohl schönste Bürgerhaus der Straße, das 1788 erbaute »Kaufmannshaus« oder »Händlerhaus« mit zwei Läden im Erdgeschoss und der Wohnung im Obergeschoss. Das älteste Haus der Stadt (Nr. 24), ein Steingebäude aus der zweiten Hälfte des 17. Jh.s, trägt den Namen »Harmonie«, da es einst dieser Musik- und Gesangsgesellschaft gehört hatte. Ihm gegenüber sieht man einen Wohnhauskomplex aus dem 19. Jh.; schließlich noch Haus Nr. 47 (18. Jh.), die ehemalige Pension »Prinzessinnenheim«.

Neues Schloss von Cēsis

Die **Johanneskirche** ** entstand als Hauptkirche des Ordens zwischen 1283 und 1297. Sie ist die größte gotische Kirche in Lettland außerhalb Rīgas. Ihre heutige Gestalt erhielt

Cēsis Orientierung

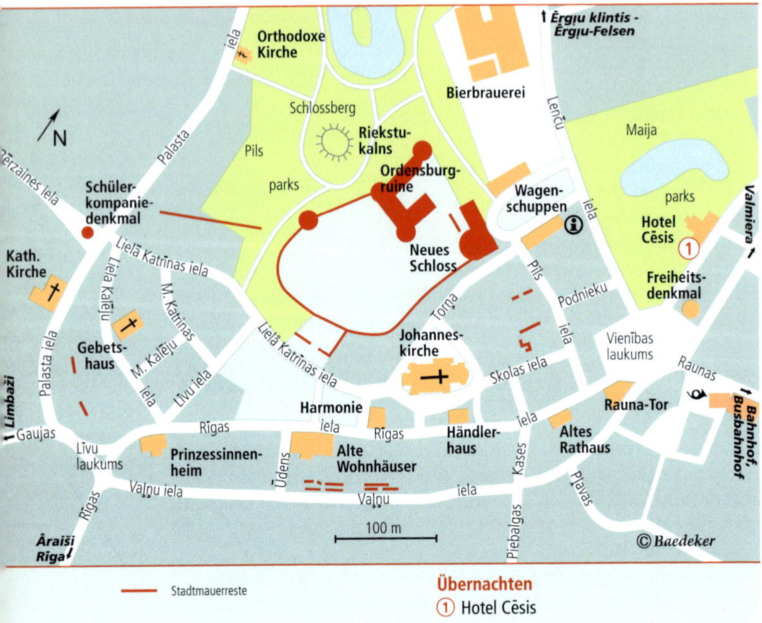

sie 1754, als sie nach einem Brand umgebaut wurde; der Turm allerdings ist erst 1853 hinzugekommen. Kennzeichnend sind die für Ordenskirchen typische Schmucklosigkeit und die sehr massiven, niedrigen Strebepfeiler. Einzige äußere Zier sind eine kleine, auf 1744 datierte Sonnenuhr in der Südmauer sowie das Wappen eines polnischen Magnaten und ein Malteserkreuz an einem Strebepfeiler an der Ostseite.

Innenraum ► Die Kirche ist Grablege mehrerer Ordensmeister und Bischöfe. Herausragend sind das Grabmal mit der Figur des Bischofs Nidecki (um 1588) und das Grab von Wolter von Plettenberg.

✶✶ Ordensburg

Die Burgruine ist das bedeutendste und am besten erhaltene Beispiel einer Ordensburg im Baltikum. Die Schwertbrüder begannen mit ihrem Bau (1209 – 1224), bis zum 16. Jh. wurde sie kontinuierlich erweitert, bis man sie nach schweren Zerstörungen in mehreren Kriegen schließlich aufgab. Die Feste war eine gut gesicherte, konventartige Burg mit drei Türmen und einer Kapelle, Schutzgräben und drei Vorburgen, die ihrerseits durch zwei Türme, eine Mauer und Tore geschützt wurden. Fast alle Hauptgebäude der Burg sind zumindest in ihrer ursprünglichen Mauerhöhe erhalten. Zerstört sind der nordwestliche Teil der Burg mit der Kapelle und dem alten Kapitelsaal sowie der Westflügel; stark beschädigt ist auch der Nordturm. Am besten blieb der Westturm erhalten, in dem 1522 für den Ordensmeister ein Wohnraum mit einem Sterngewölbe eingebaut wurde. Die Mauern dieses Turmes sind 4,6 m dick. Auch der runde Südturm vermittelt noch einen guten Eindruck von der Wuchtigkeit der Anlage.

An Stelle der ehemaligen Ost-Vorburg und auf dem Turmrest der sog. Lademacher-Mauer wurde 1777 das **Neue Schloss** als gräflicher Wohnsitz erbaut. Es beherbergt heute das **Geschichts- und Kunstmuseum** der Stadt (Öffnungszeiten: Di. – So. 10.00 – 17.00 Uhr).

Immer noch imposant: die Feste von Cēsis

Schlosspark

Vom Vorhof des Neuen Schlosses führt eine lange Tuffsteintreppe hinab zum weitläufigen Schlosspark. In ihm erhebt sich der Riekstu-Berg, auf dem noch zu Beginn des 13. Jh.s die wendische Holzburg stand.

CĒSIS ERLEBEN

AUSKUNFT

Pils laukums 1, LV - 4101 Cēsis
Tel. 4 12 18 15
Fax 4 10 77 77
www.tourism.cesis.lv

ESSEN

► Fein & Teuer

Alexis
Vienības laukums 1
Tel. 4 12 00 28
Das exquisite Akexis im Hotel Cēsis hat den Ruf des anspruchsvollsten Restaurants in der ganzen Region Vidzeme.

► Preiswert

Café Popular
Vienības laukums 1, Tel. 4 12 23 92
Das beliebteste Restaurant der Stadt liegt im Keller des Hotel Cēsis und bietet sowohl traditionelle lettische Küche als auch italienische Pizza – und das zu sehr moderaten Preisen.

ÜBERNACHTEN

► Günstig

① ***Hotel Cēsis***
Vienības lauk. 1
Tel. 4 12 01 22
Fax 41 22 69 51, 54 B.
Gemütliches Hotel, eine Gehminute vom Schloss gelegen, mit Sauna, Bistro und Gartenrestaurant.

! *Baedeker* TIPP

»Experimentelle Archäologie«

Im Schlossgarten von Cēsis hat Daumants Kalnins seine Silberschmiede und »Werkstatt für experimentelle Archäologie«. Er beschäftigt sich mit historischen Formen und Ornamenten, zu kaufen gibt es Armreifen, Ringe, Ketten – Auskunft und ein Schwätzchen gibt es umsonst.

Umgebung von Cēsis

Naturdenkmäler In unmittelbarer Umgebung von Cēsis lassen sich schöne Wanderungen ins Gebiet des Nationalparks durch die Wälder am Urstromtal der Gauja unternehmen. Schön ist der Weg die Gaujas iela entlang zur Stadt hinaus. Nach einigen Kilometern überquert die Raiskums-Brücke die Gauja, kurz danach kommt man zum Raiskuma krogs, einem Wirtshaus von 1857. Hinter diesem biegt nach rechts ein Weg ab zu den 10 m hohen Sarkanās- oder Raiskuma-Felsen. Bei diesen entspringen drei Quellen, darunter die Rūcamais avots (= Brummende Quelle).

Ein weiterer Weg führt hinter der Raiskums-Brücke links 5 km durch malerischen Kiefernwald am Flussufer entlang zum Kvēpene-Schlossberg, der 35 m hoch über dem Fluss aufragt.

✶ Ērgļu klintis ► Wenn man Cēsis auf der Lencōu iela nordwestlich bis zur Gauja hin verlässt und dieser aufwärts folgt, erreicht man nach 7 km die größten und eindrucksvollsten Felsen im ganzen Tal – die Ērgļu (Adler-) oder Ērģeļu (Orgel-)Felsen. Die mächtige Felswand ist bis zu 26 m hoch; in der Umgebung befindet sich ein Waldpark mit Fußwegen, Rastplätzen und Aussichtspunkten, von denen sich ein schöner Blick auf den Gauja-Nationalpark (►Gaujas nacionālais parks) bietet.

Rauna Über die P 28 durch das östlich liegende Priekuļi (►Gaujas nacionālais parks) erreicht man das Dorf Rauna. Am linken Ufer der Rauna erhebt sich der schon im ersten vorchristlichen Jahrtausend bewohnte große Tanīsa-Burgberg. Ca. 1 km stromaufwärts kann man in einem canyonartigen Tal einen Tuffsteinfelsen, den sog. Raunas Staburags, besichtigen. Die einstmals recht bedeutende Stadt ist im Nordischen Krieg fast vollständig vernichtet worden. Wichtigste Sehenswürdigkeit ist die Ruine der erzbischöflichen Burg. Sie wurde 1262 begonnen und galt als die prächtigste Bischofsburg in Livland, in der die Erzbischöfe von Rīga mit ihren Höfen die Winter verbrachten. 1657 wurde sie von den Schweden erobert und zerstört. Die Kirche von Rauna entstand zur selben Zeit wie die Burg und auch sie ist oft zerstört worden, jedoch jedes Mal wieder erneuert und umgebaut, zum letzten Mal 1936 – 1937. In ihr wirkte Jānis Reiters, der erste akademisch ausgebildete lettische Pfarrer und erster Übersetzer eines Teils der Bibel ins Lettische.

Daugavpils (Dünaburg)

R/S 11

Höhe: 90 – 125 m ü. d. M. **Einwohnerzahl:** 113 400

Das von der Daugava (dt. Düna) durchflossene Daugavpils liegt im Südosten Lettlands unweit der Grenzen zu Litauen und Weißrussland und ist das Tor zur malerischen Seenplatte von Latgale.

Zweitgrößte Stadt Lettlands

Daugavpils wird zum ersten Mal urkundlich erwähnt, als der Livländische Orden am steilen rechten Ufer der Daugava, eine steinerne Burg errichten ließ. 1275 ließ der Deutsche Orden 19 km oberhalb der heutigen Stadt eine steinerne Burg errichten. Diese Burg wurde sowohl wichtiger militärischer Stützpunkt als auch ein bedeutender Handelsplatz am alten Handelsweg der Daugava. Kriege zogen die Festung in Mitleidenschaft, und nach den Verwüstungen im Livländischen Krieg zwischen 1558 und 1583 ist sie nicht mehr wiederaufgebaut worden. Im 16. Jh. entstand die Stadt am heutigen Platz, 1772 wurde sie samt Lettgallen Russland einverleibt. Von großer Bedeutung für die weitere Entwicklung war der Bau einer Festung am Anfang des 19. Jahrhunderts. Die Stadt florierte und der Aufbau der Industrie begann. Die Stadt ist in beiden Weltkriegen stark beschädigt worden. Die – eher bescheidenen – Sehenswürdigkeiten befinden sich überwiegend im Zentrum, das sich durch seinen schachbrettartigen Straßenverlauf und die Bebauung aus dem 19. Jh. auszeichnet.

Daugavpils Orientierung

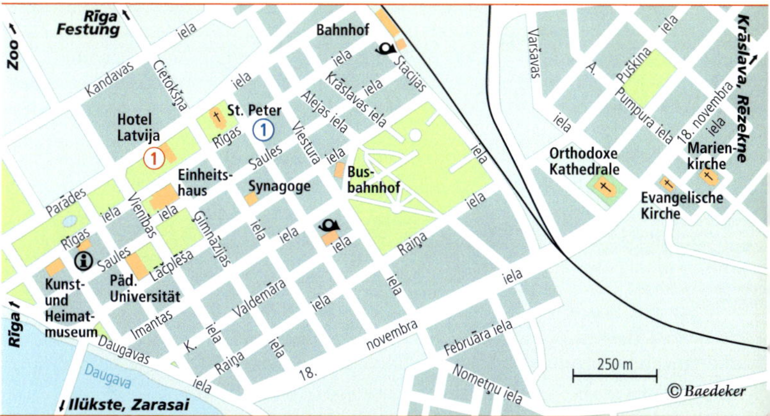

Übernachten
① Hotel Latvija

Essen
① Café Daugava

Sehenswertes in Daugavpils

Museum Nicht weit von der Daugava-Brücke befindet sich an der Kreuzung von Rīga iela und Muzeja iela das **Kunst- und Heimatmuseum der Stadt** (Öffnungszeiten: Di. – Sa. 10.00 – 18.00 Uhr).

Festung Daugavpils

Die Cietokšņa führt auf die breite 18. novembra iela. Sie überquert im Osten des Stadtzentrums die Bahnlinie. Gleich danach sieht man links die Türmchen und Kuppeln der 1905 errichteten orthodoxen **Boris-und-Gleb-Kathedrale***, deren Innenraum eine große Zahl von Ikonen aus dem 19. Jh. birgt.

Am rechten Ufer der Daugava, einige Kilometer nordwestlich des Zentrums, liegt die **Festung Daugavpils***. Die heutige Burg entstand zwischen 1810 und 1833. Auf dem ovalen Gelände fanden neben Kasernen, Stallungen, Arsenalen und einem Krankenhaus für 500 Patienten auch einige Gebäude des Jesuitenklosters Platz, die jedoch im Zweiten Weltkrieg vernichtet wurden. Der Festungskomplex besteht aus der Zitadelle, dem Wall, acht Bastionen, dem äußeren Schutzwall mit Straße

DAUGAVPILS ERLEBEN

AUSKUNFT

Rīgas 20a, LV - 5400 Daugavpils
Tel. 5 42 28 18
tourinfo@daugavpils.apollo.lv

ESSEN

► **Preiswert**

Café Daugava
Rigas 28
Tel. 5 62 46 06
Hier gibt es sehr preiswerte Mahlzeiten, aber das Café hat keine Lizenz für Alkohol. Den gibt's dann an der Billard-Bar im Stockwerk darüber.

Gubernators
Lāčplēša 10, Tel. 5 42 24 55
Anständiges Essen zu verträglichen Preisen

ÜBERNACHTEN

► **Erschwinglich**

Hotel Latvija
Ģmnāzijas 46
Tel. 5 42 90 03
Fax 5 42 09 50, 260 B.
Großes Hotel im Zentrum. Ausflüge können direkt im Haus gebucht werden.

sowie dem Brückenkopf (heute Gefängnis) am linken Flussufer. Die ie strategische Bedeutung der Festung war jedoch während der Bauarbeiten immer geringer geworden, so dass sie 1897 zum Arsenal erklärt wurde – möglicherweise der Grund, weshalb die Festung von Daugavpils der einzige Fortifikationsbau auf dem ganzen Territorium der ehemaligen Sowjetunion ist, der sein ursprüngliches Aussehen seit Anfang des 19. Jh.s bewahrt hat. Man kann Teile der äußeren Befestigung besichtigen und durch das Tor im Südosten einen Spaziergang in den inneren Bereich der Festung machen.

Alexander-Newski-Kathedrale: ganz aus Holz

Alexander-Newski-Kathedrale

Ca. 2 km nordwestlich der Festung grüßen die Türme der Alexander-Newski-Kathedrale. Sie ist wie eine nordrussische Kirche ganz in Blockbauweise errichtet.

Umgebung von Daugavpils

✶ Tal der Daugava

Der Abschnitt zwischen Krāslava und Daugavpils ist der einzige im gesamten Flusslauf, auf dem die hier ca. 200 m breite Daugava mehrere große Mäander bildet. Flache Uferstreifen werden oft von steilen Böschungen abgelöst. Die Schönheit dieses Abschnittes, dem Naturschutzgebiet »Daugavas loki«, lässt sich am besten auskosten, wenn man im Boot den Fluss von Piedruja oder Krāslava bis Daugavpils hinabfährt.

◄ Alte Dünaburg

19 km östlich von Daugavpils liegt Naujene, wo am steilen, hier 25 m hohen rechten Ufer der Daugava zwischen zwei Schluchten die alte Dünaburg lag. Sie wurde Ende des 16. Jh.s niedergerissen, aber vom Burghügel, auf dem eine kleine Burg im Maßstab 1:40 geschaffen wurde, hat man einen schönen Rundblick auf das Flusstal. Ca. 6 km östlich der Landstraße Daugavpils – Krāslava kommt man zu einem Aussichtsturm und nach weiteren 5 km zum Markovas-Schlossberg, der sich 40 m über der Daugava erhebt. Am Flussufer liegt Slutiški, ein malerisches typisches Dorf der Altgläubigen mit kleinem ethnografischem Museum.

Pilskalne

Über Ilūkste kommt man nach Pilskalne (28 km westlich von Daugavpils). Das mit Naturlehrpfaden erschlossene Gebiet an einem Stausee und dem Dubezers-See wird als »Pilskalner Siguldchen« bezeichnet, weil die Gegend einer Miniaturausgabe der Landschaft um ►Sigulda mit ihren prächtigen Bergen und Tälern gleicht.

Subate Westlich von Ilūkste, an der Grenze zu Litauen, liegt Subate mit Holzhäusern aus dem 18. und 19. Jh. und einem ungewöhnlichen evangelischen Gotteshaus aus dem Jahr 1686.

★★ Basilika von Aglona

Wallfahrtsziel Das 51 km nordöstlich von Daugavpils liegende Aglona hat sich seit dem ausgehenden 18. Jh. zu einem Zentrum des Katholizismus in Lettgallen herausgebildet, wichtig genug, um von Papst Johannes Paul II. 1993 besucht zu werden. 1699 gründete hier der Dominikanerorden ein Kloster. Auf dem Hügel zwischen dem Egles-See und dem Ciriša-See entstanden zwischen 1768 und 1800 die heute zu sehende barocke dreischiffige Basilika sowie etliche Klostergebäude. In den 1860er-Jahren wurde das Kloster aufgelöst.

Wallfahrtsziel und Zentrum des Katholizismus in Letgallen: die Basilika von Aglona

Innen gefällt die Kirche mit Grisaillemalereien im Stil des Rokoko. Herausragend ist der zweistufige Hauptaltar, der das für wundertätig gehaltene Bildnis der **Muttergottes von Aglona** trägt, vermutlich eine am Ende des 17. Jh.s geschaffene Kopie des Heiligenbildes der Kirche von ► Trakai in Litauen. Alljährlich am 15. August finden sich Tausende von Wallfahrern in Aglona ein, um vor dem Bildnis zu beten. **Innenraum**

Am Rušona-See

Der 24 km^2 große Rušona-See gehört seiner zehn Inseln, mehrerer Halbinseln und der malerischen, buchtenreichen Ufer wegen zu den schönsten und romantischsten Seen Lettgallens. 5 km östlich vom am Südufer liegenden Jaunaglona erhebt sich eine alte **Kultstätte** mit dem »Großen Stein von Jaunaglona«. **Rušona-See**

Auf einer Anhöhe liegt die katholische Holzkirche von Bērzgale mit einer außerordentlich prächtigen Innenausstattung. Der im Kirchhof frei stehende Glockenturm wurde, wie oft üblich, erst im 19. Jh. hinzugebaut. ✶ ◄ Kirche von Bērzgale

Um Preiļi

Preiļi, erstmals im 14. Jh. erwähnt, liegt am westlichen Rand der Lettgaller Hochebene 56 km nördlich von Daugavpils. Das Gebiet ist durch die hier ansässigen lettgallischen Töpfer berühmt geworden, sie gelten als wahre Meister ihres Gewerbes. Sehenswert sind in Preiļi die katholische Kirche (1886) und der Stadtpark südlich der Kirche auf dem Gelände des ehemaligen Landgutes. **Preiļi**

13 km südlich von Preiļi liegt Aizkalne. Im Wohnhaus des ehemaligen Landgutes Jasmuiža befindet sich ein Museum zum Gedenken an den Dichter **Jānis Rainis** (► Berühmte Persönlichkeiten), der in diesem Haus zwischen 1883 und 1889 lebte. Das Museum birgt auch eine Ausstellung der lettgallischen Keramik. Am gegenüberliegenden Flussufer kann die einschließlich des Brennofens hierher gebrachte Werkstatt des lettgallischen Keramikkünstlers Andrejs Paulāns (1896 – 1973) besichtigt werden. **Aizkalne**

Am östlichen Ende des Feimaņu-Sees (21 km östlich von Preiļi) kann man im Dorf Feimaņi die 1756 – 1760 erbaute katholische **Holzkirche** mit barocken Zwiebeltürmen und schöner Innenausstattung bewundern. **Feimaņi**

Krāslava und Umgebung

Weit im Südosten Lettlands an der Daugava liegt Krāslava, eine kleine ansprechende Stadt, die aus einem Nachschublager der Ordensritter hervorgegangen ist. **Hübsche Kleinstadt**

Schlosspark Recht eindrucksvoll ist der Schlosspark mit dem ein wenig heruntergekommenen Schloss der ehemaligen Gutsbesitzer Plater, das 1791 vollendet wurde. Ein ehemaliges Gutsgebäude auf dem Schlossgelände beherbergt das kleine **Geschichts- und Kunstmuseum** der Stadt (Öffnungszeiten: Mo. – Fr. 10.00 – 17.00 Uhr). Vom Schlosshügel aus überblickt man den Park mit dem barocken alten Schloss (1759), der späteren Schlossbibliothek.

✶ Katholische Kirche Am Ludvika laukums erhebt sich die wohl schönste spätbarocke Kirche Lettgallens, die dreischiffige Ludwigskirche. Sie entstand bis 1767 nach Entwürfen des Genueser Architekten Antonio Parraco und sollte die Bischofskirche Lettgallens werden, doch kam es infolge der Polnischen Teilung und der Einverleibung Lettgallens nach Russland nicht dazu. Aus Geldmangel verzichtete man auf die Türme, so dass die an Palladio erinnernde Hauptfassade das Bild der Kirche bestimmt. 1818 wurde die Kapelle des hl. Donatus angebaut, und 1838 setzte man einen Glockenturm in den Hof. Unter der prächtigen Ausstattung fallen die Gemäldesammlung und insbesondere das Altarbild des Malers Tadeusz Lisjewitsch »Ludwig der Heilige« nach einer Skizze von Jan Matejko auf.

✶ Seen- und Hügellandschaft Die liebliche Landschaft Ostlettgallens wird nicht ohne Grund das »Land der blauen Seen« genannt, denn im Dreieck Krāslava / Aglona / Ezernieki finden sich zwischen den sanften Hügeln an die 300 größere und kleinere Seen, die das Gebiet zu einer der schönsten Landschaften Lettlands machen. Wanderer und Kanufahrer finden hier ein wahres Paradies.

Sauleskalns 15 km nordöstlich von Krāslava überragt der 211 m hohe Sauleskalns, eine alte **lettgallische Kultstätte**, die Gegend. Von seiner Höhe genießt man einen herrlichen Blick auf die Hügel und Seen, so auf den Drīdzasee, den tiefsten See Lettlands, der mit vielen anderen Seen verbunden ist. Vom Schlossberg Braslava 8 km nördlich hat man einen sehr schönen Blick auf den Sīvera-See.

✶ Blick ►

Ezernieki 47 km nordöstlich von Krāslava erreicht über Dagda man Ezernieki. Der Ort liegt am See Ežezers, dem buchten- und inselreichsten See Lettlands.

Piedruja Piedruja liegt 25 km südöstlich direkt an der Grenze zu Weißrussland. Auf einer Anhöhe steht die barocke katholische Kirche (1759 – 1774), die von einer interessant ausgeführten Mauer aus Ziegelsteinen umschlossen wird. Vom Hügel daneben schaut man hinüber auf den weißrussischen Ort Druja. Die im byzantinischen Stil erbaute **orthodoxe Kirche** von Piedruja aus dem Jahr 1885 zählt zu den schönsten orthodoxen Kirchen Lettgallens.

Sinfonie aus Wasser und Himmel: Seenlandschaft von Krāslava →

★★ Gauja-Nationalpark

(Gaujas nacionālais parks)

P 8

Höhe: 20 – 155 m ü. d. M.

Im größten Nationalpark Lettlands um das Tal der Gauja finden sich Flussniederungen mit Sandsteinfelsen, -höhlen und -grotten, stille Waldseen und beliebte Badeseen, unberührte Wälder und Birkenhaine, eine reiche Tier- und Pflanzenwelt sowie von Menschenhand geschaffene Kulturlandschaften mit bedeutenden Baudenkmälern.

Größter Nationalpark des Baltikums

Das Urstromtal der Gauja prägt die Landschaft des 1973 gegründeten Nationalparks, der sich auf einer Breite von ca. 10 km über fast 100 km entlang des Mittellaufs von Lettlands längstem Strom zieht.

Pflanzen- und Tierwelt

Die Hälfte der Fläche ist mit Wäldern bedeckt. Im Nationalpark wachsen mehr als 800 Farn- und Blütenpflanzen, darunter 42 geschützte Arten. Fische, Lurche, Reptilien, Vögel und seltene Säugetierarten leben inmitten unzersiedelter Natur. Wieder angesiedelt wurden Rebhühner, Biber und Hirsche.

Touristische Einrichtungen und Information

Der Nationalpark ist ein Wanderparadies. Wer hier zu Fuß unterwegs ist, findet entlang der vielen Routen immer wieder Rast- und Lagerplätze. Auch Reiter haben Möglichkeiten zu ausgedehnten Ausflügen. Die Gauja zieht dank ihrer vielen Windungen, den vielen Steilufern und ihres schnellen Laufs viele Wassertouristen an. Geradezu wildromantisch ist eine Paddelfahrt auf dem an Stromschnellen besonders reichen Gauja-Zufluss Amata. Die Wasserrouten beginnen gewöhnlich in ► Valmiera oder in ► Cēsis; an den Ufern sind Rastplätze für Wasserwanderer eingerichtet. Sofern Schnee vorhanden ist, bietet die »Livländische Schweiz« auch hervorragende Möglichkeiten zum Wintersport, insbesondere für Skilangläufer. Die touristische Infrastruktur – Unterkünfte, Restaurants, Einkaufsmöglichkeiten – in den Orten im Nationalpark ist recht gut ausgebildet.

i Verhalten im Nationalpark

- Das Verlassen der Wege, Zelten und Feuermachen außerhalb der ausgewiesenen Plätze ist nicht gestattet. Abfälle dürfen nicht weggeworfen und seltene Pflanzen selbstverständlich nicht gepflückt werden. Wer in der Gauja baden will, sollte einige Gefahren bedenken: Wegen in den Fluss gestürzter Bäume darf man keinesfalls vom Steilufer ins Wasser springen! Ebenso gefährlich können der Treibsand sein, der gewöhnlich am mittleren und oberen Teil einer scharfen Flussbiegung vorzufinden ist, sowie die starken Stromwirbel, insbesondere an der Steilwand des u-Felsens. Schließlich sei bemerkt, dass das Wasser in der Gauja recht kalt ist, an Stellen, wo Quellwasser zufließt, erreicht die Wassertemperatur nur +5 °C bis +12 °C.

Gaujas nacionālais parks Orientierung

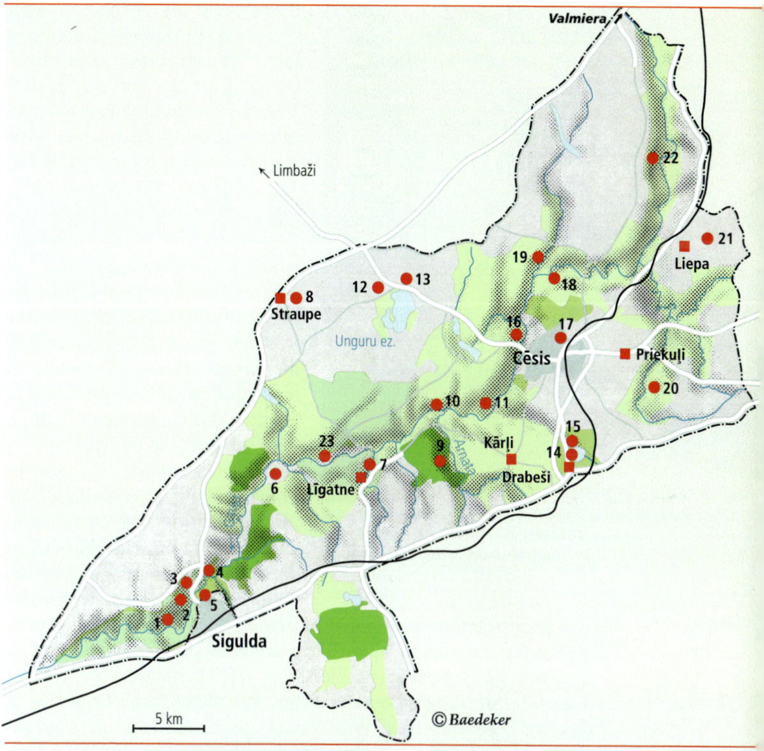

Naturreservate | Naturschutzgebiete und Kulturlandschaften | Erholungsgebiete | Neutrale Gebiete

1 Velna-Höhle
2 Velna-Höhle-Felsen
3 Gūtmaņa-Höhle
4 Burg Turaida
5 Burg Sigulda
6 Dagne-Höhle
7 Schlossberg-Līgatne
8 Burg Lielstraupe
9 Zwārtes-Felsen
10 Ķūķu-Felsen
11 Schlossberg Kvēpene
12 Schlossberg Urele
13 Gut Ungurmuiža
14 Seeburg von Āraiši
15 Kirche von Āraiši
16 Sarkanās-Felsen
17 Burg Cēsis
18 Ērgļu-Felsen
19 Vaidava-Höhle
20 Sāruma-Schlossbe
21 Lielā Ellīte
22 Sietiņiezis-Felsen
23 Gūdu-Felsen

Sehenswertes im Gauja-Nationalpark

Liepa Auf halber Strecke zwischen Cēsis und ► Valmiera liegt Liepa. Die Attraktion des Dorfes ist die **Lielā Ellīte**, eine der schönsten Sandsteinhöhlen Lettlands. Besonders schön in der Umgebung ist das Tal der Rauna.

Āraiši Āraiši ist ein Dorf nur wenige Kilometer nördlich der Fernstraße A 2 unweit südlich von Cēsis. Es liegt sehr malerisch am Āraiši-See in einer für Vidzeme charakteristischen Landschaft mit Hügeln und Hai-

Die Rekonstruktion einer altlettgallischen Siedlung im See von Āraisi

nen, mit Alleen, Parks, Äckern und Bauten, die als Schauplatz vieler lettischen Filme gewählt wurde.
Ein einzigartiges historisches Denkmal ist der auf der Insel im Āraišu-See entdeckte Rest einer altlettgallischen Siedlung, der »Seeburg« aus dem 9. und 10. Jh., die aus mehr als 150 Wohn-, Wirtschafts- und Wehrbauten bestand. Auf dem Gelände sind fünf verschiedene Bebauungsphasen erschlossen worden, und bei Ausgrabungen fand man ca. 4000 Artefakte. Diese waren die Grundlage für die rekonstruierten Gebäude, die man über einen schmalen Steg erreicht (Öffnungszeiten: April – Nov. tgl. 9.00 – 18.00 Uhr).
Der Seeburg südlich gegenüber befindet sich auf einer flachen Halbinsel die Ruine der Ordensburg aus dem 14. Jh., eine Nebenburg, die als Verpflegungslager und Sammelplatz diente. Von der Seeburg hat man einen ausgesprochen hübschen Blick auf das Dorf und auf den sich daraus erhebenden Turm der evangelischen Kirche, die auf das Jahr 1225 zurückgeht. Westlich der Kirche kommt man zum Ezerlīcōi-Gehöft, einem ehemaligen Wirtshaus vom Ende des 16. Jh.s, an dem vorbei ein Weg hinauf zur restaurierten Windmühle holländischer Bauart aus dem 19. Jh. führt. Sehr schön ist auch das südlich vom See gelegene, im 18. Jh. errichtete ehemalige Wohnhaus des Gutes Drabeši.

★ **Amata-Tal** Ein guter Ausgangspunkt für eine Wanderung zum herrlichen Urstromtal der Amata ist der Ort Kārļi, 9 km von Cēsis Richtung Līgatne gelegen.

★ **Zvārtes-Felsen** 5 km westlich von Kārļi befindet sich der 16 m hohe Zvārtes-Felsen. Hier gibt es auch ein Informationszentrum.

Līgatne Im mit Tannen bewachsenen Tal der Amata wurde 1816 eine Papierfabrik errichtet, um die herum die Stadt Līgatne entstand, seit Mitte des 19. Jh.s planmäßig bebaut mit Fabrik- und Verwaltungsgebäuden, den Villen der Besitzer und Arbeiterwohnhäusern. Mit einer Fähre kann man über die Gauja setzen. Im Lehr- und Erholungspark ca. 2 km westlich von Līgatne findet man Natur- und Lehrpfade, Reitwege sowie Aussichtsplätze und ein Informationszentrum.

Unguru-See

Westlich von Cēsis liegt an der Straße Richtung ►Limbaži (Valmiera, Umgebung) der Unguru-See, größter See im Nationalpark. An seinen Ufern sind gut ausgestattete Rastplätze gelegen.

✶ Gut Ungurmuiža

Etwas weiter Richtung Limbaži beginnt am rechts der Straße liegenden ehemaligen Wirtshaus Mazais krogs die schöne Allee zum Gut Ungurmuiža. Das Gutshaus von 1732 ist das älteste hölzerne Gutsgebäude in Lettland. Der Barockbau zeigt sowohl volkstümliche Elemente als auch die Vorliebe des frühen 18. Jh.s für chinesische Stilformen. Im Gebäude sind im Treppenhaus des ersten Stockwerks noch Wand- und Deckengemälde erhalten (Öffnungszeiten: Mai – Okt. Di. – So. 9.00 – 17.00 Uhr). Die China-Begeisterung kommt auch im Teehäuschen (1753) im Park zum Ausdruck. Vier Lindenreihen säumen den »Schwarzen Weg« zum Familiengrab derer von Campenhausen (1760).

Burg Lielstraupe im alten Livland

Straupe am Nordwestrand des Nationalparks an der Fernstraße (A 3) 18 km nordöstlich von Cēsis war einst das Herrschaftsgebiet Idumeneja, das schon in der Chronik Heinrichs von Lettland erwähnt wird und in den Besitz des Rīgaer Bischofs überging. Im Jahr 1263 errichtete man Burg und Kirche Lielstraupe, um die sich eine Siedlung herausbildete. Das Handwerker- und Kaufmannsstädtchen war Mitglied der Hanse, wurde jedoch im Krieg zwischen Polen und Schweden (1600 – 1629) zerstört und daher aufgegeben.

✶✶ ◄ Burg und Kirche Lielstraupe

Burg und Kirche sind in einem Baukörper zusammengefasst. Vom großen Hauptturm aus dem 14. Jh. gehen im rechten Winkel Wohn- und Wirtschaftsgebäude sowie die dreischiffige Kirche ab. Die Burg und ihre Mauern wurden während des Nordischen Krieges völlig zerstört, doch ab 1727 wiederaufgebaut, wobei die Burg als barockes Schloss neu erstand. Während der Aufstände von 1905 brannte das Schloss nochmals nieder und wurde 1906 wieder erneuert. Es dient heute als Krankenhaus. Auch die Kirche erfuhr im 18. Jh. eine grundlegende Umgestaltung. Der allein stehende hölzerne Glockenturm, der einzige in Vidzeme, stammt aus dem Jahr 1744. 3 km westlich von Straupe befinden sich am Schlossberg Vējiņu

Cēsis ►dort
Sigulda ►dort
Turaida ►Sigulda

Jēkabpils (Jakobstadt)

Q 9/10

Höhe: 80 – 110 m ü. d. M. **Einwohnerzahl:** 27 700

Die zu beiden Ufern der Daugava gelegene Stadt Jēkabpils ist heute ein wichtiger Verkehrsknotenpunkt, in dem sich die Bahnlinien Rīga – Daugavpils und Ventspils – Moskau kreuzen.

Alter Verkehrsknotenpunkt

Jēkabpils bildete sich Mitte des 17. Jh.s aus einer Ansiedlung von aus Russland vertriebenen Altorthodoxen. In der Entwicklung der Stadt hat der Schifffahrtsweg auf der Daugava eine wichtige Rolle gespielt: In Jēkabpils wurden die Waren aus Schiffen in Fuhrwerke umgeladen, da der Fluss bis Jaunjelgava nicht schiffbar war. Mit dem Bau der Eisenbahnlinie Rīga – Daugavpils büßte der Handelsweg seine Bedeutung ein.

JĒKABPILS

AUSKUNFT

Vecpilsētas laukums 3
LV - 5201 Jēkabpils
Tel. 5 23 38 22, Fax 5 23 38 22
jektic@apollo.lv

ÜBERNACHTEN

► **Günstig**

Motel Ceļinieks
Rīgas 33, 29 B.
Tel. 5 22 17 08, Fax 5 22 32 44
Sehr einfaches und preiswertes Haus

Sehenswertes in Jēkabpils

Im Stadtteil **Krustpils** sieht man an der Rīgas iela die **Burg**, die 1237 erbaut und später mehrmals umgebaut und erweitert worden ist. Ältester Teil ist das Kellergeschoss mit Kreuzgewölben. In der Burg befindet sich das **Geschichtsmuseum** (Öffnungszeiten: Mo. – Fr. 9.00 – 17.00, Sa. / So. 10.00 – 15.00 Uhr). Wenig nordwestlich der Burg die 1820 erbaute evangelische Kirche von Krustpils.

Stadtteil Jēkabpils

Die Hauptstraße des Stadtteils Jēkabpils ist die Brīvības iela. Sehenswert ist besonders das **Freilichtmuseum** »Sēļu sēta« in der Filozofu iela, wo charakteristische Häuser und Geräte aus allen Gegenden Oberlettlands ausgestellt sind, darunter beispielsweise eine um 1820 in Sērene gebaute Windmühle und eine frühe Dreschmaschine (Öffnungszeiten: Mai – Okt. Mo. – So. 10.00 – 16.00 Uhr; Führungen Tel. 5 23 25 01).

Umgebung von Jēkabpils

Jersika

Auf der Fernstraße A 6 am rechten Daugava-Ufer in Richtung ► Daugavpils fahrend, erblickt man 9 km hinter Līvāni über dem Ufer der Daugava den Schlossberg Jersika. An diesem Ort befand sich im 12. und 13. Jh. das ökonomische und politische Zentrum des lettgallischen Feudalstaates Jersika. Der Berg, von dem man den **Schloss-**

berg Dignāja am gegenüberliegenden Flussufer erblickt, soll schon im 1. Jh. v.Chr. bewohnt gewesen sein.

> **Baedeker TIPP**
>
> **Floßfahrt**
>
> Von Piedruja, Krāslava oder Daugavpils flussabwärts flößen? Ab 10 Personen buchbar (Info Tel. 9 55 84 38, www.daugavasplosts.lv).

2 km südlich vom Schlossberg Jersika steht am Straßenrand ein kleiner, eigenartiger Bau aus zusammenlegbaren Eisengestellen. Es ist die **orthodoxe Kirche** von Jersika, die 1904 aus Daugavpils, wo sie 1866 aufgestellt worden war, hierher gebracht wurde.

Tadenava

Ca. 4 km südlich der Kirche kann man mit einer Fähre das Dorf Dunava am linken Ufer der Daugava erreichen. Von dort führt ein Weg nach Rubeņi, auf dem man nach 8 km nach Tadenava kommt. Hier gibt es ein kleines Museum für den Dichter **Jānis Rainis** (►Berühmte Persönlichkeiten), der von 1865 bis 1869 in Tadenava gelebt hat. Wenig nördlich des Museums liegt der Bauernhof »Varslavāni« (heute »Luksti«), wo Rainis geboren wurde.

Nereta
✶
◄ Evangelische Kirche

54 km südwestlich von Jēkabpils über die P 75, am Sauka-See vorbei (Aussichtsturm auf dem Berg Ormaņu), kommt man nach Nereta. Der Abstecher hierher wird belohnt durch die 1584 – 1593 errichtete evangelische Kirche. Über dem Eingang ist ein steinernes Relief von 1593 mit dem Wappen des Geschlechtes Effern angebracht.

Stukmaņi

Im nahen Stukmaņi liegt auf einem Hügel das einstige Landgut. Es entwickelte sich im 17. und 18. Jh. aus einer Burg zu einem verschanzten Gut und ist später Gutsschloss geworden. Der rechteckige Hof wird vom Schloss, von Ställen und den Getreidekammern umgeben, über dem Wagenschuppen ragt ein Glockenturm empor.
In der Daugava sieht man mehrere kleine, durch Überflutung entstandene Inseln, von denen eine die Spitze des vormals riesigen Schlossberges Oliņkalns ist.

Um Aizkraukle

Aizkraukle

Aizkraukle liegt 56 km nordwestlich von Jēkabpils am Stausee Pļaviņas. Die neue Stadt entstand ab 1961, gleichzeitig mit dem Bau des Pļaviņas-Wasserkraftwerks, das Stadtrecht wurde 1967 verliehen. Am östlichen Stadtrand befindet sich das Geschichts- und Kunstmuseum von Aizkraukle, »Kalna Ziedi«. Von der alten Siedlung erhalten geblieben ist die 1688 gebaute und 1899 erweiterte **evangelische Kirche**, die sich auf dem steilen Ufer zwischen der Fernstraße Rīga – Daugavpils und der Daugava erhebt (3,5 km Richtung Rīga).

◄ Burgruine

Wenig südwestlich der Kirche befinden sich an der Mündung der Kāriekste in die Daugava die Ruinen der 1224 gebauten Burg Aizkraukle. Wiederum 1 km westlich der Kirche sieht man am Ufer der Daugava den schon im 1. Jt. v. Chr. bewohnten **Schlossberg Aizkraukle**. Hier befanden sich eine Stadt und ein Hafen.

Skrīveri Im Dorf Skrīveri, etwa 3 km nordwestlich der Kirche von Aizkraukle, lebte zwischen 1909 und 1940 der Schriftsteller **Andrejs Upīts** (1887 – 1970). Sein Wohnhaus an der Hauptstraße ist heute als Museum eingerichtet.

✶ Park ► Zwischen der Fernstraße nach Rīga und der Daugava hatte der Gutsbesitzer von Skrīveri 1891 begonnen, einen baumkundlichen Park anzulegen. Er bedeckt eine Fläche von 16 ha und ist in 19 Vegetationsgebite der nördlichen Erdhalbkugel unterteilt. Im Park stand ehedem auch das Gutsschloss, das jedoch während des Aufstandes im Jahr 1905 niedergebrannt wurde.

Koknese 14 km östlich von Aizkraukle kommt man an der Mündung der Pērse in die Daugava zur alten Ortschaft Koknese. Bereits 1209 wurde die steinerne Burg gebaut, 1277 erhielt Koknese das Stadtrecht und war später Mitglied der Hanse. Während des Nordischen Krieges wurde der Ort völlig zerstört.

✶ Burgruinen ► Die mächtigen Burgruinen erhoben sich einst 40 m hoch über der Daugava, heute befinden sie sich, unzugänglich und halb versunken im 1967 erweiterten Stausee, an der Mündung der Pērse in die Daugava.

Versunken im Stausee: die Ruinen der Burg von Koknese

Von Koknese sind es 25 km nach Norden zum Dorf Irši, der ehemaligen deutschen Kolonie Hirschenhof. Sie wurde 1766 auf Befehl von Zarin Katharina II. gegründet, um landwirtschaftliche Musterbetriebe zu schaffen. 1916 wurden die Kolonisten ins russische Binnenland verbannt, jedoch kehrte der größte Teil von ihnen zwischen 1918 und 1921 zurück, um dann 1939 Hitlers Ruf nach Deutschland zu folgen. **Irši**

Um Madona

Cesvaine ★ ◄ Schloss

Über das 60 km nordöstlich von Jēkabpils liegende Madona gelangt man in den Ort Cesvaine. Hier steht das 1890 – 1897 erbaute Schloss des Landgutes Cesvaine, das eines der größten livländischen Güter war. Es brannte 2002 fast vollständig nieder und ist derzeit nicht zu besichtigen.

Schloss Cesvaine vor dem verheerenden Brand

Weit östlich von Madona (ca. 55 km) kommt man an die Ufer des **Lubāna-Sees**, mit einer Fläche von 80 km² der größte See Lettlands. Um den See herum breiten sich die einzigartigen Wiesen der Hochflutbetten aus, die so genannten »klāni«, sumpfige Niederungen mit vielen seltenen Pflanzen und Tieren.

Das Dorf **Vestiena** liegt 26 km westlich von Madona. In der Landschaft um den Ort lösen sich malerische Hügel mit stillen Seen ab, in der Ortschaft selbst kann man Park, Pferdestall und Getreidekammer des ehemaligen Landgutes besichtigen. Westlich von Vestiena umschließt ein Halbkreis von Hügeln den schönen Kāla-See.

Gaiziņkalns

8 km östlich von Vestiena erhebt sich der höchste Berg Lettlands, der Gaiziņkalns (311 m ü. d. M.). Vom Aussichtsturm auf dem Gipfel öffnet sich ein weiter Rundblick auf die Umgebung: im Norden der buchtenreiche und malerische Kaķīšu-See und der Berg Bākužu.

Ergli

Schließlich erreicht man den Ort Ērgļi, auf dessen Gutshof der lettische Schriftsteller Rūdolfs Blaumanis (1863 – 1908) geboren wurde. Sein Grab befindet sich auf dem örtlichen Friedhof. Von der Straße nach Vestiena führt nach ca. 1 km ein 3 km langer asphaltierter Weg in öst licher Richtung zum Bauernhof »Braki«, der als Museum zur Erinnerung an Blaumanis dient (Öffnungszeiten: Mai – Okt. Di. – So. 10.00 – 18.00, Sa. / So. 11.00 – 16.00 Uhr).

◄ Blaumanis-Museum

✶ Jelgava (Mitau)

M 9/10

Höhe: 3 – 5 m ü. d. M. **Einwohnerzahl:** 63 500

Die viertgrößte Stadt Lettlands liegt an den Ufern der Lielupe, am Rand der fruchtbaren Ebene von Zemgale. Obwohl Jelgava im Zweiten Weltkrieg fast völlig zerstört wurde, lohnt sich ein Besuch auf alle Fälle, kann man doch hier die größte barocke Schlossanlage im Baltikum und eine der bedeutendsten Bildungsanstalten des Landes besichtigen.

✶ **Bildungsstadt mit Barockschloss**

In historischen Quellen ist Jelgava zum ersten Mal 1265 erwähnt, als der Orden eben hier mit dem Bau einer hölzernen Burg begann, von der aus die Semgaller endgültig unterworfen wurden. Allmählich begann sich ein Ort heranzubilden, der 1574 zur Hauptstadt des Herzogtums Kurland aufstieg. 1737 ließ Herzog Ernst Johann Biron am Platz der alten Ordensburg ein neues Schloss bauen, das als der herrlichste Bau seiner Zeit im Baltikum galt.

Nach dem Anschluss des Herzogtums Kurland an Russland im Jahr 1795 blieb Jelgava das Zentrum der Region. Die Stadt entfaltete sich nach der Gründung der Academia Petrina im Jahre 1775 zu einem der bedeutendsten Kultur- und Ausbildungszentren Lettlands. Beide Weltkriege trafen die Stadt mit voller Härte: 1944 wurden 90 % aller Gebäude zerstört und die Industrieanlagen vernichtet. In der Nachkriegszeit wurde Jelgava fast ganz neu wiederaufgebaut.

✶ Schloss Jelgava

Öffnungszeiten: Mo. – Sa. 7.30 – 17.30

Anmeldung zu Führungen Tel. 3 00 56 17

Den besten Blick auf Schloss Jelgava und sein Spiegelbild in der ruhig dahinfließenden Lielupe hat man von der von Rīga kommenden Rīgas iela noch vor der ins Stadtzentrum führenden Brücke. Das Schloss auf der Insel Pilssala wurde unter der Leitung des Hofarchitekten des russischen Reiches, Bartolomeo Francesco Rastrelli, in zwei Zeitabschnitten – von 1738 bis 1740 und von 1763 bis 1772 – als Ernst Johann Birons Residenz gebaut, fast zur selben Zeit wie das Schloss von Rundāle (►Bauska, Umgebung). Die Unterbrechung der Bauarbeiten war durch die zeitweilige Verbannung Birons nach Sibirien verursacht worden. Das Schloss enstand als barocke Dreiflügelanlage, die einen Paradeplatz umschloss. Dieser öffnete sich ursprünglich zur Stadt hin, doch wurde 1937 ein neuer Flügel angebaut, um einen geschlossenen Innenhof zu erhalten. Die originale Ausstattung der Schlossräume ist durch Kriege, Brände sowie Umbau- und Erneuerungsarbeiten verloren gegangen. Immerhin hat man die Anordnung der Haupträume nicht geändert. Im Schloss hat heute die Landwirtschaftliche Universität Lettlands ihren Sitz. Von 1798 bis 1800 und von 1804 bis 1807 war das Schloss Sitz von Ludwig XVIII., dem späteren König von Frankreich.

Liegt auf einer Insel im Fluss Lielupe: Schloss Jelgava

Im Untergeschoss in der Südostecke des Schlosses ist 1825 ein Grabgewölbe für die Herzöge von Kurland eingerichtet worden, wo in 21 metallenen Sarkophagen und neun Holzsärgen die sterblichen Überreste der Herrscher des Herzogtums Kurland und von deren Angehörigen ruhen. Unter ihnen befinden sich der letzte Ordensmeister und erste Herzog von Kurland Gotthard Kettler (im ältesten Sarkophag mit der Jahreszahl 1569) und Ernst Johann Biron. Die Gruft kann besichtigt werden, doch sollten die Besuche vorab im Museum der Landwirtschaftlichen Hochschule vereinbart werden (Raum 164 im Schloss oder Tel. 3 00 56 17).

✶✶ Gruft der Herzöge von Kurland

Weitere Sehenswürdigkeiten in Jelgava

Ca. 1 km südöstlich der Brücke über die Lielupe steht zwischen Bäumen versteckt rechts der Rīgas iela das rote ehemalige Schloss Valdekas, das im 17. Jh. im romanisch-gotischen Stil erbaut wurde.

Schloss Valdekas

Südlich der Kirchturmruine befindet sich das Gebäude der ersten höheren Bildungsanstalt in Lettland, der Academia Petrina. Die Lehranstalt war als Universität mit vier Fakultäten geplant, wurde dann unter Herzog Peter Biron, dem Sohn Ernst Johann Birons, 1775 als akademisches Gymnasium eröffnet. 1806 erfolgte die Umwidmung zum Gymnasium des Gouvernements Kurland, zu dessen berühmtesten Schülern Krišjānis Barons (► Berühmte Persönlichkeiten) und ādolfs Alunāns (s. u.) zählten. Das Gebäude entstand 1773 – 1775 durch den Umbau des Schlosses der späteren Zarin Anna Iwanowna. In dem Turm auf der Symmetrieachse wurde das erste astronomische Observatorium Lettlands eingerichtet, es bestand bis ins Jahr 1919. Heute sind hier das **Gedert-Elias-Museum für Geschichte**

✶ Academia Petrina

Traditionsuniversität: die Academia Petrina

und Kunst Jelgavas (Öffnungszeiten: Di. – Sa. 10.00 – 17.00 Uhr) und ein Kunstsalon eingerichtet.

Südlich der Akademie steht die 1944 zerstörte und 1998 erneuerte orthodoxe Kirche (1892 erbaut). Westlich der Kirche erstreckt sich an der Pasta iela der Ādolfs-Alunāns-Park, der alte Friedhof, auf dem der bedeutende Schauspieler und Dramatiker Ādolfs Alunāns (1848 – 1912) beigesetzt ist.

An der Johanneskirche vorbei geht man Richtung Bahnhof, vor dem 1992 das neue Denkmal für die Befreiung der Stadt wieder aufgestellt wurde. Es war 1932 zum ersten Mal eingeweiht worden; unter der deutschen Besatzung musste jedoch die Gestalt des Schwarzen Ritters herausgemeißelt werden, unter sowjetischer Herrschaft wurde es ganz zerstört.

Adolfs-Alunans Museum

Vom Denkmal kann man zur Raiņa iela in das Ādolfs-Alunāns-Museum gehen (Öffnungszeiten: Di. – Fr. 10.00– 15.00 Uhr).

Holzgebäude

Wenig westlich der Kirche kann man in der Vecpilsētas iela an einem Häuserkomplex aus dem 18. – 20. Jh. einen Eindruck von der alten Holzbebauung Jelgavas gewinnen. Weiter westlich steht in der Dambja iela 17 eines der ältesten Gebäude der Stadt, ein schön restauriertes Holzhaus aus dem Jahr 1800.

JELGAVA ERLEBEN

AUSKUNFT

J. Čakstes bulv. 7, LV - 3000 Jelgava
Tel. 3 02 38 74, Fax 3 02 46 77
tic_jelgava@tvnet.lv

ESSEN & ÜBERNACHTEN

► **Günstig**

① ***Hotel Jelgava***
Lielā 6, Tel. 3 02 61 93
Fax 3 02 33 49, 50 B.
1938 erbautes Hotel in der Nähe des Schlosses von Jelgava. Mit Schwimmbad und Restaurant.

Baedeker-Empfehlung

Kalna Būriņi«
Buhrinu cels 8, Tel. 9 23 72 52
Das 1830 erbaute Waldhüterhaus »Kalna Būriņi« wird als kleines Gästehaus (4 Betten) betrieben. Es liegt am westlichen Stadtrand und ist mit seiner teilweise originalen Einrichtung und dem wunderschönen Garten zumindest eine Besichtigung wert (Sa. 17.00 – 19.00, So. 13.00 – 17.00 Uhr).

Jelgava Orientierung

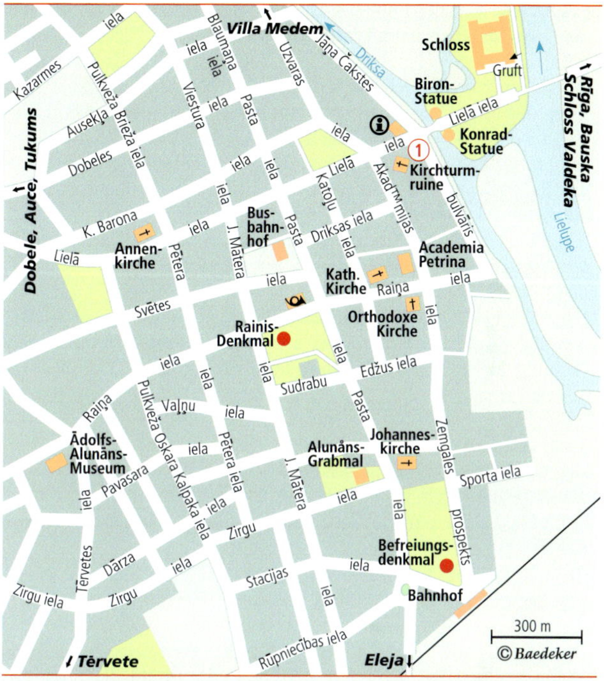

Übernachten
① Hotel Jelgava

Tetsch-Grabmal Etwas außerhalb, Richtung Dobele, markiert ein Denkmal in Gestalt einer Vase das Grab des herzoglichen Gerichtsrats Christoph Ludwig Tetsch (1735 – 1793). Es ist durch eine Birkenallee, die sog. Liebesallee, mit dem 400 m entfernten, einst von einem Obelisken gekrönten Grabhügel von Hofrat Sigismund Georg Schwander (1727 – 1784) verbunden. Die Allee ist nach den letzten Wünschen der beiden Freunde angelegt worden.

Umgebung von Jelgava

Vircava Im 11 km südlich gelegenen Vircava steht unweit des linken Ufers des gleichnamigen Flusses das Neue Schloss von Kroņvircava, der nach Jelgava und Rundāle drittgrößte Barockkomplex Lettlands. Es entstand um 1780 anstelle des 1570 erbauten Renaissanceschlosses. Der am unversehrtesten gebliebene Teil ist das sog. Kavaliershaus, heute Schule, in dessen eher schlichten Außengestaltung sich Barock und Klassizismus vereinigen; die anderen Bauteile wurden im Ersten

Weltkrieg niedergebrannt. Südlich hinter der Brücke über die Vircava erstreckt sich der Ende des 17. Jh.s angelegte und im 18. Jh. zu einem beispielhaften Barockgarten umgestaltete Park.

Eleja 25 km südlich von Jelgava kommt man über die A 8 nach Eleja. Vom dortigen Gut, dessen Mittelpunkt ein klassizistisches Schloss war, sind noch das Haus des Verwalters, ein Getreideboden sowie ein Teepavillon im Park erhalten. Das Schloss brannte 1915 ab, soll jedoch wiederaufgebaut werden. Im Nordteil des Parks befindet sich die Gruft der Familie von Medem; die Südseite begrenzt eine 350 m lange Mauer aus Feldsteinen und Ziegeln, in deren Westecke ein alter Kultstein, der sog. Höhlenstein, eingemauert ist.

Zaļenieki Ein hübsches Barockschlösschen findet man im 20 km südwestlich von Jelgava gelegenen Zaļenieki. Es wurde auf dem Gelände von Gut Grünhof für Herzog Peter Biron zwischen 1767 und 1775 als Jagdschloss erbaut.

Bērze 2 km südwestlich der Kirche liegt Bērze. Auf dem Friedhof befindet sich eine Gedenkstätte für den früheren Staatspräsidenten Kārlis Ulmanis (► Berühmte Persönlichkeiten). 4 km südöstlich liegt das Gehöft »Pikšas«, in dem ein Gedenkmuseum für Kārlis Ulmanis eingerichtet ist.

Um Dobele

Dobele ✶

Burgruine ►

Dobele liegt am Westrand der Semgaller Ebene am Fluss Bērze, 28 km westlich von Jelgava. Die Gegend war im 13. Jh. Schauplatz heftiger Kämpfe zwischen Semgallern und Ordensrittern, die mit dem Rückzug der Semgaller nach Litauen endeten. Der Orden begann 1335 am rechten Flussufer eine Burg zu bauen, die bis 1736 bewohnt war. Erhalten sind Teile des Tores und der Ringmauer. Im Zentrum der Stadt erhebt sich der 46 m hohe Turm der evangelischen Kirche. 1495 begonnen, ist sie mehrmals umgebaut worden.

Tērvete ✶

Park der Waldlandschaften ►

Unbedingt eine Reise wert ist Tērvete, 19 km südöstlich von Dobele, weniger des Ortes als seiner Umgebung wegen. Hier erstreckt sich der Kiefernwald Kalnamuiža, von dessen 1260 ha Gesamtfläche ungefähr ein Drittel 1958 zum »Park der Waldlandschaften« umgestaltet wurde. Auf unzähligen Pfaden und Brücken kann man durch malerische Landschaftsformen spazieren, die thematisch durch Holzskulpturen nach Romanfiguren der volkstümlichen Schriftstellerin Anna Brigadere (1861 – 1933) verbunden sind. Für eine entspannte Besichtigung des ganzen Parks sollte man einen Tag einkalkulieren.

✶

Schlossberg Tērvete ►

Den Gang durch den Park sollte man am Anna-Brigadere-Gedenkmuseum beginnen, das in ihrem Haus »Sprīdīši« eingerichtet ist. Am gegenüberliegenden Ufer der Tērvete sind im Gehölzgarten über 200 exotische Gewächse angepflanzt. Südöstlich davon erhebt

Landschaftspark Tervete Orientierung

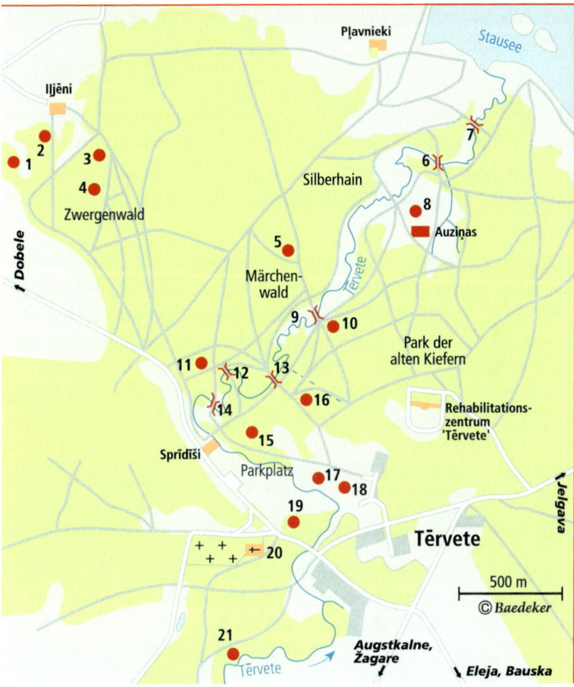

1 Berg von Anneles Vater
2 Anneles Berg
3 Anneles Linde
4 Der alte Zwerg
5 Waldkönig
6 Auziņu-Steg
7 Schwanenbrücke
8 Sonnenuhr
9 Sprīdītis-Brücke
10 Sprīdītis und Lutausis
11 Anneles im Hirschgarten
12 Brücke der Träume
13 Brücke der Herrin
14 Anneles-Brücke
15 Dendrarium
16 Heiliger Berg
17 Schlossberg Tērvete
18 Ruine des Ordensschlosses
19 Klosterkalns
20 Ev. Kirche
21 Tērvetes Staburags

Waldweg

sich der 27 m hohe Schlossberg Tērvete, der bereits im 1. Jt. v. Chr. bewohnt gewesen sein soll und auf dem sich im 12. und 13. Jh. das ökonomische, politische und militärische Zentrum Westsemgallens befand. Auf seiner Ostflanke erkennt man die Ruine der Ordensburg. Nördlich vom Tērvete-Schlossberg erhebt sich ein weiterer Schlossberg, der Svētkalns (= Heiliger Berg). Hinter dem 1932 gebauten Lungensanatorium »Tērvete« beginnt der einzigartige Park der Alten Kiefern. Einige der Bäume haben ein Alter von fast 300 Jahren, viele von ihnen sind über 40 m hoch.

◄ Burgruine

✶✶ ◄ Park der Alten Kiefern

Pokaiņu-Wald

14 km südwestlich von Dobele (Richtung Īle und Auce) befindet sich der »Pokaiņu-mežs«, eine alte Naturkultstätte mit großen Steinanhäufungen.

✶✶ **Burg Jaunpils**

◄ Führungen tgl. 10.00 – 17.00

22 km nordwestlich von Dobele liegt das Dorf Jaunpils. Hier hat sich die 1301 errichtete Ordensburg erhalten. In der Revolution von 1905 wurde sie niedergebrannt, ist dann aber wieder aufgebaut worden. Der Bau ist von drei Seiten von einem Mühlteich umgeben. Unweit der Burg wurde 1803 eine Wassermühle erbaut.

✶ Kuldīga (Goldingen)

H 9

Höhe: 15 – 35 m ü. d. M. **Einwohnerzahl:** 13 600

Mitten im Herzen von Kurland liegt an den Ufern der Venta die Stadt Kuldīga, die einzige Stadt in Lettland, die bis heute ihre kompakte hölzerne Bebauung aus dem 18. und 19. Jahrhundert erhalten hat. Der Besuch ist ein überaus reizvoller Ausflug in die Vergangenheit.

✶ Historischer Stadtkern mit Holzhäusern

Kuldīga wird zum ersten Mal 1242 erwähnt, als der Livländische Orden an der Venta mit dem Bau einer steinernen Burg begann. Im 15. Jh. wurde Kuldīga Hansestadt und erlebte Ende des 16. und Anfang des 17. Jh.s einen Aufschwung als Herzogenresidenz. Die Verlegung der Residenz nach ► Jelgava, der Nordische Krieg und die Herrschaft Peters des Großen ließen Kuldīga jedoch in seiner Bedeutung zurückfallen, und erst im 19. Jh. verhalfen Industrieniederlassungen der Stadt, die immer ein wenig abseits der großen Verkehrswege lag, zu neuerlichem Wohlstand.

Sehenswertes in Kuldīga

Ehemaliger Rathausplatz

Ausgangspunkt des Stadtbummels ist der ehemalige Rathausplatz mit dem alten Rathaus aus dem 17. Jh. (heute Touristeninformation) und dem 1860 errichteten neuen Rathaus. Von einem Brückchen nebenan eröffnet sich ein hübscher Blick auf die Alekšupīte.

Östlich unweit des Rathauses wartet die 1640 erbaute katholische **Kirche der Hl. Dreifaltigkeit** mit einer sehr prachtvollen, stark vom Rokoko beeinflussten Ausstattung auf.

Vom Rathausplatz zieht sich die **Baznīcas iela** nach Norden, die von einigen sehenswerten alten Häusern gesäumt ist. Nr. 7, ein stattliches Holzhaus, ist das älteste Gebäude der Stadt. Das Patrizierhaus wurde 1670 gebaut und erhielt 1742 seine heutige Gestalt. Im Gebäude Nr. 10 (17. Jh.; restauriert 1986) befand sich im 18. Jh. die Hausapotheke des Herzogs. Im Haus Nr. 17 (ebenfalls 17. Jh.) hatte im Januar 1702, während des Nordischen Krieges, der schwedische König Karl XII. Quartier bezogen.

▶ KULDĪGA

AUSKUNFT

Baznīkas 5, LV - 3301 Kuldīga
Tel. / Fax 32 22 59, artis@kuldiga.lv

ESSEN & ÜBERNACHTEN

► **Preiswert**

Jāņa nams
Liepājas 36
Tel. 3 32 34 56
Das Restaurant im gleichnamigen kleinen Hotel bereitet besonders leckeren fangfrischen Fisch.

In Kuldīga haben sich viele Holzhäuser aus dem 18. und 19. Jh. erhalten.

Man kommt schließlich zur Katharinenkirche, die 1567 erbaut und nach einem Brand im Jahr 1672 wiederhergestellt wurde. Der neogotische Turm stammt von 1866. An der Südfassade befindet sich die sog. Hoftür, derer sich der Herzog von Kurland bei Kirchenbesuchen bediente. Im Kirchenraum sind von der ursprünglichen Ausstattung noch Altar und Kanzel erhalten (1660 – 1663). Die Orgel stammt aus dem Jahr 1712. Die Kirche wird wegen ihrer hervorragenden Akustik u. a. als Konzertsaal genutzt.

★ **Katharinenkirche**

Zwischen der Kirche und der Venta »stürzt« sich an der alten Wassermühle (1807) die Alekšupīte über 4 m tief hinab – immerhin der zweithöchste Wasserfall Lettlands.

Wasserfall der Alekšupīte

Gleich darauf schlägt die alte Backsteinbrücke ihren Bogen zum anderen Ufer der Venta. Mit einer Länge von 165 m ist sie eine der längsten Backsteinbrücken Europas.

★ **Ventabrücke**

Von der Brücke aus genießt man einen weiten Ausblick auf die Stadt und vor allem auf die Kaskade der Venta, **Europas breitesten Wasserfall**, wo sich das Wasser auf der gesamten Flussbreite von bis zu 240 m über eine Stufe von ca. 2 m ergießt.

★ **Ventas rumba**

Rechts erkennt man das kleine eingeschossige Häuschen des Schlosswächters (1735), auch »Henkershäuschen« genannt, da hier angeblich Missetäter gehenkt oder enthauptet wurden. **Wächterhäuschen**

In der Pils iela 5 ist das städtische Museum für Heimatkunde und Kunst untergebracht. Das Museumsgebäude diente auf der Pariser Weltausstellung von 1900 als Ausstellungspavillon des Russischen Reiches (Öffnungszeiten: Di. – So. 11.00 – 17.00 Uhr). **Museum**

Unweit des Museums erhebt sich im Park der Rumba-Hügel, auf dem einst die um 1245 gebaute Ordensburg stand, zu ihrer Zeit die mächtigste steinerne Burg in Kurland. **Rumbas kalniš**

Umgebung von Kuldīga

Nur 4 km nördlich von Kuldīga befindet sich der Naturpark von Riežupe, zu dem – kurz vor der Mündung der Riežupe in die Venta am linken Ufer – ein ca. 200 m langes Höhlenlabyrinth gehört, das im 19. Jh. bei der Gewinnung von weißem Sand entstand (Privateigentum; Öffnungszeiten: 15. April – Okt. tgl. 11.00 – 17.00 Uhr; Tel. 3 32 46 04). Weiter stromabwärts begegnet man mehreren kleinen Kaskaden und Stromschnellen. **✶ Naturpark Riežupe**

Im 24 km nordöstlich an der Abava gelegenen Renda kann man die evangelische Kirche und den Gutshof besichtigen. **Renda**

Sehr malerisch ist die aus sieben Waldseen bestehende Kette der Mordanga-Seen nördlich von Renda. **Mordanga-Seen**

6 km südlich von Kuldīga lag im stattlichen Schloss (1904) des Gutes von Pelcõi der Stab der in der »Festung Kurland« eingeschlossenen Kurlandarmee, die hier am 9. Mai 1945 kapitulierte. **Pelcõi**

Am Mühlteich von Īvande (13 km westlich) ist die 1842 gebaute Wassermühle noch immer in Betrieb. Vom Gutshof Lielīvande sind noch das alte Schloss (Ende 18. Jh.), das neue Schloss (Ende 19. Jh.), eine Kornkammer und ein Stall erhalten. **Īvande**

Im 5 km nordwestlich von Īvande gelegenen Dorf Ēdole findet man das einzige noch bewohnbare Schloss des Bistums von Kurland. Der älteste Schlossteil wurde von 1264 bis 1276 erbaut (Öffnungszeiten tgl. 10.00 – 18.00, im Sommer 9.00 – 20.00 Uhr).
Unweit des Schlosses befindet sich die evangelische Dorfkirche, die 1648 als sog. Sühnekirche erbaut wurde, da sie von Johann Dietrich Behr zu Ehren seines ermordeten Vaters gestiftet wurde. **Ēdole ✶** ◄ Schloss

← *Angeblich der breiteste Wasserfall Europas: die Stromschnellen der Venta bei Kuldīga*

Alsunga Um den Mühlteich von Alsunga (9 km südwestlich von Ēdole) gruppieren sich der 8 m hohe kurische Schlossberg Dižgabalkalns und die katholische Michaelskirche, 1567 als lutherische Kirche gebaut, mit prächtigen, reich verzierten barocken Altären. Beherrschend aber ist das Schloss, heute Schule, das im 14. Jh. als Ordensburg entstand, vom 15. bis zum 18. Jh. jedoch seine heutige Gestalt erhielt.

✶ Schloss ►

Zlēkas Das 23 km nordwestlich von Kuldīga liegende Zlēkas erlebte im Dezember 1944 ein grausames Massaker, bei dem SS- und SD-Einheiten 160 Dorfbewohner wegen Unterstützung von Partisanen umbrachten. Sie sind am Weg nach Piltene beim Karātavu kalns (= Galgenberg) bestattet.
Die evangelische **Dorfkirche** von 1645 hat ihre ursprüngliche Ausstattung – Altar mit dem Gemälde »Christi Lästerung« von 1650, manieristische Schnitzkanzel und Beichtstühle – erhalten.

Kabile In Kabile, 25 km östlich von Kuldīga, sollte man das Gut besichtigen. Es stammt in seiner heutigen Gestalt im Wesentlichen aus der zweiten Hälfte des 18. Jh.s und besitzt herrliche Rokoko-Stuckdecken. Das älteste Gutsgebäude stammt von 1693.

Um Saldus

Saldus Saldus liegt im südwestlichen Teil der kurischen Hochebene am Fluss Ciecere, 47 km südöstlich von Kuldīga. Besichtigen kann man das Geschichts- und Kunstmuseum, das in einem Gebäude untergebracht ist, in dem kurze Zeit der lettische Maler Janis Rozentāls (1866 – 1916) lebte; weiterhin das Gut Kalnsēta mit einem schönen Park sowie den Schlossberg der ehemaligen kurischen Burg.

Auf dem Soldatenfriedhof

Die Kirche des 13 km nördlich liegenden Gaiķi kann noch, u. a. an Kanzel und Empore, 26 Gemälde aus dem 17. Jh. vorweisen.

5 km südlich von Saldus entsteht ein **Friedhof für deutsche Soldaten**, die im Zweiten Weltkrieg ums Leben gekommen sind. Insgesamt sollen hier etwa 25 000 Gefallene beigesetzt werden.

Der Gutsbesitzer von Remte, das 10 km östlich von Gaiķi liegt, ließ sich im 19. Jh. am See unweit seines Herrenhauses einen Badeturm und am Flüsschen Viesata einen mit Tuffstein verkleideten Jagdturm errichten.

Über Skrunda erreicht man das 9 km südwestlich davon liegende Rudbārži. Sehenswert sind die 1906 erbaute evangelische Kirche und das ehemalige Gutshaus von 1835. **Rudbrži**

Ca. 15 km außerhalb von Rudbārži befindet sich der Kalvene-Zoo eine Außenstelle des Rīgaer Zoos – u. a. mit Bären, Kiangis und Baumfröschen (Öffnungszeiten: tgl. 11.00 – 17.00 Uhr). **Kalvene-Zoo**

Liepāja (Libau)

G/H 9

Höhe: Meereshöhe **Einwohnerzahl:** 87 500

Die Hafenstadt Liepaja wird umrahmt von den Seen Liepaja und Tosmare. Die Stadt ist ein Industrie-, Kultur- und Bildungszentrum, Feriengäste finden hier lange Strände und vor allem ein Meer, das noch sauberes Wasser hat.

Eisfreie Hafenstadt

Erstmalige Erwähnung findet Liepāja im Jahr 1253, als die Ordensbrüder ein an einem Naturhafen gelegenes Fischerdorf einnahmen. Im Nordischen Krieg, während der Napoleonischen Feldzüge und während des Krimkrieges war Liepāja von fremden Truppen besetzt. In der zweiten Hälfte des 19. Jh.s begann der Aufbau der Industrie,

LIEPĀJA ERLEBEN

AUSKUNFT

Lielā 11 (im Hotel »Liva«)
LV - 3401 Liepāja
Tel. / Fax 3 48 08 08
www.ljepaja.lv

ESSEN

► Preiswert

① ***Sams***
Zivju 7/9
In beeindruckend dekoriertem Interieur gibt es Fisch, Pasta, Steak und Pizza.

ÜBERNACHTEN

► Komfortabel

Hotel Amrita
Rīgas 7 / 9
Tel. 3 48 08 88
Fax 3 48 04 44, 142 B.
Modernes Hotel mit Zimmern in skandinavischem Design. Kulinarische Köstlichkeiten bietet das Restaurant »Oskars«, Bier das Lokal »Bruno«.

► Günstig

① ***Hotel Līva***
Lielā 11, 180 B.
Tel. 3 42 01 02
Fax 3 48 02 59
Haus im Zentrum mit komfortabel ausgestatteten Räumen und Restaurant.

Liepāja Orientierung

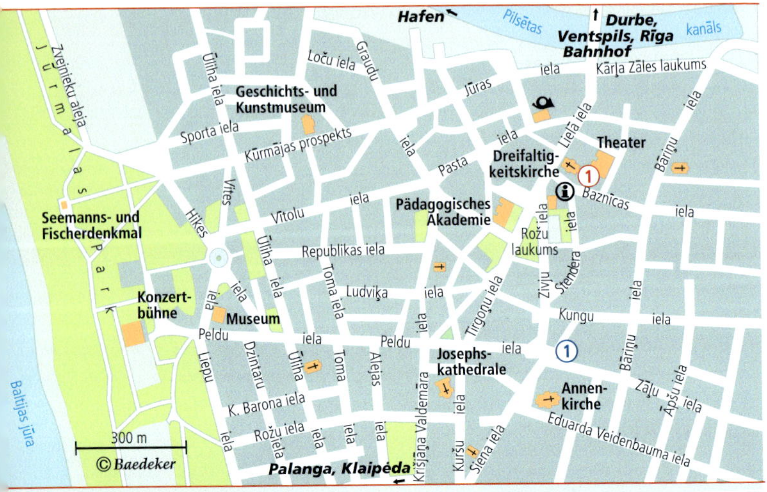

Übernachten
① Hotel Līva

Essen
① Sam's

und eine Eisenbahnlinie wurde gebaut, die Liepāja mit Vilnius, Rīga und Daugavpils verband. Um die Wende vom 19. zum 20. Jh. wurden ein Militärhafen und eine Festung errichtet. 1899 nahm hier die erste elektrische Straßenbahn im Baltikum ihren Betrieb auf. Während der Unabhängigkeitskämpfe 1919 war die Hafenstadt zeitweiliger Sitz der ersten Regierung Ulmanis. Im Zweiten Weltkrieg erlitt Liepāja beträchtliche Schäden.

Innenstadt

Stadtkanal

Direkt durch das Stadtzentrum verläuft der 1,85 km lange und 100 m breite Handelskanal, der von 1697 bis 1703 angelegt wurde und den Liepaja-See mit der Ostsee verbindet. Über die zum Meer hin gelegene Brücke verläuft die Hauptstraße der Stadt, die Lielā iela. Im ehemaligen Bankgebäude (Lielā 6) hatte 1919 die erste Regierung des unabhängigen Lettland ihren Sitz.

✶ Dreifaltigkeitskirche

Gleich darauf folgt die evangelische Kirche der Hl. Dreifaltigkeit, 1742 – 1758 für die deutsche Gemeinde erbaut. Der Turm kam, wie oft geschehen, hundert Jahre später hinzu. Die dreischiffige Hallenkirche ist die größte nach den Regeln des Protestantismus erbaute Kirche Lettlands und zeichnet sich durch ihren Schlosscharakter und die feinen Sandsteinverzierungen der Außenfassaden aus. Glanzstück im Inneren ist die Orgel von 1773, mit 131 Registern, 4 Manualen und mehr als 7000 Pfeifen eine der größten weltweit.

! Baedeker TIPP

Fast weltgrößte Orgel

Die 1855 erbaute Orgel der Dreifaltigkeitskirche hielt den Größenrekord bis 1912. Heute hält sie den Titel »größte nicht umgebaute mechanische Orgel der Welt«.

Alte Speicher

Von der Kirche kommt man zum Rožu laukums (Rosenplatz), wo leicht rechts die Fußgängerzone Tirgoņu iela, leicht links davon die Zivju iela abgeht. In dieser Straße stehen einige typische kurländische Speicherhäuser: Nr. 4/6 wurde um 1690 erbaut und fällt durch das vorspringende Dach, die Galerie zur Auslage der Waren und vor allem durch die mächtigen, eisenbeschlagenen Bohlentüren auf; Nr. 10/12 und 14 stammen aus dem 18. Jahrhundert. Schöne Wohnhäuser kann man in der Bāriņu iela (Nr. 12), in der Peldu iela (Nr. 38 und 44) und weitere Speicherhäuser in der Jāņa iela (Nr. 1 und 2) sehen.

Markthalle von Liepāja

Auf der Zivju iela kommt man schließlich zur evangelischen **Annenkirche** am alten Zentrum der Stadt. Sie geht auf das 16. Jh. zurück, wurde jedoch 1893 vom obersten Stadtplaner Max Paul Bertschy völlig umgestaltet. Dieser plante auch Wohnhäuser, Fabriken, Speicher und die Markthalle gegenüber der Kirche.

Haus Nr. 24 in der Kungu iela wurde im 17. Jh. als »Hoyers Gasthof« erbaut, in dem Zar Peter I. vor seiner Reise nach Westeuropa übernachtete, weshalb es heute **»Petershaus«** heißt. Gegenüber steht in der Bāriņu iela (Nr. 33) eines der ältesten Gebäude von Liepāja, das Haus des Bürgermeisters Schröder von 1699.

Westlich, in der Nähe des im 19. Jh. angelegten Strandparks, befindet sich in der Hikes iela 9 das **Fischerei- und Schifffahrtsmuseum**, eine Filiale des Geschichts- und Kunstmuseums.

! Baedeker TIPP

Hinter Gittern

Das rote Ziegelgebäude auf der Invalid iela 4 beim Kriegshafen (Karosta) war 100 Jahre lang Marinegefängnis. Heute kann man die Schrecken der Gefangenschaft in einer Show erleben (Informationen beim Touristenbüro).

Auf der Freilichtbühne im Strandpark findet jeden Sommer das **Rockmusikfestival** »Liepājas dzintars« statt. Nördlich davon steht der 1868 aus Gusseisen errichtete, 35 m hohe Leuchtturm.

In die Stadt zurückgehend, kommt man zum 1912 gegründeten **Geschichts- und Kunstmuseum**. Die reiche Sammlung in dem herrschaftlichen alten Haus ist durchaus einen Besuch wert (Öffnungszeiten: Mi. – So. 10.00 bis 17.00, Juni bis Aug. 11.00 bis 18.00 Uhr).

Umgebung von Liepāja

Grobiņa Östlich von Liepāja, etwa 5 km von der Stadtgrenze entfernt, an der A 9 liegt Grobiņa, ein altes Städtchen, dessen Zentrum die 1941 abgebrannte und nach dem Krieg wiederhergestellte evangelische Kirche einnimmt. Sehenswert sind auch die Ruinen der in der Mitte des 13. Jh.s erbauten und Ende des 18. Jh.s zerstörten Ordensburg. In der Lielā iela Nr. 84 lebte zwischen 1898 und 1921 die lettische Schriftstellerin und Essayistin Zenta Mauriņa (► Berühmte Persönlichkeiten). Im Haus befindet sich eine Zenta-Mauriņa-Gedenkstube (Öffnungszeiten: Mi., Do., Sa. 11.00 – 16.00 Uhr).

✶ Uferlinie des Baltischen Eissees Entlang der von Grobiņa nach ► Ventspils führenden Straße ist zwischen Kapsēde und Medze die Uferlinie des Baltischen Eissees besonders ausgeprägt. Nördlich von Kapsēde erhebt sich der Kalnmaļu-Schlossberg. Bei Medze erreicht das Urufer 30 m Höhe.

Pavilosta In Pāvilosta, einem Fischerort 55 km nördlich von Liepāja, ist noch vieles von der ursprünglichen Bebauung aus dem 19. Jh. erhalten geblieben, darunter auch der Hafen. Der Steilküstenabschnitt und der anschließende einsame Sandstrand nördlich bei Jūrkalne sind besonders eindrucksvoll.

Durbe Durbe, 20 km östlich von Liepāja an der A 9 gelegen, ist mit seinen 470 Einwohnern die kleinste Stadt Lettlands. Dessen ungeachtet hat der Ort große historische Bedeutung. Hier fand im Jahr 1260 am Fluss Trumpe die »Schlacht von Durbe« zwischen dem Deutschen Orden und den vereinigten Schemaiten, Kuren und Liven statt, die mit der schwersten Niederlage der Ordensritter im 13. Jh. endete und zumindest den (litauischen) Schemaiten ihre Selbstständigkeit sicherte. Im westlichen Teil der Stadt sind die Mauern der Ruine einer Ordensburg zu besichtigen, die um 1263 erbaut und im Nordischen Krieg vernichtet wurde. In der Kirche (1651) sind Altar und Kanzel von 1720 erhalten.

Friedlich ist der Abend am Meer bei Pāvilosta.

Ķūpu-Düne

Rund 15 km südlich von Liepāja liegt an der A 11 die Ortschaft Bernāt, der westlichste Punkt Lettlands. Am Küstenabschnitt südlich hiervon kann man die mächtigsten Dünen Lettlands bewundern, so bei dem Fischerdorf Jūrmalciems, an dessen südlichem Rand sich die 34 m hohe Ķūpu-Düne erhebt; wiederum 3 km südlicher findet man die noch etwas höhere Düne Pāļu kalns.

! *Baedeker* TIPP

Wilde Pferde

Das Gebiet um den Pape-See ist ein unberührtes und artenreiches Naturparadies. Sogar wilde Pferde kann man mit viel Glück erblicken (Tour-Infos unter Tel. 9 48 97 75). Naturpfad und Vogelbeobachtungsstation sind weitere Einrichtungen der Gegend (Infos im WWF-Zentrum in Pape und unter www.wwf.lv).

Von der A 11 ins litauische Palanga führt ein Abstecher Richtung Meer nach Pape*, das sich 8 km entlang der Küste hinzieht und aus drei Dörfern enstanden ist, von denen das nördliche Priediengals und das südliche Papes-Ķoņi sehenswerte Fischerdörfer aus der zweiten Hälfte des 19. Jh.s und vom Anfang des 20. Jh.s sind.

Um Priekule

Priekule Südöstlich von Liepāja (37 km) kommt man nach Priekule. Dort steht am Flüsschen Virga eine neuere Kirche. Vom Turm der im letzten Krieg zerstörten Vorgängerkirche soll ein lettischer Schmied Ende des 17. Jh.s mit selbst gebauten Flügeln einen immerhin 2 km langen Flug ausgeführt haben.

Gutsschloss ► Am jenseitigen Ufer der Virga befindet sich das Gutsschloss der Korffs. Eindrucksvoll ist der Torbau von 1688, das sog. **Schwedentor**, mit einer Fratze und einem Wappenrelief über der Einfahrt. Ca. 1 km südöstlich sind auf dem größten Soldatenfriedhof Lettlands mehr als 23 000 Gefallene des Zweiten Weltkriegs begraben.

✶ **Embūte** Sehr malerisch ist die Landschaft um die 17 km nordöstlich von Priekule gelegene sagenhafte Ortschaft Embūte, einem der schönsten und interessantesten Orte in Kurland. Hier sieht man eine Kirchenruine (1684) und Ruinen des kurländischen Bistumsschlosses.

Veres kalns Über das nordöstlich von Embūte liegende Dinsdurbe erreicht man den sagenumwobenen Veres kalns, einen ca. 2 km langen und 100 m breiten Hügel, dessen Ostrand das Tal der Dzelda bildet. Am nordöstlichen Abhang des Berges soll ein roter, eingesunkener Stein das sog. Indulis-Grab markieren. Sowohl der Indulis-Schlossberg als auch das Indulis-Grab und andere Orte in der Umgebung von Embūte sind mit der Sage von Indulis, dem historisch nicht belegten Führer der Kuren im 13. Jh., und seiner Liebe zu Ārija, Tochter des Komturs von Kuldīga, verknüpft, die Jānis Rainis in seinem Theaterstück »Indulis un Ārija« verarbeitet hat.

Krūte Das 1642 erbaute Kirchlein zu Krūte, 16 km südwestlich von Priekule, zeigt sich als ein mit Brettern verkleidetes Blockhaus, doch ist es möglicherweise die älteste Holzkirche Lettlands. Innen sind die ursprüngliche Kanzel mit reichen Ornamenten und Schnitzereien und der in der zweiten Hälfte des 17. Jh.s errichtete Altar mit dem Gemälde »Christus am Kreuz« erhalten.

Aizpute

Hansestadt Aizpute liegt am Tebra, 45 km nordöstlich von Liepāja, und ist eine der ältesten Städte Lettlands. Im 13. Jh. besaßen die Kuren am rechten Flussufer eine Burg, der die Ordensritter im 13. Jh. am auf dem linken Ufer verlaufenden Verbindungspfad zwischen dem Ordensstaat in Ostpreußen und den Besitzungen in Livland eine eigene Festung entgegensetzten. Vom 13. bis zum Ende des 16. Jh.s war die Hansestadt Aizpute Sitz des Domkapitels des kurländischen Bistums und bis zum 17. Jh. ein wichtiges Handelszentrum mit einem Seehafen, der jedoch mit den Jahren versandete und vom Hafen von Liepāja überholt wurde.

Die Ordensburg wurde als kastellartige Festung angelegt, der erst im 14./15. Jh. an der Ostmauer ein Wohngebäude hinzugefügt wurde. Nördlich des Schlosses ist an der Tebra eine Wassermühle aus dem 18. und 19. Jh. zu besichtigen.

Ruine der Ordensburg

Am rechten Flussufer erhebt sich die evangelische Kirche, die auf das 13. Jh. zurückgeht, aber mehrmals umgebaut wurde. Innen lohnen ein Altar und eine Orgel aus dem 19. Jh. den Besuch.

Evangelische Kirche

8 km östlich von Aizpute liegt Kazdanga. Es kann mit dem größten und baumartenreichsten Park in Lettland aufwarten. Der im 18. Jh. angelegte Park dehnt sich am Fluss Alokste entlang und um den Mühlteich aus. Im nördlichen Parkteil erstreckt sich das einstige Gut, dessen Mittelpunkt das hochherrschaftliche, 1800 in klassizistischem Stil erbaute Schloss des Barons von Manteuffel bildet. Blickfang ist der Portikus mit sechs ionischen Säulen. An der zum Park gewandten Fassade schließt sich ein runder Saal an.

Kazdanga
*
◄ Park

11 km nordwestlich von Aizpute sollte man Apriķi besuchen. Sehenswert ist die Ende des 17. Jh.s errichtete evangelische Kirche. Der Kirchenraum ist außerordentlich prachtvoll ausgeschmückt, Altar, Kanzel, Beichtstuhl und Orgelempore sind mit reichem Schnitzwerk verziert. An der anderen Straßenseite erstreckt sich der Gutspark mit dem 1745 erbauten Herrenhaus im Stil des süddeutschen Rokoko, dessen Fassade ein prächtiges Sandsteinrelief schmückt.

Apriķi
*
◄ Evangelische Kirche

Rēzekne (Rositten)

T 9/10

Höhe: 130 – 160 m ü. d. M. **Einwohnerzahl:** 39 100

Rēzekne liegt weit im Osten des Landes, im Herzen Lettgallens, eingebettet in die Landschaft an Fluss und See Rēzekne und an den Verkehrswegen Warschau – St. Petersburg und Ventspils – Moskau.

Bereits im 9. – 13. Jh. stand hier eine lettgallische Burg, an deren Stelle Anfang des 14. Jh.s der Livländische Orden eine eigene Festung erbaute. Um diese herum bildete sich eine Siedlung, deren Entfaltung zur Stadt jedoch immer wieder durch Kriege gebremst wurde; 1577 fiel sie an die Russen, die sich bis zur ersten polnischen Teilung mit Schweden und Polen als Herrschaftsmacht abwechselten. Im Jahr 1772 wurde Lettgallen Russland einverleibt. Die industrielle Entwicklung beschleunigten der Bau der Landstraße von St. Petersburg nach Warschau im Jahr 1836 sowie die Anlage der beiden Bahnlinien. Den Bombardements im Zweiten Weltkrieg fiel der größte Teil der Stadt zum Opfer.

Herz Lettgallens

Sehenswertes in Rēzekne

Schlossberg und Burgruine

Im Zentrum der Stadt, am rechten Ufer der Rēzekne, liegt der 15 m hohe Schlossberg, auf dem sich einige Reste der Ordensburg erhalten haben und von dem sich ein weiter Blick auf die Stadt bietet.

★ Befreiungsdenkmal »Latgales Mara«

In entgegengesetzter Richtung erreicht man die Atbrīvošanas aleja, die Hauptstraße Rēzeknes. Sie mündet in einen ovalen Platz mit dem Denkmal für die Befreiung Lettgallens »Latgales Māra«. Seine Geschichte spiegelt auch einen Teil der lettischen Geschichte wider: Das Denkmal war 1939 enthüllt worden; nach dem Einmarsch der Sowjets wurde es 1940 gestürzt. Unter der deutschen Besatzung ließ man es 1941 zum zweiten Mal einweihen, doch 1950 wurde es erneut weggeschafft und ist seither verschwunden. 1992 schließlich konnte das heutige Denkmal enthüllt werden.

Kulturgeschichtliches Museum

Über das Oval hinaus kommt man zum rechter Hand liegenden Kulturgeschichtlichen Museum Lettgallens (Öffnungszeiten: Di. bis Fr. 10.00 – 17.00, Sa. bis 16.00 und So. bis 15.00 Uhr).

Auch in Rēzekne gibt es Reste einer Ordensburg.

RĒZEKNE ERLEBEN

AUSKUNFT

An der Kreuzung A 12 und A 15, etwa 5 km westl. vom Ortszentrum
Tel. / Fax 4 63 12 55
untumi@e-apollo.lv

ESSEN

▸ **Preiswert**

Latgale
Atbrīvošanas aleja 98
Tel. 4 62 51 81
Angenehme Atmosphäre und saisonal wechselnde Karte

ÜBERNACHTEN

▸ **Günstig**

Hotel Latgale
Atbrīvošanas aleja 98
Tel. / Fax 46 22 21 80, 200 B.
Das Haus mit Restaurant und Konferenzräumen wurde 1992 im Stadtzentrum eröffnet.

Umgebung von Rēzekne

Audriņi

Verlässt man Rēzekne in nordwestlicher Richtung nach Balvi, erreicht man nach 7 km das Dorf Audriņi. Auf dem Hügel Ancõupāni, ca. 3,5 km vor dem Ort, ehrt ein Denkmal die Opfer eines Massakers, bei dem 1942 auf Anordnung eines deutschen Kommandeurs die meisten Bewohner des Dorfes hingerichtet wurden, weil sie sowjetischen Soldaten Obhut gewährt hatten.

✶ Raznas-See

Etwa 17 km südöstlich von Rēzekne liegt rechts der Straße der Rāznas-See. Er ist der zweitgrößte Lettlands und dank seiner gut zugänglichen Ufer ein beliebter Erholungsort. In seiner Umgebung findet man viele Schlossberge der Altlettgaller, z. B. den 20 m hohen Vecsloboda-Schlossberg (4 km östlich über Kaunata). Ca. 12 km südöstlich von Kaunata bei Dubuļi (3 km nordöstlich vom Ort) erhebt sich Lielais Liepukalns, mit 289 m ü. d. M. der höchste Hügel Lettgallens, und noch etwas westlich der Dzerkaļu-Schlossberg.

◂ Makoņkalns

2 km südlich vom Raznas-See erhebt sich mit einer Ordensburgruine der Mākoņkalns (= Wolkenberg), von dessen Höhe man einen herrlichen Blick auf den See hat.

Ludza

Sehenswertes

Ludza, 27 km östlich von Rēzekne, liegt in einer landschaftlich reizvollen Umgebung mit fünf Seen. Im Süden von Ludza lädt der nördliche Teil der Lettgallischen Hochebene zu Ausflügen ein. Sehenswert ist zunächst, auf dem Hauptplatz, die 1843 nach dem Vorbild der Andrej-Kathedrale in Kronstadt erbaute klassizistische orthodoxe Kirche. Nördlich davon, jenseits der Brücke über die Stadtseen, kann man in der Freilichtausstellung des Heimatmuseums charakteristische lettgallische Holzbauten besichtigen (Öffnungszeiten: tgl.

9.00 – 17.00, Sa. / So. 10.00 – 17.00 Uhr). Unweit des Museums hat man einen freien Ausblick auf die **Burgruine** von Ludza, die sich am Ufer des Sees Lielais Ludzas erhebt. Die Burg, von den Ordensbrüdern Ende des 14. Jh.s erbaut, wurde schon seit der Mitte des 18. Jh.s nur noch als Ruine erwähnt. Auf der Anhöhe neben der Burgruine steht der Neubau der katholischen Kirche (1993), deren Vorgängerbau einst eine der schönsten lettgallischen Barockkirchen war. Davon geblieben ist nur die achteckige **Tadeušs-Kapelle**.
Der parallel zum See gelegene Hügel Odukalns nordöstlich der Burgruine ist ein Friedhof der Lettgaller aus dem 8. – 12. Jahrhundert.

Pasiene ✶
Katholische Kirche ►

45 km südöstlich von Ludza liegt Pasiene, ein Dorf, das sich um ein ca. 1694 errichtetes Dominikanerkloster herausgebildet hat. Der Weg hierher lohnt wegen der Landschaft und der barocken katholischen Kirche, die von 1761 an als Klosterkirche errichtet wurde.

✶✶ Rīga

N 3

Höhe: 0 – 28 m ü. d. M. **Einwohnerzahl:** 747 200

Rīga, das politische, wirtschaftliche, kulturelle und wissenschaftliche Zentrum Lettlands, gibt sich als die urbanste der drei baltischen Metropolen. Auch heute noch birgt sie unzählige Zeugnisse ihrer bedeutenden Vergangenheit als mächtige Hansestadt, als Zentrum des Ordensstaates im Baltikum und als Brücke zwischen Ost und West.

Weltkulturerbe der UNESCO

An beiden Ufern der Daugava (dt. Düna) und an deren Mündung in die Rīgaer Bucht erstreckt sich Rīga, die Hauptstadt Lettlands und größte Stadt des Baltikums. Der Fluss teilt das Stadtgebiet in zwei Teile. Auf dem östlichen Ufer liegen die älteren, die Altstadt einschließenden Viertel (Vecrīga), wo sich auch die meisten Sehenswürdigkeiten befinden, während der jüngere Stadtteil Pārdaugava am Westufer liegt.
Unübersehbar sind auch die Hinterlassenschaften der Deutschen, die die Stadt jahrhundertelang als Bischöfe, Ordensmeister, Bürgermeister und Kaufleute beherrschten – Ende des 18. Jh.s war noch fast jeder zweite Einwohner der Stadt Deutscher, und noch 1930 betrug der Anteil der Deutschen immerhin 13 %.
Liebhaber der Baukunst finden in Rīga eine Fülle eigenständiger Bauten des Jugendstils. Dank dieses einmaligen Erbes wurde das historische Zentrum Rīgas 1997 in das Verzeichnis des Weltkulturerbes der UNESCO aufgenommen. Schließlich ist Rīga auch eine Park- und Gartenstadt, in der mehr als 140 innerstädtische Parks, Gärten und Grünanlagen sowie die umgebenden Waldparks und Wälder zum Spaziergang einladen.

Jeder dritte Einwohner Lettlands lebt in Rīga; betrachtet man einen Umkreis von 40 km um die Stadt, beherbergt die Gegend gar die Hälfte aller Landesbewohner. Die Hauptstadt ist Sitz von Parlament und Regierung. Über den internationalen Flughafen ist sie mit den wichtigsten europäischen Städten verbunden. Im See- und Flusshafen sind 2001 15 Mio. t Güter umgeschlagen worden.

Politisches und wirtschaftliches Zentrum

Stadtgeschichte

1201	Stadtgründung durch Bischof Albert
1202	Gründung des Schwertbrüderordens
13. – 15. Jh	Rīga ist Mitglied der Hanse.
1583	Ende des Ordensstaates
1710	Eroberung Rīgas durch Zar Peter den Großen
1918	Die Unabhängigkeit Lettlands wird in Rīga erklärt.
1940	Sowjetische Truppen marschieren in Rīga ein.
1941	Die Deutsche Wehrmacht besetzt Rīga.
1990	Verkündigung der erneuten Unabhängigkeit

Anfänge

Archäologische Forschungen lassen darauf schließen, dass am rechten Ufer der Daugava bereits im 2. Jh. n. Chr. eine bedeutende Siedlung existiert hat. Aus dem 10. – 12. Jh. sind zwei livische Siedlungen an der Einmündung des Flüsschens Rīga in die Daugava belegt. Diese fanden die Bremer Kaufleute vor, die 1159 die Daugava hinaufsegelten. Im Jahr 1186 ließ sich der Mönch **Meinhard von Segeberg** weiter flussaufwärts in Ikšķile (dt. Uexküll) nieder, um zu missionieren. Auf ihn folgten Berthold von Loccum und der Bremer Domherr **Bischof Albert**, der 1201 mit einem Kreuzfahrerheer auf der Daugava erschien und die Bischofsresidenz von Ikšķile an die Rīga-Mündung verlegte. Er gilt als Gründer der Stadt.

Hauptstadt des Ordensstaates

Die neue Siedlung Rīga war der Hauptstützpunkt für die Unterwerfung der baltischen Stämme durch die Ordensritter. 1202, als die erste Bischofsburg errichtet wurde, gründeten Bischof Albert und Theoderich von Treiden den **Schwertbrüderorden**, der sich 1237 dem **Deutschen Orden** anschloss, auf den der Bischof keinen Einfluss hatte. Von nun an lagen Bischof und Ordensritter im Streit um die Macht im Land. Die Bürger schlugen sich auf die Seite des Bischofs und griffen mehrfach die Ritter an, auch im Bündnis mit den heidnischen Litauern. Höhepunkt des Konflikts war der Bau einer Mauer zwischen den Anwesen der Ordensleute und der übrigen Stadt sowie die Belagerung Rīgas durch den Orden im Jahr 1330, in deren Folge die Rīgaer zu Kreuze kriechen und den Rittern eine neue Burg bauen mussten. Damit war die Macht der Bischöfe gebrochen, und Rīga blieb die Hauptstadt des Ordensstaates.

Reiche Hansestadt

Orden und Kirche förderten von Beginn an die Zuwanderung deutscher Kaufleute und Handwerker und räumten ihnen Privilegien ein. Die Stadt stieg rasch auf, trat 1282 der Hanse bei und war spätestens vom 14. Jh. an eine der wichtigsten Handelsstädte der Ostsee. Die Regierung oblag dem von den Kaufleuten gewählten Stadtrat und dem von den Räten bestimmten Bürgermeister. Den Gang der Dinge, von den Ordensrittern recht misstrauisch beäugt, bestimmten jedoch die Gilden. Kein einziger Lette oder Live allerdings war in diesen Bünden zu finden – die »Nichtdeutschen« hatten nur niedere Arbeiten zu verrichten und besaßen keine Rechte.

Reformation und Schwedenzeit

Die Ideen der Reformation fanden großen Anklang im Ordensstaat. Zur inneren Schwächung kam die äußere Bedrohung durch Russland, das im Livländischen Krieg (1558 – 1583) schließlich die Ritter schlug und damit 1562 mit der Abdankung des letzten Ordensmeisters Gotthard von Kettler im Rīgaer Schloss das Ende des Ordensstaats herbeiführte. In die nunmehrige Hauptstadt des Herzogtums Kurland zogen 1581 die Polen ein, die 1621 von den Schweden vertrieben wurden. Im Jahr 1656 belagerten die Russen vergeblich die Stadt, die nach dem Frieden von Oliva 1660 sogar zur zweiten Hauptstadt Schwedens erhoben wurde.

Russische Herrschaft

Im Verlauf des Nordischen Kriegs wurde Rīga im Jahr 1710 von russischen Soldaten erobert; 1713 wurde es zum Zentrum des Rīgaer Gouvernements erhoben (ab 1796 Gouvernement Livland). Als sich 1812 die napoleonischen Truppen auf ihrem Weg nach Moskau Rīga näherten, zündete man vorsorglich die Vorstädte an – doch umsonst, denn die Franzosen zogen vorbei. In der zweiten Hälfte des 19. Jh.s stieg Rīga durch den Anschluss an die Eisenbahn (1861) und den Ausbau des Hafens zur wichtigsten Hafenstadt des Zarenreiches nach St. Petersburg auf; die Ansiedlung von Fabriken machte die Stadt um die Jahrhundertwende zum drittgrößten Industriezentrum Russlands. Ein wichtiger Schritt dahin war die Aufhebung des Zunftzwanges im Jahr 1866 gewesen; endlich durften auch Letten Handel und Gewerbe treiben. Doch die Lebensbedingungen der Industriearbeiter waren erbärmlich, und die Revolution von 1905 fiel gerade in Rīga auf besonders fruchtbaren Boden. Es kam zu Großdemonstrationen und zum Generalstreik.

Erster Weltkrieg und Unabhängigkeit

Zwischen Oktober 1915 und August 1917 verlief die Front 20 – 30 km südlich von Rīga. Mit dem Herannahen der Frontlinie ging die Verlegung der Rīgaer Betriebe ins Innere Russlands einher. Zusammen mit den Fabrikanlagen wurden ca. 200 000 Arbeiter mit ihren Familien evakuiert. Nach der russischen Februarrevolution war Lettland geteilt. Rīga gehörte kurzzeitig zum Deutschen Reich, doch

← *Blick von Nordwesten über die Altstadt. Die Türme von links: Domturm, Jakobikirche und Petrikirche*

nach der deutschen Novemberrevolution wurde am 18. November 1918 in Rīga der **unabhängige Staat Lettland** proklamiert. Im Januar 1919 eroberten Truppen der Roten Armee die Stadt und etablierten die Regierung von Pēteris Stucõka. Doch schließlich behielt die bürgerliche Fraktion der zu **Kārlis Ulmanis** stehenden Letten die Oberhand. Während der Zeit der ersten lettischen Republik enstanden in Rīga bedeutende Bauten wie das Freiheitsdenkmal und der Bruderfriedhof.

Zweiter Weltkrieg und Sowjetzeit

Gemäß den Absprachen im Geheimen Zusatzprotokoll zum Hitler-Stalin-Pakt marschierten am 17. Juni 1940 Sowjettruppen in Rīga ein. Dem Terror des NKWD fielen Zehntausende zum Opfer. Am 1. Juli 1941 besetzte die Deutsche Wehrmacht Rīga, das Hauptstadt des »Reichskommissariats Ostland« wurde. In der Moskauer Vorstadt wurde schon im Oktober ein Ghetto für die Juden Rīgas eingerichtet. Im November und Dezember schaffte man dessen Einwohner – über 30 000 lebten noch – in die umliegenden Wälder und erschoss sie am selben Ort, an dem kurz zuvor schon in Zügen aus Berlin herantransportierte deutsche Juden umgebracht worden waren. Fast 12 000 andere deutsche Juden mussten nun die leeren

Highlights Rīga

Altstadt
Hier sind die meisten Sehenswürdigkeiten Rīgas versammelt.
► Seite 296

Petrikirche
Vom Turm bietet sich ein beeindruckender Blick über die Stadt.
► Seite 296

Dom
Größter Kirchenbau des gesamten Baltikums
► Seite 299

Jugendstilhäuser ...
... findet man in der Elizabetes iela und der Alberta iela.
► Seite 308

Ethnografisches Freilichtmuseum
Ein lohnender Ausflug in das alte Lettland
► Seite 314

Motormuseum
Hier steht neben vielen historischen Karossen auch Leonid Breschnews ramponierter Rolls Royce.
► Seite 314

Freiheitsdenkmal
Denn »Freiheit« hat hier einen ganz besonderen Klang.
► Seite 306

Jūrmala
Rīgas mondäner Hausstrand ist auch bekannt als »Lettische Riviera«
► Seite 319

Wohnungen des Ghettos beziehen, das erst 1943 aufgelöst wurde. Nur vielleicht 1000 der einst 13 000 Rīgaer Juden überlebten, von den deportierten deutschen Juden kehrte kaum einer zurück. Insgesamt sind über 150 000 Menschen in der Umgebung von Rīga umgebracht worden. Die Deutschen fanden auch in lettischen Nazis tatkräftige Helfer.
Im Oktober 1944 stand die Rote Armee wieder im mittlerweile schwer zerstörten Rīga, u. a. war das Schwarzhäupterhaus abgebrannt und die Petrikirche lag in Schutt. In den folgenden Jahren wurden noch einmal Zehntausende deportiert. In der weiteren Nachkriegszeit entstanden in den Vororten riesige Neubausiedlungen; erst 1983 machte man sich an die Restaurierung der Altstadt.

Erneute Unabhängigkeit

Die lettische Unabhängigkeitsbewegung hatte ihr Zentrum in Rīga. Eine erste Demonstration fand 1987 statt; 1988 wurde die lettische Volksfront gegründet. Am 4. Mai 1990 wurde die **Unabhängigkeit** verkündet. Trauriger Höhepunkt auf dem Weg zur Unabhängigkeit war der 20. Januar 1991, als sowjetische Truppen das lettische Innenministerium stürmten und dabei fünf Menschen erschossen.

Stadtbesichtigung

Stadtbild

Die **Altstadt** mit ihrem Ensemble aus Kirchtürmen, mittelalterlichen Häusern und engen, gepflasterten Gassen ist der zweifellos attraktivste Teil der Stadt. Bis in die Mitte des 19. Jh.s, als die Altstadt samt der Zitadelle nördlich davon von Festungsmauern umgeben war, hat Rīga die Züge einer mittelalterlichen Festungsstadt bewahrt. 1856 wurde die Festung aufgegeben. Es entstand der Stadtkanal mit einem Grüngürtel und in den 60er- und 70er-Jahren des 19. Jh.s das vorwiegend mit eklektizistischen Bauten gestaltete **Boulevardensemble**, das die Altstadt im Halbkreis bis zur Elizabetes iela umschloss. Anfang des 20. Jh.s bildete sich jenseits der Boulevards ein Viertel, in dem fast die Hälfte aller Häuser Merkmale des Jugendstils trägt. Die schönsten finden sich in der Alberta iela und in der Elizabetes iela (u. a. Nr. 33); mehrere Gebäude in der Brīvības iela (Nr. 55, 76) sind Beispiele des romantischen Jugendstils, während die Bauten in der Pumpura 5, Brīvības 58 und A. Cõaka 70 der sog. nationalen Romantik verhaftet sind (► Baedeker Special S. 310). Ein schönes städtebauliches Ensemble ist **Mežaparks**, zu Beginn des 20. Jahrhunderts im rationalistischen Jugendstil außerhalb der Stadt angelegt. Der Stadtteil **Pārdaugava** – nördlich des Āgenskalns-Marktes – hat sich vorwiegend im 18. und 19. Jh. herausgebildet und wird von zweistöckigen Holzbauten dominiert.

! *Baedeker* TIPP

Historische Tram

Im Sommer verkehrt auf der Tramlinie 11 vom Zentrum nach Mežaparks regelmäßig eine restaurierte Tram aus dem Jahr 1927.

Rīga *Orientierung*

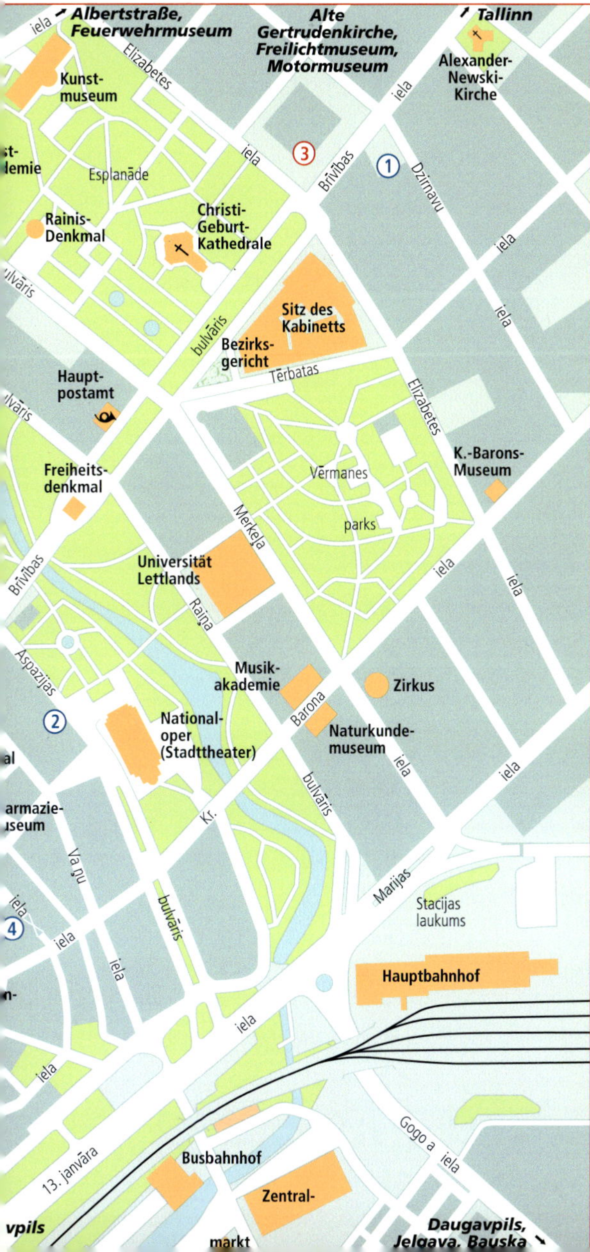

Übernachten
1. Hotel de Rome
2. Hotel Konventa Sēta
3. Reval Hotel Latvija
4. Hotel Grand Palace

Essen
1. Dzirnavas
2. Senā Rīga
3. Otto Schwarz
4. Kalanda
5. Jever Bistro
6. Pūt vējiņi

RĪGA ERLEBEN

AUSKUNFT

Ratslaukums 6, LV - 1050 Rīga (Schwarzhäupterhaus)
Tel. 7 03 79 00, Fax 7 03 79 10
www.rigatourism.com

ESSEN IN RĪGA

▶ Fein & Teuer

③ ***Otto Schwarz***
Kaļku 28 (im Hotel de Rome)
Tel. 7 08 76 23.
Zweifellos das eleganteste Restaurant in Rīga. Küchenchef Jens Ramke zaubert klassische Karte oder eigene Kreationen.

Vincents
Elizabets 19
Tel. 7 33 26 34
Die Kreationen von Chefkoch Martins Ritins beglückten schon viele berühmte Zeitgenossen. Der dreigängige »Business-Lunch« (11.00 – 15.00 Uhr) liegt auch im Bereich normaler Brieftaschen.

④ ***Kalanda***
Jāna iela 8 – 10
Tel. 7 22 97 75
Traditionelle lettische Gerichte gehobener Preisklasse

▶ Erschwinglich

Alus sēta
Tirgoņu 6 (Eingang von der M. Monētu), Tel. 7 22 24 31
Lettische Küche und lettisches Bier. Auf jeden Fall den Honigpfannkuchen probieren!

① ***Dzirnavas***
Dzirnavu 74/76,
Tel. 7 28 62 04
Das Dzirnavas ist das Schwesterrestaurant zu Alus sēta mit riesiger Theke und voller gut gelaunter Letten.

⑤ ***Jever Bistro***
Kaļku 6, Tel. 7 22 70 78
Deutsches Restaurant mit guter norddeutscher Küche. Nur von 10.00 – 13.00 geöffnet.

② ***Senā Rīga***
Aspazias bulv. 22, Tel. 7 21 68 69
Kellerrestaurant unter dem Hotel Rīga: Hier werden lettische Spezialitäten serviert, z. B. Hanfbutter.

▶ Preiswert

⑥ ***Pūt vējiņi (»Wehe, Windchen«)***
Jauniela 18/20, Tel. 7 21 22 91
Im Obergeschoss kann man speisen, die Bar im Erdgeschoss ist ein angenehmer Ort für ein nettes Bier (im Winter mit offenem Kaminfeuer!) und das Café mit Terrasse serviert leckere Sandwiches.

Lido Atpūnas Centrs
Krasta 76, Tel. 7 81 21 83

Neues Freizeitzentrum in Blockbauweise mit Restaurants und Hausbrauerei. Für Familien besonders geeignet.

ÜBERNACHTEN IN RĪGA

▶ Luxus

④ ***Hotel Grand Palace***
Pils 12
Tel. 7 04 40 00, Fax 7 04 40 01, 56 Z.
Elegantes Haus mit luxuriös

möblierten Zimmern in einem historischem Gebäude in der Altstdt.

① *Hotel de Rome*
Kaļku 28
Tel. 7 08 76 00, Fax 7 08 76 06, 90 Z.
Top-Haus in bester Lage unter deutscher Leitung. Sehr berühmt ist das Feinschmecker-Restaurant »Otto Schwarz«.

► **Komfortabel**

② *Hotel Konventa Sēta*
Kalēju 9/11
7 08 75 01, Fax 7 08 75 15, 270 B.
Komfortables Haus im mittelalterlichen Konventhof unter deutscher Leitung. Kleine Geschäfte laden zum Shopping ein.

③ *Reval Hotel Latvija*
Elizabetes 55
Tel. 6 27 44 56
Fax 6 27 44 45, 380 Z.
Wer die Altstadt aus der Vogelperspektive sehen will, miete sich in einem der oberen 26 Stockwerke des modernen Hauses ein.

► **Günstig**

Hotel Valdemars
Valdemara 23
Tel. 7 33 44 62, Fax 7 33 30 01, 25 Z.
Schönes Jugendstil-Gebäude, im Stadtzentrum gelegen

ESSEN IN JŪRMALA

Dukāts
(Ortsteil Dubulti)
Baznīcas 12/14, Tel. 7 76 42 67
Gaststätte mit eigener Bäckerei und einem Lebensmittelgeschäft

Majori
(Ortsteil Majori)
Jomas 31, Tel. 7 76 13 80
Gehobenes Restaurant im Jugendstil-Traditionshotel.

ÜBERNACHTEN IN JŪRMALA

► **Günstig**

Hotel Majori
Jomas 29
Tel. 7 76 13 90, Fax 7 76 13 94, 65 B.

Sehr traditionsreiches, berühmtes Jugendstil-Haus im Ortsteil Majori, nahe am Meer, mit Komfort und gutem Service

Rīgas Jūrmala
Z. Meierovica prosp. 71
Tel. 7 76 46 81, Fax 7 76 46 72
Großes Kurhotel mit Swimmingpool, medizinischen Badeeinrichtungen und Restaurant

VERKEHR

Flughafen
9 km westlich vom Stadtzentrum nahe der Ausfallstraße nach Jūrmala (Busverbindung mit Linie Nr. 22 von Haltestelle »13. janvāra iela« oder »Stacijas laukums« zur Haltestelle »Centrāltirgus«; alle unweit des Bahnhofs).

Fährhafen
Über die Eksporta iela nördlich der Altstadt

Bahnhof
Bahnhof: Stacijas laukums unmittelbar östlich der Altstadt

Busbahnhof
Wenig westlich vom Bahnhof beim Zentralmarkt

★★ Petrikirche

Öffnungszeiten: Di. – So. 10.00 – 18.00

Gottesdienste So. 10.00

Auffahrt zum Turm Di. – So. 10.00 – 18.00

Wie eine Pfeilspitze aufragend bestimmt der Turm der Petrikirche die Silhouette von Rīga. Die Kirche wurde 1209 erstmals urkundlich erwähnt. Aus der anfänglichen Bauzeit sind noch die Außenwände der Seitenschiffe geblieben. 1407 begann der Umbau zu einer dreischiffigen Basilika mit 80 m langem und 30 m hohem Mittelschiff; fünfzig Jahre später war der Chor vollendet. Nach dem Einsturz des ursprünglichen Turms im Jahr 1666 musste die Westfassade völlig neu gestaltet werden. Der Straßburger Baumeister Rupert Bindenschu entwarf eine barocke Front (1671 – 1690 gebaut) mit einem achteckigen hölzernen Turm. 1694 kamen drei barocke Dolomitportale mit Figurenschmuck hinzu. Schon 1721 brannte der Turm nieder, sein Nachfolger ging zu Beginn des Zweiten Weltkriegs in Lettland in Flammen auf. Erst von 1968 bis 1973 wurde der Kirche wieder ein Turm aufgesetzt. Gleichzeitig baute man in 51 m Höhe eine Nachbildung der Uhr von 1746 ein, die alle drei Stunden (9.00 – 21.00 Uhr) eine lettische Volksweise ertönen lässt. Von der zweiten Turmgalerie hat man einen hervorragenden Blick über Rīga. Von der einst reichen Innenausstattung ist bis auf einige Grabmäler, darunter die spätbarocke Gruft der »Blauen Garde« und das Epitaph für den russischen General Barclay de Tolly, so gut wie nichts erhalten. Die Petrikirche dient als Ausstellungsraum.

Innenraum ►

Umgebung der Petrikirche

Georgskirche

Gegenüber der Nordwand der Petrikirche steht eine Reihe schöner bunter Gebäude. Das hellgrau gestrichene Haus mit den weißen Fensterumrandungen zur Linken und dem daran anschließenden schmucklosen Kirchenschiff beherbergt das Kunstgewerbemuseum (Öffnungszeiten: Di. – So. 11.00 – 17.00, Mi. bis 19.00 Uhr).

★ Konventhof

Hinter der Georgskirche, wo einst die Burg des Schwertbrüderordens stand, liegt der Konventhof. Im 14. Jh. befand sich dort eine Wohltätigkeitsanstalt. 1998 wurde der Konventhof restauriert, und heute residiert dort das Hotel »Konventa sēta«.

Eckens Konvent

Rechts vor dem Stufengiebel der Johanniskirche erkennt man den gelb gestrichenen Eckens Konvent, 1435 als Nachtasyl errichtet und 1596 zum Witwenheim umgebaut. Die Fassade schmückt das Relief »Christus und die Sünderin« (1618).

★ Johanniskirche

Dahinter ragt der Backstein-Stufengiebel der Johanniskirche in die Höhe. Sie gehörte zum im 13. Jh. gegründeten Dominikanerkloster. Der einschiffige Bau, in seiner heutigen Form aus dem 15. und 16. Jh. stammend – mit Ausnahme des kleinen, gotisierenden Glockenturms –, passt sich dem Verlauf der Straße an. Zwei Nischen an der Ostseite des Chors bewahren Johannes den Täufer und Salome darstellende Skulpturen aus dem 17. Jh.; an der Südfront sind zwei Masken mit offenem Mund eingelassen, durch die angeblich die Mönche predigten.

Johannishof

Ein schmaler Durchgang zwischen Eckens Konvent und der Johanniskirche führt durch das Tor des ehemaligen Dominikanerklosters in den Johannishof, der von einem Rest der Festungsmauer samt Schießscharten und hölzernem Wehrgang begrenzt wird (13. bis 15. Jh.).

Wagnersaal

Durch den Hof hindurchgehend erreicht man in der Vāgnera iela den nach Richard Wagner benannten Konzertsaal. Wagner war 1837 – 1839 Dirigent am hier untergebrachten Deutschen Theater.

Pharmazie-Museum

In derselben Straße zeigt das Pharmaziemuseum in einem Haus aus dem 18. Jh. die Geschichte des Apothekenwesens in Lettland (Öffnungszeiten: Di. – Sa. 10.00 – 16.00 Uhr).

Alles auf einen Blick: Rīgas Altstadt von der Daugava aus gesehen.

Reuternhaus Durch den Johannishof zurückgehend und nach dem Durchgang links kommt man an der Ecke Audēju und Mārstaļu iela zum Reuternhaus. Das prachtvolle Kaufmannsgebäude mit einem mit Blattwerkrelief versehenen Mittelrisalit entstand 1684 – 1688.

Alksnaja iela An der Reformierten Kirche (1727 – 1733) beginnt die Alksnāja iela (gegenüber der Kirche Eingang ins Museum für Fotografie, Öffnungszeiten: Di., Fr., Sa. 10.00 – 17.00, Mi., Do. 12.00 – 19.00 Uhr) mit mehreren im 16. – 19. Jh. errichteten und umgebauten Wohnhäusern und Speichern. Haus Nr. 9 beherbergt das Sportmuseum (Öffnungszeiten: Mo. – Fr. 10.00 – 17.00, Sa. 11.00 – 17.00 Uhr). In der abzweigenden Vecpilsētas iela sieht man wiederum Wohnhäuser und Speicher (16. – 20. Jh.). Das Haus Nr. 13/15, seit 1988 Sitz der Volksfront, ist als Volksfrontmuseum eingerichtet (Öffnungszeiten: Di. 14.00 – 19.00., Mi. – Fr. 12.00 – 17.00, Sa. 12.00 – 16.00 Uhr). Die Alksnāja iela mündet in die Kalēju iela, auf der man Richtung Daugava gehend an der Minsterejas iela auf ein Stück der ersten Stadtmauer trifft.

Dannensternhaus Unweit davon liegt in der Mārstaļu iela (Nr. 21) das beeindruckende Dannensternhaus von 1696. Es ist eines der hervorragendsten Barockgebäude in Lettland und diente in den unteren beiden Geschossen als Wohnung eines reichen Kaufmanns mit darüber liegenden Lagerräumen.

Mentzendorffhaus Über den Daugava-Kai an der Grēcinieku iela wieder in die Altstadt hineingehend, kommt man zum Mentzendorffhaus. In prächtig ausgestatteten Patrizierräumen wird der Besucher mit dem Leben der Rīgaer Bürger durch die Jahrhunderte bekannt gemacht (Öffnungszeiten: Mi. – So. 10.00 – 17.00 Uhr).

**** Rathausplatz** Am Museum öffnet sich der Rathausplatz, dessen Bebauung im Zweiten Weltkrieg zerstört wurde. Das schönste Gebäude ist nun wieder neu erstanden: das **Schwarzhäupterhaus**, das Haus der unverheirateten auswärtigen Kaufleute. Nach dem Vorbild holländisch-flämischer Zunfthäuser besitzt es einen überaus reich mit Skulpturen und Reliefs verzierten Giebel (Öffnungszeiten: Di. – So. 10.00 – 17.00 Uhr). Der rekonstruierte Gebäudekomplex umschließt auch das sog. Schwabe-Haus mit der Touristeninformation (Öffnungszeiten: tgl. 10.00 – 19.00 Uhr) und dem Speicher der Blauen Garde, der als Ausstellungsraum dient. Im Zentrum des wieder hergestellten Platzes steht eine Kopie des Roland-Standbilds, nach dem Original von 1896 in der Petrikirche. Gegenüber des Schwarzhäupterhauses wurde 2003 das neue Rathaus vollendet, dessen Fassade eine Kopie des 1941 zerstörten Baus aus dem 18. Jh. ist. Im kubischen 1970er-Gebäude nebenan zeigt das **Okkupationsmuseum** die Geschichte der Besetzung Lettlands durch Nazideutschland und die Sowjetunion (Öffnungszeiten: Di. – So. 11.00 – 17.00 Uhr).

Auch abends ein Treffpunkt: der Rathausplatz mit dem Schwarzhäupterhaus

★★ Dom

Der größte Kirchenbau des gesamten Baltikums ist der Dom St. Marien, mit dessen Bau im Jahr 1211 begonnen wurde. Die Baumeister nahmen den strengen Typ der romanischen Hallenkirche zum Vorbild, der im Laufe der Zeit vielfache Erweiterungen und Veränderungen in den verschiedensten Baustilen erfuhr. Zu den ältesten Teilen zählen Chor und Querschiff sowie Kapitelsaal und Kreuzgang im angrenzenden Kloster, das zur gleichen Zeit wie der Dom errichtet wurde; es folgten die Seitenschiffe, deren Kapellen erst in hochgotischer Zeit hinzukamen. Noch jüngeren Datums ist die manieristische Turmhaube mit barockem Helm (1776), dessen Spitze eine Kopie des ursprünglichen Wetterhahns von 1595 ziert und dem Turm eine Gesamthöhe von 90 m verleiht. Heute ist der Dom Erzbischofssitz der Evangelischen Kirche Lettlands.

Öffnungszeiten:
Di. – Fr.
13.00 – 17.00,
Sa. 10.00 – 14.00

Gottesdienste
Mo. – Sa. 8.00,
So. 12.00

Innenraum

Die ursprüngliche Innenausstattung fiel den Bilderstürmen während der Reformation zum Opfer. Aus dem Mittelalter sind lediglich Reste einiger Grabplatten aus dem 14. Jh. im nördlichen Seitenschiff geblieben. Originale sind auch das Epitaph der Kleinen Gilde (1604/1611) und das Grabmal des Bischofs Wilhelm von Brandenburg (16. Jh.), während das Grab des ersten Bischofs von Livland, Meinhard, eine Nacharbeit von 1896 ist. Die Glasmalereien, auf denen u. a. die Begrüßung des schwedischen Königs Gustav Adolf in Rīga dargestellt ist, stammen aus dem ausgehenden 19. Jh. und wurden in Rīga, München und Dresden geschaffen.

ORGEL IM DOM VON RĪGA

✶✶ Der Dom selbst ist als größter Kirchenbau im Baltikum bereits ein Superlativ. Er birgt jedoch eine Kostbarkeit, die weltweit ihresgleichen sucht: Hier steht eine der letzten erhaltenen großen romantischen Orgeln, schon damals eine der größten mechanischen Orgeln der Welt. Gebaut wurde sie 1884 von einer bereits zu dieser Zeit weltbekannten Orgelbaufirma aus dem württembergischen Ludwigsburg. Die wunderbare Akustik der Kirche macht ein Orgelkonzert zum unvergesslichen Erlebnis.

1 Schwellwerk
Die Pfeifen des Schwellwerks befinden sich in einem Holzkasten, der sich bei Bedarf öffnen und schließen lässt. So werden dynamische Effekte erzielt.

2 Vox Humana
Mit diesem Register versuchten Orgelbauer aller Epochen, sich klanglich der menschlichen Stimme anzunähern.

3 Metallpfeifen

4 Holzpfeifen

5 Windkanäle
Hier wird die Luft in die verschiedenen Windladen geleitet.

6 Grundgerüst
Das hölzerne Grundgerüst trägt die komplizierte Orgelkonstruktion.

7 Windladen
Auf den an das Luftsystem angeschlossenen Windladen sind die Pfeifen in Registern angeordnet.

8 Gebläse mit Keilbalg
Herzstück der Windanlage. Die Rīgaer Orgel war das erste Instrument weltweit, das mit einem Dampfmotor betrieben wurde, da für solche Dimensionen Menschenkraft nicht mehr ausreichte.

9 Windspeicher
Zwischen das Gebläse und die Windladen ist ein Windspeicher zwischengeschaltet, der durch Gewichte oder Federkraft belastet wird, um einen ausreichenden Winddruck zu gewährleisten.

Daten:
1884 wurde das heutige Instrument von der Orgelbaufirma E. F. Walcker & Co. aus dem württembergischen Ludwigsburg eingebaut.

Der opulente Orgelprospekt von Jacob Raabs stammt bereits aus dem Jahr 1601.

1-2 versierte Assistenten müssen beim Bedienen der Orgel helfen, Register ziehen, Laden öffnen ...

Franz Liszt komponierte eigens zur Einweihung der Orgel seinen Orgelchoral »Nun danket alle Gott«.

Detail ...
... der prachtvoll ausgestalteten Orgelempore

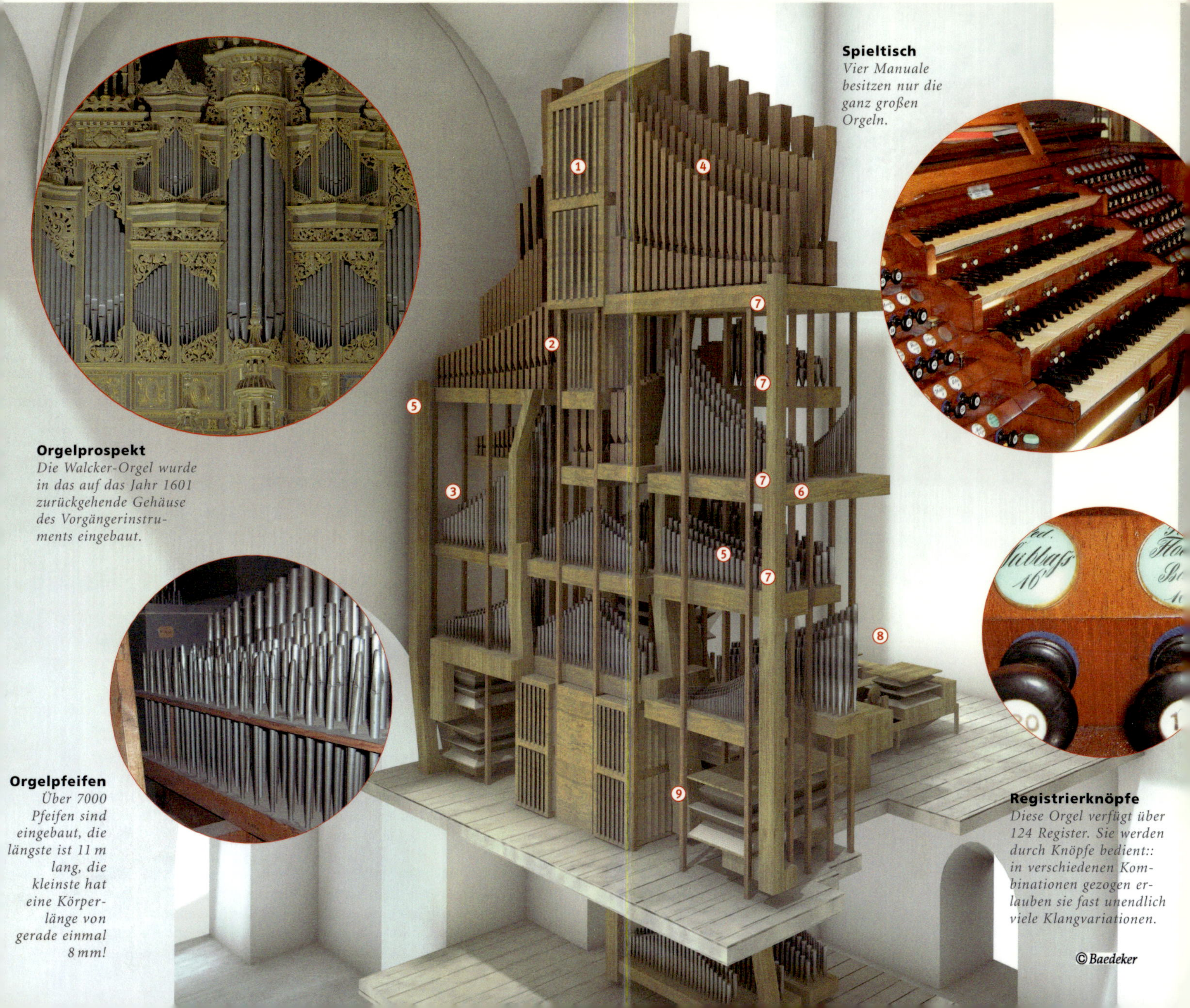

Spieltisch
Vier Manuale besitzen nur die ganz großen Orgeln.

Orgelprospekt
Die Walcker-Orgel wurde in das auf das Jahr 1601 zurückgehende Gehäuse des Vorgängerinstruments eingebaut.

Orgelpfeifen
Über 7000 Pfeifen sind eingebaut, die längste ist 11 m lang, die kleinste hat eine Körperlänge von gerade einmal 8 mm!

Registrierknöpfe
Diese Orgel verfügt über 124 Register. Sie werden durch Knöpfe bedient:: in verschiedenen Kombinationen gezogen erlauben sie fast unendlich viele Klangvariationen.

© Baedeker

Rīga Dom *Orientierung*

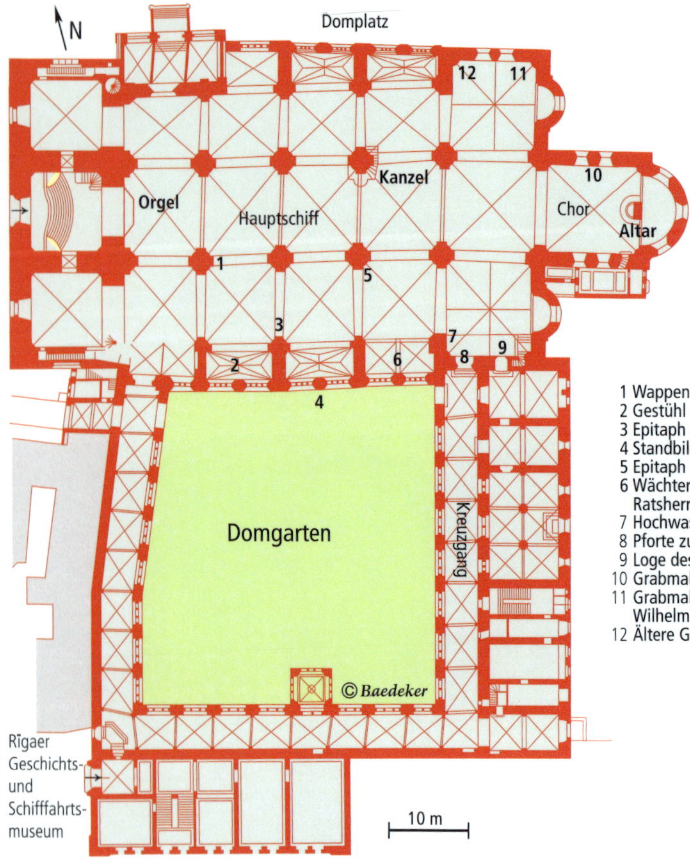

Kloster Vom Kloster hat sich neben dem zweischiffigen Kapitelsaal nur der Kreuzgang erhalten. Er beherbergt heute eine kleine archäologische Ausstellung (Öffnungszeiten: Mai – Sept. tgl. 10.00 – 17.00 Uhr). im Westflügel war die Domschule zu Hause, Johann Gottfried Herder unterrichtete hier von 1764 bis 1769.

✶ Rīgaer Geschichts- und Schifffahrtsmuseum In den beiden Stockwerken über dem Kreuzgang ist das Rīgaer Geschichts- und Schifffahrtsmuseum eingerichet. Den Grundstock bildeten die Sammlungen des Arztes Martini und seines Enkels Nikolaus von Himsel (1729 – 1764), der diese seiner Heimatstadt zum Geschenk gemacht hat. Die geschichtliche Abteilung spannt den Bogen von der Stadtgründung bis zur jüngsten Gegenwart und zeigt als eines ihrer Prunkstücke die große farbige Skulptur des hl. Christophorus, des Schutzpatrons der Daugava-Schiffer; in der Schifffahrtsabteilung ziehen vor allem die Schiffsmodelle die Aufmerksamkeit auf sich (Öffnungszeiten: Mi. – So. 11.00 – 17.00 Uhr).

Umgebung des Doms

Herderdenkmal

Nach Verlassen des Doms liegt links der Herderplatz mit dem Herderdenkmal (1864), einer Nachbildung des Denkmals in Weimar.

Palast Peters des Großen

Rechts hinter dem Denkmal in der Palasta iela Nr. 9 befindet sich das ehemalige Haus des Kaufmanns Henneberg, in dem 1711 Peter der Große wohnte und das seither Palast Peters des Großen genannt wird. Es stammt aus dem ausgehenden 17. Jahrhundert.

Domplatz

An der Nordseite des Doms öffnet sich der weite und stille Domplatz. Stufen führen hinab auf das ursprüngliche Niveau der Straßen Rīgas, das sich im Lauf von acht Jahrhunderten um ca. 2 m gehoben hat. Geradeaus links sieht man die einem venezianischen Renaissancepalast nachempfundene Börse (1852 – 1855), rechts davon das imposante Gebäude der ehemaligen Kommerzbank, heute Radiohaus (1913 – 1922). Erwähnenswert sind die Häuser Jauniela 16, 18 und 20, erbaut im 16. – 19. Jh., und das schöne, 1903 von Wilhelm L. N. Bockslaff geschaffene Jugendstilgebäude Nr. 25/29. Parallel zur Jauniela läuft die Rozena iela, die schmalste Gasse Rīgas. Zwischen den beiden Straßen können zeitgeschichtlich Interessierte das »Museum der Barrikaden von 1991« besichtigen (Öffnungszeiten: Mo. – Fr. 11.00 – 17.00 Uhr).

Anglikanische Kirche

Der Rundgang führt auf der die Westecke des Platzes verlassenden Pils iela zum Schloss. Auf dem Weg dorthin erblickt man die Kirche des Hl. Erlösers (erbaut 1859, Anglikanische Kirche).

Muttergotteskirche

Die Pils iela stößt direkt auf die katholische Kirche der Schmerzhaften Muttergottes, erbaut in den Jahren 1784 bis 1785.

*** Ordensschloss**

Bis zum Schlossplatz sind es nur noch wenige Schritte. Hier erhebt sich das Ordensschloss von Rīga, die einstige Residenz der Ordensmeister. Nachdem die Rīgaer 1297 die Ordensburg bei der Georgskirche abgerissen hatten, mussten sie sich gute dreißig Jahre später wieder dem Orden beugen und eine neue Burg bauen, die hier am Ufer der Daugava entstand. Doch obsiegten die Rīgaer 1484 erneut und rissen die Ordensburg wieder ein.

Schon 1491 musste mit dem Wiederaufbau begonnen werden. Der Tallinner Baumeister Nyggels setzte dabei zwei mächtige Türme, den nordwestlichen Heiliggeistturm und den südöstlichen Bleiturm, hinzu. Der die Ansicht von der Daugava her dominierende Heiliggeist-

turm und die anschließende nördliche Schlossmauer, einst Bestandteile des städtischen Fortifikationssystems, sind heute die ältesten Teile des Schlosses.
Ein größerer Umbau erfolgte im 18. – 19. Jh.; dabei entstand als einschneidendste Veränderung 1784 der frühklassizistische Nordostflügel für die Gouvernementsbehörden, so dass das Schloss heute einen recht uneinheitlichen Anblick bietet. Während der ersten lettischen Republik diente es als Amtssitz des Staatspräsidenten; seit 1996 ist es für diesen Zweck wieder hergerichtet.

Museen Das Schloss beherbergt zwei Museen: Im ersten Stock zeigt das Museum für ausländische Kunst Kunstgegenstände aus dem 16. bis 19. Jahrhundert. Im dritten Stock liegt das Museum für Geschichte (Öffnungszeiten für beide Museen: Di. – So. 11.00 – 17.00 Uhr).

✶ Jakobikirche Der Rundgang geht weiter durch die Klostera iela, vorbei an der Maria-Magdalena-Kirche, zur rechter Hand liegenden Jakobikirche, deren 80 m hoher Turm – der einzige in der Stadt erhaltene gotische Kirchturm – die engen Gassen überragt. Die von 1225 an jenseits der Stadtmauer errichtete, in der Folge mehrmals umgebaute Kirche ist die kleinste der mittelalterlichen Basiliken Rīgas und Sitz des katholischen Erzbischofs. Der eher bescheidene Innenraum birgt Grabplatten aus dem 15. Jh., einen holzgeschnitzten Orgelprospekt (1763) und eine intarsienverzierte Kanzel (1810).

Parlament Unmittelbar benachbart ist das Gebäude des lettischen Parlaments (Saeima), eine Nachbildung des Palazzo Strozzi in Florenz. Es ist 1863 – 1867 als Landtagsgebäude erbaut worden.

✶ Drei Brüder Am barocken Westportal der Jakobikirche vorüber führt der Weg zur Mazā Pils iela, wo sofort die »Drei Brüder« genannten Häuser Nr. 17, 19 und 21 vor allem wegen ihrer wunderbaren Giebel auffallen. Haus Nr. 17 (ganz rechts) wurde bereits an der Wende vom 15. zum 16. Jh. gebaut. 1646 entstand das Haus Nr. 19 (hier befindet sich das Architekturmuseum, Öffnungszeiten: Mo. – Fr. 10.00 – 16.00 Uhr); im ausgehenden 17. Jh. folgte das Haus Nr. 21.

Schwedentor Von den »Drei Brüdern« aus überquert man die Jēkaba iela und stößt auf die Aldaru iela. An deren Ende sieht man das Schwedentor, das 1698 in der Schwedenzeit als letztes der 28 Stadttore durch ein Wohnhaus gebrochen wurde, damit man eine Ausfahrt zu den außerhalb der Mauer liegenden Häusern hatte. Über dem Torbogen ist das Wappen von Rīga eingemauert. Das Torhaus bildet eine Einheit mit dem mittelalterlichen Jürgensturm.

Jakobs-Kasernen Mit dem Durchschreiten des Tors hat man den alten Stadtkern verlassen. Gegenüber erstrecken sich die 1997 restaurierten Jakobs-Kasernen. Links hinter der Jēkaba iela liegt am Ort des alten schwedi-

Die altehrwürdigen »Drei Brüder«

schen Arsenals das lang gestreckte ehem. Zollgebäude, heute Kunstmuseum und Ausstellungssaal »Arsenāls« (Öffnungszeiten: Di. – So. 11.00 – 17.00 Uhr). Auch das Goethe-Institut hat hier seinen Sitz.

Stadtmauer

Rechts außerhalb des Schwedentors geht man nun an einem 1987 restaurierten Stück der Stadtmauer entlang. Am Ende des Mauerabschnitts erhebt sich der mächtige, 1330 erstmals erwähnte Pulverturm. Er ist 26 m hoch, hat einen Durchmesser von 14 m und bis zu 3 m dicke Wände. Heute wird im Turm und im 1937 – 1939 entstandenen Anbau vor allem wieder der Kampf um die lettische Unabhängigkeit dargestellt (Öffnungszeiten: Mi. – So. 10.00 – 17.00 Uhr).

★ ◄ Pulverturm

★ **Kleine Gilde**

Am Pulverturm biegt man nach rechts in die Meistaru iela ein und erreicht den Livenplatz. Rechts sieht man die sog. Kleine Gilde. Das Gebäude entstand 1866 anstelle des mittelalterlichen Hauses der Handwerkergilde und imitiert den Tudor-Stil. Es besitzt ein reiches Interieur: Die Fenster schmücken Glasmalereien, die Wände des Saals zieren Stadtansichten von St. Petersburg, Moskau, Rīga, Bremen, Hamburg, Lübeck und Rostock.

★ **Große Gilde**

Gleich daneben steht die Große Gilde. Dieses Haus entstand 1851 bis 1857 unter Beibehaltung der Bausubstanz des mittelalterlichen Zunfthauses der Gilde der Kaufleute. Von diesem sind die im 15. Jh. entstandene sog. Münsterstube und die angrenzende Brautkammer (1521) erhalten. Die Große Gilde dient heute als Konzertsaal. Die Gildehäuser sind von hübschen Wohnhäusern gesäumt. Schräg gegenüber der Großen Gilde sieht man das originelle sog. Katzenhaus, auf dessen Türmen zwei Katzenfiguren stehen.

Boulevardbogen

✶✶ Freiheitsdenkmal Unübersehbar erhebt sich am Übergang von der Altstadt zum neuen Zentrum an der Kreuzung von Brīvības bulvāris und Raia bulvāris das 42 m hohe Freiheitsdenkmal (► Abb. S. 290). Die Planungen für eine Gedenkstätte an den lettischen Unabhängigkeitskampf wurden schon in den zwanziger Jahren begonnen, im November 1935 wurde es schließlich enthüllt. Über der Schrifttafel wacht »Mutter Lettland«, umgeben von lettischen Sagenfiguren. Krönung des Denkmals ist die Gestalt der Freiheit, die drei goldene Sterne emporreckt, Symbole der kulturhistorischen Gebiete Kurzeme, Vidzeme und Latgale.

Basteiberg Zu beiden Seiten des Freiheitsdenkmals erstrecken sich Parkanlagen. In westlicher Richtung liegt der Basteiberg, der beim Abtragen der Stadtwälle aufgeschüttet wurde.

✶ Nationaloper Östlich vom Freiheitsdenkmal erkennt man hinter den Bäumen des Parks die Front der Nationaloper Lettlands. Das Gebäude wurde 1860 – 1863 als sog. Erstes Rīgaer Stadttheater (Deutsches Theater) gebaut. 1882 brannte das Haus nieder, 1887 wurde es wieder aufgebaut, in den 1990er-Jahren restauriert; es bietet gut 900 Zuschauern Platz. Im Juni ist die Oper Veranstaltungsort des Internationalen Opernfestivals von Rīga.

Universität Lettlands Eine schöne Fußgängerbrücke führt über den Kanal zum heutigen Hauptgebäude der Universität Lettlands.

K. Barona iela An der K. Barona iela befinden sich die Musikakademie und das Naturkundemuseum (Öffnungszeiten: Mi., Fr., Sa. 10.00 – 18.00, So. 10.00 – 16.00 Uhr).

Merea iela An der kreuzenden Merea iela stehen das Haus des Lettischen Vereins (Nr. 13), dessen Front Reliefs von Janis Rozentāls verzieren, sowie das 1889 entstandene Gebäude des Rīgaer Zirkus (Nr. 4).

K.-Barons-Museum Am Vērmanes dārzs entlang führt der Weg dann über die Elizabetes iela zum letzten Wohnhaus (Kr. Barona iela Nr. 3) des lettischen Folkloristen und Sammlers der Dainas, Krišjānis Barons (►Berühmte Persönlichkeiten, Öffnungszeiten: Mi. – So. 11.00 – 18.00 Uhr).

Kabinett Die Elizabetes iela folgt dem Vērmanes dārzs zum dreieckigen Komplex des Kabinetts.

Andrejs-Upīts-Museum Hinter dem Kabinettsgebäude sieht man das Hotel Latvija aufragen. Ihm gegenüber, im Haus Brīvības iela Nr. 38, befindet sich in der Wohnung, die er von 1951 bis zu seinem Tod 1970 bewohnte, das Gedenkmuseum für den Schriftsteller Andrejs Upīts (Öffnungszeiten: Di. – Sa. 11.00 – 17.00 Uhr).

Ein wenig weiter die Brīvības iela hinauf kann man in der Nr. 33 ein Telefonmuseum besichtigen. Weiter rechts trifft man auf die klassizistische orthodoxe Alexander-Newski-Kirche (1820 – 1825).

Alexander-Newski-Kirche

Noch weiter die Brīvības iela hinauf öffnet sich nach links der Blick auf die Alte Gertrudenkirche. Der neogotische Kirchenbau (1864 – 1866) besitzt eine Orgel von höchster Qualität.

Alte Gertrudenkirche

Die Brīvības iela wieder zurück, am Beginn des Parks Esplanāde, lohnt ein Blick in die bedeutendste und künstlerisch wertvollste orthodoxe Kirche Rīgas, die Christi-Geburt-Kathedrale (1876 – 1884). In den 1960er-Jahren war die Kathedrale zum Haus der Wissenschaften mit Planetarium umfunktioniert worden, doch seit dem Ende der Sowjetherrschaft dient sie wieder als Kirche.

*** Orthodoxe Kathedrale**

Durch den Esplanāde-Park hinter der Kathedrale sieht man das neogotische Gebäude der Kunstakademie Lettlands (1902 – 1905).

Esplanade

Neben der Kunstakademie befindet sich das Museum der Schönen Künste (1903 – 1905). Im Museum sind lettische und russische Künstler mit Malerei, Grafik und Bildhauerei vertreten (Öffnungszeiten: Mo., Mi. – So. 11.00 – 17.00 Uhr).

*** Museum der Schönen Künste**

So sahen früher die meisten Häuser aus: Holzhaus in Rīga

Jüdisches Museum Nicht weit nordöstlich des Esplanāde-Parks in der Skolas iela Nr. 6 befindet sich das Museum »Juden in Lettland« (Öffnungszeiten: Mo. – Do., So. 12.00 – 17.00 Uhr).

> **! Baedeker TIPP**
>
> **Juden in Rīga**
>
> Das Jüdische Museum arrangiert Führungen durch das »Jüdische Rīga« (Info Tel. 7 28 95 80).

Man geht nun die K. Valdemāra iela zurück Richtung Daugava. Gleich hinter dem Stadtkanal steht das Nationaltheater Lettlands. Der prächtige neobarocke Bau mit imposantem Portal entstand in den Jahren 1900 – 1902 als zweites Rīgaer Stadttheater (Russisches Theater). In ihm wurde am 18. November 1918 die Unabhängigkeit Lettlands proklamiert.

Peter- und Paulskirche Etwas abseits nordwestlich hinter dem Theater erkennt man im Schatten eines Hochhauses den schlanken Turm der frühklassizistischen Peter- und Paulskirche (1781 – 1785), der ehemals wichtigsten orthodoxen Kirche der Stadt. Seit 1987 dient sie als Konzertsaal.

Nordwestliche Innenstadt

★★ Alberta iela Ein Ensemble von Jugendstilgebäuden, wie man es andernorts in Europa schwerlich zu sehen bekommt, findet man nördlich des alten Stadtzentrums in der Alberta iela. Hier haben sich die Hauptakteure des Rīgaer Jugendstils, allen voran Michail Eisenstein, wahrlich ausgetobt (►Baedeker Special S. 310).

Rozentāls-Blaumanis-Museum ► Im Haus Alberta iela Nr. 12 lebten und wirkten der Maler Janis Rozentāls (von 1904 bis 1916) und der Schriftsteller Rūdolfs Blaumanis (von 1906 bis 1908). Ihre Wohnung ist heute Museum (Öffnungszeiten: Mi. – So. 11.00 – 18.00 Uhr).

Feuerwehrmuseum Nur wenige Hundert Meter sind es auf der Strēlnieku iela zur Hanzas iela, wo im einstigen Feuerwehrhaus (1909) ein Museum mit höchst sehenswerter alter Feuerwehrtechnik eingerichtet ist (Öffnungszeiten: Mi. – So. 10.00 – 17.00 Uhr).

★ Museum zur Geschichte der Medizin Das Museum zur Geschichte der Medizin ist in der Antomijas iela Nr. 1 eingerichtet. Es spiegelt die Entwicklung der Medizin von ihren Anfängen bis zur Gegenwart wider (Öffnungszeiten: Di. – Sa. 11.00 – 17.00 Uhr außer letzter Fr. im Monat).

Viestura darzs Nördlich der Elizabetes iela erstreckt sich zur Daugava hin der Park Viestura dārzs. Die Grünfläche war der erste öffentliche Stadtgarten in Rīga, wurde 1721 auf Befehl Peters des Großen angelegt und war 1873 Schauplatz des ersten Sängerfestes. Hier steht das 1936 aus dem Zentrum herangebrachte Alexandertor, ein 1815 – 1817 zum Sieg über Napoleon errichteter Triumphbogen.

Südliche Innenstadt

Zentralmarkt

Jenseits der Bahnlinie beginnt die sog. Moskauer Vorstadt. Hier beeindrucken zunächst die Hallen des Rīgaer Zentralmarktes. Für den 1930 gebauten Markt, zu dieser Zeit einer der modernsten in Europa, verwendete man die in Vaiņode während des Ersten Weltkriegs errichteten deutschen Zeppelinhangars. Zu kaufen gibt es – von Huhn (lebendig) bis Haarnadel – alles was der Mensch so braucht. Und Touristen finden hier ein Panoptikum des lettischen Alltags (Öffnungszeiten: tgl. 8.00 – 17.00 Uhr).

Wandgemälde beim Busbahnhof in der Nähe des Zentralmarktes

Hinter dem Markt ragt das riesige Hochhaus der **Akademie der Wissenschaften** auf, 1958 im sozialistischen »Zuckerbäckerstil« erbaut.

Inmitten der nahen Elijas iela erhebt sich die **Jesuskirche***. Das 1818 – 1822 errichtete achteckige Gebäude ist der größte klassizistische Holzbau in Lettland. Die Kuppel des zentralen Andachtsraums wird von ionischen Säulen getragen. In der Jesuskirche werden auch Gottesdienste, teilweise auch auf deutsch, der evangelisch-lutherischen Gemeinde abgehalten.

Jüdische Gedenkstätte

Nach der Kirche geht man die Dzirnavu iela links hinauf. An der Kreuzung mit der Gogoa iela sieht man einen leeren Platz mit einigen Gebäudefundamenten. Hier befand sich die Rīgaer Synagoge. Am 4. Juli 1941, kurz nach dem deutschen Einmarsch in die Stadt, wurden in ihr mehrere Hundert Juden eingesperrt und das Gebäude niedergebrannt. Auf den 1992 freigelegten Fundamenten ist mittlerweile eine Gedenkstätte errichtet worden. Im Viertel hinter dem Zentralmarkt lebten sehr viele Juden, Grund genug für die Nazis, hier das Ghetto einzurichten. Dazu wurden entlang von Lāčplēša, Kalna, Lauvas und Maskavas iela Stacheldrahtsperren gezogen. Im Herbst 1941 waren ca. 35 000 Juden hier zusammengepfercht. Sie alle verhungerten oder wurden noch im November und Dezember 1941 außerhalb Rīgas erschossen. Nach ihnen wurde das Ghetto mit weiteren 30 000 Menschen, vor allem Juden aus Deutschland, belegt.

Grebenšcōikov-Gebetshaus

Jenseits der Lāčplēša iela liegt an der Grebenšcōikova iela das Gebetshaus der russischen Altgläubigen. Das Haus ist 1814 gebaut worden, 1906 kam der Glockenturm hinzu, dessen vergoldete Kuppel

Auch im lettischen Jugendstil war das Ornament bestimmendes architektonisches Stilmittel. Die opulentesten Entwürfe stammen von Michail Sergeij Eisenstein, dem Vater des später als Filmregisseur berühmt gewordenen Sergeij Eisenstein.

EIN DRITTEL JUGENDSTIL

Wenn von Jugendstil die Rede ist, denkt man gemeinhin an Wien, Paris, Brüssel. Doch keine europäische Stadt besitzt prozentual gesehen mehr Bausubstanz aus besagter Stilepoche als Rīga, wo rund ein Drittel des Stadtzentrums aus Jugendstilbauwerken besteht.

Diesen reichen Baubestand verdankt Rīga einem gewaltigen Bauboom, der in den letzten Jahrzehnten des 19. Jh.s und 1900 – 1914 als Folge einer wirtschaftlichen und bevölkerungsmäßigen Expansion einsetzte. Anfang des 20. Jh.s war Rīga mit über 500 000 Einwohnern die fünftgrößte Stadt des Russischen Reiches. Die städtebaulichen Grundlagen für den Ausbau zu einer modernen Großstadt waren bereits in den 60er-Jahren des 19. Jh.s geschaffen worden. Damals hatte man das Gebiet zwischen den niedergelegten Festungsanlagen der Altstadt und den Vororten für Neubauten aus Stein ausgewiesen und durch breite Boulevards mit dem alten Stadtzentrum verbunden. Verwaltungsgebäude, Banken, Büro- und Geschäftshäuser, vor allem aber Mietshäuser schossen wie Pilze aus dem Boden. Zum Glück konnte sich Rīga diesen Schatz bewahren, so dass auch heute noch ganze Straßenzüge, so beispielsweise **Alberta iela**, **Elizabetes iela**, aber auch **Marijas iela** und **Brīvības iela** vom Jugendstil geprägt sind.

Eigene Architekten

Architekten für die zahlreichen Projekte brauchte man zu diesem Zeitpunkt nicht mehr von auswärts zu holen, denn es gab genug deutsche und lettische Bauingenieure am Ort. Die ehrgeizige Baupolitik einerseits, aber auch die Anziehungskraft der 1869 eröffneten Fakultät für Baukunst am Rigaer Polytechnikum, rückten die Stadt ins Zentrum der modernen baukünstlerischen Entwicklungen. Anregungen holten sich die Architekten von der traditionellen lettischen Volksbaukunst ebenso wie von den Vorreitern des westeuropäischen, insbesondere des belgischen und öster-

reichischen Jugendstils. Von der vorangegangenen Stilepoche des Historismus übernahmen sie zunächst noch die Vorliebe für überreiche Fassadendekorationen mit historischen Bau- und Schmuckformen. Die originellsten Schöpfungen dieser Übergangsphase stammen von **Michail Eisenstein (1867 – 1921)**, Vater des als Filmregisseur berühmt gewordenen Sergeij Eisenstein. Er entwarf u. a. auch sechs Mietshäuser in der Alberta iela, an deren Fassaden er ein wahres Panoptikum der Dekorationskunst entfaltete. Die Architektur dieser Gebäude verschwindet gewissermaßen hinter einem Vorhang aus üppigen Ornamenten. Zwischen das Formenwirrwarr aus unterschiedlichsten Bauepochen und Kulturräumen mischen sich Motive des Jugendstils: flache Reliefs, stilisierte Pflanzenformen und linear-abstrakte Muster. Eisenstein trieb den inflationären Gebrauch des Bauschmucks und die Prachtentfaltung an den Häuserfassaden auf die Spitze – eine Steigerung war nicht mehr möglich, die Sackgasse somit beschritten. Anzeichen für einen Neuansatz lassen sich auch bei ihm, der im großen und ganzen den Prinzipien des Historismus verpflichtet blieb, an einigen Mietshäusern in der Albertstraße ausfindig machen. Dazu gehören die ungewöhnlichen Fensterformen mit feiner Binnengliederung, die Strukturierung der Fassaden durch unterschiedliche Baustoffe oder Farben sowie die Konzentration des Ornaments auf bestimmte Wandpartien, die mit schmucklosen Wandflächen kontrastieren.

Konstruktive Ornamente

Von den Baumeistern, die etwa gleichzeitig mit Eisenstein in Rīga arbeiteten und dem Jugendstil zum Durchbruch verhalfen, ist neben **Jānis Alksnis, Wilhelm Bockslaff** und **Paul Mandelstamm** vor allem **Konstantins Pēkšēns (1859 – 1928)** zu erwähnen.

Pēkšēns hatte als einer der ersten lettischen Baumeister eine akademische Ausbildung genossen. Verglichen mit Eisensteins Prachtbauten wirken seine Fassaden fast schmucklos und nüchtern. Eisenstein gebrauchte die Formen des neuen Stils nur dekorativ, Pēkšēns dagegen versuchte, die Konstruktion eines Hauses an seiner Fassade anschaulich zu machen und das Ornament von seiner Funktion her zu entwickeln. In der Alberta iela errichtete er sich sein eigenes Wohnhaus (Nr. 12), in dem von 1904 bis 1916 der berühmte lettische Maler Jānis Rozentāls wohnte. Pēkšēns' Einfluss auf die nächste Generation der Rīgaer Jugendstilarchitekten war groß. Viele junge lettische Baumeister, so auch **Eižens Laube** und **Aleksandrs Vanags**, arbeiteten eine Zeit lang in seinem Atelier, bevor sie sich selbstständig machten.

Nationalromantik

Für diese zweite Generation, die die weitere Entwicklung des Jugendstils in Rīga maßgeblich mitbestimmte, erwies sich die Wiederentdeckung der lettischen Volksarchitektur im Zuge der nationalromantischen Bewegung als stärkster Impuls. Steile Giebel, mittelalterliches Fachwerk, runde Erker und massige Ecktürme rhythmisieren die Fassaden, Dachreiter und Gaubenfenster beleben die Dachlandschaften dieser Häuser. Die in dickem Quadermauer- oder Bruchsteinmauerwerk ausgeführten Erdgeschosszonen vermitteln den Eindruck von Bodenständigkeit und Gediegenheit. Besonders schöne Beispiele für diesen Häusertyp findet man in der Brīvības und in der Alberta iela.

Die nationalromantische Richtung war nur eine, wenngleich für das lettische Nationalbewusstsein wichtige und für die Architektur am Vorabend des Ersten Weltkriegs bedeutende Variante des Jugendstils in der Hauptstadt Lettlands. In der Vielfalt seiner Ausprägungen ist der Rīgaer Jugendstil gewissermaßen ein Spiegel der gesamteuropäischen Bewegung, die beinahe so viele »Schulen« kennt wie Städte, in denen sie ihre Spuren hinterließ.

von der Krasta iela am Daugava-Ufer oder von der Salu-Brücke aus gut zu sehen ist. Das Gebetshaus bewahrt viele wertvolle Ikonen, Handschriften und Bücher aus dem 15. – 19. Jahrhundert.

Fernsehturm

Von der Salu-Brücke blickt man auf den 368 m hohen Fernsehturm auf der Zaķu-Insel. Die eigenwillige Metallkonstruktion entstand 1979 – 1986. Ein Aufzug befördert Besucher zur Aussichtsplattform in 97 m Höhe (Öffnungszeiten: Di. – Sa. 10.00 – 16.00 Uhr).

Nördliche Stadtteile

Hinweis

In die nördlichen Stadtteile gelangt man mit den Trolleybuslinien Nr. 4 und Nr. 14. von der Haltestelle »Tērbatas iela« in der Brīvības bulvāris (gegenüber der orthodoxen Kathedrale, am Bezirksgericht).

Neue Gertrudenkirche

Erster Halt ist die Neue Gertrudenkirche (1900 – 1907) an der Kreuzung Brīvības / Tallinas iela. Der neoromanische Bau birgt das Altargemälde »Christus segnet die Kinder« von Janis Rozentāls (1911).

✶ Großer Friedhof

Von der Neuen Gertrudenkirche kommt man über die Tallinas iela und die Miera iela zum ehemaligen Großen Friedhof, auf dem viele berühmte Letten und Baltendeutsche beigesetzt worden sind. Eine Reihe von Gräbern deutscher Kriegsgefangener aus dem Zweiten Weltkrieg befindet sich in der südöstlichen Ecke des Friedhofs.

✶ Rainis-Friedhof

Noch weiter nördlich liegen weitere sehr bedeutende Friedhöfe (Tramhaltestelle »Brāļu kapi«) zunächst der Rainis-Friedhof, von dessen Tor an der Aizsaules iela die zentrale Allee zum Grab von Jānis Rainis führt.

✶ Bruderfriedhof

Der Bruderfriedhof ist ein bedeutendes Kunst- und Architekturensemble. Hier ruhen ca. 2000 Soldaten. Die Bestattungen begannen 1915. Nach dem Zweiten Weltkrieg wurden gefallene Rotarmisten und sowjetische Partisanen auf dem Friedhof beerdigt, gleichzeitig löschten die sowjetischen Machthaber Namen von Gefallenen aus dem lettischen Unabhängigkeitskampf.

✶ Waldfriedhof

Jenseits der Aizsaules iela kommt man zur zentralen Allee des Waldfriedhofs, deren Ende das Grabmal von Jānis Cõakste, des ersten Präsidenten der Republik Lettland, markiert. Links der zentralen Allee befindet sich eine Gedenkstätte – ein großes weißes Kreuz – für die Opfer des NKWD im Jahr 1941.

Mežaparks

Nördlich vom Waldfriedhof erstreckt sich das Villenviertel Mežaparks, zu Beginn des 20. Jh.s als Wohnviertel wohlhabender Geschäftsleute angelegt und mit entsprechend schönen Jugendstilvillen bebaut. Hier befindet sich auch der 1912 gegründete Zoo von Rīga (Öffnungszeiten: tgl. 10.00 – 18.00 Uhr, im Winter bis 16.00 Uhr).

✶ ◄ Zoo

? WUSSTEN SIE SCHON ...?

- ... dass im Zoo von Rīga der Methusalem aller in Gefangenschaft gehaltenen Krokodile lebt? Das Tier wurde bereits 1935 geboren.

Die sehr lang parallel zum Zoo verlaufende Allee führt schließlich zur großen **Freilichtbühne** (1955), auf der u. a. alle fünf Jahre das lettische Sängerfest stattfindet.

Ca. 2,5 km westlich des Zoos befindet sich in der Vorstadt Sarkandaugava Lettlands **Kulturmuseum »Dauderi«** (Öffnungszeiten: Mo., Mi. – So. 11.00 – 17.00 Uhr). Es hat sein Domizil in der ehemaligen Sommerresidenz (1937 – 1940) von Staats- und Ministerpräsident Kārlis Ulmanis (►Berühmte Persönlichkeiten).

Östliche Stadtteile

✶ Biķernieku-Wald

Vom Freiheitsdenkmal führt die Brīvības iela nach Nordosten. Nach ca. 4 km zweigt rechts die Biķernieku iela in den gleichnamigen Wald ab. Von der Bushaltestelle »Ķeguma iela« geht man noch 1 km zu Fuß, bis rechts ein Weg abzweigt. Er führt zu der Stelle, an der im 2. Weltkrieg ca. 35 000 Juden umgebracht wurden. Heute befindet sich hier zum Gedenken an die Opfer ein symbolisches Gräberfeld.

✶ Motormuseum

An der nächsten Bushaltestelle zweigt am Sportkomplex von Biķernieku (Motorradrennbahn, Motorballplatz und Speed-Way-Rennbahn) die S. Eizenšteina iela ab. Auf ihr kommt man zu dem interessanten, 1989 eröffneten Motormuseum, dem größten seiner Art in Osteuropa. Für Autofans ist die Adresse ein Muss, nicht nur der wie ein Rolls-Royce-Kühlergrill gestalteten Fassade wegen. In den hellen und modernen Ausstellungsräumen sind derzeit ca. 200 historische Fahrzeuge zu sehen. Höhepunkte sind sicherlich die Staatskarossen ehemaliger sowjetischer Größen, ein Rolls Royce von Molotow, ein ebensolcher mit Unfallschaden von Breschnew und ein Packard-Nachbau für Stalin mit 8 cm dicken Scheiben. Aus lettischer Produktion sieht man u. a. ein Feuerwehrauto und viele der einst berühmten Räder der Rīgaer Fahrradfabrik (Öffnungszeiten: Di. – So. 10.00 – 18.00 Uhr).

Breschnews Genosse im Rolls

✶✶ Freilichtmuseum

Eine recht lange Busfahrt mit dem Bus Nr. 1 aus dem Zentrum (Haltestelle Merķeļa iela) führt hinaus an den Jugla-See, an dem malerisch das Ethnografische Freilichtmuseum Lettlands liegt. Das Gelände ist thematisch in vier Bereiche, entsprechend der lettischen Regionen Kurzeme, Zemgale, Vidzeme und Latgale eingeteilt. Etwas mehr

Das bäuerliche Leben im alten Lettland zeigt das Ethnografische Freilichtmuseum.

als 100 Gebäude von der Fischerkate bis zum Herrnhuter Gemeindehaus, überwiegend aus dem 18. und 19. Jh., können besichtigt werden. Regelmäßig werden auch Ausstellungen veranstaltet; in der lutherischen Kirche aus Kurzeme (► Übersichtsplan Nr. 3) finden sonntags um 10.00 Uhr Gottesdienste statt (Öffnungszeiten: tgl. 10.00 bis 17.00 Uhr, die Innenräume sind nur Mai – Sept. zu besichtigen; Übersichtsplan ►S. 317).

Linkes Ufer der Daugava (Pardaugava)

Hinweis

Den Stadtteil Pārdaugava erreicht man mit der Tram Nr. 2 (ab Haltestelle »Grēcinieku iela« bis zur Haltestelle am Āgenskalns-Markt).

Eisenbahnmuseum

Die Fahrt geht am Museum für Eisenbahngeschichte (Öffnungszeiten: Mi. – Sa. 10.00 – 17.00 Uhr) und am letzten Monument der Sowjetzeit in Lettland vorbei, dem Ehrenmal für die Befreier von der deutschen Besatzung (1985).

Āgenskalns-Markt

An der Haltestelle »Āgenskalna tirgus« (Ecke Bāriņu / Nometņu iela) steht – mit typischen Merkmalen des rationalistischen Jugendstis – der Bau des Āgenskalns-Marktes (1911 – 1923). Verkauft werden tgl. von 7.00 – 19.00 Uhr Obst, Gemüse und Textilien.

Legende

1 – 3 Einzelgebäude
1 Bauernkrug (Zemgale, 1841)
2 Wasserpumpe Kurzeme, 1. Hälfte 19. Jh.)
3 Lutherische Kirche (Kurzeme, 1704)

4 – 5 Kleinbauernhof aus Kurzeme
4 Wohnhaus (1848)
5 Stall (1888)
6 Kruzifix (Kurzeme, 19. Jh.)
7 Räucherkammer (Kurzeme, um 1750)

8 – 11 Bauernhof aus Kurzeme
8 Wohnhaus (1848)
9 Stall (2. Hälfte 19. Jh.)
10 Kornkammer (1767)
11 Badehaus (1862)
12 Schmiede (Kurzeme, um 1880)
13 Teerbrennerei (Kurzeme, um 1860)

14 –20 Livischer Hof aus Kurzeme
14 Wohnhaus (1884)
15 Fischklete und Remise (1840/1904)
16 Klete (1819)
17 Schweinestall (um 1900)
18 Scheune und Klete (Ende 19. Jh.)
19 Heuschober (Ende 19. Jh.)
20 Imkerhäuschen (um 1880)

21 – 35 Fischerdorf aus Kurzeme
21 Wohnhaus (um 1880)
22 Klete (1889)
23 Stall (Ende 19. Jh.)
24 Wohnhaus (Mitte 19. Jh.)
25 Klete (Mitte 19. Jh.)
26 Stall (Ende 19. Jh.)
27 Badehaus mit Sommerküche (Anf. 19. Jh.)
28 Fischräucherhaus (Anfang 19. Jh.)
29 Netzhütte (Ende 19. Jh)
30 Netzhütte (um 1830)
31 Netzhütte (um 1920)
32 Netzhütte (Ende 19. Jh.)
33 Hütte (um 1870)
34 Fischräucherhaus (rekonstruiert)
35 Eiskeller (nicht aufgestellt)
36 Hafenlagerhaus aus Liepāja (1697)

37 –41 Fischerhof aus Vidzeme

37 Wohnhaus (1851)
38 Klete (2. Hälfte 19.Jh.)
39 Eiskeller (Mitte 19. Jh.)
40 Netzhütte (Anfang 20. Jh)
42 Schweinestall (Anfang 20. Jh.)

43 – 53 Bauernhof aus Vidzeme
43 Wohnhaus (1780)
44 Klete (um 1790)
45 Korndarre (1730, rekonstuiert)
46 Klete (um 1830)
47 Klete (Ende 18. Jh)
48 Kornspeicher (1. Hälfte 19. Jh.)
49 Sommerküche (um 1850)
50 Stall (um 1850)
51 Badehaus mit Wohnkammer (um 1815)

52 Heuschober (1880)
53 Heuschober (Mitte 19. Jh.)
54 Herrnhuter Versammlungshaus (1785)
55 Dreschboden, als Schule genutzt (um 1670)
56 Obstklete (1840)
57 Ausgehöhlte Baumstämme für Bienenstöcke (Anf. 19. Jh.)
58 Badehaus mit Sommerküche (um 1840)
59 Dreschboden, als Wohnhaus genutzt (Mitte 19. Jh.)
60 Klete (Anfang 19. Jh)
61 Wohnhaus eines Webers (Mitte 19. Jh.)
62 Wassermühle (nicht aufgestellt)
63 Kornkammer (um 1760)

64 – 67 Hof eines Handwerkers aus Vidzeme
64 Wohnhaus und Werkstatt eines Spinnrad-Drechslers (1861)
65 Klete (Ende 18. Jh.)
66 Stall (Anfang 19. Jh)
67 Badehaus (Mitte 19. Jh.)
68 Hütte und Brennerei eines Töpfers (Mitte 19. Jh.)

69 – 75 Bauernhof aus Vidzeme
69 Wohnhaus (1925)
70 Kornkammer (um 1925)
71 Keller (nicht aufgestellt)
72 Milchhäuschen (1930)
73 Stall (1924)
74 Scheune (nicht aufgestellt)
75 Badestube (1936)
76 Windmühle (Ende 19. Jh.)
77 Schmiede (nicht aufgestellt)

78 – 106 Dorf in Latgale
78 Gutshofklete (1757)
79 Katholische Kirche
80 Glockenturm (rekonstruiert)
81 Sonnenuhr (rekonstruiert)

82 – 86 Bauernhof aus Latgale
82 Wohnhaus (um 1860, rekonstruiert)
83 Wirtschaftsgebäude (1835, rekonstruiert)
84 Klete (1830, rekonstruiert)
85 Räucherstube (um 1750, rekonstuiert)
86 Kruzifixhäuschen

87 – 89 Hof eines Töpfers aus Latgale
87 Wohnhaus und Werkstatt (2. Hälfte 19. Jh.)
88 Topfbrennerei (um 1900)
89 Klete (Mitte 19. Jh.)
90 Dreschboden (Mitte 19. Jh.)

91 – 94 Hof eines Handwerkers aus Latgale
91 Wohnhaus (19. Jh.)
92 Klete (Mitte 19. Jh.)
93 Stall (Ende 19. Jh.)
94 Ölpresse (Anfang 20. Jh.)
95 Orthodoxe Kirche (rekonstuiert)
96 Badehaus (1840)

97 – 100 Kleinpächterhof aus Latgale
97 Wohnhaus (Mitte 19. Jh.)
98 Schuppen (Ende 19. Jh.)
99 Windmühle (Anfang 20. Jh., rekonstuiert)
100 Badehaus (1. Hälfte 20. Jh.)

101 – 103 Hof eines russischen Bauern aus Latgale
101 Wohnhaus (2. Hälfte 19. Jh.)
102 Schuppen (2. Hälfte 19. Jh.)
103 Badehaus (2. Hälfte 19. Jh.)
104 Kruzifixhäuschen (Anfang 20. Jh.)
105 Dreschboden (Anfang 20. Jh.)
106 Holländermühle (um 1890)
107 Schmiede (Zemgale, 2. Hälfte 19. Jh.)
108 Schuppen (Vidzeme Ende 19. Jh.)
109 Gemeindeschule (nicht aufgestellt)
110 Kirche (1. Hälfte 16. Jh.)
111 Kruzifix (Zemgale, 1907)
112 Windmühle (Zemgale, um 1814)
113 Badehaus (Zemgale, Ende 19. Jh)

114 – 119 Bauernhof aus Zemgale
114 Wohnhaus (um 1770)
115 Klete (1775)
116 Badehaus (um 1850)
117 Knechtshütte (um 1780)
118 Dreschbden (um 1750)
119 Stall (nicht aufgestellt)
120 Gutswohnhaus (Vidzeme, 17. Jh., nicht zu besichtigen)
121 Klete (Vidzeme, 17. Jh., nicht zu besichtigen)
122 Steine mit Inschriften aus Latgale, Vidzeme und Zemgale
123 Kiefer von Zauska (Bruchteil)
124 Museumsgedenkstein

Ethnografisches Freilichtmuseum Lettlands Orientierung

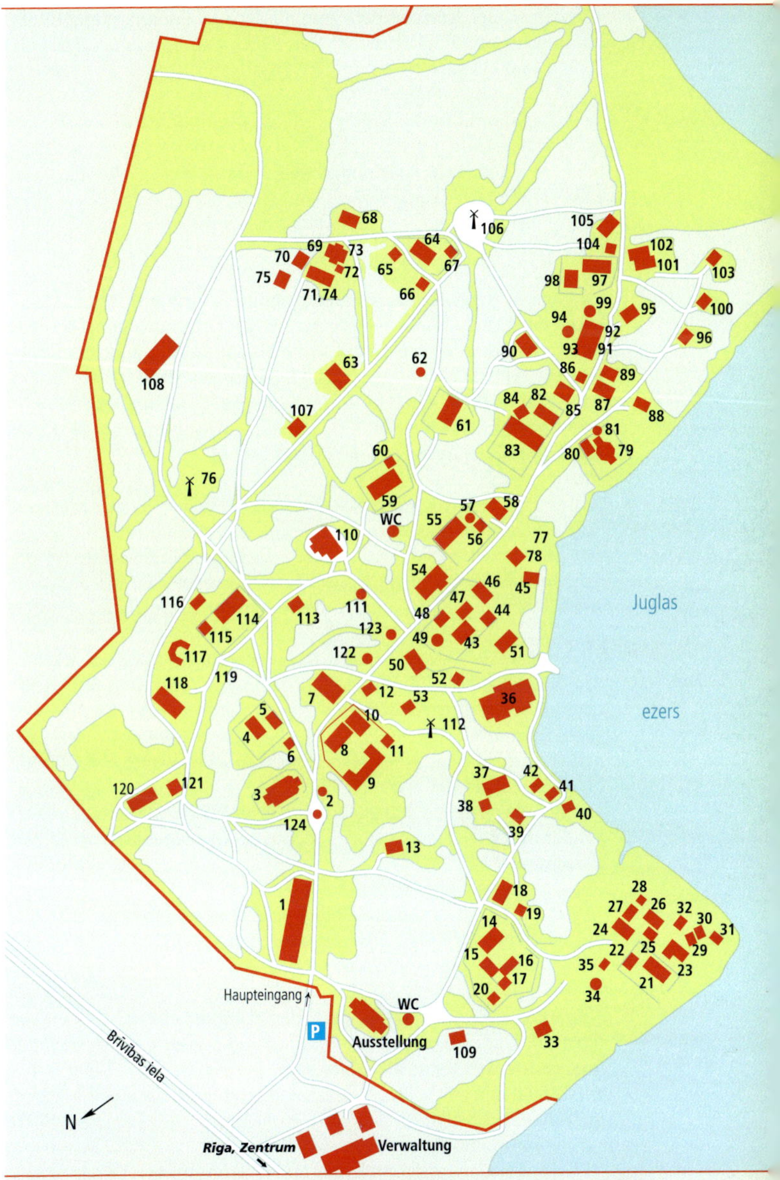

1	Zemgale	- 107	Zemgale	121	Latgale, Vidzeme, Kurzeme
2 - 36	Kurzeme	108 - 109	Vidzeme	122 - 123	Vidzeme
37 - 77	Vidzeme	110 - 119	Zemgale		
37 - 106	Latgale	120	Vidzeme		

Theatermuseum In der Nähe befindet sich die E. Smiļģa iela, wo im ehemaligen Wohnhaus des Schauspielers und Regisseurs Eduards Smiļģis das Theatermuseum eingerichtet ist (Nr. 37/39, Öffnungszeiten: Mi. – Sa. 11.00 – 18.00 Uhr).

Botanischer Garten Vom Bahnhof führt die Kuldīgas iela in nordöstlicher Richtung zum Botanischen Garten der Universität, wo ca. 8500 verschiedene Pflanzenarten gedeihen (Öffnungszeiten: Mai – Sept. Di. – Fr., So. 9.00 – 17.00; Okt. – April 9.00 – 15.00 Uhr).

Vororte von Rīga

Vecāķi Im Norden Rīgas (18 km vom Stadtzentrum) liegt am Rīgaer Meerbusen der Erholungsort Vecāķi. An seinem Ostrand beginnt ein Naturschutzgebiet, das sich an der Küste bis zur Einmündung der Gauja hin erstreckt. Das attraktivste Naturgebilde im Park ist die 3,1 km lange sog. Parabolische Düne von Garciems (Anfahrt über Vecmīlgravis nach Carnikava), die sich wie ein Amphitheater an der Küste jenseits des Bahnübergangs dahinzieht.

✶ Parabolische Düne ►

Wald von Rumbula Auf der am rechten Daugava-Ufer nach ► Daugavpils aus der Stadt hinausführenden Maskavas iela erreicht man den noch zum Stadtgebiet gehörenden Wald von Rumbula mit einer Gedenkstätte für die ca. 25 000 Juden aus dem Rīgaer Ghetto, die hier während der deutschen Besetzung im Zweiten Weltkrieg ermordet wurden.

✶✶ KZ-Gedenkstätte Salaspils Nach weiteren 5 km auf dieser Straße zweigt ein Weg zur KZ-Gedenkstätte Salaspils ab. Dieses Konzentrationslager mit dem deutschen Namen Kurtenhof bestand von Oktober 1941 bis Oktober 1944 und war mit jeweils 15 000 – 25 000 Gefangenen aus vielen Ländern Europas belegt. In diesen drei Jahren wurden mehr als 100 000 Menschen ermordet, darunter über 53 000 Opfer aus der Zivilbevölkerung, überwiegend Juden. Zu den Ermordeten zählen auch 7000 Kinder. Ihrer wird an einer von Heckenrosen überwucherten Mauer gedacht.

Stalag 350 Nur 2 km weiter in Salaspils biegt eine Straße nach links zum Ort des deutschen Kriegsgefangenenlagers Stalag 350 ab, in dem 47 000 sowjetische Gefangene den Tod fanden.

✶ Nationaler Botanischer Garten Nur wenige Hundert Meter nach der oben genannten Abzweigung führt die Rīgas iela vorbei am Bahnhof von Salaspils, gleich dahinter liegt rechts der Nationale Botanische Garten, mit ca. 16 000 Arten auf 126 ha der größte des Baltikums (Öffnungszeiten: April bis Sept. tgl. 8.00 – 20.00, Okt. – März 9.00 – 16.30 Uhr).

Museum der Daugava Auf der Daugava-Insel Dole gegenüber dem Vorort Dārziņi (zwischen Rumbula und Salaspils, zu erreichen über die Umgehungsstraße A 5; Richtung Jūrmala) befindet sich im Gutsschloss von Dole das Museum der Daugava, das sich mit dem größten Fluss Lettlands beschäftigt (Öffnungszeiten: Mo., Mi. – Sa. 10.00 – 17.00 Uhr). Sehenswert ist auch der Fischerhof von Dole samt dem Fischereigerät.

✶ Jūrmala

Lettische Riviera

Jūrmala, nur ca. 15 km westlich von Rīga gelegen, ist wegen seines milden Klimas und seines feinsandigen Strandes als Kurort besonders beliebt. Die Geschichte Jūrmalas als Erholungsort der Bewohner Rīgas begann im bereits 19. Jh., als mehrere Ansiedlungen mit Sommerhäuschen vorwiegend reicher Rīgaer Bürger entstanden. Entsprechend präsentiert sich der Kurort als eine lockere Folge von charmanten Villen, Restaurants und Geschäften, verbunden durch stimmungsvolle Alleen. Und mit rund 55 000 Einwohnern ist der Ort zur fünftgrößten Stadt des Landes herangewachsen. Wer mit dem Auto in die Stadt fahren möchte, muss an automatischen Kontrollposten eine geringe Tagesgebühr bezahlen. Jūrmala besteht aus einem Zusammenschluss von insgesamt fünf Teilorten.

! *Baedeker* TIPP

Aquapark

in Jūrmala kann man karibische Strandvergnügen genießen. Der größte Wasserfreizeitpark Nordeuropas bietet modernsten Badespaß und Freizeitgenuss für alle Generationen (www.akvaparks.lv).

Badefreuden am Strand von Jūrmala

Auf der Freilichtbühne von **Dzintari** finden regelmäßig Konzerte statt. In **Majori** kann man das Sommerhaus, in dem Jānis Rainis (► Berühmte Persönlichkeiten) wohnte und 1929 starb, besichtigen (J. Pliekšāna iela 5/7, Öffnungszeiten: Mi. – So. 11.00 – 18.00 Uhr). Durch diesen Ortsteil verläuft die Jomas iela, gesäumt von prachtvollen Bauten im Stil des Neoklassizismus und des Neobarock. In der Tirgon\;u iela 29 befindet sich das Stadtmuseum von Jūrmala (Öffnungszeiten: Mi. – So. 11.00 – 17.00 Uhr). In **Dubulti** steht das Aspazija-Haus, in dem die Frau von Jānis Rainis lebte (Z. Meierovica prospekts 20, Öffnungszeiten: Mo. 14.00 – 19.00, Di. – Do, Sa. 11.00 – 17.00 Uhr). **Sloka** ist der älteste Teil von Jūrmala.

Ķemeri 10 km westlich von Sloka liegt der Kurort Ķemeri mit Heilquellen. Im ehemaligen Hotel-Restaurant »Jautrais ods« (»Die lustige Mücke«), Richtung Jaunķemeri, befindet sich das Informationszentrum des 1997 gegründeten Ķemeri-Nationalparks.

Um Ogre

Ogre Der ehemalige Kurort Ogre liegt von Rīga aus 33 km flussaufwärts an der Mündung der Ogre in die Daugava. Die malerische Umgebung zog einst viele Sommergäste aus der Hauptstadt an. Dem vergleichsweise ruhigen Leben in Ogre wurde 1970 mit dem Bau des Trikotagekombinats ein Ende gesetzt. Sehenswert sind die historischen Gebäude nördlich des Bahnhofs in der Brīvības iela.

Suntaži In der Nähe der Kirche (1780) von Suntaži – 23 km nordöstlich von Ogre – liegt ein Gutsschloss, das heute als Schule genutzt wird.

Lielie Kangari 10 km westlich von Suntaži kommt man an der Straße Rīga – Ērgļi zu den sog. Lielie Kangari, von Eiszeitgletschern verursachten Aufschüttungen aus Sanden und Schotter. 28 km lang und 10 bis 100 m breit, erheben sie sich bis 40 m über ihre Umgebung. Auf dem Kamm verläuft ein 8 km langer Weg durch die eigentümliche Landschaft mit seltenen Pflanzen. Am Ostende der Oserkette erhebt sich ein Schlossberg mit dem Namen »Bett des Großen Mannes«.

Lielvarde Von Kegums an der Daugava entlang erreicht man nach 6 km Lielvārde. Hier zwischen der A 6 (in Lielvārde – Lācōplēša iela) und der Daugava ist der Nachbau einer alt-lettischen Holzburg zu besichtigen (Öffnungszeiten: April – Nov. tgl. 10.00 – 19.00 Uhr). Der Kirche gegenüber befindet sich das Museum für Andrejs Pumpurs (1841 – 1902), den Verfasser des lettischen Volksepos »Lācōplēsis« (Öffnungszeiten: Mi. – So. 10.00 – 17.00 Uhr). Östlich der Kirche erstreckt sich der Park von Lielvārde, in dem Holzplastiken von Gestalten aus dem Epos »Lācōplēsis« aufgestellt sind. Weiter der Flussmündung zu steht die Ruine der 1229 erbauten Ordensburg mit Blick zum Schlossberg Dieva kalns.

Fast das älteste Gemäuer im Baltikum: die Kirchenruine von Ikšķile

Westlich von Ogre (7 km) liegt **Ikšķile** (dt. Uexküll), der wohl früheste Siedlungsplatz im Baltikum. Meinhard, der erste Bischof Livlands, ließ hier im Jahre 1186 eine Burg und eine Kirche errichten, die ersten urkundlich erwähnten gemauerten Gebäude im Baltikum. Von diesem Ensemble ist nur noch die **Kirchenruine** auf einer Insel im Stausee des Wasserkraftwerks geblieben. Die Kirche wurde 1879 – 1881 unter Bewahrung der alten Bausubstanz umgebaut, jedoch 1916 zerstört. Heute sieht man noch den quadratischen Kirchenraum, dessen Gewölbe von einer einzelnen Säule getragen wurde, und den kleineren, ebenfalls quadratischen Chor. Auf der Inselspitze ließ 1864 der estnische Adelige von Uexküll zur Erinnerung an seine Vorfahren, die Meyensdorffs, einen Gedenkstein mit den drei Jahreszahlen 1186 (Jahr der Errichtung von Burg und Kirche), 1201 (Uexküll wird Lehnsburg) und 1864 setzen. Nahe Ikšķile verlief entlang der Daugava die Frontlinie im Ersten Weltkrieg. Nördlich des Ortes findet man mehrere Soldatenfriedhöfe beider Seiten.

Rūjiena (Rujen)

P 7

Höhe: 45 – 65 m ü. d. M. **Einwohnerzahl:** 3700

Rūjiena liegt am Fluss Rūja nahe der Grenze zu Estland. Die Region, insbesondere das Flusstal des Salaca bei Mazsalaca ist landschaftlich ausgesprochen schön.

Nordlicht am Fluss

Im 13. Jh. entstanden am rechten Ufer der Rūja eine Kirche und 2 km aufwärts eine Ordensburg. Die Burg ging im Livländischen Krieg zugrunde, heute ist nur noch ein kleiner Rest zu sehen. Ihre Blütezeit erlebte die Stadt im ausgehenden 19. Jh., insbesondere nach dem Bau der Schmalspurbahn Valka – Rūjiena – Pärnu.

Sehenswertes in Rūjiena

Skulptur von Karlis Zemdega

In der Grünanlage im Stadtzentrum stellt das 1937 errichtete Denkmal »Hornbläser von Tālava« einen altlettischen Krieger dar, der durch das Blasen seines Horns das Herannahen der deutschen Kreuzritter ankündigt. Die Inschrift besagt: »Der Hornbläser verfiel dem Tode, er ist aber von den Letten erhört worden«.

RŪJIENA

AUSKUNFT

Raiņa 3, LV - 4240 Rūjiena
Tel. 4 26 32 78, gunakb@e-apollo.lv

ÜBERNACHTEN

► **Günstig**

Hotel Tālava
Rīgas 12
Tel. / Fax 4 26 37 67, 20 B.
Übersichtliches Hotel in einem funktionalistischen Gebäude von 1939

Die **evangelische Kirche** wurde 1256 – 1261 erbaut. Das Portal und die Wände stammen noch aus der Anfangszeit.

In der Nähe der Kirche befindet sich das **Museum vpn Rūjiena** (Öffnungszeiten: Mai – Sept. Mi. – So. 12.00 – 17.00, Okt. – Apr. Mi. – Fr. 12.00 – 16.00 Uhr).

✶ Tal der Salaca

Das Städtchen Mazsalaca, 22 km westlich von Rūjiena ist Ausgangspunkt für einen Ausflug in das überaus schöne Flusstal der Salaca. Im östlichen Teil der Stadt, nicht weit vom Fluss, erhebt sich die neogotische evangelische Kirche von Mazsalaca. Nur wenig westlich der Kirche in der Rīgas iela 1 befindet sich das sog. **Teufelsmuseum** des Holzbildhauers Valters mit ca 200 Miniatur-Skulpturen (Öffnungszeiten: Mi. bis So. 11.00 – 16.00 Uhr). In derselben Richtung fortschreitend, kommt man zum ehemaligen Gutsschloss Valtenberga (1780/1932), heute Mittelschule von Mazsalaca.

Der Nelkenfelsen über der Salaca

Rechtes Flussufer: Beim neuen Schulgebäude beginnt eine asphaltierte Straße durch das Salaca-Tal (Öffnungszeiten: Mai – Okt. tgl.). Auch wenn die Strecke mit dem Auto befahrbar ist, sollte man es unbedingt zu Fuß entdecken. Hier befinden sich alte Kultstätten und immer wieder schmücken Holzskulpturen den malerischen Waldpark. Man kommt vorbei an der Werwolf-Kiefer, wo man per Zauberspruch zum Werwolf werden kann, und an der Treppe der Träume, wo Liebende erfahren können, ob sie füreinander geschaffen sind. Aus der Sandsteinwand am Flussufer entspringt die Quelle »Säurebalje«.
Weiter geht es vorbei an der 16 m langen **Teufelshöhle**, einer alten Kultstätte, zur **Teufelskanzel**, wo sich ein Sandsteinfelsen in den Fluss vorschiebt. Von hier genießt man einen besonders schönen Ausblick auf die Salaca und die Felsenkette Nelkenfelsen. Schließlich kommt man zu dem 20 m hohen **Echofelsen** am linken Flussufer. Den eigenartigen Echo-Effekt erlebt man sehr gut vom rechten Ufer aus.

Tal der Salaca *Orientierung*

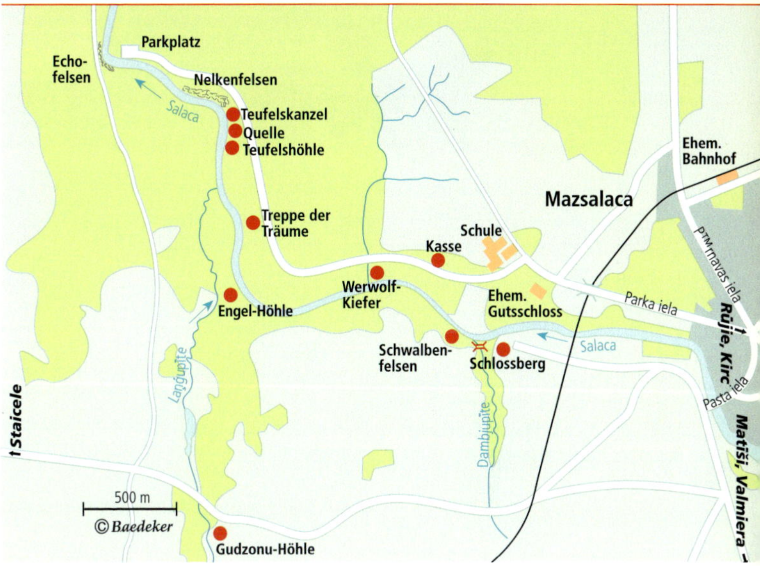

Linkes Flussufer

Auf dem linken Ufer der Salaca, einige Hundert Meter unterhalb der Eisenbahnbrücke, erhebt sich der Schlossberg Skaņkalne. In seinen nördlichen Abhang ist die 4 m lange »Opferhöhle« gegraben. Etwas unterhalb des Schlossberges kommt man zu dem am Flussufer gelegenen »Schwalbenfelsen«.

Gudzonu-Höhle

3 km westlich der Salaca-Brücke in Mazsalaca liegt am rechten Ufer des Flusses Laņģupīte die Gudzonu-Höhle. Sie ist 27 m lang, aber äußerst niedrig. Südlich davon erhebt sich am linken Ufer der Laņģupīte der Vīkšēnu-Schlossberg.

★★ Sigulda (Segewold)

O 8

Höhe: 11 – 105 m ü. d. M. **Einwohnerzahl:** 10 700

Sigulda, am Rand des Gauja-Nationalparks gelegen, ist heute die am stärksten von Touristen besuchte Region Lettlands. Hier ist das Tal der Gauja besonders tief eingeschnitten und die Umgebung bietet ein gutes Netz von Wander- und Fahrwegen. Auch bei Wintersportlern ist die Gegend sehr beliebt und Siguldas Bobbahn genügt höchsten internationalen Ansprüchen.

SIGULDA ERLEBEN

AUSKUNFT

Pils 6 (im Hotel Sigulda)
LV - 2150 Sigulda
Tel. / Fax 7 97 13 35,
nfo@sigulda lv

ESSEN

► Fein & Teuer

Aparjods
Ventas 1A
Tel. 7 70 52 42
Das Interieur gleicht einem lettischen Bauernhaus, und die Karte reicht von gefülltem Fasan bis zu Hummer. Siguldas beste Adresse!

► Günstig

Pilsmuiža
Pils 16, Tel. 7 97 14 25
Im neuen Schloss von Sigulda mit Blick auf die Ordensburg gelegen: Da schmecken die Fleisch- und Pastagerichte.

ÜBERNACHTEN

► Preiswert

Hotel Sigulda
Pils 6, Tel. 7 97 22 63
Fax 7 97 14 43, 44 Z.
Altes Haus im Gauja-Nationalpark mit Sauna, Pool, Bar, Restaurant

Tor zum Nationalpark Die Stadt Sigulda liegt nordöstlich von Rīga am Rand des Gauja-Nationalparks (► Gaujas nacionālais parks), für dessen Erkundung sie ein sehr guter Ausgangspunkt ist. Hier ist das Tal der Gauja besonders tief eingeschnitten.

Geschichte Zu Beginn des 13. Jh.s erhob sich über dem linken Ufer der Gauja die livische Burg Satezele, ihr gegenüber stand die Burg des Livenführers Kaupo. Das rechte Ufer fiel 1207 an den Bischof, das linke mit dem heutigen Sigulda übernahmen die Ordensritter. Das moderne Sigulda begann sich nach dem Bau der Bahnlinie und der Fernstraße in der zweiten Hälfte des 19. Jh.s zu entwickeln.

Sehenswertes in Sigulda

Neues Schloss An der 1483 erstmals erwähnten Kirche von Sigulda vorbei kommt man zum ehemaligen Gutsschloss. Es wird neues Schloss genannt, entstand 1878 – 1881 anstelle der Vorburg der Ordensburg, wurde 1936 in ein Erholungsheim für Schriftsteller und Journalisten umgewidmet und beherbergt heute den Stadtrat.

✶ Ordensburg Hinter dem Schloss führt der Weg durch den recht gut erhaltenen Torturm über den Burggraben in die innere Vorburg der Ordensburg, die im Mittelalter Sitz der Ordenskomturei war und im 17. Jh. zerstört wurde. Von der einstigen Zugbrücke ist eine große Steinsäule in der Nordecke des Neuen Schlosses geblieben.

Sigulda Tal der Gauja Orientierung

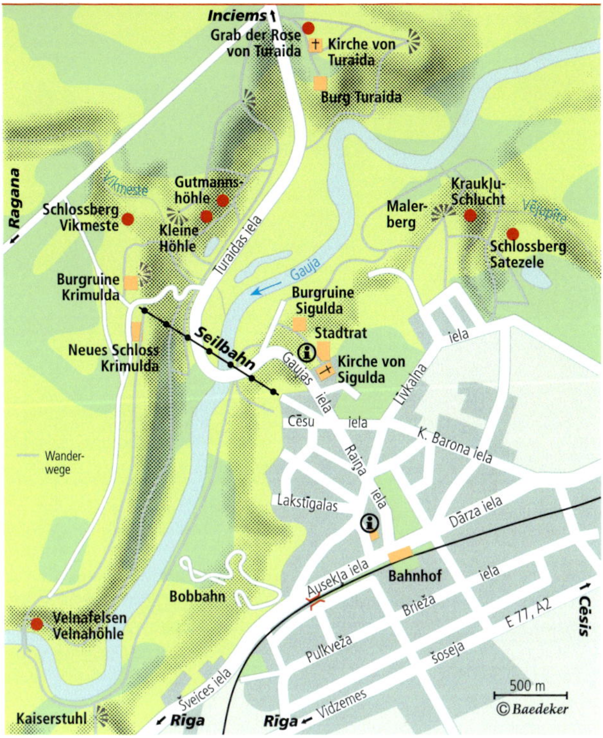

Schlossberg Satezele

Zwischen den Tälern von Vējupīte und Kraukļupīte liegt der Schlossberg Satezele. Die Vertiefung am Burgwall gruben die Ordensritter 1212, um die Burg zum Einsturz zu bringen. Südöstlich vom Schlossberg liegt die romantische Peterhöhle; in entgegengesetzter Richtung kommt man zum Aussichtspunkt Gleznotāju kalns (= Malerberg) mit wunderbarem Blick über das Tal.

✶ ✶ ◄ Aussicht

Turaida

Hinweis

Nach Turaida fährt man mit dem Taxi oder mit dem Bus; man kann auch zu Fuß über die Gauja-Brücke gehen oder die Seilbahn nach Krimulda nehmen, um von dort aus zu wandern.

Gutmannshöhle

Auf dem Weg nach Turaida durchquert man das Gauja-Tal und kommt an der Gutmannshöhle (beim Parkplatz an der linken Straßenseite) vorbei, die, von einer Quelle durchflossen, mit 18,8 m Länge, 12 m Breite und 10 m Höhe die höchste Höhle Lettlands ist. Die

Die Bischofsburg von Turaida wird umfassend rekonstruiert.

alten Liven opferten und beteten in ihr. Deutlich jünger sind die vielen Einritzungen und Wandsprüche in den Höhlenwänden, doch immerhin sind einige von ihnen im 17. Jh. angebracht worden.

✶✶ Museumsreservat

Es geht nun steil hinauf zum Parkplatz auf der Straßenkuppe gegenüber der Burganlage von Turaida. Vom Eingangsgebäude führt der Weg an einer Linde vorbei, dem Grab der Rose von Turaida. Der Legende nach ist hier Maija (1601 bis 1620) begraben, Pflegetochter des Burgschreibers von Turaida in der Zeit des Polnisch-Schwedischen Kriegs. Sie war mit Viktor Heil, dem Schlossgärtner von Sigulda verlobt, mit dem sie sich immer in der Gutmannshöhle traf. Doch auch der polnische Soldat Pan Jakubowsky begehrte sie und lockte sie mit einer gefälschten Botschaft in die Höhle. Maija verweigerte sich ihm und schlang sich ein Tuch um den Leib, das ihr Viktor geschenkt hatte und von dem sie behauptete, es mache sie unverwundbar – doch der abergläubige Jakubowsky erschlug sie mit seinem Schwert (Öffnungszeiten der Burg: täglich Mai – Okt. 10.00 – 18.00, Nov. – Apr. 10.00 – 17.00 Uhr; Führungen: Tel. 7 97 14 02).

! Baedeker TIPP

Das Gauja-Tal von oben

Ca. 3 km westlich des Museumsreservates kann man preiswerte 20-km-Kurzflüge über Sigulda, Turaida und das Gauja-Tal unternehmen (Sa. / So. 11.00 Uhr bis Dämmerung, Anmeldung Tel. 9 68 96 36).

Kirche Die Linde gehört zum einstigen Kirchhof des links auf einer Anhöhe stehenden Kirchleins, 1750 von ortsansässigen Bauern errichtet und einzige Holzkirche im Nationalpark. Sie besitzt schöne geschnitze Bänke.

Dainu-Hügel Östlich der Kirche liegt der Hügel Dainu, eine alte livische Siedlungsstätte. Um diesen herum erstreckt sich der 1985 zum 150. Geburtstag von Krišjānis Barons (►Berühmte Persönlichkeiten) eröffnete Volksliederpark mit 24 Skulpturen.

Bischofsburg Am Ende des Weges thront hoch über der Gauja die eindrucksvolle Bischofsburg, ursprünglich Vredeland genannt. Sie wurde 1214 anstelle der abgebrannten Burg des Kaupo begonnen und bis ins 17. Jh. ausgebaut, brannte aber 1776 nieder. Derzeit ist man dabei, den Zustand der Burg aus dem 16. Jh. wiederherzustellen. Bereits restauriert ist der mächtige runde Bergfried. Auch die Wirtschaftsgebäude mit umlaufendem Wehrgang und Uhrturm vermitteln einen guten Eindruck von der einstigen Größe der Burg.

Krimulda

★ Seilbahn Ein wenig Nervenkitzel verschafft eine Fahrt mit der 1060 m langen Seilbahn in 40 m Höhe über die Gauja hinweg von Sigulda nach Krimulda.

Burgruine Krimulda Von der Seilbahnstation führt ein Pfad zur Burgruine von Krimulda. Die Burg ist 1231 – 1255 für das Domkapitel von Rīga erbaut worden. Im Jahr 1601 eroberten die Schweden die Festung und brannten sie nieder.

Neues Schloss Südwestlich der Ruine ließ sich die Gutsherrenfamilie Lieven ein Gutsschloss errichten. Seit 1922 dient es als Sanatorium.

Stilles Gehöft im Umland

Die **Velnahöhle** (= Teufelshöhle) befindet sich 2 km südwestlich vom Neuen Schloss in 8 m Höhe in der Felswand am Ufer der Gauja. Wegen Einsturzgefahr darf man sie nicht betreten, doch kann man vom gegenüberliegenden Ufer aus in sie hineinblicken.

Von der Fußgängerbrücke führt der Wanderweg am sog. **Kaiserstuhl** vorbei, von dem man noch einmal einen prächtigen Blick über das Tal hat, zurück nach Sigulda. Im Sommer kann man hier auf Lettlands einziger **Bobbahn** mit einem Rollerbob, im Winter mit einem Touristenbob hinuntersausen.

★ Talsi (Talsen)

L 9

Höhe: 65 – 95 m ü. d. M. **Einwohnerzahl:** 12 300

Talsi liegt im zentralen Teil der Nordkurischen Hochebene nahe den Seen Talsu und Vilkumuias. Dank seiner Seen und Hügel, der vielen Parks und der Gärten ist Talsi eine der schönsten Kleinstädte Lettlands.

★ **Evangelische Kirche**

Die Besichtigung von Talsi beginnt man am besten an der evangelischen Kirche, die den steilen Kirchberg einnimmt. Sie wurde nach 1731 gebaut. Wenige Schritte nördlich der Kirche liegt der Dzirnavkalns (Mühlenberg), auf dem die 1659 zerstörte Ordensburg stand.

Museum

Von der Kirche führt die K. Mīlenbahs-Straße in südöstlicher Richtung zum Tiguļu-Berg mit dem Arboretum, welches das um 1885 erbaute restaurierte Schloss des ehemaligen Gutsbesitzers von Okte, Freiherr von Fircks, umgibt. Im Schloss befindet sich ein Museum mit Objekten zur Stadtgeschichte und Gegenstände der alten Kuren (Öffnungszeiten: Di. – So.; Apr. – Okt. 11.00 – 17.00, Nov. – März 10.00 – 16.00 Uhr).

▶ TALSI

AUSKUNFT

Lielā 19/21, LV -3200 Talsi
Tel. / Fax 3 22 41 65, www.talsi.lv

ÜBERNACHTEN

▶ Preiswert

Hotel Talsi
Kareivju 16, Tel. 3 22 45 96
Fax 3 22 45 89, 105 B.
Ansprechend an einem See gelegenes Haus mit Bar und Restaurant

Dem kleinen Talsu-See zu erhebt sich hinter dem Krankenhaus der im 10. – 13. Jh. bewohnte Schlossberg*. Von hier eröffnet sich eine schöne Aussicht auf den See, auf die Stadt sowie auf das den Freiheitskämpfern Lettlands gewidmete Denkmal »Koklespieler«.

Kupffersche Familiengruft

Um den See herum und über Fabrikas und Lielā iela – wo die Bebauung aus dem 19. Jh. noch weitgehend erhalten ist – kommt man zur Zvaigžņu iela mit der Gruft des Stadtarztes Kupffer.

Vilkmuizas-See

Unweit nördlich dieser Straße hat man im Vilkmuižas-See ca. 3500 Altertümer der Kuren gefunden. Die alten Kuren verbrannten ihre Toten zusammen mit deren Schmucksachen, Waffen und Werkzeugen und versenkten die Überreste im See.

★ **Museum »Kalēji«**

Ca. 2 km südwestlich vom Stadtzentrum kommt man zum Museum »Kalēji« (Celtnieku 11) für landwirtschaftliche Maschinen und technische Geräte, wo zudem auch historische Radioempfänger und Kameras zu sehen sind (Öffnungszeiten: Mo. – Fr. 8.00 – 17.00 Uhr).

Umgebung von Talsi

Valdgale

4 km nördlich von Talsi, westlich der Straße nach Valdemārpils, gibt es in Valdgale das zwar verfallene, aber gerade dadurch sehr reizvolle Gutshaus aus dem 18. – 19. Jh. zu besichtigen.

Valdemarpils

Nach weiteren 10 km erreicht man Valdemārpils am Sasmaka-See, benannt nach Krišjānis Valdemārs, einem der Köpfe der Nationalbewegung. Im Stadtzentrum ist der massige Turm der evangelischen Kirche von 1646 zu sehen. Im Park am Westufer des Sasmaka-Sees wächst vor dem ehemaligen Gutsschloss die sog. Elku-Linde, mit einem Umfang von 8,5 m die dickste Linde im Baltikum.

✶ Forstmuseum

Unweit außerhalb (über die Seeverengung Richtung Vandzene und nach 1 km Richtung Süden) ist in der Försterei das Forstmuseum mit einer sehr vielfältigen Ausstellung eingerichtet.

Findlinge

21 km nordöstlich von Valdemārpils liegt an der Rīgaer Bucht das Dorf Roja mit einem Meeresfischereimuseum (Öffnungszeiten: Di. – Sa. 10.00 – 18.00 Uhr). Ca. 3 km südöstlich außerhalb sieht man an der Küstenstraße einen kleinen Parkplatz. Von dieser Stelle aus trifft man ca. 1,5 km landeinwärts auf die größte Anhäufung von Findlingen in Lettland, die sich auf einer Länge von fast 3 km im Wald ausbreiten.

Weite Teile von Kurland waren militärisches Sperrgebiet, noch heute wirkt die Gegend ein wenig wie im Dornröschenschlaf versunken.

Vandzene Im alten Feuerwehrhaus von Vandzene, 14 km nordöstlich von Talsi, kann man ein Feuerwehrmuseum besichtigen. Das Gut Vandzene liegt ca. 3 km weiter außerhalb. Das Schloss, heute eine Schule, wurde Anfang des 19. Jh.s im Stil des Klassizismus erbaut. Am Eingang liegen zwei Geschütze aus dem 17. Jahrhundert.

✶ **Naturpark Talsu pauguraine** Südöstlich von Talsi erstreckt sich der höchste Teil der Nordkurischen Hochebene. Ein ca. 30 km^2 großes Gebiet wurde zum Naturpark »Talsu pauguraine« deklariert, das mit seinen sanften, bewaldeten Hügeln und den in Tälern liegenden kleinen Seen zum Wandern einlädt.

Igene Im östlich von Vandzene liegenden Iģene kann man eine der wenigen Holzkirchen (1757) Kurlands bewundern. Der Kirchenraum ist ländlich-barock, besonders schön sind die Malereien am Altar.

Lauciene Östlich von Talsi kommt man nach 15 km nach Lauciene, von wo es noch einmal 3 km weiter zur Kirche von Nurmuiža sind, die 1594 vollendet wurde. Etwas östlich davon erreicht man das ehemalige Gut Nurmuiža. Es besteht aus dem über den Resten einer Ordensburg aus dem 14. Jh. erbauten strengen, zweigeschossigen Herrenhaus, in dessen einem Seitenflügel eine kleine Kapelle eingebaut ist, sowie den Wirtschaftsgebäuden, dem Torhaus und dem Pferdestall. Bauherr war der kurländsiche Herzog Georg von Fircks.

Kirche und Gut Nurmuiža ►

Dižstende 6 km südlich von Talsi liegt mit dem Gut von Dižstende ein weiterer ehemaliger Herrensitz. Das sog. Neue Schloss stammt vom Anfang des 19. Jh.s; heute ist hier eine Zuchtstation untergebracht, über deren Geschichte eine Ausstellung im Alten Schloss (16. Jh.) unterrichtet.

Um Dundaga

Dundaga Dundaga, in einer waldigen Gegend am Fluss Pāce 35 km nordwestlich von Talsi gelegen, ist das kulturgeschichtliche Zentrum der nördlichen Kurischen Halbinsel. Von einiger Bedeutung ist die 1766 erbaute evangelische Kirche, vor allem wegen des von Janis Rozentāls 1912 gemalten Altargemäldes »Ostermorgen«. Unweit der Kirche sieht man einen im Jahr 1800 aus Feldsteinen aufgerichteten Wasserturm.

✶ Schloss Dundaga ► Mit dem Bau des Schlosses des Rīgaer Domkapitels am Mühlsee wurde 1249 begonnen. Es wird derzeit restauriert, wobei man sein Äußeres in den ursprünglichen Zustand vor der Renovierung von 1872 bringen will. Im Schloss soll die »Grüne Jungfrau« umgehen – die Schwester eines Schlossbesitzers, die aus Versehen die Hochzeit eines Zwergenkönigs störte und sie damit verhinderte. Aus Wut hat sie der Zwerg lebendig in die Schlossmauer eingemauert (Öffnungszeiten: Mai – Okt. tgl. 10.00 – 16.00, Sa., So. ab 11.00).

Kap Kolka ist der nördlichste Punkt der einsamen Küste von Kurzeme. Im hier eingerichteten Nationalpark leben Elche und auch Wölfe und Luchse.

✶ Slītere-Nationalpark

Nördlich von Dundaga beginnt der die Nordspitze der Kurischen Halbinsel einschließende Slītere-Nationalpark, der 1921 als Naturreservat eingerichtet wurde, im Jahr 2000 Nationalpark wurde und derzeit eine Fläche von 150,6 km^2 einnimmt. Im Leuchtturm von Slītere gibt es eine Informationsausstellung. Das Gebiet steht unter besonders strengem Schutz. Zutritt in Begleitung eines Rangers erhält man gegen eine entsprechende Genehmigung der Reservatsverwaltung in Dundaga. Naturliebhaber, die diese Mühe auf sich nehmen, werden belohnt durch eine abwechslungsreiche Pflanzen- und Tierwelt, einzigartige Naturschönheiten und kulturhistorisch bedeutsame Siedlungen der Liven. Gleich am Südrand erstrecken sich die »Blauen Berge«, ein 20 km langer und bis zu 35 m hoher Hang, der das Urufer des Baltischen Eissees markiert und an dessen Fuß ein urwaldähnlicher Wald gedeiht.

Livische Dörfer

Zu den Fischerdörfern der finno-ugrischen Liven zählt das unter Denkmalschutz stehende Sīkrags am Westende des Reservats. 6 km östlich davon liegt Mazirbe, das bis Mitte des 20. Jh.s die größte von Liven bewohnte Ortschaft an der kurischen Küste war. Zur Sicherung und zur Weiterentwicklung der Lebensverhältnisse der Liven und zum Schutz der letzten von ihnen bewohnten Region an der Ostsee wurde 1991 entlang des Küstenstreifens zwischen Ģipka bis Ovīši ein geschütztes Gebiet eingerichtet, das unter dem Namen »Līvõd rānda« 14 livische Fischerdörfer einschließt.

✶ Kolkasrags ► Kolkasrags (Kap Kolka) ist der nördlichste Punkt von Kurland. Hier sieht man noch die Ruine des Leuchtturms (16. Jh.), einer von zweien, die die gefährliche Sandbank markierten, welche die Ostsee von der Rīgaer Bucht trennt. Am Ende der Sandbank steht ein Leuchtturm.

Peldanga-Labyrinth Die nach Süden aus Dundaga herausführende Straße nach Ģibzde überquert nach 9,5 km an der Bushaltestelle »Liepnieki« einen kleinen Bach, an dessen Ufer östlich oberhalb des Weges sich das ca. 70 m lange Peldanga-Höhlenlabyrinth befindet.

Tukums (Tuckum)

G 6

Höhe: 35 – 60 m ü. d. M. **Einwohnerzahl:** 18 850

Eine weitere alte Stadt in Kurland ist Tukums, im Südosten der Nordkurischen Hochebene am kleinen Fluss Slocene gelegen. Viele der Altstadthäuser wurden restauriert und verleihen dem verschlafenen Örtchen Charme und Farbe.

Stadt der Schmiede Am Ort Tukums ist aus dem 10. – 12. Jh. eine Burg der Liven belegt. Ordensritter errichteten um 1300 eine eigene Burg, um die Kriegs- und Handelsstraße zwischen den Ordensländern in Ostpreußen und im Baltikum zu sichern. Es entstand ein Städtchen, das unter Herzog Jakob im 17. Jh. eine Blütezeit erlebte und wegen seiner Schmieden sowie der Messing- und Kupfergießereien einen guten Ruf genoss.

Sehenswertes in Tukums

Evangelische Kirche Mittelpunkt der Stadt ist der Freiheitsplatz (lett. Brīvības laukums), umgeben von Häusern aus dem 18. und 19. Jahrhundert. Die 1687 errichtete und mehrmals umgestaltete evangelische Kirche hat eine Orgel von 1769.

✶ **Schlossturm** In der Südecke des Platzes befindet sich im viereckigen Turm des Schlosses von Tukums (1795) das interessante Geschichtsmuseum der Stadt (Öffnungszeiten: Di. – Sa. 10.00 – 17.00, So. 11.00 – 16.00 Uhr).

✶ **Schloss Durbe** Richtung Osten geht vom Platz die Rīgas iela ab, von der die Durbes iela nach rechts abbiegt. Auf ihr kommt man nach dem Bahnübergang zum Hügel mit dem Schloss von Durbe. Das klassizistische Gebäude von 1823 befand sich im Besitz des Grafen von Medem und gehört heute dem Stadtmuseum. Im Schloss kann man sich die ethnografische Ausstellung »Der Lette und sein Herr« ansehen (Öffnungszeiten: Di. – Sa. 10.00 – 17.00, So. 11.00 – 16.00 Uhr).

Der historisch älteste Teil der Stadt liegt westlich des Freiheitsplatzes. An der Ecke Harmonijas iela / Dārza iela befindet sich das Gebäude der **Kunstabteilung des Stadtmuseums** mit einer ansehnlichen Sammlung von Werken lettischer Künstler.

Westlich des Stadtzentrums, die Talsu iela entlanggehend, erreicht man den zur Linken liegenden **alten deutschen Friedhof** mit sehenswerten Grabmälern. Wiederum westlich davon erhebt sich der sagenumwobene Schlossberg von Tukums, an dem die alte Kriegs- und Handelsstraße vorbeilief.

TUKUMS

AUSKUNFT

Pils 3, LV - 3101 Tukums
Tel. 3 12 44 51, Fax 3 12 22 37
tuktic@tukums.parks.lv

ÜBERNACHTEN

▸ **Günstig**

Burg Jaunmoku
An der Straße Rīga – Ventspils
Tel. / Fax 3 12 45 72, 35 B.
www.jaunmokupils.lv
Wer schon immer in einem neogotischen Schloss übernachten wollte: Hier ist es möglich!

Umgebung von Tukums

Engure-See

29 km nördlich von Tukums erstreckt sich der lagunenartige Engure-See, der drittgrößte See Lettlands. Rund um das seichte, stark vergraste Gewässer nisten ca. 60 verschiedene Arten von Wasservögeln, so dass ein Teil des Gebiets als Vogelschutzgebiet ausgewiesen worden ist. Der See ist an seiner Nordspitze durch einen 1842 gegrabenen Kanal mit dem Meer verbunden.

Plieņciems

Das 11 km südlich von Engure gelegene Dorf Plieņciems war von 1738 an beim kurländischen Adel als Badeort beliebt. Im ehemaligen Gut Plieņi weilte 1810 sogar die russische Zarin Elisabeth sechs Wochen lang. Damit sie »würdevoll« zum 4 km entfernt liegenden Meer kam, wurden in den Dünen südlich des Dorfes eine noch heute zu sehende Landenge aufgeschüttet und ein Weg gebaut.

Milzkalne
★
◂ Gut Šlokenbeka

Knapp 5 km nordöstlich von Tukums hat sich in Milzkalne das beeindruckende Ensemble des verschanzten Gutes Šlokenbeka erhalten, das wahrscheinlich bereits im 15. Jh. hier gestanden hat. Der rechteckig angelegte Komplex ist an drei Seiten von Gebäuden umgeben, die westliche Seite deckt eine Schutzmauer mit Schießscharten ab. Im Mittelalter fanden die Bewohner von Tukums hier Zuflucht vor Angriffen, heute ist in dem Anwesen das Lettische Straßenmuseum eingerichet (Öffnungszeiten; Mai – Okt. Di. – Fr. 9.00 – 16.00, Sa. / So. 10.00 – 15.00, Nov. – April Mo. – Fr. 9.00 – 16.00 Uhr).

★
Schloss Jaunmokas

An der Fernstraße Rīga – Ventspils sieht man 9 km nordwestlich von Tukums das neogotische Schloss von Jaunmokas, das 1901 als Jagdschloss eines Rīgaer Stadtoberhauptes entstanden ist. Ein

Stimmungsvolles Gehöft am Wegesrand

Schmuckstück des Gebäudes ist der Ofen im Vestibül, auf dessen über 700 Kacheln Ansichten und Szenen von Rīga und Jūrmala dargestellt sind. Heute beherbergt es ein Museum (Öffnungszeiten: Mo. 12.00 – 18.00, Di. – So. 10.00– 18.00 Uhr).

Um Kandava

Kandava

✶

Kurische Schweiz ▶

Auf halbem Weg zwischen Tukums und ► Talsi liegt in der Senke zwischen der Nord- und Ostkurischen Hochebene das Städtchen Kandava. Der herrliche Abschnitt des Tals der Abava zwischen Kandava und Sabile wird auch »Kurische Schweiz« genannt.

Auch in Kandava hatte der Orden eine Burg, von der jedoch nur der Burgberg am Beginn der Lielā iela geblieben ist. Nahebei erblickt man einen zweigeschossigen Wachturm, den sog. Pulverturm.

Einen Besuch lohnt die evangelische Kirche von 1736. Bemerkenswert sind die Kanzel und der Beichtstuhl aus den 1830er-Jahren sowie die beiden Skulpturen »Übeltäter« (1690) von der Skulpturengruppe »Golgatha«. Eine 1873 errichtete Brücke, somit eine der ältesten in Lettland, überspannt die Abava.

25 km südlich von Kandava ist in **Zante** das Museum der Festung Kurland sehenswert. Die Ausstel-

! *Baedeker* TIPP

Kanufahrers Paradies

Die Abava ist ein wunderbares Revier für Kanufahrer; Touren werden u. a. von Kandavas Tourismus-Zentrum »Plosti« (9 km von Kandava Richtung Sabile, Anmeldung Tel. 3 13 13 49) und vom Hotel »Kurzemes Šveice« (in Sabile, Tel. 3 25 21 13) organisiert.

lung ist der Zeit des Zweiten Weltkrieges in Kurland gewidmet (Öffnungszeiten: Mai – Okt. Mi. – So. 10.00 – 17.00 Uhr).

Vom **Schlossberg Čoāpuļi**, 6 km westlich von Kandava, hat man eine sehr schöne Aussicht über die Abava. Gegenüber sieht man etwa 200 m vom Fluss entfernt den großen Feldstein Velna akmens (= Teufelsstein), einen alten Kultplatz.

! *Baedeker* TIPP

Rodeln im Sommer

Von Sabile 2 km weiter die Abava abwärts kann man sich auf der 300 m langen Sommerrodelbahn »Zviedru cepure« vergnügen.

Sabile

Sabile ist ein hübsches Städtchen an der Abava 15 km westlich von Kandava. Hier liegt einer der **nördlichsten Weinberge** der Erde, auf dem schon im Mittelalter Wein angebaut wurde. Die evangelische Kirche von Sabile entstand im 17. Jh. Im Turm hängt eine 1450 gegossene Glocke aus der Kapelle der Ordensburg, die im 13. Jh. beim heutigen Busbahnhof erbaut worden war. Ca. 1,5 km südlich kann man das Freilicht-Kunstmuseum von Pedvāle besichtigen (Öffnungszeiten: Mai bis Okt. tgl. 9.00 – 18.00 Uhr).

Valmiera (Wolmar)

07

Höhe: 30 – 60 m ü. d. M. **Einwohnerzahl:** 27 650

Die alte Hansestadt Valmiera liegt im Norden von Vidzeme und eignet sich besonders gut als Ausgangspunkt für Touren in den Gauja-Nationalpark. Auch als Wintersportort ist Valmiera zunehmend beliebt.

Weithin sichtbar erhebt sich am ehemaligen Marktplatz der wuchtige rote Backsteinturm mit Aussichtsplattform der im 13. Jh. begonnenen dreischiffigen **Simonskirche***. Ältester Teil der Kirche ist das romanische Portal in der Westfassade. In die Nordwand sind zwei Kanonenkugeln aus dem Livländischen Krieg eingemauert.

Dicht hinter der Kirche sind einige dicke Mauern der von Vogt Woldemar errichteten **Ordensburg** aus dem 13. Jh. übrig geblieben.

▶ VALMIERA

AUSKUNFT

Lāčplēša 2, LV - 4201 Valmiera
Tel. / Fax 4 20 71 77, www.valmiera.lv

ÜBERNACHTEN

▶ **Preiswert**

Hotel Wolmar
Tērbatas 16A
Tel. 4 20 73 01, Fax 4 77 36 33
Modernes Mittelklassehotel, besonders gut als Ausgangspunkt für Touren in den Gaujas-Nationalpark geeignet.

Museum Östlich der Kirche zeigt das Geschichts- und Kunstmuseum Werke lettischer Künstler sowie Gegenstände zur Stadtgeschichte, darunter eine Postkartensammlung mit alten Stadtansichten.

Park Nicht weit vom kleinen Stadtpark am Flüsschen Rātsupīte kommt man zum romantischsten Ort der Stadt, den sog. steilen Abhängen an der Gauja.

Umgebung von Valmiera

Mujani Südwestlich aus der Stadt hinaus, über das Landgut Koceni aus dem 17. Jh., gelangt man ins westlich gelegene Mujāni, wo sich hinter Bäumen die Ruine der Burg von Rosen aus dem 16. Jh. verbirgt. In relativ gutem Zustand zeigt sich der runde Befestigungsturm an der Westseite, während der übrige Bau nicht mehr besteht.

Dikli Über Zilaiskalns, Ort einer alten Kultstätte, komm man westlich von Valmiera nach Dikļi. Von der Dorfkirche mit Holzschnitzereien von 1698 zweigt nach Süden ein Weg zum Hügel Neikena ab, bei dem 1864 unter Leitung des Pfarrers und Schriftstellers Juris Neikens (1826 – 1868) das erste lettische Sängerfest abgehalten wurde.

Matīši 24 km nordwestlich von Valmiera kommt man nach Matīši. Im Zentrum steht die evangelische Kirche von 1688 mit auffälligem Dachreiter am Westgiebel und dem Wappen Karls XI. über dem Portal.

! *Baedeker* TIPP

Kolonie der Störche

3 km nördlich von Matīši liegt an der Straße Richtung Staicele die mit 40 Nestern größte Storchenkolonie des Baltikums.

Limbaži

Uralte Hansestadt Nur 20 km von der livländischen Küste (► Vidzemes jūrmala) und 45 km westlich von Valmiera liegt Limbaži, eine der ältesten Städte Lettlands. Im 12. und im 13. Jh. hatte hier die livische Herrschaft Metsepole mit der verschanzten Burg Lemisele ihren Sitz. Der Rīgaer Erzbischof ließ im 13. Jh. eine Burg errichten, später trat die Stadt der Hanse bei.

Burgruine Nur wenig nördlich vom ehemaligen Marktplatz (Baumaņu Kārla laukums) mit dem Rathaus aus dem 19. Jh. kommt man zum Heimatmuseum der Stadt (Öffnungszeiten: Di. – Sa. 10.00 – 18.00 Uhr;

Okt. – Mai bis 17.00 Uhr). Hinter dem Museum liegen Reste der Bischofsburg: die Ostmauer und ein Teil des Wehrgangs.

Südlich des Schlossberges steht die orthodoxe Kirche von 1903, eine der schönsten ihrer Art in Lettland, die eine große Zahl von Ikonen aus der ersten Hälfte des 19. Jh.s besitzt.

Nur wenige Schritte entfernt kommt man zur evangelischen Johanneskirche, erbaut im Jahr 1780. Über dem Portal ist das Wappen von Rīga angebracht, da der Rīgaer Magistrat den Kirchenbau bezahlte. Der Altar mit dem Gemälde »Das heilige Abendmahl« entstand 1785, die bei Restaurierungsarbeiten entdeckten Gewölbemalereien schuf der Königsberger Maler Jan Stribol.

Auf dem Friedhof der Stadt ist nicht weit vom Eingang Kārlis Baumanis, der Autor der lettischen Nationalhymne begraben.

Altarbild der Kirche von Limbazi

Valka

Grenzstadt

Das Besondere an Valka ist der Umstand, dass mitten durch die Stadt die lettisch-estnische Grenze verläuft. Sie wurde 1920 gezogen und ist nunmehr wieder aktuell geworden. Der größte Teil der Stadt, insbesondere das historische und wirtschaftliche Zentrum, wurde Estland zugeteilt und trägt den Namen ►Valga. Lettland erhielt den südlichen Stadtrand, die sog. Lugaži-Vorstadt. Zum Grenzübergang für Ausländer muss man die Stadt westlich umfahren.
Wirklich Sehenswertes hat Valka eigentlich nicht zu bieten; erwähnenswert ist die um 1777 erbaute evangelische Katharinenkirche mit Aussichtsplattform sowie der Friedhof mit der letzten Ruhestätte des Pädagogen und Sammlers lettischer Volkslieder, Jānis Cimze.

Ērģeme
◄ Burgruine

In Ērģeme, 14 km westlich von Valka, sind von der zu Beginn des 14. Jh.s erbauten mächtigen Ordensburg noch die Mauern und die beiden Türme erhalten. Nach Ērģeme ist eine Schlacht benannt, bei der im August 1560 russische Soldaten ein letztes Aufgebot von Ordensleuten schlugen. Damit hatten die kleinen livländischen Staaten aufgehört zu existieren.

Ventspils (Windau)

H 8

Höhe: 0 – 20 m ü. d. M. **Einwohnerzahl:** 43 800

Ventspils liegt an der lettischen Westküste an der Mündung der Venta in die Ostsee. Aufgrund seines ganzjährig eisfreien Hafens ist Ventspils die wichtigste Hafenstadt Lettlands.

Wichtigste Hafenstadt

Hier werden Öl, das mittels einer Pipeline direkt aus den sibirischen Feldern kommt, sowie chemische Grundstoffe und Erzeugnisse verladen. Der Name der Stadt geht auf den Stamm der Wenden zurück, der einst an der Flussmündung siedelte. Ende des 13. Jh.s baute der Livländische Orden eine Burg, um die sich eine Stadt entwickelte. Vom 14. bis zum 16. Jh. war Ventspils Mitglied der Hanse. Ihre Blüte erlebte die Stadt Mitte des 17. Jh.s unter der Herrschaft Herzog Jakobs, als viele Manufakturen sowie eine Werft gegründet wurden. Auf dieser wurden Kriegs- und Handelsschiffe gebaut, alle mit Schnitzereien der zu dieser Zeit sehr berühmten Holzschnitzer von Ventspils versehen. Noch heute schmücken Werke dieser Künstler Altäre, Orgeln und Kanzeln in vielen Kirchen von Kurzeme.
Nach dem Nordischen Krieg und der Pestepidemie lag die Stadt am Boden; erst nach der Erweiterung des Hafens Ende des 19. Jh.s und der Eröffnung der Eisenbahnlinie Ventspils – Moskau – Rybinsk im Jahre 1904 stieg sie wieder zu einem bedeutenden Ausfuhrhafen Russlands auf, in dem aus dem Inneren des Zarenreiches herangeschaffte Güter verschifft wurden.

VENTSPILS ERLEBEN

AUSKUNFT

Tirgus 7, LV - 3601 Ventspils
Tel. 3 62 22 63, Fax 3 620 76 65
www.ventspils.tourism.lv

ESSEN

► **Günstig**

Livonija
Kuldīgas 13
Tel. 3 62 22 87
Zentral gelegen, gibt es hier reichhaltige Mahlzeiten, eine Bar und einen Nachtclub.

Kurzeme
Jūras 8, Tel. 36 42 41 80
Ein modernes Kaffeehaus mit ausgezeichneten Mahlzeiten. Im Stock darüber ist eine beliebte Discothek.

ÜBERNACHTEN

► **Erschwinglich**

Hotel Vilnis
Talsu 5, Tel. 3 66 88 80
Fax 3 66 50 54, 76 B.
Am rechten Ufer der Venta gelegenes Mittelklassehotel

Sehenswertes in Ventspils

Altstadt

Die Altstadt präsentiert sich überraschend anmutig: liebevoll restaurierte Holzhäuser, enge Kopfsteingassen und am Rathausplatz die 1835 gebaute klassizistische Nikolauskirche. Der Kirche gegenüber sieht man das ehemalige **Rathaus** aus dem 18. Jahrhundert. In der nahen Tirgus iela ist Haus Nr. 7 von Interesse: Das aus dem 18. Jh. stammende Gebäude beherbergte einst den Seemannsklub.

* Burg

Etwa einen halben Kilometer westlich vom Marktplatz steht am Ufer der Venta die Burg von Ventspils, die einzige Ordensburg, die in Kurzeme erhalten blieb. Die typische Vierflügelanlage wurde vermutlich im 13. Jh. erbaut (Öffnungszeiten: Mai – Sept. tgl. 9.00 bis 18.00, Okt. – April 10.00 – 17.00 Uhr).

Die Vasarnīcu iela führt zum sehenswerten **Freilichtmuseum der Küstenfischerei** (Riņķu 2; Öffnungszeiten: tgl. 11.00 – 18.00, Nov. bis April Mi. – So. 11.00 – 17.00 Uhr). Auf dem Gelände sind Wohn- und Wirtschaftsgebäude der Fischer, Boote und Werkzeuge, eine Windmühle und eine historische Schmalspurbahn (in Betrieb; Mai – Okt. Sa. / So. 12.00 – 17.00 Uhr) zu besichtigen.

Westlich vom Museum beginnt der Strand, an dem die sog. **Weiße Düne** aufragt, von der aus sich ein beeindruckender Ausblick auf das Meer und den weiten, sauberen Strand eröffnet.

Umgebung von Ventspils

Die Gegend nordöstlich von Ventspils, reich an Wäldern und Sümpfen, ist wenig bewohnt. Nördlich der Stadt zieht sich ein sehr schöner, fast 15 km langer und bis zu 20 m hoher Steilküstenabschnitt hin, zu dem parallel die Straße Ventspils – Kolka verläuft. Auf ihr kommt man ins Fischerdorf **Ovīši** (25 km), wo ein Leuchtturm den Schiffen den Weg weist.

Nach 20 km Richtung Kolka folgt der Ort **Miķeļtornis**, hier steht der nach dem Krieg wieder aufgebaute massige **Leuchtturm**, bis vor wenigen Jahren der höchste im Land.

Im Binnenland, 20 km östlich von Ventspils, liegt die Ortschaft **Pope** mit einer evangelischen Kirche von 1771, wenig nördlich von dieser das einstige Gut mit dem Anfang des 17. Jh.s gebauten und 1840 veränderten Schloss.

Leuchtturm von Miķeļtornis

Von der Sonne haltbar gemacht: Zum Trocknen hängt man im Kurland den Dörrfisch nach alter Väter Art einfach an die Leine.

Ugale ✶✶ Kirche ▶

Ein Kleinod barocker Kirchenbaukunst findet man im Dorf Ugāle, 18 km südöstlich von Pope. Das evangelische Kirchlein wurde 1694 erbaut und besitzt eine künstlerisch hervorragende Ausstattung im Stil des späten Barock. Die Orgel der Kirche, 1701 gefertigt, ist die älteste in Lettland.

✶ **Usma-See**

Noch einmal 10 km östlich von Ugāle erstreckt sich der größte und schönste See Kurzemes, der Usma-See, in dem sieben Inseln liegen. Die Moritz-Insel, 1912 zum ersten Naturschutzgebiet auf lettischem Gebiet erklärt, ist nicht zugänglich. Dank seiner sandigen Strände, der günstigen Angelverhältnisse und der an Beeren und Pilzen reichen Wälder ist der Usma-See ein beliebtes Erholungsgebiet.

Landze ✶ Kirche ▶

17 km südlich von Ventspils sieht man am rechten Ufer der Venta die Kirche von Landze. Sie besitzt mit Altar, Kanzel und Lesepult einige Meisterwerke von Nicolaus Soeffrens dem Jüngeren.

Piltene

Piltene, 21 km südlich von Ventspils, war im 14. – 16. Jh. das Zentrum des Bistums von Kurland. Vom Bischofsschloss am alten Flussbett der Venta sind nur noch Trümmer zu sehen. Bemerkenswert ist der massige Turm der evangelischen Kirche (1709 – 1719).

Vidzemes jūrmala (Strand Livlands)

N 7/8

Vidzemes jūrmala, »Livlands Strand«, wird der 100 km lange Küstenstrich entlang des Rīgaer Meerbusens von der Mündung der Daugava bis zur Stadt Ainaži an der estnischen Grenze genannt. An der stillen, einsamen Küste kann man endlose Strandwanderungen in abgeschiedener Natur unternehmen.

Orientierung

In der folgenden Beschreibung einer Fahrt von der Mündung der Gauja bis Ainaži sind bei einzelnen Sehenswürdigkeiten oder Orten die Kilometermarken der A 1 angegeben, welche die Entfernung zur A 2 Rīga – Veclaicene anzeigen (die A 1 zweigt von der A 2 ca. 14 km vom Zentrum Rīgas ab).

Baltezers

Nach 2,5 km führt rechts eine Abzweigung zum Museum der Wasserversorgung von Rīga (Öffnungszeiten: Di. / Do. 10.00 – 14.00 Uhr). Kurz darauf erreicht man Baltezers, eine kleine Ortschaft zwischen zwei Seen: dem Lielais Baltezers und Mazais Baltezers.

Gauja

27 km nördlich des Zentrums von Rīga überquert die A 1 (km 13) einen der schönsten Flüsse Lettlands, die Gauja. Bei km 15 befindet sich am Dzirnezers ein Campingplatz, von dem es noch 1,5 km zu einer ca. 30 m hohen Düne sind, von der aus man den östlich liegenden Dūņu-See erblickt.

Saulkrasti

Am Beginn des lang gezogenen Ortes Saulkrasti (km 26) kreuzt die Straße den Fluss Incõupe. An seiner Mündung erhebt sich die 18 m hohe Weiße Düne, von der aus man eine schöne Aussicht auf den Rīgaer Meerbusen hat. Wo die A 1 den Fluss Pēterupe überquert (km 30), befindet sich das Zentrum von Saulkrasti; nördlich davon, bei der Mündung der Ķīšupe liegt der Badeort Neibāde.

Zvejniekciems

Nach der Ortschaft Zvejniekciems, nördlich der Mündung der Aģe, beginnt bis Ainaži reichend der schönste Livländische Küstenstrich, den man bei einer Wanderung ausgiebig genießen kann.

Großer Laucõu-Stein

Am Strand bei km 43 ist im Winter 1853 ein Findling, der über 4 m lange sog. Große Laucõu-Stein, durch die Eisschollen an Land gedrückt worden. In der Nähe liegt auch der Kleine Laucõu-Stein.

Liepupe

Im ehemaligen Wirtshaus Dunte war das Münchhausenmuseum eingerichtet. Nach einem Brand 2001 sind die Sammlungen jetzt im Gemeindehaus von Liepupe (km 54) untergebracht. Das Museum ist dem literarischen Freiherrn von Münchhausen gewidmet, der 1740 – 1750 Offizier im Rīgaer Regiment der russischen Armee war (Öffnungszeiten: tgl. 10.00 – 18.00, 15. Okt. – 15. Mai bis 17.00 Uhr). Die evangelische Kirche von Liepupe, erbaut 1783 – 1784 und 1993

renoviert, zeichnet sich durch einen ungewöhnlichen Glockenturm aus. Das einstöckige Holzgebäude daneben ist die ehemalige Feldambulanz. Ca. 1 km von der Kirche, östlich an der A 1, führt ein Weg zum ehemaligen Gutsschloss, das 1751 erbaut wurde.

★ **»Der steinige Livländische Strand«**

Bei der Ortschaft Tūja (Abzweigung bei km 57) erstreckt sich nördlich der Mündung des winzigen Flusses Zaķupe das Naturschutzgebiet »Der steinige Livländische Strand«. Ein Spaziergang erklärt die Namensgebung: unzählige Steine liegen auf dem Strand und im Wasser. Ca. 1 km nördlich von Kap Ķurmrags liegt das kleine Kap Ežurga und hinter diesem auf der Steilwand der »Verzauberte Hain«, ein 2 km langes Steinfeld mit vereinzelten Wacholdersträuchern. 4 km nördlich von Kap Ežurga kommt man zur 4 m hohen, von unzähligen Rissen zerfurchten Felsenkette Veczemju. Am Ende des Naturschutzgebietes liegt ein Campingplatz (km 71).

Ķirbiži

8 km östlich von der Mündung der Vitrupe (km 74) ist in Ķirbiži im Gebäude des ehemaligen Gutshofes ein sehenswertes Forstmuseum eingerichtet (Öffnungszeiten Fr. / Sa. 10.00 – 16.00 Uhr).

Opferhöhlen der Liven

8 km östlich des Dorfs Svētciems (km 81), oberhalb der zweiten Brücke über die Svētupe, liegen am rechten Flussufer große Sandsteinhöhlen, die sog. Opferhöhlen der Liven.

Küstenwiesen von Ainaži

Nach der Ortschaft Kuiviži (km 92) dehnen sich auf 4,5 km nach Norden hin salzige Küstenwiesen aus.

Ainaži

Endpunkt der Fahrt ist die kleine Grenzstadt Ainaži (km 100). Hier wurde 1864 die erste, allen Bevölkerungsschichten zugängliche Seefahrtsschule in Lettland eröffnet. In deren einstigem Gebäude ist nun ein Museum zur Seefahrtsausbildung eingerichtet (Öffnungszeiten: Mai – Okt. tgl. 10.00 – 16.00, Nov. – April Di. – Sa. 10.00 – 16.00 Uhr). Neben der orthodoxen Kirche (1895) befindet sich ein kleines Feuerwehrmuseum (Öffnungszeiten: Mi. / Fr. / Sa. 10.00 – 16.00 Uhr).

← *Am »steinigen Strand« bei Tūja*

LITAUEN (Lietuvos Respublika)

Litauen, das bevölkerungsreichste, größte und südlichste der drei baltischen Länder hat viele Gesichter: Bekannt sind die boomende Hauptstadt Vilnius und die landschaftlich einmalige Kurische Nehrung. Aber das sind nur die Extreme eines Landes, das seinen besonderen touristischen Reiz auf eher unspektakulärer, stiller, sehr lieblicher und ein wenig altmodischer Schönheit gründet.

Französische Geografen vermaßen 1989 die Achsen vom Nordkap nach Kreta und von Gibraltar zum Ural und errechneten deren Schnittpunkt – wer hätte das gedacht – im damals noch weit hinter dem Eisernen Vorhang verborgenen Litauen, eine halbe Autostunde nördlich von Vilnius. Nur 15 Jahre und einen weltgeschichtlichen Quantensprung später hat dieses abgelegene, lange vom Westen vergessene Land mit dem EU-Beitritt 2004 auch den politischen Anschluss an seine europäische Tradition gefunden.

Der alte Handelsweg, die Via Baltica, wird wiederbelebt und bringt Waren, Lebensart und immer mehr Touristen in das, wie viele nun merken, gar nicht so ferne Land. Die Metropole Vilnius erfreut sich einer fast südländisch anmutenden Urbanität: Schicke Straßencafés, lebensfrohe Jazzkneipen, verwinkelte Gassen und jede Menge trendige Boutiquen verraten viel vom neuen Lebensgefühl der jungen Litauer. Kaunas versteht sich ein wenig als kulturelle Hauptstadt des Landes, man ist stolz auf Konzerte von internationalem Rang, große Gemäldegalerien aber auch litauische Skurrilitäten wie das »Teufelsmuseum«. Ein Garten-Eden für Naturtouristen ist der große Aukštai-

Highlights Litauen

Aukštaitija-Nationalpark
Eindrucksvolles Naturparadies im Hochland von Litauen
▶ Seite 348

Rumšiškės
Ethnografisches Freilichtmuseum an den Ufern des Kaunasser Meeres
▶ Seite 402

Berg der Kreuze
Hort der nationalen Frömmigkeit bei Šiauliai
▶ Seite 407

← Berg der Kreuze bei Siauliai

Kaunas
Charmante Universitätsstadt
▶ Seite 362

Kurische Nehrung
Europas größte Wanderdünen auf einem dünnen Zipfel Land.
▶ Seite 384

Trakai
Alte Hauptstadt des litauischen Reiches
▶ Seite 408

Vilnius
Das »Rom des Nordens« mit spätbarockem Antlitz
▶ Seite 413

Litauen Orientierung

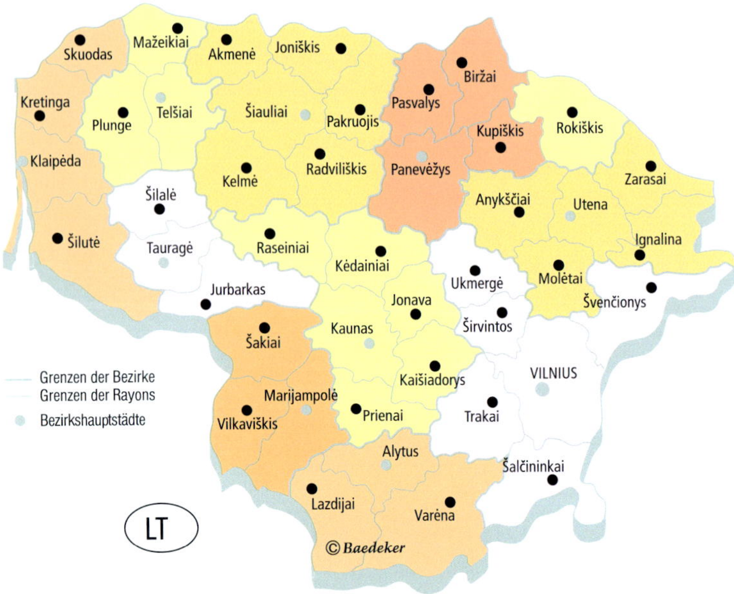

tija-Nationalpark im Hochland Litauens. Wochenendwanderer, Wildnisfreaks, Kanuten und Camper – ein jeder kommt hier auf seine Kosten. Und natürlich darf kein Litauenurlaber die Heimreise antreten, ohne die grandiose Dünenlandschaft auf der Kurischen Nehrung besucht zu haben: Hier küsst der Himmel das Meer und wer weiß, vielleicht findet sich dort am Strand ein Stückchen Bernstein – eine vergossene Träne der schönen Nixe Jūratė.

Anykščiai

P 11

Höhe: 65 – 120 m ü. d. M. **Einwohnerzahl:** 13 200

Der Kurort Anykšiai liegt malerisch an der Mündung der Anykšta und wird inoffiziell auch als das »Weimar Litauens« bezeichnet – viele litauische Autoren des 19. und 20. Jh.s stammen von hier oder verbrachten zumindest einige Zeit ihres Schaffens in der Stadt.

✶ **Schriftsteller-Gedenkmuseum**

Das Museum in der A. Vienuolio 4 (auf dem rechten Flussufer in unmittelbarer Nähe des Busbahnhofes) ist in dem Haus eingerichtet, in dem der Schriftsteller Antanas Vienuolis, ein Klassiker der litauischen Literatur, von 1925 bis zu seinem Tod 1957 lebte. Die Hauseinrichtung ist seither unverändert belassen worden. (Öffnungszeiten: tgl. 8.00 – 17.00 Uhr). Zum Vienuolis-Haus gehört eine schlichte, strohgedeckte Klete, ein typisches litauisches Vorratshaus, das einst zum Elterngehöft des Dichters und späteren Weihbischofs von ► Kaunas, Antanas Baranauskas (1832 – 1902), gehörte. Hier schrieb er das herausragendste Werk der litauischen Poesie des 19. Jh.s, das Gedicht »Der Hain von Anykščiai«.

◄ Baranauskas-Klete

Hain von Anykščiai

Nur 4 km südwestlich von Anykščiai, am linken Šventoji-Ufer, breitet sich der von **Baranauskas** besungene Hain aus, heute ein Landschaftsschutzgebiet. In heidnischer Zeit hatten die Wälder eine kultische Bedeutung. Dort unterhielten die Litauer das heilige Feuer, sprachen mit ihren Göttern und versteckten sich vor Feinden. Das interessanteste Objekt im Schutzgebiet ist der **Puntukas-Stein**, ein großer Findling. Der riesige Felsbrocken wurde während der letzten Eiszeit vor 18 000 Jahren von den Gletschern aus Finnland mitgebracht. An seiner abgeflachten Seite erinnern zwei Reliefportraits an die zwei litauischen Atlantikflieger Darius und Girėnas (► Berühmte Persönlichkeiten).

Einen Kilometer südlich außerhalb der Stadt hat man vom **Liudiškių-Hügel** einen weiten Blick über das šventoji-Tal und die Stadt. Auf dem Hügel fand **Jonas Biliūnas** (1879 – 1907), ein weiterer berühmter Schriftsteller aus dieser Gegend, seine letzte Ruhestätte.

ANYKŠČIAI

AUSKUNFT

Gegužės 1, LT - 4930 Anykščiai,
Tel. / Fax 8 - 3 81 / 5 91 77
anyksciai.turizmas@is.lt

ÜBERNACHTEN

► **Günstig**

Hotel Puntukas

Barnausko St., Tel. 3 70 / 5 15 13 45
Am zentralen Platz hinter der Busstation gelegen, bietet das Puntukas einfache 1 – 3-Bett-Zimmer.

Umgebung von Anykščiai

Niūronys

Der Schriftsteller Jonas Biliūnas wurde im 8 km nördlich von Anykščiai gelegenen Niūronys geboren. Sein Geburtshaus ist heute ein kleines Museum. Interessanter ist möglicherweise das **Pferdemuseum** in der ehemaligen Volksschule und einer Scheune, in dem allerlei Gerät und Wissenswertes über Pferd und Reiter zu sehen ist (Öffnungszeiten: Mi. – So. 11.00 – 18.00 Uhr).

Rubikių-See

11 km östlich von Anykščiai liegt der stille Rubikių-See mit 13 Inseln und langem, buchtenreichem Strand. Im Sommer verkehrt noch die für den Normalverkehr stillgelegte **Schmalspureisenbahn** aus dem Jahr 1890 auf dem Streckenabschnitt zwischen Rubikių und Anykščiai.

** Aukštaitija-Nationalpark

(Nacionalinis Parkas Aukštaitija)

Q/R 7

Höhe: 160 – 200 m ü. d. M. **Fläche:** 302 km²

Die abwechslungsreiche Landschaft des ältesten litauischen Nationalparks mit unzähligen Seen, plätschernden Bächen, sanften Hügelketten, undurchdringlich scheinenden Wäldern sowie seltenen Pflanzen und Tieren wurde während der letzten Eiszeit geformt.

Nationalpark gegen ein Atomkraftwerk

Der Aukštaitija-Nationalpark liegt im Nordosten Litauens in der see- und waldreichen Umgebung von Ignalina. Er wurde 1974 gegründet, um den in Moskau beschlossenen Bau eines Atomkraftwerks in Ignalina zu verhindern, was jedoch nicht gelang. Immerhin wurden damals statt sechs nur zwei Reaktorblöcke vom Tschernobyl-Typ erstellt. Im Zuge des EU-Beitritts musste Litauen einwilligen, das Kraftwerk in zwei Stufen bis zum Jahr 2009 vom Netz zu nehmen. Der Park ist durch Wander- und Radwegen sowie einer Fahrstraße erschlossen; die Wasserläufe und Seen können mit Booten befahren werden. Vielfach sind Badeplätze angelegt. Campingplätze, Rastplätze mit Grillstellen sowie Gaststätten warten auf die Besucher.

Flora und Fauna

Pflanzen

Über die Hälfte aller in Litauen gedeihenden Pflanzenarten findet man auch im Nationalpark. Allein 70 % der Gesamtfläche sind von Wäldern bedeckt, überwiegend Kiefern-, Tannen-, Fichten- und Schwarzerlenwälder mit Beerensträuchern, Pilzen, Moosen und Farnen im Unterholz. Der Eichenbestand ist klein. Weniger als 7 % der Fläche sind Moorgebiete mit den typischen Pflanzen der Sumpfgesellschaften. In den Seen und Flüssen, die 15 % der Parkfläche ausmachen, gedeihen 70 Wasserpflanzenarten. An seltenen Pflanzen trifft man u. a. an: den sog. Litauischen Schwaden, Zwergbirken, Moorsteinbrech, Wasserlobelien, Moorbärlapp, Sonnentau, Widerbart, Kornrade, Rautenfarn, Nordischer Drachenkopf, Fingerküchenschelle und Korallenwurz.

i Verhalten im Nationalpark

- Das Verlassen der Wege, Zelten und Feuermachen außerhalb der ausgewiesenen Plätze ist nicht gestattet. Abfälle dürfen nicht weggeworfen und seltene Pflanzen nicht gepflückt werden.

Tiere

Fast die ganze Tierwelt Litauens ist im Park vertreten – etwa 50 Arten, darunter Elche, Hirsche, Rehe, Wildschweine, kanadische Nerze,

Dramatische Abendstimmung im größten litauischen Nationalpark →

! Baedeker TIPP

Wohnen in der alten Mühle

Im Nationalpark kann man sehr günstig kleine einfache Sommerhäuser oder auch besonders ausgefallene Unterkünfte in der alten Mühle von Ginučiai mieten (Infos bei der Nationalparkverwaltung ►Auskunft)

Füchse, Waldmarder, Wölfe, vereinzelt Luchse, Feld- und Schneehasen sowie Biber. Die in Litauen fast ausgestorbenen Otter sind auch hier nicht jedes Jahr zu sehen. Im Urwald von Ažvinčiai soll sich in den letzten Jahren ein aus Weißrussland gekommener Bär niedergelassen haben. Von 190 hier im Park lebenden Vogelarten gehören 40 zu gefährdeten Arten, insbesondere so seltene Eulen wie Waldohreule, Sumpfohreule, Steinkauz, Habichtskauz und Sperlingskauz. Hinzu kommen fünf Reptilien- und vier Krötenarten, Süßwasserfische und eine Vielzahl von Insekten.

Seen

Von Gletschern geformte Seenketten

Seinen großen Reiz erhält der Nationalpark, der ja überwiegend aus Wäldern besteht, durch seine Gewässer, insbesondere die Seen. Weit über das Gebiet zerstreut liegen insgesamt über 100 Seen, vom kleinsten, schilfbestandenen Teich mit gerade 180 m (beim Dorf Lukna) bis zum größten See, dem Dringis-See mit 721 ha und fünf Inseln. Allein acht Seen im Park sind über 300 ha groß. Die meisten liegen in der Parkmitte und bilden nach Nord und Nordwest ausgedehnte, weit verzweigte Seenketten, die die Richtung der Gletscherbewegung anzeigen. Der Tauragnas-See ist mit 60,5 m nicht nur der tiefste See im Park, sondern in ganz Litauen. Er ist 9,5 km lang und von steilen Ufern gesäumt. Baden kann man daher nur beim Dorf Stučiai, aller-

► AUKŠTAITIJA-NATIONALPARK ERLEBEN

AUSKUNFT

Nationalpark-Auskunft in Paluše
LT - 4759 Ignalina district
Tel. 8 - 3 86 / 5 28 91
Fax 5 31 35
anp@is.lt

ÜBERNACHTEN

Im Nationalpark gibt es einige einfache Quartiere und eine Reihe von Ferienhäusern. Informationen und Buchung über die Nationalpark-Auskunft (s. o.)

Nacionalinis Parkas Aukštaitija Orientierung

Autoroute
Kanuroute
Wanderroute
Wassermühle
Naturschutzpark
Übrige geschützte Gebiete
Touristische Erholungszentren
Land- und forstwirtschaftlich genutzte Zonen

Eindrucksvoll ist die Wassermühle von Pakretuonė.

dings ist das Wasser immer sehr kalt. Der 445 ha große Žeimenys-See hat mit seinen 12 km Länge bei einer Breite von nur 1 km und seiner an manchen Stellen sehr starken Strömung fast schon den Charakter eines Flusses. In ihm sind neun Inseln verteilt.

Schutzzonen

Der Nationalpark lässt sich grob in geschützte Gebiete, land- und forstwirtschaftlich genutzte Flächen und touristische Erholungszonen einteilen. Acht Schutzzonen mit unterschiedlichen Zugangsbeschränkungen wurden geschaffen.

Minčiagirė Urwald und Eichenwald von Ginučiai Am strengsten geschützt sind die Reste der Urwälder im großen Forst von Ažvinčiai und im Eichenwald von Ginučiai. Fünfzehn geschützte Pflanzenarten wachsen hier. Jegliche menschliche Tätigkeit ist verboten; Zutritt ist nur in Begleitung eines Rangers erlaubt. Der 626 ha große, von Mooren durchsetzte Urwald von Minčiagirė ist Teil des Ažvinčiai-Forstes und liegt bei Vaišnoriškė. Die Bäume im Eichenwald von Ginučiai sind mit 70 Jahren ziemlich jung, jedoch ist dieses die einzige Stelle im Park, an der sie gedeihen, da sie eher in Westlitauen zu finden sind.

Ačviniai-Forst Der 4200 ha große Ažvinčiai-Forst und ein kleiner Teil des Waldes von Minčiagirė sind zum botanisch-zoologischen Schutzgebiet deklariert worden. Man darf hier lediglich Beeren und Pilze sammeln.

Vogelschutzgebiet Das Vogelschutzgebiet (593 ha) ist vor allem zum Schutz der Auerhähne bestimmt. Die auf der Erde brütenden Auerhennen sind während der Brutzeit besonders empfindlich, so dass dann der Zugang zum Gebiet streng geregelt ist.

Wasserschutzgebiete Die geschützten Wasserflächen bedecken 1200 ha. Dazu gehören die Flusstäler von Buka, Tauragna, Pliaušė und die umliegenden Wälder, das Gelände zwischen den Seen Dringis und Asalnai sowie die Inseln in diesen Seen. Am Buka-Fluss ist Schwimmen und Zelten verboten, ebenso auf den Inseln im See.

Šiliniškiai-Hügel Der versteckt liegende, 200 m hohe Šiliniškiai-Hügel ist der höchste Punkt im Nationalpark. Von hier aus eröffnet sich eine schöne Aussicht auf die Wälder und Seen. Bodennutzung und Holzeinschlag sind untersagt, da sonst die steilen Abhänge erodieren würden.

Šakarvos Gräberfeld

Das Šakarvos-Gräberfeld umfasst 37 Gräber aus dem 8. – 12. Jh., die sich auf einer Fläche von 72 ha zwischen den Seen Žeimenys und Šakarva im Wald neben der Landstraße verteilen.

Dörfer

Museumsdörfer

Der Nationalpark schließt eine ansehnliche Zahl von bewohnten Dörfern ein. Einige davon haben ihre volkstümliche Architektur erhalten. Litauen kennt zwei Typen von Dörfern: Streudörfer, in denen die Häuser unverbunden in einzelnen Gruppen stehen, und Straßendörfer, in denen die Gebäude zu beiden Seiten der Hauptstraße errichtet worden sind.

Im Aukštaitija-Nationalpark empfiehlt es sich besonders, die vier »Museumsdörfer« **Vaišnoriške**, **Šuminai**, **Strazdai** und **Salos II** zu besuchen, allesamt Streudörfer. In ihnen findet man die typischen Bauernhäuser und Hofanlagen Hochlitauens: ein Haupthaus bestehend aus einem Hauptwohnraum mit einem großen Backofen mit Schornsteinabzug und, durch einen Flur getrennt, einem Gästezimmer (lit. Kamara). Außer dem Wohnhaus gehörten zum Gehöft ein Stall, eine Scheune und ein Dampfbad, das nach einer sehr alten Sitte am Seeufer gebaut wurde. In den Speichern wurden Getreide und Fleisch aufbewahrt, in den sogenannten »jauja« trocknete man Flachs. Die tief herabgezogenen Dächer sind meistens mit Stroh oder Spänen gedeckt; die Wände aus Kiefernbalken sind mit Moos abgedichtet, so dass die Häuser warm und gemütlich waren.

Rundfahrt

Alle Dörfer zu erwandern ist sicher die schönste, bei der Größe des Parks aber auch die zeitraubendste Art des Kennenlernens. Für eine kurze Wanderung bietet sich der Weg von Palūšė ins denkmalgeschützte **Šakarva** an. Kaltanėnai, auch Bahnstation, liegt im Südzipfel des Parks etwa 10 km von Palūšė entfernt. Es besitzt einen schönen Marktplatz. Die übrigen Dörfer erreicht man auf einer asphaltierten Fahrstrecke, von der man jedoch hin und wieder auf Waldwege ausweichen muss.

Ausgangspunkt ist **Palūšė** am Lušis-See. Hier steht eine hübsche Holzkirche aus dem 18. Jh. mit drei Rokoko-Altären. Der Ort ist das Zentrum des Parks mit Campingplatz, Restaurant, Einkaufsmöglichkeit und Feriendorf. In Meironys hat die Verwaltung des Nationalparks ihren Sitz.

In **Trainiškis** steht am Ufer des Baluošas-Sees eine tausendjährige Eiche von 6 m Umfang. Die denkmalgeschützten Dörfer **Šuminai** und **Strazdai** liegen nahe beieinander. Strazdai bietet die Besonderheit einer Rauchkate, lange Zeit die gängige Behausung der armen Bevölkerung.

In **Vaišnoriškė** wird ein sehr guter Lindenblütenhonig hergestellt. Über **Minčia** und **Daunoriai** erreicht man **Šeimatis**. Hier steht der Findling »Mokas«, der Sage nach einst ein Weiser, den die Leute ständig um Rat fragten und sich so bald das Denken abgewöhnten.

Volkstümliche Kunst schmückt das Gelände des Imkereimuseums.

Er verwandelte sich in einen Stein, um es ihnen wieder anzugewöhnen – über den Erfolg kann man geteilter Meinung sein.

Um den Tauragnas-See herum führt die Fahrstrecke nach Süden. Nach ca. 10 km von Tauragnai geht links ein Weg nach **Štripeikiai**. Hier lohnt sich besonders der Besuch des auf mehrere Hütten verteilten **Imkereimuseums***, in dessen Mitte eine Holzskulptur des altlitauischen Gottes der Bienen und Imker, Babila, steht.

In **Ginučiai** soll die 1373 geschleifte Burg Linkmena gestanden haben, zumindest deutet ein Schüttberg darauf hin. In der schönen alten Wassermühle, heute Herberge, soll angeblich der Teufel umgehen. Eine Wanderung führt vom Ort zum 2 km südlich liegenden Ledakalnis (Eisberg), von wo aus sich der schönste Blick über den Nationalpark bietet.

Umgebung des Nationalparks

Observatorium von Molėtai

Fährt man von Kaltanėnai Richtung Molėtai, kommt man nach 37 km zur Abzweigung nach Utena. Dieser Straße folgend, erreicht man nach ca. 10 km das Observatorium auf dem 193 m hohen Berg Kaldinių. Neben dem Observatorium befindet sich ein Ethnokosmologisches Zentrum (Öffnungszeit: Di. – Sa. 8.00 – 17.00 Uhr).

Cirkliškis

Ca. 25 km südlich von Ignalina liegt Švenčionys, von wo es nur wenige Kilometer zum an der weißrussischen Grenze liegenden Dorf Cirkliškis sind. Der Schüttberg soll zu heidnischen Zeiten ein Kultplatz für den Donnergott Perkūnas gewesen sein. Man gelangt zu ihm durch den ehemaligen Englischen Garten des Palais Mostovski.

Stelmužė

Über das nördlich vom Nationalpark an der Straße nach Daugavpils liegende Zarasai erreicht man das Dorf Stelmužė. Hier steht eine 1650 erbaute Holzkirche. Weit bekannt aber ist Stelmužė für seine ca. 1500 Jahre alte, 11 m umfassende Eiche, die älteste in Litauen. Auch ein sog. Sklaventurm, in dem der Gutbesitzer aufbegehrende Leibeigene einsperrte, ist noch erhalten.

Birštonas

N 13

Höhe: 50 – 80 m ü. d. M. **Einwohnerzahl:** 3 800

Der für seine Mineralquellen bekannte Kurort liegt am Ende der drei großen Schlingen des Nemunas. Ein Teil des Ortes – Alksniakiemis – befindet sich am gegenüberliegenden Ufer des Flusses und ist mit einer regelmäßig verkehrenden Fähre zu erreichen.

Kurort am Nemunas

Einen Ansporn zur Entwicklung der 1518 verbrieften Stadt gaben die Mineralwasserquellen. Im Jahr 1846 traf der erste Kurgast ein, und in rascher Folge entstanden Gästehäuser und ein Kurhaus. 1857 ließen sich schon 117 Familien behandeln, Ende des 19. Jh.s war der Kurort weit über die Grenzen Litauens hinaus bekannt und nach der jüngsten Öffnung des Landes erhofft man sich einen neuerlichen Zustrom von Kurgästen.

Ortsbild

In Birštonas gibt es im eigentlichen Sinne keine Sehenswürdigkeiten, sieht man einmal ab von den schön renovierten Holzvillen der Jahrhundertwende, der neugotischen Kirche und dem Heimatmuseum (Vytauto 9; Öffnungszeiten: Mi. – So. 10.00 – 17.00 Uhr) mitsamt dessen neuer Filiale, dem Museum für sakrale Kunst in der Birutės g. 10. Das Sehenswerteste ist die Natur selbst. Schön ist ein Spaziergang auf den historischen Vytautas-Berg, von wo man die malerische Umgebung und den Nemunas überblickt. Am Fuß des Berges, unmittelbar am Fluss, befinden sich die Trinkbrunnen der beiden ältesten Quellen »Birutė« und »Vytautas«. Von dort kann man auf dem zwei Kilometer langen Damm bis zum Tiergarten spazieren.

Birštonas ist ein balneologisches und Moortherapie-Bad. Der Kurort verfügt über neun Quellen mit kochsalzhaltigem Mineralwasser, das sowohl bei Trinkkuren als auch für Bäder und Inhalationen Anwendung findet.

Umgebung von Birštonas

Beim 10 km südlich gelegenen **Punia** ragt über dem Zusammenfluss von Punelė und Nemunas der Hügel der Schüttburg Margis auf. Der Legende nach stand hier die Burg Pilėnai, deren heidnische Verteidi-

► BIRŠTONAS

AUSKUNFT

Jaunimo 3, LT - 4490 Birštonas
Tel. 8 - 3 19 / 6 57 40, Fax 6 56 40, www.birstonas.lt

ÜBERNACHTEN

► **Komfortabel**

Veresmė Sanatorium
Tel. 8 - 319 / 6 56 62
Das große Kursanatorium bietet auch Touristen renovierte Zimmer.

Aus der Luft am besten zu sehen: die Nemunas-Kurve bei Birštonas

ger sich 1336 lieber ins Feuer warfen, als sich den anstürmenden Kreuzrittern zu ergeben. Tatsache ist, dass an der heutigen Stelle die Reste einer Burg aus dem 15. Jh. zu sehen sind, die schon im 16. Jh. wieder abbrannte und durch ein Schloss ersetzt wurde, das später ebenfalls in den Flammen aufging.

Artenreiche Wälder

Der Wald in der Nemunas-Schleife hat stellenweise noch Urwaldcharakter. Er ist reich an Pilzen, Beeren und Wildtieren und für kleinere Wanderungen gut geeignet.

Biržai

O 10

Höhe: 50 m ü. d. M. **Einwohnerzahl:** 15 800

Biržai liegt nahe der lettischen Grenze in einer hügeligen Ebene am südlichen Ufer des Širvena-Sees. Dieser älteste künstliche See des Landes entstand durch Aufstauung der Zusammenflüsse von Apaščia und Agluona. In der Umgebung von Biržai erstreckt sich eine an Höhlen reiche Kalksteinlandschaft.

Stadt am Stausee

Für die Sicherung seines großen Landbesitzes begann Fürst Perkūnas Radvila mit dem Bau einer Burg, die 1589 fertiggestellt war; im selben Jahr erhielt Biržai das Stadtrecht. Als Anhänger der Reformation hatte Radvila schon zwei Jahre zuvor eine evangelische Kirche erbauen lassen. Nach Ende des Krieges mit Schweden litt Biržai unter den Auseinandersetzungen zwischen Katholiken und Reformierten. Im Sommer 1944 wurde die Stadt zu 70 % zerstört.

Sehenswertes in Biržai

Burg von Biržai

Die erste Burg von Biržai (1586 – 1589) war nach italienischem Vorbild auf quadratischem Grundriss mit sternförmigen Bastionen erbaut worden. Zu ihrem und der Stadt Schutz wurde an der Nordseite ein künstlicher Teich aufgestaut, der heutige Širvena-See. Diese von den Schweden zerstörte Burg begann man 1637 im Stil einer niederländischen Festung zu restaurieren, doch wurde die noch nicht wiederaufgebaute Burg zwischen 1655 und 1659 abermals niedergebrannt. Noch einmal machte man sich an den Aufbau, doch die neue, verstärkte Burg im Renaissance-Stil hatte nur bis 1704 Bestand. Die Grafen Tiškevičius interessierten sich nicht für die Ruine und ließen auf dem Areal einen Park anpflanzen. Erst 1953 begann man, dieses einzige Renaissance-Burgpalais in Litauen zu erforschen und zu konservieren; 1969 – 1970 war die Burgbrücke wiederaufgebaut, und 1978 – 1986 folgte das Burgpalais, ein rechteckiges, zweistöckiges Ziegelgebäude, dessen Hauptfassade durch die Doppelreihe graziöser Arkaden die Spätrenaissance widerspiegelt. Heute befinden sich in dem Palais das **Heimatkundemuseum** »Sėla« (J. Radvilos 3; Öffnungszeiten: Sommer Mi. – So. 11.00 – 19.00; Winter 10.00 – 18.00 Uhr) und die Stadtbibliothek.

▶ BIRŽAI

AUSKUNFT

Vytauto 27, LT - 5280 Biržai
Tel. / Fax 8 - 4 50 / 3 34 96
www.birzai.ot.lt/anglukal.htm

ESSEN

▶ Günstig

Agaro Žiedas
Vytauto 5, Tel. 8 - 4 50 / 3 79 41
Restaurant im Pub-Stil mit guter Auswahl an Gerichten.

Palais Astravas

Die Grafen Tiškevičius ließen sich an dem der Burg gegenüberliegenden Nordufer des Širvena-Sees mit dem Palais Astravas eine neue prunkvolle Residenz erbauen. Sie entstand in den Jahren 1849 – 1862 nach Plänen des Vilniusser Architekten Tomas Tišeckis, der ein zweistöckiges Palais mit zwei ungleich hohen Türmen und einstöckigen Seitenflügeln im Stil des russischen Empire konzipierte. Das Palais wurde 1955 – 1961 restauriert; heute hat dort die Verwaltung der Textilfabrik »Siūlas« ihren Sitz. Ein großer, 1851 – 1862 angelegter Park mit sechs Teichen und Rosarium umgibt das Palais. Neben dem Park sperrt ein mit Blendarkaden versehener Damm den Fluss Apaščia ab.

? WUSSTEN SIE SCHON ...?

- ... dass sich in der Umgebung von Biržai eine im Baltikum einzigartige Kalksteinlandschaft mit Höhlen, Spalten, Löchern, Kratern und unterirdischen Gängen befindet? Am berühmtesten ist die Kuhhöhle (Karvės ola) nahe dem Dorf Karajimiškis. Touren und Führungen bietet die Parkverwaltung des Biržai-Regionalparks an (Ramuniu 2, Tel. 8 - 4 50 / 3 42 64)

Baedeker TIPP

Brauereibesichtigung
Die Region Biržai ist bekannt für ihre Bierbrauertradition. In der Rinkuškiai Brauerei, Alyvu 8, kann man zuschauen und probieren.

Umgebung von Biržai

Likėnai, 8,5 km westlich, ist ein kleiner Kurort mit Schwefelquellen zur Behandlung von Herz- und Kreislaufbeschwerden sowie Gelenkkrankheiten und Nervenleiden.

★ Druskininkai

M 14

Höhe: 80 – 120 m ü. d. M. **Einwohnerzahl:** 21 500

Das am Nemunas gelegene Druskininkai ist dank seiner salzhaltigen Mineralquellen der wichtigste Kurort Litauens und ist darüber hinaus eng mit dem Leben und Schaffen des bedeutenden Malers und Komponisten Mikalojus Konstantinas Čiurlionis verbunden.

★ Kur- und Erholungsort

Die von allen Seiten von großen Wäldern umgebene Stadt erstreckt sich am rechten Ufer des Flusses, im südlichsten Zipfel Litauens und nur 7 km von der Grenze zu Weißrussland. Das linke, hohe Nemunasufer schützt den Kurort vor Nordwinden. Vom Süden bis in die Stadtmitte hinein erstreckt sich der Druskonis-See.
Der in Frankreich und den USA zu Ruhm gekommene jüdische Bildhauer Jacques Lipchitz (1891 – 1973) stammt aus Druskininkai. Der Name der Ortschaft stammt vom litauischen »druska« (Salz) und bezeugt, dass den Einheimischen die salzhaltigen Quellen am Nemunas schon lange bekannt waren. 1837 erfolgte die Gründung eines Kurbades durch den russischen Zaren Nikolaus I. Ein Jahr später wurde eine staatliche Heilanstalt mit 14 Bädern – nur für die zaristischen Beamten – in Betrieb genommen, Villen und Kurhäuser folgten. Anfang des 20. Jh.s besuchten jährlich bis zu 5000 Patienten aus Litauen, Polen und Russland den Kurort, der im Ersten Weltkrieg fast zur Hälfte zerstört wurde. 1920 ging Druskininkai an Polen und wurde in der Zwischenkriegszeit wieder aufgebaut; 1939 fiel die Stadt an Weißrussland, das sie erst nach dem Krieg an die nunmehrige Sowjetrepublik Litauen zurückgab.

Druskininkai heute

Heute ist Druskininkai ein moderner Kurort, der seine Attraktivität vor allem seiner Lage inmitten der herrlichen Wälder und der frischwürzigen Luft verdankt. Doch auch die gepflegte, ruhige Stadtanlage mit ihren Grünflächen und den beiden Seen übt ihren Reiz aus. Neuesten Datums ist ein großes Unterhaltungszentrum mit Spielcasino, Hotel und Nachtclubs. In Druskininkai werden Bade- und Trinkkuren einschließlich Moorbäder- und Klimatherapie angeboten. Acht Brunnen fördern das stark salzhaltige Mineralwasser zutage.

DRUSKININKAI ERLEBEN

AUSKUNFT

Gardino 3, LT - 4690 Druskininkai
Tel. / Fax 8 - 3 13 / 5 17 77

ESSEN

► **Erschwinglich**

Euristas
Vilniaus alėja 22
Tel. 8 - 3 13 / 5 22 54
Nicht ganz billiges Restaurant in einem charmanten grünen Holzhaus.

ÜBERNACHTEN

► **Komfortabel**

Hotel Regina
T. Koscšiukos 3, Tel. 8 - 3 13 / 5 90 60
Angenehmes und ruhiges Hotel der Mittelklasse mit Restaurant.

Sehenswertes in Druskininkai

Altstadt

Im alten Stadtteil am nördlichen Ufer des Druskonis-Sees sieht man noch manch schöne alte Holzvilla.

◄ Čiurlionis-Museum

Hier verläuft auch die Hauptstraße der Stadt, die Čiurlionio gatvė. In Haus Nr. 41 verbrachte der Künstler **Mikalojus Konstantinas Čiurlionis** seine Kindheit, und hierher kehrte er immer wieder zurück. Viele seiner Gemälde und Kompositionen, so das symphonische Gedicht »Jūra« (Das Meer), sind in dem blauen Hozhäuschen entstanden, in dem eine kleine Ausstellung an ihn erinnert. Im Garten finden im Sommer Konzerte statt (Öffnungszeiten: Di. – So. 11.00 – 17.00 Uhr).

Kurpark

Den übrigen nördlichen Stadtteil bis zum Nemunas nimmt der weitläufige Kurpark ein, in dem die meisten der modernen Sanatorien liegen. Durch seine ungewöhnliche Architektur zeichnet sich das Sanatorium Sūrutiš aus, ins Auge fällt auch die 1980 – 1982 erbaute physiotherapeutische Heilanstalt. Im Gelände stehen dekorative Plastiken, unter denen das **Čiurlionis-Denkmal** herausragt, das zum 100. Geburtstag des Malerkomponisten errichtet wurde. Längs des Nemunas schlängeln sich die Fußwege, die zu den Mineralwasserquellen führen. Das Wasser der Quellen »Druskininkai«, »Dzūkija« und »Rasa« sprudelt aus den Trinkbrunnen am Flussufer sowie am Sanatorium Eglė. Sonnen- und Schwimmbäder, Sportplätze und die Kaskadenbäder an der Ratnyčia stehen den Kurgästen zur Verfügung. Im Park selbst und außerhalb der Stadt sind Spazierwege angelegt, von denen der »Saulės takas« (Sonnenweg), den eine ganze Reihe phantasievoll gearbeiteter Stege, Lauben und Ruhebänke aus Holz säumen, besonders beliebt ist.

! *Baedeker* TIPP

Paddeln gefällig?

Vom im Sommer geöffneten Eglis-Café und Bar (Čiurlionio gatvė 55) kann man Boote für eine Erkundung des Druskonis-Sees mieten.

Umgebung von Druskininkai

Wandergebiet Die nähere und weitere Umgebung Druskininkais ist ein wundervolles Wandergebiet mit endlosen und einsamen Wäldern, in denen Pilze- und Beerensammler ein reiches Betätigungsfeld finden.

Raigardas-Tal Bis an das südöstliche Ufer des Druskonis-Sees drängen die Kiefernwälder. Sie gehen in das romantische, legendenumwobene Raigardas-Tal über, in dem einst ein »litauisches Sodom« den Zorn des litauischen Göttervaters Perkūnas erregt haben soll, so dass er es in der Erde versinken ließ. Den Ausgang in die Oberwelt verschließt der große »Teufelsstein« beim Dorf Švendubrė; die Tränen der Eingeschlossenen speisen die Quellen von Druskininkai. M. K. Čiurlionis ließ sich von diesem Tal zu seinem Triptychon »Raigardas« anregen. In Švendubrė befinden sich 16 denkmalgeschützte Gehöfte aus dem 19. und 20. Jahrhundert.

Liškiava Über Leipalingis – hier gibt es ein Schloss mit Heimatmuseum – erreicht man das Dorf Liškiava. Hier errichteten die Dominikaner von 1704 bis 1720 ein Kloster, in dessen freskengeschmückter Kirche sieben zu den schönsten des Landes zählende Barockaltäre aufgestellt sind. Von der mittelalterlichen Burg ist nur noch ein Schüttberg am Nemunas zu sehen.

Dzūkija-Nationalpark Der Dzūkija-Nationalpark liegt östlich von Druskininkai an der Straße nach Varėna, direkt an der Grenze zu Weißrussland. In dieser einsamen Gegend findet man die ältesten Sumpfwälder und das zweitgrößte Moor Litauens. Guter Ausgangspunkt für eine Erkundung ist das malerische Dorf Marcinkonys, Sitz der Parkverwaltung.

Varėna Im 35 km nordöstlich von Druskininkai liegenden Doppelort Varėna, durch den in der Zwischenkriegszeit die Grenze zwischen Polen und Litauen verlief, ist M. K. Čiurlionis geboren worden. Entlang der von Druskininkai herführenden Straße wurden 1975 zum 100. Geburtstag des Künstlers die in Litauen traditionellen beschnitzten Eichenstämme aufgestellt und die Straße in »Čiurlionis-Straße« umbenannt.

Grūto parkas Einen veritablen »Sturm im Blätterwald« entfachte ein Geschäftsmann aus Druskininkai mit seiner Initiative, die den Litauern verhassten und 1989 demontierten Sowjetdenkmäler zu sammeln und neben seinem Gehöft aufzustellen. Der 2001 eröffnete Grūto parkas, 7 km außerhalb Druskininkais, wurde zum Publikumsmagneten – und bewahrt ein Stück tragischer, Stein gewordener Geschichte (Öffnungszeiten: tgl. 9.00 – 19.00 Uhr).

Einst übermenschlich groß, heute längst demontiert: Ikonen des alten Regimes im Grūto parkas →

★★ Kaunas

M 13

Höhe: 20 – 100 m ü. d. M. **Einwohnerzahl:** 381 300

Kaunas liegt in den Tälern von Nemunas und Neris, die hier zusammenfließen. Hier schlägt das nationale Herz des Landes und seine Bedeutung als Industrie-, Wissenschafts-, Bildungs- und Kulturzentrum ist derjenigen der Hauptstadt Vilnius fast gleichzusetzen.

Universitätsstadt zwischen zwei Flüssen

Und Kaunas kann seine seit jeher vorteilhafte geografische Lage wieder nutzen: Hier kreuzen sich die Autobahn Via Baltica, die Helsinki mit Zentraleuropa verbinden wird und die Route Klaipėda – Moskau, ein Anschluss an das westeuropäische Schienennetz ist geplant. 1990 wurde die 1950 aufgelöste Vytautas-Magnus-Universität wiedereröffnet.

Geschichte

Von der Festungs- zur Handelsstadt

Ausgrabungen haben ergeben, dass schon im 4. und 5. Jh. n. Chr. eine strategisch und wirtschaftlich bedeutende Siedlung am Zusammenfluss von Nemunas und Neris bestanden hat. Neben dieser wurde im 13. Jh. eine Steinburg errichtet, die zusammen mit dem Ort 1361 als »Kawen« Erwähnung findet. Von diesem Datum an beginnt für Kaunas seine Geschichte. Im Jahre 1362 zerstörten die Ordensritter die Burg, doch bald wurde sie wiederaufgebaut und war in der Folgezeit abermals Ziel mehrerer Angriffe. Später wuchs Kaunas zum Handwerks- und Handelszentrum heran, wozu auch das im Jahr 1408 verliehene Magdeburger Stadtrecht beitrug. Aufgrund der Lage am größten Fluss Litauens besaß Kaunas im 15. Jh. einen Flusshafen und ein Zollamt. 1441 errichtete die Hanse eine Niederlassung, die bis zum Jahr 1532 bestand. Seit dem 16. Jh. vereinigten sich die Handwerker in Zünften; es gab eine Werft und seit 1578 eine Papierwerkstatt. Über Kaunas wurden Holz, Pelz, Wachs und Getreide ausgeführt; besonders intensiv war der Handel mit Vilnius, Danzig und Königsberg. Der hierbei erworbene Reichtum veranlasste die Stadtherren, 1540 das Stadtzentrum neu zu planen und dabei den Rathausplatz und die Hauptstraßen mit Steingebäuden zu bebauen. In der zweiten Hälfte des 16. Jh.s war Kaunas nicht nur eine große, sondern auch eine der schönsten Städte Litauens.

Niedergang

1655 besetzten russische Truppen die Stadt. Viele Häuser wurden zerstört, Handel und Handwerk brachen zusammen; weitere Zerstörungen brachte 1670 ein großer Brand. Auch der Nordische Krieg berührte Kaunas: Ende des Jahres 1701 waren die Schweden für drei Monate die Herren. Im Jahr 1710 wütete die Pest und 1721 ein weiteres Großfeuer. Erst zum Ende des 18. Jh.s begann sich Kaunas wieder zu beleben.

Unter russischer Herrschaft

Nach der Dritten Polnischen Teilung (1795) gelangte Kaunas an Russland, das jenseits des Nemunas gelegene Gebiet wurde preußisch. Kaunas lag nun am Westrand des Zarenreiches und hatte den Zugang zur Mündung des Nemunas und die großen Wälder von Užnemunė verloren. Der Handel war empfindlich gestört, doch nach der Eröffnung des Oginski-Kanals, der den Nemunas mit dem Dnjepr verband, spielte Kaunas eine Vermittlerrolle im Handel von Ukraine und Weißrussland mit Preußen. Im Sommer 1812 setzte Napoleons Grande Armée bei Kaunas über den Nemunas und plünderte die Stadt. Auf dem Rückweg von Moskau suchten die Franzosen die Stadt ein zweites Mal heim. Im Jahr 1842 wurde aus Westlitauen ein neues Gouvernement gebildet. Hauptstadt wurde Kaunas. 1847 fasste man den Plan zur Neubebauung – die heutige Neustadt entstand. Mit dem Eisenbahnanschluss nach Preußen (1861) und Vilnius (1863) entwickelte sich die Industrie. 1882 wurde mit dem Bau von Festungsanlagen rings um die Stadt begonnen, die als westlicher Vorposten Russlands gegen das Deutsche Reich als besonders gefährdet galt. Die Entwicklung der Stadt war dadurch behindert, denn in der Nähe von Befestigungsanlagen war der Bau ziviler Gebäude verboten, und im gesamten Stadtgebiet durften nur einstöckige Häuser errichtet werden.

Die Vilniaus gatvė ist eine der schönsten Altstadtstraßen in Kaunas.

Am Beginn des Ersten Weltkriegs bestand die Kaunasser Festung aus neun Forts und hatte eine Besatzung von 90 000 Mann. Die Stadt wurde bis auf 5000 Einwohner evakuiert, doch nach zweitägigem schwerem Artilleriebeschuss fiel sie den deutschen Truppen in die Hände.

Provisorische Hauptstadt

Zu Beginn des Jahres 1919, nachdem Vilnius von der Roten Armee besetzt worden war, siedelte die Regierung der erst ein Jahr zuvor ausgerufenen Republik Litauen nach Kaunas über, in dem noch deutsche Soldaten standen. Diese verließen die Stadt im Juli 1919. Kaunas blieb, da Vilnius nunmehr von Polen besetzt war, bis 1940 die provisorische Hauptstadt Litauens. Im Laufe von 20 Friedensjahren wuchs die Stadt beträchtlich: Vororte wurden angeschlossen, Brücken gebaut, und Industrie angesiedelt. Die Gründung der Universität im Jahr 1922 machte Kaunas zum Wissenschafts- und Kulturzentrum Litauens, das 1940 über 154 000 Einwohner zählte. Beim Überfall der Wehrmacht auf die Sowjetunion am 22. Juni bombardierten deutsche Kampfflieger schon am ersten Kriegstag die Stadt; zwei Tage später zogen deutsche Truppen ein. Zur selben Zeit verübten litauische »Freischärler«, z. T. noch vor dem Einmarsch der Deutschen und dann unter deren Augen, ein Pogrom gegen Tausende jüdischer Einwohner. Die Besatzungsmacht errichtete im Stadtteil Vilijampolė ein **jüdisches Ghetto** und verwandelte die Forts in Konzentrations- und Vernichtungslager, in denen etwa 80 000 Menschen ermordet wurden.

Nach dem Krieg verlor Kaunas seine Hauptstadtfunktion: Die aus Moskau zurückgekehrte litauische Sowjetregierung richtete sich in der alten Hauptstadt Vilnius ein. Kaunas blieb die zweitgrößte Stadt Litauens. Als sich 1972 der Student Romas Kalanta selbst verbrannte, kam es – erstes Zeichen des Protestes gegen die Sowjetmacht – zu Demonstrationen.

Altstadt

Aussicht vom Aleksotas-Hügel

Einen schönen Überblick über die gesamte Altstadt hat man vom Aleksotas-Hügel auf dem südlichen Ufer des Nemunas, den man über die Aleksotas-Brücke und dann mit der Zahnradbahn erreicht.

Burg

Baugeschichte ►

Die Burg von Kaunas wurde in der zweiten Hälfte des 13. Jh.s am Zusammenfluss von Nemunas und Neris erbaut und mit unbewässerten Gräben von 5 – 6 m Tiefe umgeben. Wegen ihrer wichtigen strategischen Lage wurde sie in der zweiten Hälfte des 14. Jh.s ständig von Ordensrittern angegriffen und schließlich von diesen 1362 erobert und zerstört. Fünf Jahre später war eine neue Burg mit 9 m hohen Mauern und vier Ecktürmen errichtet. 1611 stürzten die beiden Nordtürme und mehr als die Hälfte der Mauern infolge der Unterspülung durch die Neris ein. Während der Kriege im 17. und

KAUNAS ERLEBEN

AUSKUNFT

Laisves al. 36, LT - 3000 Kaunas
Tel. 8 - 37 / 32 34 36, Fax 42 36 78
www.kaunas.lt/english

ESSEN

► Fein & Teuer

① ***Medžiotojų Užeiga***
Rotušės 10, Tel. 8 - 37 / 32 09 56
Die »Jägerstube« serviert so etwa alles, was in freier Wildbahn anzutreffen ist. Das Biberfleisch soll ganz besonders vorzüglich sein.

► Erschwinglich

③ ***Avilys***
Vilniaus 34, Tel. 8 - 37 / 20 34 76
Schon der Dalai Lama wurde hier gesehen, ob er allerdings zum schmackhaften Essen das wahrhaft exzellente hausgebraute Bier probiert hat, ist nicht überliefert.

② ***Eliza***
Vilniaus 30, Tel. 8 - 37 / 20 75 93
Auf der Speisekarte gibt es viel Fisch und frische Salate, das Ambiente mit ein wenig Wintergartenatmosphäre ist angenehm ruhig.

④ ***Žalias ratas***
Laisves 36 B, Tel. 8 - 37 / 20 00 71
In der liebevoll rekonstruierten Bauernkneipe stimmt auch wirklich alles, vom Dach aus Stroh, über die Trachten des Personals bis zur offenen Feuerstelle im Winter. Zu essen gibt es authentisch litauische Küche mit viel Bier.

ÜBERNACHTEN

► Luxus

② ***Best Western Santakos***
Gruodžio 21, 40 Z.
Tel. 8 - 37 / 30 27 02, Fax 30 27 00
www.santaka.lt
In den Räumlichkeinen eines ehemaligen Weinkellers gehen Alt und Neu eine gelungene Verbindung ein.

► Komfortabel

③ ***Nakties magija***
Skroblų 3, Tel. 8 - 37 / 79 79 23
Fax 79 58 32, 10 Z.
Ein kleines, liebevoll geführtes Mittelklassehaus, ca. 5 km vor der Stadt gelegen.

⑤ ***Takioji Neris***
Donelaičio 27, Tel. 8 - 37 / 20 42 24
Fax 20 52 89, 179 Z.
Eines der größten Hotels der Stadt, modern und zentral gelegen.

► Günstig

① ***Minotel***
VI. Kuzmos 8, Tel. 8 - 37 / 20 37 59
Fax 22 03 55, 23 Z.
Ein kleines liebevoll geführtes Mittelklassehaus, ca. 5 km vor der Stadt gelegen.

④ ***Lietuva***
Daukanto 21, Tel. 8 - 37 / 22 59 92
Fax 20 62 69, 20 Z.
Der vergangene Glanz vergangener Zeiten spiegelt sich in den großen Gängen und den riesigen Badezimmern. Preiswert und mit nettem Service.

ANREISE

Flughafen
bei Karmėlava (12 km nordöstlich vom Stadtzentrum; Busverbindung vom Busbahnhof).

Bahnhof
M. K. Čiurlionio 16

Busbahnhof
Vytauto pr. 24/26

18. Jh. wurde die Burg fast völlig zerstört, und im 19. Jh. füllte man auch den Verteidigungsgraben auf. Die Erforschung und Konservierung der Burgruinen begann schon vor dem Zweiten Weltkrieg. Nach dem Krieg wurden die Bastei sowie ein Teil der Mauern und des Südostturms restauriert, in dem nun eine Ausstellung die Geschichte der Burg erläutert.

Rathausplatz und Umgebung

Mittelpunkt der Altstadt ist der Rathausplatz (lit. Rotušės aikštė), der zunächst als Marktplatz diente. Um 1540 wurde eine planmäßige Bebauung festgelegt, deren Mittelpunkt der fast rechteckige Marktplatz war. Innerhalb von einem Jahr und sechs Wochen hatten die Bürger auf den ihnen zur Verfügung gestellten Grundstücken rings um den Platz Wohnhäuser aufzubauen, von denen einige noch erhalten sind, andere in späteren Zeiten hinzukamen, dem Platz aber dennoch einen harmonischen Gesamteindruck belassen.

★★ Rathaus ►

Im Zentrum der Planung stand das Rathaus, mit dessen Bau nach einem Entwurf des Vilniusser Baumeisters Choinowski 1542 begonnen wurde. Von diesem Gebäude sind heute allerdings nur die Kellergewölbe erhalten. Die Zerstörungen im Jahr 1655 machten eine umfassende Neugestaltung nötig, die schließlich 1771 – 1780 von dem tschechischen Architekten J. Mateker durchgeführt wurde. Er verlieh dem Rathaus sein heutiges, an eine Kirche erinnerndes Aussehen und erhöhte den Turm auf 53 m, was der schlanken Landmarke bald den Namen »Weißer Schwan« einbrachte. In der ersten Hälfte des 19. Jh.s verlor das Rathaus seine Funktion; die Innenräume wurden aufwendig für den manchmal auf der Durchreise in der Stadt weilenden Zaren umgebaut. Die Verlegung der Eisenbahnstrecke St. Petersburg – Warschau im Jahr 1861 machte allerdings Übernachtungen in Kaunas überflüssig, und so zog die Stadtverwaltung wieder ein. Seit seiner Renovierung 1968 – 1973 dient es als »Hochzeitspalast«.

In den gotischen Kellerräumen ist seit 1978 ein Keramikmuseum eingerichtet, das Erzeugnisse und Geschichte der litauischen Töpferkunst zeigt (Öffnungszeiten: Di. – So. 11.00 – 17.00 Uhr).

Nicht Kirche, sondern Rathaus: der »weiße Schwan« von Kaunas

Kaunas Orientierung

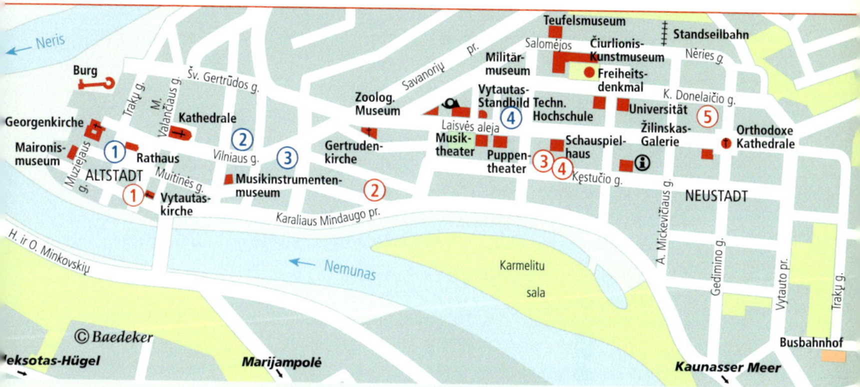

Übernachten
① Minotel
② Best Western Santakos
③ Nakties magija
④ Lietuva
⑤ Takiaji Neris

Essen
① Medžiotojų Užeiga
② Eliza
③ Avilys
④ Žalias ratas

Bürgerhäuser

Von den schön restaurierten Häusern (16. – 19. Jh.) am Platz ist besonders die Zeile an der Ostseite (Rotušės a. 1 – 3) interessant. Es handelt sich um gotische Kaufmannshäuser aus dem 16./17. Jh., bestehend aus Wohntrakt, Warenlager und Wirtschaftsgebäude. Haus Nr. 1 beherbergt eine **Galerie für Fotokunst** (Öffnungszeiten: Mo. bis Fr. 11.00 – 18.00 Uhr), Haus Nr. 2 war einst Sitz der Kaufmannsgilde und ist nun Restaurant. Im Haus Nr. 28, einer alten Apotheke, zeigt das **Historische Museum der Pharmazie und Medizin** u. a. Apothekerutensilien (Öffnungszeiten: Mi. – So. 11.00 – 18.00 Uhr). Haus Nr. 19 ist die alte Post. In den übrigen Häusern rund um den Platz sind Restaurants, Cafés oder Bierlokale untergekommen.

Jesuitenkirche

An der Südseite des Platzes unterbrechen die zweitürmige Jesuiten- oder Stanislauskirche und die Gebäude des ehemaligen Jesuitenklosters die Reihe der Bürgerhäuser. Der Bau der barocken, gut mit dem Rathaus harmonierenden Kirche wurde 1666 begonnen und erst 1753 abgeschlossen. Nach dem Zweiten Weltkrieg wurde die Kirche geschlossen, ist nun aber wieder im Besitz der Gläubigen und wird restauriert.

Maironis-Haus und Maironis-Museum

An der Westseite des Platzes kommt man, am Denkmal für den litauischen Nationaldichter Maironis (► Berühmte Persönlichkeiten) vorbei, zu einem im 17. Jh. erbauten Stadtpalast (Rotušės a. 13). Diesen kaufte und renovierte Maironis im Jahr 1910 und wohnte darin bis zu seinem Tod 1932. Zunächst als Gedächtnismuseum gegründet, wurde das Haus später in das **Museum für litauische Literatur** umgewandelt, dessen Hauptakzent jedoch auf Leben und Werk von Maironis bleibt (Öffnungszeiten: Mi. – So. 10.00 – 18.00 Uhr).

Georgenkirche Die turmlose Georgenkirche (1471 – 1504) liegt nur wenige Schritte nördlich vom Maironis-Haus. Sie gehört zum ehemaligen Zisterzienserkloster und beherbergt heute die medizinische Fakultät der Universität.

✶ **Masalskis Haus** In der Nordwestecke des Rathausplatzes erhebt sich, abgeschirmt durch eine Mauer, der Masalskis-Palast, der früher mit der Trinitatiskirche ein Ensemble bildete. Der Palast, auf Geheiß des Fürsten Masalskis im Jahr 1634 errichtet, ist dank seines Volutengiebels eines der wertvollsten Renaissance-Baudenkmäler in Litauen und diente als zentrales Gebäude des Bernhardinerinnenklosters. In dem Kloster ist heute das Priesterseminar von Kaunas untergebracht.

✶ **Kathedrale** In der Nordostecke des Rathausplatzes verhebt sich die Kathedrale von Kaunas, ein massiver Bau aus unverputzten Ziegelsteinen. Man nimmt an, dass zwischen 1408 und 1413 mit einer kleinen einschiffigen Kirche begonnen wurde, die heute den Chor bildet. Etwas später kam die zweigeschossige Sakristei an der Nordseite hinzu. Wohl erst nach 1624 erreichte die Kirche allmählich ihre gegenwärtigen Ausmaße, vor allem durch die Errichtung des Langhauses, das von vier Paaren massiver Säulen in drei Schiffe von über 50 m Länge geteilt wird. Das Presbyterium setzt das Mittelschiff in derselben Höhe und Breite fort und macht die Kirche zum größten gotischen Bauwerk Litauens. Der massive, 55 m hohe Glockenturm wurde im 17./18. Jh. errichtet.
Die **Innenausstattung** der Kirche ist im Wesentlichen ein Werk des 18. und 19. Jh.s, in dem spätbarocke Elemente, insbesondere in Gestalt der neun Altäre und der Skulpturen, dominieren. Auf die Gotik verweisen lediglich noch die Netzgewölbe in Hauptschiff und Chor. Unter den Kunstwerken verdienen Beachtung ein Holzaltar (17. Jh.) mit zwei Gemälden von Johann Gotthard Berchhoff im Nordschiff, die Kreuzigungsszene am Hauptaltar (18. Jh.) von einem unbekannten Meister, die beiden Gemälde (1890/1891) »Wunderbarer Fischzug« und »Bekehrung des hl. Paulus« an Nebenaltären von M. E. Andriolli, der als Illustrator der Werke von Adam Mickiewicz bekannt geworden ist, sowie Bilder der zeitgenössischen litauischen Maler Zikaras und Kalpokas.
In die südliche Außenfassade der Kathedrale ist das mit einem Flachrelief geschmückte **Grabmal von Maironis** eingelassen.

✶ **Perkūnas-Haus** Unweit vom Rathausplatz befindet sich in der zum Nemunas abgehenden Aleksoto gatvė das sog. Perkūnas-Haus, das seinen Namen nach dem litauischen Göttervater, dem Donnergott Perkūnas, erhielt. Ob an seiner Stelle einst tatsächlich ein Tempel für Perkūnas stand, ist nicht bewiesen; allerdings fand man bei Umbauarbeiten eine eingemauerte Bronzestatuette, die als Perkūnas-Figur gedeutet wurde. Fest steht jedoch, dass ein vermögender Kaufmann das Gebäude aus roten Ziegeln als Kontor und Lagerhaus an der Gasse vom Marktplatz zur Schiffsanlegestelle bauen ließ. Dessen originelle und reich gestaltete Fassade, in die aus 16 verschiedenen Ziegelsteinformen ein Erker, Friese, Fialen, Fensterchen und Nischen gemauert sind, macht das Perkūnas-Haus zu einem einzigartigen Beispiel der weltlichen spätgotischen Architektur in Litauen. Eine Ausstellung informiert über die Altstadt und die Funde im Perkūnas-Haus.

Benannt nach dem litauischen Donnergott: das Perkūnas-Haus

Am Ende der Aleksoto g. steht mit schlankem achteckigem Turm die **Vytautas- oder Mariä-Himmelfahrt-Kirche**. Sie ist um 1400 für die in Kaunas ansässigen ausländischen Kaufleute gebaut worden und gehörte den Franziskanern, die im hölzernen Kloster neben der Kirche wohnten. Das durch Kriege, Brände und Überschwemmungen oft beschädigte und wieder aufgebaute Bauwerk auf dem Grundriss eines lateinischen Kreuzes ist die einzige in Litauen erhaltene gotische Hallenkirche.

Vilniaus gatvė

Die an der Ostseite des Platzes beginnende Vilniaus gatvė stellt die Verbindung zwischen Altstadt und Neustadt her. Diese wohl älteste Straße von Kaunas, dem Verlauf des Handelsweges nach Vilnius folgend, ist heute zur Fußgängerzone mit Läden, Galerien, Cafés und Werkstätten umgestaltet, in der jedoch das Kolorit alter innerstädtischer Handelsstraßen wiederhergestellt wurde. Gegenüber von Haus Nr. 20 sieht man einen ungewöhnlichen Renaissancegiebel.

Neustadt

Freiheitsallee

Zwischen Nemunas, Bahnlinie und Žaliakalnis erstreckt sich die Neustadt von Kaunas, das jetzige Stadtzentrum, das in der zweiten Hälfte des 19. Jh.s. angelegt wurde. Die zentrale Achse ist die 1,7 km lange Laisvės alėja, 1871 geplant, mit ein- und zweistöckigen Häusern eklektizistischer Architektur bebaut und auf die orthodoxe Kirche ausgerichtet. Sie zeigt sich heute als mit Linden bestandener großzügiger Flanierboulevard, gesäumt von Cafés, Restaurants, Kinos und Geschäften.

Žilinskas-Galerie

An dem Platz steht das 1984 – 1989 entstandene Gebäude der Žilinskas-Galerie. Die Galerie zeigt die Sammlung des Kunstmäzens Mykolas Žilinskas (1904 – 1992), die dieser seiner Heimatstadt vermacht hat. Zum interessanten Museumsbestand zählen Werke deutscher Maler aus der ersten Hälfte des 20. Jh.s – wie z. B. der »Turm der blauen Pferde« von Franz Marc (Öffnungszeiten: Di. – So. 11.00 – 17.00 Uhr).

Die orthodoxe Kirche von der Žilinskas-Galerie aus gesehen

Orthodoxe Kirche

Die neobyzantinische orthodoxe Kirche, der »Sobor«, wurde von 1891 bis 1895 für die russische Garnison von Kaunas gebaut und dominiert seitdem mit ihren fünf silberglänzenden Kuppeln das Ostende der Allee. 1919 kaufte die Katholische Kirche den Dom und weihte ihn als katholische St.-Mykolas-Kirche; im Jahr 1962 wurde sie geschlossen und diente fortan als Museum. Inzwischen ist sie jedoch wieder in ein katholisches Gotteshaus zurückverwandelt, harrt aber noch der Renovierung.

✶ Platz der Einheit

Wendet man sich am Kaufhaus Merkurijus auf der Daukanto g. nach Norden, gelangt man auf den Vienybės aikštė. Der repräsentative Platz wurde noch vor dem Zweiten Weltkrieg angelegt, in den Nachkriegsjahren dann zum obligatorischen Leninplatz umgewidmet. Das rechter Hand liegende Gebäude wurde 1960 als »Palast der politischen Bildung« gebaut und beherbergt nun die wieder gegründete Vytautas-Magnus-Universität. 1989/1990 wurden die 1950 abgebauten Denkmäler am Platz wiederaufgestellt: das Freiheitsdenkmal auf einem hohen Pylon in der Gartenanlage vor dem Militärmuseum und eine aus Feldsteinen aufgerichtete Pyramide zu Ehren der im Unabhängigkeitskampf gefallenen Litauer.

Museumsbau ▶ Das beherrschende Gebäude am Einheitsplatz ist der Komplex des Militärmuseums und des Čiurlionis-Kunstmuseums – ein typisches Beispiel für die litauische Architektur der 1930er-Jahre; besonders der Eingangsbereich des Kunstmuseums an der jenseitigen Gebäudefront lässt das Art Déco anklingen.

Das Militärmuseum zeigt Waffen, Ausrüstungsgegenstände, Dokumente u. a. aus der litauischen Geschichte, aber auch Wrackteile des Flugzeugs, mit dem Steponas Darius und Stasys Girėnas (beide ►Berühmte Persönlichkeiten) kurz vor dem Abschluss ihres Transatlantikfluges im Jahr 1933 abstürzten (Öffnungszeiten: Mi. – Mo. im Winter 9.00 – 17.00, im Sommer 10.00– 18.00 Uhr).

✶ ◄ Militärmuseum Vytautas' des Großen

Im Čiurlionis-Kunstmuseum (Eingang V. Putvinskio 55) sind Gemälde und Zeichnungen des berühmten litauischen Malerkomponisten Mikalojus Konstantinas Čiurlionis (► Berühmte Persönlichkeiten) zu sehen. Im Musiksaal kann man seinen Stücken, die er zumeist auch in Gemälde umsetzte, lauschen. Weitere Abteilungen des Museums befassen sich mit litauischer Volkskunst und asiatischer Kunst (Öffnungszeiten: Di. – So. 11.00 – 17.00 Uhr).

✶ ◄ Čiurlionis Kunstmuseum

! *Baedeker* TIPP

Zum Teufel nochmal ...

Schräg gegenüber vom Eingang zum Kunstmuseum befindet sich das Haus mit Werken des impressionistischen Malers Antanas Žluidzinavičius, der zwischen 1876 und 1966 lebte (Öffnungszeiten: Di. – So. 11.00 – 17.00 Uhr). Der Maler frönte einer ganz besonderen Sammelleidenschaft: Er trug im Laufe seines Lebens eine große und skurrile Sammlung von rund 1000 Teufelsfiguren zusammen, die die eigentliche Attraktion des Museums bilden.

Recht originell ist das **Musikinstrumentenmuseum** in der Zamenhofo 12 (Öffnungszeiten: Winter Mi. – So. 10.00 – 17.00, Sommer 11.00 bis 18.00 Uhr).

Wer sich für litauische Schriftsteller und Komponisten interessiert, kann noch einige kleinere, meist etwas außerhalb liegende Museen besuchen: **Salomėja-Nėris-Museum** (Schriftstellerin), Vilnelės 7 (Öffnungszeiten: tgl. außer Di. 11.00 – 19.00 Uhr); **Balys-Sruoga-Museum** (Schriftsteller und Dramatiker), Sruoga 21 (Voranmeldung Tel. 73 80 01); **Juozas-Gruodis-Museum** (Komponist), Salako 18 (Voranmeldung Tel. 73 24 98); **Kipras-Petrauskas-Museum** (Komponist), Petrausko 31 (Öffnungszeiten: Mi. – So. 12.00 – 18.00 Uhr); **Cvirka-Museum** (Schriftsteller), Donelaičio 13 (Mi. – Mo. 11.00 – 19.00 Uhr); **Šimkus-Museum** (Komponist), Bitninkų 45 (Voranmeldung Tel. 29 58 96).

Parks und Grünanlagen

Rechts vom Teufelsmuseum führt eine Treppe hinauf zum Aussichtspunkt auf einem Teil des Žaliakalnis, des Grünen Bergs. Noch weiter rechts davon fährt eine Standseilbahn hinauf.

◄ Vytautas-Park und Ąžuolynas

Die am Einheitsplatz vorbeilaufende K. Donelaičio gatvė führt nach Osten zum Fuß des Žaliakalnis, wo der Vytauto prospekt die Laisvės alėja trifft. Hier erstreckt sich, die baumbestandenen Abhänge des Žaliakalnis hinauf, der Vytautas-Park. Vom Eingang gegenüber der Laisvės aleja steigt man, am Stadionkomplex vorbei, hinauf zum 65 ha großen Ąžuolynas (Eichenwald), einem beliebten Erholungsort der Bürger von Kaunas. An seinem Südrand liegt das Tal der Lieder (lit. Dainų slėnis), in dem die traditionellen Liederfeste von Kaunas

Zoo ► veranstaltet werden. An der Nordflanke des Eichenwaldes liegt im tiefen Tal und an den Abhängen des Girstupis-Baches der Zoo von Kaunas, der einzige in Litauen.

Umgebung von Kaunas

✶ Museum im IX. Fort

Noch zum Stadtgebiet gehörend, aber jenseits der Neubauviertel, liegt an der Autobahn Richtung ►Klaipėda ein Teil des Festungsringes um Kaunas, das IX. Fort (Žemaičių pl. 73;). Schon das Smetona-Regime kerkerte hier in den 1920er-Jahren politische Gegner ein. Die Nazis errichteten 1941 unter der Tarnbezeichnung »Fabrik Nr. 1005 B« ein Konzentrations- und Vernichtungslager, in dem insgesamt 80 000 Menschen – Juden aus Litauen und dem übrigen Europa sowie 10 000 sowjetische Kriegsgefangene – ermordet wurden. Weitere 35 000 Menschen kamen im VI. Fort um. Zum Gedenken wurden 1984 drei Betonplastiken errichtet. Eine Ausstellung im Keller berichtet vom Leid der jüdischen Opfer. (Öffnungszeiten: Sommer tgl. außer Di. 10.00 – 18.00, Winter Mi. – So. 10.00 – 16.00 Uhr).

✶ Kauno marios Kaunasser Meer

Am südöstlichen Stadtrand wurde 1954 am Ufer des Nemunas ein Wasserkraftwerk gebaut. Der hierfür entstandene Stausee, das Kaunasser Meer, ist ein beliebtes Ausflugsziel; man kann Wassersport aller Arten betreiben und in den Wäldern lässt es sich endlos wandern. Auf dem See verkehren zwischen Mai und September Boote, die in der Nähe des Kraftwerks abfahren. Die größte Attraktion jedoch ist das Freilichtmuseum von ►Rumšiškės.

✶ Kloster Pažaislis

Herrlich gelegen am Südwestufer des Kaunasser Meeres, ragt auf einer kleinen Erhebung, umgeben von grünen Wiesen und Bäumen, die mächtige Kuppel der Klosteranlage von Pažaislis empor, eines der wertvollsten Denkmäler barocker Architektur in Litauen. Der gesamte Bau, 1667 begonnen und 1712 geweiht, wurde vom Kanzler Litauens, Kristupas Pacas, der in seiner Jugend den strengen Kamaldulenserorden kennengelernt hatte, finanziert. Heute noch existieren im Kloster zwei von einst zehn sog. Inklusen, in die sich die frommsten Mönche zur lebenslangen Andacht einmauern ließen. Nach dem Zweiten Weltkrieg verfielen Kloster und Kirche allmählich. Die Restaurierung begann 1964; seit 1980 ist in einigen Räumen eine Ausstellung über Barockkunst zu sehen.

Die Klostergebäude, von den italienischen Baumeistern Giovanni Battista Frediani sowie Carlo und Piero Putini entworfen, sind streng symmetrisch um zwei Innenhöfe angelegt. Mittelpunkt ist die sechseckige Kirche, deren Kuppel in 53 m Höhe in einer Laterne endet. Vorgebaut sind zwei rechteckige Türme, die in Frankreich gegossene Glocken tragen. Der mit rosa und schwarzem Marmor ausgekleidete, beeindruckend hohe Kirchenraum mit vier symmetrisch angeordneten Kapellen und rundem Presbyterium ist mit prächtigen Stukkaturen geschmückt (Öffnungszeiten: Mi. – So. 12.00 – 17.00 Uhr).

Am Nemunas

Raudondvaris

An der Straße, die Kaunas in westlicher Richtung am Südufer des Nemunas entlang verlässt, kommt man nach 7 km zum Schloss von Raudondvaris, das 1615 als Lustschloss erbaut und im 19. Jh. stark verändert wurde. Arnold Zweig, der hier im Ersten Weltkrieg als Heeresschreiber stationiert war, beschreibt das Schloss in seinem Roman »Einsetzung eines Königs«.

Veliuona

Verfolgt man die Straße weiter, kommt man nach 45 km nach Veliuona. Hier stand schon im 13. Jh. eine Burg, zu der sich 1337 eine Ordensfeste, die sog. Bayerburg, gesellte. Auch von der 1412 erbauten zweiten litauischen Burg ist wie von den beiden anderen nur noch der Schüttberg zu sehen. An Sehenswertem besitzt der Ort heute die Renaissancekirche Mariä Himmelfahrt (1636 – 1644) sowie das klassizistische Gutshaus mit dem Heimatmuseum.

Lustschloss eines Holzhändlers: Raudonė

Raudonė liegt 18 km westlich von Veliuona. Hier findet man ein noch besonders gut erhaltenes Lustschloss, das Ende des 16. Jh.s von dem wohlhabenden preußischen Holzhändler Krispin Kirschenstein erbaut und reich ausgestattet wurde. Späterer Besitzer war der Günstling Katharinas II., Fürst Zubow, dessen Tochter das Schloss im 19. Jh. im neogotischen Stil renovieren ließ. Dennoch zeigt es sich überwiegend im Originalgrundriss aus der Renaissance als Dreiflügelanlage mit einem zentralen Turm, der 1944 von der deutschen Wehrmacht gesprengt und inzwischen wieder aufgebaut wurde. Im alten Park um das Schloss wächst mancher für Litauen seltene Baum, darunter die mächtige Vytautas-Eiche.

✶ Schloss Panemunė

Im Dorf Skirsnemunė findet sich der Hinweis Pilis Panemunė. Folgt man diesem, findet man hoch über dem Nemunas thronend das von der aus Ungarn stammenden Händlerfamilie Eperješ zwischen 1604 und 1610 errichtete Schloss, das als einer der bedeutendsten Renaissancebauten Litauens gilt.

✶ Kėdainiai

✶ Altstadt

Kėdainiai liegt 56 km nördlich von Kaunas am Fluss Nevėžis. Ein Besuch der Kleinstadt lohnt sich wegen der sehr hübsch restaurierten Altstadt. Das schon 1372 erwähnte Städtchen war neben ►Biržai eine Hochburg der Reformbemühungen der Grafen Radvila, die im

17. Jh. Kėdainiai zu Ansehen und Wohlstand verhalfen – u. a. besaß die Stadt eine Druckerei, eine reformierte Schule und sechs Marktplätze. Etliche schottische Calvinisten fanden hier eine neue Heimat.

Marktplatz ► Der Große Marktplatz ist das Zentrum der Stadt, um das sich schöne Bauten aus dem 16. und 17. Jh. gruppieren, so die Häuser der schottischen Kaufleute und die Rektorenhäuser mit ihren geschwungenen Giebeln. Das 1770 abgebrannte Rathaus wurde 1983 nach dem alten Vorbild wieder erstellt. Die calvinistische Kirche (1631 – 1653) fällt

Gotteshäuser ► durch ihr hohes Portal und die vier runden Ecktürme auf. Über dem Nevėžis thront die ursprünglich spätgotische, später barock umgebaute Georgskirche. In der Nähe der Busstation steht die schlichte evangelische Kirche aus dem 17. Jh., heute landeskundliches Museum. Die beiden Synagogen verweisen auf die Ende des 17. Jh.s beginnende jüdische Tradition. Selbst eine Moschee besitzt Kėdainiai – der russische General Todleben, Teilnehmer des Feldzuges gegen das Osmanische Reich, ließ sie Ende des 19. Jh.s erbauen.

★ Klaipėda (Memel)

G 11

Höhe: 0 – 30 m ü. d. M. **Einwohnerzahl:** 194 400

Klaipėda ist Litauens Tor zur Welt und von äußerst hoher Bedeutung für die Wirtschaft des Landes. Als einziger Hafen an der gesamten Ostseeküste bleibt er auch in sehr strengen Wintern eisfrei.

★ **Tor zur Ostsee** Kräne, Hafen- und Werftanlagen bestimmen das Bild der Stadt. Große Bedeutung für den Handelshafen hat die internationale Eisenbahnfährverbindung Klaipėda – Mukran / Rügen, die 1986 in Betrieb genommen wurde. Mit Unterstützung der EU wurde und wird der Bau eines Passagierhafens, eines Containerterminals und einer Ölverladestation vorangetrieben.

Geschichte

Ordensstadt Bis zur Mitte des 13. Jh.s befand sich am Ort des gegenwärtigen Klaipėda eine alte schemaitische Siedlung. Es ist anzunehmen, dass diese Siedlung vom Livländischen Orden im Jahr 1252 erobert wurde. Es wurde eine Burg errichtet, die die Binnenwasserstraßen von Litauen zur Ostsee und die Landwege zwischen den Gebieten des Deutschen Ordens im Süden und des Livländischen Ordens im Norden schützen sollte. Es entstand eine Stadt, der 1254 als »Memele castrum« (Memelburg) das Lübecker Stadtrecht verliehen wurde.

? WUSSTEN SIE SCHON ...?

- ... dass Memel fast ein Jahr lang (1807 / 1808) als Ersatzhauptstadt des preußischen Königreiches fungierte?

Der Ort wuchs nach einem in Rechtecken angelegten Plan; Steingebäude verbot man jedoch, um im Fall eines Angriffes die Stadt niederbrennen zu können. Denn Angriffe der Litauer waren eine ständige Bedrohung. Trotz seiner Niederlage bei Tannenberg im Jahr 1410 blieb Memel in Händen des Ordens, so dass die Angriffe der Litauer erst nach 1455 ein Ende fanden, nachdem sie das Interesse an der Eroberung der Stadt verloren hatten.

Erst nachdem Memel im Jahr 1525 preußisch geworden war, begann sich ein Aufstieg abzuzeichnen. Der Dreißigjährige Krieg brachte 1629 die Eroberung durch die Schweden, die bis 1635 blieben. Zwischen 1709 und 1711 forderten Hunger und Pest 3000 Opfer. Protestantische Religionsflüchtlinge aus Frankreich und Österreich fanden eine neue Heimat in der Stadt. Im Siebenjährigen Krieg war Memel fünf Jahre lang von den Russen besetzt. Im Jahr 1802 trafen sich hier der preußische König Friedrich Wilhelm III. und Zar Alexander I. von Russland. Nach der Besetzung

! *Baedeker* TIPP

Essen an Bord

Am Dankai, unweit der Brücke zum Stadtzentrum, hat der alte Dreimastsegler »Meridianas« festgemacht. Hier kann man seine Tour für ein schnelles Bier oder eine geruhsame Mahlzeit unterbrechen.

Fast schon das Wahrzeichen von Klaipėda: der Dreimaster Meridianas

KLAIPĖDA ERLEBEN

AUSKUNFT

Turgaus 7, LT - 5800 Klaipėda
Tel. 8 - 46 / 41 21 86
www.klaipeda.lt

ESSEN

► Erschwinglich

① ***Meridianas***
Danės krantinė
Tel. 8 - 46 / 21 68 51
Der Dreimaster ist fast schon ein Wahrzeichen der Stadt. Besonders berühmt ist das in der Schiffsbar ausgeschenkte »Rainecke-Bier« nach einem Rezept aus dem 18. Jahrhundert.

② ***Memelis***
Žwejų 4, Tel. 8 - 46 / 40 30 40
In einem alten Magazin entstand jüngst ein Restaurant über zwei Etagen, mit Bar und Diskothek im dritten Stock. Gutes Essen und im Haus gebrautes Bier.

► Preiswert

Juodojo Katino Smukle 2
Mazvydo 1/Manto 9
Tel. 8 - 46 / 21 01 55
In der »Kneipe zum schwarzen Kater« gibt es gute und preiswerte Landesküche.

ÜBERNACHTEN

► Komfortabel

① ***Hotel Klaipėda***
Naujo Sodo 1
Tel. 8 - 46 / 40 43 72, Fax 40 43 72, 400 Z., www.klaipedahotel.lt
Vom 12. Stock des Kolosses hat man einen herrlichen Blick auf die Kurische Nehrung.

► Günstig

Hotel Lūgne
Galinio pylimo 16, 22 Z.
Tel. / Fax 8 - 46 / 41 18 84
Zimmer mit Bad oder Dusche/WC, TV und Telefon. Restaurant und Bar gehören zum Hotel.

Fortuna
Poisio 64, 10 Z.
Tel. 8 - 46 / 7 52 42, Fax 36 01 74
Das freundliche, familiär geführte Haus ist etwas abgelegen, dafür hat es mehr Charakter als seine Konkurrenten. Die Zimmer im oberen Stock sollen am gemütlichsten sein.

ANREISE

Bahnhof
Priestoties 1

Busbahnhof
Butkų Juzės 9, neben dem Bahnhof

Flughafen
►Palanga (30 km nördl.; Bus vom Busbahnhof Klaipėda)

Internationale Fähren
von Kiel, Mukran / Rügen und Åhus / Dänemark, Stockholm / Schweden (überw. Frachtverkehr) nach Klaipėda

Fähren zur Kurischen Nehrung
Personen- und Autofähren starten vom Anleger der alten Fähre am Danė-Ufer, Žwejų g. 8 (Kasse dort und in der Altstadt) zum Smiltynė-Strand und zum Meeresmuseum.
Die Fahrtzeit beträgt gute fünf Minuten, Abfahrt im Sommer zwischen 5.00 und 2.15 Uhr halbstündlich, im Winter stündlich. Zwischen 9.30 und 19.45 Uhr werden keine Autos befördert.
Eine weitere Fähre befindet sich am Nemuno 8. Zwischen 6.50 und 22.50 Uhr werden Personen und Fahrzeuge befördert.

Klaipėda Orientierung

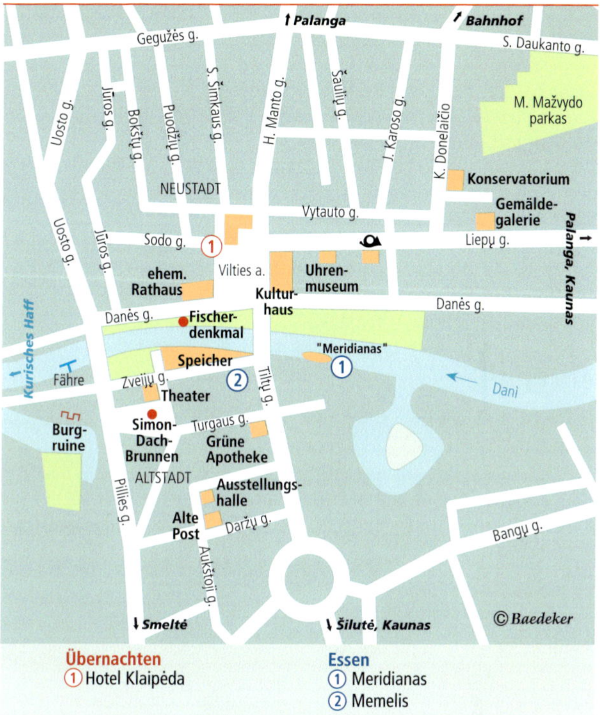

Berlins durch die Franzosen im Jahr 1807 flohen der Königshof und die Regierung nach Memel, das dadurch (bis 1808) kurz zur provisorischen Hauptstadt des preußischen Königreiches avancierte. Friedrich Wilhelm III. und seine Gemahlin Luise residierten im heute noch erhaltenen Haus Danės g. 17. Hier erließ der König u.a. die Order zur Abschaffung der Leibeigenschaft in Preußen.

Streit um das Memelgebiet

Nach der Niederlage Deutschlands im Ersten Weltkrieg trennten die Siegermächte 1919 Memel und das sog. Memelgebiet von Deutschland ab und stellten es im Versailler Vertrag zunächst unter Völkerbundsmandat, bis 1920 Frankreich die Verwaltung übernahm. Auch Litauen erhob nun Ansprüche auf Memel, litauische Freischärler besetzten das Gebiet und erreichten den Abzug der Franzosen. 1924 wurde in Paris die Konvention zur Übergabe an Litauen unterzeichnet. Die Stadt war nun als Zentrum der autonomen Region von Klaipėda Bestandteil Litauens. Bemerkenswert bleibt, dass bei Wahlen im Jahr 1925 die deutschen Parteien deutlich siegten, da sie auch von vielen Litauern gewählt wurden. Selbst bei weiteren Wahlen

1938 errangen die deutschen Parteien mehr als 87 % der Stimmen – nun allerdings mit einem großen Anteil der NSDAP. Die Nazis betrieben nach der Machtergreifung in Deutschland den Anschluss des Gebietes an das Reich. Einem deutschen Ultimatum vom 23. März 1939 gab die litauische Regierung nach, und Klaipėda – nunmehr wieder Memel – fiel an Deutschland zurück. Hitler hielt vom Balkon des Theaters seine »Anschlussrede«.
Beim Angriff der Roten Armee im Januar 1945 wurden etwa 60 % der Wohnhäuser zerstört, es blieben fast keine Einwohner in der Stadt. Über 90 % der Memeldeutschen waren vorher schon geflohen. Klaipėda war wieder litauisch, nun aber im Verband der UdSSR. Je der deutsche Besucher in Klaipėda sollte bedenken, dass die Geschichte des Memelgebiets für manchen Einwohner der Stadt auch heute noch ein heikles Thema ist.

✶ Altstadt

Kulturdenkmal

Die Altstadt von Klaipėda wird im Norden von der Danė, im Westen vom Kurischen Haff und im Osten und Süden von den Resten der städtischen Schutzwälle begrenzt. Sie unterscheidet sich von anderen alten Stadtkernen durch ihre planmäßige Anlage in kleinen, rechteckigen Vierteln und geraden, schmalen Straßen. Handel und Ge-

Straßenhändler beleben die Fassaden der Altstadt.

werbe bestimmten Architektur und Struktur: Neben Wohnhäusern finden sich viele Lagerhäuser, Kontore und Werkstätten. Bauten der Gotik und der Renaissance sucht man vergeblich, da in jener Zeit ein Verbot des Baus von Steinhäusern bestand. Seit 1969 steht die Altstadt als Kulturdenkmal unter Schutz. Die Uferpartie an der Danė mit den alten Fachwerkspeichern soll zu einem Yachthafen mit Hotels und Restaurants ausgebaut werden.

Theaterplatz von Klaipėda

Die Burg von Klaipėda ist bis auf wenige Reste nicht erhalten. Das **Burggelände** liegt jenseits der Pilies g. westlich vom Theaterplatz. Die Ordensburg von 1252 wurde im 16. Jh. umgebaut und verlor nach dem Siebenjährigen Krieg ihre strategische Bedeutung, so dass sie bis 1780 teilweise abgebrochen wurde. Archäologen gruben Teile des Nordgebäudes, die Reste des großen Turmes, Pflasterbelag des äußeren Burghofes und Reste der Schutzwälle aus.

*** Theaterplatz**

Mit der Gestaltung des Theaterplatzes, des ehemaligen Marktplatzes, wurde Mitte des 17. Jh.s begonnen; 1819 errichtete man an seiner Westseite das Theaterhaus im Stil der Neorenaissance. Es wurde in jüngster Zeit renoviert und erhielt einen Anbau, der den Platz nun zu einem geschlossenen Altstadtbereich macht. Mittelpunkt und Hauptattraktion des Platzes ist der ursprünglich 1912 aufgestellte Simon-Dach-Brunnen. Er ehrt den aus Memel stammenden Barockdichter Simon Dach (1605 – 1659), dessen berühmtestes Werk das allseits bekannte Lied vom »**Ännchen von Tharau**« ist. Die Bronzefigur des Ännchen, ein Wahrzeichen der Stadt, krönt den Brunnen.

* ◄ Simon-Dach-Brunnen

Historische Gebäude

Der südöstliche Teil von Klaipėda wurde während des Krieges am meisten beschädigt. Inzwischen sind hier viele der ansonsten für die Architektur Litauens untypischen Fachwerkbauten, die man nur in der ehemals preußischen Region um Klaipėda und in der Stadt selbst findet, restauriert worden. Eines der schönsten Beispiele ist das Wohnhaus Pilies 19. Das mehrstöckige **Speicherhaus** in der Aukštoji 3/3a wird nun als Ausstellungshalle genutzt (Öffnungszeiten: Di. – So. 11.00 – 19.00 Uhr). Die übrigen Fachwerkbauten sind meist einstöckige Lagerhäuser oder Kontore. Sie finden sich in den Gassen Žvejų, Kepėjų, Bangų, Žaibo, Daržų und Amatų. In vielen der Häuser, auch in den **Salzspeichern** an der Danė, haben sich nun Geschäfte, Kneipen, Galerien und Cafés eingerichtet. Die Mažoji g. hat die Eigenarten der Bebauung von Klaipėda aus dem 18. Jh. bewahrt.

Das älteste Wohnhaus Klaipėdas (Danės 14) wurde im Jahr 1795 gebaut. Noch älter ist die **Grüne Apotheke** (Tiltų gatvė), die 1677 gegründet wurde und in der heute Apothekerutensilien ausgestellt sind. In der alten Post (Aukštoji 13) erhalten Briefmarkensammler einen Sonderstempel. Unweit davon befindet sich in der Pakalnės 2 das **Museum für Volkskunst** (Öffnungszeiten: Mi. – So. 11.00 – 19.00 Uhr). In Šaltkalvių 2a befindet sich das **Schmiedemuseum** (Öffnungszeiten: Di. – So. 10.00 – 18.00 Uhr).

Stadtzentrum

Herkaus Manto gatvė

Das Stadtzentrum, die sog. Friedrichstadt, liegt nördlich der Danė. Von der Altstadt kommt man über die Danė-Brücke direkt auf die Hauptachse des Zentrums, die Herkaus Manto gatvė und den Vilties-Platz. An der Ostseite steht das 1963 erbaute Kulturhaus mit dem Musiktheater, an der Nordseite das aus Backsteinen errichtete Hotel »Klaipėda« und an der Westseite das klassizistische Rathaus. Im weiteren Verlauf der Straße, von dessen alter Bebauung – im südlichen Teil vor allem Handels- und Geschäftshäuser und im nördlichen Teil Wohnhäuser und Villen – nicht mehr viel erhalten ist, sind das neoklassizistische Gebäude H. Manto 25 (1900), gegenwärtig die Bibliothek, und das benachbarte Kino »Kapitolijus« interessant. Ansonsten säumen Läden, Restaurants und Cafés die Straße.

Anfang August feiert Klaipėda jedes Jahr das Meeresfest.

Liepų gatvė

Dagegen hat die Liepų g., die von der H. Manto g. am Vilties-Platz nach Osten abgeht, mehr vom Charakter der Vorkriegszeit bewahrt. Um die Kreuzung dieser beiden Straßen wuchs im 19. Jh. das neue Zentrum von Klaipėda; heute ist die Liepų g. mit ihren Museen eine der schönsten und grünsten Straßen der Hafenstadt.

An erster Stelle ist in der Liepų die **Bibliothek des Museums für Klein-Litauen** zu nennen. Das Museum selbst liegt in der Didzioji vandens 6 und informiert über die Geschichte des Memellandes (Öffnungszeiten: Di. – Sa. 10.00 – 17.15 Uhr).

An der Liepų befindet sich in einem ehemaligen Bankgebäude (Liepų 12) das hübsche **Uhrenmuseum**, dessen Glockenspiel die Melodie des Liedes von »Ännchen von Tharau« spielt (Öffnungszeiten: Di. – Fr. 12.00 – 18.00, Sa. 12.00 – 17.00 Uhr).

Den aus drei Häusern bestehenden Komplex Liepų 33 nimmt die 1973 eröffnete **Gemäldegalerie** ein. Hier werden Werke litauischer

Maler des 16. – 20. Jh.s und russischer Maler des 19. – 20. Jh.s ausgestellt; die Sammlung russischer Malerei ist eine der umfangreichsten in Litauen (Öffnungszeiten: Di. – So. 12.00 – 18.00 Uhr). Eines der schönsten neogotischen Bauwerke in Klaipėdaist das **Hauptpostamt** (Liepų 16) mit seinem hohen Turm, in dem 1987 ein Carillon mit 48 Glocken aus dem thüringischen Apolda installiert wurde.

Donelaitis Straße

Wo die Liepų g. am Donelaitis-Platz vorbeiführt, zweigt die mit Kastanien bepflanzte K. Donelaičio g. zum Bahnhof hin ab. Am Beginn der Straße steht das Jugendstilgebäude des früheren Mädchenlyzeums, das heutige Konservatorium; in dem eindrucksvoll bemalten Saal finden oft Konzerte statt.

Mažvydo-Park

Östlich der Donelaitis-Straße erstreckt sich der M. Mažvydo parkas, der einzige Skulpturenpark in Litauen, in dem mittlerweile mehr als 100 Werke litauischer Bildhauer aufgestellt sind.

Neue Wohnviertel

Taikos gatvė

Die Hauptachse der neuen, im Süden Klaipėdas gelegenen Viertel ist die Taikos g., die im Süden der Altstadt beginnt und parallel zum Kurischen Haff zunächst durch den Industrievorort Smeltė verläuft. Rechts der Straße erstrecken sich Gebäude für öffentliche Einrichtungen und Industrie, links sieht man die Wohnviertel mit 4- bis 15stöckigen Wohnhäusern im für die sozialistische Ära typischen Stil, die jedoch durch Backsteinbauten, Grünanlagen, Geschäftshäuser und Freizeiteinrichtungen aufgelockert werden.

Smiltynė

Anfahrt
◄ Fähre von der Altstadt oder von Smelt

Zur Stadt Klaipėda gehört auch der nördliche Teil der Kurischen Nehrung (► Kuršių nerija), der Ort Smiltyne, der dank seiner Kiefernwälder, dem schönen Sandstrand an der Ostsee, dem Yachtklub und nicht zuletzt wegen des Meeresmuseums zum wichtigsten Erholungsort der Stadt geworden ist.

★★ Meeresmuseum

Vom Bootsanleger in Smiltynė kann man zu Fuß oder mit einer Kutsche an die Nordspitze der Nehrung zum Meeresmuseum in der **Festung Kopgalis** (Süderspitze) wandern. Das Museum besteht aus verschiedenen Abteilungen. Im volkskundlichen Freilichtmuseum vor dem Fort ist ein typisches Fischerdorf vom Kurischen Haff restauriert worden. An Wochenenden wird hier litauische Volksmusik gespielt. Die Schifffahrtsabteilung

! *Baedeker* TIPP

Delphinarium

Teil des Meeresmuseums ist das einzige Delphinarium des Baltikums mit drei Wasserbecken und 1000 Zuschauerplätzen. Delphinshows: September bis Mai 12.00 und 15.00, Juni bis August 12.00, 14.00 und 16.00 Uhr

zeigt in den Kasematten Schiffsmodelle, Geräte und Dokumente zur kurischen und litauischen Schifffahrt. Die beliebtesten Bereiche sind das Aquarium in der zweistöckigen Redoute, in dem nicht nur Pflanzen und Fische der Ostsee, sondern auch litauische Süßwasserfische und Lebewesen der Korallenmeere zu sehen sind sowie das Delphinarium – übrigens das einzige seiner Art im Baltikum (Öffnungszeiten: Juni – August außer Mo. 10.00 – 18.30; Mai und September außer Mo. u. Mi. 10.30 – 17.30; Okt. – April nur Sa. / So. 10.30 – 16.30 Uhr, www.juru.muziejus.lt).

✶ Haffküste und Memelland

Zunächst ist Klaipėda vor allem ein sehr günstiger Ausgangspunkt für Ausflüge auf die ► Kurische Nehrung. Doch auch die Dörfer und die Küstenlandschaft südlich der Stadt am Kurischen Haff strahlen einen zauberhaften Reiz aus. Besonders schön kann man die Gegend beispielsweise bei einer Fahrradtour erkunden.

Spiel und Spaß am Dorfteich

Im 7 km nördlich von Klaipėda gelegenen Kurort **Giruliai**, in dem sich Memeler Kaufleute im 19. Jh. Villen errichten ließen, kann man in den Kiefernwäldern und am Sandstrand Ruhe und Erholung finden.

Skomantai Beim Dorf Skomantai, ca. 20 km südöstlich von Klaipėda, sieht man einen über 20 m hohen Schuttberg, auf dem einst eine stattliche Burg stand. Heute ziert eine Holzskulptur die Höhe.

Minija Minija, von Klaipėda über die Abzweigung im 20 km südöstlich liegenden Priekulė zu erreichen, ist ein sehr idyllisches Fischerdorf, und wird – ein wenig euphorisch – auch als »litauisches Venedig« bezeichnet. Es ist vom allmählichen Zerfall bedroht.

✶ Ventė Das Fischerdorf Ventė folgt wenige Kilometer nach Minija. Es liegt auf der ins Haff hineinragenden Landspitze »Windenburger Ecke«, auf deren äußerstem Ende ein Leuchtturm steht. Schon die Ordensritter hatten hier im 14. Jh. eine Burg errichtet, die am Ort der jetzigen Kirche vermutet wird. Ventė besticht durch die unberührte Küstenlandschaft, in deren Schilfwiesen und Feldern unzählige Vögel, auch Störche, brüten. Die gesamte Landspitze steht unter Naturschutz; eine ornithologische Station mit kleiner Ausstellung überwacht die Vogelwelt.

Šilutė erreicht man nach 50 km Fahrt in südöstlicher Richtung. Die Stadt ist um einen Dorfkrug entstanden. Das Kernstück des Heimatmuseums bildet die archäologische Sammlung des Gutsbesitzers Scheu, zu der sowohl prähistorische Funde aus der Umgebung als auch Gegenstände zur jüngeren Geschichte des Memellandes zählen. Im Umkreis von Šilutė kann man in herrlicher Landschaft Wanderungen bis hin zm Kurischen Haff unternehmen.

Dem bedeutenden Dichter Sudermann gelangen wahre »Meisterstücke der Seelenmalerei«.

Hermann Sudermann Museum

Wer sich für Literatur interessiert, sollte das dem Schriftsteller Hermann Sudermann (1857 – 1928) gewidmete Museum besuchen (Öffnungszeiten: Di. bis Sa. 10.00 – 18.00 Uhr). Das Museum befindet sich im Dorf Macikai, dem Geburtsort Sudermanns. Er wirkte lange in Berlin, wo er auch starb.

Juknaiciai

Das Dorf Juknaičiai, 15 km südöstlich von Šilutė, war zu Sowjetzeiten eine Musterkolchose und wirkt auch heute recht ansprechend. Kulturzentrum, Gemäldegalerie und Wohnhäuser sind in traditioneller Backsteinbauweise gefertigt. Unter dem nahen Alkas-Hügel soll ein versunkenes Schloss liegen.

✶ Rusnė

Von Šilutė führt eine Nebenstraße nach Rusnė, das herrlich im Delta des Nemunas liegt, umströmt von den Neben-Armen Skirvytė und Atmata. Hübsch anzusehen sind der Marktplatz und die Fischerhäuser im Teilort Skirvytėlė.

Rambynas-Berg

Zurück auf der Straße nach Kaunas erreicht man nach ca. 5 km Lumpėnai. Südlich des Dorfes erhebt sich am Nemunas, der hier die Grenze zum Kaliningrader Gebiet bildet, der Berg Rambynas, ein alter heidnischer Ort. Auf seinem Gipfel befand sich ein Heiligtum mit einem großen Stein, den der Riese Rambynas und seine Frau Laima hergebracht haben sollen.

Tauragė

In nördlicher Richtung von der großen Straßenkreuzung fährt man in Richtung ►Šiauliai. Nach 30 km kommt man nach Tauragė. Dessen deutscher Name Tauroggen ist eng mit der preußisch-deutschen Geschichte verbunden. Am 30. Dezember 1812 schloss sich der preußische General Yorck – ohne Ermächtigung des Königs – mit seinem 20 000 Mann umfassenden Heer dem russischen General Diebitsch gegen den bisherigen Verbündeten Napoleon an. Diese sog. »Konvention von Tauroggen« hat den Abfall Preußens von Frankreich und den Beginn der Befreiungskriege eingeleitet.

Bijotai Fährt man von Tauragė weiter Richtung Autobahn Klaipėda – Kaunas, kommt man wenige Kilometer vor dieser am Dorf Bijotai vorbei, das etwas höchst Originelles zu bieten hat: die beiden »Baubliai« (Sing. »Baublys«) des Volkskundlers Dionizas Poška (1757 bis 1830). Er ließ sich 1790 in Bijotai nieder und kam auf die Idee, einen 12 m umfassenden Eichenstamm auszuhöhlen, Fenster auszuschneiden und mit einem Strohdach zu decken, um darin Studien zu betreiben. Später baute er noch ein zweites solches Häuschen. Sein »Studierbaublys« wurde 1812 zum Museum erklärt.

Von Bijotai erreicht man bald die Autobahn, auf der es nun noch 104 km zurück nach Klaipėda sind.

★★ Kurische Nehrung (Neringa • Kuršių nerija)

F/G 11/12

Höhe: 0 – 60 m ü. d. M. **Einwohnerzahl:** 2 800

Ein schmaler Landstreifen begrenzt von stillem Wasser und offenem Meer, weite leuchtend weiße Sandtäler und Europas höchste Wanderdünen, weite Buchten mit klarem Wasser, duftende Kiefern- und Birkenwälder in denen man mit einigem Glück sogar Elche sehen kann, interpunktiert von schmucken Fischerdörfern – diese Zutaten formten einen Mythos, der schon vor gut 200 Jahren Reisende aus ganz Europa anlockte.

Weltkulturerbe Die Kurische Nehrung trennt das Kurische Haff von der Ostsee. Ihre südliche Hälfte gehört als Teil des Kaliningrader Gebietes zu Russland (► Kaliningradskaja Oblast • Königsberger Gebiet), die nördliche Hälfte zu Litauen. Die Grenze verläuft wenig südlich von Nida. Insgesamt ist die Nehrung 98 km lang und an ihrer schmalsten Stelle 380 m, an ihrer weitesten Stelle 2,8 km breit. Im Jahr 2000 wurde die Landschaft der Kurischen Nehrung in die UNESCO-Liste des Weltkulturerbes aufgenommen.

Die Kurische Nehrung entstand vor 5000 – 6000 Jahren. Zwischen den hier als Inseln aus dem Meer ragenden Endmoränenhügeln, die die letzte Eiszeit vor ca. 15 000 Jahren hinterlassen hatte, lagerte sich der von einer nördlichen Strömung

? WUSSTEN SIE SCHON ...?

- ... was man sich in alten Zeiten erzählte? Neringa war eine Fischerstochter, die zu Riesengröße heranwuchs. Sie rettete die Fischer aus Seenot und trieb ihnen den Fang zu, was Meeresgott Bangputys gar nicht passte, so dass er seinem Namen »Wellenbläser« alle Ehre machte und einen heftigen Sturm gegen die damals noch auf Inseln liegenden Fischerdörfer wüten ließ. Neringa sammelte daraufhin den Sand in ihrer Schürze, lud ihn zwischen den Inseln ab und schüttete die Dünen auf – so entstand die schützende Nehrung.

von der Samlandküste herangetriebene Sand ab und schloss allmählich die Lücken, so dass zunächst ein schmaler Landstreifen bis auf die Höhe von Nida wuchs, der durch die Einwirkung von Wind und Wellen schließlich seine heutige Ausdehnung erreichte. Nur die Durchfahrt bei Klaipėda blieb wegen des in die Ostsee strömenden Wassers der ins Haff mündenden Flüsse, vor allem des Nemunas, offen. Vom Meer wehende Winde trieben den Sand auch nach Osten und dort ins Haff, so dass sich zwei unterschiedliche Küstenlandschaften herausbildeten: zur Ostsee hin sanft geschwungen und ohne Einschnitte, zum Haff gewandt mit Buchten und Vorsprüngen an den Stellen, an denen der Wind den Sand ins Wasser getrieben hat. Auf den aufgeworfenen Dünen wuchsen Gras und Sträucher, vor allem aber war fast die gesamte Nehrung mit Wald – Kiefern, Fichten, Birken und Eichen – bedeckt. Die ersten Menschen haben sich im 3. Jt. v. Chr. niedergelassen. Bis zum 13. Jh. n. Chr. gehörten die Bewohner zu den baltischen Semben, Kuren und Schemaiten, bis die Ordensritter die Nehrung besetzten, die dann preußisch und schließlich deutsch wurde. Nach dem Ende des Zweiten Weltkriegs kamen

Wind, Sand, Himmel und Meer: ein Stück ganz besondere Natur

Besonders malerisch sind die rot gestrichenen Fischerhäuser auf der Nehrung.

die neuen Herren aus der Sowjetunion. Sie errichteten Militärbasen und machten die Nehrung als Grenzgebiet lange Zeit für Besucher aus dem Westen unzugänglich. Mit dem Zerfall der Sowjetunion wurde die Nehrung geteilt.

Bedrohtes Paradies

Ab dem 15. Jh. begann man, die Wälder der Nehrung zu fällen. Waldbrände und Erosion taten ein übriges, um den natürlichen Schutzwall gegen den Sand weitgehend zu zerstören. Die Dünen wanderten wieder und bedrohten die Dörfer. Vom 16. bis zum 19. Jh. wurden 14 Dörfer unter dem Sand begraben. Deren Einwohner siedelten sich etwas entfernt vom alten Dorf neu an, doch die Dünen folgten ihnen. In der ersten Hälfte des 19. Jh.s war die Nehrung größtenteils eine Sandwüste, nur bei Schwarzort (lit. Juodkrantė) und Nidden (lit. Nida) war – bis heute – der alte Nehrungswald geblieben. Die »Sahara« der baltischen Küste war für die Einheimischen zu dieser Zeit ein einziges Unglück, zugleich aber begann sie zunehmend Besucher wie z. B. die Gebrüder Humboldt anzuziehen. Um die Gefahr zu bannen, forstete man auf. Pionierarbeit leistete der Niddener Postmeister Georg David Kuwert, der Vordünen anlegte und zwischen diesen und der Hauptdüne Sträucher, Strandhafer und Kiefern pflanzte. Nidden war damit vor der Versandung gerettet, und in den übrigen Gemeinden verfuhr man in gleicher Weise. Heutzutage allerdings sind dadurch wiederum die Dünen bedroht, denn ihnen fehlt nun der »Nachschub« an Sand von Westen her. Die Große Düne bei Nida hat in den letzten zwanzig Jahren fast 15 Meter an Höhe verloren.

✓ NICHT VERSÄUMEN

- Thomas-Mann-Haus in Nida
- Naglių-Reservat hinter Juodkrantė
- Große Düne und Tal des Schweigens hinter Nida
- Smiltynė (►Klaipėda): hier gibt es den schönsten Strand und ein altes Preußenfort

Kurische Nehrung Orientierung

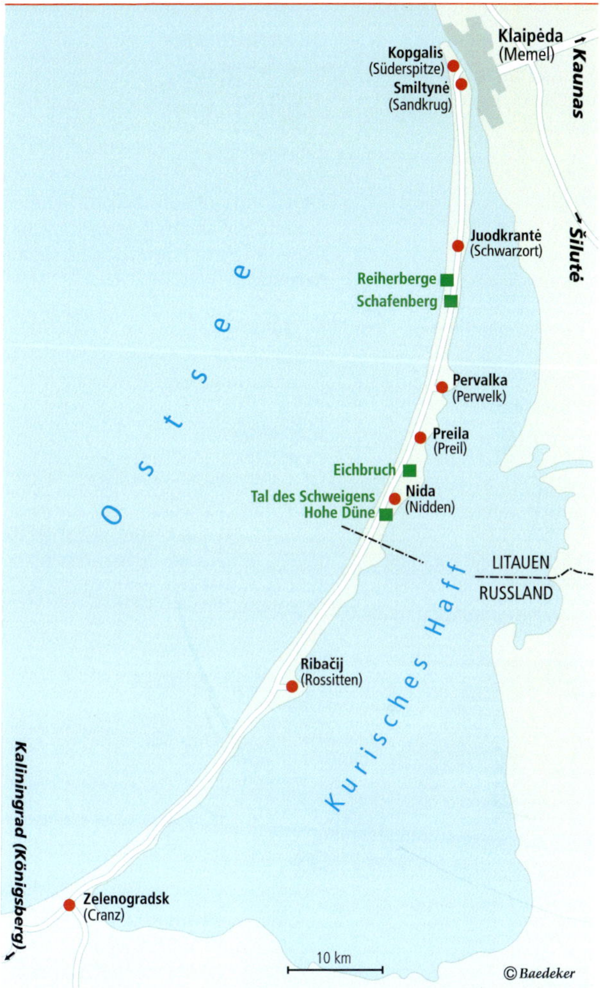

Von Klaipėda nach Nida

Mautgebühr

Die Kurische Nehrung ist ein Naturschutzgebiet, in dem die Zahl der Besucher bislang auf 2000 pro Tag begrenzt ist. Südlich von Smiltynė ist an einer Art Mautstelle ein »Eintrittsgeld« zu entrichten, für das man eine Besuchserlaubnis erhält. Eine einzige Straße, die alte Poststraße von Memel nach Königsberg, führt durch die Nehrung. Wer

KURISCHE NEHRUNG ERLEBEN

AUSKUNFT

Taikos 4, LT - 5872 Nida
Tel. 8 - 4 69 / 5 23 45, Fax 5 25 38
www.neringainfo.lt

ESSEN

► Erschwinglich

Villa Flora
Juodkrantė, Kalno 7a
Tel. / Fax 8 - 4 69 5 30 24
Bestes Haus am Platz im nostalgischen Stil der Bäderarchitektur. Die Feinschmeckerküche ist berühmt und in den 17 Zimmern kann man sehr komfortabel nächtigen.

Linja
Nida, Taikos 18, Tel. 8 - 4 69 / 5 23 90
Im gleichnamigen Hotel, ruhig, zentrumsnah in einem Kiefernwäldchen gelegen, bietet das Linėja eine lange Speisekarte mit litauischen Gerichten. Schön ist der Blick aufs Haff.

ÜBERNACHTEN

► Komfortabel

Ažuolynas
Juodkrantė, Luidviko Rėžos 54
Tel. 08 - 5 33 10
Fax 5 33 16
Hotel mit großen hellen Räumen unmittelbar am Haff gelegen. Swimmingpool mit Wasserrutsche, Fahrradverleih.

► Günstig

Nidos Smiltė
Nida, Skruzdynės 2
Tel. 8 - 469 5 22 21, Fax 5 27 62
www.is.lt/smilte
Das Hotel des »Künstlervaters« Herrmann Blode wurde schon von berühmten Künstlern, Schriftstellern und Musikern der Jahrhundertwende 19. / 20.Jh besucht. Es liegt direkt am Haff zwischen Thomas-Mann-Haus und Kirche.

Sommer auf der Nehrung

ANREISE

Busbahnof in Klaipėda
Butkų Juzės 9

Busbahnhof in Nida
Naglių 2

Busverbindung auf der Nehrung
Klaipėda – Smiltynė – Juodkrantė – Nida (48 km) – Zelenogradsk (Cranz) – Kaliningrad (Königsberg) 135 km)

Personenfähre
Von ►Klaipėda zur Kurischen Nehrung, von Smiltynė: siehe ►Klaipėda: Anreise

mit dem Auto unterwegs ist, darf nur auf den gekennzeichneten Parkplätzen halten. Statt mit dem Auto kann man die Nehrung auch mit dem Bus abfahren, allemal schöner ist es mit dem Fahrrad. Wer viel Zeit hat, sollte die Wanderstiefel schnüren. Es versteht sich von selbst, dass das Verlassen der Wege und Feuer machen verboten ist.

Juodkrantė (dt. Schwarzort)

Erste Station auf der Nehrung ist Juodkrantė. Das Dorf ist nach Nida die zweitgrößte Fischersiedlung der Nehrung und dank seiner guten Luft beliebter Erholungsort. Es liegt in einem breiten Dünental am Kurischen Haff, von drei Seiten mit stellenweise bis zu 50 m hohen Kiefern des alten Nehrungswaldes umringt. Um die Mitte des 19. Jh.s waren hier auf dem Grund des Haffs bernsteinhaltige Sandschichten gefunden worden, deren Förderung mit Hunderten von Arbeitern begann. Ein Hafen wurde angelegt, Werkstätten, Lager und Baracken gebaut. Bis zum Jahr 1900, als sich die Vorkommen erschöpft hatten und die Förderung eingestellt wurde, sind 94 Tonnen Bernstein gewonnen worden. Danach ging die Einwohnerzahl um die Hälfte zurück, und Juodkrantė war wieder ein Fischerort. An die Bernsteinzeit erinnern der Strand, der aus dem ausgewaschenen Sand aufgeworfen wurde, und die malerische Bernsteinbucht, der ehemalige Hafen.

> ! *Baedeker* TIPP
>
> **Reiherberge**
>
> Kurz hinter Juodkrantė kann man einen Abstecher zu den am Rande des Nehrungswaldes liegenden Reiherbergen (lit. Garnių kalnai) machen. In Europas größter Reiherkolonie nisten 600 Graureiher und 1500 Kormorane. Oder man wandert auf den 40 m hohen Schafenberg (lit. Avikalnis), von dem man einen herrlichen Blick auf Nehrung und Haff hat.

Heute besitzt Juodkrantė eine Küstensforschungsstation, eine Fischfabrik und eine Waldforschungsstation. Sehenswerte Bauten sind die alten Fischerhäuser an der Dorfstraße, liebevoll restaurierte Villen aus den zwanziger Jahren und die kleine Kirche von 1885 (ursprünglich evangelisch, seit neuestem wieder katholisch). Ein schöner Spaziergang führt zum Raganų-(Hexen-)Berg, in dessen hügeligem Kiefernwald ein Märchenpfad mit 65 Holzplastiken angelegt ist.

Nach Juodkrantė nehmen die bepflanzten Dünen ein Ende und das **Naglių-Reservat**, der 9 km lange Streifen der Wanderdünen beginnt, der sich bis Pervalka hinzieht.

★ Kupsten Terrain (dt. Neegelscher Berg)

Das Kupsten-Terrain erstreckt sich wenig vor der nach links abgehenden Abzweigung nach Pervalka. Hier haben Wind und Regen den Dünensand besonders bizarr geformt. Unweit davon erhebt sich der 53 m hohe Neegelsche Berg, unter dem das Dorf Neegeln (lit. Nagliai) begraben ist.

Pervalka (dt. Pferdehaken)

In Pervalka, 1836 von den Einwohnern der versunkenen Orte Neegeln und Karwaiten an einer Bucht des Haffs gegründet, sind vor allem elf unter Denkmalschutz stehende Fischerhäuser sehenswert.

Nördlich von Pervalka ragt eine Landzunge, das Pferdehorn, ins Haff; ihr gegenüber steht auf der Windenburger Spitze (► Klaipėda, Umgebung) ein alter Leuchtturm. Südlich des Ortes krönt eine Holzplastik die 53 m hohe Skirpstas-Düne. Sie stellt Ludwig Rhesa (1776 – 1840) dar, der als erster die litauischen Dainas in Deutschland bekannt machte und Donelaitis' (► Berühmte Persönlichkeiten) »Metai« ins Deutsche übersetzte. In den Wäldern südlich von Pervalka treten nun neben den Kiefern immer mehr Birken und Erlen sowie mit Gras und Flechten bewachsene Flächen auf, die den Hirschen sehr willkommen sind.

Preila (dt. Preil)

Preila, 1843 von ehemaligen Einwohnern von Neegeln gegründet, ist ein kleiner, gemütlicher Fischer- und Erholungsort am Haff, hinter bewaldeten Dünen versteckt. Die Hauptstraße am Haffstrand wird von insgesamt 19 sehr schönen Fischerhäusern mit Stroh- und Schilfdächern gesäumt, die allesamt 80 – 100 Jahre alt sind.

★ Elchbruch

Im Nehrungswald zwischen Preila und Nida, dem Elchbruch, kann man vielleicht einen der ca. 80 hier lebenden Elche sehen, möglicherweise gar bei einem Bad im Meer.

Nida (dt. Nidden)

Endpunkt der Fahrt durch den litauischen Teil der Kurischen Nehrung ist Nida, eine alte Fischersiedlung, der schönste Ort der Nehrung, Kurort und administratives Zentrum. Nida liegt am Ufer des Haffs, besitzt aber auch hinter den höchsten Dünen Europas einen Badestrand zur Ostsee hin. Wahrzeichen Nidas ist der 1874 errichtete **Leuchtturm** auf dem Urbas-Hügel. Nida besitzt die größte Anzahl an erhalten gebliebenen alten Fischerhäusern. Über Leben und Arbeit der Fischer unterrichtet das **Museum für die Geschichte der Kurischen Nehrung** in einem alten Fischerhof (Naglio 4; Öffnungszeiten: Di. – Sa. Mai – Sept. 11.00 – 19.00, Okt. – Mai 11.00 – 17.00 Uhr). Auf dem **Friedhof** neben der hübschen evangelisch-lutherischen Kirche von 1888 tragen manche Grabkreuze noch eine deutsche Inschrift.

Berühmter Feriensitz: das Sommerhaus von Thomas Mann

★ Thomas-Mann-Haus ►

Die wunderschöne Natur zog auch viele Künstler nach Nida, darunter Mitglieder der Malergruppe »Die Brücke« wie beispielsweise Karl Schmidt-Rottluff und Max Pechstein. Zu den prominentesten Besuchern gehörte der Schriftsteller Thomas Mann, der auf dem »Schwiegermutterberg« ein Ferienhaus mit »Italienblick« erbauen ließ, weil ihn die Aussicht an die Riviera erinnerte. Thomas Mann verbrachte dort die Sommer 1930 – 1932 und arbeitete in diesen Jahren an dem Romanzyklus »Joseph und seine Brüder«. Das **Thomas-Mann-Haus** (Skruzdynės 17), seit 1967 Museum, erinnert an den Aufenthalt des Literaturnobelpreisträgers in Nida und wird darüber hinaus als Kulturzentrum genutzt. (Öffnungszeiten: Juni bis Aug. Di. – So. 10.00 – 18.00, Sept. – Mai Di. – Sa. 11.00 – 17.00 Uhr).

> ! *Baedeker* TIPP
>
> **Törn auf dem Kurenkahn**
>
> Originalgetreue Kopien der traditionellen, aus Eichenplanken gebauten Fischersegler laden in Nida zu Haffrundfahrten oder Törns ins Nemunasdelta ein.

★★ Große Düne und Tal des Schweigens

Am beeindruckendsten jedoch sind die Große Düne und das Tal des Schweigens im Süden des Ortes. Die schneeweißen Sandberge der Großen Düne, der höchsten Wanderdüne Europas, ragen annähernd 60 m hoch auf und stürzen steil zum Haff hin ab. Man wandert hinab in das Tal des Schweigens und weiß nun, weshalb dieser Flecken Erde auch die »Litauische Sahara« genannt wird.

Russischer Teil der Nehrung

Kurz hinter Nida verläuft die Grenze zum russischen Teil der Nehrung. Zum Überschreiten benötigt man ein Visum, doch besteht durchaus die Chance, dass die Grenzwachen es damit nicht ganz so genau nehmen (►Kaliningradskaja Oblast • Königsberger Gebiet).

★ Palanga (Polangen)

G 11

Höhe: 0 – 15 m ü. d. M. **Einwohnerzahl:** 19 600

Palanga ist der größte Kur- und Badeort Litauens. Entlang des 24 km langen Strandes ist die Hauptstraße nördlich von Klaipėda bis hin zur lettischen Grenze eine besonders an Wochenenden sehr belebte Restaurant- und Partymeile. Das kleine historische Palanga bildet heute das Stadtzentrum.

Größter Kurort in Litauen

Ausgrabungen belegen, dass an dieser Stelle schon vor 5000 Jahren Menschen der Narva-Kultur lebten. Andere Funde aus dem 3./4. und 8. – 13. nachchristlichen Jahrhundert weisen den Platz als Siedlung der heute ausgestorbenen Kuren aus. Dieser Baltenstamm handelte mit Bernstein, und unter den geborgenen Gegenständen, deren schönste heute im Volkskundlichen Museum in Vilnius zu sehen sind, fanden sich auch römische Münzen. In der Zeit der Ordensritter wurde Palanga von Norden vom Livländischen Orden und von Süden vom Deutschen Orden bedroht und wechselte mehrmals den Machthaber. Lange Zeit waren Palanga und Šventoji die einzigen

Häfen Litauens. 1422 wurde Palanga Litauen zuerkannt, von 1600 an hatte die Stadt das Recht, Märkte zu veranstalten, englische Kaufleute gründeten Handelsposten, und 1639 erhielt Palanga das freie Seehandelsrecht mit Rīga, Danzig und Königsberg. Auch schwedische Kaufleute ließen sich nun nieder, deren Landsleute zerstörten jedoch 1701 den Hafen. Anfang des 19. Jh.s kam das Baden und Kuren in Mode. Im Jahr 1824 kaufte daher **Graf Tiškevičius** die ganze Stadt und ließ sie zum Badeort umbauen: Der Hafen wurde ausgebaggert und ein Landungssteg für das gräfliche Dampfschiff angelegt. Der Hafen versandete bald, so dass die Pier zur Promenade wurde. Die Grafen bauten den Kurort dennoch weiter aus, zu Beginn des 20. Jh.s war er sehr beliebt. Im Frühling 1915 zerstörten deutsche Kriegsschiffe große Teile der Stadt. Die wieder errichteten Gebäude fielen 1938 einem großen Brand zum Opfer. Erst nach dem Zweiten Weltkrieg begann der Wiederaufbau zum am Ende der achtziger Jahre bedeutendsten Seebad der ehemaligen Sowjetunion, in dem sich auch die Mitglieder des Politbüros sehr wohl fühlten.

Am Strand von Palanga kann man mit viel Glück Bernstein finden.

Von 1959 an vorgenommene Bohrungen haben brom-, calcium- und magnesiumhaltige Quellen erschlossen. Der Kurort hat gute Chancen, durch Ausbau und Modernisierung zu einem attraktiven Urlaubsort nicht nur für Litauer zu werden. An Wochenenden ist der kilometerlange Sandstrand, der von der Stadt durch einen Kiefernwaldstreifen getrennt ist, gut besucht.

Kurmittel

Sehenswertes in Palanga

Rekonstruierte Brücke von Palanga

Über 100 Jahre lang war eine weit ins Meer sich erstreckende Holzbrücke die wichtigste Sehenswürdigkeit von Palanga, bei den Badegästen galt sie als beliebte Promenade und bester Platz, den Sonnenuntergang zu genießen. Wegen Baufälligkeit wurde sie 1992 geschlossen. Im Jahre 1998 entstand auf starken Betonstützpfosten eine neue Brücke, die breiter und länger (470 m) als die alte ist.

Jūratė und Kastytis

Der erste Weg, den man in Palanga einschlägt, sollte zum Strand führen. Vom Zentrum aus gelangt man am besten auf der Basanavičiaus g. dorthin. An deren Ende erinnert die 1959 geschaffene Skulptur »Jūratė und Kastytis« an die schöne Sage von der großen Liebe zwischen der Meeresgöttin Jūratė und dem einfachen Fischer Kastytis, über die sich Göttervater Perkūnas so erzürnte, dass er das Bernsteinschloss seiner Tochter zertrümmerte. Die Bruchstücke und die Tränen Jūratės werden heute noch an die Ostseestrände gespült – als Bernstein.

Birutė-Hügel

Von der Skulptur den Weg nach rechts einschlagend, erreicht man nach 1 km den Birutė-Hügel, eigentlich eine mit Kiefern bewachsene Düne. Dort befand sich einst der heilige Hain, wo die heiligen Jungfrauen, die »vaidilutės«, das heilige Feuer bewachten. Die schönste unter ihnen war Birutė. Sie soll der Sage nach von Gediminas« Sohn Kęstutis nach ► Trakai entführt worden sein, wo sie schließlich ihr den Göttern gegebenes Wort, nie zu heiraten, brach und dem Fürsten zu Willen war. Das Paar hatte viele Kinder, berühmt wurde der Erstgeborene: Vytautas der Große. Nach Kęstutis' Tod kehrte Birutė nach Palanga zurück und starb. Sie soll auf dem Hügel oder an dessen Fuß begraben worden sein. Für die Litauer gilt Birutė als Symbol der Liebe und Treue zu ihrem Land.
Unterhalb des Hügels sollen die alten Kuren ihr Observatorium errichtet haben, ein Kreis von Steinen ähnlich dem britischen Stonehenge. Heute steht am Fuß des Hügels eine Skulptur von Birutė und anstelle des heiligen Haines die 1867 gebaute Kapelle.

Stadtzentrum

Verlässt man den Botanischen Garten in Richtung Stadtzentrum, passiert man am Ausgang die Skulptur »Eglė, die Natternkönigin«. Sie symbolisiert das alte litauische Märchen von dem schönen Mädchen Eglė und ihrer Liebe zu dem schlangenähnlichen Meereswesen Žilvinas, das von Eglės Brüdern erschlagen wurde. Eglė ver-

PALANGA ERLEBEN

AUSKUNFT

Kretingos 1, LT - 5720 Palanga
Tel. 8 - 4 60 / 4 88 11, Fax 4 88 22
www.palangatic.lt

ESSEN

► Erschwinglich

Pusu paunksneje
Basanavikiaus 8
Tel. 8 - 4 60 / 5 25 60
Der beste Ort der Stadt für ein ausgezeichnetes echt litauisches Essen. Besonders schön sitzt man im gläsernen Atrium.

Raž
Vytauto 84, Tel. 8 - 2 36 / 5 72 92
Hier sollte man die kalte Biersuppe mit heißen Kartoffeln (saltibarsciai) probieren.

ÜBERNACHTEN

► Luxus

Hotel Pušų Paunksnėje
S. Dariaus ir Girėno 25
Tel. 8 - 4 60 / 4 90 80, Fax 4 90 81
Das 1998 eröffnete Edel-Appartement-Hotel des litauischen Basketballspielers A. Sabonis liegt nur 200 m vom Meer entfernt in einem Park. Jedes Appartement ist mit Kamin und Terrasse ausgestattet.

► Günstig

Hotel Gamanta
Plytų 7
Tel. 8 - 4 60 / 4 88 85, Fax 4 88 89
In der Nähe einer Grünanlage zental gelegen. Etwas plüschiges Interieur.

ANREISE

Flughafen
5 km nördlich vom Stadtzentrum. Vom Zentrum (Vyauto gatvė) Transfer zum Flughafen.

wandelte daraufhin sich selbst und ihre vier Kinder in Bäume – so sagt man, sind Tanne, Eiche, Erle, Birke und Espe entstanden.
An der Hauptstraße von Palanga, der Vytauto g., sind sehenswert das Haus Nr. 33, eine alte Apotheke von 1827, die bis zum heutigen Tag ihr Kolorit bewahrt hat, sowie die neugotische Kirche der Himmelfahrt Mariens (1907), deren innere Ausstattung sehenswert ist. Die meisten Gebäude im Zentrum aber sind schöne alte Holzvillen.

✶ Botanischer Garten

Rings um den Birutė-Hügel erstreckt sich der Botanische Garten von Palanga. Er wurde 1843 angelegt und Ende des 19. Jh.s erweitert und umgestaltet. Über 200 Pflanzenarten, ein Rosarium mit 80 Rosensorten, mehrere Teiche und Springbrunnen sowie im neueren südlichen Teil einige Gewächshäuser für subtropische Pflanzen erwarten den Spaziergänger.

✶✶ Bernsteinmuseum

Im Zentrum des Botanischen Gartens ließen sich die Grafen Tiškevičius zwischen 1897 und 1902 nach Entwürfen des deutschen Architekten F. H. Schwechten ein Schloss mit Anklängen der Neorenaissance bauen. Seit 1963 hat es das Bernsteinmuseum aufgenommen, das aus der Privatsammlung des Grafen hervorgegangen ist und mittlerweile fast 25 000 Stücke im Fundus hat, deren schönste (immerhin ca. 4500) in den beiden Abteilungen über die natürliche Entstehung des Bernsteins und seine Kulturgeschichte ausgestellt sind. Zu sehen sind u. a. eine Vielzahl von sog. Inklusen, prähistorischer Schmuck, Bearbeitungswerkzeuge und Steine im Rohzustand, darunter auch sehr große Exemplare. Regelmäßig geben Bernsteinschleifer Zeugnisse ihrer Kunst (Öffnungszeiten: Di. bis So. 11.00 – 19.00 Uhr).

Unbedingt sehenswert: das Bernsteinmuseum im Schloss

Umgebung von Palanga

Naturschutzgebiet

Kurz vor der nördlich der Stadt beginnenden lettischen Grenze markiert eine geschnitzte Holzeule rechts der Straße den Zugang zu einem Naturschutzgebiet. Beim Wandern begegnet man teilweise sehr originellen Holzskulpturen.

✶ Kretinga

13 km östlich von Palanga liegt die alte schemaitische Stadt Kretinga. Hier lohnt ein Besuch der 1617 begonnenen Kirche, die heute ein Stilgemisch aus Gotik, Renaissance und Barock aufweist; der nach dem Zweiten Weltkrieg angefügte Turm fällt allerdings völlig aus dem Rahmen. Meisterwerke der Schnitzkunst sind die Renaissancetüren von Sakristei und Vorraum, mit den Bildnissen der Stifterfamilie Katkevičius, sowie die Kanzel.
Zur selben Zeit wie die Kirche wurde das Franziskanerkloster mit dem auffälligen Stufengiebel begonnen. Die schönsten Räume sind das Refektorium und die Bibliothek mit einem kleinen Heimatmuseum. Auch der belebte Marktplatz und die Brauerei aus dem Jahr 1838 sind sehenswert.

Plungė

Das Stadtbild des 56 km östlich gelegenen Plungė wird vom Turm der Johanneskirche bestimmt. Daneben befindet sich ein Nachbau des Holzhäuschens, in dem K. M. Čiurlionis (► Berühmte Persönlichkeiten) seine Flitterwochen verbrachte. Der litauische Malerkomponist besuchte die einst im Schloss von Plungė untergebrachte Musikschule. Vom Schloss sind jedoch nur Seitenflügel, Stallungen und Nebengebäude erhalten. Im Schlosspark ragt die 25 m hohe Perkūnas-Eiche auf.

Bernsteinschmuck ist eines der beliebtesten Souvenirs aus der gesamten baltischen Region

DAS GOLD DER BALTEN

Die schönste Gabe der Ostsee, von ihren Wellen während der Stürme an den Strand gespült, ist der Bernstein. Um seine Entstehung ranken sich eine Fülle farbiger Märchen und Mythen. Lange hielt man das wundersame Strandgut für mit Salz und Bitumen vermischten getrockneten Meerschaum. Erst Friedrich S. Bock aus Königsberg gelang es 1767, die organische Herkunft des »Baltischen Goldes« nachzuweisen.

Eine bekannte litauische Sage erzählt die Geschichte vom jungen Fischer Kastytis, der seine Netze weit draußen auf See ausbrachte. Dort verliebte sich die bezaubernde Nixe Jūratė in den hübschen Jüngling und lockte ihn in die verwunschenen Unterwassergemächer ihres Bernsteinschlosses, wo die beiden heimlich heirateten. Da nun der grimmige Göttervater Perkūnas von der unerlaubten Hochzeit erfuhr, zerschmetterte er wutentbrannt mit einem Donnerkeil das Schloss seiner Tochter. Seitdem spülen die Ostseewellen Trümmer des Bernsteinpalastes an die Küste. Die ganz kleinen, klaren Bernsteinstücke aber sind Jūratės vergossene Tränen um den Geliebten, der zur Strafe an einen Felsen auf dem Meeresgrund geschmiedet wurde.

Leichter als Wasser

Heute weiß man, dass Bernstein aus dem fossilen Harz von Nadelhölzern entstanden ist. Die Farbe des undurchsichtig bis klaren Steins variiert zwischen honiggelb bis bräunlich und gelblichweiß. Bernstein lässt sich ohne Mühe einritzen und schwimmt in Salzwasser. Zudem lädt er sich durch Reibung, z. B. mit einem Wolltuch, elektrisch auf. Häufig kann man Einschlüsse, sog. Inklusen, vor allem von Insekten, Spinnentieren und Pflanzenteilen finden, die im rasch erhärteten Harz konserviert worden sind.

Harz aus einem anderen Erdzeitalter

Der baltische Bernstein (lat. Succinit) stammt in erster Linie von harzreichen Kiefern, deren Herkunftsgebiet

in Fennoskandia lag. Während der frühtertiären Eozänzeit, vor 55 bis 40 Mio. Jahren, wuchsen in diesem Raum dichte subtropische Wälder. Ihr herabgeflossenes Harz verhärtete, wurde im Boden angereichert und von Flüssen dem Meer zugeführt, wo es wiederum eine Aufbereitung erfuhr, bevor es die vordringenden Meeresfluten in der »blauen Erde« an der Samlandküste des ehemaligen Ostpreußen ablagerten. Diese wirtschaftlich wichtigste Bernstein-Lagerstätte der Welt ist eine von Tonen bedeckte Erdschicht, die marine, graugrüne, bis zu 9 m mächtige tonige Glaukonitsande mit 1 – 2 kg Bernstein pro m^3 Sand enthält. Zur weiteren Verbreitung des Bernsteins trug die nordische Inlandvereisung während des Pleistozäns bei. Bernsteinvorkommen gibt es auch in den übrigen Ostseeländern, in Rumänien, Sizilien, Sibirien, der Dominikanischen Republik, in Myanmar, Kanada, den USA und Mexiko.

Altes Handelsgut

Schon in der Altsteinzeit wurde Bernstein in Mitteleuropa vereinzelt für kultische Zwecke verwandt; im Ostseegebiet, vor allem am Kurischen Haff, sind zahlreiche Funde von Bernsteinschmuck und -zierwaffen aus dem Neolithikum bekannt. Seit der Bronze- und Hallstattzeit verbreitete sich der Handel über die »Bernsteinstraßen« in ganz Europa, wo der bearbeitete Edelstein nun auch für Gegenstände des praktischen Gebrauchs und als Grabbeigabe diente. Baltischer Bernstein gelangte schließlich sogar nach Ägypten, Mesopotamien und Kleinasien. Im Mittelalter bildete sich ein landesherrliches Eigentumsrecht am Bernstein heraus, das sog. »Bernstein-Regal«, welches von den Herzögen von Pommerellen auf den Deutschen Orden überging, der es an den Bischof von Samland, die Danziger Fischer und das Kloster Oliva übertrug. Nach dem Untergang des Ritterordens erhielten 1525 die Herzöge von Preußen das Bernsteinmonopol, bis 1945 hatte Deutschland das Regalienrecht inne, danach die Sowjetunion und heute Russland.

Bernsteinzimmer

Die künstlerische Bearbeitung erreichte ihre Blüte im 17./18. Jh. in Königsberg und Danzig, den Hochburgen

Stücke mit sog. Inklusien sind besonders wertvoll.

der Bernsteindreher-Zünfte. Als bedeutendstes Kunstwerk dieser Epoche gilt das 1709 von Andreas Schlüter entworfene Bernsteinzimmer im Schloss von Zarskoje Selo, dem heutigen Puschkin, das Zar Peter der Große 1716 vom Preußenkönig Friedrich Wilhelm I. als Geschenk erhielt. Während des Zweiten Weltkrieges ging die kostbare Vertäfelung auf dem Transport nach Westen verloren, obgleich immer wieder neue Gerüchte über seinen Verbleib kursieren. Fast 15 Jahre lang arbeitete man in Zarskoje Selo bei St. Petersburg an einer Rekonstruktion des als »achtes Weltwunder« gepriesenen Kunstwerkes. Im Jahr 2003 wurde es fertig gestellt.

Kommerzieller Abbau

Hatte man früher nur den vom Meer angespülten Bernstein gesammelt bzw. durch Netzfischerei gewonnen, so wurde im 18. Jh. in Ostpreußen mit dem systematischen Abbau begonnen, zunächst im Tiefbau mit Stollen, später dann auch im Tagebau, vor allem bei Palmnicken (heute russ. Jantarnyi). Hier werden z. Zt. rund 400 t Rohbernstein pro Jahr aus der »blauen Erde« gewonnen. In Palanga existierten seit dem 17. Jh. Bernsteinwerkstätten. Produziert werden in großem Maßstab Schmuck, Mundstücke, Schatullen, Schachspiele, Leuchter, Vasen, Rosenkränze und andere Devotionalien bis hin zu ganzen Altären; kleine Stücke werden zu Press-Bernstein verarbeitet. Einen Überblick über Entstehungsgeschichte und Vielfalt des Kunsthandwerks erhält man im berühmten Bernsteinmuseum von Palanga, in dem neben archäologischen Funden, einer umfangreichen Inklusensammlung und traditionellen Schmuck- und Gebrauchsgegenständen auch Schöpfungen moderner litauischer Bernsteinmeister zu sehen sind.

Strandgut

Wenngleich die Menge des von der Ostsee angespülten Bernsteins über die Jahrhunderte abgenommen hat, können geduldige »Goldsucher« noch immer an der Kurischen Nehrung zwischen Muscheln und anderem Strandgut fündig werden. Mit etwas Glück hält man dort vielleicht sogar einen klaren Bernsteintropfen in Händen, eine jener heißen Tränen der kleinen Meeresgöttin Jūratė.

Nach 22 weiteren Kilometern Richtung Osten erreicht man Telšiai. Es ist seit 1926 Bischofssitz, besitzt im Bischofsdom des hl. Antonius von Padua ein wertvolles Zeugnis der Kirchenbaukunst am Übergang vom Barock zum Klassizismus (vollendet 1791). Schöne alte Gebäude sind das Bernhardinerkloster (17. Jh.) und das alte Schulhaus (18. Jh.). Die Geschichte von Schemaiten zeigt das Heimatmuseum (Muziejaus 25), das auch auch eine ansehnliche Gemäldesammlung, darunter eine »Anbetung der Könige« von Lucas Cranach, besitzt. Im Stadtpark sind im Freilichtmuseum schemaitische Bauernhäuser aus dem 19. und 20. Jh. zu besichtigen. Telšiai besaß eine blühende jüdische Gemeinde mit einer weit gerühmten jüdischen Hochschule. Die Juden von Telšiai fielen im Juni 1941 einem von litauischen »Freischärlern« unter den Augen der Deutschen verübten Pogrom zum Opfer.

! *Baedeker* TIPP

Absurditätenmuseum

Der Bauer Vilius Orvidas und seine Söhne haben jahrzehntelang auf dem Hof ihrer Ahnen in Garždelė im Kreis Kretinga mystische Skulpturen und Kreuze aus Holz und Stein geschaffen. Heute ist der Hof ein durchaus einzigartiges Freilichtmuseum (Öffnungszeiten: täglich, Tel. 8 - 4 45 / 5 87 19).

Žemaičių Kalvarija

Im 22 km nordöstlich von Plungė liegende Žemaičių Kalvarija erbauten Mitte des 17. Jh.s die Dominikaner ein Kloster und einen Kreuzweg mit 19 Stationen. Dieser 7 km lange Weg endet heute bei der 1896 erbauten Marienkirche.

Žemaitija Nationalpark

Der jüngste Nationalpark Litauens (Nacionalinis Parkas Žemaitija) ist ein Seen- und Sumpfgebiet, das sich am besten über das Dorf Plateliai (ca. 10 km nördlich von Plungė), dem Sitz der Parkverwaltung, erschließen lässt.

Gargždelė

Gargždelė (60 km nordöstlich) erreicht man von Palanga aus über Kretinga, Kūlupėnai und Salantai. Ein Besuch lohnt wegen des Absurditätenmuseums (► s. TIPP oben) mit Steinen, Skulpturen, Funden auf dem Hof der Familie Orvydas.

Mosėdis ★

◄ Museum der Steine

Ein weiteres ungewöhnliches Museum findet man in Mosėdis (ca. 12 km nördlich von Salantai). Hier hat zunächst ein Arzt Findlinge gesammelt und um sein Haus herum aufgestellt. Die Nachbarn taten es ihm nach, und so entstand das Museum der Steine um die Wassermühle im Tal der Barta. Mittlerweile sind es über 5 000 Findlinge, über deren Entstehung in der Eiszeit eine Ausstellung in der Mühle informiert.

Kalnėnai

Im fast an der Grenze zu Lettland liegenden Kalnėnai (kurz vor Ylakiai) hat ein Bauernsohn auf dem väterlichen Acker einen Park mit zahlreichen Blumen, Sträuchern und Bäumen angelegt, der heute als »Botanischer Garten von Schemaiten« die Besucher anzieht.

Panevėžys

N 11

Höhe: 45 – 55 m ü. d. M. **Einwohnerzahl:** 122 300

Panevėžys liegt an der Via Baltica, etwa auf halbem Weg zwischen Vilnius und Rīga. Die industriell geprägte Stadt ist ein guter Ausgangspunkt für Touren in die Kalksteinhöhlen der Birai-Region oder in die Hügellandschaft der »Litauischen Schweiz«.

Spektakuläre Sehenswürdigkeiten hat Panevėžys nicht zu bieten, es eignet sich jedoch gut als Standort für Ausflüge. Man kann das Heimatkundemuseum (Vasario 16), die Kunstgalerie (Respublikos 3) und eine Volkskunstausstellung im 1614 erbauten Kreisgerichtsgebäude (Kranto 21) besuchen. Die bischöfliche Kathedrale des »Königs der Christenheit« wurde 1930 gebaut; die klassizistische Dreieinigkeitskirche mit dem Piaristenkloster stammt aus dem Jahr 1803. Zentrum der Stadt ist der Laisvės-Platz (Platz der Freiheit). Auf der benachbarten Insel des alten Flussbettes des Nevėžis ist ein Park angelegt. In der Respublikos-Straße ist das Gebäude des 1727 eröffneten Kollegs erhalten.

PANEVĖŽYS

AUSKUNFT

Laisves a. 11, LT - 5300 Panevėžys
Tel. 8 - 45 / 50 80 81, Fax 50 80 80
www.panevezys.saw.lt

! *Baedeker* TIPP

Kutschentheater

Die Respublikos 30 in Panevėžys ist die Heimspielstätte eines hervorragenden Puppentheaters. Jeden Sommer reist die Truppe, wie die fahrenden Theater von einst, mit einem Pferdewagen durch die litauischen Städte und Dörfer, im Gepäck eine Vielfalt von Inszenierungen litauischer Märchen.

Rokiškis

I 7

Höhe: 120 – 140 m ü. d. M. **Einwohnerzahl:** 17 800

Rokiškis liegt, in einer abwechslungsreichen, von kleinen Anhöhen und Waldflächen geprägten Landschaft. Zwei wertvolle Architekturdenkmäler machen einen Besuch der Stadt lohnend: das ehemalige Gut und die neugotische Matthäuskirche.

Gut eines Großgrundbesitzers

Das Gut Rokiškis und die umliegenden Dörfer gehörten immer bekannten litauisch-polnischen Familien. Rokiškis war von alters her durch den Anbau von hochwertigem Flachs berühmt, den englische, flandrische und holländische Händler aufkauften. Ende des 18. Jh.s

Einfache Holzhäuser säumen die Straßen von Rokiškis.

wurde im Stadtzentrum ein Kaufhaus errichtet; 1845 umfasste das Gut über 20 600 ha Bodenfläche und 8602 leibeigene Bauern. Entscheidenden Einfluss auf die Gestaltung von Rokiškis hatte Graf Tiesenhausen, der nicht nur das Gut, sondern gleich die ganze Siedlung nach seinen Vorstellungen umbaute.

Der ehemalige Gutshof befindet sich im Ostteil der Stadt am alten Marktplatz. Die Leibeigenen des Grafen Tiesenhausen erbauten 1801 das zentrale Gutsgebäude, das sog. Palais, ein klassizistisches einstöckiges Gebäude. 1905 wurde eine neue, im Neobarock gehaltene Etage aufgestockt, so dass sich das Palais heute als Stilgemisch präsentiert. In den Räumen sind die Abteilungen für Geschichte und Volkskunst des **Landeskundlichen Museums** mit über 50 000 Exponaten untergebracht (Öffnungszeiten: Mi. – So. 10.00 – 18.00 Uhr).

◄ Park und Nebengebäude

Der Palast steht im Zentrum eines 1791 angelegten Parks. Nahebei steht die Kanzlei, nördlich das Bedienstetenhaus. Weiter südlich im Park liegen Küche, Molkerei und Eiskeller, nördlich die Orangerie. Das Landeskundliche Museum wird im Park mit Volksarchitektur, Arbeitsgeräten und Alltagsgegenständen fortgesetzt.

✶ Matthäuskirche

Die dem Evangelisten Matthäus geweihte Kirche von Rokiškis ist eines der bedeutendsten Zeugnisse des Historismus in Litauen. Der Bau begann 1864 und war erst 1885 völlig abgeschlossen; finanziert wurde er von Graf R. Tiesenhausen und dessen Schwester. Das aus rotem Backstein erbaute Gotteshaus zeigt sich als rechteckige Hallen-

kirche mit drei Schiffen und Chorapsis. An der Nordseite erhebt sich der Glockenturm mit einer in Straßburg hergestellten Uhr. An der Südseite steht die sechseckige Johanneskapelle. Am auffälligsten jedoch ist die an norddeutsche und holländische Architektur erinnernde Hauptfassade mit ihrem originellen Stufengiebel.
Das Innere der Kirche ist reich dekoriert, darunter viele Arbeiten westeuropäischer Künstler und Handwerker. In der Krypta befindet sich das Familiengrab der Tiessenhausens.

★★ Rumšiškės (Freilichtmuseum)

N 13

Höhe: 50 – 90 m ü. d. M. **Einwohnerzahl (Dorf):** 1630

Rumšiškės ist an sich ein unbedeutendes kleines Dorf. Was den Ort aber zu einem der ersten Reiseziele in Litauen macht, ist das Litauische Ethnografische Freilichtmuseum.

Öffnungszeiten: Ostern – Okt. Mi. – So. 10.00 – 18.00 Nov. – Ostern nur Gruppen nach Vereinbarung

1974 konnte an den Ufern des Kaunasser Meeres das Freilichtmuseum eröffnet werden. Das 180 ha große Gelände ist in vier ethnografische Zonen geteilt: Dzūkija (Südlitauen), Aukštaitija (Nordostlitauen / Hochlitauen), Sūduva oder Suvalkija (Südwestlitauen) und žemaitija (Westlitauen / Niederlitauen). Für jede dieser Zonen sind charakteristische Gehöfte am Ursprungsort abgebaut und hierher transportiert worden. Anschaulich ist die Lebensweise der Bauern verschiedener sozialer Schichten dargestellt. Die Ausstellung umfasst die Zeit von der zweiten Hälfte des 18. bis zur ersten Hälfte des 20. Jahrhunderts. Derzeit entsteht ein Fischerdorf vom Kurischen Haff und eine Kleinstadt aus dem 17. – 19. Jahrhundert.

Rundgang ►

Für den 6 km langen Rundgang darf man sich einen Tag Zeit nehmen. An den Sommerwochendenden werden Volkstänze und Volksmusikkonzerte aufgeführt. Im Gasthof kann man rustikal essen, und kunsthandwerkliche Produkte können gekauft werden.

Dzūkija

Der Rundgang führt nach rechts in den Bereich von Dzūkija der durch ein Gehöft aus dem 19. Jh. vertreten ist. Das Wohnhaus besitzt vier Räume: Flur, großes und kleines Wohnzimmer sowie Vorratskammer mit Keller. Die ganze Familie fand sich im Hauptraum, dem großen Wohnzimmer zusammen. An den Wänden entlang ziehen sich breite Bänke, nicht nur zum Sitzen, sondern auch zum Schlafen. Das Bett ist mit Heu und Stroh ausgelegt; die mit Ornamenten reich verzierten Bettdecken der Dzuken wurden gewöhnlich auf vier Webketten in den Farben Rot, Grün, Schwarz und Weiß gewebt. Im kleinen Wohnraum schliefen die größeren Kinder. Zum Gehöft gehört auch eine Klete, ein Stall und eine Scheune. An den Wald schmiegt sich eine Kammer, in der Pilze getrocknet wurden. Schließlich das Badehaus, das zugleich als Stube zum Flachsbrechen diente.

Litauisches Ethnografisches Freilichtmuseum Orientierung

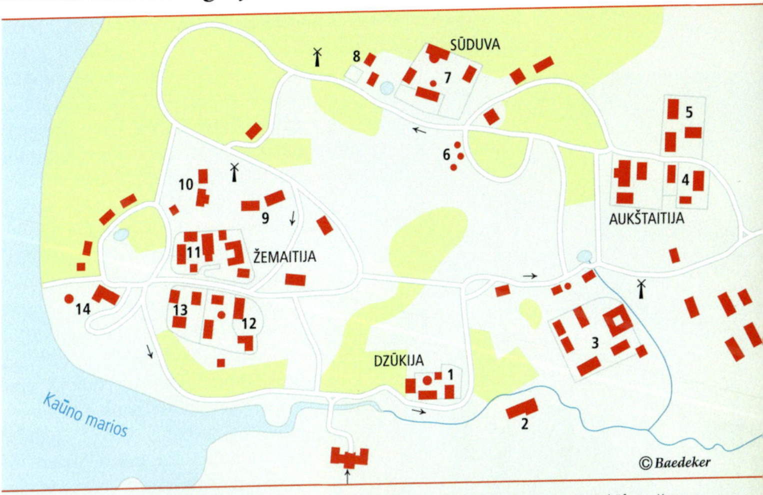

→ Rundgang

1 Gehöft aus Rudamina
2 Scheunentheater
3 Gehöft aus Daujėnai
4 Kleinbauerngehöft
5 Gehöft aus Tauragnai
6 Bienenstöcke
7 Gehöft aus Užbaliai
8 Gehöft aus Paluobiai
9 Gehöft aus Gandinga
10 Gehöft aus Kartena
11 Gehöft aus Darbėnai
12 Gehöft aus Gintališkės
13 Gehöft aus Įptilis
14 Wirtshaus

Aukštaitija

Nächste Station auf dem Rundweg ist Aukštaitija, das größte ethnografische Gebiet Litauens, das im Museum mit mehreren Gehöften vertreten ist. Die Nordlitauer waren als kunstfertige Schmiede, Stellmacher und auch als Bierbrauer bekannt. Ihre lang gestreckten Häuser mit Satteldach bestehen aus drei fast gleich großen Teilen: dem Wohnzimmer, dem Flur und der guten Stube. Die Viehställe zeigen sich vielfach unterteilt, haben einen großen Hof und darin einen Pferch. Die Kleten bestehen aus einem oder zwei Räumen, in denen im Sommer die jüngeren Familienmitglieder schliefen.
Die Aukštaiten liebten helle, farbenfrohe Kleidung. Die Mädchen schmückten ihr geflochtenes Haar mit Kränzen. Verheiratete Frauen trugen noch bis zum Anfang des 19. Jh.s, als dies in anderen Gegenden Litauens schon längst vergessen war, Trachtenschleier aus weißem Leinen.
Am Dorfrand ducken sich hinter einem Astwerkzaun das Rauchhaus und der kleine Stall eines Kleinbauern, der kaum eigenes Land besaß. Aus jeder Ecke dieser Hütte schauen Not und Armut hervor. Die Kinder mussten ihr Elternhaus sehr jung verlassen und für geringen Lohn ihr Brot bei reicheren Bauern verdienen.
Am Ende des aukštaitischen Dorfes stehen im Wald zweistöckige Kleten. Daneben sind alte Bienenstöcke aus ausgehöhlten Baumstämmen sowie alte Geräte und Gegenstände für die Bienenzucht zu sehen.

Sūduva Die Geschichte der an der heutigen Grenze zu Polen liegenden Sūduva oder Suvalkija verlief etwas anders als im übrigen Litauen. Nach der Teilung des litauisch-polnischen Staates wurde sie nicht Russland, sondern Preußen einverleibt. Später wurde sie Teil des polnischen Königreiches. Die Leibeigenschaft wurde hier früher aufgehoben. Der fruchtbare Boden und der Brauch, den Hof nicht zu teilen, sondern dem ältesten Sohn als Erbe zu hinterlassen, haben dazu beigetragen, dass in der Sūduva die Mittelbauern über größere Gehöfte verfügten und reicher waren als in anderen Teilen Litauens.

Karneval in Rumšiškės

Das **Gehöft** im Museum ist eine Kopie des mittelgroßen Bauernhofes aus Užbaliai. Das Wohnhaus besitzt außer der guten Stube, die auch in Aukštaitija bekannt ist, noch zwei weitere Zimmer: einen Vorraum und daneben ein kleines Gemach für die Großeltern, die auf dem Altenteil lebten. Vor allem die Heizung ist interessant: Man sieht hier weder Feuerstelle noch Kamin, denn Ofenloch und Kochherd befinden sich jenseits der Wand in der Küche. Deshalb war die Wohnstube immer rauch- und rußfrei, warm und sauber. Die lange Scheune mit ihren hohen Blockwänden und einem strohgedeckten Satteldach unterscheidet sich deutlich von den alten Scheunen der Aukštaiten und Schemaiten.

Der Weg von der Sūduva nach der Žemaitija führt an drei Mühlen vorbei: einer Bockmühle, bei der sich das Mühlenhaus gänzlich drehen lässt, einer Haubenmühle oder Holländermühle, bei der sich nur sich nur das Dachteil dreht, und einer Ölmühle.

Žemaitija Der letzte Museumsbereich befasst sich mit der an der Ostsee liegenden, flachen Žemaitija. Vom Mühlenhügel aus kann man den ganzen Bereich gut übersehen: Teile eines schemaitischen Kerndorfes, die geräumigen und schönen Gebäude eines Großbauern und als Kontrast dazu am Waldrand das kleine Gehöft eines leibeigenen Bauern.

Die Schemaiten suchten sich für ihre Gehöfte schöne Plätze aus: neben einem Hügel, in der Nähe des Flusses oder am Wald, weshalb die Gehöfte nicht gleichmäßig auf dem Dorfgelände bzw. längs der Straße, wie z. B. in der Sūduva, verteilt waren. Das typische Haus besaß in der Mitte einen Kamin, der von beiden Seiten durch die Flurräume eingeschlossen wurde.
Zu den wertvollsten Museumsstücken zählt ein sog. schemaitisches **Numas**, das einzige in Litauen erhalten gebliebene Gebäude dieser Art. Solche Wohnsitze – Numai – sind seit dem Beginn der Bronzezeit bekannt. Als wirtschaftliche Gebäude sind sie nur in der Žemaitija erhalten geblieben. Das hiesige Numas stammt aus dem 17. Jahrhundert. Das Dach umschließt nicht nur die vier Wohnräume, sondern auch die Ställe, die über eine Tür von den Wohnräumen erreichbar waren.
Jenseits des Schemaiten-Dorfes ragt im Walde das große Schindeldach des Wirtshauses aus dem 19. Jh. heraus.

Šiauliai (Schaulen)

L 11

Höhe: 110 – 130 m ü. d. M. **Einwohnerzahl:** 135 700

Šiauliai liegt am östlichen Rand des schemaitischen Hochlandes auf der Wasserscheide von Daugava und Nemunas. Sie ist eine in den Nachkriegsjahren neu aus den Ruinen erwachsene Stadt und ein wichtiger Verkehrsknotenpunkt.

Wirtschaftszentrum

Die Stadtgründung geht auf die Schlacht von Saulė im Herbst 1236 zurück, bei der ein schemaitisches Heer die Ordensritter in die Flucht schlug. Von dieser Niederlage erholte sich der Schwertbruderorden nicht mehr, so dass er sich schließlich 1237 dem Deutschen Orden unterwarf. 1589 erhielt die Stadt das Magdeburger Recht. Im 16. Jh. war Šiauliai das Verwaltungszentrum eines königlichen Gutes. Im Nordischen Krieg wurde die Stadt von den Schweden geplündert, viele Bürger erlagen der Pest. Erst in der zweiten Hälfte des 18. Jh.s, als das Gut dem Grafen Tiesenhausen gehörte, einem tatkräftigen und reformerisch eingestellten Menschen, begann die Stadt sich zu erholen. Pläne für eine klassizistische Neuanlage der Stadt wurden durch die Dritte Polnische Teilung zunichte gemacht: 1795 fiel Litauen an das zaristische Russland, und Zarin Katharina II. schenkte das Gut Šiauliai ihrem Günstling Graf Subow. Im 19. Jh. entwickelte sich die Stadt dank des Eisenbahnanschlusses zu einem bedeutenden Industrie- und Handelszentrum. Doch in beiden Weltkriegen entbrannten heftige Kämpfe um Šiauliai; Ende 1944 lagen 80 % der Gebäude in Schutt und Asche. Der schnelle Nachkriegsaufbau verschaffte der Stadt für lange Zeit ein eher farbloses architektonisches Antlitz.

Sehenswertes in Šiauliai

Peter- und Paulskirche

Der Mittelpunkt der Stadt liegt um den ehemaligen Markt – den heutigen Centrinė-Platz – unmittelbar an der Kreuzung der Straßen Vilniaus gatvė und Tilžės gatvė. Unübersehbar ist der die ganze Stadt überragende oktogonale Turm der Peter-und-Paulskirche, einer der höchsten Litauens. Die Kirche erhebt sich auf einer Anhöhe unmittelbar am Platz und ist das einzige erhalten gebliebene architektonische Denkmal des alten Šiauliai. Sie wurde von 1595 bis 1625 im Stil der Renaissance auf dem Grundriss eines lateinischen Kreuzes errichtet. An der Südfront ist eine Sonnenuhr angebracht worden. Das Hauptschiff deckt ein mit Ornamentik geschmücktes Gewölbe.

Platz der Sonnenuhr

Wendet man sich von der Kirche zum Talša-See, kommt man bald zum 1986 angelegten Platz der Sonnenuhr (lit. Saulės laikrodžio aikštė). Er wurde als goße Sonnenuhr gestaltet. Der Zeiger ist die 21 m hohe klassizistische Säule in der Platzmitte. Als Zifferblatt dient der halbkreisförmige, amphitheatralische Platz, in den Metallziffern eingelassen sind.

Vilniaus gatvė

Der als Fußgängerzone gestaltete Teil der Vilniaus gatvė mit seinen Geschäften wird von phantasievollen Aushängeschildern, Plastiken und Springbrunnen aufgelockert. Die Promenade endet an der Kreuzung mit der Žemaitės gatvė, wo das Denkmal »Berg der Aufständischen« an hier hingerichtete Rebellen von 1863 erinnert.

Museen

Öffnungszeiten: alle Di. – Fr. 10.00 – 18.00, Sa. 11.00 – 16.00

An der Vilniaus g. warten mehrere Museen auf interessierte Besucher: das Museum für Fotografie (Vilniaus 140), das Radio- und Fernsehmuseum (Vilniaus 174), das Fahrradmuseum (Vilniaus 139) und der Ausstellungspalast (Vilniaus 245).
Das beliebteste Museum Nord-Litauens ist wohl das »Aušra«-Museum, das in zwei Gebäuden eine Gemäldesammlung (Vytauto 89) und eine historisch-ethnografische Ausstellung (Aušros al. 47) mit mehr als 70 000 Exponaten zeigt.

ŠIAULIAI ERLEBEN

AUSKUNFT

Vilniaus 213, LT - 5400 Šiauliai
Tel. 8 - 41 / 52 31 10, Fax 52 31 11
www.siauliai.lt/turizmas/index.htm

ESSEN

► Preiswert

Bella Italia
Vilniaus 167
Tel. 8 - 21 / 52 08 66
Italiener mit reicher Auswahl an frisch zubereiteten Gerichten.

ÜBERNACHTEN

► Günstig

Hotel Šiauliai
Draugystės pr. 25
Tel. 8 - 41 / 43 73 33, Fax 43 83 39
Einfache und preisgünstige Übernachtungsmöglichkeit.

Umgebung von Šiauliai

★★ **Berg der Kreuze**

Etwa 17 km nördlich von Šiauliai, zwischen den Dörfern Domantai und Jurgaičiai, erhebt sich am Fluss Kulpė ein Erdhügel, auf dem sich Tausende von Kreuzen aller Art um ein Bild der Muttergottes scharen. Der Berg der Kreuze ist ein nationaler Wallfahrtsort und von hohem symbolischen Wert für das litauische Unabhängigkeitsstreben, aber auch für die Volksfrömmigkeit. Vermutlich geht die Tradition schon auf das 14. – 15. Jh. zurück; das massenhafte Aufstellen von Kreuzen begann nach den Aufständen von 1831 und 1863 zu Ehren der Opfer. 1961 und 1975 versuchten die sowjetischen Funktionäre, dieses einmalige Denkmal zu vernichten und zerstörten über 5000 Kreuze, doch die Litauer blieben beharrlich und stellten immer wieder neue auf, insbesondere seit der wiedergewonnenen Unabhängigkeit.

Viekšniai

Das Dorf Viekšniai im Rayon Akmenė liegt ca. 70 km nordwestlich von Šiauliai unweit der Grenze zu Lettland. Hier verbrachte der kauzige Gerichtsdolmetscher Aleksandras Griškevičius (1809 – 1863) die letzten Jahre seines Lebens. Er widmete sich mit Hingabe der Konstruktion von schweren Flugapparaten, u. a. mit dampfgetriebener, an einem Ballon aufgehängten Luftschraube, wie er in seinem 1851 in Polen erschienenen Buch »Der schemaitische Dampfflieger« darlegte. In seiner Wohnwerkstatt im Dorf sind Zeichnungen und Modelle seiner Erfindungen sowie Lebenszeugnisse ausgestellt.

Aus dem ganzen Land kommen die Gläubigen zum Wallfahrtsort.

Naturschutzgebiet von Kamanos Nur wenig nordöstlich von Viekšniai beginnt das Moor von Kamanos, eines der größten Litauens. Hier leben noch Schwarzstörche, Brachvögel und Kampfläufer.

Kelmė Kelmė liegt 45 km südwestlich von Šiauliai. Der hiesige Landsitz entstand im 16./17. Jh., erhalten haben sich das originelle, von drei Arkaden bekrönte Torhaus sowie das eigentliche Gutshaus mit Freitreppe und Volutengiebel.

✶ Tytuvėnai Von Kelmė weitere 19 km nach Osten erreicht man das von Wäldern und Seen umgebene Städtchen Tytuvėnai. Hier steht ein Bernhardinerkloster, das dank der Verbindung von Gotik, Renaissance und Barock zu den schönsten Kirchenbauten Litauens zählt. Die dreischiffige Marienbasilika entstand 1614 – 1639 als Renaissancebau mit gotischen Elementen, wurde aber in der zweiten Hälfte des 18. Jh.s barockisiert. Die Gänge der Klosterhöfe sind mit Fresken des Italieners Rosselini und des Litauers Sabaliauskas bemalt.

! *Baedeker* TIPP

Rast in der alten Windmühle

Wer von Šiauliai nach ►Panevėžys fährt, kann nach 40 km Rast in Šeduva im Ausflugslokal »Uuovja« machen, das in einer alten Windmühle eingerichtet ist. Danach kann man noch einen Spaziergang um das Schloss Raudonvaris aus dem 19. Jahrhundert unternehmen.

Im 8 km südlich von Tytuvėnai liegenden **Šiluva** soll 1607 die Jungfrau Maria einigen Hirtenjungen erschienen sein. Mehrere Wallfahrtskapellen waren an der Erscheinungsstelle erbaut worden; die heutige wurde 1903 entworfen und 1924 errichtet.

✶✶ Trakai

O 13

Höhe: 150 m ü. d. M. **Einwohnerzahl:** 6 100

Eingebettet in duftende Kiefernwälder und grüne Täler zwischen großen und kleinen Seen liegt Trakai, die alte Hauptstadt des litauischen Reiches und Residenz der Großfürsten. Die große Vergangenheit, die Ruinen und die Natur um die »Stadt auf dem Wasser« machen sie zu einem Ziel, das kein Litauenreisender versäumen sollte.

Alte Hauptstadt Schon im 12./13. Jh. war die Stadt das Zentrum des Traikaier Fürstentums, allerdings nicht am Ufer der Seen, sondern 4 km südlich in Alt-Trakai. Großfürst Gediminas verlegte die großlitauische Residenz um 1323 von Alt-Trakai nach Vilnius. Nach Gediminas' Tod erbte sein Sohn Keštutis das Fürstentum. Mit seinem Namen verbindet man den Ausbau des heutigen Trakai. Er baute eine Burg auf einer

Halbinsel, an der sich Galvė-See, Totoriškis-See und Lukos-See treffen. Um diese sog. Halbinselburg wuchs eine Siedlung, aus der die Stadt hervorgegangen ist. Vytautas der Große, als Kęstutis' Sohn noch in Alt-Trakai geboren, bezog die 1409 fertiggestellte neue Burg auf einer Insel im Galvė-See. Nach dem 1413 zwischen dem Großfürstentum Litauen und dem Königreich Polen unterzeichneten Abkommen wurde Litauen in Wojewodschaften aufgeteilt. Trakai wurde das Zentrum einer Wojewodschaft, zu dem solch große Städte wie Kaunas, Gardinas (Grodno) und Brest gehörten. Die Stadt hatte einen Markt und Zünfte, Land- und Burggerichte tagten. Doch bereits im 16. Jh. verlor Trakai allmählich seine politische und wirtschaftliche Bedeutung. Vilnius spielte eine immer größere Rolle, bis es schließlich die alte Hauptstadt völlig verdrängte. Handelswege änderten ihre Richtung, das Wirtschaftsleben in Trakai erstarb. Auch die Burgen verloren ihre Bedeutung; nach dem Angriff der Moskowiter 1655 verfielen sie gänzlich. Erst Ende des 19. Jh.s interessierten sich Historiker für die Burgruinen, und Anfang des 20. Jh.s wurden erste Versuche gemacht, ihren weiteren Zerfall aufzuhalten. Die wissenschaftlich fundierte Restauration begann erst nach dem Zweiten Weltkrieg.

Stadt Trakai

Vytauto gatvė

Die Hauptstraße des historischen Teils der Stadt ist die Vytauto g., die in die Karaimų g. übergeht. Am zur Stadtmitte führenden Abschnitt der Vytauto g. wechseln sich Holzhäuser aus dem 19. – 20. Jh. mit Neubauten ab. Rechts steht erhöht die katholische Vytautas-Kirche (15. – 18. Jh.), die älteste Kirche der Stadt. Kurz danach, wo sich die Seen von beiden Seiten dicht an den Ort herandrängen, lag einst der alte Marktplatz.

✶ Karäerhäuser

Hier endet die Vytauto g. und wird nach links von der Karaimų g. fortgesetzt. In den eingeschossigen, bunten Holzhäusern wohnen die Nachfahren der Ende des 14. Jh.s von Großfürst Vytautas angesiedelten Karäer. Die Karäer sind aus einer jüdischen Sekte hervorgegangen, die für ihren strengen, asketischen Glauben nur die Regeln des Alten Testaments akzeptierte. Vytautas hatte sie von der Krim nach Trakai geholt, um aus ihnen die Palastwache zu bilden. Sie erhielten Grund und Boden und erlangten bald als Gemüsezüchter Berühmtheit. In den 600 Jahren, in denen die Karäer in Litauen ansässig sind (heute ca. 400; außer in Trakai noch um ► Panevėžys), haben sie ihre Sprache, ihre Kultur und ihre Bräuche bewahrt. Darüber unterrichtet die volkskundliche Ausstellung der

Karäerhäuser in Trakai

INSELBURG

✶✶ Die einmalig schön gelegene Feste von Trakai war die mittelalterliche Residenz der litauischen Herzöge. Lange verfallen und eine unscheinbare Ruine, präsentiert sich die von Großfürst Vytautas erbaute Burg heute wie zur Zeit ihrer Blüte.

Öffnungszeiten:
Sommer tgl. 10.00–19.00,
Winter Di.–So. 9.00–16.00

1 Steg zur Stadt Trakai

2 Torturm
Durch den quadratischen Torturm betritt man den ersten Hof der Burganlage.

3 Hof der Vorburg
Bis zu 7 m hohe Mauern umfrieden den trapezförmigen Innenhof der Vorburg.

4 Türme
Drei runde Ecktürme sichern die Feste nach Westen, Südwesten und Südosten.

5 Westkasematten
In den zweistöckigen Westkasematten – einst beherbergten sie das Waffen- und Lebensmittellager sowie Aufenthaltsräume für die Burgwache – ist ein Teil des historischen Museums untergebracht. Zu sehen sind u. a. Waffen, Glas, Porzellan, Miniaturen, eine Pfeifensammlung sowie komplett eingerichtete Zimmer.

6 Ostkasematten
Die Ostkasematten sind einstöckig ausgeführt und dienten ebenfalls als Waffen- und Lebensmittellager.

7 Hauptburg oder Pallas
In dem Kernstück der Anlage lagen die Repräsentations- und Wohnräume des Fürsten.

8 Donjon
Mittelalterlicher Wohnturm

9 Großer Saal
Der Große Saal im rechten Burgflügel ist mit 9 x 21 m der größte Raum der Burg. Ihn ziert ein sehr schönes gotisches Sterngewölbe.

10 Historisches Museum
Der nach den Westkasematten zweite Teil der Ausstellung des Historischen Museums ist in der Hauptburg untergebracht.

Zum »Historischen Nationalpark« deklariert: die Inselburg mit Umgebung

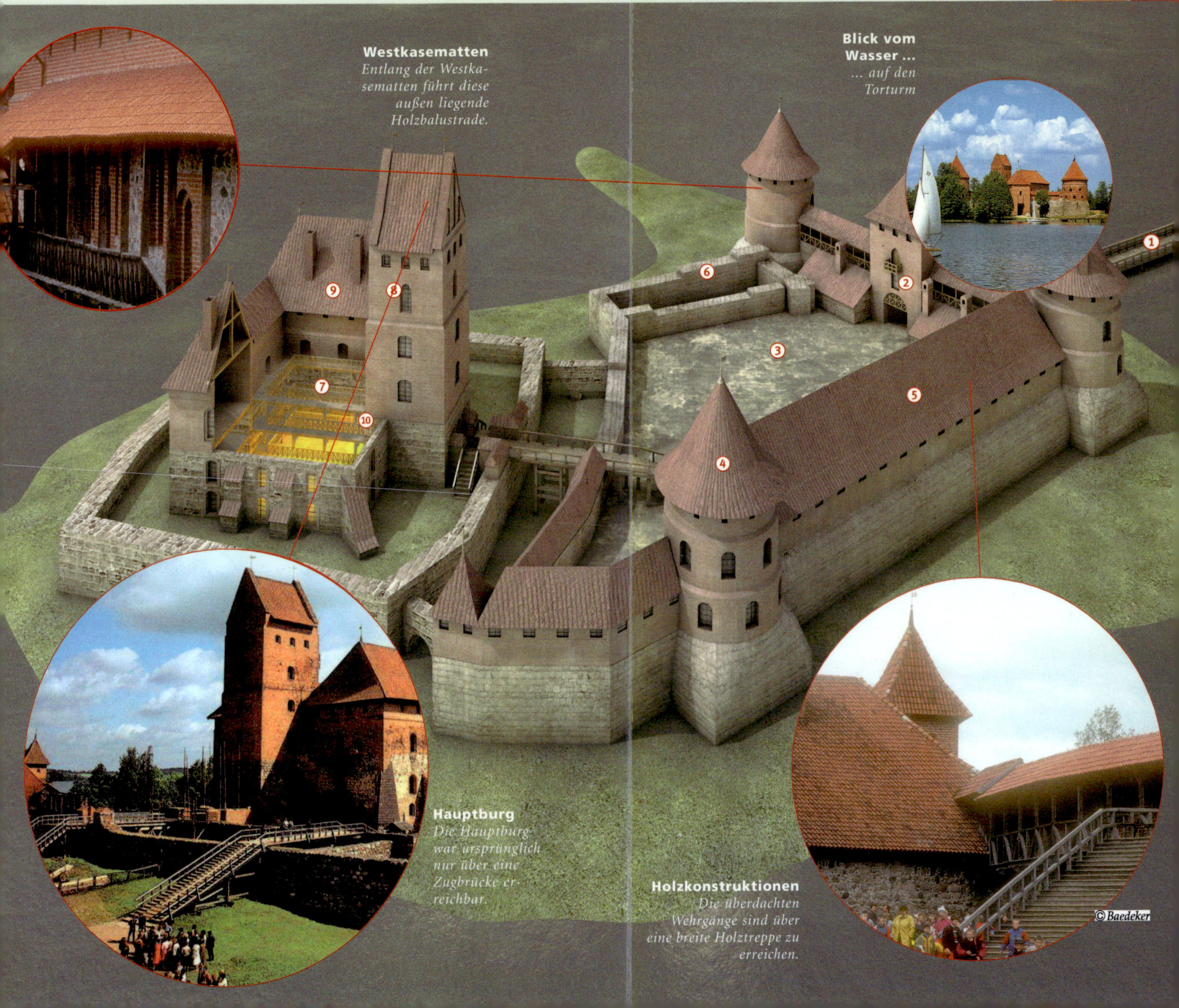

Westkasematten
Entlang der Westkasematten führt diese außen liegende Holzbalustrade.

Blick vom Wasser ...
... auf den Torturm

Hauptburg
Die Hauptburg war ursprünglich nur über eine Zugbrücke erreichbar.

Holzkonstruktionen
Die überdachten Wehrgänge sind über eine breite Holztreppe zu erreichen.

TRAKAI ERLEBEN

AUSKUNFT

Vytauto 69, LT - 4050 Trakai
Tel. / Fax 8 - 5 28 / 5 19 34
www.trakai.lt

ESSEN

► **Erschwinglich**

Kybynlar
Karaimų 65, Tel. 8 - 5 28 / 5 51 79
Das karäische Restaurant führt seine Spezialität im Namen: »Kibinai« ist eine mit Fleisch und Zwiebeln gefüllte Pastete – unbedingt probieren.

ÜBERNACHTEN

► **Günstig**

Trakų Viešbutis
Ežero 7
Tel. 8 - 5 28 / 5 55 03, Fax 5 55 05
Kleines angenehmes Haus, am Wasser gelegen.

Karäer (Karaimų 22; Öffnungszeiten: Mi. – So. 10.00 – 18.00 Uhr), in der Gegenstände des täglichen Gebrauchs und kunsthandwerkliche Erzeugnisse zu sehen sind. In der Karaimų 30 steht die »Kenessa«, das karäische Gebetshaus.

Ruinen der Halbinselburg

Am Beginn der Karaimų g. öffnet sich rechts der Stadtpark, in dem man noch auf die spärlichen Ruinen der alten Halbinselburg trifft. Von den Ruinen eröffnet sich eine wunderbare Aussicht auf den Galvė-See mit der 500 m entfernten Inselburg.

✶ Trakaier Seen

Aus den Burgfenstern sieht man die blauen Weiten der Trakaier Seen mit ihren grünen Inseln und Buchten. Insgesamt bilden sie ein weit verzweigtes Wassersystem, das vor 18 000 – 20 000 Jahren nach dem Rückgang der Gletscher entstanden ist. Ein Teil der Stadt Trakai und ihrer Umgebung wurde schon 1960 zum Schutzgebiet erklärt, das 1991 erweitert wurde und seither den Namen **historischer Nationalpark Trakai** trägt. Er nimmt eine Fläche von 4502 ha ein, von denen ein Viertel auf die Seenfläche entfällt. Der größte der vier Seen ist der Galvė-See, mit seinen 20 Inseln, an dessen Ostufer gegenüber der Inselburg ein gepflegter Campingplatz mit Bootsverleih angelegt wurde. Mit dem Galvė-See sind die drei kleineren Seen Skaistis, Lukos (Bernardinų) und Totoriškių verbunden. Auf der Halbinsel zwischen Skaistis und Galvė leuchtet das Palais der Grafen Tiškevičius hervor.

! *Baedeker* TIPP

Wassersport

Trakai ist ein Wassersportzentrum. Am Galvė-See gibt es einen Yachtklub, eine Kanuschule, und man kann Tretboote mieten. Auf den Seen verkehrt im Sommer ein Ausflugsschiff.

★★ Vilnius (Wilna)

P 13

Höhe: 80 – 213 m ü. d. M. **Einwohnerzahl:** 543 000

Barocke Türme, helle Fassaden, Renaissance-, Barock- und klassizistische Gebäude – in der Altstadt von Vilnius fühlt man sich fast in südliche Gefilde versetzt. Die großzügig angelegten Parks und Plätze, zuallererst natürlich der Kathedralenplatz, aber auch die weiten grünen Flächen der westlichen Neustadt laden zum Verweilen ein.

Hauptstadt und Weltkulturerbe

Im Südosten Litauens, 300 km von der Ostsee, aber nur 33 km von der Grenze zu Weißrussland entfernt, liegt die litauische Hauptstadt Vilnius am Zusammenfluss von Neris und Vilnia. Das tief gelegene, schöne Flusstal der Vilnia verbreitert sich kurz vor der Mündung im Zentrum von Vilnius und bildet leicht abfallende Terrassen. An diesen amphitheatralisch ansteigenden Hängen lag die Keimzelle der Stadt, die heute eine Fläche von mehr als 400 km² einnimmt. Mehr als die Hälfte davon sind Grünanlagen, darunter zwei Landschaftsschutzgebiete: Žalieji ežerai (Grüne Seen) im nördlichen und Karoliniškės im westlichen Stadtteil. Die Stadtanlage des heutigen Vilnius wird von der in Weißrussland entspringenden Neris bestimmt. Der Fluss durchquert die Stadt in drei großen Schleifen und und mündet schließlich bei ►Kaunas in den Nemunas.

Wirtschaft und Verkehr

Vilnius präsentiert sich nicht nur als Politik- sondern auch als modernes Verwaltungs- und Wirtschaftszentrum. Hier sitzen die bedeutendsten Banken und zahlreiche Vertretungen internationaler Firmen, darunter klangvolle Namen wie Coca Cola, Shell und Motorola. Bekannte Erzeugnisse der Hauptstadt sind Kacheln, Konfektion, Gobelinstoffe, Kunststofferzeugnisse, Möbel und Schokolade.

Highlights Vilnius

Kathedrale
Mit dem davorgelegenen Platz das unbestrittene Zentrum der Hauptstadt
► Seite 424

Gediminas-Prospekt
Hier pulsiert das Leben, es gibt Restaurants, Cafés und schicke Läden.
► Seite 441

Gotisches Ensemble
Drei ziegelrote Meisterwerke der Hochgotik
► Seite 428

Pilies gatvė
Bummeln und einkaufen entlang der ältesten Straße der Altstadt
► Seite 435

Universität
Baltikums älteste Hochschule residiert in wahrlich sehenswerten Gebäuden.
► Seite 431

Peter und Paul
Atemberaubende Stuckkunstwerke nach Zuckerbäcker Art
► Seite 426

Stadtgeschichte

1323	Erste schriftliche Erwähnung von Vilnius.
1365	Erste Ordensritter erreichen Vilnius.
1387	Großfürst Jogaila führt den katholischen Glauben ein.
1569	Litauen und Polen vereinigen sich zu einem Großreich.
1795	Vilnius fällt an Russland.
1918	Wiederherstellung des unabhängigen litauischen Staates, Hauptstadt ist jedoch Kaunas
1941	Deutscher Überfall auf Litauen, in Vilnius werden zwei jüdische Ghettos eingerichtet.
1944	Litauen fällt an die Sowjetunion.
13. 1. 1991	14 Zivilisten kommen im Zuge des Unabhängigkeitskampfes um.

Ursprung Bereits in der Steinzeit lebten Menschen im heutigen Stadtgebiet. Am Burgberg wurde eine Siedlung aus dem 1. Jt. v. Chr. nachgewiesen, ebenso im Tal am Zusammenfluss von Neris und Vilnia und auf dem Hügelgelände ringsum. Von dieser Keimzelle rührt der Name Vilnius her, der vom Flussnamen Vilnia (litauisch »Welle«) abgeleitet ist.

Im 13. Jh. begann sich eine Stadt zu entwickeln, deren erste schriftliche Erwähnung sich in den Briefen des **Großfürsten Gediminas** findet, die dieser 1323 an westeuropäische Städte und Fürsten geschrieben hatte. Darin lud er Handwerker und Kaufleute in sein – noch heidnisches – Land ein und betonte dabei, er habe auch zwei Kirchen erbaut, davon »die eine in unserer königlichen Stadt, genannt Vilnius«. Vilnius muss also zu diesem Zeitpunkt schon eine recht große Stadt gewesen sein.

Aufstieg zur Hauptstadt Das Vilnius des 14. Jh.s bestand aus zwei Burgen auf dem Hügel zu beiden Seiten der Vilnia-Mündung: die Obere Burg und die Krumme Burg. Unterhalb der Oberen Burg war eine Vorburg, bald Untere Burg genannt, angelegt. Die Häuser der Stadtbewohner breiteten sich südlich der Burgen entlang der Wege nach Trakai, Medininkai, Rudininkai und Polozk aus. Im Jahre 1365 erreichten Ordensritter zum ersten Mal Vilnius, doch gelang es ihnen zunächst nicht, die Burgen zu erobern. Erst 1390 konnten sie die hölzerne Krumme Burg niederbrennen. Im Kampf gegen die Ritter schlossen sich Litauen und Polen 1385 in der Union von Krewo zusammen. Der litauische Großfürst Jogaila wurde 1386 König von Polen, ließ sich taufen und führte 1387 den katholischen Glauben in Litauen ein. Im selben Jahr baute er in Vilnius eine Kathedrale und verlieh der Stadt das Magde-

Die Pilies gatvė (Burgstraße) ist eine der ältesten Straßen der Stadt →

burger Recht. Nach dem Sieg in der Schlacht von Tannenberg kehrte Ruhe in der Stadt ein, und sie stieg unter Vytautas zum politischen, wirtschaftlichen und kulturellen Zentrum eines mächtigen Staates auf. Die verbesserten Beziehungen zu den westlichen Nachbarn und die vorteilhafte geographische Lage von Vilnius schufen günstige Bedingungen für Verkehr und Warenaustausch zwischen Russland und den Hansestädten an der Ostsee. Nach einem Brand im Jahr 1419 baute Vytautas die Burgen wieder auf und errichtete eine neue Kathedrale. Um vor Angriffen der Tataren geschützt zu sein, errichtete man zwischen 1503 und 1522 eine ca. 3 km lange Stadtmauer mit zehn Toren. Gleichzeitig wurden hölzerne Wasserleitungen in die Stadt hinab und sogar in einzelne Häuser reicher Stadtbewohner gelegt. Die erste Steinbrücke über die Neris entstand von 1530 bis 1540. Schon 1495 wurden in Vilnius die Goldschmiede- und Schneiderzunft eingetragen, 1527 wurde die erste Papierwerkstatt und 1547 die erste Glaswerkstatt gegründet. Die Ideen von Renaissance, Humanismus und Reformation sorgten für Aufbruch. Von großem Einfluss auf das gesamte geistige Leben Litauens war die Gründung der Vilniusser Universität im Jahr 1579. Im 16. Jh. war Vilnius eine für jene Zeit schon sehr große und durchaus bedeutende Stadt.

Großreinemachen vor dem Amtssitz des Staatspräsidenten

Niedergang

Die 1569 vollzogenene Vereinigung von Polen und Litauen zu einem Bundesstaat schmälerte die Bedeutung der Stadt. Residenzstadt war Krakau, später Warschau; Vilnius lag abseits. 1610 zerstörte ein Feuer große Teile der Stadt. Noch im Wiederaufbau stürmten 1655 die Russen die Stadt; sie blieben sechs Jahre, und Vilnius verlor in dieser Zeit 25 000 Einwohner.
In der zweiten Hälfte des 17. und der ersten Hälfte des 18. Jh.s litten Handwerk und Handel unter der feudalen Willkür von Adligen, Bischof und Klöstern. Vilnius verarmte, und eine ungeheure Fülle an Kultur- und Kunstschätzen ging verloren. Während des Nordischen Kriegs wechselte Vilnius mehrere Male den Besitzer, brannte und wurde durch Hunger und Pest (1708 – 1711) verwüstet. Der Sieg der Gegenreformation verursachte den Stillstand des kulturellen Lebens. Seit dem Abschluss der Union von Lublin kam es zu einer weitgehenden Polonisierung Litauens, dadurch wurde zu Beginn des 18. Jh.s die Entwicklung einer litauischen städtischen Kultur und der litauischen Schriftsprache behindert. In diesem Jahrhundert des Niedergangs wurde Vilnius jedoch zur Stadt des Klerus: Ende des 18. Jh.s existierten 18 Klöster und 40 Kirchen.

Russische Herrschaft

Bei der Dritten Polnischen Teilung im Jahr 1795 fiel Vilnius an Russland und wurde Gouvernementshauptstadt, die 1811 nach St. Petersburg und Moskau die drittgrößte Stadt im Russischen Reich war. Die Franzosen durchquerten 1812 auf dem Hin- und Rückmarsch nach Moskau zweimal die Stadt; Napoleon setzte sich hier vorzeitig von seiner Armee nach Frankreich ab. Die Aufstände von 1831 und 1863 gegen die zaristische Unterdückung, für die Abschaffung der Leibeigenschaft und für die nationale Freiheit hatten ihr Zentrum in Vilnius, doch zeitigten sie auch böse Folgen: 1832 wurde die Universität geschlossen, 1864 Schulen, kulturelle Einrichtungen und Kirchen. Der Bau der Eisenbahnlinie St. Petersburg – Warschau über Vilnius (1860/1861) erleichterte die Einfuhr von Rohstoffen und förderte den Aufbau der Industrie. Innerhalb von drei Jahrzehnten entstand das gegenwärtige Stadtzentrum. Im Jahr 1897 hatte Vilnius 154 000 Einwohner. Die revolutionären Ereignisse in Russland von 1905 veranlassten die zaristische Macht zur Aufhebung des Druckverbots litauischer Schriften, und das kulturelle Leben blühte wieder auf.

Erster Weltkrieg und Unabhängigkeit

Die Niederlagen Russlands zu Beginn des Ersten Weltkrieges trieben im Herbst 1914 Flüchtlinge nach Vilnius, das im Sommer 1915 evakuiert wurde. Das deutsche Heer besetzte die fast leere Stadt kampflos im September 1915. Nach der Wiederherstellung des polnischen Staates 1916 erhob der polnische Staatsrat unverzüglich Ansprüche auf Litauen. Litauische Politiker hingegen forderten die Unabhängigkeit. Ein gewählter Rat Litauens verkündete am 16. Februar 1918 »die Wiederherstellung des unabhängigen litauischen Staates auf demokratischen Grundlagen mit der Hauptstadt in Vilnius.« Unter den

Bedingungen des unbeendeten Krieges und der Besetzung durch die deutsche Armee bedeutete die Unabhängigkeit praktisch sehr wenig, weil die internationale Anerkennung ausblieb. Besonders kompliziert war die Lage im von Polen beanspruchten Vilnius. Im Vertrag von Suvalkai vom 7. Oktober 1920 wurde Vilnius zwar dem litauischen Staat zuerkannt, doch besetzten polnische Truppen am 9. Oktober Stadt und Region. Der Völkerbund konnte das Problem nicht lösen, und so blieb bis zum Beginn des Zweiten Weltkriegs Vilnius mit seinem Umland bei Polen. Zur provisorischen Hauptstadt der Republik Litauen wurde Kaunas.

Zweiter Weltkrieg und Sowjetzeit

Nach dem Ausbruch des Zweiten Weltkriegs fühlte auch Vilnius sich vom deutschen Vormarsch in Polen bedroht. Der Feind kam jedoch zunächst aus der anderen Richtung: Am 17. September 1939 besetzte die Rote Armee die Stadt. Die Regierung der UdSSR zwang der Republik einen Vertrag über gegenseitige Hilfe auf und gab die Vilniusser Region an Litauen zurück. Am 28. Oktober 1939 rückten litauische Truppen in der Stadt ein. Zu jener Zeit hatte das geheime Zusatzprotokoll vom 28. September 1939 zum Nichtangriffspakt zwischen Stalin und Hitler Litauen bereits der Sowjetunion überlassen. Am 15. Juni 1940 besetzte die Sowjetunion Litauen und installierte eine prokommunistische Regierung, die den Anschluss an die UdSSR proklamierte.

Schon am dritten Tag nach Beginn des Überfalls der deutschen Wehrmacht auf die Sowjetunion am 22. Juni 1941 war Vilnius von der deutschen Armee besetzt. In der Altstadt wurden zwei Ghettos eingerichtet, in die alle jüdischen Einwohner gebracht wurden. Die meisten von ihnen und viele andere aus Europa Verschleppte wurden im nahen Wald von Paneriai erschossen. 63 000 der 65 000 vor dem Krieg in Vilnius wohnenden Juden – ein Drittel der gesamten Einwohnerschaft – wurden ermordet, das »Jerusalem des Ostens«, eine der kulturell reichsten jüdischen Gemeinden, war von den Deutschen ausgelöscht worden. Am 13. Juli 1944 besetzten sowjetische Truppen wiederum Vilnius. Die Einwohnerzahl war fast um die Hälfte zurückgegangen, Wohnhäuser waren zerstört, besonders gelitten hatten Stadtzentrum und Altstadt.

Nach dem Krieg blieb Vilnius die Hauptstadt der litauischen Sowjetrepublik. Neue Industriezweige wurden errichtet, der Bau neuer Wohnungen war erforderlich. Von 1959 an entstanden große Wohnbezirke am Stadtrand, in denen noch heute die Hälfte der Menschen in Vilnius wohnt.

Erneute Unabhängigkeit

Vilnius war das Zentrum der litauischen Unabhängigkeitsbestrebungen. Dramatische Ereignisse spielten sich am 13. Januar 1991 bei der Besetzung des Fernsehzentrums durch sowjetische Fallschirmjäger ab, bei der insgesamt 14 Zivilpersonen ums Leben kamen. Durch die Öffnung nach Westen erhielt die Stadt vielfältige wirtschaftliche und kulturelle Impulse.

Vilnius Orientierung

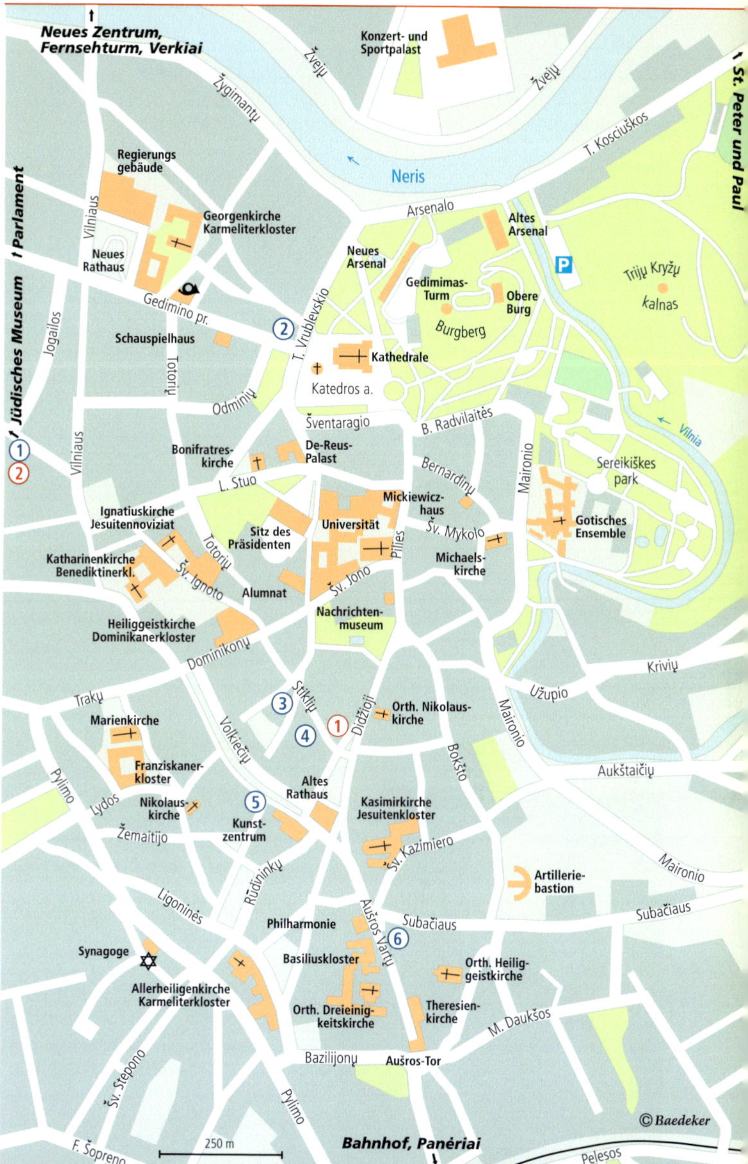

Übernachten
① Centro Kubas
② Scandic Hotel Neringa

Essen
① Neringa
② Literatų Svetainė
③ Stikliai
④ Lokys
⑤ The Twins O'Brian
⑥ Ida Basar

VILNIUS ERLEBEN

AUSKUNFT

Vilniaus 22, LT - 2600 Vilnius
Tel. 8 - 5 / 2 62 96 60, Fax 2 62 81 69
www.vilnius.lt

ESSEN

► Fein & Teuer

⑥ ***Ida Basar***
Subačiaus 3, Tel. 8 - 5 / 2 62 84 84
Im gleichnamigen Hotel wird dieses sehr anspruchsvolle Restaurant von einem deutschen Spitzenkoch geleitet.

③ ***Stikliai***
Gaono 7, Tel. 8 - 5 / 2 64 95 95
Das Restaurant mit französischer Küche gilt als das beste Litauens. Ein Traum für Liebhaber opulenter Dekorationen sind bereits die Räumlichkeiten in einem 17. Jh.-Haus.

Juodasis Riteris
Pilies 16, Tel. 8 - 5 / 2 61 10 70
Der »Schwarze Ritter« bietet mittelalterliches Ambiente und schmackhafte Fleischgerichte zu durchaus gehobenen Preisen.

► Erschwinglich

② ***Literatų svetainė***
Gedimino pr. 1
Tel. 8 - 5 / 2 61 18 89
Im zentral am Kathedralenplatz gelegenen Literatencafé gibt es skandinavische Küche und donnerstags Live-Musik.

④ ***Lokys***
Stiklių 8, Tel. 8 - 5 / 2 62 90 46
»Der Bär« ist in einem gotischen Keller gelegen und auf Wild spezialisiert: Zu empfehlen sind Wildschein (»šerniena«) und Elch (»briediena«).

① ***Neringa***
Gedimino 23
Tel. 8 - 5 / 2 61 40 19
Lokale und russische Küche auf hohem Niveau zu sehr erschwinglichen Preisen.

Prie Parlamento
Gedimino 46
Tel. 8 - 5 / 2 62 16 06
Das »Parlament« ist so beliebt, dass es ständig voll ist. Mit gutem Grund: Hier isst und trinkt man gut und preiswert. Den Abend beschließen kann man eine Treppe tiefer im »Ministerijo«, dem besten Nachtclub der Stadt.

► Preiswert

Ritos Sleptuve
Gõstauto 8, Tel. 8 - 5 / 2 62 61 17
Von Spaghetti bis Hamburger reicht die Auswahl in dem kleinen litauisch-amerikanisch geführten Lokal mit Oldie-Musik.

← *In Vilnius gibt es eine große Anzahl gemütlicher Kneipen und Cafés.*

Ritos smukl
Žirmūnų 68, Tel. 8 - 5 / 2 62 61 17
Hier gibt es all die original litauischen Gerichte, die man vor der Heimreise unbedingt probieren muss: riesige »Cepelinai«, Bier-Borscht und »Blyniai«-Pfannkuchen.

⑤ *The Twins O'Brien*
Vokiečių 8, Tel. 8 - 5 / 2 12 08 08
Angeboten wird ein irisch inspiriertes Menu, und natürlich gibt es Guinness.

ÜBERNACHTEN

▸ Luxus – Erschwinglich

Hotel Le Meridien Villon
Autobahn A 2 Richtung Rīga
Tel. 8 - 5 / 2 73 97 00, Fax 2 65 13 85
15 Fahrminuten außerhalb der Stadt bietet der 2000 gebaute riesige Hotelkomplex Entspannung und Ruhe in schönster Landschaft mit zwei Seen und Birkenwäldern.

② *Scandic Hotel Neringa*
Gedimino pr. 23
Tel. 8 - 5 / 2 61 05 16
Fax 2 61 41 60, 48 Z.
Wer gerne richtig zentral im Geschäfts- und Einkaufsviertel wohnt, wird sich in dem hellen, modernen Haus wohlfühlen.

▸ Erschwinglich

Centrum
Vytenio ul. 9/25
Tel. 8 - 5 / 2 13 27 70
Fax 2 13 27 76, 100 Z.,
Beliebtes modernes Haus mit gutem Service in einem gläsernen Businesskomplex nur 15 Gehminuten von der Altstadt entfernt.

① *Centro Kubas Hotel*
Stiklių 3
Tel. 8 - 5 /2 66 08 60
Fax 2 66 08 63, 14 Z.
Die gemütlichen und sehr individuellen Zimmer sind aufwendig mit Geräten des ländlichen Lebens dekoriert.

▸ Günstig

Hotel Baltpark
Ukmergės 363
Tel. 8 - 5 / 2 38 80 00
Fax 2 38 85 55, 80 Z.
Haus einer Economy-Kette. Faire Preise, moderne Zimmer, guter Service.

Hotel Ars Viva
Liubarto 17
Tel. / Fax 8 - 5 / 2 75 24 95
Kleines Hotel mit Dielenböden und hellen, geräumigen Zimmern. Für Familien gut geeignet.

ANREISE

Flughafen
6 km südlich vom Stadtzentrum, Bus Linie Nr. 2 zum Büro von Lithuanian Airlines in der Ukmergės 12 beim Hotel »Lietuva«; mit Linie Nr. 1 zum Bahnhof und zum Busbahnhof).

Bahnhof
1,5 km südlich vom Stadtzentrum; Trolleybusverbindung mit den Linien Nr. 1, 2 und 5).

Busbahnhof
Busbahnhof: Sodų 22
(beim Bahnhof)

Sehenswertes in Vilnius

Historischer Stadtkern

Der historische Stadtkern von Vilnius aus dem 13./14. Jh. liegt auf dem linken Neris-Ufer und umfasst das ehemalige Burgterritorium, die alte, im 16. Jh. mit Stadtmauern umgürtete Siedlung sowie Teile einiger Vororte. Die Altstadt wirkt zunächst einmal, insbesondere durch die große Zahl der Kirchtürme, barock geprägt, auch wenn die Entstehungszeit von Vilnius mit der Entwicklung der gotischen Baukunst im restlichen Europa zusammenfällt und auch Baudenkmäler der Renaissance zu finden sind. Der Barock aber brach im Gefolge der Gegenreformation und der Etablierung des Jesuitenordens stürmisch über die Stadt herein. Der Adel zeigte sich sehr großzügig bei der Finanzierung prunkvoller Barockkirchen und huldigte daneben – wie mancher Stadtpalast bezeugt – auch eigenen Repräsentationsgelüsten. Viele von Krieg oder Bränden beschädigte alte Gebäude wurden in dieser Zeit barock umgebaut.

! *Baedeker* TIPP

Microbus

Neben den betagten staatlichen Bussen und den elektrischen Trolleybussen gibt es die privat betriebene Institution Microbus. Sie halten auch ohne Haltestelle auf Handzeichen an jeder Stelle ihrer Route, auch zum Aussteigen hält der Bus auf Wunsch.

Besonders durch den Zweiten Weltkrieg verlor die Altstadt viel von ihrer Substanz; unzählige Gebäude von historischem oder künstlerischem Wert wurden in den ersten Nachkriegsjahren beim Neuaufbau ganz abgerissen. 15 Kirchen wurden geschlossen, andere ihrer Inneneinrichtung beraubt und profanisiert. Erst 1958 begann die Rekonstruktion der Altstadt. Zwischen 1975 und 1990 wurden einige Viertel vollständig erneuert und restauriert, darunter auch das gesamte Universitätsensemble. So gibt es trotz allem auch heute noch rund 240 Architekturdenkmäler.

✶ Kathedralenplatz (Katedros aikštė)

Der weitläufige Kathedralenplatz ist einer der zentralen Plätze der Hauptstadt. Er liegt fast unmittelbar am Zusammenfluss von Vilnia und Neris auf dem Gelände der einstigen Unteren Burg und wird beherrscht von der schneeweißen klassizistischen Kathedrale und deren hochaufragendem, getrennt stehenden Glockenturm. Hinter der Nord- und Ostseite erhebt sich der Burgberg, südöstlich und südlich liegt die Altstadt und westlich die Neustadt um den Gediminas-Prospekt.

Untere Burg

Der hinter der Kathedrale aufragende Burgberg war im 13. Jh. von drei Seiten von Wasser umflossen: im Norden die Neris, im Westen und Süden das alte Bett der Vilnia. Auf der geschützten Fläche entstand eine Siedlung von Handwerkern und Kaufleuten, am Ort der

Einst nahm die Untere Burg den heutigen Kathedralenplatz ein. Nur noch einige Gruften sowie der untere Teil des Glockenturms sind davon erhalten.

heutigen Kathedrale stand der Tempel für die litauischen Gottheiten. Nachdem Großfürst Mindaugas 1251 vorübergehend den christlichen Glauben angenommen hatte, ließ er hier die erste Kathedrale bauen, hinter der der Fürstenpalast lag. Entlang des Vilnia-Ufers wurden Wälle, Mauern und Türme errichtet. Das so entstandene befestigte Areal bezeichnete man als Untere Burg, deren Mauern im 14. – 15. Jh. mit der Oberen Burg verbunden wurden. Im 14. Jh. entstand am nördlichen Fuß des Burgbergs die Kirche St. Anna, später in St. Barbara umbenannt; 1387 wurde anstatt der alten Mindaugas-Kathedrale die neue Jogaila-Kathedrale begonnen, und in der Unteren Burg bezog der Vilniusser Bischof seine Residenz. Nach den Zerstörungen im Krieg gegen Russland 1654 – 1661 wurde die Untere Burg nicht mehr aufgebaut. Auf der Fläche der einst südlich der Kathedrale gelegenen Bauten entwickelte sich im 19. Jh. der heutige Kathedralenplatz, auf dem Märkte abgehalten wurden. Im 19. Jh. schüttete man den südwestlichen Arm der Vilnia zu und es blieb nur der künstliche Lauf nördlich um den Burgberg herum. Sein heutiges Aussehen erhielt der Platz in den Jahren 1938 – 1941. Von der alten Bebauung sind nur Reste der alten Kirche unter der heutigen Kathedrale, der Glockenturm sowie das

! ***Baedeker* TIPP**

Vilnius Card

Es gibt die Karte für einen, zwei oder sieben Tage, erhältlich ist sie bei den Touristeninformationen und man bekommt Ermäßigungen auf alles: von Museen über Taxis bis Schönheitssalons (www.vilniuscitycard.lt).

Alte und das Neue Arsenal geblieben. Unter dem Platz verbergen sich noch Fundamente und Gewölbe der Annen- bzw. Barbarakirche, des Bischofspalastes und des Schlosses.

✶ **Glockenturm**

Lage und Bauweise des jetzigen Glockenturmes lassen darauf schließen, dass er ein Teil der Befestigungen der Unteren Burg gewesen sein muss und somit eines der ältesten Gebäude der Stadt ist. Der runde unterste Abschnitt stammt aus dem 14. Jh; die beiden darüberliegenden achteckigen Stockwerke wurden 1522 – 1524 zur Aufnahme der Glocken hinzugefügt, und Ende des 16. Jh.s schließlich folgte das letzte Stockwerk für die Uhr. 16 Glocken stimmen an Feiertagen ihr Spiel an. Der blecherne Dachaufbau mit 8 m hoher Pyramide, vergoldeter Kugel und Kreuz ist 1893 aufgebaut worden, so dass der Turm insgesamt eine Höhe von 57 m erreicht.

✶ **Kathedrale**

Öffnungszeiten: tgl. außer So. und Feiertage 10.00 – 17.00

Die Kathedrale St. Stanislaus (lit. Arkikatedra Bazilika) erhebt sich in Gestalt eines griechischen Tempels an der Stelle, an der Großfürst Jogaila 1387, nachdem Litauen das Christentum angenommen hatte, die erste katholische Kathedrale erbauen ließ. Diese brannte jedoch 1419 ab. Großfürst Vytautas gab eine neue Kirche in Auftrag. Es entstand eine dreischiffige gotische Kirche mit zwei Türmen, deren Fläche trotz späterer Anbauten und fast völligem Umbau im Wesentlichen bis heute eingehalten ist. Im 16. Jh. gestalteten die römischen Architekten Zannobia da Gianotti und Cinni das Äußere der Kathedrale im Stil der Renaissance um, allerdings ist davon noch nicht einmal eine genauere Abbildung erhalten. Nach einem Brand im Jahr 1610 wurde sie im barocken Stil rekonstruiert. Ihre heutige Gestalt erhielt die Kathedrale in den Jahren 1783 bis 1801 durch den litauischen Architekten Laurynas Stuoka-Gucevičius (1753 – 1798), der das Äußere völlig veränderte, jedoch den noch gotisches Raumempfinden ausstrahlenden Innenraum – mit Ausnahme der neuen Sakristei – nur geringfügig umbaute. Die Vorderfront schmückt eine Säulenhalle mit sechs dorischen Säulen von 20 m Höhe. In den Fassadennischen wurden sechs große Barockfiguren des italienischen Bildhauers Tomasso Righi aufgestellt, die (von links nach rechts betrachtet) Abraham, die vier Evangelisten und Moses darstellen. Das Giebelrelief zeigt die Familie Noahs beim Dankopfer für die Rettung vor der Sinflut. Die symmetrischen Seitenfassaden werden von jeweils sechs Säulen begrenzt: In den Nischen der Südkolonnade sind Figuren litauischer Fürsten aufgestellt, in der Nordkolonnade haben Skulpturen von Heiligen und Aposteln Platz gefunden.

In sowjetischer Zeit war die Kathedrale zur Gemäldegalerie und zum Konzertsaal umfunktioniert worden. Im Jahr 1988 gab die damalige Sowjetunion sie an die Katholische Kirche zurück; seitdem ist sie wieder Predigtkirche des Erzbischofs von Vilnius.

Innenraum ►

Im Kirchenraum ziehen vor allem zwei Kapellen im südlichen Seitenschiff die Aufmerksamkeit des Besuchers auf sich. Zunächst die Goštautų-Kapelle mit dem Marmorgrabmal (Mitte 16. Jh.) des litaui-

Vilnius Kathedrale Orientierung

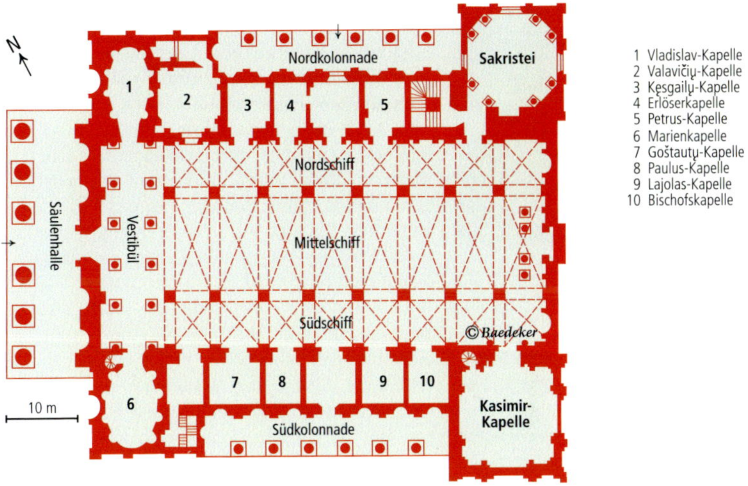

schen Kanzlers Goštautas sowie dem Grabmal des Bischofs Alšėniškis (um 1550). Die südöstliche Ecke nimmt die Kapelle des hl. Kasimir ein, als einzigartiges Zeugnis des Vilniusser Frühbarock der künstlerisch wertvollste Teil der Kathedrale. Die Kapelle wurde zu Ehren des Enkels von Jogaila, Fürst Kasimir (1458 – 1484), erbaut, der nach seiner Heiligsprechung 1602 im selben Jahr hier beigesetzt wurde. Die Wände sind aus schwedischen Sandsteinblöcken, bei der Innengestaltung wurden schwarzer Marmor und Granit in braunen Tönen verwendet. Die Fresken stellen allegorische Szenen aus dem Leben des hl. Kasimir dar, am bedeutendsten sind die beiden großen Bilder an den Seitenwänden »Graböffnung des hl. Kasimir« und »Das Wunder am Grab des hl. Kasimir« vom italienischen Maler Michelangelo Palloni Sohn. In den Nischen befinden sich versilberte Holzfiguren litauischer Großfürsten.

* ◄ Kapelle des hl. Kasimir

Burgberg (Pilies kalnas)

Obere Burg

Hinter der Kathedrale sieht man das Wahrzeichen von Vilnius auf dem Burgberg aufragen: den roten Gediminas-Turm mit der litauischen Flagge. Man erreicht ihn auf einem Weg, der an der stadtabgewandten Flanke des Hügels hinaufführt.

Der steile Naturhügel ist einer der ältesten Schlossberge in Litauen und steht am Beginn der Geschichte von Vilnius. Zahlreiche archäologische Ausgrabungen belegen, dass auf dem Hügel lange vor unserer Zeitrechnung schon Menschen ansässig waren. Die Obere Burg war im 11. – 13. Jh. zunächst aus Holz erbaut und hatte den Ordens-

Wahrzeichen der Stadt: der Gediminas-Turm

rittern mehrmals widerstanden. Nach einem Brand im Jahr 1419 ließ Großfürst Vytautas eine neue gotische Burg aus rotem Backstein erbauen. Diese besaß eine Ummauerung und drei Schutztürme. Den Ostteil nahm ein zweistöckiger Palast ein, in dessen zweitem Stockwerk ein zweischiffiger repräsentativer Saal lag. Zwischen dem nördlichen Turm und dem Palast stand die Kapelle des heiligen Martin. Heute sind nur noch die Überreste des Palastes zu sehen (oberhalb der Spitzkehre des Weges zum Turm), an seiner Rekonstruktion wird gearbeitet. Der 20 m hohe Westturm, der Gediminas-Turm, ist nach zweimaliger Restaurierung noch sehr gut erhalten. Seine drei achteckigen Geschosse ruhen auf einem massiven viereckigen Fundament. Eine kleine Ausstellung im Turm macht die Besucher mit der Geschichte und Architektur der Vilniusser Burgen bekannt. Von der begehbaren Aussichtsplattform hat man einen herrlichen Blick über die Stadt. Nach Osten hin schimmern aus dem Wald über der Vilnia am Berg der Drei Kreuze drei große weiße Kreuze hervor, die einmal als Zeichen des Widerstandes gegen die sowjetische Herrschaft aan dem Ort aufgestellt wurden, an dem zu heidnischen Zeiten drei Mönche gekreuzigt worden sein sollen.

✶ **Gediminas Turm**
Öffnungszeiten: Sommer tgl. 10.00 – 19.00 Winter Di. – So. 11.00 – 17.00

Altes Arsenal
Öffnungszeiten: Mi. – So. 10.00 – 17.00

Beim Abstieg sollte man um den Burgberg herumspazieren. Dabei kommt man entlang der umgeleiteten Vilnia zum Alten Arsenal, das, auf spätgotische Zeiten zurückgehend, in seiner Version des 17. Jh.s restauriert wurde. Es beherbergt das Museum für Angewandte Kunst, das auch gotische Reste des Alten Arsenals zeigt.

✶ **Neues Arsenal**
Öffnungszeiten: Mi. – So. 10.00 – 17.00

Nördlich um den Burgberg herum erreicht man das lang gestreckte Neue Arsenal, das noch Gewölbekeller aus dem 14. Jh. besitzt. Es ist Heimstatt des 1855 gegründeten Historisch-Ethnografischen Museums Litauens, jetzt Nationalmuseum, in dem die Geschichte Litauens dokumentiert wird. Zu sehen sind auch der Tisch, an dem 1795 die Dritte Polnische Teilung besiegelt wurde, und das zerbrochene Schwert des polnischen Königs August Poniatowski.

✶ Kirche St. Peter und Paul

Barockes Meisterwerk

Die Kirche St. Peter und Paul (Antakalnio g. 1) ist vom Kathedralenplatz mit dem Trolleybus (2, 3, 4, 8, 12) oder zu Fuß (ca. 1 km) an der Neris entlang leicht zu erreichen. Die Kirche ist ein architektonisches Meisterwerk des Barock, dessen äußere Gestalt nicht verrät, welch großartige Werke der Bildhauerkunst und Malerei sich im Inneren verbergen.

Baugeschichte

Die Kirche wurde in dem damals stillen Vorort Antakalnis gebaut, weshalb sie von Kriegszerstörungen und Feuersbrünsten verschont und 300 Jahre lang unversehrt erhalten geblieben ist. Die Legende besagt, dass an dieser Stelle in alten Zeiten der litauischen Liebesgöttin Milda gehuldigt wurde. Nachdem Litauen das Christentum angenommen hatte, errichtete man eine Holzkirche, die Mitte des 17. Jh.s abbrannte. Der Bau der heutigen Kirche begann 1668 nach dem Entwurf des Krakauer Architekten Jan Zaor. Von 1671 an, als schon mit der Innenausstattung begonnen wurde, leitete der Italiener Giambattista Frediani den Bau, dann berief man die beiden italienischen Bildhauer Pietro Perti (Peretti) und Giovanni Galli, die ab 1677 an der Ausschmückung der Kirche arbeiteten. 1682 jedoch starb der Geldgeber Mycolas Pacas, die Arbeiten mussten eingestellt werden. Die dritte Etappe der Ausstattung setzte dann 1691 ein und zog sich bis 1704 hin. Dieses Mal wirkten die Bildhauer Andrea Capone und Giovanni Pensa; doch auch sie schlossen die Arbeit nicht ab: Die Kirche blieb ohne Großaltar, einige Reliefs und Panneaus sind unvollendet. Anfang des 19. Jh.s restaurierten die beiden in Vilnius lebenden Italiener Giovanni Boretti und Michele Piano die Kirche und entwarfen zwei kleinere Altäre und eine Kanzel in Form eines Schiffes.

Die Kirche steht auf dem traditionellen Grundriss des lateinischen Kreuzes mit einer Kuppel über der Vierung. Das Portal trägt das Wappen des Geschlechts Pacas und zwei jugendliche Figuren, die die weltliche und die geistliche Macht symbolisieren. In der Mitte des zweiten Geschosses ist in die Vorderfront ein Portikus mit Balkon und großen Fenstern eingegliedert, darüber die lateinische Inschrift: »Regina pacis, funda nos in pace« (»Königin des Friedens, behüte uns im Frieden«), die auch als Wortspiel mit dem Familiennamen des Stifters Pacas zu verstehen ist.

Vollendet und überreich: die barocke Stuckatur in St. Peter und Paul

Innenraum

◄ Stuckdekoration

Überwältigend ist der Eindruck des Innenraumes dank seiner überreichen Stuckdekorationen, die fast sämtliche Wand- und Bogenflächen bedecken. Genre- und Schlachtenszenen, mythologische, philosophische, biblische Sujets, Menschen unterschiedlichster Stände, Berufe und verschiedenen Alters sind erkennbar – Arme und Mächtige, Heilige und Teufel, ein Schäfer und ein Ritter in Rüstung, ein kleines Kind und ein Greis. Den Abschluss ihres Reigens bildet ein Skelett, Symbol des Todes. Unter mehr als 2000 Gestalten und Gesichtern hat jedes seine eigene Pose, seinen Ausdruck und eine bestimmte

Rolle innerhalb der Gesamtkomposition. Vollendete Meisterwerke sind ebenfalls die Reliefs und Panneaus, die Tiere und Pflanzen darstellen. Zu erkennen sind realistische, aber auch erdachte Pflanzen, Tiere, Früchte, Blumen und Blattwerk. In der Anordnung der Figuren, in der Vielfalt der Themen und Sujets sowie in der Abfolge von Skulpturen, Ornamenten und Freiflächen liegen Gesetzmäßigkeiten und Zusammenhänge, gleichwohl wirken sie trotz ihrer Fülle nicht überladen.
Hinter dem Skulpturenschmuck treten die Gemälde zurück. Die Bögen des Hauptschiffes tragen Fresken (1677 – 1685) des italienischen Malers Michelangelo Palloni Sohn (nach anderer Meinung Martino da Alto Monte), die Szenen aus dem Leben des Apostels Petrus darstellen. Über dem Hauptalter hängt ein großes Bild, das die Apostel Petrus und Paulus zeigt; links im Presbyterium das Portrait des Stifters Mykolas Kazimieras Pacas.

** Gotisches Ensemble

Vom Südostausgang des Parks unterhalb des Burgbergs führt die Maironio g. direkt zum gotischen Ensemble, zu dem die Annenkirche und die Bernhardinerkirche mit dem ehemaligen Bernhardinerkloster gehören. Dieser Gebäudekomplex gilt als das bedeutendste und markanteste gotische Architekturensemble Litauens.

Gleich drei Meisterwerke der Hochgotik auf einem Platz

Das eindrucksvollste Gebäude in diesem Ensemble ist die gotische Annenkirche, einzigartig in der nordosteuropäischen Backsteingotik. Unter der persönlichen Patronage des litauischen Großfürsten Alexander (1482 – 1506) wurde sie etwa 1495 – 1500 von dessen Hofarchitekt Michael Enkinger gebaut. Sie gehörte der Kirche der deutschen Kongregation St. Anna und St. Martin, die später bei der Verbreitung der Reformation in Litauen eine bedeutende Rolle spielte. Nach dem Sieg der Gegenreformation ging die Kirche an die Bernhardiner über. 1564 wurde sie bei einem Feuer stark beschädigt; etliche Renovierungen in den folgenden Jahrhunderten haben den ursprünglichen Innenraum völlig verändert, die einmalige Außenfassade jedoch blieb bis in unsere Tage erhalten.

Annenkirche
◄ Baugeschichte

Diese nach Westen gewandte Hauptfassade ist von einzigartiger Schönheit dank des freien und gewagten Einsatzes des Baumaterials Backstein, von dem mehr als 30 verschiedene, eigens gebrannte Formsteine meisterhaft aufeinander geschichtet wurden, so dass die Flächen wie von einem Bildhauer geschaffen wirken. Dominierend ist die aufstrebende Linienführung. Erker mit Ziertürmchen, schmale hohe Fenster, dazwischen ein großer Kielbogen, sich wiederholende kleine Bögen in der Höhe der Fialen, Turmspitzen mit Krabben verleihen der Kirche etwas Leichtfüßiges und Schwebendes.

★★
◄ Hauptfassade

Vilnius Gotisches Ensemble *Orientierung*

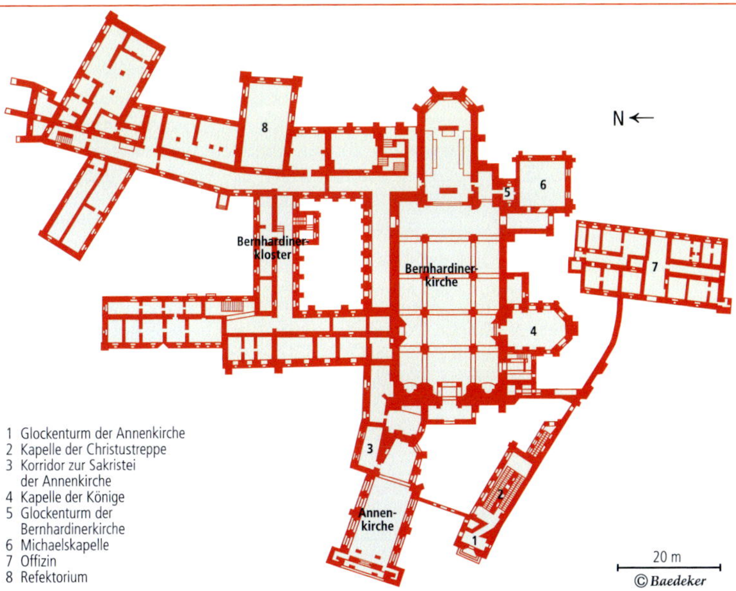

1 Glockenturm der Annenkirche
2 Kapelle der Christustreppe
3 Korridor zur Sakristei der Annenkirche
4 Kapelle der Könige
5 Glockenturm der Bernhardinerkirche
6 Michaelskapelle
7 Offizin
8 Refektorium

Hinter dieser äußeren Pracht versteckt sich der Innenraum geradezu. Hier herrscht der Barock vor, darunter drei Altäre von 1747. Neben der Kirche erhebt sich ihr Glockenturm, der 1874 in neugotischem Stil errichtet wurde. Die Kapelle der Christustreppe wurde 1613 angelegt und 1752 umgebaut.

Bernhardinerkirche

An der Annenkirche rechts vorbei gelangt man durch einen gotischen Torbogen vor die Bernhardinerkirche. Als 1462 Bernhardinermönche aus Polen nach Vilnius kamen, bauten sie ein Kloster und eine Kirche aus Holz, die bereits Ende des 15. Jh.s abbrannten. Ein steinerner Nachfolgebau stürzte bis auf Chor und Sakristei ein. Bis zum Jahr 1516 wurden auf den alten Fundamenten neue Wände hochgezogen. Die Bernhardinerkirche war nicht nur als Gotteshaus gedacht. Ihrer Lage am Stadtrand wegen hatte sie auch Verteidigungszwecken zu dienen, wurde daher in das System der Stadtmauer einbezogen und erhielt eine dementsprechende, wehrhafte Form. Obwohl erneuert und umgebaut, behielt die Kirche dennoch größtenteils ihr ursprüngliches gotisches Aussehen. An der Südfront, fast etwas versteckt erhebt sich der Glockenturm mit schönen Proportionen und feinem gotisches Dekor.

Innenraum ►

Die Hallenkirche wird von vier Paar achteckigen Säulen in drei Schiffe gleicher Höhe unterteilt. Der über 20 m lange Chor ist durch einen Triumphbogen vom übrigen Kirchenraum getrennt. Besondere Beachtung verdienen die Netzgewölbe in den Seitenschiffen und der Sakristei. Der große Holzaltar im Mittelschiff stammt aus dem Jahr 1614, die zwölf hölzernen Seitenaltäre fertigte der Bildhauer Daniel Giotto in den Jahren 1766 – 1784.

Bernhardinerkloster

An die Nordseite der Kirche schließt das Gebäude des ehemaligen Bernhardinerklosters an. Die ursprünglich einstöckigen gotischen Klostergebäude (zu Beginn des 20. Jh.s wurde ein drittes Stockwerk aufgesetzt) mit Wandelgängen umschließen den Klosterhof und beherbergen nun die Vilniusser Kunstakademie.

Umgebung des Gotischen Ensembles

Michaelskirche

Von der Annenkirche aus kann man nun einen Bummel durch die malerischen Altstadtgassen zur Universität machen. Wendet man sich von der Kirche ab, sieht man links gegenüber den Turm der barocken Michaelskirche mit dem angeschlossenen Bernhardinerinnenkloster. Die Kirche ist heute ein Architekturmuseum (Öffnungszeiten: Mo. 11.00– 17.00, Mi. – So. 11.00 – 18.00 Uhr).

Mickiewicz-Haus

Rechts gegenüber der Kirche geht die Bernardinų g. ab. Im Haus Nr. 11 wohnte 1822 der polnische Nationaldichter Adam Mickiewicz (► Berühmte Persönlichkeiten), woran eine Ausstellung erinnert (Öffnungszeiten: Di. – Fr. 10.00– 17.00, Sa. und So. 10.00 – 14.00 Uhr).

★★ Universität

Die Bernardinų g. mündet in die Pilies g., die alte Hauptader der Stadt. Wendet man sich auf dieser nach links, kann man bald an der Ecke Šv. Jono g., an der Rückwand der Johanneskirche vorbei den Universitätskomplex quasi durch die Hintertür unmittelbar auf den Großen Hof hinein betreten. Erwartungsfroher stimmt die Annäherung durch den Haupteingang in der westlich parallel zur Pilies g. laufenden Universiteto gatvė. An diesem Eingang gibt es einen Besucherdienst (tgl. außer So. 9.00 – 17.00 Uhr). Der Eingang in die Universitätshöfe kostet 4 Lt. Das Ensemble der alten Universitätsgebäude, das bedeutendste profane Architekturdenkmal in Vilnius, umfasst einen großen Komplex von Lehrgebäuden und zwölf Innenhöfen aus dem 16. bis 20. Jh. direkt im Altstadtkern, eingerahmt von den Straßen Pilies gatvė, Šv. Jono gatvė, Universiteto gatvė und Skapo gatvė.

Öffnungszeiten: Mo. – Sa. 9.00 – 21.00, So. 9.00 – 17.00

Geschichte

Die Universität von Vilnius ist die älteste Hochschule im Baltikum. Sie wurde 1579 gegründet. Fast 200 Jahre unterstand sie dem Jesuitenorden; nach dessen Verbot 1773 ging sie in die Obhut des litau-

Prächtiger Abschluss des großen Hofs der Universität: die Johanneskirche

isch-polnischen Staates über, wo sie 1781 die Bezeichnung »Hauptschule des Großfürstentums Litauen« erhielt. Nachdem Litauen 1795 an Russland angeschlossen worden war, erhielt die Hochschule 1803 den Rang einer Kaiserlichen Universität. Anfang des 19. Jh.s fanden sich fortschrittlich denkende Studenten in Geheimgesellschaften zusammen, die aktiv an den Aufständen von 1831 teilnahmen, woraufhin die zaristische Regierung 1832 die aufrührerische Universität schloss. Damit verlor Litauen für lange Jahre sein geistiges Zentrum. Erst nach dem Ersten Weltkrieg wurde die Universität wieder eröffnet und ist seither sehr gewachsen. Im Studienjahr 2001/2002 studierten hier mehr als 19 000 Studenten an elf Fakultäten. In den historischen Gebäuden sind heute jedoch nur zwei Fakultäten (Geschichte und Philologie) untergebracht, ferner die wissenschaftliche Bibliothek und das Rektorat.

Bibliothekshof und Universitätsbibliothek

Von der Universiteto g. betritt man die Universitätsgebäude durch den zur Straße hin offenen Bibliothekshof, wo gleich rechts unter den beiden Arkaden ein Denkmal den Dichter Kristijonas Donelaitis (► Berühmte Persönlichkeiten) ehrt. In den umliegenden Gebäuden ist die Universitätsbibliothek eingerichtet. Diese älteste Bibliothek der Republik wurde bereits 1570 in Vilnius gegründet und besitzt heute ca. 4,9 Mio. Bücher, darunter über 120 000 Handschriften sowie rund 170 000 alte Bücher aus dem 15. – 18. Jh; hinzu kommen 310 äußerst wertvolle Inkunabeln, erste litauische Druckerzeugnisse sowie seltene slawische Ausgaben. Besonders reichhaltig ist die kartografische Sammlung mit 4000 Stücken, darunter mehr als 1000 alte Atlanten. Als Lesesäle dienen der prächtige Pranas-Smuglevičius-Saal (17. Jh.) und der dank seiner Grisaillen nicht minder schöne Joachim-Lelewel-Saal.

! Baedeker TIPP

Verlockende Welt der Bücher

Im Sarbevius-Hof liegt die Universitätsbuchhandlung »Littera«. Sie ist mit ihren Deckengemälden an sich schon sehenswert, dazu gibt es hier auch eine gute Auswahl deutsch- und englischsprachiger Bücher.

Sarbievius-Hof

Durch einen Torbogen kommt man in den Motiejus-Sarbievius-Hof. Die umgebenden Gebäude zählen zu den ältesten Universitätsbauten. Links geht es unter einer doppelten Bogenreihe über mehrere malerische kleine Höfe schließlich auf die Pilies gatvė.

★★ Großer Hof

Rechter Hand führt ein Treppenaufgang vom Sarbievius-Hof in den Großen Hof, der den tiefsten Eindruck hinterlässt. Von drei Seiten umschließen ihn Gebäude mit Arkadengängen aus dem 17. Jh., deren oberste Etagen allerdings erst nach einer Feuersbrunst im Jahr 1749 hinzugebaut wurden. Ursprünglich waren auch die ersten Stockwerke als Bogengalerien gestaltet, sie wurden jedoch in der zweiten Hälfte des 19. Jh.s zugemauert. An den Pilastern zwischen den Fenstern des zum Sarbievius-Hofs liegenden Gebäudeteils wurden Fresken aus dem 17. Jh. entdeckt, die die Universitätsgründer darstellen. Das Gebäude mit der Aufschrift »Alma Mater Vilnensis« ist das Hauptgebäude der Universität und deren ursprünglich ältester Teil, der um 1810 jedoch umgestaltet wurde. Unter dem elegant geschwungenen Dach befindet sich der Säulensaal der Aula.

Johanneskirche

An seiner Nordseite wird der Große Hof von der prunkvollen Fassade und dem Glockenturm der Johanneskirche begrenzt. Der Bau der ursprünglich gotischen Kirche am damaligen Marktplatz begann unmittelbar nachdem Litauen das Christentum angenommen hatte, zog sich aber bis 1426 hin. Diese erste Steinkirche von Vilnius ging 1571 an den Jesuitenorden über und wurde später der Universität angeschlossen. Die Jesuiten veranlassten eine grundlegende Rekonstruktion des Gebäudes, das bis zur heutigen Pilies g. verbreitert wurde. Ende des 16. Jh.s wurde neben der Kirche ein 68 m hoher Glockenturm mit der für die Renaissance typischen Aufteilung in fünf Stockwerke und der charakteristischen Anordnung der Fensternischen hochgezogen. Nur das obere Stockwerk und die Kuppel, Mitte des 18. Jh.s dazugebaut, haben wie auch die zur selben Zeit erneuerte Außenverzierung barocke Formen und Dekore. Nach einem Brand im Jahr 1737 wurde die Johanneskirche stark verändert. Eine neue Hauptfront wurde geschaffen und der Innenraum sowie die Seitenkapelle wurden im Stil des Spätbarock gestaltet.

Die Johanneskirche war als gotischer Bau begonnen worden.

Der **Kirchenraum** birgt mit dem Hauptaltar eine der schönsten Barockschöpfungen Litauens. Er ist eigentlich eine Komposition aus zehn verschiedenen Altären, die im Halbkreis aufsteigend in Chor und Apsis angeordnet sind. Ursprünglich waren weitere zwölf Altäre an den Kuppelpfeilern angebracht, die jedoch bei Renovierungsarbeiten 1827/1828 verlorengingen. Dabei wurden auch die Fresken in den Gewölben übermalt. Von den erhalten gebliebenen sieben Kapellen aus dem 17. und 18. Jh. ist besonders die links vom Chor liegende Oginski-Kapelle sehr prächtig ausgestattet. Seit Ende des 19. Jh.s wurden Gedenktafeln für berühmte Persönlichkeiten angebracht.

Observatoriumshof Durch einen Bogengang in der der Johanneskirche gegenüber liegenden Gebäudefront gelangt man vom Großen Hof in den lauschigen Observatoriumshof. Rechts erblickt man die Fassade des ehemaligen astronomischen Observatoriums mit den beiden zylinderförmigen Türmchen (Ende 18. Jh.), von deren Kuppeln die Sterne beobachtet wurden. Der Entwurf der Fassade, der deutlich den Übergang vom Barock zum Klassizismus zeigt, stammt von Martin Knackfuß, Architekturprofessor an der Universität. Auf dem breiten Gesims sieht man die zwölf Tierkreiszeichen darstellende Reliefs; die lateinischen Inschriften beziehen sich auf die Astronomie. Ursprünglich war das Observatorium im oberen Stockwerk und im Turm des Gebäudes eingerichtet, das 1753 der Mathematiker und Astronom Tomas Žebrauskas hatte anlegen lassen. Nach der Rekonstruktion im 19. Jh. ist nur der untere sog. Weiße Saal erhalten geblieben, in dem heute die Universitätsbibliothek untergebracht ist.

Umgebung der Universität

S. Daukanto aikštė Die Universiteto g. rechts hinab geht es auf den S. Daukanto aikštė, dessen Südfront der gelb erstrahlende, lang gestreckte ehemalige Bischofspalast (18./19. Jh.) einnimmt, seit 1795 Sitz des russischen Gouverneurs. Nachdem das Gebäude lange Zeit als Künstlerpalast diente, ist es heute Sitz des Präsidenten der Republik Litauen. An der gegenüberliegenden Ecke des Platzes sieht man den sehr hübschen De-Reus-Palast aus dem 18. Jh.; links oberhalb davon die einschiffige Bonifratreskirche (17./18. Jh.), deren barocker Innenraum heute als Konzertsaal genutzt wird.

Stiller Platz in der Altstadt

Gegenüber dem Universitätseingang am Bibliothekshof liegt das **Alumnat**, ein 1582 – 1622 als Studenteninternat erbauter dreigeschossiger Palast mit schönem Innenhof, der auf allen drei Geschossen von offenen Arkadengängen umlaufen ist. Heute ist hier u. a. ein Café eingerichtet.

Die Universiteto g. mündet oberhalb der Universität in die Dominikonų g., auf der man sich nach rechts zur **Heiliggeistkirche** des Dominikanerklosters wendet. Die um 1610 begonnene, im 18. Jh. umgestaltete Kirche hat einen schönen Kirchenraum, in dem die prächtige barocke Orgelempore, der große Hauptaltar und 16 weitere Altäre sehenswert sind.

Katharinenkirche

Die von der Dominikonų g. nach rechts abgehende Vilniaus g. führt zur Katharinenkirche, der Hauptkirche des angeschlossenen Benediktinerinnenklosters, ein sehr schönes Beispiel der spätbarocken Architektur in Vilnius, deren 50 m hohen Türme einen deutlichen Akzent im Stadtbild setzen.

Südliche Altstadt

★ Hauptachse der Altstadt

Die am Kathedralenplatz beginnende Pilies gatvė und deren Fortsetzungen Didžioji gatvė und Aušros Vartų gatvė bilden die Hauptachse der Altstadt. Die Pilies g. (Burgstraße) gilt als die älteste Straße von Vilnius. Sie begann an einem Tor der Unteren Burg und verband diese mit dem Marktplatz neben der Johanneskirche (heute im Universitätsensemble). Vermutlich stand auf diesem Platz auch das erste Rathaus von Vilnius (14./15. Jh.). Mit dem Ausbau der Stadt wurde der Marktplatz verlegt und die Straße verlängert, Dieser Abschnitt erhielt den Namen Didžioji g. (Große Straße). Im 16. Jh. schließlich verband man den neuen Marktplatz mit dem Aušros-Tor in der südlichen Stadtmauer und nannte diese Straße Aušros Vartų g. (Torstraße). Entlang dieser Achse konzentrierten sich bald Geschäfte und Werkstätten, standen prunkvolle Paläste und zahlreiche Kirchen, doch während des Zweiten Weltkrieges wurde ein großer Teil der alten Bebauung zerstört. Nach und nach restaurierte man die Gebäude, so dass nicht nur die Straße, sondern auch die gesamte Altstadt allmählich ihr ursprüngliches Aussehen zurück erhielt und nun wieder zahlreiche denkmalgeschützte Häuser aufweisen kann. So ist z. B. die von der Didžijoi g. abgehende Gasse Stiklių g. ein gut gelungenes Beispiel für die Restaurierung, die auch Kunsthandwerksläden und Restaurants angezogen hat.

! *Baedeker* TIPP

Souvenirmarkt

Immer noch auf der Suche nach einem typischen Souvenir? In der Pilies g. 23 gibt es täglich von 9.00 – 19.00 Uhr die ganze Bandbreite von Bernstein, Leinen, Kitsch, Kunst und Krempel.

★ Rathaus

Im Altstadtkern verbreitert sich die Didžioji g. zu einem großen dreieckigen Platz, an dem sich einst die Handelswege kreuzten. Es bildete sich ein Markt heraus, um den herum Kontore, Lager, Läden, Wohn- und Wirtshäuser gebaut wurden, so dass der Platz bald zum Mittelpunkt der Stadt wurde. An seiner Schmalseite entstand wahrscheinlich Ende des 15. Jh.s das alte Rathaus. Es war gleichzeitig Gerichtsort, Gefängnis, Sitz der Stadtwache, Archiv, Waffenkammer und Aufbewahrungsort der Eichgefäße und -einheiten. Nach zwei vernichtenden Stadtbränden in den Jahren 1748 und 1749 blieb das Rathaus mit abgebranntem Turm und ohne Dach zurück. 1781 beschloss der Magistrat, ein neues Rathaus zu bauen. Als Architekt wählte er Laurynas Stuoka-Gucevičius, der zu jener Zeit den Bau der

Kathedrale leitete. 1785 begannen die Bauarbeiten, doch erst 1799, bereits nach dem Tod des Architekten, konnte das Rathaus eingeweiht werden. Es zeigt sich ganz im Kleid des Klassizismus (und der Sparsamkeit der Stadtväter) als zweigeschossiges, tempelartiges Gebäude, das als einzigen Schmuck den auf Stufen erhöhten dorischen Portikus besitzt. Dennoch ist das Rathaus nach der Kathedrale das bedeutendste Architekturdenkmal des Klassizismus in Vilnius, und eine der besten Schöpfungen von Laurynas Stuoka-Gucevičius. Heute wird das Gebäude für offizielle Empfänge und kulturelle Veranstaltungen genützt.

Kunstmuseum und Gemäldegalerie

Das Kunstmuseum und die Gemäldegalerie sind nahe dem alten Rathaus im renovierten Schloss (Didžioji 4) untergebracht. In den Räumen des Kunstmuseums sind Malerei, Grafik und Skulpturen litauischer Künstler des 19. und 20. Jh.s ausgestellt (Öffnungszeiten: Di. – Sa. 12.00 – 18.00, So. 12.00 – 17.00 Uhr).

Kasimirkirche

Links vom ehemaligen Rathaus erkennt man die Kasimirkirche, die zwischen 1604 und 1616 von Jesuiten als die erste Barockkirche in Vilnius erbaut wurde. Für eine jesuitische Kirche ungewöhnlich sind die beiden Türme zu beiden Seiten der Hauptfassade. Im Jahr 1832 wurde sie den Orthodoxen übergeben, dabei wesentlich umgebaut – u. a. wurden die Türme gekappt –, doch 1917 ging sie wieder an die Katholiken über, um dann 1961 unter den Sowjets zum Museum für Atheismus umfunktioniert zu werden. Erst 1990 wurde sie den Gläubigen zurückgegeben. Grundriss der Kirche ist das lateinische Kreuz, über dessen Vierung sich in 40 m Höhe eine mächtige Kuppel erhebt. Plünderungen und Zerstörungen im Zweiten Weltkrieg haben von der originalen Innenausstattung so gut wie nichts mehr übrig gelassen.

Philharmonie

Nach dem ehemaligen Rathaus beginnt die Aušros Vartų g., die sich bald zu einem kleinen Platz erweitert, der von der Philharmonie (1902) beherrscht wird. Hier hatte 1906 die erste litauische Oper »Birutė« von Mikas Petrauskas ihre Uraufführung.

Basilius-Tor

Besonders auffallend ist das Tor des 1761 errichteten Basilius-Klosters. In diesem verhältnismäßig kleinen Architekturdenkmal spiegeln sich die typischen Merkmale des Spätbarocks wider: die weichen Linien enden über dem kleinen Balkon in dem Relief »Heilige Dreifaltigkeit mit dem Erdball« .

Orthodoxe Heiliggeistkirche

An der südöstlichen Peripherie von Vilnius haben sich seit jeher Russen angesiedelt, vorwiegend auf der linken Seite der heutigen Straßen Pilies, Didžioji und Aušros Vartu. So stand am Ort der Philharmonie eine Herberge für Moskauer Kaufleute. Schon seit dem Ende des 14. Jh.s sind orthodoxe Kirchen in Vilnius bekannt. Eine davon, die Heiliggeistkirche, ist heute als Sitz des Erzbischofs die bedeutendste orthodoxe Kirche in Litauen. Die Kirche befindet sich auf der linken Straßenseite in einem großen Hof und ist von der Straße her durch einen Torbogen zugänglich. Sie wurde 1597 aus Holz gebaut, 1632 – 1638 durch ein Steingebäude ersetzt, das 1749 abbrannte. 1749 – 1753 wurde sie wiederhergestellt und erhielt eine neue Inneneinrichtung; 1873 schließlich wurde die Kuppel aufgestockt. Die von außen eher schmucklose Kirche offenbart im weiträumigen Inneren prunkvolle spätbarocke Dekore, Reliefs und alte Ikonen. Von hohem künstlerischen Wert ist der große Ikonostas. In der Krypta unter dem Altar sind die Gebeine der 1347 ermordeten Märtyrer Antonius, Iwan und Eustachius zu sehen.

✶ ◄ Innenraum

In den Gebäuden um den Hof wurde im 16. Jh. ein Kloster gegründet, dessen Prior ab 1619 der russische Humanist Meletij Smotrizki war. In der Druckerei des Klosters wurde seine »Grammatik der slawischen Sprache« (1619) gedruckt. Links vom Torbogen an der Straße lädt das Restaurant Medininkai in einem restaurierten gotischen Haus zur Pause ein.

Theresienkirche

Die leicht ansteigende Aušros Vartų g. führt zur linker Hand liegenden Theresienkirche, die unter allen Vilniusser Barockgebäuden deutlich hervorsticht. Sie entstand in den Jahren 1633 – 1650 nach dem Entwurf des Baumeisters Ulrich; als Architekt der Hauptfassade wird Constantino Tencalla genannt. Die Kirche vom Basilikatyp ist dreischiffig mit einer recht niedrigen Kuppel und dreiteiligem Glockenturm. Die Hauptfront, durch einen Sockel erhöht und in zwei Geschosse unterteilt, läuft in einem Giebeldreieck zusammen. Während der Baukörper getüncht ist, bestehen die Schmuckelemente aus schwarzem und weißem Marmor sowie poliertem Granit. Der Innenraum* mit seinem sehr hohen und breiten Mittelschiff sowie zwei niedrigen, schmalen Seitenschiffen war bis 1760 eher zurückhaltend gestaltet. Eine Renovierung bereicherte ihn um prunkvolle Elemente des Spätbarock und Rokoko, insbesondere Freskenschmuck und acht vergoldete und bemalte Altäre sowie den zweiteiligen Hauptaltar.

Das Aušros-Tor (lit. »Tor der Morgenröte«) ist das einzige erhalten gebliebene Tor der Stadtmauer. Es wurde 1503 – 1522 auf quadratischem Grundriss erbaut, die Attika im Stil der Spätrenaissance kam im 17. Jh. hinzu. Sie zeigt auf der stadtabgewandten Seite das von Greifen gehaltene Wappen Litauens, darunter den Kopf des Gottes Hermes, Beschützer der Kaufleute und Reisenden.

Das Tor der Morgenröte

Verkäufe am Straßenrand in Vilnius um 1915

DAS LITAUISCHE JERUSALEM

Als am 24. Juni 1941 die deutsche Wehrmacht in Vilnius einmarschierte, lebten 70 000 Menschen jüdischen Glaubens in der Stadt, das entsprach einem Drittel der Einwohner. Von ihnen haben nur etwa 800 die Barbarei der Nazis und ihrer litauischen Helfer überlebt

Vilnius, das jiddische »Vilne« war das geistige und kulturelle Zentrum der Juden Osteuropas. Zwar lebten in Warschau wesentlich mehr Juden, doch aus Vilnius erwuchs eine neue jüdische Kraft und Identität, deren Sprache das Jiddische war, das lange Zeit unter den jüdischen Intellektuellen verachtet wurde und in vielen großen jüdischen Gemeinden kulturell überrollt worden war. Doch in Vilne blieb es lebendig und geriet zum Kristallisationspunkt einer jiddischen Kultur, die nun ihren Ausdruck fand: in der Literatur durch Schriftsteller wie Yitzhak Perez und Sholejm Alechem, auf dem Theater und auch in der Politik in Gestalt des 1897 in Vilne gegründeten »Jüdischen Bundes«. Der Bund setzte auf eine sozialistische Revolution in der osteuropäischen Heimat, wo eine auf dem Jiddischen basierende, nicht religiös geprägte Gesellschaft entstehen sollte – ganz im Gegensatz zu den Zionisten, die die Besiedelung Palästinas und die Belebung des Hebräischen als Ausweg für die Juden propagierten.

Fortschrittliches Judentum

Es verwundert nicht, dass gerade in Vilne die fortschrittlichen Kräfte Ende des 19. und zu Beginn des 20. Jh.s die Szene beherrschten. Hier hatte Elijah ben Salomon Zalman (1720 – 1797) gelebt und gewirkt, der größte Talmud-Gelehrte des 18.Jh.s und Begründer der jüdischen Aufklärung, der »Haskala«, der mit Erfolg das Übergreifen des gefühlsbetont-mystischen Chassidismus auf Vilne verhinderte und so den Grundstein legte für das weltoffene Judentum der Stadt. Frei von frömmelnder Engstirnigkeit entstanden Schulen wie das jiddische Realgymnasium, an denen

Noch 1939 bildete die jüdische Bevölkerung mit 40 Prozent die größte Volksgruppe der Einwohner in Vilnius.

offen diskutiert wurde, und Bibliotheken wie die von dem Kaufmann Matityahu Strashun im 19. Jh. gestiftete Strashun-Bibliothek, eine der größten jüdischen Bibliotheken der Welt.

Die Blüte vor dem Ende

In der Zeit zwischen den Weltkriegen gab es in Vilne über 100 Synagogen und Bethäuser, 160 jüdische Vereine, sechs jiddisch-hebräische Tageszeitungen, eine jiddische Technische Hochschule, das Jüdische Wissenschaftliche Institut, zu dessen Vorstand Sigmund Freud und Albert Einstein gehörten, und sogar einen jiddischen P. E. N.-Club. In einer solchen Atmosphäre wuchsen berühmte Künstler wie der Bildhauer Jacques Lipschitz, der Maler Isaak Lewitan oder der Geiger Jascha Heifetz heran. Unter den Juden von Vilne, bald nach dem Einmarsch der Deutschen in einem Ghetto zusammengepfercht, entstand die erste bewaffnete jüdische Widerstandsbewegung (FPO) einer osteuropäischen Stadt, doch auch sie konnte die Massenerschießungen im Wald von Paneriai und die Liquidierung des Ghettos am 23. September 1943 nicht verhindern. Nach dem Abzug der Deutschen gab es so gut wie keine jüdischen Spuren mehr in der Stadt: Alle Synagogen bis auf eine sowie das jüdische Viertel waren zerstört, die Strashun-Bibliothek ebenfalls. Und auch die Sowjets ließen eine Wiederbelebung der jüdischen Kultur nicht zu. Unter ihnen gab es nur eine, die sowjetische Kultur, und wer anderer Ansicht war, wanderte in den Gulag.

und heute ...

Heute leben in Vilnius wieder ca. 4000 Juden. Sie beten in der einzigen erhaltenen Synagoge in der Pylimo 39. Ihr Rabbi allerdings ist erst jüngst wieder aus England zugewandert. Wer etwas über das litauische Jerusalem erfahren will, sollte unbedingt das Jüdische Museum in der Palmėnkalnio 12 aufsuchen.

Über dem Torbogen wurde 1829 auf der stadtzugewandten Seite eine klassizistische Kapelle eingerichtet, die eines der wichtigsten Heiligtümer der litauischen Katholiken birgt, ein auf das 16. Jh. geschätztes Muttergottesbild, dessen Schöpfer allerdings unbekannt geblieben ist. Das Heiligenbild wurde auf acht Eichenholztafeln gemalt und ist mit einem Rahmen aus vergoldetem Silber und Edelsteinapplikationen versehen. Die Muttergottes ist ohne das Jesuskind und ohne jegliche andere Attribute dargestellt, was darauf schließen lässt, dass es sich bei der Dargestellten möglicherweise um das Portrait einer weltlichen Dame handelt. Karmeliter-Mönche erklärten die Ikone im 17. Jh. für wundertätig, worauf die alte Kapelle zum Pilgerort wurde, der Tausende anzog.

★ Muttergottesbild ►

Weitere südliche Altstadt

Artilleriebastion

Vom Aušros-Tor führt die Šv. Dvasios g. zur alten Artilleriebastion (17. Jh.), in der Handwaffen, Rüstungen und Kanonen ausgestellt sind (Öffnungszeiten: Mi. – So. 10.00 – 17.00 Uhr).

Um die rechts vom ehemaligen Rathaus abgehende Vokiečių g. (Deutsche Straße) lag das **jüdische Viertel** von Vilnius, das während der deutschen Besetzung Ghetto war. In dieser Zeit mussten die Menschen hier unter unwürdigen Bedingungen auf engstem Raum zusammenleben, bevor sie Vernichtungsaktionen zum Opfer fielen. Die Häuser wurden im Sommer 1944 zerstört.

Eine der ältesten Kirchen der Stadt: die Nikolauskirche

Von dieser Straße zweigt auf der linken Seite die Šv. Mikalojaus g. ab, die direkt zur **Nikolauskirche** führt. Sie ist die älteste Kirche Litauens, noch vor der umfassenden Christianisierung im Jahr 1387 für fremde Kaufleute erbaut. Die dreischiffige Hallenkirche aus Backstein weist an ihrer Hauptfront mit Stufengiebel neben der vorherrschenden Gotik auch noch geringe Züge der Romanik auf. Innen überrascht die klare Großzügigkeit des von vier achteckigen Pfeilern getragenen Mittelschiffs.

Die 1894 erbaute **Synagoge** in der Pylimo g. 39 ist das einzige erhalten gebliebene von einst 96 jüdischen Gotteshäusern in Vilnius. Die Nazis missbrauchten es als Lagerhaus für Verbandsmaterial.

Neustadt

Bis Mitte des 19. Jh.s war der größte Teil des heutigen Stadtzentrums ein wenig bebautes Randgebiet. Erst in der zweiten Hälfte des 19. Jh.s war es wegen der stürmischen Entwicklung der Industrie und des schnellen Wachstums der Stadt notwendig geworden, die Stadtgrenzen zu erweitern und ein neues Zentrum anzulegen. 1852 wurde vom Kathedralenplatz bis zum Lukiškes-Platz eine gerade und für damalige Verhältnisse ziemlich breite Straße angelegt, der heutige Gediminas-Prospekt.

Gediminas-Prospekt • Gedimino prospektas

Geschäftige Hauptachse

Der Gediminas-Prospekt, die Hauptachse des Zentrums von Vilnius mit Hotels, Cafés, Restaurants und Geschäften, verbindet die vier größten Plätze der Stadt: Katedros, Savivaldybės, Lukiškių und Nepriklausomybės. Er beginnt am Kathedralenplatz. Auf der linken Seite fällt bald die Bronzeskulptur »Musenfest« über dem Haupteingang des Litauischen Schauspielhauses ins Auge. Das Theater ist im Jahre 1982 vollkommen renoviert und bedeutend ausgebaut worden und bietet nun 650 Zuschauern Platz. An das Theatergebäude schließt sich die Buchhandlung »Draugystė« an, in der auch fremdsprachige Bücher zu kaufen sind. Das stattliche Gebäude gegenüber (Gedimino pr. 3) ist Sitz des Präsidiums der Akademie der Wissenschaften, rechts daneben ein Geschäft für Kunsthandwerk, in dem Stickereien, Lackarbeiten, und Bernstein angeboten werden.

◄ Schauspielhaus

! *Baedeker* TIPP

Reise in die Vergangenheit

Das Neringa (Gedimino 23) ist ein aus Sowjetzeiten erhaltenes Restaurant mit unverändertem Interieur. Damals wie heute tummelten sich dort die »besseren« Kreise – heute hauptsächlich wegen der ausgezeichneten litauischen Küche.

Savivaldybės aikštė

Auf der rechten Straßenseite am Hauptpostamt vorbei erreicht man den Savivaldybės aikštė, die belebteste Kreuzung im Zentrum. Den Platz umrahmen das neue Rathaus sowie ein kleiner Park mit dem dahinterliegenden Regierungsgebäude. Vom Platz führt nach links die von repräsentativen Häusern aus dem 19. Jh. gesäumte Vilniaus g. in die Altstadt. Haus Nr. 20 in dieser Straße ist der Radvila-Palast, in dem u. a. 165 Portraits aus dem 18. Jh. von Mitgliedern dieser Familie ausgestellt sind (Öffnungszeiten: Di. – Sa. 12.00 – 18.00, So. 12.00 – 17.00 Uhr).

◄ Radvila-Palast

An der kurz nach dem Platz rechts abzweigenden Vienuolio g. liegt das 1974 erbaute großzügige Opern- und Balletttheater oberhalb der Chaussee an der Neris. Der Prospekt führt weiter an der kleinen Grünanlage mit dem Denkmal für die litauische Schriftstellerin Žemaitė (1845 – 1921) vorbei auf den Lukiškių aikštė.

◄ Opern- und Balletttheater

Museum im ehem. KGB-Haus

Der Platz Lukiškių aikštė hieß zu sowjetischer Zeit »Leninplatz«, in der Mitte stand ein Lenindenkmal. Die am Gediminas-Prospekt gelegene Zentrale des sowjetischen Geheimdienstes KGB (Haus Nr. 40) ist heute als Museum zu besichtigen (Öffnungszeiten: Di. – So. 10.00 – 16.00 Uhr). Die Häftlinge, die Verhören und Folterungen ausgesetzt waren, suchten Nachrichten in die Wände einzuritzen in der Hoffnung, jemand würde diese an ihre Angehörigen weiterleiten. Viele wurden nach Sibirien deportiert. Pikanterweise arbeitete im benachbarten Musikkonservatorium Vytautas Landsbergis, die treibende Kraft der Unabhängigkeitsbewegung Sajūdis.

Staatliches Jüdisches Museum

Ein kurzer Abstecher vor dem Platz geht durch die nach links abzweigende Straße zur Palmėnkalnio g., wo sich im Haus Nr. 12 das Staatliche Jüdische Museum befindet, welches das Gedächtnis an die von den Nazis ausgerottete große jüdische Gemeinde von Vilnius und das Judentum in Litauen bewahrt. Eine Zweigstelle des Museums ist ganz in der Nähe in der Pylimo 4 (Öffnungszeiten: Mo. bis Fr. 14.00 – 19.00 Uhr). Eine weitere Zweigstelle heißt »**Holokaust-Museum**« und befindet sich nicht weit in der Pylmio g. 4 (Öffnungszeiten: Mo. – Do. 9.00 – 17.00, Fr. 9.00 – 16.00 Uhr).

Nepriklausomybės aikštė

Der verbleibende halbe Kilometer des Prospektes bis zur Neris-Brücke entstand hauptsächlich Anfang des 20. Jahrhunderts. Er quert den modern gestalteten Nepriklausomybės aikštė (= Unabhängigkeitsplatz), der seinen Namen nach den tragischen Ereignissen im Januar 1991 erhielt. Rechts sieht man das 1963 erbaute Gebäude der Martynas-Mažvydas-Bibliothek, der größten Bibliothek Litauens; links davon, durch eine Brunnenanlage getrennt, das 1982 erbaute **Parlamentsgebäude**, in dem der Seimas tagt. Sowohl der Platz als auch das Parlamentsgebäude sind aufs engste mit den Aktionen und Protesten der Litauer gegen die sowjetische Okkupation verbunden. Bis Ende 1992 war das Parlament noch verbarrikadiert. Einige Barrikaden blieben als Erinnerung an den Protest der Litauer erhalten.
Die alte Brücke über die Neris (1906) am Ende des Gediminas-Prospekts führt zur orthodoxen Erscheinungskirche (1903).

Neues Zentrum

Auf dem rechten Ufer der Neris wird an einem neuen Stadtzentrum gearbeitet, dessen erste Bauten bereits fertiggestellt sind. Es soll sich um das Hotelhochhaus »Lietuva« formieren und besteht bislang aus einer breiten, terrassenartigen Fußgängerzone, die sich vom Hotel an einem Großkaufhaus und dem Planetarium vorbei hinab zur Grünen Brücke zieht. Über der Brücke, von der die Kalvarų g. in den Norden der Stadt führt, ragen die beiden Barocktürme der Kirche des Jesuiten- und Raphaelsklosters auf. Von der unteren Uferterrasse in Höhe des Hotels wird derzeit eine Fußgängerbrücke zum Lukiškių aikštė geschlagen.

Das Parlamentsgebäude ist eng verknüpft mit dem litauischen Freiheitskampf. Einige der Barrikaden auf dem Platz davor stehen noch.

Litauische Nationalgalerie

Die Uferstraße unterhalb des neuen Zentrums geht in die Studentų g. über. Gebäude Nr. 8 ist das ehemalige Revolutionsmuseum, nunmehr die Litauische Nationalgalerie, in der derzeit jedoch nur unregelmäßig Ausstellungen veranstaltet werden.

Sportgelände

Jenseits der auf die Brücke mündenden Kalvarijų g. kommt man bergauf zum Sportgelände mit dem Stadion »Žalgiris« (20 000 Plätze) und dem schiffsförmigen Sportpalast, letzterer eines der größten öffentlichen Gebäude in Vilnius (118 000 m^3).

Neue Stadt und Fernsehturm

Laisvės prospektas

Zwischen 1959 und 1990 dehnte sich Vilnius weit über seine historischen Grenzen hinaus aus. Die Neubauten umringen den Stadtkern von allen Seiten, die meisten jedoch konzentrieren sich im Westen entlang des Laisvės prospektas, der an der Lazdynai-Brücke beginnt und sich über 9 km hinzieht. In den zu sowjetischen Zeiten preisgekrönten Wohngebieten leben über 200 000 Menschen.

Fernsehturm

◄ Aussichtsplattform tgl. 10.00 – 21.00

Das Wahrzeichen der neuen Stadt ist der 1980 errichtete, 326 m hohe Fernsehturm, von dessen Aussichtsplattform in 165 m Höhe die ganze Stadt zu überblicken ist. Von dort oben lässt sich der verschlungene Lauf der Neris gut verfolgen und es fällt auf, wie sehr

Vilnius in grüne Wälder eingebettet ist. Auf dem linken Neris-Ufer erkennt man den Vingis-Park mit der muschelförmigen Freilichtbühne für 20 000 Sänger, wo die Liederfeste stattfinden.
Der Fernsehturm hat sich schon tief in die Geschichte Litauens eingeprägt: Im Januar 1991, als sowjetische Fallschirmjäger den Turm und das Fernsehzentrum besetzten, sind hier 14 Menschen von Panzern überrollt worden. Im Erdgeschoss des Turms ist eine Gedenkstätte eingerichtet, die Straße am Turm wurde in »Straße des 13. Januar« umbenannt.

Weitere Sehenswürdigkeiten im Stadtgebiet

Schloss Verkiai Schloss Verkiai liegt fast 10 km nördlich des Zentrums. Man gelangt auf der Kalvarijų g. dorthin, von der die Turist g. nach rechts direkt auf das Schloss zuführt. In diesem an der Wende vom 18. zum 19. Jh. erbauten klassizistischen Palast hatten die Bischöfe von Vilnius ihre Sommerresidenz. Von der ursprünglichen Anlage sind nur die Seitenflügel erhalten. Heute gehört es der Akademie der Wissenschaften und beherbergt das Botanische Institut.

Rasos-Friedhof Auf dem Rasos-Friedhof im gleichnamigen Stadtteil südöstlich des Bahnhofs sind u. a. M. K. Čiurlionis, Balys Sruoga und Jonas Basanavičius begraben.

Paneriai Im Wald von Paneriai, ca. 10 km südwestlich vom Zentrum, an der Bahnlinie, erschossen SS-Kommandos zwischen 1941 und 1944 ca. 100 000 Menschen, darunter 70 000 Juden aus Vilnius. Ein 1945 errichtetes Mahnmal mit jiddischer Inschrift wurde 1953 abgerissen und später durch ein »Denkmal für die Opfer des faschistischen Terrors« ersetzt. 1991 konnte ein anderes Mahnmal aufgestellt werden, das ein nach Palästina entkommener Litauer jüdischen Glaubens gestiftet hat. Das Genozid-Museum (Agrastų 17 im Stadtteil Paneriai) gedenkt der Opfer (Öffnungszeiten: Mi. – Sa. 11.00 – 18.00; im Winter 10.00 – 17.00 Uhr).

Umgebung von Vilnius

Medininkai Medininkai, 32 km südöstlich von Vilnius, besitzt eine der wenigen Steinburgen Litauens. Von der 1402 erstmals erwähnten, einst größten Burg des Landes steht heute allerdings nur noch einer der ehemals vier mächtigen Türme.
Nur wenig südwestlich des Ortes, dicht an der Grenze zu Weißrussland, erhebt sich der **Juozapinė**, mit 293,7 m ü. d. M. der höchste Berg Litauens.

Mittelpunkt Europas Vom Standpunkt des Geografen aus befindet sich der Mittelpunkt Europas in Litauen, exakt auf 54° 54' nördlicher Breite und 25° 19' östlicher Länge beim 26 km nördlich von Vilnius gelegenen Dorf

Purnuškės am See Girijos. Eine Stele auf dem Burgberg Bernotai markiert diesen Punkt.

◂ Europa-Park

Nur 8 km entfernt entstand in den 1990er-Jahren der Skulpturenpark »Europos Parkas«. Künstler aus aller Welt schufen über 80 Skulpturen und Installationen, die mit der umgebenden Natur zu einer harmonischen Einheit verschmelzen (Öffnungszeiten: tgl. 9.00 Uhr bis Sonnenuntergang, Tel. 8 22 / 50 22 42).

★ **Kernavė**

Die älteste Hauptstadt Litauens vermuten die Archäologen im 50 km nordwestlich von Vilnius an der Neris gelegenen Kernavė. Der Platz war wohl schon in den ersten vorchristlichen Jahrhunderten besiedelt gewesen, findet seine erste Erwähnung aber erst im Jahr 1279. Geblieben sind große Schüttburgen, deren höchste als Burgberg – »Thron des Mindaugas« – angesehen wird. Von ihm blickt man auf den stumpfen Kegel des »Opferbergs« und den spitzen »Berg des Lizdeika« (Lizdeika war der Name aller Oberpriester), auf den sich angeblich der letzte litauische Oberpriester nach der Christianisierung mit dem heiligen Feuer und den heiligen Jungfrauen zurückgezogen haben soll. In der Senke zwischen den Hügeln wurden Reste einer Siedlung aus dem 3. und 4. Jh. n. Chr. gefunden. Ein kleines Museum beim Burgberg informiert über die Grabungen.

Liegt fast am »Nabel« unseres Kontinents: der »Europos Parkas«

KÖNIGSBERGER GEBIET (Kaliningradskaja Oblast)

Das Kaliningrader Gebiet bezeichnet im historischen Sinne den nördlichen Teil der ehemaligen deutschen Provinz Ostpreußen. Nach dem Ende der Sowjetunion wurde das Gebiet zur russischen Exklave, die Region wurde zur Freihandelszone erklärt und erstmals nach 45 Jahren für ausländische Besucher geöffnet. Die Vision eines blühenden »Hongkong der Ostsee« ließ sich jedoch bis heute noch nicht realisieren.

Ein kleines Volk benennt ein großes Reich

Zunächst lebten hier die Pruzzen, ein kleines Volk baltischer Abstammung. Im Verlauf des 13. Jh.s bemächtigte sich der Deutsche Orden des bald als »Preußen« bekannten Gebietes und errichtete dort im 14. Jh. eine Fülle von Burgen und Städten. Alle Macht lag in der Hand der Ritter mit den weißen Mänteln, sie sorgten für den Zuzug unzähliger deutscher Siedler in ihren straff organisierten Ordensstaat. Die Ordensherrschaft endete 1510 und das gebiet wurde ein weltliches Herzogtum, das etwa hundert Jahre später mit Brandenburg vereinigt wurde. Der Name »Preußen« ging auf das gesamte mächtige Reich über, die Ursprungsregion wurde später zu »Ostpreußen«. Die Hauptstadt Königsberg fungierte bald als eine Art inoffizielle zweite Hauptstadt des preußischen Staates.
Nach dem Ersten Weltkrieg wurde Ostpreußen vom Reichsgebiet durch den so genannten Danziger Korridor abgetrennt und befand sich dadurch das erste Mal in der einer Exklave-Position. Zum Ende des Zweiten Weltkriegs wurde die im August 1944 von britischen Bombern bereits stark zerstörte Stadt und die sie umgebenden Ostgebiete von sowjetischen Truppen eingenommen. Im April 1946 wurde das nördliche Ostpreußen als »Kaliningradskaja Oblast« der Sowjetunion angegliedert, das Memelgebiet kam zu Litauen, der südliche Teil Ostpreußens zu Polen. Die Stadt wurde nach dem sowjetischen Staatspräsidenten Michail Kalinin in »Kaliningrad« umbenannt und die Sowjetunion betrieb die Ansiedelung sowjetischer Bürger in der entvölkerten Region.

Königsberg einst

Seit der Öffnung sind viele in Ostpreußen Geborene in ihre alte Heimat gereist; sie haben das einstige, fast völlig zerstörte Königsberg kaum mehr wieder erkannt. Auf den folgenden Seiten sind daher einige faksimilierte Seiten aus *Baedekers Deutschland in einem Bande, 5. Auflage 1932*, abgedruckt. ►

← *Der Dom auf der Pregel-Insel ist fast das einzige erhaltene Bauwerk aus dem alten Königsberg.*

c. **Königsberg** *(Plan s. S. 71).*

Bahnhöfe. Der 1929 eröffnete *Hauptbahnhof* (Pl. B 7) liegt im Süden der Stadt, 1/2 St. vom Schloß; *Nordbahnhof* (Pl. C 1; auch Gasthof mit 92 B.), für die samländischen Seebäder. — Luftverkehr s. S. XXVI. *Flugplatz Devau* im NO. (hier auch Verkauf der Flugscheine); Straßenbahn Nr. 2 vom Schloßplatz.

Gasthöfe: Parkhotel (Pl. a: D 2), Hintertragheim 32/33, 150 B. zu 5 1/2-7 1/2 (60 Z. mit Bad zu 9-12), F. 1 ℳ 80, M. 1 1/2-3 1/2, A. 2.20-3 ℳ, neu; *Berliner Hof (Pl. d: C 2), Steindamm 70/71, 80 B. zu 5 1/2-9 (12 Z. mit Bad zu 8 1/2-12), F. 1.80, M. 1 1/2-3 ℳ; *Central (Pl. m: D 2), Paradeplatz, 80 B. zu 4 1/2-7 (8 Z. mit Bad zu 7 1/2-11), F. 1.80, M. 1.60-3 ℳ; Kreutz (Pl. b:

C D 2), Tragheimer Kirchenstr. 44; Continental (Pl. g: C 4), Ecke Sattlergasse und Vordere Vorstadt, 70 B. zu 5-6$^1/_2$, F. 1$^1/_2$, M. 2-2$^3/_4$ ℳ; Preußenhof, Steindammer Kirchenplatz 1 (Pl. C 2), 36 B. zu 3$^1/_2$-5$^1/_2$, F. 1$^1/_2$ ℳ; Germania (Pl. k: D 2), Tragheimer Kirchenstr. 47, 33 B. zu 3$^1/_2$-4$^1/_2$ ℳ. — *Christl. Hospiz*, Rhesastr. 18 (Pl. E 1, 2), 30 B. von 3 ℳ an.

Restaurants: *Stadthalle* (Pl. E 2), am Schloßteich; *Berliner Hof* (S. 77); *Centralhalle*, im Hotel Central (S. 77); *Stadtkeller*, im Stadthaus (Pl. C 1), Hansaring; *Löwenbräu*, Weißgerberstr. 1 (Pl. E 2, 3), mit Garten, am Schloßteich. — Weinstuben: das *Blutgericht*, ein Keller mit warmer Küche, an der Nordseite des Schloßhofes (S. 79); *Jüncke*, Kneiphöfsche Langgasse 10 (Pl. C 3, 4).

Cafés: *Alhambra*, Steindamm 119-21 (Pl. C 1, 2); *Bauer*, Paradeplatz (Pl. D 2); *Schwermer*, Münzstraße (Pl. D 2, 3). — Konditoreien: *Schloß-Konditorei*, Münzstr. 14 (Pl. D 2, 3); *Gehlhaar*, Kantstr. 11a (Pl. C 3).

Straßenbahnen: s. den Plan; vom Hauptbahnhof zum Schloß Nr. 2, 3, 13.

Theater: *Stadttheater* (Pl. D 2), nur im Winter; *Neues Schauspielhaus* (Pl. A B 1), Hufenallee 2.

Post und Telegraph (Pl. C 3), Poststraße. — *Verkehrsverein*, im Hauptbahnhof (Pl. B 7), werkt. 9-13, 15-17 Uhr.

Besuchsordnung.

Bernsteinmuseum (S. 80): So. 11-13 Uhr gegen 20 Pf., sonst nach Anmeldung im Geolog. Institut gegen 1 ℳ.

Dom (S. 79): außer Sa. und So. tägl. 9-12, 14-17 Uhr; 50 Pf.

Kant-Erinnerungen: im *Stadtgeschichtlichen Museum*, s. S. 80; — sein von Becker in Öl gemaltes Bildnis (1768) und andere Kantbilder in der 1722 gegründeten Buchhandlung von *Gräfe & Unzer*, Paradeplatz 6 (Pl. D 2), Besichtigung gestattet; — seine *Büste* in der Universität, s. S. 79; — sein *Grabmal* s. S. 79.

Ostpreußisches Heimatmuseum (S. 80): im Sommer außer Sa. tägl. 10-19 (18) Uhr; für Besucher des Tiergartens frei, Eintritt in die Häuser 50 Pf.

Schloß (S. 79: Zutritt vom Schloßhof aus durch die unten gen. Eingänge). Ehem. *königl. Gemächer*, *Schloßkirche* und *Moskowitersaal:* werkt. 9-17, So. 10-13 Uhr gegen 50 Pf.; Eingang 2. — *Kunstsammlungen:* werkt. 10-14, So. 10-13 Uhr; 20 Pf.; Eingang 6a neben dem Schloßturm. — *Prussiamuseum:* werkt. 10-14 (Sa. 13), So. 10-13 Uhr; 20 Pf.; Eingang 6a.

Stadtgeschichtliches Museum (S. 80): werkt. 10-14, So. 10-13 Uhr; 20 Pf.

Tiergarten (S. 80): 7-19 Uhr gegen 1 ℳ.

Bei beschränkter Zeit (1 Tag): Schloß mit seinen Sammlungen, Denkmal Friedrichs I., Dom, Paradeplatz, Bernsteinmuseum; Hufen.

Königsberg, Sitz des Oberpräsidiums der Provinz Ostpreußen, einer 1544 gegründeten Universität und des Kommandos der 1. Infanterie-Division, mit 292000 Einw., liegt auf hügeligem Boden am *Pregel*, 7km vor dessen Mündung ins *Frische Haff*. Neue Häfen, u. a. ein Freihafen, im Westen der Stadt; ein Schiffahrtkanal nach Pillau wurde 1901 eröffnet. Der Handel umfaßt vorwiegend Getreide, Hülsenfrüchte (Linsen), Holz und Kolonialwaren. Seit 1920 finden im Februar und August Ostmessen (Pl. C 1) statt.

Königsberg verdankt seine Entstehung einer Feste des Deutschen Ordens (um 1255). Nach dem Fall der Marienburg wurde die Stadt Sitz der Hochmeister und später (1525-1618) der Herzöge von Preußen. In der Geschichte des preußischen Staats hat Königsberg eine hervorragende Bedeutung: hier setzte sich am 18. Jan. 1701 Kurfürst Friedrich III. von Brandenburg die Königskrone auf, und nach dem jähen Sturze im Jahre 1806 reiften hier an dem bescheidenen Hofe Friedrich Wilhelms III. in Männern wie Stein, Scharnhorst, Clausewitz, Boyen, Niebuhr die Ge-

Pillau, 54 km
Mittelhufen A s. Beikarte
1a Schiller-Denkmal . D.2.
1. Friedrich I. . . . D.3.
2. Friedrich Wilhelm III. D.2.
3. Herzog Albrecht . D.3.
4. Kant . . . . . D.2.
5. Schön E.3
6. Bismarck . . . C.3.
7. Kais. Wilhelm I. C.D.3.
Nordbhf.
Stadths.
Orseln-Str.
Kniprode-Str.
Physikal. Inst.
Landw. Inst.
Hygien. Inst.
Kaserne
Univers. Klinik
Volks-
Ehrenfriedhof
Sternw.
Botan. Garten
Ausfall-Tor
Mediz. Institute
Medizin. Instit.
Anatomie
Schloss
Altstadt. K.
Post
Bhf. Holländer baum
Holländer Baum-Str.
Packhof
Pregel
Friedrichsburger Str.
Südl. Fortsetzung des Plans
Grosse Krahn-G.
Börse
Alte Synagoge
Kaiserstr.
Jahrmarkts Pl.
St. Georgen-Hosp.
Turnhalle
Eisenb. Dir.
Georg-Strasse
Dreieinigkeits-K.
Unter Haberberg
Ober-Haberberg
Alter Garten
Brandenbg. Tor
Friedhöfe
Burgenland-Str.
Haberberg
Haberberg-K.
Reichs-Platz
Post
Thorner Str.
Haupt-Bahnhof
Kulmer Str.
Kondenweg
Marienbg. 133 km
Mehlsack

KÖNIGSBERG
1 : 16.000
Meter
Strassenbahnen
Ober-Teich
Schlossteich
Neuer Pregel
Herzogs-Acker
Polizei-Kas.
Bastion Grolmann
Bhf. Königs-Tor
Landeshaus
Garnison-Lazarett
Yorckstrasse
Bülowstrasse
Friedmannstr.
Sackheimer Mittel-Str.
Sackheimer Hinter-Str.
Königs-Strasse
Irving K.
Stadthalle
Deutsch-Ref. K.
Neuer Markt
Neue Synag.
Die Mittelhufen
1:32.000
Tiergarten
Luisenwahl
Friedhöfe
Nordbhf.
Ausfall-Tor
Hauptbhf.
Granz, 30 km
Kunsthalle, 100 m
Rossgärter Tor
Tapiau, Exerzierplatz
Tilsit, 119, Insterburg, 88 km
Pr.-Eylau, 39 km
Pillau
Wagner & Debes, Leipzig.

danken und Taten, die die Wiedergeburt Preußens und Deutschlands vorbereiteten. Als Wiege und Wirkungsstätte Kants (1724-1804; s. S. 78) gehörte Königsberg zeitweilig zu den geistig vornehmsten deutschen Städten.

Ziemlich die Mitte der Stadt nimmt das **Schloß** ein (Pl. D 3), als Deutschordensburg gegründet, Ende des XVI. und Anfang des XVIII. Jahrh. vergrößert. Es ist ein mächtiges, einen großen Hof umschließendes Viereck, mit 82m hohem got. Turm in der SW.-Ecke. Aus der Ordenszeit stammen der westl. Teil des Nordflügels und der achteckige Haberturm in der NO.-Ecke. Außer der *Schloß-* oder *Krönungskirche* (Zutritt s. S. 78), dem 83m langen, 18m breiten *Moskowitersaal*, mit Sammlungen zur Kriegsgeschichte Ostpreußens und den Fahnen der ehem. ostpreußischen Regimenter, sowie einer Reihe ehem. *königlicher Gemächer* (Zutritt s. S. 78) enthält es die *Kunstsammlungen der Stadt Königsberg* (Eintr. s. S. 78), mit kunstgewerblichen Gegenständen und neueren Bildern, und das *Prussiamuseum* (Eintr. s. S. 78), mit Waffen und einer reichen Sammlung vorgeschichtlicher Altertümer Ostpreußens.

Vor der Nordostecke des Schlosses ist 1891 dem Herzog *Albrecht* (Pl. 3), der 1525 den Ordensstaat in ein weltliches Fürstentum verwandelte, ein Bronzestandbild, von Reusch, errichtet worden. Dem östlichen Schloßportal gegenüber ein Standbild *Friedrichs I.* (Pl. 1), nach Schlüters Modell Ende 1697 gegossen, 1801 aufgestellt.

In der Nähe der Paradeplatz (Pl. D 2), mit Gartenanlagen und einem Bronzestandbild *Kants* (Pl. 4), von Rauch (1864). An der NW.-Seite des Platzes die **Universität** ('Albertina'; Kastellan in der Vorhalle unten r.; 3000 Studierende), 1862 nach Stülers Entwürfen im Renaissancestil vollendet. Im Senatszimmer eine Büste des 80jährigen Kant, noch zu seinen Lebzeiten von Hagemann entworfen, von Schadow ausgeführt.

In der III. Fließstraße 3-5 die 1898 eingeweihte *Palästra Albertina* (Pl. D 1), zur Pflege des Sports in der Studentenschaft und Bürgerschaft. Am Mitteltragheim das *Regierungsgebäude* (Pl. D 1). Südl. nahebei die *Universitätsbibliothek* (Pl. D E 2), mit 500000 Bänden; zu beachten die Silberbibliothek Herzog Albrechts (Zutritt werkt. 10-11 Uhr). — Der von Gärten umgebene *Schloßteich* (Pl. D E 3-1) ist eine Schöpfung des Deutschen Ordens.

Im Kneiphof, der vom Pregel umflossenen Insel, erhebt sich der gotische **Dom** (Pl. D 4; Eintr. s. S. 78), 1325 begonnen, Mitte des XV. Jahrh. als dreischiffige Hallenkirche umgebaut, 1901-07 wiederhergestellt, mit zwei Westtürmen (der nördl. unvollendet). Im Chor das große, fast die ganze Ostwand einnehmende Grabmal des Herzogs Albrecht I. von Preußen († 1568), von C. Floris in Antwerpen 1572 in Alabaster und Kalkstein ausgeführt. An der nördl. Außenseite des Chors wurde 1924 eine hohe, offene Pfeilerhalle aus Porphyr neu errichtet, die das Grab *Immanuel Kants* (s. oben) umschließt. — An den Dom grenzt östlich das Gebäude der Alten Universität, wo Kant wirkte. — An der Brotbänkenstraße liegt das

1695-97 erneuerte ehem. Rathaus (Pl. C 4), mit dem *Stadtgeschichtlichen Museum* (Eintr. s. S. 78); zu beachten das Zimmer mit Erinnerungen an Kant und die figurenreiche Stuckdecke im früheren Magistrats-Sitzungssaal (Anf. des xviii. Jahrh.).

In den nordwestl. Stadtteilen sind noch zu erwähnen: die 1644 erbaute *Neuroßgärter Kirche* (Pl. B 2), der *Botanische Garten*, mehrere medizinische Institute und die von Bessel († 1846) eingerichtete *Sternwarte* (Pl. B 2). — Lange Reihe Nr. 4 das Geologische Institut, mit dem sehenswerten *Bernsteinmuseum* (Pl. C 2; Eintr. s. S. 78), das über 120 000 Einschlüsse enthält.

Vor dem Steindammer Tor dehnen sich die Hufen aus (s. die Beikarte; Straßenbahn vom Schloß), eine Vorstadt mit Gärten, Landhäusern und Vergnügungsstätten. An der Tiergartenstraße der *Tiergarten* (Eintr. s. S. 78; im Sommer tägl. Konzert; Aussichtsturm). Mit dem Tiergarten ist das *Ostpreußische Heimatmuseum* (Eintr. s. S. 78), das erste Freiluftmuseum Deutschlands, verbunden; es enthält Nachbildungen ostpreußischer Bauernhäuser usw. Der letzte Park l. am Ende der Hufen ist *Luisenwahl* (Eintritt gestattet), mit einer Büste der Königin Luise, nach Rauch; in dem r. gegenüberliegenden Landhause wohnte im J. 1808 die königliche Familie.

Von Königsberg nach Pillau. — Eisenbahn, 47km in 1-1¼ St. — 33km *Fischhausen;* 1 St. südwestl. die nach 1270 erbaute, z. T. erhaltene Ordensburg *Lochstedt*. Nebenbahn nach (18km) *Palmnicken*, Hauptort der Bernsteingewinnung, die hier bergmännisch betrieben wird. — 46km *Pillau* (Gasth. Deutsches Haus), Vorhafen von Königsberg, mit 7000 Einw., am Ausfluß des Frischen Haffs in die Ostsee. — Landstraße, 57km, FVS. 131. Ausfahrt Stresemannstraße (Pl. B 1). — 20km: Straßenkreuzung bei Drugehnen. Nach Neukuhren und Warnicken s. unten. — 35km *Polennen*. Abzweigung nordwestlich nach (47km von Königsberg) Palmnicken (s. oben). — 44km *Fischhausen* (s. oben). — 48km *Lochstedt* (s. oben). 57km *Pillau* (s. oben).

Von Königsberg nach Cranz und Neukuhren. — Eisenbahn, 46km in 1½ St. (Abfahrt vom Nordbahnhof, Pl. C 1). — 28km **Cranz** (Gasth.: Kurhaus, Bellevue & Strandhotel, Monopol), am Südende der Kurischen Nehrung gelegen, das besuchteste samländische Seebad. Dampfboot von Cranzbeek in 2 St. nach (40km) *Rossitten* (Gasth. Kurisches Haff), auf der Kurischen Nehrung, mit Vogelwarte. — 46km *Neukuhren* (Gasth.: Kurhaus, Zentral), Fischerdorf und Seebad. — Landstraße nach Cranz, 30km, FVS. 128; Ausfahrt in Königsberg Hinter Roßgarten (Pl. E F 2, 1). 35km nordöstlich von Cranz (schlechte Straße) liegt Rossitten (s. oben). — Landstraße nach Neukuhren, 39km. Von Königsberg bis zur (20km) Straßenkreuzung bei *Drugehnen* s. oben. Weiter nördlich und 8km jenseits entweder rechts nach (39km) *Neukuhren* (s. oben) oder links über (41km) *Rauschen*-Düne (s. unten) nach (45km) *Warnicken* (s. unten).

Von Königsberg nach Warnicken, Kleinbahn, 47km in 1½ St.; Abfahrt vom Nordbahnhof (Landstraße s. oben). — 43km **Rauschen-Düne** (Gasth.: Kurhaus, Hartmann), Dorf und Seebad in prächtiger Lage. — 47km *Warnicken* (Kurhaus).

Von Königsberg nach Tilsit, Nebenbahn, 126km in 3¼-4¼ St. (Landstraße s. S. 73). — 50km (l.) *Labiau* (Gasth. Fischer), an der Deime, mit 4800 Einwohnern. — 126km (r.) *Tilsit*, s. S. 73.

Von Königsberg nach *Berlin:* über *Marienburg* s. R. 15 a, über *Allenstein* s. R. 15 b.

Stadt Kaliningrad (Königsberg)

E/F 13

Höhe: Meereshöhe **Einwohnerzahl:** 410 000

Die einstige ostpreußische Hauptstadt Königsberg, das heutige Kaliningrad, liegt zu beiden Seiten des Pregels kurz vor dessen Mündung in das Frische Haff. Die jetzige Hauptstadt des sog. Kaliningrader Gebiets, das einen großen Teil des ehemaligen Ostpreußens umfasst, zählt zur Russischen Föderation.

Ehemalige Hauptstadt Ostpreußens

Im Jahr 1255 eroberte der Deutsche Orden das Samland und gründete am Pregel die Burg »Königsberg«. Um sie herum entstanden drei Städte: **Altstadt**, **Löbenich** und **Kneiphof**. 1457 mußte die Residenz des Deutschen Ordens von Marienburg nach Königsberg verlegt werden. 1466 wurde Preußen – bis 1660 – polnisches Lehen. 1525 gestaltete Herzog Albrecht von Brandenburg-Ansbach Preußen in ein weltliches Herzogtum um; 1701 wurde hier Friedrich I. zum König von Preußen gekrönt, und 1724 vereinigten sich Altstadt, Löbenich und Kneiphof zur Stadt Königsberg. 1861 ließ sich Wilhelm I. in Königsberg krönen. Nach schweren alliierten Bombardements im August 1944 wurde die »Festung Königsberg« am 9. April 1945 von der Roten Armee erobert.

? WUSSTEN SIE SCHON ...?

- ... dass der Name der Stadt ein viel diskutiertes Thema ist: Die deutsche Stadt namens Königsberg ging in den letzten Kriegswochen des Jahres 1945 für immer unter. Auf ihren Trümmern entstand das heutige Kaliningrad, benannt nach Michail Ivanowitsch Kalinin, einem sowjetischen Politiker mit aus heutiger Sicht nicht bester Reputation: er zeichnete verantwortlich für ein Kriegsmassaker in Polen. Der Name Königsberg wird jedoch, nicht nur in Deutschland sondern auch vor Ort, vor allem von der Werbung und in touristischen Zusammenhängen, weiterhin benutzt. Doch Gegner der Rückbenennung, allen voran die Regierung in Moskau, unterstellen Revisionismus und untersagen die amtliche Benutzung des alten Namens. So wird es in näherer Zukunft wohl beim ungeliebten Kaliningrad bleiben.

Kaliningrad heute

Der **Ploschtschad Pobedy / Hansaplatz** im Nordwesten ist das neue Zentrum, was durch die im Juli 2005 geweihte Christi-Erlöser-Kathedrale noch stärker betont wird. Hier zeugen noch etliche mittlerweile renovierte Villen vom einstigen Reichtum der Stadt. Das Nordbahnhofgebäude am Nordende des Platzes wurde 1930 gebaut, heute ist hier ein Businesszentrum mit Banken und Geschäften. Das ehemalige Polizeipräsidium (1912–1914) am Eingang des Sowjetski Prospekt / Stresemannstraße wird heute von der Nachfolgeorganisation des Staatssicherheitsdienstes KGB benutzt. Am Hansaring befindet sich der 1912 errichtete Bau des ehem. Amtsgerichts mit einem schönen Barockportal (heute technische Universität). Davor stehen die »Kämpfenden Wisente«

Kaliningrad Orientierung

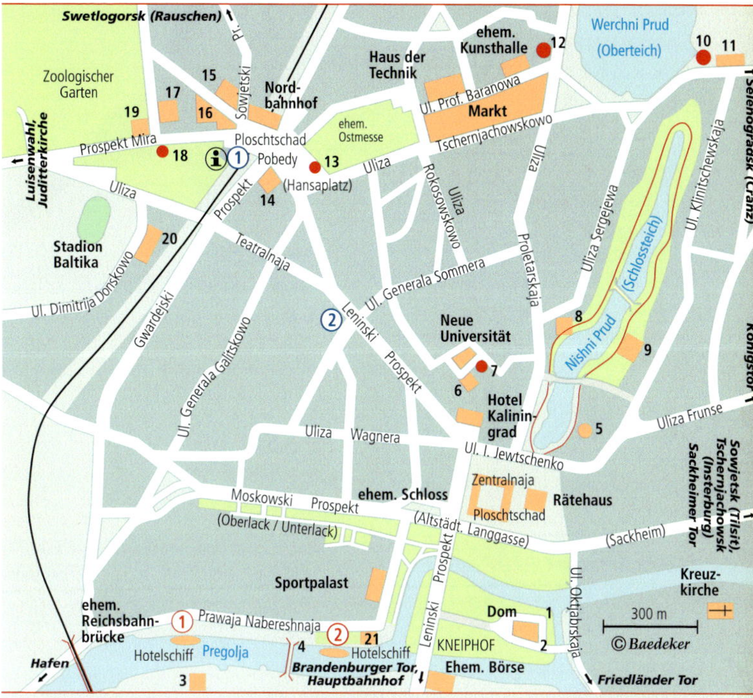

1 Kant-Grabmal
2 Julius-Rupp-Gedenkstein
3 Friedrichsburger Tor
4 Alte Eisenbahnbrücke
5 E.T.A.-Hoffmann-Gedenkstein
6 Otto-Lasch-Bunker
7 Kant-Denkmal
8 Parkhotel
9 Museum für Geschichte und Kunst (ehem. Stadthalle)
10 Dohnaturm (Bernsteinmuseum)
11 Roßgärter Tor
12 Wrangel-Turm
13 Lenin-Denkmal
14 Stadtverwaltung (ehem. Stadthaus)
15 ehem. Polizeipräsidium
16 Fachhochschule KTI (ehem. Gericht)
17 Generalstab der Baltischen Flotte (ehem. Oberpostdirektion)
18 Schillerdenkmal
19 Schauspielhaus
20 Verwaltung des Kaliningrader Gebiets
21 Museum der Weltmeere

Übernachten
① Ademi
② Hansa

Essen
① Flagman
② Kaliningrad

von August Gaul (1912). Zwischen Gwardeiski Prospekt / Deutschordenring und Uliza Nekrassowa / Wallring befindet sich das Stadthaus aus dem Jahr 1923 errichtet. Seit 1927 ist es Sitz der Stadtverwaltung von Königsberg resp. Kaliningrad.

Auf den Hufen

Die ehemalige Oberpostdirektion neben den Gerichtsgebäuden entstand 1924. Heute sitzt hier der Generalstab der Baltischen Flotte. Das 1927 am Prospekt Mira / Hufenallee errichtete Neue Schauspielhaus wurde im Krieg fast völlig zerstört. Beim Wiederaufbau fügte man einen Portikus an, der dem Gebäude eine »Moskauer Note« verleiht. Im ersten Stockwerk befindet sich ein kleines Theatermu-

KALININGRAD ERLEBEN

AUSKUNFT

International Information Center im Hotel Kaliningrad, Leninskij pr. 81
Tel. 8 - 1 12 / 46 94 40

ESSEN

► Fein & Teuer

① ***Flagman***
Pl. Pobedy 4, Tel. 8 - 1 12 / 43 35 86
Gut und teuer. Abends spielt eine Band, es wird getanzt. Wer sich hier ein Dinner leisten kann, heißt es, habe es geschafft.

► Erschwinglich

Chorny tiulpan
Ul. 9. April, Tel. 8 - 1 12 / 45 37 71
Kaukasische Küche, scharf und würzig.

② ***Kaliningrad***
Leninskij pr. 81
Tel. 8 - 1 12 / 46 94 40
Restaurant im größten Hotel der Stadt in zentraler Lage. Ein besonderer Pluspunkt ist der bewachte Parkplatz.

► Preiswert

Olsztyn
Ul. Olstynskaja 1
Tel. 8 - 1 12 / 44 46 46
Russisch-polnische Küche.

ÜBERNACHTEN

► Luxus

Komandor
Schastivaya 1
Tel. 8 - 1 12 / 43 18 15 34
Nobelste Adresse in Kaliningrad mit geschmackvollen Räumen.

► Komfortabel

Baltika
Moskowskij pr
Tel. 8 - 1 12 / 45 55 30
Fax 45 35 43 119 Z.
Großhotel ca. 20 Autominuten vom Stadtzentrum entfernt. Fragen Sie nach einem Zimmer zum See hin – die anderen sind durch die Autobahn beeinträchtigt.

② ***Hansa (Hotelschiff)***
Nab. Bagramyana 6
Tel. / Fax 8 - 1 12 / 43 38 06
59 Kabinen
Hotelschiff unter österreichischer Leitung; zwei Restaurants, Klubraum.

► Günstig

Paraiso
Ul. Turgenjewa 32A
Tel. 8 - 1 12 / 21 69 69, 13 Z.
Nicht gerade das Paradies, aber ein kleines Hotel, etwas außerhalb in einem alten Villenviertel im ehem. Maraunenhof gelegen.

① ***Ademi***
Bagramyana nab. 34
Tel. 8 - 1 12 / 46 16 62
Ein Schlafschiff im Low-Budget-Bereich. Gemischtes Publikum, nettes Personal.

ANREISE

Flughafen
Chrabrowo / Powunden 20 km nördlich der Stadt

Hauptbahnhof / Busbahnhof
am Ende des Lenin-Prospekts

seum. Das seit 1936 gegenüber dem Neuen Schauspielhaus stehende Bronzedenkmal Schillers von Stanislaus Cauer (1910) ist erhalten geblieben, wenn auch mit schwarzer Farbe übermalt. Der **Zoologische Garten**, 1896 eröffnet, erfreute sich früher großer Beliebtheit bei der Königsberger Bevölkerung. Nach heutiger Auffassung mutet die gegenwärtig betriebene Institution eher traurig an. Der **Park Luisenwahl** heißt heute »Kalinin-Vergnügungspark« und bietet eine Diskothek, Kinderattraktionen, Puppentheater und vieles mehr. Das Kaiserliche Jagdhaus aus Rominten wurde in den 1970er-Jahren hier aufgebaut. Die 1901 errichtete neoromanische Luisenkirche wurde nach dem Krieg wieder hergestellt und beherbergt das Kaliningrader Puppentheater.

Im Dohnaturm ist das Bernsteinmuseum untergebracht

Rund um den Oberteich: Der **Dohnaturm** ist einer von sechs erhaltenen Stadttoren der um die Mitte des 19. Jh. errichteten letzten Stadtbefestigung in Preußen. Hier ist das Bernsteinmuseum untergebracht. Die Sammlung zeigt vor allem moderne Schmuckstücke, aber auch einige alte Bernstein-Pretiosen und ein Stück des rekonstruierten Bernsteinzimmers sind in der Sammlung vertreten. Die wertvollen Sammlungen des alten Bernsteinmuseums befinden sich heute teilweise in Palanga (LT) und in Götingen (Öffnungszeiten: Di. – So. 10.00 – 17.00 Uhr). Neben dem Dohnaturm steht das Rossgärter Tor. Westlich des Oberteichs sind viele der Stadtvillen aus deutscher Zeit stehengeblieben, ebenso in Amalienau und nördlich der Hufenallee. Das Haus der Technik (1925) ist eines der beiden erhaltenen Gebäude der Deutschen Ostmesse. Heute sind dort Verkaufsbuden für Haushaltswaren untergebracht.

Rund um den Schlossteich

Die **Neue Universität** – die alte stand neben dem Dom auf dem Kneiphof – wurde 1862 im Stil der Florentiner Renaissance errichtet. Im Zweiten Weltkrieg zerstört, wurde sie, wenn auch verändert, wieder aufgebaut. Das 1974 gegründete **Kantmuseum** in der Universität am Universitetskaja Ploschtschad / Paradeplatz ist das einzige seiner Art weltweit. Zu der Sammlung gehören Originalausgaben, Zeichnungen, Werke über Kant sowie Werke seiner Zeitgenossen. Auf dem Paradeplatz (Königsgarten) vor der Neuen Universität stand

Königsberg heute: Dom und Plattenbauten

Kant-Denkmal ▶ früher das Kant-Denkmal, von Christian Daniel Rauch 1864 in Bronze geschaffen. Es ist seit dem Zweiten Weltkrieg verschollen. Eine originalgetreue Kopie wurde 1992 auf dem Universitetskaja Ploschtschad aufgestellt. Im unterirdischen Bunker am Universitetskaja Ploschtschad / Paradeplatz befehligte General Lasch 1945 die Verteidigung der zur Festung erklärten Stadt. Heute ist darin ein ausgesprochen sehenswertes Museum (Öffnungszeiten: Di. – So. 10.00 – 18.00 Uhr). In der 1912 am Ostufer des Schlossteichs erbauten Stadthalle befindet sich heute das **Museum für Geschichte und Kunst** (Öffnungszeiten: Di. – So. 10.00 – 18.00 Uhr). Unweit des östlichen Schlossteichufers stand einst das Wohnhaus des Schriftstellers E. T. A. Hoffmann. Der Gedenkstein an dieser Stelle wurde nach 1945 von der sowjetischen Verwaltung errichtet.

Schlossruine ▶ Während der Bombenangriffe 1944 wurde das Königsberger Schloss zum Teil schwer beschädigt. Unermessliche Werte gingen damals verloren, unter anderem die Bestände der Städtischen Kunstsammlungen mit der Lovis-Corinth-Sammlung sowie möglicherweise das berühmte Bernsteinzimmer. Der halb geborstene Turm der Schlosskirche bestimmte über Jahre das Bild Kaliningrads. Im Dezember 1965 ließ die Parteiführung trotz erheblicher Proteste der Bevölkerung die Ruine sprengen. Heute heißt der Platz um das Schloss »Zentralnaja Ploschtschad« (Zentraler Platz).

Sackheim Wie die übrigen Stadttore wurde auch das **Königstor** am Ende der Uliza Frunse / Königstraße in den Jahren 1843 – 1864 im neogotischen Stil erbaut. Hinter dem Königstor stadtauswärts lagen einst viele Königsberger Friedhöfe. Sie wurden ohne Ausnahme in den 1970er-Jahren zerstört. Am Litowski Wall / Litauer Wall liegt die Kronprinzenfestung, erstaunlicherweise bis heute mit deutscher Aufschrift. Das **Sackheimer Tor** ist unter Bewahrung der beiden Reliefs von Yorck und Bülow restauriert worden.

Kneiphof

Der Kneiphof war – nach der Altstadt und dem Löbenich – die dritte Stadt um die Ordensburg. Für den heute fast unbebauten Kneiphof hat sich der Name »Dominsel« eingebürgert. Auf der Pregel-Insel befinden sich nur noch der Dom, das Kant-Grabmal, der Julius-Rupp-Gedenkstein, einige moderne Skulpturen und ein Park. Nachts wird die Dominsel gesperrt. Der **Dom** auf dem Kneiphof ist das bedeutendste Bauwerk im heutigen Königsberg. Die erste Erwähnung der geplanten Domkirche des Bistums Samland fällt in das Jahr 1333. Nach dem Chor wurde zunächst die westliche Turmgruppe errichtet, dann baute man den Kirchenraum als flach gedeckte Basilika. Nachdem die Türme über dem Westportal 1544 abgebrannt waren, wurde nur der südliche Turm wieder errichtet, den nördlichen ersetzte man durch ein Notdach mit Giebelwänden. Dieses ungleiche Bild bot sich den Königsbergern bis zum August 1944. Im August 1944 zerstört, blieb der Königsberger Dom jahrzehntelang Ruine. Seit 1991 werden umfangreiche Instandsetzungsarbeiten durchgeführt. Bis zur 750-Jahr-Feier der Stadt im Jahr 2005 soll der wieder erstandene Dom zu einem interkulturellen Begegnungsort werden, schon heute finden hier Gottesdienste in mehreren Sprachen und musikalische Veranstaltungen statt.

✶ ◄ Dom

Kant – der berühmteste Sohn der Stadt

Immanuel Kant (1724 – 1804), dem großen Sohn Königsbergs, wurde als Letztem die Ehre zuteil, in den Professorengräbern an der nördlichen Außenmauer des Doms beigesetzt zu werden. Das Grab des Philosophen, die einzige originale Kant-Stätte in Kaliningrad, befindet sich nur wenige Meter von seiner Wirkungsstätte entfernt. Die Albertina, die 1544 gegründeten Königsberger Universität, lag an der Nordostecke des Kneiphofs. Im Jahr 1924, zu Kants 200. Geburtstag, wurde sein Grabmal neu gestaltet. Es ist bis heute im Wesentlichen erhalten geblieben und man nimmt sogar an, dass die Existenz dieses Grabmals die Domruine nach 1945 vor dem Abriss bewahrt hat.

Südliche Innenstadt

Die **alte Börse** wurde 1870 – 1875 am Pregelufer gegenüber dem Dom im Stil der Florentiner Renaissance errichtet. Im Krieg wurde sie schwer beschädigt und danach wieder aufgebaut. Auch der legendäre Börsensaal ist wieder hergestellt. Heute ist das Gebäude prunkvoller Rahmen für ein Spielkasino. Am Nordufer des Pregel ankern

Im ehemaligen Forschungsschiff Witjas ist das Museum der Weltmeere untergebracht.

das U-Boot B-413 und das Forschungsschiff Witjas, ein ehemaliges deutsches Kriegsschiff, mit dem Tausenden Ostpreußen zum Ende des Zweiten Weltkriegs die Flucht gelang. In ihm befindet sich das **Musem der Weltmeere** (Öffnungszeiten: Mo., Mi. – Fr. 15.00 – 18.00, Sa. – So. 11.00 – 18.00 Uhr). Das **Brandenburger Tor** am Alten Garten, Ecke Uliza Bagrationa / Thorner Straße und Jushnowoksalnaja Uliza, kann als Einziges der Stadttore noch durchfahren werden. Das **Friedrichsburger Tor** nördlich vom Hauptbahnhof ist der Rest der 1657 erbauten Feste Friedrichsburg, mit der der Große Kurfürst den Königsberger Seehandel kontrollierte. Die kleine **Zitadelle** mit den vier Ecktürmen – drei sind erhalten – kam 1796 hinzu. Im Jahre 1929 erbaut, hat der **Hauptbahnhof** den Zweiten Weltkrieg fast unbeschädigt überstanden. Am 21. Januar 1945 fuhr hier der letzte Flüchtlingszug nach Berlin ab. 1993 wurde der Hauptbahnhof in Südbahnhof, russisch »Jushny Woksal« umbenannt. Das **Friedländer Tor** (1862) am Kalinia prospekt wurde restauriert und enthält ein von Privatleuten unterhaltenes **Museum für Geschichte und Alltag**. Der ehemalige Südpark hinter dem Tor ist mit seinen Wasseranlagen eine geruhsame Naherholungsstätte.

Tore ▶

Außenbezirke

Die **Juditter Kirche** am westliche Stadtrand ist die älteste erhaltene Kirche des Samlandes und wurde 1288 – 1298 als einschiffiger Feldsteinbau errichtet. Nach der Ausweisung der Deutschen 1947/1948 fand in dieser Kirche im Dezember 1986 wieder der erste (russisch-orthodoxe) Gottesdienst im Königsberger Gebiet statt.

Der Gruppen- und der Turmspeicher – zum Zeitpunkt der Errichtung 1924 die größten Bauten ihrer Art in Europa – bestimmen auch heute noch das Bild des Hafens. ◄ Hafenspeicher

Samlandküste

C/D 8

Ruhe, eine freundliche Bevölkerung und schöne Natur: die Samlandküste ist die für Besucher attraktivste Gegend des Kaliningrader Gebietes. Einige der alten Badeorte haben noch ein wenig von ihrem Vorkriegscharme bewahrt.

Selenogradsk • ◄ Cranz

Das frühere Cranz (10 000 Einwohner) ist ein Badeort mit Vorkriegscharme an der nördlichen Samlandküste (23 km nördl. von Kaliningrad). Vom Hafen Cranzbeek liefen früher die Haffdampfer nach Memel (lit. Klaipėda) aus. Ab 1816 war der Ort königliches Seebad, und mit dem Bahnanschluss im Juli 1885 kam der Aufstieg zum mondänen Badeort. Nach 1945 blieb Selenogradsk Kurort und Heilbad mit Sanatorien. Der Strand an der flachen Küste bietet gute Liegemöglichkeiten in den Dünen am Nordende der Promenade. Baden ist erlaubt.

Swetlogorsk • ◄ Rauschen

Das ehemalige Rauschen (8000 Einwohner) liegt 25 km westlich von Selenogradsk und ist ein beliebter Kur- und Badeort, wobei sich die eigentlichen Kureinrichtungen im für Pkw gesperrten Swetlogorsk II / Rauschen-Düne befinden (Kurgäste fahren mit dem Zug bis zur Endstation). In Swetlogorsk I / Rauschen-Ort leben die Angestellten

SAMLANDKÜSTE ERLEBEN

ANREISE

Zu den Orten an der Samlandküste kann man von Kaliningrad / Königsberg aus mit der Bahn (ab Nordbahnhof nach Selenogradsk/Cranz und Swetlogorsk / Rauschen, ab Hauptbahnhof nach Jantarny / Palmnicken) oder mit dem Taxi fahren.

ÜBERNACHTEN

► Sowjetsk • Tilsit

Hotel Marianne

Saretschnaja 2a – 4
Tel. 8 - 2 61 / 7 11 92
Kleines, familiär geführtes Haus.

► Swetlogorsk • Rauschen

Hotel Alter Doktor

Gagarin 12, Tel. 8 - 1 15 / 32 13 62
Im hübschen Küstenort Swetlogorsk wurde das kleine, deutsch geführte Hotel mit Restaurant in einem liebevoll restaurierten Haus eröffnet.

Italienische Riviera? Nein, der belebte Ostseestrand bei Swetlogorsk

der Sanatorien und Kureinrichtungen. Im Jahr 1258 gab es hier eine pruzzische Siedlung und zur Ordenszeit stand hier die größte Mühle des Samlandes. Mit dem Bahnanschluss 1906 begann der Aufstieg zum Badeort. Im Zweiten Weltkrieg wurde die Stadt glücklicherweise nur leicht beschädigt. Sehenswert sind die 400 Jahre alte Linde am Mühlenteich, die schmucken Holzhäuser aus deutscher Zeit in Rauschen-Düne, der originelle Bäderturm sowie Skulpturen von Hermann Brachert im Lärchenpark und am Strand. Dort zeigt sich eine malerische Steilküste, an der entlang gute Spaziermöglichkeiten nach Otradnoje / Georgenswalde und Lesnoje / Warnicken bestehen.

Jantarny •
Palmnicken ▶

Das alte Palmnicken (5000 Einwohner) liegt an der westlichen Samlandküste und ist der weltweit einzige Ort, an dem **Bernstein** im Tagebau gefördert wird. Sehenswert sind die Produktionsstätten der Bernsteinmine und der Ausstellungsraum des Bernsteinwerks. Für die Besichtigung muss man beim staatlichen Reisebüro in Kaliningrad oder vor Ort eine Genehmigung einholen. Im Ort gibt es eine schöne Allee an der Sowjetskaja Uliza / Hauptstaße. Von dieser Straße aus kann man den Tagebau überblicken. Ferner bietet sich ein Spaziergang am Sandstrand an, dem breitesten an der ganzen Samlandküste.

Städte im Königsberger Gebiet

Die Landschaft um Königsberg ist flach und voller Felder und Wiesen. Einst gab es hier große landwirtschaftliche Güter, Schlösser, Dörfer und hübsche Städtchen. Die meisten Touristen suchen in der heute ärmlich wirkenden Gegend Spuren ihrer früheren Heimat.

Anreise

Zu den im Folgenden genannten Städten bestehen Bahn- und Busverbindungen vom Hauptbahnhof Kaliningrad / Königsberg; die Anreise ist auch mit dem Taxi möglich. Nach Sowjetsk / Tilsit kann man auch von Tschernjachowsk / Insterburg aus mit der Bahn fahren.

Tschernjachowsk • ◂ Insterburg

Das ehemalige Insterburg (41 000 Einwohner) liegt 87 km östlich von Kaliningrad / Königsberg an der Angerapp. Schon 1335 bestand hier eine Holzfestung. 1757 – 1763 wurde die Stadt durch russische Truppen besetzt, 1812 marschierten die Armeen Napoleons durch den Ort. Sehenswert sind die Alte Lutherkirche und die Reformierte Kirche. Aus der Vorkriegszeit erhalten geblieben sind der Bahnhof, einige Jugendstilhäuser in der Sowjetskaia Uliza (Wichertstraße), Kasernen, Kreiskrankenhaus, Schlossruine, Wasserturm, katholische Kirche und Postamt.

Frisch geräucherter Aal

Majowka • Georgenburg ►

Mit dem Taxi kann man von Tschernjachowsk / Insterburg zur 4 km nördlich gelegenen alten Festung und zum Landgestüt Georgenburg fahren, heute ein Landwirtschaftsbetrieb mit bescheidener Pferdezucht. Der Platz geht zurück auf die Festung des Bischofs Jacob I. von Samland (1345 – 1358). Nach 1899 befand sich hier der Sitz des alten Landgestüts von Insterburg, 1945 Kriegsgefangenenlager. Sehenswert sind das Haupthaus mit Staffelgiebel; ein bezaubernder Ausblick bietet sich von der Terrasse des Landstallmeisterhauses. Weiterhin erhalten sind Reithalle, Stallhaus, Scheune, Inspektorenhaus und Speicher.

Gussew • Gumbinnen ►

Das frühere Gumbinnen (28 000 Einwohner) liegt 107 km östlich von Kaliningrad / Königsberg an der Mündung der Rominte in die Pissa; heute ein bevorzugter Ort für Industrieanlagen. Gumbinnen war nach der großen Pest von 1709 eine Reißbrett-Gründung von Friedrich Wilhelm I.; 1732 wurden Konfessionsflüchtlinge aus Salzburg angesiedelt. Erhalten sind u. a. Schützenhaus, Rathaus, Hotel Kaiserhof (heute Hotel Rossija), Bahnhof, Cecilienschule, Friedrichschule, Salzburger Kirche und Amtsgericht.

Jasnaja Poljana • Trakehnen ►

Südöstlich von Gumbinnen (Anfahrt mit dem Taxi) liegt das einst berühmte Trakehnen, bis 1945 Hauptgestüt der Trakehnerzucht in Ostpreußen, heute Landwirtschaftsbetrieb. 1731 gründete Friedrich

Altes Gestüt mit großem Namen: Trakehnen

Wilhelm I. das Hauptgestüt, um seine Armee mit Pferden zu versorgen. Im Laufe von Jahrzehnten gelang die Zucht einer robusten und ausdauernden Rasse, der Trakehner. Sehenswert sind Gestütstor, Landstallmeisterhaus, Hotel Elch, Post, Getreidespeicher (Ruine), JAgd- und Aktionsstall sowie das Reitburschenhaus.

Sowjetsk • ◄ Tilsit

Sowjetsk (43 000 Einwohner), das ehemalige Tilsit, liegt 121 km nordöstlich von Kaliningrad / Königsberg an der Memel und ist ein wichtiges Industriezentrum. Die Einreise ist auch von Litauen aus möglich.
Zur nahen Burg Ragnit gehörte eine kleinere Festung an der Mündung der Tilszele in die Memel. Diese erhielt 1552 als Tilsit Stadtrecht. 1679 schlug der Große Kurfürst die Schweden in der Nähe der Stadt. Im Frieden von Tilsit (7. Juli 1807) musste Preußen die Hälfte seines Staatsgebiets abtreten. Tilsit ist im Stadkern gut erhalten, verlor jedoch nach 1945 fast alle Kirchen. Fletcher- und Ludendorffplatz sind stark verändert. Sehenswert ist vor allem das prachtvolle Portal der Luisenbrücke; weiterhin die Franksche Villa – das Pfarrhaus der Kreuzkirche – in der Uliza Lenina / Clausiusstraße. Schöne Jugendstilhäuser stehen in der Uliza Pobedy / Hohe Straße und in der Uliza Gorkowo / Jägerstraße. Andere erhaltene Gebäude sind u. a. Bahnhof, Gerichtsgebäude, Grenzlandtheater, Haus des Vorschussvereins, Reitmeyersches Haus, Bank der Ostpreußischen Landmannschaft, Reichsbank, Synagoge, Loge »Zu den drei Erzvätern« und Wasserturm.

Neman •
◄ Ragnit

Eine Taxifahrt führt von Tilsit zur 12 km östlich an der Memel gelegenen Burg Ragnit. Sie wurde 1397 – 1409 erbaut und war eine der stärksten Festungen im Ordensland, die das Land vor den Litauern schützen sollte. 1829 wurde die Burg durch Brand zerstört. Von der Festung sind noch die starken Außenmauern und der Uhrenturm zu sehen.

Scheles-nodoroschnyj •
◄ Gerdauen

Etwas abseits (90 km südöstlich von Kaliningrad / Königsberg; Bahnverbindung von Tschernjachowsk / Insterburg) an der Grenze zu Polen liegt das einstige Gerdauen, interessantes Beispiel für den Wiederaufbau ostpreußischer Siedlungen noch im Ersten Weltkrieg. In dessen ersten Wochen war Gerdauen, wie viele andere Orte Ostpreußens, von russischen Truppen besetzt worden, die das Städtchen nach der Zurückeroberung zerstört hinterließen. Das neue Gerdauen entstand 1915 – 1917 nach Plänen des Bremer Architekten Heinz Stoffregen, der dem Ort ein romantisches, an süddeutsche Kleinstädte erinnerndes Gepräge verpasste. Seit dieser Zeit hat sich hier nichts verändert; allerdings ist auch nichts zur Erhaltung getan worden.

REGISTER

l

m

VERZEICHNIS DER KARTEN & GRAFISCHEN DARSTELLUNGEN

BILDNACHWEIS

AKG S. 34, 41, 45, 76, 81, 82, 438, 439
Baedeker-Archiv S. 37, 66, 71, 77, 79, 80, 84, 85, 107, 137, 166, 170, 185, 237, 277, 345, 394, 420, 447/448, 449/450, 451/452, 456, 461
Bildagentur Huber S. 10 (oben), 15 (unten), 135 (unten li.), 135 (unten li.), 397, 412
Bilderberg S. 16 (mitte), 56
Caspari 205 (unte li.), 205 (oben li.), 411 (oben li.), 411 (unten re.)
Eisenschmid S. 125 (unten li.), 312 (links), 314, 342, 409, 411, 426 (oben re.)
Freyer S. 344, 407
IFA-BIlderteam S. 1, 250, 396
Jöeste S. 123, 190
HB/Teschner S. 3 (unten li.), 5 (oben), 58, 74, 87, 98, 133 (oben re.), 201, 213, 247, 261, 267, 279 (unten), 315, 319, 327, 331, 341, 350, 366, 415, 433, 457, 459, 463
Kask S. 146, 218
laif/Eisermann S. 4, 5 (unten), 9 (oben), 15 (mitte), 21, 23, 26, 43, 113, 115, 125 (oben li.), 126, 129 (unten re.), 130, 131 (oben re.), 133 (oben re.), 133 (oben li.), 135 (oben re.), 151, 152, 161, 162, 177, 183, 208 (oben), 246, 257, 273, 274, 309, 326, 329, 334, 336, 349, 363, 370, 378, 423, 434, 437, Umschlagklappe hinten (2 x)
laif S. 11, 14, 16 (unten), 17, 18, 122/123, 186, 288
laif/Kirchner S. 54, 109, 110, 129 (oben li.), 137, 155 (oben), 155 (unten), 191, 202, 215
Mauritius S. 61
Michelson S. 157, 170 (unten), 187, 189, 204, 225
Mross S. 2, 12/13, 13 (kleine Abb.), 129, 375, 86/87
Müller S. 148, 179
Novak S. 125 (unten re.), 244, 254, 316
pa S. 15 (oben)
Randebrock S. 22
Riga Marketing 8, 10 (unten), 32, 133 (oben li.), 236, 297, 301 (oben li.), 302, 307, 311, 339
Sakalauskas S. 65, 352, 369, 427, 440
Salmre S. 169
Smehashka S. 354, 356, 361, 380, 404, 445
Tourism Tallinn S. 7 (oben), 7 (unten), 193, 202, 205 (unten re.), 205 (oben re.), 206, 207, 210
transit S. 29, 136/137, 196, 379, 390, 398
transit/Hirth S. 16 (oben), 63, 94, 96, 105, 118, 131 (oben li.), 135 (oben li.), 166 (unten), 174, 179, 184, 208 (unten), 209, 260, 290, 299, 304, 310, 312 (mitte), 373, 382, 383, 392, 395, 401, 421, 428, 431, 432
transit/Kurz S. 124, 385, 416, 443
transit/Schulze S. 9 (unten), 446, 458, 460, 462, 464
Uusi S. 165, 168, 199, 228
Veilands S. 50, 68, 69, 239, 241, 242, 252, 253, 264, 265, 268, 275, 279 (oben), 281, 284, 294, 295, 300, 301 (unten re.), 301 (oben re.), 301 (unten li.), 312 (rechts), 320, 322, 337
Väljal S. 145, 232
Visitestonia S. 3 (oben), 125 (oben re.), 129 (oben re.), 131 (unten), 138, 142, 180, 222, 223, 234
Weber S. 410, 411 (unten re.)
Titelbild: laif / Babovic

IMPRESSUM

Ausstattung:
286 Abbildungen, 50 Karten und grafische Darstellungen, eine große Reisekarte
Text:
Rainer Eisenschmid, Prof. Dr. Wolfgang Hassenpflug, Marje Jõeste, Rasmus Kangropool, Oleg Kotschenowski, Antanas Papšys, Niina Raid, Silwen Randebrock, Dr. Madeleine Reincke, Asmus Saar, Hans-Joachim Schmidt, Henning Sietz, Dr. Jānis Sīkstulis, Tiit Sillaots, Kadri Tähepõld, Valdis Veilands, Martina Wegner, Andrea Wurth
Bearbeitung: Baedeker Redaktion (Silwen Randebrock)
Kartografie:
Franz Kaiser, Sindelfingen; Falk Verlag, Ostfildern (Reisekarte)
3D-Illustrationen:
jangled nerves, Stuttgart
Gestalterisches Konzept:
independent Medien-Design, München (Kathrin Schemel)

Sprachführer in Zusammenarbeit mit Ernst Klett Sprachen GmbH, Stuttgart, Redaktion PONS Wörterbücher

Chefredaktion:
Rainer Eisenschmid, Baedeker Ostfildern

6. Auflage 2005
Völlig überarbeitet und neu gestaltet

Urheberschaft:
Karl Baedeker Verlag, Ostfildern
Nutzungsrecht:
MAIRDUMONT GmbH & Co KG; Ostfildern

Printed in Germany
ISBN 3-8297-1052-6
Gedruckt auf 100% chlorfrei gebleichtem Papier

BAEDEKER VERLAGSPROGRAMM

- Ägypten
- Algarve
- Amsterdam
- Andalusien
- Athen
- Australien
- Bali
- Baltikum
- Barcelona
- Belgien
- Berlin
- Bodensee • Oberschwaben
- Brasilien
- Bretagne
- Brüssel
- Budapest
- Bulgarien
- Burgund
- Chicago • Gr. Seen
- China
- Costa Blanca
- Costa Brava
- Dänemark
- Deutsche Nordseeküste
- Deutschland
- Djerba • Südtunesien
- Dominikanische Republik
- Dresden
- Elba
- Elsass • Vogesen
- Finnland
- Florenz
- Florida
- Franken
- Frankfurt am Main
- Frankreich
- Französische Atlantikküste
- Fuerteventura
- Gardasee
- Germany (engl.)
- Gomera
- Gran Canaria
- Griechenland
- Griechische Inseln
- Großbritannien
- Hamburg
- Harz
- Hongkong
- Formentera
- Indien
- Irland
- Island
- Israel
- Istanbul
- Italien
- Italien • Norden
- Italien • Süden
- Italienische Adria
- Italienische Riviera
- Japan
- Jordanien
- Kalifornien
- Kanada
- Kanada • Osten
- Kanada • Westen
- Kanalinseln
- Kenia
- Köln
- Kopenhagen
- Korfu
- Ionische Inseln
- Korsika
- Kos
- Kreta
- Kroatische Adriaküste • Dalmatien
- Kuba
- Kykladen
- La Palma
- Lanzarote
- Lissabon
- Loire
- Lombardei • Mailand • Oberit. Seen
- London

- Madeira
- Madrid
- Malaysia
- Malediven
- Mallorca
- Malta • Gozo • Comino
- Marokko
- Mecklenburg-Vorpommern
- Menorca
- Mexiko
- Moskau
- München
- Namibia
- Nepal
- Neuseeland
- New York
- Niederlande
- Norwegen
- Oberbayern
- Österreich
- Paris
- Peking
- Polen
- Portugal
- Prag
- Provence • Côte d'Azur
- Rhodos
- Rom
- Rügen • Hiddensee
- Sachsen
- Salzburger Land
- San Francisco
- St. Petersburg
- Sardinien
- Schottland
- Schwäbische Alb
- Schwarzwald
- Schweden
- Schweiz
- Seychellen
- Sizilien
- Skandinavien
- Slowenien
- Spanien
- Sri Lanka
- Stuttgart
- Südafrika
- Südengland
- Südtirol • Dolomiten
- Sylt
- Syrien
- Teneriffa
- Tessin
- Thailand
- Toskana
- Tschechien
- Tunesien
- Türkei
- Türkische Mittelmeerküste
- Umbrien
- Ungarn
- Usedom
- USA
- USA • Nordosten
- USA • Südstaaten
- USA • Südwesten
- Venedig
- Vietnam
- Washington DC • Capital Region
- Weimar
- Wien
- Zypern

LIEBE LESERINNEN, LIEBE LESER,

ein herzliches Dankeschön, dass Sie sich für einen Baedeker Allianz Reiseführer entschieden haben. Er wird Sie zuverlässig auf Ihrer Reise begleiten und Sie nicht im Stich lassen.
Natürlich beschreibt er die wichtigen Sehenswürdigkeiten, aber er empfiehlt auch die nette Hotels für den großen und kleinen Geldbeutel, gibt Tipps für Restaurants, Shopping und für vieles mehr, was eine Reise zum Erlebnis macht. Dafür haben Redaktion und Autoren Sorge getragen. Sie sind für Sie regelmäßig ins Baltikum gereist und haben all ihre Erkenntnisse in diesen Reiseführer gepackt.

Trotzdem: Die Erfahrung zeigt, dass Fehler und Änderungen nach Drucklegung, für die der Verlag keine Haftung übernehmen kann, nicht ausgeschlossen werden können. Für Kritik, Berichtigungen und Verbesserungsvorschläge sind wir Ihnen außerordentlich dankbar. Schreiben Sie uns, mailen Sie uns oder rufen Sie an:

▶ **Verlag Karl Baedeker GmbH**
Redaktion
Postfach 3162
D-73751 Ostfildern
Tel. (0711) 4502-262, Fax -343
E-Mail: info@baedeker.com

Besuchen Sie uns auch im Internet unter www. baedeker.com. Hier finden Sie jeden Monat den aktuellen Reisetipp der Redaktion und das gesamte Verlagsprogramm. Hier können Sie auch lesen, wer Karl Baedeker war und wie er seinen ersten Reiseführer geschrieben hat. Mit seinen über 175 Jahren ist der Karl Baedeker Verlag der älteste Reiseführer-Verlag der Welt.

www.baedeker.com

ZU GEWINNEN: STADTREISE NACH LONDON

Unter allen Einsendungen verlost der Verlag am Jahresende – unter Ausschluss des Rechtswegs – eine Städtekurzreise für zwei Personen nach London.
Freuen Sie sich auf ein spannendes Wochenende in London. Natürlich ist ein Baedeker Allianz Reiseführer London auch dabei!